현대 중국의 학술운동사

국민대학교 중국인문사회연구소 번역 총서 • 4

현대 중국의 학술운동사

베이징 대학 연구소 국학문(國學門)을 중심으로

천이아이(陳以愛) 지음 | 박영순 옮김

도서출판 길

지은이 **천이아이**(陳以愛)는 홍콩중원 대학 역사학과를 졸업하고 타이완 정치대학 역사연구소에서 석사 및 박사학위를 받았다. 2003년 중앙연구원 근대사연구소에서 박사후과정을 마친 후, 2009년 중앙연구원 근대사연구소 초청방문교수를 역임했다. 주요 연구방향은 중국 근대 학술문화사, 중국 근대사, 중국 근대 고등교육사 등이다. 이 가운데 근대 학술문화사에 중점을 두고 있으며, 특히 학자와 학술조직, 학술운동 등에 꾸준한 관심을 보이고 있다. 현재 둥하이(東海) 대학 통식교육중심(通識教育中心)의 교수로 재직하고 있으며, 대학에서 주로 '역사와 문화', '중국 근대 문헌사료선독' '근대 학인 특강', '지식인과 대학' 등을 강의하고 있다. 2009년에는 제3회 교육부 '전국우수통식교육교수상'을 수상했다. 논문으로 「후스의 국고정리에 대한 1920, 1930년대 학술계의 반응」(『近代中國史研究通訊』, 第33期) 등이 있고, 최근에는 『왕궈웨이와 현대 중국사학의 건립』(王國維與現代中國史學的建立)을 집필 중이다.

옮긴이 **박영순**은 국민대 중어중문학과를 졸업했으며, 중국 푸단(復旦) 대학 중국어문학연구소에서 석사학위와 박사학위를 받았다. 현재 국민대 중국인문사회연구소 HK연구교수로 재직하고 있다. 최근 주요 연구 방향은 중국 문학작품의 생산기제를 통해 문학생산의 제도적 인프라를 살펴보는 한편, 문학지식 창출과 확산으로서의 지식네트워크를 파악하는 데 중점을 두고 있다. 주요 논문으로 「중국 문학작품의 생산 시스템: 출판체제와 베스트셀러를 중심으로」, 「중국 관방문학상의 운영과 체제: 모순(茅盾)문학상의 운영체제와 문제점을 중심으로」, 「『늑대토템』에서 나타난 문화현상 연구: 늑대의 형상을 중심으로」 등이 있다. 저서로 『사회과학도를 위한 중국학 강의』(공저, 인간사랑, 2008), 『중국 근대 지식체계의 성립과 사회변화』(공저, 도서출판 길, 2011), 『현대 중국의 지식생산 구조』(공저, 도서출판 길, 2012), 『현대 중국의 진화와 지식네트워크』(공저, 도서출판 길, 2013)가 있으며, 역서로는 『호상학파와 악록서원』(학고방, 2011)이 있다.

국민대학교 중국인문사회연구소 번역 총서 • 4

현대 중국의 학술운동사

베이징 대학 연구소 국학문(國學門)을 중심으로

2013년 6월 15일 제1판 제1쇄 찍음
2013년 6월 25일 제1판 제1쇄 펴냄

지은이 | 천이아이(陳以愛)
옮긴이 | 박영순
펴낸이 | 박우정

편집 | 이효숙
전산 | 최원석

펴낸곳 | 도서출판 길
주소 | 135-891 서울 강남구 신사동 564-12 우리빌딩 201호
전화 | 02)595-3153 팩스 | 02)595-3165
등록 | 1997년 6월 17일 제113호

ISBN 978-89-6445-071-0 93300

이 번역서는 2009년도 정부의 재원(교육과학기술부 학술연구조성사업비)으로
한국연구재단의 지원을 받아 연구되었음(NRF-2009-362-B00011).

편집자의 말

양쯔 강 서쪽 일대에 위치한 강우(江右) 지역의 학술은 양한(兩漢)에서 뼈대가 잡힌 후 육조(六朝)에서 온축되고 당말의 변화를 거쳐 양송(兩宋)에서 융성했다. 이 양송 시기에 함께 우뚝 솟아 일대의 종주가 된 학자가 있다. 효종(孝宗) 건도·순희(乾道·淳熙) 연간의 금계(金溪) 육구연(陸九淵)이다. 그는 여러 갈래로 나눠진 길을 일소함으로써 학문은 먼저 대강을 세워야 한다고 강조했고, 본심을 찾아 밝히는 것을 모든 일의 시작으로 삼고 덕성을 높이는 것을 종지로 삼았다. 또한 주희(朱熹)와 대항하면서 '묻고 배우는 것을 강구함'을 위주로 하고 '사물의 이치를 깊이 연구해 깨달음'을 모든 일의 시작으로 삼는 것은 반드시 지리멸렬에 빠진다고 했다. 두 파벌은 길이 서로 달라 대치하면서 논란으로 확대되었다가 마침내 학술적 파란으로까지 치닫게 되었다. 한편, 금화(金華) 여조겸(呂祖謙)은 가학(家學)을 이어 중원의 문헌을 계승·표방하고, 하나의 스승만을 추종하지 않고 사사로운 하나의 학설만을 주장하지 않음으로써 포용의 자세로 주희, 육구연과 함께 우뚝 섰다. 마침내 순희 2년(1175)에 주희, 육구연 등은 연산(鉛山) 아호사(鵝湖寺)에서 만나기로 약속했다. 취지는 두 일가의 차이를 절충해 하나로 귀결하고자 했다. 그래서 3대 거물은 아호사에서 모여 허심탄회하게 각자의 학설을 펼쳐나갔다. 일시적인 성행에 그친 것이 아니라 실로 전국(戰國) 이후 없었던 새로운 중국 학술쟁명의 형국을 형성했다. 비록 각자의 주장이 여전해 하나로 통일하지는 못했지만, 후세에 참으로 심오한 경지를 열어주었다.

—『아호서원지』(鵝湖書院志)

학술도서 출판이 범람하고 있는 오늘날, 자신이 고수하는 깊이 있는 창의적인 학술총서에 만족스러운 명칭을 단다는 것은 불민한 우리 편집인들에게 여간 골치 아픈 일이 아니다. 어느 가을, 학계 동료들과 함께 연산 아호서원에 들러 공자의 발자취를 더듬어가며 선들바람 속에서 '학문의 종주'와 '성현의 성역' 등 여러 옛 유적을 찾아다녔다. 참으로 깊은 감회를 감출 수 없었다. 아득한 800여 년 전에 성행했던 '아호지회'(鵝湖之會)를 생각하니 주희와 육구연 사이에 논박과 힐문이 오가던 상황은 여전히 그들의 커다란 행실을 우러르게 하고, 가슴속 깊은 곳을 온정과 경의로 가득 차게 했다. 우리는 그 순간 "'아호'보다 더 적절한 표현이 뭐가 있을까!"라는 생각을 떠올렸다.

주자와 육상산이 살던 송대는 중국 문화의 중요한 전환기이자 전성기였다. 천인커(陳寅恪) 선생은 일찍이 "화하민족의 문화는 오랜 세월에 걸친 역대 왕조의 진화와 발전을 통해 조송(趙宋) 시대에 이르러 절정에 달했다"라고 칭찬했다. 송대의 문화중심지였던 장시(江西) 지역은 당시 사람들로부터 '인재가 많기로는 천하제일이요, 나라의 문장가가 특히 많다'는 명성을 얻었다. 시공이 교차하는 이곳에서 출현한 아호학술성회는 그야말로 결코 우연한 일이 아니었다. 실로 사상적 열기와 여러 학설이 병립한 학술 번영의 시대를 보여줌으로써 문화중심지로서의 울창한 인문학과 걸출한 인물들의 기상을 느끼게 해주었다.

지방의 한 출판사이지만 우리는 한 번도 지역에 국한하지도 않았고 변두리 지역이라고 부끄러워하지도 않았다. 줄곧 중화의 인문학적 학맥을 가슴속에 지니기 위해 노력했고, 세계의 학술 경관에 대한 시야를 확대함으로써 당대 출판인의 한 사람으로서 학술문화의 임무를 다하고자 했다. 하물며 이와 같은 유원한 지역문화의 우수한 자원의 혜택을 입고, 천년 동안 끊이지 않은 유풍과 유훈을 받은 우리로서는 자연히 이러한 은택에 대한 깊은 감격을 금할 길이 없으며, 항상 옛것을 계승하고 미래를 열어주며 발양광대하려는 염원을 갖게 된다. '아호학술총서'를 세상에 선보이는 이유 역시 이러한 역사의 깊은 곳에 온축된 인문성이 늘 우리를 부지런하게 만들기 때문이기도 하다.

좀 더 말하자면, 솔직히 '아호'를 학술총서로 명명한 데는 또 다른 깊은 뜻이 있다. 대체로 오늘날의 각종 사전과 사학 논저 속에서는 '아호지회'를 주희의 객관적 유심주의와 육구연의 주관적 유심주의의 논쟁이라고 간단하게 정의하고 있다. 사실 역사 속에 담긴 내용과 정신은 역사의 기술과 기록에 비해 훨씬 더 풍부하고 깊다. 주희와 육구연의 차이는 무엇보다도 학문의 공력에 있다. 주희는 육구연의 '문자에서 벗어나 곧장 본질로 치닫는 것'은 선학(禪學)에 가까우며, 이른바 '그 병폐는 도리어 강학을 폐기하고 오로지 실천에만 힘쓰는 것'이라면서 '묻고 배우는 것을 강구해야 함'을 중히 여겼다. 반면 육구연은 주희의 '격물궁리'는 '뜻을 풀고 문자에 주를 다는 것', '군더더기를 더하는 것'으로서 이른바 '공력을 간과함이 결국 커짐에 따라 사업(일)이 지리멸렬해져 마침내 부침하게 된다'라고 힐난하면서 '덕성을 높이는 것'을 우선으로 삼아야 한다고 강력하게 변론했다. 이러한 학술분야는 최근 학계의 '사상'과 '학술' 논쟁의 시대와는 다르지만 일맥상통하는 점이 있으며, 오늘날의 논란과 불확실함을 보다 명징하게 해준다. 아호에서 주희와 육상산은 며칠 동안 서로의 차이를 잘 파악해 각자의 의견을 서술하면서 반복적으로 강론을 펼쳐나갔지만, 결국에는 각자 의견을 달리해 합일을 보지 못한 채 마무리되었다. 이후 두 학자는 각기 추숭하는 바가 있어 서로 경쟁을 하면서 마치 두 줄기 물이 나눠 흐르듯 두 봉우리가 대치하듯 하다가 사상사에서 정주(程朱)와 육왕(陸王)의 두 학파로 나뉘어 확대되었다. 사실, 이 두 학자는 서로의 차이와 우열을 비교하는 과정에서 상대를 이해하는 마음이 없었던 것은 아니었다. 주희는 만년에 훈고에 빠진 점에 대해 후회했고, 육구연 역시 얼마 안 되어 거칠고 경박했던 언어 표현에 대해 자책했다.

이른바 학술은 조화를 이루되 뇌동하지 않는 것이며, 각각의 훌륭한 점을 지니고 있다. 또한 자신을 이겨내는 용기와 좋은 점에 승복하는 진실함도 있어야 한다. 이는 참으로 학인들에게 편견과 고집을 경계하는 지당한 이치이자 현대 학술정신의 요지이며, 또한 당대의 학인들이 말하는 이른바 '자신의 이론에는 철저하고 타인의 학술에는 관용한다'는 정신과 상통하는 점이기도 하다. 또한 사방을 찾아다니며 학문을 구하는 고대 사인들의 훌륭한 기풍과 민간서원에서 학술적 기운을 받아 원기를 충만케 하려는 노력, 천리 및 심성과 같은 형이상학의 문제가 드러낸 자유와 상상에 대한 토론, 학술적 상대와 절차탁마하는 강학의 이치, '지향하는 바가 같아서 철저하게 서로 토론해 의심함이 없고, 마음을 안정시켜 좋은 점을 따르는' 학술적 흉금 등 '아호지회'가 담고 있는 이러한 점들은 오늘날 우리가 발양하고 추구하려는 우수한 학술전통이라 할 수 있다. 특히 성대한 고대 학술회강제도는 근현대에 들어와 각종 연구회와 토론회로 발전했으며, 학술을 추동하고 발전시키는 중요한 방식이자 동력이 되었다. 그러나 그 가운데 가장 중요한 것은 '아호지회'가 담고 있는 학술정신이며, 그것이 당대 중국의 인문사회과학을 촉진시키는 중요한 역사적 자원과 훌륭한 전통이 될 거라는 데는 의심의 여지가 없다. 사실, '아호지회'가 중국의 고대 학술사상에서 심원한 영향을 준 토론회로 자리하면서 천고에 전해 오는 아름다운 일화가 된 이유는 그들이 논의한 내용이 백세토록 바뀌지 않아서가 아니라, 쟁명을 통해 사상을 자극하고 학술을 번영시킨 우수한 전통이 백세토록 바뀌지 않았기 때문이다. '흐르는 물은 밤낮으로 쉬지 않고 흐른다'는 공자의 말처럼, '아호지회'는 이미 구체적인 논제를 초월해 점차 상징적인 의미를 던져주고 있다. 즉, 그들이 구축한 훌륭한 학술기제와 그들이 제창한 자유로운 학술 분위기는 당대 학술의 발전 속에서 없어서 안 될 중요한 점이다. 다른 의견을 배척하면 반드시 독단적으로 흐르고 막혀서 결국 학술을 메마르고 쇠퇴하게 만든다. 여러 가지 학설들이 논쟁을 하면 관용적이고도 다원적인 방향으로 흘러 마침내 학술은 건강하고 흥성해진다. 이는 학술의 발전에 중요하고도 근본적인 문제로서 현재 중국 인문사회과학이 주목하는 학술규범 문제와 학술 창의성 문제, 학술기제 문제, 학술 본토화 문제, 중국 담론 문제 등과 관련이 있다. 나아가 현재 복잡한 학술 환경 속에서 성찰과 심사숙고를 요구하는 역사적이고도 현실적인 관련성을 내포하고 있다. 이른바 '옛일에다 새로운 생각을 부여한다'는 '아호학술총서'는 역사적으로 유구하고도 깊이 있는 인문 전통을 잇고, 현실적으로 탄탄한 학술을 건설하는 데 중점을 두어, 미래에 새로운 국면을 열어갈 문화적 청사진을 기대한다. 작금의 출판인으로서 갖는 고원한 목표에 비록 다다를 수는 없을지도 모르지만 마음은 시종 그곳을 향한다.

근 10년 이래로 중국 인문사회과학의 사상학술에 관한 '도입-모방'의 색채는 점차 옅어지고, '창조-참여'를 추구하는 경향이 날로 두드러지고 있다. 1980년대의 격변을 거쳐 1990년대의 침잠과 온축 그리고 세기를 뛰어넘는 넓고 아득한 마음의 여과를 거치면서 중국의 학술은 현재 전 사회의 새로운 주선율을 빌려 더욱 깊게 정진하고 있다. 분명해지고 넓어진 신세기의 학술무대는 당대 학술 중심이 강한 임무와 실천을 자임해 주길 기대하고 있다. '아호학술총서'는 이를 더욱 확대해 나가고 분위기를 한층 고조시킴으로써 신세기 중화 학술의 미래의 흐름을 촉성코자 한다. 이렇듯 커다란 출판 취지 아래 우리는 결코 학과의 내용적인 면에서 총서의 절대적인 범주를 정하지는 않을 것이다. 굳이 한정됨을 말하자면, 인문학에 중점을 두면서 전체 사회과학으로 확대해 나가고자 한다. 특징을 말하자면, 학술적 창조성과 중국의 담론, 문제의식이라는 이 세 가지 원칙을 내세움으로써, 세상에 가득한 도서를 정리한 회편(匯編)류 도서나 간단하게 번역해 소개한 도서 등과 차별을 두어 중복적이고도 새로운 점이 없는 '거품 학술'을 뛰어넘고자 한다.

800년 전의 '아호지회'의 학술 민주정신은 중국 학술이 번영과 창조를 향해 성큼 내딛고자 하는 좋은 계제와 잘 부합한다. '아호학술총서'라는 역사를 넘어 현실을 관통하는 좋은 기회를 만나 편집인으로서 참으로 다행이라는 생각이 들면서도 한편으로 중책을 맡게 되어 마음이 무겁기도 하다. 학술에 뜻을 둔 마음은 간절하지만 힘이 부족해 사림의 학계의 두터운 바람을 저버릴까 늘 심히 걱정된다. 이에 특별히 천하의 학인과 동지들이 인화(人和)의 미덕을 즐거워하길 바라며, 학문을 함에 있어 천하의 공심(公心)에 도움이 되길 바란다. 아울러 이러한 취지가 중국의 당대 학술의 인문경계를 향상시키는 사업에 도움이 되고, 당대 학술의 '공적 공간'을 구축하는 데 힘이 되기를 바란다.

이상 두서없는 군더더기를 덧붙이면서 '아호학술총서'의 서막을 연다.

장궈궁(張國功), 류징린(劉景琳)
2001년 5월

| 서문 |

천이아이(陳以愛)가 홍콩중원(香港中文) 대학 역사과에 재학할 무렵, 나는 주시쭈(朱希祖)와 베이징 대학 역사과에 관한 문제를 다룬 그녀의 졸업논문을 지도했다. 천이아이는 학문 연구의 길을 막 열어가면서 이 방면의 자료를 많이 모았으며 관련 서적도 많이 읽었다. 훗날 홍콩에서 타이완으로 와 리광젠(李廣健) 밑에서 공부했다. 리광젠 역시 나의 학생이다. 나를 따라 홍콩에서 타이완으로 와 타이난(臺南) 사범학원에서 교편을 잡으면서 위진남북조사(魏晋南北朝史)를 계속 연구했는데, 이미 독립적인 연구가 가능했고 학문적 성취도 적잖이 일궈내었다. 천이아이는 타이완으로 온 뒤로 타이완 정치대학 역사연구소에 들어가 다시 예전의 학문에 매진했다. 그들 부부가 나를 따라 함께 한 지도 이미 10여 년이 되었다.

천이아이는 연구소에서 베이징 대학과 관련한 자료를 계속 수집했다. 일찍이 "이 방면의 자료는 이미 확실하게 파악했고 적절하게 활용할 수 있네. 이제는 한층 더 높이 오를 때이니 베이징 대학 연구소 국학문에 주의를 기울이게"라고 말하자, 천이아이는 과거의 기초 위에서 베이징 대학 국학연구소에 대한 탐색을 하기 시작했다. 내가 그녀와 베이징 대학 국학연구소에 대해 토론한 데는 이유가 있었다.

과거에는 하나의 학술문제나 개인 또는 학술기관에 대한 연구가 종종 시대의 흐름 밖에서 고립된 경우가 많았다. 이는 나무만 보고 숲은 보지 못하는 경우로서 논의의 여지가 있는 문제이다. 모든 학술문제와 학술기관 및 학술과 관련한 인물들은 한 시대에서 생겨나며 그 시대와 서로 영향을 주고받는 관계를 이룬다. 베이징 대학 국학연구소는 중국 근대학술이 전통에서 현대로 넘어가는 시기에 설립된 학술 연구기관으로서 그 설립과 발전에 시대적인 특색을 지니고 있다.

중국 근대학술의 발전은 중국 근대민족운동으로 인한 현대화와 밀접한 관련이 있다. 중국 근대의 현대화 과정은 아편전쟁 이후 서양의 강한 군대를 배우는 것에서부터 갑오전쟁 이후의 정치개혁과 정치혁명을 거쳐 마지막으로 '5·4운동'에 따른 이데올로기 영역의 거대한 변동에 이르기까지, 유형(有形)의 것들을 배우는 것에서부터 그 사이에 제도적 전환을 겪고 마지막으로 무형의 사상적 변화를 겪는 과정에 이르기까지 그 전후 맥락이 파악될 수 있을 뿐만 아니라 단계도 매우 분명하다. 이 같은 여러 가지 변화는 모두 서로 다른 단계의 민족운동으로 인해 발생했다. 베이징 대학 국학연구소의 설립은 구미식의 연구기관으로 설립한 것이지만 최초의 이상과 목표는 '국고정리'(國故整理)에 있었다. '국고정리'는 바로 자신의 가업을 정리한 뒤 세계 학술계에서 하나의 기반을 마련하는 것이었다. 이 같은 기치는 민족정서의 고무 속에서 일어난 것이다. 중국 근현대의 학술문제에 대한 토론과 연구에서 민족운동과 민족정서의 분발이 빠진다면 뭐라 말할 수 있는 동력은 없다.

민족운동의 흥기와 민족정서의 토로는 외부 자극에 대한 반응이다. 하지만 외부 자극이 본토의 학술적 파랑(波浪)을 만나지 않았다면 잔잔한 물결에 불과할 뿐 거대한 물결을 일으킬 수는 없었을 것이다. 사실상 중국 학술의 주체였던 전통 경학(經學)은 정치에 의탁한 채 오랜 발전을 해오다가 만청에 이르러 이미 곤경에 빠져 막다른 길에 이르자 점차 느슨해지면서 구조의 해체 속에서 발버둥치다가 원래의 절대적 권위와 지위를 완전히 잃었다. 이로써 원래 가려져 있던 다른 학술이 분분히 두각을 나타내면서 평등한 대우와 지위를 실현하고자 애썼다. 이런 상황은 과거 위진 시대나 '문혁'의 폭풍우가 수그러든 뒤의 중국 대륙의 학술 영역에서도 동일하게 발생한 바 있다. 절대적 학술 권위가 세력을 잃은 뒤 학술 영역의 논쟁과 연구에 비교적 자유로운 공간이 생겨난 것이다. 베이징 대학 국학연구소는 이러한 전환적 추세 속에서 설립된 것으로, 연구범위는 이미 전통학술이 분류한 사부(四部)의 한계를 넘어 다원화된 발전을 이룩하기 시작했다.

학술의 발전을 위해서는 자유로운 공간이 필요하다. 이른바 자유로운 공간이란 현실 정치의 간섭을 최소화하는 것이다. 중국 역사가 발전하는 과정에서 문화적 이상이 정치적 권위를 초월한 시대에 종종 문화와 학술의 황금시대가 등장했다. 이 황금시대가 양한과 수·당이 아닌 무질서한 위진 시대와 문약(文弱)했던 양송 시대에 존재했던 원인이 바로 그 이유이다. 그리고 이 두 시대는 동시에 중국의 학술이 발전하는 시기이기도 했다. 마찬가지로 신해혁명이 2000여 년을 이어온 중국의 통치방식을 바꾸었지만 도리어 강력한 통치 권력은 등장하지 않았다. 경제적으로 곤란했지만 학술을 위해 자유로운 발전의 공간을 남겨두었으며, 이러한 시대의 요구에 따라 베이징 대학 국학연구소가 생겨났던 것이다.

이는 천이아이가 문제를 탐색하는 배경이었다. 그러나 거기에는 토론할 만한 새로운 현상과 문제가 여전히 존재한다. 과거 중국의 학술연구기구로서 국가기관인 태학, 국자감, 한림원이 있었고, 사학으로는 서원이 있었다. 과거제도가 폐지된 뒤 국가의 학술연구기구가 해체되고 개인적인 강학도 쇠락했다. 베이징 대학 국학연구소가 설립되면서 새로운 학술단체가 등장한 것이다. 뿐만 아니라 이 새로운 학술단체는 정치로부터 독립해 전국적인 새로운 학술연구의 중심이 되어 여러 지역에 흩어져 있던 지식인들을 이곳으로 불러모았다. 이는 중국의 학술이 전통에서 현대로 넘어가는 전형적인 현상이다.

베이징 대학 국학연구소가 설립되는 초기의 구성원과 주관 인물들은 대부분 장타이옌(章太炎)의 문하생들과 저장(浙江) 출신의 일본 유학생이었다. 그들은 베이징 대학에 들어와 과거 동성파(桐城派)의 유로(遺老)를 대체해 문사(文史)의 교학과 연구의 주류가 되어 이 학술연구기구를 장악했다. 이 저장 출신의 일본 유학생들이 가장 처음 베이징 대학 국학연구소를 장악하게 된 데는 지연이 작용했다. 명·청 이래로 장쑤(江蘇)와 저장 지역은 경제가 번영해 인문이 발달한 곳이었다. 아편전쟁 이후 서양의 자본주의가 들어오면서 남동 연해의 농촌경제의 파탄을 불러왔다. 특히 새로운 도시가 등장한 뒤로는 도시와 농촌의 격차가 한층 더 커졌다. 과거제도가 폐지된 뒤 이러한 사회 기층 출신의 엘리트들은 방향과 지표를 잃게 되면서 일본으로 건너가 부국강병의 길을 배우고, 일본으로 건너온 서양사상을 중국에 소개했다. 때문에 '5·4' 이전에 일본은 중국과 서양문화가 만나는 역(驛)의 기능을 했다. 일본에서 유학한 사회적 엘리트들은 동서 문화 교류의 매개체가 되었다. 그러므로 중국 학술문화가 전통에서 현대로 넘어가는 시기에 그들의 공헌과 영향은 긍정적인 평가를 받을 만한 가치가 있다.

5·4신문화운동의 전환과 영향은 다방면에서 이루어졌다. 그러나 중요하지만 도리어 늘 소홀히 여기는 문제는 바로 서양의 영향이 과거 일본의 영향을 직접 대체했다는 점이다. 만약 19세기는 서양 제국주의가 중국에 제품을 덤핑 판매하던 시기였다면, 20세기의 5·4시기는 서양이 중국에 이데올로기를 판매한 시기였다. 이 시기에 서양에서 유행하던 여러 사상이 모두 중국으로 들어와 뒤섞였다. 그 중 마르크시즘을 제외한 다른 사상은 더 이상 일본을 거치지 않고 발원지에서 직접 중국으로 들어오게 되었다. 이 당시 후스(胡適)는 미국에서 돌아오면서 존 듀이(John Dewey)의 사상을 중국에 소개했다.

중국 신문화운동의 파도 속에서 모습을 드러낸 후스는 적절한 시기에 등장한 것이다. 게다가 그는 안후이(安徽) 상인 집안의 출신으로서 천재적인 판매가였다. 그가 보여준 것은 난해하고도 공소한 이론이나 이데올로기가 아니라 학문을 하는 방법과 태도였다. 학문을 하는 그의 방법과 태도는 그 자신을 사람과 가까워지기 쉬운 인물인 것처럼 받아들이게 했다. 때문에 "실증을 거친 지식만이 진정한 지식이다"라는 그의 말은 아슬아슬한 위기에 놓인 전통 경학을 철저하게 파괴했다. 이러한 절대적인 학술적 권위는 과거에는 의심하거나 논쟁할 수도 없었던 것이기 때문이다.

후스는 자신이 소개한 실증 방법을 교묘하게 건가(乾嘉)의 학문 방법과 연결시켜 '국고정리'를 신문화운동의 세 번째 단계의 행동 구호로 삼고, 「국학 계간·발간선언」을 세상에 알렸다. 「국학 계간·발간선언」은 분명 중국 학술을 전통에서 현대로 열어가는 기치였다. 이 기치에는 베이징 대학 국학연구소 동인들의 땀방울이 뿌려졌고, 장타이옌의 그림자가 숨어 있었다. 그리고 후스를 통해 언급되면서 그는 학술을 이끄는 발언권을 얻게 되었다. 이는 중국의 현대 학술발전의 중요한 전환점이었다. 이후로 후스는 '국고정리'를 추진하면서 영향력을 발휘해 결국 구미의 영향력이 일본의 영향력을 완전히 대체할 수 있게 했다. 이러한 전환 과정 속에서 베이징 대학 국학연구소는 중간자로서의 중요한 역할을 했다.

천이아이는 근실하게 학문을 한다. 두 차례에 걸쳐 베이징 대학 도서관과 당안실의 관련 자료를 수집하고 이들 자료를 정리해 글로 완성했다. 그녀는 한 걸음 한 걸음 성실하고 착실하게 걸어오면서 이미 자신이 가야 할 길을 찾게 되었다. 하지만 이는 시작일 뿐 더 먼 길을 가야 할 것이다.

세밑에 타이베이 후투자이(糊塗齋)에서
루야오둥(逯耀東)

| 자서(自序) |

현대 학술연구기구의 흥기를 연구한 이 책은 나의 석사논문을 토대로 완성한 것이다. 처음 사학의 길로 들어섰을 때 현대 학술문화사를 연구 범위로 정했었지만, 이 책이 지금의 모습으로 등장하기까지 여러 우여곡절을 겪었다.

나는 4년 전 타이완 정치대학 역사연구소에 들어섰을 때, 원래 베이징 대학 사학과의 성립과 초기 역사를 주요 연구대상으로 삼으면서 현대 대학에서의 사학의 발전에 관한 동향을 탐구하고자 했다. 2년 전 연구소에서 논문 제목을 발표할 때도 이를 범위로 했다. 당시 베이징 대학 사학과를 연구대상으로 정한 이유는 과거 홍콩중원 대학 역사과에서 공부할 때 루야오둥 선생님의 지도 아래 이를 주제로 하여 2만 자 가량의 졸업 논문을 썼기 때문이다. 논문을 마친 뒤 이 연구과제가 포함하고 있는 문제가 너무 광범위하며 한층 더 깊은 토론의 여지가 있다고 느꼈다. 그래서 정치대학에 들어온 뒤 다시 이 연구 제목으로 보고를 하면서, 홍콩에서 타이완 대학으로 돌아와 교학을 하시는 루야오둥 선생님께 지도를 청했다.

글을 쓰기 시작할 무렵, 이런저런 고민 끝에 나는 베이징 대학에 가서 완벽하게 자료를 수집해 오기로 마음먹었다. 이 베이징행은 사학과와 관련된 자료를 보충하는 기회가 되었을 뿐만 아니라, 베이징 대학 도서관의 옛 정기간행물실과 당안실에서 뜻밖에도 장정과 회의기록, 정기간행물 등 대량의 연구소 국학문의 문헌을 만나게 되었다. 이전까지 『베이징 대학 일간』(北大日刊)과 『국학 계간』(國學季刊)을 읽었을 때 이미 베이징 대학이 1922년에 연구소를 설립해 '국고정리' 업무를 했다는 사실은 알았지만, 설립 이후로 몇 년 간 창조적인 학술 업무를 진행함으로써 1920년대 국학연구의 요새가 되었다는 사실에는 그다지 주의를 기울이지 않았었다.

타이완으로 돌아온 뒤 위의 내용들을 루야오둥 선생님께 말씀드리고 선생님의 동의에 따라 연구의 중점을 사학과에서 국학문으로 바꾼 뒤, 국학문의 창립과 발전을 고찰함으로써 국고정리운동의 초기 단계에 대한 초보적인 이해를 하고자 했다. 이렇게 제목을 바꾼 후 1년도 채 안 되는 시간 안에 논문을 완성하기란 쉬운 일이 아니었다. 다행히도 여전히 베이징 대학을 연구 범주로 했기 때문에 이전에 모아둔 기초자료 위에 새로 수집한 자료를 더해 정리하면서 석사논문 『베이징 대학 연구소 국학문의 초기발전 1922~1927: 중국 현대 학술연구기구의 흥기』(北京大學研究所國學門早期的發展 1922~1927: 兼論中國現代學術研究機構的興起)를 완성했다.

논문을 작성하는 과정이 다소 총망했던 탓에 구술시험을 마친 후 바로 수정을 하기로 했다. 논문에서 가장 보강되어야 할 부분은 학술연구기구가 설립된 경위에 관한 부분이었다. 당초 논문을 쓸 때 이미 현대 학술기구의 설립이 학술성장에 큰 도움이 되었다는 사실을 알고 이에 대해 논술했다. 하지만 당시 대부분의 힘을 자료를 소화하고 대조하는 데 써서 이 문제에 대해 깊이 있는 논의를 펼쳐나가지 못했다. 다행히도 정치대학 역사연구소 선생님들께서 이 논문의 장점을 인정해 정치대학 '사학총서' 출판 목록에 넣어 수정할 기회를 주셨다. 이에 박사과정 1년여 시간 동안 틈틈이 이 논문을 전면적으로 수정했다.

수정본에서 가장 변화가 많은 부분은 제2장이다. 절 하나를 더 추가해 현대 학술연구기구가 중국에서 등장하게 된 학술문화의 배경에 대해 별도로 논의했다. 제목도 루야오둥 선생님의 생각과 왕룽쭈(汪榮祖) 선생님의 의견을 따라 주 제목 아래 부제를 달기로 했다. 제목을 수정해 논문의 중점이 바뀜에 따라 나는 국학문의 창립을 중국의 현대 학술연구기구가 생겨난 역사적 맥락에서 좀 더 고찰하고 국학문의 발전에 관한 동향을 상세히 논술함으로써, 현대 학술체제가 등장한 뒤 학술발전의 면모에 도대체 어떤 변화가 일어났는지를 설명하고자 했다.

논문을 수정하는 과정에서 현대 학술연구기구의 설립이 중국 현대 학술사에서 중요한 발전적 추세였음을 알 수 있었다. 그러나 이 과제와 연관된 내용은 상당히 복잡했다. 이는 20세기 이후 중국 정치와 사회경제의 발전, 나아가 전체 국제학술환경의 변동과 밀접한 관련이 있으며, 모두 이 책에서 고려할 수 있는 대상이 아니므로 훗날 지속적인 연구를 할 것이다. 따라서 이 책은 한편으로는 개인의 역사연구에 관한 기록이며, 이를 새로운 기점으로 삼아 이후 현대 학술문화사의 영역에서 더욱 착실하게 진행해 나가고자 한다.

이러한 학문과정에서 나를 이끌어주신 선생님과 지지를 보내준 친구들에게 참으로 고마운 마음을 전한다. 여러 선생님들 가운데 특히 루야오둥 선생님의 영향이 가장 컸다. 대학 때 루야오둥 선생님께서 개설했던 수업들을 들으면서 학술문화사에 많은 흥미를 느낄 수 있었고, 선생님의 지도로 학문을 연구하는 방법을 처음 맛볼 수 있었다. 대학 졸업 후 중학교에서 교편을 잡고 있을 때, 선생님께서 홍콩에 오셔서 타이완으로 건너와 연구소에 시험을 쳐보라고 격려해 주셔서 다시 이 길을 가게 되었다. 10년간 신아서원(新亞書院)의 상사수(相思樹) 옆에 자리한 선생님의 연구실에서 타이베이 '후투자이'까지 줄곧 선생님의 교육을 받으면서, 동시에 최근 연구하고 있는 것에 대해 말씀드렸다. 선생님은 방 안 가득한 담배 연기 속에서 내가 말씀드린 점에 대해 질문을 하거나 앞으로 어디에 중점을 두어야 하는지에 대해 일깨워주셨다. 이런 지적은 몇 마디 말에 불과했지만, 실로 나의 현대 학술사에 대한 탐색은 바로 이 몇 마디 지적으로부터 시작되었다. 올해 마침 선생님께서 퇴직을 하셔서 여러 선배님을 따라 선생님께 기념논문집 『결망편』(結網編)을 헌정했다. 지금 이 책을 다시 선생님께 삼가 바침으로써 10여 년간 세심한 가르침에 대한 감사의 뜻을 전하고자 한다.

정치대학의 선생님들께도 이번 기회를 통해 고마움을 전한다. 선생님들의 가르침뿐만 아니라 정치대학 역사연구소의 따뜻하고 조화로운 분위기 속에서 편안하게 공부할 수 있는 환경을 제공해 주신 점에 경의를 표한다. 린넝스(林能士) 선생님께 특히 고마운 마음을 전한다. 정치대학에 들어올 때부터 학문뿐만 아니라 생활면까지도 잘 적응할 수 있도록 많은 관심과 배려를 아끼지 않으셨다. 내가 타이완으로 온 뒤 새로운 학습 환경에 잘 적응할 수 있었던 점에 대해 린 선생님께 감사를 드린다.

학문 연구과정에서 다행스러웠던 점은 최근 정치대학의 사학사 방면에서 유명한 선생님들이 포진되어 있었다는 점이다. 두웨이윈(杜維運) 선생님과 왕룽쭈 선생님의 사학사 수업에서 여러 가지 유익한 깨달음을 얻을 수 있었다. 왕룽쭈 선생님은 객좌교수로 계시던 1년 동안 내 논문을 읽어보시고 귀한 의견을 제공해 주셨다. 작년 논문심사에서는 옌비헝(閻沁恒) 선생님과 타이완 대학 자스제(査時傑) 선생님은 심사위원으로서 중요한 의견을 제시해 주셨다. 이분들께도 감사의 인사를 전한다.

또한 뤼팡상(呂芳上) 선생님께도 진심으로 고마움을 전한다. 뤼 선생님은 현대사 방면에 대한 해박한 지식과 많은 격려의 말을 아끼지 않으셨다. 나의 연구 시야를 넓혀주었을 뿐만 아니라 내가 나아갈 길을 확실하게 정하는 데 믿음과 용기를 주셨다. 선생님은 같은 연구를 하는 사람들과 토론하고 연구해야 하며, 이로써 자신의 학문을 검증하고 자신의 관점을 수정할 수 있는 기회를 가져야 한다고 일깨워주셨다. 이 기회를 통해 다시금 선생님께 감사의 마음을 전한다.

앞서 언급한 선생님들 외에도 자료 수집부터 이 책이 완성되기까지 푸전룬(傅振倫), 웨이칭위안(韋慶遠), 톈위칭(田餘慶), 린베이뎬(林被甸), 왕스루(王世儒) 등 여러 선생님들의 도움이 있었다. 그 중 아흔이 넘은 푸전룬 선생님은 70년간 소장해 온 국학문 문헌을 복사하게 해주셨고, 두 차례에 걸쳐 나에게 1930년대 학계의 비화를 들려주셨다. 이들 1차 자료와 기억은 모두 이 책을 쓰는 데 중요한 참고자료가 되었다.

이밖에도 베이징 대학의 천훙제(陳洪捷) 선생님과 정치대학의 류룽신(劉龍心) 후배, 리메이후이(李美慧), 린치우즈(林秋志) 및 왕융후이(王永慧) 동학들이 많은 관점과 의견을 제공해 주었고, 판사오잉(潘韶穎)과 셰전셴(謝振賢), 위안밍후이(袁明蕙)는 일본과 홍콩에서 자료를 복사해 주었으며, 천스런(陳識仁)은 귀찮은 기색 없이 컴퓨터 문제를 해결해 주었고, 리쑤츙(李素瓊) 조교와 장즈밍(張志銘) 동학은 이 책의 출판을 위해 많은 수고를 해주었다. 모두에게 감사의 마음을 전한다.

내 남편 리광젠(李廣健)을 빼놓을 수 없다. 11년 전 홍콩중원 대학 캠퍼스에서 조교와 학생으로 처음 만나 동문이 되었다가 3년 전에 부부가 되었다. 최근 몇 년간 나의 경제적 지주가 되어 내가 공부의 즐거움을 충분히 누릴 수 있도록 응원해 주었다. 연구과정에서 작은 성과가 있을 때마다 첫 번째 공유자가 되었고, 예전처럼 개별 지도를 해주었던 방법으로 나의 관점에 대해 질의와 분석을 해주었다. 사실 이 책에는 그의 의견이 적잖이 반영되었다. 이에 대해 학습 동반자로서 고마움을 전한다.

끝으로 이 책에서 말한 것과 같이 중국의 현대 학술 발전은 빈번하고도 개방적인 학술교류와 학술 토론을 기초로 하고 있다. 이런 면에서 이 책은 역사학도의 작은 성과이지만, 선배 학자들의 가감 없는 비평과 두터운 가르침을 바란다.

타이난 유야자이(有涯齋)에서

천이아이

1998년 10월

• 차례 •

서론

20세기 상반기는 중국학술사에서 백가쟁명의 시기이다. 학술사상의 자유와 학술유파의 다양성, 학술정기간행물의 범람 등은 모두 이 시기의 두드러진 특색이다. 1920년대와 1930년대는 학술계에서 주목할 만한 발전적 추세가 출현했다. 하나는 구미식의 학술기구가 분분히 성립하다가 최종적으로 2개의 종합연구기관인 '중앙연구원'과 '베이핑 연구원'을 출현시켰다. 다른 하나는 국고정리운동이 신문화운동의 고조 후에 출현(고사변(古史辨)도 그 중의 일환)해 신속하게 전국적인 학술문화운동으로 번졌다. 이런 두 가지 추세는 학술계의 흥기와 회합을 의미하며, 베이징 대학 연구소 국학문 창립의 근원이 되었다.

이 책은 베이징 대학 국학문의 초기 역사(1922~27)에 대해 고찰한 것이다. 주로 두 가지 중요한 사실을 통해 진행한다. 첫째, 국학문은 중국 현대 대학 속에서 가장 빠른 구미식 연구기구로 건립된 연구소이다.[1] 둘째,

1) 蔡元培, 「二十五年來中國硏究機關之類別與其成立次第」, 高平叔, 『蔡元培文集ㅡ卷九·科學技術』, 臺北: 錦繡出版事業公司, 1995, 400~01쪽.

국학문은 '국고정리'라는 구호를 제시해 첫 번째로 국학연구를 주요 목적으로 성립된 학술단체이다.

구미식의 전문연구기구가 중국에서 성립된 것은 현대 학술사상 중요한 특색과 발전적 움직임으로서 중국의 정치체제와 사회조직이 변화와 재조정의 시기에 놓여 있음을 반영한 것이며, 이에 따라 학술연구에도 조직화, 제도화, 전공화의 추세가 출현했다. 그러나 과거에는 이러한 문제에 대해 주의를 기울인 학자들이 많지 않아서 연구성과도 적었다.[2] 하지만 중국 현대 학술문화사에서 중요한 위치에 있는 차이위안페이(蔡元培)는 1930년대 초에 갑오전쟁 이래 중국 학술문화 발전의 대세를 다음과 같이 결산하면서 신중하게 말했다.

> 서술했던 신문화의 맹아를 종합적으로 살펴보면, 이 35년 동안 이미 순차적으로 발생해 왔고 특히 과학연구기구의 확립을 요점으로 한다.[3]

차이위안페이가 말한 '과학연구기구'의 '과학'이란 넓은 의미의 개념이다. 그래서 문장에서도 '중앙연구원' 역사언어연구소(이하 '사어소'로 약칭)의 업무를 언급한 것이다. 차이위안페이는 19세기 이래 중국 학술문화 발전의 커다란 흐름을 서술한 글 속에서 연구기구의 설립은 이 시기의 중국 학술문화 영역에서 가장 중요한 발전 동향이며, 중국에서의 학술연구기구의 흥기와 설립은 중국 현대 학술사를 연구하는 사람에게 결코 간과할 수 없는

2) 이 방면의 연구성과는 타오잉후이(陶英惠)의 연구물을 참조. 陶英惠, 「蔡元培與中央研究院, 1927~1940」, 『近史所集刊』, 第7期, 臺北: 中央研究院近史所, 1978, 6, 1~50쪽. 陶英惠, 「國立北平研究院初探 1929~1949」, 『近代中國』, 第16期, 臺北: 近代中國雜志社, 1980. 4, 90~114쪽. 陶英惠, 「抗戰前十年的學術研究」, 中央研究院近史所, 『抗戰前十年國家建設史研討會論文集 1928~1937』, 臺北: 中央研究院近史所, 1984, 71~99쪽.

3) "綜觀所術新文化的萌芽, 在這三十五年中, 業已次第發生; 而尤以科學研究機關的確立爲要點." 蔡元培, 「三十五年來中國之新文化」, 高平叔, 『蔡元培文集: 卷九·科學技術』, 臺北: 錦繡出版事業公司, 1995, 542쪽.

것이라 했다.

이 책에서는 비록 현대 학술연구기구 출현의 원인과 특징, 영향을 전면적으로 다루지는 못했지만, 국학문의 창립과 초기 발전을 중심으로 하여 현대학술기구가 중국에서 어떻게 건립되었는지, 학술기구가 현대 학술기구 체제에 편입된 후 발전 면모에 어떤 변화가 생겼는지 그리고 국학문 발전에 어떤 영향을 끼쳤는지, 어떠한 학술환경의 변화가 있었고 그것이 학자와 학술활동에 어떤 영향을 끼쳤는지 등에 대해 논의한다. 즉, 국학문의 발전 역정에 대한 논술을 통해 외재적인 학술환경의 변천을 이해하고, 학자와 학술 업무에 끼친 영향을 이해할 수 있을 것이다.

외재적인 환경과 학술발전 사이의 관계, 특히 학술기관이 학자의 연구 성과에 끼친 영향에 대해 로버트 K. 머턴(Robert K. Merton)은 일찍이 1930년대 출판한 사회학과 과학사를 결합한 연구 저서에서 17세기 영국을 예로 들어 설명했다. 과학자 간의 만남과 통신 및 정기간행물의 출판이 사상 교류의 기회를 제공함에 따라 창의적인 연구물 생산에 도움이 되었다고 지적했다. 왕립학술원(Royal Society)과 같은 학술단체의 성립이 과학자 간의 접촉을 강화함에 따라 과학연구의 흥기와 성취가 당시 영국에서 뚜렸한 성장을 가져오게 된 것과 같은 상황이다.[4] 조지프 벤 데이비드(Joseph Ben-David)가 1970년대 출판한 과학사회사 저작은 17세기 이래 구미 과학 조직의 연이은 설립과 혁신이 과학의 발전에 끼친 영향에 대해 전반적으로 논의했다.[5] 머턴과 벤 데이비드의 저작은 과학의 발전과 외재적 환경의 관련에 중점을 두면서, 토머스 S. 쿤(Thomas S. Kuhn)과 과학혁명의 발생에 대해 토론할 때 관념의 전환으로부터 착수해[6] 둘의 연구 취향을 각

---

4) Robert K. Merton, *Science, Technology & Society In Seventeenth Century England*. New York: Howard Fertig, 1970. pp. 216~24.

5) 本戴維(Joseph Ben-David), 趙佳苓 譯, 『科學家在社會中的角色』, 成都: 四川人民出版社, 1988.

6) Thomas S. Kuhn, *The Structure of Scientific Revolutions*. Chicago: The University of Chicago Press, 1962 참조. 토머스 쿤은 후에 이 책의 후기를 쓸 때 비로소 과학단체의 구

기 중시했다.

과학자(넓게 말해 학자)는 사회구성원으로서 시대의 변동과 생존환경의 영향으로부터 스스로 멀어질 수 없다는 것은 자명한 사실이다. 따라서 과거 중국 학술사상사를 연구한 저작은 반드시 학술사상과 세상의 변화와의 관계에 대해 언급을 하고, 아울러 연구대상의 가정환경과 학문탐구 과정, 사우관계 및 인간관계에 주의를 기울임으로써 연구대상의 학술사상에 영향을 줄 수 있는 요소를 탐색했다. 안타깝게도 20세기 중국에서 학술연구의 제도화된 발전이 출현했음에도 불구하고 지금까지 연구기구의 설립이 학술성장을 촉진하는 데 영향을 끼친 작용에 대해서는 깊고 상세하게 분석한 저작이 한 권도 없다.

이 책의 편찬은 이러한 각도에서 출발해 베이징 대학 국학문을 중심으로 민국 이후 중국 학술연구가 제도화되는 과정과 이로써 파생된 일련의 문제에 대해 논의하고자 한다. 한 가지 지적해야 할 점은 내가 이 책에서 1920년대 중국 학술의 발전을 관찰할 때 특히 연구기관이 학술발전을 촉진하는 데 기여한 역할에 주의를 기울였으며, 머턴과 벤 데이비드의 분석 각도와 맞물리는 점이 있었지만, 편찬 과정에서 먼저 이론적 틀을 세운 뒤 사료를 가지고 검증하지는 않았다. 오히려 이 책이 현재의 면모를 갖출 수 있었던 것은 사실 여러 가지 곤혹스러운 역사적 현상을 마주하면서, 오직 학술연구의 조직화, 제도화라는 각도에서 고찰해야만 1920년대 중국 학술계의 발전 동향에 대해 합리적인 해석을 내릴 수 있다고 여겼기 때문이다.

이른바 곤혹스러운 현상이란 바로 2년 전 내가 베이징 대학 구 간행물실에서 1922년부터 1927년까지 베이징 대학 국학문이 발행한 4종의 학술간행물을 우연히 발견한 것을 의미한다. 이 간행물에 등재된 수백 편의 원고와 그곳에 자주 보이는 국학문 활동에 대한 보도에서 수십 명의 학자를 결합시킨 학술 연구기관으로서의 베이징 대학 국학문은 성립 후 몇 년 내

조(community structure)가 과학의 발전에 끼치는 영향에 대한 중요성을 언급했다. 176~81쪽 참조.

에 불가사의하게도 학술영역에서 여러 가지 신천지를 개척했다는 점을 분명히 알 수 있었다.

놀라움 외에도 자연스럽게 '어떻게 국학문에서 이처럼 짧은 시간 안에 학술연구가 이토록 두드러진 발전을 거둘 수 있었는가?'라는 커다란 의문이 생겼다. 이 문제에 대해 더욱 넓고 자세하게 관련 자료를 수집하고 읽은 뒤, 다음의 초보적인 시각을 얻었다. 국학문이라는 제도화된 학술 연구기관이 연구소 안에서 여러 가지의 모임과 간행물의 발행을 통해 학자에게 직접 또는 지면을 통한 교류의 기회를 제공한 점은 분명 학술성장을 촉진시키는 열쇠이자 중요한 요소였다. 그러므로 국학문이 현대 학술사에서 차지하는 지위와 영향만을 말하자면, 논문 한 편을 씀으로써 그 발전에 대한 역정을 더 깊이 연구하는 것 자체가 의미 있는 과제이다. 그러나 이 책을 쓸 때에는 국학문의 초기 역사를 통해 구미 현대 학술조직을 모델로 하는 연구기관이 중국에서 등장한 뒤 학술이 어떻게 새로운 방식으로 발전했는가를 설명하는 데 더 중점을 두었다.

고도로 조직화된 현대 문사(文史)연구기관을 이야기할 때, 학술사에 관심을 갖는 사람이라면 흔히 후스가 말한 현대 중국에서 '규모가 제일 크고 성과가 가장 뛰어난 학술연구단체', 다시 말해 1928년에 설립된 '중앙연구원' 사어소를 떠올릴 것이다.[7] 물론 조직의 완비면에서 보든, 업무에서 거둔 전체적인 성과로 보든 '사어소'(또는 더 큰 의미에서 '중앙연구원')는 확실히 중국 현대 학술 연구기관의 전형이므로 창설과 발전 역정에 대해 전반적으로 논의한 전문 서적이 있어야 한다. 또한 이렇듯 고도로 조직화된 연구기관을 연구하는 것이 학술성장에 어떤 도움을 주는지에 대해 논의해야 한다.[8] 그러나 사어소가 상당히 성공적이기는 했지만 고도로 조직화된

7) 胡適, 「治學方法」, 胡適, 『胡適演講集(一)』, 臺北: 遠流出版公司, 1994, 42쪽.

8) 왕판썬(王汎森)은 최근 사어소의 학술 업무에 대해 쓴 글에서 학술관념의 새로운 점에 대해 논의하고 학술성취에 대해 언급했는데, 이는 사어소라는 제도화된 학술기구와 밀접한 관계가 있다. 王汎森, 「甚麼可以成爲歷史證據: 近代中國新舊史料觀念的沖突」, 『新史學』, 第8卷 第2期, 臺北: 新史學雜志社, 1997, 6, 119쪽. 70년의 역사를 지닌 사어소로 놓고 볼 때, 이 문

이런 연구기관이 어떻게 중국에서 등장하게 됐는지를 이해하려면 1928년 이전을 관찰할 수밖에 없다.

이러한 생각에 따라 1922년에 설립한 베이징 대학 국학문을 관찰 대상으로 삼으면 중국에서 현대 학술 연구기관이 설립된 사회적·문화적 배경을 한층 더 잘 설명할 수 있을 것이라 본다. 이 책에서는 국학문 설립의 배경적 요소를 논의할 때, 중국에서 연구기관의 설립을 요구하는 목소리가 20세기 초에 날로 높아진 이유도 함께 거론할 것이다. 나아가 베이징 대학 국학문의 창시자인 차이위안페이가 제1대 '중앙연구원' 원장이었다는 사실을 고려할 때, 이 두 기관의 설립 동기에는 자연스레 동일한 요소가 존재할 가능성이 높다. 이런 이유로 이 책에서 베이징 대학 국학문의 창립 경위와 조직의 특색을 설명하는 것은 '중앙연구원'의 설립과 발전을 이해하는 데 분명 참고할 만한 가치가 있을 것이다.

한편, 학술발전이 학술연구의 조직화와 밀접한 관계가 있다는 사실을 강조하면서 나는 학술발전에 영향을 줄 수 있는 여러 가지 요소를 소홀히 하거나 폄하하지 않을 것이다. 그러므로 이 책에서는 근대 경학의 몰락과 서학의 전파, 국제학술 경쟁의 심화 등의 각도에서 국학문 동인의 학문 취지와 연구 추세가 형성된 원인에 대해서도 토론할 것이다. 아울러 이 기간에 학술사에서 싹튼 여러 가지 중요한 현상, 예컨대 학술평등 관념의 등장, 학술체계의 와해와 개편 등의 문제에 대해서도 논의할 것이다. 현대 학술이 지니는 중요한 함축적 의미가 1920년대 중국 국학연구의 요람인 베이징 대학 국학문의 발전사에서 구체적으로 드러났을 뿐만 아니라 국학문 동인들은 새로운 관념의 전파에 커다란 역할을 하면서 이후 전국으로 파급된 국고정리운동의 발전에 깊은 영향을 끼친 것이 분명하기 때문이다.

바꿔 말해 국학문의 역사에 대한 설명은 현대 학술체제의 건립과 발전에 연관된 문제만은 아니다. 국학문의 성립은 국고정리운동의 중요한 고리이자, 이러한 학술운동의 흥기와 발전이 현대 학술문화사상 중요한 과제

제는 여전히 향후 연구의 여지가 많다.

이기 때문이다. 국고정리운동은 중국 현대 학술사상 규모도 영향력도 컸던 학술운동이다. 1920년대와 1930년대부터 북쪽에서부터 남쪽에 이르기까지 많은 학자들이 국고정리운동이라는 기치 아래 일을 해왔기 때문이다. 특히 베이징 대학 문과는 국고정리운동의 발원지였고, 국학문은 1920년대 첫 번째로 국고정리 이념에 주목하면서 성립된 연구기구로서 국고정리운동의 형성을 고취, 추동시켰을 뿐만 아니라 이후로도 지속적인 발전을 이끌어 온 중요한 업적을 지니고 있다. 따라서 국학문의 역사를 서술할 때, 국학문을 청말 이래 국학 발전의 맥락 속에 놓고 봄으로써 국고정리운동 속에서 그들이 담당했던 역할에 대해서도 비교적 심도 있는 이해를 할 수 있을 것이다.

국학문의 성립을 국고정리운동의 일환으로 볼 때, 다음과 같은 문제들을 제기해 볼 수 있다. 첫째, '국고정리'라는 구호는 어떤 상황 속에서 제기되었고, 이 구호가 많은 학자들을 응집시킨 흡인력은 무엇인가? 둘째, 현대 학술연구의 주요 진지인 국고정리 작업에 국학문 동인들이 참여한 것은 어떤 특징을 지니는가? 그들의 연구 태도와 방법은 장타이옌 연배의 학자들과 비교해 볼 때 어떤 유사점과 상이점을 지니는가? 또한 '국고정리'를 외치면서부터 전국적인 학술문화운동으로 확대되기까지 걸린 기간은 불과 5~6년이었다. 국학문은 이 같은 국고정리운동의 신속한 확대와 발전에 어떠한 기능을 했는가? 이 모두가 이 책에서 해결하고자 하는 문제들이다.

이러한 문제에 대한 기존의 연구성과를 보면, 베이징 대학 국학문 역사에 대한 선행 연구로는 모룬쑨(牟潤孫)이 1970년대에 쓴 「베이징 대학 연구소 국학문」(北京大學研究所國學門)이 처음이다. 하지만 이 짧은 글은 원래 신문에 게재되어 엄밀히 말하면 연구논문이라 할 수 없다.[9] 현재 볼 수 있는 국학문의 역사에 대한 체계적인 연구성과는 대부분 베이징 교사(校史)류의 저작 속에 들어 있다. 예컨대, 샤오차오란(蕭超然) 등이 집필한 『베이징 대학교사(증정본)』(北京大學校史(增訂本)), 량주(梁柱)가 쓴 『차이위안페이

9) 牟潤孫, 「北京大學研究所國學門」, 牟潤孫, 『海遺雜著』, 香港: 中文大學出版社, 1990, 413~16쪽.

와 베이징 대학』(蔡元培與北京大學)부터 최근에 출판된 천핑위안(陳平原)의 『베이징 대학의 옛이야기』(老北大的故事)에 이르기까지 모두 상당한 편폭으로 국학문의 설립 경위와 발전 개황 및 특색을 논의하고 있다.[10) 이 세 저서의 저자는 모두 베이징 대학의 교수이며, 지리적인 편이성 때문에 베이징 대학에 소장된 자료를 매우 충실하게 이용했다. 그 가운데 량주의 『차이위안페이와 베이징 대학』이 가장 풍부한 자료를 인용하고 있다. 그러나 앞의 두 책은 역사적 사실에 편향된 서술을 한데다 국학문에서 발행된 간행물의 글을 결합해 전면적이고 심도 깊은 분석을 하지 못했다. 천핑위안의 책은 현대 학술제도의 건설이라는 측면에서는 국학문 설립의 의미를 설명했지만,[11) 아쉽게도 논지가 여기에 그쳐 심도 있는 탐구가 이루어지지 않았다.

위에서 기술한 세 가지 교사류의 저작 외에도 최근 일부 논문 가운데 사학사의 각도에서 국학문의 연구 추세를 분석한 것이 있다. 그 중 류롱신(劉龍心)은 석사논문 「사료학파와 현대 중국사학의 발전」(史料學派與現代中國史學的發展)을 쓸 때 '사료학파'의 원류를 "베이징 대학 국학연구소가 설립된 시기까지 거슬러 올라갈 수 있다"[12)고 보았기 때문에, 제3장 제1절 '국고정리에서 과학적 방법의 실천까지'에서 적잖은 편폭으로 국학문 국고정리의 이념과 업무에 대해 설명·평가하고, 국학문과 사어소의 관계에 대해 대략적으로 설명했다. 장웨(張越)는 국학문이 출판한 기관 간행물인 『국학 계간』에 「『국학 계간』에 대해」(『國學季刊』述評)를 썼지만,[13) 이 간행물의 30년간의 발전 개황을 대략 회고한 것에 불과해 깊이가 부족했다. 그러나

10) 蕭超然 等, 『北京大學校史(增訂本)』, 北京: 北京大學出版社, 1988, 224~33쪽. 梁柱, 『蔡元培與北京大學』, 北京: 北京大學出版社, 1996, 56~69쪽. 陳平原, 『老北大的故事』, 南京: 江蘇文藝出版社, 1998, 85~94쪽.

11) 陳平原, 『老北大的故事』, 92쪽.

12) 劉龍心, 『史料學派與現代中國史學的發展』, 臺北: 政治大學歷史研究所碩士論文, 1992(미간행 원고), 59쪽.

13) 張越, 「『國學季刊』述評」, 『史學史研究』, 1994, 第1期, 北京: 北京師範大學史學研究所, 1994. 3, 71~75, 80쪽.

루야오둥 선생님의 「푸쓰녠과 『사어소집간』」(傅斯年與『歷史語言研究所集刊』)은 문제의 요점을 간명하게 제시했다. 또한 중국 현대 학술사에서 「국학 계간·발간선언」(國學季刊·發刊宣言)의 의미를 찾아내고 학술상에서 국학문과 사어소의 전승관계에 대해서도 날카롭게 논의했다.[14)]

과거 국고정리운동에 대한 연구 방면에 대해서는 쌍빙(桑兵)이 최근 발표한 「만청 민국시기의 국학연구와 서학」(晚淸民國時期的國學硏究與西學)은 20세기 상반기 국학연구에 대해 개괄적인 회고를 하면서 비교적 커다란 범위에서 논의하고 있다.[15)] 저자의 논점은 많은 1차 자료를 토대로 세워졌기 때문에, 이 글은 당시 국학연구의 특색에 대해 믿을 만한 요약을 했다고 할 수 있다. 하지만 20세기 상반기의 국학연구를 총체적인 학술현상으로 간주해, '국수학파'와 1920년대에 일어난 국고정리운동 간의 연속성과 차이점에 대해 주의를 기울이지 못한 점이 아쉽다.

또한 국고정리를 논할 때 개별 학자와 국고정리운동 간의 관계를 설명한 글도 있다. 그 중 후스에 대한 연구가 가장 많다. 대륙에서는 겅윈즈(耿雲志)의 「후스의 정리국고에 대한 논의」(胡適整理國故平議),[16)] 옌페이(顔非)의 「후스와 국고정리」(胡適與整理國故),[17)] 오우양저성(歐陽哲生)의 「후스의 '국고정리' 주장과 성취에 대한 논의」(胡適'整理國故'的主張及其成就平議),[18)] 리먀오건(李妙根)의 「후스와 국고정리」(胡適與'整理國故')[19)] 등이 있는데, 모두 최근

14) 逯耀東, 「傅斯年與『歷史語史研究所集刊』」, 逯耀東, 『胡適與當代史學家』, 臺北: 東大圖書公司, 1998, 229~65쪽.

15) 桑兵, 「晚淸民國時期的國學硏究與西學」, 『歷史硏究』, 1996, 第5期, 北京: 中國社會科學雜志社, 1996, 10, 30~45쪽.

16) 耿雲志, 「胡適整理國故平議」, 耿雲志·聞黎明, 『現代學術史上的胡適』, 北京: 三聯書店, 1993, 110~26쪽.

17) 顔非, 「胡適與整理國故」, 劉青峰, 『胡適與現代中國文化轉型』, 香港: 中文大學出版社, 1994, 421~42쪽.

18) 歐陽哲生, 「胡適'整理國故'的主張及其成就平議」, 陳少峰, 『原學』, 第2輯, 北京: 中國廣播電視出版社, 1995, 272~98쪽.

의 연구성과들이다. 이들 논문의 서술방식은 대부분 먼저 후스의 저작 가운데 국고정리를 언급한 부분을 종합적으로 서술하고 뒤이어 후스의 학술적 성취를 간략하게 평론해 천편일률적이라는 느낌을 배제할 수 없다. 이 가운데 경윈즈의 글은 중국사회과학원 근대사연구소가 소장하고 있는 후스의 자료를 참고해 다른 문장에 비해 깊이 있는 논술을 하고 있다.

타이완에서는 위잉스(余英時)가 『중국 근대사상사 속의 후스』(中國近代思想史上的胡適)를 저술해 국고정리운동에 대한 후스의 주장과 영향을 다양하게 분석했다.[20] 이 책은 출판 후 커다란 영향을 끼쳤다. 예를 들어, 리샤오디(李孝悌)의 「후스와 국고정리: 중국 전통에 대한 후스의 태도」(「胡適與整理國故: 兼論胡適對中國傳統的態度」)는 위잉스의 책에서 영향을 받았음이 뚜렷하게 보인다.[21] 이 밖에도 루야오둥의 「궈모뤄가 후스와 입을 맞춘 후」(「郭沫若吻了胡適之後」), 「후스, 강을 거슬러 가다」(「胡適溯江河而行」)의 두 글도 후스의 논저에서 드러나는 국고정리와 관련한 이념에 대해 논의하고 있다.[22]

상술한 연구성과를 통해 보면, 이전 학자들이 국고정리운동에 대해 많은 연구를 했지만, 현대 학술사에서 중요하고도 광범위한 영향력을 미친 학술운동이라는 점에서 볼 때에는 상대적으로 부족한 면이 있다. 국고정리운동은 많은 학자들이 참여한 학술운동이므로 한두 명의 학자에게만 집중시킨다면 국고정리운동을 전면적으로 이해할 수 없다.[23] 이 책은 바로 분

19) 李妙根, 「胡適與'整理國故'」, 安徽大學胡適研究中心, 『胡適研究』, 第1輯, 北京: 東方出版社, 1996, 421~42쪽.

20) 余英時, 『中國近代思想史上的胡適』, 臺北, 聯經出版事業公司, 1994.

21) 李孝悌, 「胡適與整理國故: 兼論胡適對中國傳統的態度」, 『食貨月刊(復刊)』, 第15卷 第5~6期, 臺北: 食貨雜志社, 1985, 11, 52~80쪽.

22) 逯耀東, 「胡適溯江河而行」, 「郭沫若吻了胡適之後」, 逯耀東, 『胡適與當代史學家』, 65~86, 141~58쪽.

23) 개인 위주의 인물연구의 한계와 이로 인해 발생할 수 있는 역사적 편견에 대해서는 李又寧, 「歷史·時代與人物」, 周策縱 等, 『胡適與現代中國』, 臺北: 時報文化出版公司, 1991, 306~07쪽 참조.

석의 시야를 개인에서 단체로 확대시켜 학술단체 현상의 형성과 확장이 어떻게 발생하게 되었는지에 대해 상세히 설명할 것이다.

이를테면, 국고정리운동의 형성과 베이징 대학 국학문의 역사를 논의할 때 학자 단체에 주목한다. 후스 이외의 학자, 예컨대 차이위안페이와 선젠스(沈兼士), 마헝(馬衡), 저우쭤런(周作人), 첸쉬안퉁(錢玄同), 주시쭈(朱希祖), 마위짜오(馬裕藻), 천위안(陳垣), 쉬쉬성(徐旭生), 장징성(張競生), 장사오위안(江紹原), 린위탕(林語堂), 류반눙(劉半農), 구제강(顧頡剛), 웨이젠궁(魏建功), 창후이(常惠), 둥쭤빈(董作賓), 룽겅(容庚), 펑위안쥔(馮沅君) 등이 국학문에 기여한 바에도 주의를 기울인다. 다시 말해, 개별 학자가 국고운동과 국학문의 발전에 중대한 영향을 끼쳤다고 할지라도, 이 책에서 서술·분석할 때는 여전히 그들을 1920년대 전후 베이징 대학의 학술환경에 놓고서 학자들이 동일한 학술공간에서 어떻게 서로 교류하고 영향을 끼쳤는지를 살펴보고자 한다. 이러한 단체 연구의 각도에서 국고정리운동과 국학문의 초기 역사에 대해 비교적 전반적인 이해를 할 수 있기를 바란다.

그러므로 이 책은 자료의 운용면에서 베이징 대학 자료실에 소장된 국학문의 자료에서부터 베이징 대학과 국학문이 출판한 각종 간행물, 총서, 선전책자 및 교외의 신문부간과 잡지를 수집·망라하는 데 힘썼다. 개인자료 방면에서는 국학문 동인들의 학술 논저와 회고 문장, 일기, 자서전, 서신 등을 모두 수집·망라했다. 이를 통해 국학문 학자들이 1922년부터 1927년까지 어떤 교류를 통해 학술연구의 새로운 길을 열어갔으며, 어떻게 단기간 내에 국학연구의 요지로서 자리매김했는지에 대해서도 한층 더 많은 이해를 할 수 있기를 바란다.

사료 방면에서 최근 중국 대륙과 타이완 및 홍콩 지역에서 잇따라 후스의 유고와 일기, 왕래 서신, 자서전 등을 포함한 후스 연구 자료들이 대거 출판되었다. 위에서 서술한 신·구 간행물의 많은 전기(傳記) 자료는 후스 연구에 직접적인 도움이 되었을 뿐만 아니라 현대 학술문화사를 연구하는 데 진귀한 참고자료가 되었다. 하지만 이들 자료를 읽고 운용할 때 만약 사료의 출처와 성격에 주의를 기울이지 않아 적당히 거르지 못한다면, 이에 근거해 쓰는 논저는 현대사의 인물과 사건을 언급할 때 후스의 관점과 입장을 출발점으로 삼는 것을 피할 수 없는 상황이 발생할 수 있다.[24] 이런 상황은 저자가 받은 사학적 훈련을 통해 피할 수 있더라도, 역사 연구와 문헌 자료 사이의 의존 관계로 인해 연구자들이 저술할 때 읽은 자료에만 국한하게 되면, 자연 현대 학술문화사에서 후스의 역할과 성취를 각자 다른 정도에서 '확대'하기 쉽기 때문이다.

이 책은 위와 같은 폐단을 막기 위해 자료를 운용할 때 더욱 주의를 기울였고, 나아가 일반 학자들의 자료를 수집하기 위해 더욱 힘썼다. 아울러 개인의 전기 자료를 읽을 때는 당안과 신문 및 간행물 등의 자료를 기초로 하여 두루 참조했다. 또한 성격이나 출처가 서로 다른 사료를 정리, 대조, 해석함으로써 역사적 원형의 이미지를 그릴 수 있도록 했다.

책의 구성과 틀을 잡을 때에는 다음의 생각에 따라 진행했다. 제1장은 학술단체의 형성을 고찰하는 각도에서 먼저 국학문의 핵심 인물인 장타이옌의 제자들이 신해혁명 이후 어떻게 계속 베이징 대학에 들어가 1930년대 이전에 베이징 대학 문과의 주류 세력이 되었는지를 다룬다. 동시에 이들 학자의 학술적 전승과 학문 연구의 취지가 어떻게 베이징 대학의 문과로 하여금 국고정리운동의 발원지가 되게 했는지에 대해 설명한다.

제2장은 학술조직이 설립된 각도에서 분석한다. 먼저 20세기 이후 중국의 학술계에서 구미식 연구기구를 설립하자는 목소리가 높아진 이유에 대해 논의한다. 이어 국학문이 중국 대학의 첫 번째 연구기관으로서 조직구조의 특색은 어떠했으며, 어떻게 설립되었는지에 대해 설명한다. 다음으로는 국학문의 발전을 실례로 들어 학술연구의 제도화가 국고정리운동에 어떤 영향을 끼쳤는지를 설명하고, 아울러 국학문 학술 업무의 배후에 숨어 있는 정신적 동력에 대해서도 분석한다.

제3장에서는 베이징 대학 국학문의 연구방향을 중심으로 삼아 베이징

24) 전기 자료를 사료로 보는 한계점과 이러한 사료를 운용할 때 주의해야 할 문제점에 대해서는 張瑞德, 「自傳與歷史: 代序」, 曹聚仁, 『我與我的世界(上)』, 臺北: 龍文出版社, 1990 참조.

대학 국학문에서 발행한 간행물을 대상으로 국학문 동인이 국고정리운동을 일으킨 취지와 연구 추세에 대해 집중적으로 논의하고, 국학문 동인이 부르짖은 '신국학'(新國學)이 도대체 무엇이 '새로운' 것인지에 대해 상세히 논술한다. 또한 국학문 동인이 개척한 새로운 학술영역을 대상으로 각 영역이 생겨난 원인과 그 영향력을 논술한다.

제4장에서는 베이징 대학 국학문이 현대 학술발전에 끼친 영향에 중점을 둔다. 학술운동이 어떻게 확장되었는가를 관찰하는 각도에서 학자의 이동과 출판기관의 선전을 연결시켜 베이징 대학의 학자들이 1920년대 하반기에 어떻게 중국 각지에서 '학술적 이식'의 일을 진행했는지에 대해 설명한다. 이 밖에도 베이징 대학 이후에 일부 국학을 범주로 하여 새롭게 설립된 연구기관에 대해 소개한다. 그들과 국학문 사이의 관계를 토론하고, 이후 지속적으로 발전한 국고정리운동의 주요 방향을 살피며, 그것이 중국의 현대 학술사에서 어떤 의미를 가지는지에 대해 간략하게 설명한다.

간단히 말해, 이 책은 다음의 두 가지를 기본으로 하여 분석했다. 하나는 현대 학술연구기구의 출현 배경과 과정을 상세하게 논술한 것이고, 다른 하나는 국학문과 국고정리운동 사이의 관계를 조명한 것이다. 국학문의 발전 역정에 대한 논의는 주로 1922년부터 1927년까지의 기간에 집중하고 있지만, 이 시기의 학술발전에 관한 전후 인과를 탐색할 때 이러한 한계를 뛰어넘어 한층 더 넓은 배경에서 역사를 분석해야 할 것이다.

제1장

베이징 대학 문과의 국고정리운동의 형성

1920년대에 흥기한 중국 북방의 국고정리 사업은 현대 학술사에서 중요한 운동이다. 국고정리 사업의 출현과 근원은 베이징 대학이 발원지이다. '국고정리'라는 네 글자는 베이징 대학의 사생(師生)들이 신문화운동 속에서 가장 먼저 제시했으며, 이어 구학(舊學)을 연구하는 학자들 속에서 가장 우렁차고 호소력이 있는 구호가 되었기 때문이다. '국고정리'라는 한 마디 구호 아래 많은 학자들이 모여 전국적인 학술문화운동을 펼쳐나간 점으로 볼 때, 그 원인이 어디에 있었는지에 대해서 깊은 분석이 필요하다.

제1장에서는 국고정리운동이 일어난 학술환경, 즉 베이징 대학 문과를 중심으로 1912년 이후 문과대학의 구성원 변화와 학풍의 변천과의 관계를 통해 일본 유학을 한 장타이옌(章太炎, 본명은 章炳麟, 1868~1936)의 제자들이 어떻게 그렇게 빨리 동성파(桐城派)의 지위를 차지해 베이징 대학 문과의 주류세력이 되었는지를 살펴본다. 다음으로 적지(適之) 후스(胡適, 1891~1962) 등이 베이징 대학에 들어온 후 이 학자들과 어떻게 가까워졌고, 어떻게 『신청년』 잡지를 근거지로 하여 성공적으로 문화계몽운동을 펼쳐나갔는지를 살펴본다. 끝으로 신문화운동의 고조 뒤에 이런 학자들이 왜 '국고정리'라는 기치 아래 한데 모여 문학혁명을 계승한 후, 베이징 대학 학

자들과 공동으로 노력을 기울여 새로운 방향으로 나아가게 되었는지를 살펴본다.

제1절 동성파의 몰락과 장타이옌 문생들의 굴기

1. 신구 논쟁

민국 성립 후 청말에 남겨진 경사대학당(京師大學堂)은 1912년 5월 베이징 대학으로 개명하면서 전국 최고 학부로 불렸다. 그러나 당시 대학에는 서방의 물결이 일어 학교 행정은 거의 서양 유학생들이 맡았으며, 문과대학의 학술 연구의 기풍도 아주 미약했다. 이 시기 베이징 대학의 학풍에 대해 혈민(孑民) 차이위안페이(蔡元培, 1868~1940)는 이렇게 말했다.

> 당시 총장을 대행한 사람은 옌유링(嚴又陵) 선생이었다. 그가 문과대학 학장을 겸하면서부터 다른 학장직도 모두 서양 유학생이 맡았다. 나라가 막 바뀌고 모든 면에서 새로운 것에 힘쓰고 있었던 때라 대부분 완전히 옛것을 버리는 기풍이었다. …… 당시 중학은 장식품의 위치로 물러났다.[1]

당시 베이징 대학의 전체 상황으로 볼 때, 전통학술의 연구는 중시받지 못했고, 오직 중학을 연구하는 문과는 학교에서의 지위가 매우 열악했다. 문과대학의 행정에 대해서 총장 우릉(又陵) 옌푸(嚴復, 1854~1921)는 친구에게 보낸 한 통의 편지 속에서 자신의 생각을 이렇게 밝혔다.

1) "當時署理校長的是嚴又陵先生, 自兼文科學長, 其他學長也都是西洋留學生. 當國體初更, 百事務新, 大有完全舊棄之概 …… 那時候, 中學退在裝飾品的地位了." 蔡元培, 「北大成立廿五周年紀念會開會詞」, 高平叔, 『蔡元培文集: 卷三·敎育 (下)』, 296쪽.

요즘 대학이 경과와 문과를 하나로 통합하려는 것은 완전히 구학을 연구하는 영역으로 삼아 4000~5000년간 맥을 이어온 우리의 기강과 상도, 도덕의 문장을 바닥에 떨어지지 않게 하려는 것이다. 또한 지금까지 이른바 한데 모아 연구한다는 말은 한갓 헛된 말일 뿐이었으니, 이를 그치지 않으면 마침내는 둘 다 망하게 된다는 것을 깨달았기 때문이다. 그러므로 지금 이 과를 세워 우리의 옛것을 다하면서 새로운 것으로 뒤섞이지 않게 하고자 한다.[2)]

옌푸의 구상은 문과 이외의 과에서는 서학을 강의하고 또 성적이 우수한 구미 유학생들이 각 학과의 발전을 이끌어 나가며, 문과는 오직 구학을 연구하고 강의하는 곳으로 만들고자 했다. 이에 따라 중학과 서학은 뚜렷하게 나뉘어 각자 발전하게 되었다.

문과 교원의 인사 부분에서도 옌푸는 문과대학 학장을 겸하고 있어서 학교업무가 많았으므로 문과 교무장을 별도로 만들어 숙절(叔節) 야오융가이(姚永概)에게 맡겼다.[3)] 야오융가이는 청말 동성파의 저명한 문인이다. 그가 문과를 맡고 있을 당시 그의 형 중실(仲實) 야오융푸(姚永樸, 1862~1939)도 베이징 대학에서 강의를 하고 있었다. 이들 두 '야오'는 동성 야오씨의 후예들로서 함께 만청 시기에 동성의 명가 장위자오(張裕釗), 지보(摯甫) 우루룬(吳汝綸, 1840~1903)에게 고문(古文)을 배웠다.[4)] 두 '야오'의 자형 마치창(馬其昶, 1855~1930), 판당스(范當世)도 동성파의 주요 인물로, 그들과 함께 공부하면서[5)] 청말 민초에 동성파의 문풍을 다시 일으켰다. 이

2) "比者, 欲將大學經文兩科合併爲一, 以爲完全講治舊學之區, 用以保持吾國四五千載聖聖相傳之綱紀彝倫道德文章於不墜, 且又悟向所謂合一爐而冶之者, 徒虛言耳, 爲之不已, 其終且至於兩亡. 故今立斯科, 竊欲盡從吾舊, 而勿雜以新……." 嚴復, 「於熊純如書」(1912), 王栻, 『嚴復集』, 第3冊, 北京: 中華書局, 1986, 605쪽.

3) 蕭超然 等, 『北京大學校史(增訂本)』, 45쪽.

4) 劉聲木 撰, 徐天祥 點校, 『桐城文學淵源撰述考』, 合肥: 黃山書社, 1989, 292쪽.

5) 吳孟復, 『桐城文派述論』, 合肥: 安徽教育出版社, 1992, 181쪽.

외에도 문과에는 린수(林紓, 1852~1924)가 있었는데, 그는 청말 서양소설을 번역한 일로 유명하며 동성파의 문장을 추숭했다.[6)]

야오융푸와 린수는 선통(宣統) 연간에 이미 경사대학당에 들어와 경과와 문과에서 강의를 했다. 동성파의 후발주자인 마치창 역시 짧은 시간 동안 이곳에서 강의를 했다.[7)] 사실 경사대학당을 설립한 후, 동성의 문인들은 이곳에서 강의를 했다. 경사대학당의 첫 번째 총교학 담당자는 우루룬이었다.[8)] 우루룬이 죽은 후 그의 업무를 이은 사람은 학령(鶴齡) 장샤오푸(張筱甫, 원래 대학당의 부총교학 담당을 맡았음)였는데 그 역시 동성파의 한 지류인 양호파(陽湖派)의 영수였다.[9)] 또 경사대학당의 번역국(譯書局)을 부설했으며, 이때 총책임자는 옌푸, 부책임자는 린수였다.[10)] 옌푸와 우루룬은 친분이 두터워 옌푸가 번역한 책은 우루룬이 교정을 보거나 서문을 달았다.[11)] 이처럼 동성파 문인들은 경사대학당에서 중요한 위치를 차지하고

---

6) 린수는 본래 동성파 문인이 아니었는데, 경사대학당에 들어온 후 마치창(馬其昶), 야오융가이 등과 잘 지내면서 마침내 동성파를 옹호하고 동성파에 주목하게 되었다. 錢基博, 『現代中國文學史』, 香港: 龍門書店, 1965, 171, 174쪽 참조. 그러나 린수 본인은 사실 동성파라고 자처한 적은 없었으며, 동성파의 주요 인물들도 그를 문하인으로 간주하지 않았다. 王楓, 「林紓非桐城派說」, 汪暉 等, 『學人』, 第9輯, 南京: 江蘇文藝出版社, 1996, 605~20쪽. 羅志田, 「林紓的認同危機與民初的新舊之爭」, 『歷史研究』, 北京: 中國社會科學雜志社, 1995, 第19期, 124쪽 참조. 또 錢基博의 『現代中國文學史』, 163~74쪽 참조.

7) 北京大學校史研究室, 『北京大學史料·第一卷(1898~1911)』, 北京: 北京大學術版社, 1993, 342쪽.

8) 우루룬(吳汝綸)은 비록 고문학자이지만 서학을 제창하고 학당을 창립해 만청 시기에는 '중외겸통'의 학자로 간주되었다. 「張百熙奏擧吳汝綸爲大學堂總教習折」, 北京大學校史研究室, 『北京大學史料·第一卷(1898~1911)』, 305쪽. 경사대학당이 성립된 후 동성파의 명성이 특히 드높았던 이유는 증국번(曾國藩) 이후 동성파에 중국 부흥의 기상이 생기면서 유명인들이 나오기 시작했기 때문이다. 다른 하나는 동성파 문인들이 대부분 청 정부에 충성을 했던 이유로 금문경학이 금지되고 고문경학의 대가 장타이옌 또한 혁명을 창도하다가 일본으로 피신해 있을 때였기 때문에 대학당에서 강해질 수 있었던 것이다.

9) 蕭超然 等, 앞의 책, 20쪽.

10) 蕭超然 等, 앞의 책, 19~20쪽.

있었다. 청이 망한 후 본래 대학당에서 교학을 담당하던 경과와 문과 교원들은 대부분 이직을 했다.[12] 하지만 옌푸는 다시 베이징 대학의 총장이 되어 학교의 경비 문제로 곤란을 겪기도 했고, 야오융푸와 린수는 여전히 교직 자리를 지켰다. 후에 옌푸는 1912년 10월 교육부와 충돌을 빚어 떠났지만,[13] 문과는 교무장 야오융가이의 관리 아래[14] 동성파의 세력을 여전히 유지할 수 있었다.

민국 이후 동성파가 베이징 대학의 문과에서 세력이 약해지게 된 이유는 주로 1913년 11월 야오융가이의 사직과 관련이 있다.[15] 총장 차산(次珊) 후런위안(胡仁遠, 1883~1942)이 샤시치(夏錫祺)를 문과 학장으로 임명하면서 문과의 학풍은 뚜렷한 변화를 보였다. 『베이징 대학교사』(北京大學校史)에 다음과 같은 내용이 기록되어 있다.

> 이전에 야오융가이가 문과의 교무장이었을 때 동성파의 학풍은 베이징

11) 嚴復, 「與吳汝綸書」(1897~1901), 王栻, 『嚴復集』, 第3冊, 522~24쪽. 심지어 어떤 학자는 옌푸를 동성파의 대표적인 인물로 간주했다. 時萌, 『中國近代文學論稿』, 上海: 上海古籍出版社, 1986, 291쪽.

12) 신해혁명이 발발한 후 원래 경사대학당의 경과와 문과 교원 가운데 이직자가 10여 명이었고, 계속해서 교학을 담당했던 사람은 겨우 4명밖에 안 되었다. 야오융푸와 린수가 그에 속한 인물이다. 北京大學校史硏究室, 『北京大學史料·第一卷(1898~1911)』, 342쪽 참조. 교원의 대부분이 이직한 원인은 아마도 청 정부에 대한 충성에서 나온 것이었으므로 민국의 대학에서 교직을 담당하려고 하지 않았다. 또 다른 원인은 민국 성립 후 베이징 대학의 경비 부족으로 인해 대다수의 교원들이 휴가를 핑계로 떠나게 된 것이다. 蕭超然 等, 앞의 책, 37~38쪽.

13) 옌푸가 베이징 대학을 주관하고 있을 무렵에 경비 문제로 교육부와 여러 차례 의견충돌이 있었으며, 1912년 10월 사직을 강요당했으므로 3월에 임직하기까지 단지 반년의 시간이었다. 張寄謙, 「嚴復與北京大學」, 『近代史硏究』, 1993, 第5期, 北京: 中國社科院近史所, 1993, 9, 162~64쪽.

14) 「1914年5月北京大學分科周年概況報告」, 朱有瓛, 『中國近代學制史料』, 第3輯 下冊, 上海: 華東師範大學出版社, 1992, 31쪽.

15) 같은 곳.

대학 문과에서 우세를 차지했다. …… (그러나) 샤시치가 야오융가이를 대체해 베이징 대학 문과를 이끈 뒤부터 장타이옌 일파의 학자들을 끌어들였다. …… 그들은 고거훈고를 중시하며 학문 태도가 엄정한 것으로 유명하다. 이러한 학풍은 후에 점점 베이징 대학 문사과의 교육과 연구 속에서 주류가 되어갔다.[16)]

1917년 이후부터 베이징 대학은 점점 학술의 중심이 되어 갔고, 문과는 1914년 가을 이후부터 계속 장타이옌의 제자들이 주류를 이루었으며, 이로 인해 장타이옌의 학풍은 계속해서 전국적으로 학계에 커다란 영향을 끼쳤다.[17)] 따라서 장타이옌이 베이징 대학에서 동성파의 세력을 대체한 일은 실제로 근대 학술기풍의 발전에서 일대 교체로 보인다.[18)]

물론 베이징 대학 문과에서 동성파의 몰락과 장타이옌 문생들의 흥기는 대학 내부의 인사변동일 뿐만 아니라 민국 시기에 일어난 학술기풍의 변화이기도 하다. 하지만 이러한 인사와 학풍의 변천은 사실 1913년 초에 이미 시작되었다.

당시 선인모(沈尹默, 1883~1971)는 장타이옌 일파가 첫 번째로 베이징 대학 교수로 임용한 사람이다. 선인모를 베이징 대학으로 초빙한 사람은 교장 대리 석후(錫侯) 허위스(何燏時, 1877~1961)와 예과(預科) 학장 후런위안이었다.[19)] 선인모는 후에 이에 대해 이렇게 기억했다.

16) "在此之前, 姚永概任文科教務長, 桐城派的學風在北大文科居於優勢 …… 夏錫祺代替姚永概主持北大文科後, 引進了章太炎一派的學者 …… 他們注重考據訓詁, 以治學嚴謹見稱. 這種學風以後逐漸成爲北大文史科教學與研究中的主流." 蕭超然 等, 앞의 책, 48쪽.

17) 1914년에서 1930년 초까지 장타이옌의 제자들은 줄곧 베이징 대학의 주류파였으며, 대학 행정에 대해서도 커다란 영향력을 갖고 있었다. 1930년대에 들어서면서 이들의 세력은 점차 약화되면서 장멍린(蔣夢麟)과 후스 등 미국 유학파들로 대체되었다. 이 두 무리의 학자들은 교육계와 학술계에서 서로 경쟁했으며, 근대 학술 기풍의 변화에 영향을 끼쳤다.

18) 周勳初, 「黃季剛先生『文心雕龍札記』的學術淵源」, 周勳初, 『當代學術研究思辨』, 南京: 南京大學出版社, 1993, 2쪽.

당시 장타이옌 선생은 두터운 명성을 지니고 있었고, 그의 문생들은 이미 연이어 일본에서 귀국을 했다. 내 동생 선젠스(沈兼士)는 장타이옌의 문생이다. 그래서 허위스와 후런위안 등은 내가 반드시 장타이옌의 문생일 거라고 추론했다. (하지만) 사실 나는 일본에서 9개월 있다가 바로 귀국했고 장타이옌 선생에게 수업을 받아본 적이 없다. …… 당시 나는 따로 부인할 방법이 없어서 하는 수 없이 염치 불고하고 장타이옌 선생의 문생이라는 간판을 걸고서 베이징으로 갔다.[20]

선인모는 당시 자신이 1913년 2월 허위스와 후런위안에 의해 베이징 대학으로 초빙될 수 있었던 이유는 주로 '장타이옌의 문생'이라는 간판 때문이었다고 분명히 말하고 있다. 선인모가 베이징 대학에 온 후 후런위안은 특별히 그에게 베이징 대학의 이과 학장 부균(浮筠) 샤위안리(夏元瑮, 1885~1945)가 사석에서 많은 사람들에게 "이제 참 잘 되어가겠소! 장타이옌 선생의 학생이 왔는데, 서른 살짜리 젊은이요"라고 한 말을 전해 주었으며, "베이징 대학의 그러한 원로 선생들은 이해하지 못할 수도 있네"라고 말해 주었다. 선인모는 이 말을 듣고 베이징 대학은 신해혁명 후 이미 교내 신구 논쟁이 시작되었다고 이해했다.[21]

선인모가 말하는 '신구 논쟁'이란 주로 일본에서 유학을 마치고 돌아온 젊은 학자와 문과의 '노교수' 간의 입장 차이를 말한다. 신구 논쟁의 원인은 옌푸가 베이징 대학 총장으로 있을 당시 인사초빙의 원칙에서 문과대학을 제외하고 "나머지 과의 감독(監督)과 제조(提調)는 반드시 서양에서 유학한 우수한 자(감독은 후에 학장으로 개칭되고, 제조는 없어졌음)를 채용

19) 沈尹默, 「我和北大」, 鍾叔河 等, 『過去的學校』, 長沙: 湖南教育出版社, 1982, 31쪽.

20) "當時, 太炎先生負重名, 他的門生都已陸續從日本回國, 由於我弟兼士是太炎門生, 何, 胡等以此推論我必然也是太炎門下. 其實, 我在日本九個月卽回國, 未從太炎先生受業 …… 我當時也就無法否認, 只好硬著頭皮, 掛了太炎先生門生的招牌到北京去了." 沈尹默, 「我和北大」, 같은 책, 31쪽.

21) 沈尹默, 「我和北大」, 같은 책, 32쪽.

한다"[22]라고 규정한 데서 비롯되었다. 이로 인해 베이징 대학에서 유학생의 세력이 갑자기 커지게 되었다. 옌푸가 이직한 지 얼마 안 되어 허위스가 1912년 말 총장직을 이어받았다.[23] 허위스는 청말 일본에서 유학을 했고 민국 후 경사대학당에서 공과대의 감독이 되었으며, 민국 후에는 공과대 학장을 맡았다.[24] 허위스가 총장을 맡을 당시 예과 학장은 후런위안이었으며, 그도 일본에서 유학을 했었다. 허위스가 1912년 말 사직한 후 후런위안이 그 뒤를 이어 1916년 말까지 총장직을 맡았다.[25] 즉, 허위스와 후런위안 등 일본 유학 출신들은 문과대학 노교수들과 여러 면에서 맞지 않았다. 문과대학 학장 야오융푸와 야오융가이 형제는 본래 청대 거인(擧人) 출신으로,[26] 구학에는 조예가 깊었지만 서학의 접촉은 적었다. 따라서 허위스와 후런위안 등은 마침내 일본 유학 출신의 젊은 학자들을 영입한 뒤 장타이옌의 학술적 명성에 기대어 베이징 대학 동성파의 구세력을 몰아내려 했다.

2. 장타이옌 문생의 굴기

민초 학술계에서 장타이옌이 명망을 누릴 수 있었던 이유는 주로 두 가지 요소에 기인한다. 첫째, 청말 혁명을 고취하고 선전을 담당했던 공로로 인해 민국 후 혁명의 원수가 되었다. 둘째, 청말 혁명을 추동한 것 외에도 지속적인 저술 작업을 했다. 그의 학문은 건가(乾嘉) 시기 박학(朴學)의 궤도를 이어 소학에서부터 경학, 사학, 제자학, 문학, 불학 등을 연구했으므로 동성파 인물들과 비교가 되지 않았다.[27]

22) 嚴復, 「於熊純如書」(1912), 王栻, 『嚴復集』, 第3冊, 605쪽.

23) 蕭超然 等, 앞의 책, 40쪽.

24) 같은 곳.

25) 蕭超然 等, 앞의 책, 42~44쪽.

26) 劉聲木 撰, 徐天祥 點校, 『桐城文學淵源撰述考』, 292쪽.

27) 뤄즈톈(羅志田)은 다음과 같이 지적했다. "장타이옌은 학술사에서 경학, 소학과 같은 전통

자천(子泉) 첸지보(錢基博, 1887~1957)는 『현대중국문학사』를 쓸 때, 민초에 베이징 대학에서 동성파 문장을 표방했던 린수를 장타이옌과 비교하면서 장타이옌의 학문이 린수의 학문을 약화시킬 수 있었던 이유로 그의 문하생들이 동성파 문인을 대체했기 때문이라는 점을 들고, 그 원인은 다음에 있다고 말했다.

> 조금 지나 민국이 흥하자 장타이옌은 실로 혁명의 선각이 되었다. 또 고서의 진위를 식별함은 동성파 학자들이 공문(空文)으로 천하에 호소하는 것과는 달랐다. 그래서 장타이옌의 학문이 흥하고 린수의 학문이 약화된 것이다. 그리하여 린수와 마치창, 야오융가이가 모두 대학을 떠나고 장타이옌의 문생들이 이를 대체하게 되었다.[28)]

장타이옌의 부류가 그의 문하에 들어오게 된 것은 청말 장타이옌이 혁명운동으로 일본에 망명 중일 때 이들 학생들이 일본 유학의 열기를 타고 일본으로 배움의 길을 택했기 때문이다.[29)] 1908년 장타이옌이 일본 도쿄(東京)에서 강의할 때, 많은 중국 유학생들이 그의 강의를 들었다. 계명(啓明) 저우쭤런(周作人, 1885~1967)과 그 밖의 사람들이 남긴 기록에 의하면, 당시 장타이옌은 일본에서 주로 두 가지 방식으로 강의를 했다고 한다. 하나는 민보사(民報社)에서 국학강습회를 열어 많은 학생들에게 제자(諸子)

'유림'학과에 의거했으며, 이는 당시 사장, 의리, 고거의 세 요소 가운데 기본적으로 '사장' 하나만을 남긴 동성파에 결코 비견할 수 없는 것이라고 보았다." 이 말은 참으로 타당하다. 羅志田, 「林紓的認同危機與民初的新舊之爭」, 『歷史研究』, 1995, 第19期, 120쪽 참조. 옌푸와 린수 역시 경사 방면의 뿌리가 깊지 못해 공소(空疎)하다는 비난을 면할 수 없었다. 陳衍 口述, 錢鍾書 記錄, 『石語』, 北京: 中國社會科學出版社, 1996, 7~9쪽.

28) "旣而民國興, 章炳麟實爲革命先覺; 又能識別古書眞僞, 不如桐城派學者之以空文號天下! 於是章氏之學興, 而林紓之學熸! 紓, 其昶, 永槪咸去大學; 以章氏之徒代之." 錢基博, 『現代中國文學史』, 171쪽.

29) 實藤惠秀 著, 譚汝謙·林啟彦 譯, 『中國人留學日本史』, 香港: 中文大學出版社, 1982, 25쪽.

와 사학(史學)을 강의했고,[30] 다른 하나는 자신의 거처와 대성중학(大成中學)에서 소수 저장 지역 출신의 학생들에게 『설문해자』(說文解字), 『이아』(爾雅), 『장자』(莊子) 등의 음운훈고와 경학을 가르쳤다.[31] 덕잠(德潛) 첸쉬안퉁(錢玄同, 1887~1939)과 루쉰(魯迅, 본명은 저우수런(周樹人), 1881~1936), 저우쭤런, 적선(逖先) 주시쭈(朱希祖, 1879~1944) 등은 당시 장타이옌의 문하에서 가르침을 받았다.[32] 이 젊은 학생들은 그 후 잇따라 귀국했다. 허위스 등은 그들을 끌어들여 베이징 대학으로 들어와 문과대학의 구세력인 동성파를 제거하기를 바랐다.

한편 허위스와 후런위안이 주시쭈 등 장타이옌의 문생들을 베이징 대학의 교수로 초빙한 데는 또 다른 이유가 있었다. 일본 유학을 마치고 돌아온 학생들은 그들과 같은 고향의 정이 깃든 저장성 출신이기 때문이다.[33] 전술한 내용과 같이 장타이옌이 일본에서 받아들였던 학생들과 그의 제자들은 대부분 저장성 출신으로, 신해혁명 이전에 잇따라 귀국해 주로 저장 지역의 교육계에서 종사했다. 훗날 문과에서 비교적 커다란 영향력을 가졌던 장타이옌 문생들이 베이징 대학으로 들어가기 전의 주요 경력은 다음과 같다.

30) 장타이옌이 국학강습소에서 강학한 상황과 수업 내용에 관해서는 湯志鈞, 『章太炎年譜長編』, 上冊, 北京: 中華書局, 1979, 214~17쪽 참조.

31) 湯志鈞, 같은 책, 289~94쪽.

32) 周作人, 『知堂回想錄』, 香港: 三育圖書有限公司, 1980, 215~16쪽. 장타이옌은 일본에 있을 때 많은 젊은 친구들과 교류했다. 일찍이 묻고 배우려는 사람들이 수백 명에 달했지만 서로 알지는 못했다. 황칸(黃侃) 같은 이는 1906년 장타이옌을 처음 만나고 그 이듬해 정식으로 그를 스승으로 모셨다. 그러나 저우쭤런 등이 1908년 장타이옌에게 학문을 배울 당시 황칸은 이미 중국으로 돌아갔으므로, 비록 같은 장타이옌의 문하생일지라도 서로 잘 알지는 못했다. 黃焯, 「黃季剛先生年譜」, 黃侃·黃焯, 『蘄春黃氏文存』, 武昌: 武漢大學出版社, 1993, 130~36쪽 참조.

33) 魏定熙(Timothy B. Weston) 著, 金安平·張毅 譯, 『北京大學與中國政治文化(1898~1920)』, 北京: 北京大學出版社, 1998, 80~82쪽. 王楓, 「林紓非桐城派說」, 汪暉 等, 『學人』, 第9輯, 618쪽.

▲ 주시쭈: 저장성 하옌(海鹽) 출생.

1905~08년: 저장성 관비 유학, 일본 와세다 대학 사범학과 역사지리 전공.

1909년: 여름 일본에서 귀국, 항저우 양급(兩級)사범학당의 감독 선쥔루(沈鈞儒: 1875~1963)에 의해 역사학 교원으로 초빙.

1910~11년: 자싱(嘉興) 제2중학 국문과 교원이 됨. 신해혁명 후 하옌현 지사로 반년간 근무.

1912년: 저장성 교육청장 선쥔루의 추천으로 성 교육청에서 근무함.

1913년 2월: 저장성 대표로 베이징에서 개최하는 교육부 독음통일회(讀音統一會)에 참석.

같은 해 봄에 선인모의 소개로 베이징 대학의 예과 교수로 초빙.[34)]

▲ 첸쉬안퉁: 저장성 우싱(吳興) 출생.

1906~10년: 일본 와세다 대학 사범학과 전공.

1910년: 일본에서 귀국 후 저장성 후저우(湖州) 중학에서 국문 강의. 이후 주시쭈의 소개로 저장성 하이닝(海寧) 중학당에서 국문 강의.

1911~12년: 자싱(嘉興) 중학교와 우싱(吳興) 저장제3중학교의 국문과 교원.

1912년 3월: 저장성 교육청 직원.

1913년 9월: 베이징에 도착. 먼저 베이징 고등사범부속중학교에서 강의를 한 후, 얼마 안 되어 베이징 대학으로 옮겨 도서관 관리원을 하다가 다시 예과 문자학 교수로 임명됨.[35)]

34) 「朱逷先生年譜」, 朱希祖, 『朱希祖先生文集』, 第6冊, 臺北: 九思出版公司, 1979, 4204~08쪽. 茅盾, 『我走過的道路』, 上冊, 香港: 三聯書店, 1981, 73쪽.

35) 曹述敬, 『錢玄同年譜』, 濟南: 齊魯書社, 1986, 9~20쪽. 茅盾, 같은 책, 69쪽. 「1914年5月北京大學預科周年概況報考」, 朱有瓛, 앞의 책, 33쪽.

▲ 저우쭤런: 저장성 사오싱(紹興) 출생.

1906~11년: 일본 릿교(立教) 대학에서 문과 전공, 그리스어를 공부.

1911년: 일본으로부터 귀국. 2월 주시쭈의 소개로 저장성 교육청 과장으로 취임. 이후 일로 인해 6~7월경 떠나 시학(視學)을 담당함.

1913~16년: 사오싱 저장 제5중학교에서 영어 강의, 사오싱 교육회 회장 취임.

1917년: 주시쭈의 소개로 베이징 대학에서 강의.[36]

▲ 유어(幼漁) 마위짜오(馬裕藻, 1878~1945): 저장성 인현(鄞縣) 출생.

1903~11년: 일본 도쿄 제국대학과 와세다 대학 사범학과에서 수학.

1911~12년: 일본에서 귀국한 후 저장성 자싱 중학교 국문교원 및 항저우 제1중학교 교장 역임.

1913년 2월: 저장성 대표 자격으로 베이징에서 개최하는 교육부 독음통일회 참석.

그 이후: 베이징 대학의 예과 국문 교수로 초빙됨.[37]

▲ 견사(堅士) 선젠스(1886~1947): 저장성 우싱(吳興) 출생.

1905~09년: 일본 도쿄 물리학교에서 유학.

1909~12년: 귀국 후 자싱과 항저우에서 교편 생활.

1912년 가을: 베이징에 입성.

1913년 여름: 베이징 대학의 예과 문자학 교수 취임.[38]

36) 周作人, 『知堂回想錄』, 267~68, 270~73, 293쪽.

37) 沈尹默, 「我和北大」, 鍾叔河 等, 『過去的學校』, 31쪽. 顧頡剛, 「古史辨·自序」, 第1冊, 上海: 上海古籍出版社, 1982, 27쪽. 茅盾, 앞의 책, 73쪽. 馬玨, 「北大憶舊二題」, 北京大學校刊編輯部, 『精神的魅力』, 北京: 北京大學出版社, 1988, 33~34쪽.

38) 葛信益, 「沈兼士傳略」, 『晉陽學刊』 編輯部, 『中國現代社會科學家傳略』, 第5輯, 太原: 山西人民出版社, 1985, 103쪽. 茅盾, 앞의 책, 82쪽.

▲ 계강(季剛) 황칸(黃侃, 1886~1935): 후베이 치춘(蘄春) 출생.

1905~10년: 일본 와세다 대학에서 유학.

1910년: 일본에서 귀국한 후 후베이에서 혁명 기획.

1912~13년: 상하이에서 왕둥(汪東) 등과 공동으로 『민성일보』(民聲日報) 창간.

1912년 말~13년 봄: 톈진(天津) 직예도독(直隸都督) 자오빙쥔(趙秉鈞)의 비서장으로 취임.

1915년 가을: 베이징 대학의 중문학과 교수로 초빙, 사장학(詞章學)과 중국문학사 강의.[39)]

위의 사실과 같이 장타이옌도 저장성 출신이고 일본에서 받아들였던 제자들 역시 대부분 저장성 출신이었다.[40)] 주시쭈와 첸쉬안퉁, 저우쭤런, 마위짜오 등은 대부분 1905~06년에 일본에서 유학하고 귀국했다. 이러한 장타이옌의 문생들은 대부분 교육계에서 근무했다. 그들은 동문과 고향이라는 사적 관계를 통해 서로 이끌어주면서 저장성 각 지역의 중학교에서 교육을 담당하는 한편 혁명사상을 전파하기 위한 기회를 엿보고 있었다.[41)]

39) 黃焯, 「黃季剛先生年譜」, 앞의 책, 129~40쪽.

40) 1918년 문과와 예과에서 강의를 했던 장타이옌의 제자는 천다치(陳大齊)와 캉바오중(康寶忠), 주시쭈, 황칸, 첸쉬안퉁, 저우쭤런, 마위짜오, 주쭝라이(朱宗萊), 선젠스, 류원뎬 등 대략 10여 명이다. 그 가운데 황칸(후베이), 캉바오중(산시(陝西)), 류원뎬(안후이)을 제외한 나머지 7명은 저장 출신이다. 「1918年各科部分教員及研究所教員」, 朱有瓛, 앞의 책, 76~77쪽 참조.

41) 혁명분자들이 1900년 후 분분히 도망해 일본으로 건너가자 도쿄는 중국 혁명의 근거지가 되었고, 장타이옌은 동맹회 기구의 간행물 『민보』(民報)의 주편을 맡게 되자 그의 제자들도 혁명 사조의 영향을 받았다. 귀국한 주시쭈와 첸쉬안퉁 등은 저장 각지에서 교육을 담당하면서 기회를 보면서 혁명 사조를 전파했다. 마오둔(茅盾)은 만년에 후저우(湖州) 중학교에서 공부할 당시 첸쉬안퉁의 수업을 받았고, 그가 수업을 통해 혁명을 선전한다는 것을 알고 있었으며, 후에 주시쭈와 마위짜오가 가르치던 자싱(嘉興) 중학교로 옮겨 공부를 할 때에도 그들이 모두 혁명당이라는 것을 알았다고 기억했다. 茅盾, 앞의 책, 69, 72~73쪽 참조. 황칸은 귀국 후 후베이로 돌아와 혁명을 선전했고, 신해혁명이 발발한 후에는

원래 저장성 항저우에는 고등학당 하나가 있었는데,[42] 수준이 높은 학생을 상대로 가르쳤다. 하지만 민국 성립 후 차이위안페이가 교육총장으로 임명되자 1913년에 새로운 학제를 발표하고 고등학당을 폐지해 대학 예과로 개편했다.[43] 각 성의 고등학당이 폐지된 후 지방에는 더 이상 수준 높은 학문을 가르치고 각 성의 학자들을 흡수하는 학술기구와 교육기구가 존재하지 않게 되었다. 차이위안페이는 이러한 조치가 적지 않은 폐단을 초래했다고 시인하면서 이렇게 말했다.

> 나는 당시 각 성에 설치한 고등학당의 수준이 각각 달라서 졸업생들이 대학으로 진학할 때 많은 어려움을 겪고 있다는 사실을 알고 있었다. 대학 예과로 바꾸어 대학에 부속되게 한 후 …… 후에 나의 친구 후스 등은 각 성에서 고등학당을 폐지함으로써 나타난 일종의 폐단을 발견했다. 예컨대 각 성도에는 학자들을 받아들일 기관이 없어져서 각 성의 문화 발전이 상당히 더뎌지게 되었다는 것이다.[44]

저장성의 상황이 바로 이러했다. 저장성 고등학당의 전신은 구시(求是)서원으로, 설립 후 전 성의 지역문화운동의 중심 역할을 했다.[45] 하지만 고등

후베이 지역에서 민중을 모아 거사를 일으키면서 직접적으로 혁명운동에 참여했다. 黃綽, 「黃季剛先生年譜」, 앞의 책, 136~37쪽 참조.

42) 이 고등학당은 1903년(광서 29년)에 설립되었다가 1914년에 문을 닫았다. 「淸末高等學堂一覽表」, 潘懋元·劉海峰, 『中國近代教育史資料彙編: 高等教育』, 上海: 上海教育出版社, 1993, 96~97쪽 참조.

43) 「1912年教育部擬議學校系統草案」, 朱有瓛, 『中國近代學制史料』, 第3輯 上冊, 上海: 華東師範大學出版社, 1990, 25쪽.

44) "我那時候, 鑒於各省所辦的高等學堂, 程度不齊, 畢業生進大學時甚感困難. 改爲大學預科, 附屬於大學 …… 後來我的朋友胡適之等, 對於各省停辦高等學堂, 發見一種缺點, 就是每一省會, 沒有一種吸集學者的機關, 使各省文化進度緩慢." 蔡元培, 「我的教育界的經驗」, 高平叔 主編, 『蔡元培文集 卷一·自傳』, 220쪽.

45) 蔣夢麟, 『西潮』, 香港: 磨劍堂, 출판연도 미상, 51쪽.

학당이 문을 닫은 후, 수준 높은 학생들이 모두 전국 최고 학부인 베이징 대학으로 몰려오자 온 성은 갑자기 문화의 중심력을 잃게 되었고 수준 높은 학문을 가르치거나 연구하려는 학자들도 중앙으로 방향을 틀 수밖에 없었다.

각 성마다 고등학당이 폐지된 상황에서 저장성 출신의 장타이옌 제자들은 그래도 동향의 동문끼리 서로 이끌어주면서 저장성의 중학교에서 교직을 맡았다. 그러나 후베이 출신인 장타이옌의 제자 황칸은 신해혁명 후 생계의 어려움으로 인해 지인들과 함께 상하이에서 신문 발행 사업을 시작했다. 신문 발행 외에도 '경사소학'을 연구했으므로 여전히 한 끼 죽도 먹지 못하는 곤경에서 벗어날 수 없었다.[46)]

바로 그때 민국 시기에 새롭게 설립한 교육부는 국어통일문제를 해결하기 위해 베이징에서 전국독음통일회를 개최했는데, 이는 언어문자학에 정통한 장타이옌의 제자들에게 능력을 발휘할 수 있는 기회로 작용했다.

전국독음통일회는 교육부가 국어통일을 촉진하기 위해 1912년 7~8월에 베이징에서 임시 교육회의를 개최한 것이다. 이 회의에서 '절음자모의 사용' 안건에 대해 "교육부는 음운학에 대해 이전부터 연구를 해왔던 사람들과 두 가지 이상의 유럽 언어를 구사하는 사람들을 초청해 공동 결의를 했다."[47)] 1913년 2월 15일부터 5월 22일까지 각 성의 대표 44명과 교육부 초청 인사들은 베이징에 모두 모여 독음통일문제에 대해 논의했다.[48)]

대표들은 회의에서 먼저 1개월여 간에 걸쳐 6,500여 자의 국음(國音)을 심의했다. 그 후 이들 간에 표음방식에서 의견 차이가 생겨났다. 이들은 주로 편방과 부호, 로마자의 3파로 나뉘어 각각 자신들의 견해를 고집했다.[49)] 당시 저장성 대표인 장타이옌의 제자 주시쭈와 마위짜오, 쉬서우상(許壽裳,

46) 黃焯, 『黃季剛先生年譜』, 앞의 책, 139쪽.

47) 「臨時教育會議日記」, 朱有瓛, 『中國近代學制史料』, 第3輯 上冊, 18쪽.

48) 黎錦熙, 『國語運動史綱』, 上海: 上海書店影印, 1990, 50~53, 58쪽.

49) 黎錦熙, 같은 책, 53~56쪽.

1882~1948), 첸다오쑨(錢稻孫), 루쉰은 장타이옌이 고문 주전문(籒篆文)을 줄인 형태로 만든 36개 성모와 22개 운모에 근거해 표음부호, 즉 주음(注音)부호를 만들자고 공동으로 제안했다.[50] 이 제안은 최종적으로 회의 참석 대표들의 찬성을 얻었으며, 주시쭈 등은 회의에서 두각을 나타내면서 베이징에서 명성이 자자해졌다.

독음통일회 개최 당시 허위스는 베이징 대학 총장직을 맡고 있었다. 그는 동성파 세력을 철저히 몰아내기 위해 선인모의 소개로 먼저 주시쭈를 베이징 대학 교수로 초빙하고,[51] 이어서 마위짜오와 선젠스, 첸쉬안퉁을 잇달아 초빙했다.[52] 선인모는 당시 이들 장타이옌의 제자들과 같은 진영에 서 있었다고 회상했다.

> 옌푸 수하의 옛사람들이 모두 같은 입장을 취한 점에 대해, 저런 늙은이들은 마땅히 자리를 양보해 우리들이 대학의 진지를 점령해야 한다고 생각했다.[53]

옌푸 수하의 옛사람들과 늙은이란 대학 내의 동성파를 가리킨다. 사실 야오융푸와 린수가 1913년 3월 동시에 베이징 대학의 교직을 사직함에 따라 당시 동성파의 세력은 이미 약해졌다. 비록 야오융가이가 여전히 문과대

---

50) 이 결의안은 후에 교육부장 차이위안페이가 사직하면서 보류되었다가 1918년 11월에 이르러 교육부가 정식으로 39개 주음부호를 대외적으로 공포했다. 黎錦熙, 같은 책, 56, 62, 70쪽.

51) 羅香林, 「朱希祖先生小傳」, 朱希祖, 『朱希祖先生文集』, 第1冊, 2쪽. 장타이옌의 제자들이 독음통일회에서 제안했던 내용에 따르면, 일찍이 회장 우즈후이(吳稚暉)의 반대로 통과하지 못하다가 최후에 주시쭈가 장타이옌이 발명한 자모의 우수함을 극력 진술했고, 그 설명에 회의 대표자들이 지지를 보내면서 결국 결의가 정해졌다고 한다. 朱鏡宙, 「章太炎先生軼事(詠莪堂隨筆)」, 陳平原·杜玲玲, 『追憶章太炎』, 北京: 中國廣播電視出版社, 1997, 174쪽 참조.

52) 沈尹默, 「我和北大」, 鍾叔河 等, 『過去的學校』, 33쪽.

53) "對嚴復手下的舊人則採取一致立場, 認爲那些老朽應當讓位, 大學的陣地應當由我們來占領." 沈尹默, 「我和北大」, 같은 책, 33~34쪽.

학 교무장직을 맡고 있었지만,[54] 대학 내에 날로 많아지는 장타이옌의 제자들과 맞설 수 없었다. 1913년 11월 야오융가이마저 문과대학 교무장직을 사임하자,[55] 동성파의 세력은 베이징 대학에서 이미 지는 해와 같았다.[56]

1914년 6월 저장성 출신 샤시치가 문과대학 학장직에 취임할 즈음 동성파는 이미 문과를 발전시킬 힘을 상실한 상태였다. 같은 해 9월 27일 베이징의 장타이옌의 제자들은 루이지(瑞記) 호텔에서 회식 모임을 가졌다. 그날의 일은 루쉰의 일기에 이렇게 기록되어 있다.

> 오전에 선인모와 선젠스, 첸쉬안퉁, 마위짜오, 주시쭈에게 루이지 호텔에서 점심을 하자는 소식을 받고 정오에 가보았더니, 황지강(黃季剛)과 캉싱푸(康性夫), 쩡(曾) 아무개라고 하는 사람 등 모두 9명이 있었다.[57]

이 회동은 아마도 베이징에 있는 장타이옌 제자들이 새로 베이징에 입성한 황칸 등을 환영하기 위해 마련한 자리인 것 같다.[58] 일기에 회식에 왔던 인물로 제시한 선인모와 선젠스, 첸쉬안퉁, 마위짜오, 주시쭈는 1913년 말 안에 모두 베이징 대학으로 들어왔다. 이는 신해혁명 이전에 귀국한 장타이옌의 제자들이 5년 사이에 이미 연해 지역의 성립 중학교에서 수도의 최고 학부로 계속해서 진입했다는 것을 의미한다. 동시에 19세기 말, 일본

54) 北京大學校史研究室, 『北京大學史料·第一卷(1898~1911)』, 342쪽.

55) 「1914年5月北京大學分科周年概況報告」, 朱有瓛, 『中國近代學制史料』, 第3輯 下冊, 31쪽.

56) 야오융푸는 1913년 11월 비록 다시 복직을 하게 되었지만 단지 일반 교원이어서 문과대학의 발전을 좌지우지할 수 없었을 뿐만 아니라, 베이징 대학에서 몰락하는 동성파의 운명을 바꿀 힘이 없었다. 北京大學校史研究室, 앞의 책, 342쪽 참조.

57) "上午得沈尹默, 堅士, 錢中季, 馬幼漁, 朱逷先函招午飯於瑞記飯店, 正午赴之, 又有黃季剛, 康性夫, 曾不知者, 共九人." 魯迅, 「日記」(1914. 9. 27.), 魯迅, 『魯迅全集』, 第14卷, 北京: 人民文學出版社, 1995, 108쪽.

58) 황칸은 1914년 가을에 베이징 대학의 초빙에 응했다. 黃焯, 「黃季剛先生年譜」, 앞의 책, 140쪽.

에 유학했던 일대의 새로운 지식인들은 결국 과거 공명 출신의 동성파 문인들을 대체해 베이징 대학 문과의 신흥세력이 되었다.

황칸이 베이징 대학 문과에 들어왔을 때 동성파의 세력은 이미 몰락한 상태였지만, 그는 그래도 곧바로 진영으로 나아가 중국문학문(中國文學門, 이하 '國文門'로 약칭)에서 『문심조룡』(文心雕龍)과 『문선』(文選)을 강의하면서 육조 시기의 문장을 추숭해 '문선파'라고 불렸다. 황칸은 또 국문과에 여전히 잔존하고 있는 동성파를 제거하기 위해 동성파의 문학이론에 맹렬한 공격을 가하면서 문과에서 변문(騈文)과 산문(散文)의 논쟁을 일으켰다.[59]

장타이옌의 제자인 황칸이 가장 정통한 부분은 음운학이었다. 그는 문학의 관점에서 비록 스승의 영향을 받기는 했지만, 실은 신숙(申叔) 류스페이(劉師培, 1884~1919)의 관점에 더 가까웠다.[60] 류스페이와 황칸은 일본에 있을 때부터 이미 왕래가 있던 사이였다. 황칸은 베이징 대학에 들어온 후, 마침 류스페이와 오래 전부터 알고 있던 사이인 차이위안페이 총장에게 당시 베이징에서 어렵게 지내고 있는 류스페이를 교수로 초빙할 것을 제의했다.[61]

류스페이는 1917년 베이징 대학에 들어온 후 국문문에서 주로 '중국중고문학사'를 강의하면서 황칸과 함께 육조 시대의 문장을 고취시켰다. 따라서 당시 사람들은 이 두 사람을 한 파로 보고 그들의 학술 관점을 이렇게 요약했다.

> 류스페이와 황칸의 학문은 음운과 설문, 훈고에 대해 연구하는 것을 모든 학문의 근본으로 생각한다. 널리 고증을 하여 고대제도를 연구하면서 한대의 경사의 궤적을 이었다. 문장에 대해서는 팔대(東漢·魏·晋·宋·齊·梁·陳·

59) 周勳初, 「黃季剛先生『文心雕龍札記』的學術淵源」, 앞의 책, 2쪽.

60) 周勳初, 「黃季剛先生『文心雕龍札記』的學術淵源」, 앞의 책, 2~8쪽.

61) 黃焯, 「黃季剛先生年譜」, 앞의 책, 149쪽.

隋)를 중시하고 당대와 송대를 경시하면서 개보(介甫) 왕안석(王安石)과 자첨(子瞻) 소식(蘇軾)을 가리켜 식견이 천루하고 학문이 얕다고 했다. 그리고 청대의 동성파 고문가에 대해 깊은 불만을 나타내면서 그들의 학문은 뿌리가 없고 단지 성조에만 연연한다고 했다. 또 글 속에 도를 싣는다는 '문이재도'에 대해 의리를 차용해 문장의 가면으로 삼고 있다면서 이는 사람들의 비웃음만 살 뿐이라고 했다.[62)]

이는 류스페이와 황칸의 학술적 관점과 동성파에 대한 불만의 이유에 대해 설명하고 있다.[63)]

류스페이와 황칸 외에도 1916년부터 국문문에서 문학사 과목을 가르치기 시작한 주시쭈[64)] 역시 동성파에 대해 공격을 퍼부었다. 주시쭈의 강의를 보면, 동성파를 '알맹이 없는 사인'이라고 공공연하게 질책하면서,[65)] 동성파의 시조인 방포(方苞), 요내(姚鼐)가 당시 박학을 연구하는 사람들과 적이 된 이유는 "경학에 대해 모르는 자신들의 부끄러움을 가리기 위함"이라고 지적했다.[66)] 주시쭈의 문학적 주장은 비록 류스페이, 황칸과 완전히 일치하지는 않지만[67)] 동성파를 공격할 때 그들은 같은 편에 서 있는 전우들

62) "劉, 黃之學, 以硏究音韻, 說文, 訓詁爲一切學問之根, 以綜博考據硏究古代制度接跡漢代經史之軌, 文章則重視八代而輕唐宋, 目介甫, 子瞻爲淺陋寡學. 其於淸代所謂桐城派之古文家, 則深致不滿, 謂彼輩學無所根, 而徒斤斤於聲調. 更借文以載道之說, 假義理爲文章之面具, 殊不値通人一笑." 「請看北京學界思潮變遷之近狀」, 원래 『公信報』(1919. 3. 18.)에 실림. 高平叔, 『蔡元培全集』, 第3卷, 北京: 中華書局, 1984, 276쪽에서 재인용.

63) 류스페이와 황칸이 동성파 산문을 폄하하고 변문을 추숭했던 것은 그들이 박학을 연구했던 일과 관계가 있다. 첸중롄(錢仲聯)은 일찍이 청대 변문의 흥기를 논할 때 청대 변문은 박학의 유행과 관련이 있다고 보았다. 錢仲聯, 「清人詩文論十一評」, 錢仲聯, 『夢苕盦論集』, 北京: 中華書局, 1993, 211~12쪽 참조.

64) 朱希祖, 「中國文學史要略 · 敍」, 朱希祖, 『朱希祖先生文集』, 第1冊, 301쪽.

65) 朱希祖, 「中國文學史要略 · 敍」, 같은 책, 440쪽.

66) 같은 곳.

67) 朱希祖, 「朱希祖日記」(1917. 11. 5.), 朱契, 「五四運動前後的北京大學」, 中國人民政治協商會議全

이었다.

동성파의 문학이론에 대해 류스페이와 황칸, 주시쭈 등이 벌였던 공개적인 비난은 베이징 대학에 잔존하고 있는 동성파 세력에 대한 최후의 일격이라 할 수 있다. 당시 야오융가이와 린수는 이미 베이징 대학을 떠나 쉬수정(徐樹錚)이 설립한 베이징 정지(正志)학교에서 교사직을 맡고 있었다.[68] 베이징 대학에 다시 들어온 야오융푸는 비록 박학도 연구했지만[69] 류스페이와 황칸의 비평에 직면하자 도리어 "스스로 연로하다 하여 변명하려 들지 않으면서"[70] 결국 1917년 말에 교수직을 사퇴했다. 『주시쭈의 일기』(朱希祖日記)의 1917년 일기에 다음과 같은 기록이 있다.

> 동성의 야오융푸와 민후(閩侯)의 천옌(陳衍)은 산문을 위주로 하여 세상에서는 그들을 동성파라고 불렀다. 지금 그 둘은 이미 사직했다.[71]

야오융푸와 석유(石遺) 천옌(1856~1937)이 사퇴한 후 동성파의 세력은 결국 베이징 대학에서 완전히 퇴출되었다. 그러나 1917년 문학혁명을 제창하는 무리들이 다시 베이징 대학으로 들어오면서 문과에서는 신구 문학의 대립이 일어났다. 이때 동성파와 문선파는 함께 비판의 대상이 되면서 "두 파벌 간의 싸움은 온데간데없이 사라졌다."[72] 또한 매우 치열한 문백(文白)

國委員會文史資料研究委員會, 『文化史料(叢刊)』, 第5輯, 北京: 文史資料出版社, 1983, 162쪽에서 재인용.

68) 쉬수정(徐樹錚)은 "동성의 학문을 즐겨 논하다"로 인해 특별히 야오융가이를 베이징 대학의 교무장으로 초빙하고, 린수를 교원으로 임명했다. 汪辟疆, 「光宣以來詩壇旁記」, 汪辟疆, 『汪辟疆文集』, 上海: 上海古籍出版社, 1988, 505쪽. 吳孟復, 『桐城文派述論』, 181쪽 참조.

69) 吳孟復, 『桐城文派述論』, 177쪽.

70) 章太炎 演講, 孫世揚 校錄, 『國學略說』, 香港: 香港寰球文化服務社, 1972, 197쪽.

71) "桐城姚君仲實, 閩侯陳君石遺主散文, 世所謂桐城派者也. 今姚, 陳二君已辭職矣." 朱希祖, 「朱希祖日記」(1917. 11. 5), 朱契, 「五四運動前後的北京大學」, 앞의 책, 162쪽 재인용.

72) 章太炎 演講, 孫世揚 校錄, 앞의 책, 197쪽.

의 논쟁이 계속해서 베이징 대학에서 펼쳐졌다.

제2절 문화계몽과 고증학풍

1. 『신청년』 집단의 베이징 대학 진입

1916년 말 후런위안이 베이징 대학의 총장직을 사임한 후, 교육부는 유럽에 있는 차이위안페이를 후임자로 임명했다.[73] 차이위안페이 역시 저장성 출신으로 장타이옌과 다년간 교류가 있었다. 차이위안페이가 베이징 대학의 총장으로 임명된 후, 장타이옌의 제자들의 지위는 더욱 공고해졌다. 사실상 과거 몇 년 동안 총장이 여러 차례 바뀌는 상황에서 차이위안페이가 베이징 대학으로 들어와 교무개혁을 강력하게 추진할 수 있었던 것은 그의 높은 명성 외에 장타이옌 제자들의 지지도 중요한 요소로 작용했다.

차이위안페이의 기억에 따르면, 당시 그가 1916년 베이징에 도착한 후 베이징 의학전문학교 교장 탕얼허(湯爾和, 1871~1940)의 협조로 베이징 대학 내부의 상황을 초보적으로나마 파악하면서 동시에 개혁팀을 구성할 수 있었다 한다. 이 팀은 차이위안페이가 총장직을 수행하는 데 인사의 기초가 되었을 뿐만 아니라 그 후 10여 년 동안 베이징 대학 교무행정과의 학풍에도 깊은 영향을 주었다. 차이위안페이는 후일 이 팀이 구성된 과정에 대해 이렇게 기억했다.

> 나는 베이징에 도착한 후 먼저 의학전문학교 교장 탕얼허를 만나 베이징 대학의 상황에 대해 물었다. 그는 "문과, 예과의 상황은 선인모에게 물어보면

73) 차이위안페이가 베이징 대학의 총장으로 위임된 것이 누구의 추천이었는가에 대해 오늘날 각종 의견들이 분분하다. 高平叔, 『蔡元培年譜長編』, 上冊, 北京: 人民教育出版社, 1996, 613쪽; 陶英惠, 『蔡元培年譜(上)』, 臺北: 中央硏究院近史所, 1976, 472쪽 참조.

> 되고, 이공계의 상황은 샤위안리에게 물어보면 됩니다"라고 말했다. 또 "문과대학 학장의 인선이 정해지지 않았으면 천중푸(陳仲甫)에게 청하십시오. 그는 현재 두슈(獨秀)로 개명해 『신청년』 잡지의 주편을 맡고 있는 유망한 청년 지도자입니다"라고 말했다. 그리고 『신청년』 열 몇 권을 내게 보여주었다. 나는 천두슈에 대해 본래 잊지 못할 인상을 가지고 있었다. …… 지금 탕얼허의 말을 듣고 또 『신청년』을 읽어본 후 그를 초빙하기로 결심했다. …… 그래서 천두슈는 베이징 대학으로 와서 문과대학 학장직을 맡게 되었고, 샤위안리는 원래대로 이과대 학장을 맡았으며, 원래 교수였던 선인모는 그대로 유임되었다. 이에 그들과 베이징 대학을 정돈할 방법을 논의하면서 순서에 따라 실행해 나갔다.[74]

선인모와 중보(仲甫) 천두슈(1879~1942), 샤위안리는 차이위안페이가 최초로 베이징 대학 총장으로 취임할 당시의 기본 인사팀이었다.

하지만 주의할 점은, 이 세 사람 가운데 실제로 베이징 대학에서 영향력을 발휘할 수 있는 사람은 역시 선인모와 샤위안리 두 사람이었다. 샤위안리는 베이징 대학의 원로로서 오랜 기간 동안 이과대 학장을 맡았으며 인간관계가 매우 두터웠다. 선인모는 장타이옌의 문생 가운데 가장 먼저 베이징 대학에 진입한 사람이다. 수년간의 친분을 통해 쌓아온 그의 부류는 이미 문과대학 안에서 동성파의 세력을 대체한 사람들이었다. 이 세 사람

74) "我到京後, 先訪醫專校長湯爾和君, 問北大情形. 他說: '文科預科的情形, 可問沈尹默君; 理工科的情形, 可問夏浮筠君.' 湯君又說: '文科學長如未定. 可請陳仲甫君; 陳君現改名獨秀, 主編『新青年』雜誌. 確可謂青年的指導者.' 因取『新青年』十餘本示我. 我對於陳君, 本來有一種不忘的印象 …… 現在聽湯君的話, 又翻閱了『新青年』, 決意聘他 …… 於是陳君來北大任文科學長, 以夏君原任理科學長, 沈君亦原任教授, 一仍舊慣; 乃相與商定整頓北大的辨法, 次第執行." 蔡元培, 「我在北京大學的經歷」, 鍾叔河 等, 『過去的學校』, 2쪽. 마쉬룬(馬敍倫)의 말에 의하면, 그 역시 일찍이 탕얼허에게 천두슈를 문과대학 학장으로 위임할 것을 추천한 적이 있었다. 馬敍倫, 『我在六十歲以前』, 臺北: 龍文出版社, 1990, 48쪽 참조. 마쉬룬의 견해가 신빙성이 없는 것은 마쉬룬과 천두슈가 서로 이전에 이렇다 할 왕래가 있었다고 드러낼 만한 자료가 없을 뿐만 아니라, 마쉬룬은 당시 백화문에 대해서도 찬성하는 기미를 보이지 않았다.

중에 천두슈만 차이위안페이가 총장이 된 후 베이징 대학으로 들어온 사람으로, 비록 문과대학 학장을 맡고 있었지만 그의 세력이 가장 약했다. 그리고 천두슈가 문과대학 학장을 맡게 된 배경에는 선인모가 추천한 공로도 있었다. 후일 선인모의 기억에 따르면, 그는 천두슈와 오래전부터 알고 지내던 사이였는데, 1916년 말 그와 천두슈는 베이징 류리창(琉璃廠)에서 우연히 만나게 되었다. 선인모는 즉시 차이위안페이에게 천두슈를 추천했고, 차이위안페이 역시 천두슈에 대해 조금 알고 있는 터라 그를 문과대학 학장으로 초빙했던 것이다.[75)]

천두슈는 안후이 출신으로, 청말 일본의 도쿄 고등사범학교에서 공부했다. 1909년 귀국한 후 반청 운동에 참여해 『국민일일보』(國民日日報)와 『안후이속화보』(安徽俗話報)를 창간했다. 민국 성립 후 잠깐 안후이 고등학당 교무장직을 맡았다.[76)] 1914년 장스자오(章士釗)가 『갑인』(甲寅)을 창간할 때 기자직을 맡았던 적도 있다. 그 후 상하이에서 독자적으로 『청년』(青年) 잡지를 창간해 부패한 전통을 타파하고 중국 청년들을 일깨우는 일을 했다. 1916년 말 그는 고향의 지인인 왕멍쩌우(汪孟鄒)와 함께 서점을 차리기 위해 북상했는데, 뜻밖에 류리창에서 오랜 친구 선인모를 만났던 것이다. 결국 차이위안페이의 정중한 요청으로 베이징 대학 문과대학 학장직을 맡게 되었다.

천두슈는 문과대학 학장을 맡기 전에 장기간 혁명운동에 참여했고 또한 신문과 잡지에 그런 글을 실었던 관계로 차이위안페이가 1914년 1월 그

75) 沈尹默, 「我和北大」, 앞의 책, 36쪽; 唐寶林·林茂生, 『陳獨秀年譜』, 上海: 上海人民出版社, 1988, 75쪽. 선인모와 차이위안페이의 기억을 종합해 보면, 천두슈가 베이징 대학 문과대학 학장으로 초빙된 데는 선인모의 추천이 있었다. 선인모는 베이징에서 천두슈와 다시 만난 후, 탕얼허와 차이위안페이에게 각각 천두슈를 추천했고, 또 탕얼허와 천두슈는 이전부터 잘 알던 사이였기 때문에 차이위안페이에게 말을 건넸던 것이다. 공교롭게도 차이위안페이는 만청 당시 혁명을 책동할 때 이미 천두슈에 대해 조금 알고 있었는데, 때마침 선인모와 탕얼허의 추천과 아울러 또 『신청년』 잡지를 읽고 난 후 비로소 그를 초빙하기로 마음먹었다.

76) 鄧至汝, 『陳獨秀年譜』, 香港: 龍門書店, 1974, 17~21쪽.

를 문과대학 학장으로 발표했다.[77] 하지만 베이징 대학에서는 많은 질책과 불만이 있었다. 그들은 "천두슈는 단지 정치문제를 논하는 시대의 글을 몇 편 썼을 뿐, 진정한 재능과 실질적인 학식은 없다. 베이징 대학의 교수직으로도 부족하며 문과대학 학장은 더더욱 말할 것도 없다"[78]라고 생각했다. 이러한 목소리는 당시 베이징 대학 학자들의 보편적인 견해를 반영한 것이다. 그들은 신문과 잡지에 올린 시대의 글들은 엄격성을 요하는 학술논문과는 엄연히 다르며, 신문과 잡지에 글을 올리는 이들은 이렇다 할 진정한 재능과 실질적인 학식이 없는 사람들이라고 인식했다.

만청 시기에는 정말로 혁명당 인사들이 혁명사상을 알리기 위해 신문에 글을 올리는 경우가 많았다. 예컨대 장타이옌과 류스페이, 황칸, 이초(夷初) 마쉬룬(馬敍倫: 1884~1970), 회문(晦聞) 황졔(黃節: 1873~1935) 등은 신문과 잡지에 이러한 시대의 글을 올린 적이 있다. 하지만 이는 혁명을 위해 필요했기 때문이다. 예컨대 장타이옌이 민국 후 혁명의 공신으로서 많은 존경을 받았지만, 학계에서도 존중을 받았던 까닭은 그의 학술적인 글 때문이다. 생계를 위해 신문에 글을 올린 학자들은 대부분 부득이한 사정이 있었다.

황칸을 예로 들자면, 그는 1912~13년 상하이에서 『민성일보』(民聲日報)를 창간했었다. 황칸의 조카 황줘(黃焯)는 『황지강선생연보』(黃季剛先生年譜)를 쓸 때 삼촌이 신문을 창간했던 당시의 일들을 이야기하면서 특별히 "삼촌이 상하이 『민성일보』를 주관한 것은, 특히 외환이 날로 깊어지자 글을 통해 민중을 일깨우기 위해서였을 뿐이다"[79]라고 설명했다. 또, 황칸은 1914년 이후 "글쓰기에 전념"하면서 오로지 "끊어진 옛 학문을 계승하

77) 차이위안페이는 베이징 대학에 온 지 열흘 뒤인 1917년 2월 13일에 천두슈를 문과대학 학장으로 초빙한다고 정식으로 공포했다. 梁柱, 『蔡元培與北京大學』, 101쪽 참조.

78) 羅章龍, 「陳獨秀先生在紅樓的日子: 紅樓感舊錄之一」, 童宗盛, 『中國百位名人學者憶名師』, 延邊: 延邊大學出版社, 1990, 55쪽.

79) 黃焯, 「黃季剛先生年譜」, 앞의 책, 139쪽.

고 나라의 국고를 보존하는 것을" 일념으로 삼았다고 강조했다.[80] 신문을 창설하는 것은 "국민들을 일깨우기 위한 것"으로 문화계몽 활동에 속하며, "끊어진 옛 학문을 계승하고 나라의 국고를 보존하는 것"은 학술연구 영역에 속한다. 그가 1914년 이후 '저술'의 길을 택한 데는 국고에 대한 연구와 선양이 분명 "국민을 일깨우는" 일보다 더 장구한 가치가 있는 일이라고 생각했기 때문이다.[81]

사실 청말 민초에는 많은 학자들이 신문에 글을 싣는 것을 경멸하는 경향이 있었다. 예컨대, 린수의 경우에는 민국 초기에 "혼란을 피해 톈진으로 흩어졌는데 빈궁해 살아갈 수가 없었기 때문에"[82] 톈진에서 발행되는 『대공보』(大公報)의 요청으로 이 신문의 주편을 맡았었다. 훗날 그의 글의 풍격을 학생 국원(國垣) 왕비장(汪辟江, 1887~1966)이 알아보고서 린수에게 서한을 보내, 한편으로는 청말 이래 신문에 실린 글을 성토하는가 하면 다른 한편으로는 린수에게 세속의 흐름에 따라서는 안 되며 "신문상의 글에 관한 폐단을 들추어 이를 제거해야 한다"라고 설득했다.[83] 왕비장은 더 나아가 '세상에 아첨하는 글'과 '후세에 남겨질 글'을 비교하면서 린수에게 "선생님은 이 두 가지를 어떻게 보십니까?"[84]라고 묻자, 린수는 편지를 본 후 즉시 "법도에 벗어나는 일이 나 또한 부끄러운 것임을 안다. 서신을 받은 후 이미 사직했다"라고 회신을 보냈다.[85]

황칸과 린수의 사례에서 볼 수 있듯이 민국 초기에 신문과 잡지의 글들이 갈수록 쏟아져 나왔지만, 일반 학자들은 '당대의 글'과 '학술적 저술', '세상에 아첨하는 글'과 '세상에 전해야 할 글'에 대한 분명한 차이를 알고

80) 같은 곳.

81) 같은 곳.

82) 汪辟疆, 「清末五小說家」, 앞의 책, 502쪽.

83) 汪辟疆, 「與林琴南書」, 앞의 책, 504쪽.

84) 汪辟疆, 「與林琴南書」, 앞의 책, 503쪽.

85) 林紓, 「復汪辟疆書」, 汪辟疆, 『汪辟疆文集』, 504쪽.

있었으며, 글에서도 차원이 다르고 가치면에서도 수준이 다르다고 보았다. 하지만 천두슈는 베이징 대학에 들어가기 전에 고증에 대한 글을 쓰기는 했지만 이에 대해 아는 사람이 많지 않았으며,[86] 일반 사람들은 그를 백화문을 제창하는 한 사람으로 보았다. 따라서 베이징 대학에 들어갈 때 그토록 많은 어려움을 겪었던 것이다.

이러한 반대의 목소리에 직면하자 차이위안페이 등은 즉시 일어나 천두슈를 변호했다. 이 일에 대해 뤄장룽(羅章龍)은 이렇게 생동적으로 묘사했다.

> 차이 선생님은 이런 공격에 대해 …… 강력하게 반박했다. 그는 중보(천두슈) 선생은 훈고와 음운에 정통하고 학문적 역량이 뛰어나 과거 장타이옌 선생도 그를 두려운 친구로 생각했다. 천두슈 선생을 잘 아는 사람들도 다들 천 선생은 문학 고증 분야에서 소양과 연구 및 저작이 있다고 말하고, 심지어 가오이한(高一涵) 선생은 중보 선생이 문자학 분야에서 장타이옌 선생 못지않다고 말했다. 이렇게 여러 사람들이 입을 모아서 간신히 공격자들의 입을 막았다.[87]

86) 천두슈가 청말에 지은 「설문인신의고」(說文引申義考)는 『국수학보』(國粹學報) 제68, 69기에 각각 발표되었다. 唐寶林·林茂生, 『陳獨秀年譜』, 50쪽 참조. 당시 '천중'(陳仲)이라는 필명을 썼기 때문에 아는 사람이 많지 않다.

87) "蔡先生對於這些攻擊 …… 駁斥也是有力的. 他說, 仲甫先生精通訓詁音韻, 學有專長, 過去連太炎先生也把他視爲畏友. 熟悉陳先生的人也出來講話, 說他在文學考據方面有素養, 有研究, 有著作, 高一函先生甚至說, 仲甫先生講文字學, 不在太炎先生之下. 這樣衆口一詞, 才慢慢堵住了攻擊者的嘴." 羅章龍, 「陳獨秀先生在紅樓的日子: 紅樓感舊錄之一」, 앞의 책, 55쪽. 뤄장룽(羅章龍)은 안후이 사람이며, 가오이한(高一涵), 류지핑(劉季平), 왕멍쩌우(汪孟鄒), 왕위안팡(汪原放) 등을 포함해 안후이 출신의 천두슈와 오래전부터 잘 알던 사이였으므로, 그들의 입을 통해 천두슈의 사적을 많이 알 수 있다. 羅章龍, 「陳獨秀先生在紅樓的日子: 紅樓感舊錄之一」, 앞의 책, 54쪽 참조.

차이위안페이와 가오이한(1885~?) 등이 천두슈를 변호했던 말은[88] 반대자들을 겨냥했던 것이다. 이러한 말을 통해 당시 상황을 알 수 있다. 당시 많은 베이징 대학 학자들은 단지 '훈고 음운'과 '문학 고증'에 대한 지식이 있어야만 진정한 학문이 있으며, 오직 이 영역에서 성과를 드러낸 자만이 전국 최고의 학술전당에 오를 수 있는 자격이 있다고 여겼다. 차이위안페이와 가오이한은 갈수록 높아지는 반대의 목소리에 대해 약속이라도 한 듯이 '장타이옌'이라는 간판을 내세움으로써 장타이옌의 글과 고증 분야에서의 성과는 이미 확실히 당시 학계의 최고 권위임을 보여주었다. 뿐만 아니라 장타이옌의 제자들로 포진되어 있는 베이징 대학의 문과에서는 음운과 훈고를 연구하는 고증학풍이 이미 점차 형성되어 학자들의 학술적 성취도를 측정하는 우선적인 기준이 되었다.

차이위안페이 등의 지지와 문과대학 교원 사이에서 선인모의 소통이 더해짐에 따라 천두슈는 1917년 1월 문과대학 학장직에 순조롭게 취임할 수 있었고,[89] 『신청년』 잡지도 베이징 대학으로 가져올 수 있었다. 같은 달 『신청년』은 후스가 미국에서 문학개량의 '팔부주의'(八不主義)를 제기한 「문학개량추의」(文學改良芻議)라는 글을 실었다. 이를 읽은 천두슈는 즉시 더욱

88) 당시 반대자 가운데 천두슈가 고거학에 관해 쓴 글을 읽어본 사람은 아주 적었고, 그가 정말 훈고학과 음운학에 정통한지에 대해 비록 마음으로는 회의적이지만 차이위안페이 등이 이구동성으로 그를 변호하자 일단 그를 믿을 수밖에 없었다. 후에 천두슈는 문과대학 학장을 맡으면서 수업도 개설하지 않고 고거학에 관한 글도 쓰지 않자 고증학에 대한 그의 실력이 어느 정도인지 다들 정확하게 알 수 없었다. 문자학 분야에서 천두슈가 지니고 있는 학술적 조예에 대해 문자와 훈고에 뛰어난 양수다(楊樹達)는 "문학혁명 때 천두슈와 후스는 함께 거론되었지만, 소학에 대한 지식은 천두슈가 후스 등의 사람들보다 나았다"라고 논평했다. 楊樹達, 『積微翁回憶錄·積微居詩文鈔』, 上海: 上海古籍出版社, 1986, 89쪽 참조. 1940년 초 천두슈는 늘 웨이젠궁(魏建功)과 통신으로 음운학에 대한 문제에 관해 토론했을 뿐만 아니라 이 방면에 대한 전문서적을 여러 권 썼다. 천두슈가 웨이젠궁에게 보낸 서신과 전문서적의 서언은 모두 任建樹 等, 『陳獨秀著作選』, 第3卷, 上海: 人民出版社, 1993, 570, 572~87쪽 참조.

89) 원래 문과대학 학장 하시치(夏錫祺)는 이때 이미 사직했다. 王學珍 等, 『北京大學紀事(1898~1997)』, 上冊, 北京: 北京大學出版社, 1998, 37쪽 참조.

맹렬한 어조로 「문학혁명론」이라는 글을 써서 『신청년』 2월호에 게재하면서 당시 몇몇 주요 문학유파에 대해 비판했다.

이른바 '동성파'란 당송팔가문과 팔고문의 혼합체이고, 이른바 '변려문'이란 사기당(思綺堂) 장조공(章藻功)과 수원(隨園) 원매(袁枚)의 사륙변려문을 말하며, '강서시파'란 산곡(山谷) 황정견(黃庭堅)의 우상일 뿐이다.[90]

동시에 이렇게 공언했다.

이러한 문학혁명의 시대에 모든 귀족문학과 고전문학, 산림문학에 속하는 것은 모두 배척되어야 한다.[91]

이는 이미 민국 초에 문학계의 3대 주요 유파에 대해 그가 직접적으로 가한 폭격이었다.

이와 동시에 베이징 대학에서 교수를 역임하고 있던 장타이옌의 제자 첸쉬안퉁은 후스의 「문학개량추의」를 읽은 후, 『신청년』 편집인에게 서한을 보내 후스의 의견에 크게 찬성한다고 밝혔다.[92] 첸쉬안퉁의 서신에는 산문을 주장하는 '동성파의 거물'과 변려문에 뛰어난 '문선파의 명가'를 모두 비판하면서, 그들이 쓴 글과 시사(詩詞)는 모두 '고등의 팔고문'에 불과할 뿐이라고 했다.[93] 첸쉬안퉁은 후에 구문학에 대한 비판의 목소리가 점차 높아지자 심지어 이 두 유파를 '엉터리 동성파', '요괴 문선파'라고 질타했다.[94] 이외에 상하이에서 '원앙호접파'의 글을 쓰고 있던 류푸(劉復, 劉半

90) "所謂'桐城派'者, 八家與八股之混合體也; 所謂'駢體文'者, 思綺堂與隨園之四六也; 所謂'江西派'者, 山谷之偶像也." 陳獨秀, 「文學革命論」, 任建樹 等, 『陳獨秀著作選』, 第1卷, 262쪽.

91) "際玆文學革新之時代, 凡屬貴族文學, 古典文學, 山林文學, 均在排斥之列." 같은 곳.

92) 첸쉬안퉁은 후에 대부분 통신 수단으로 문학혁명에 대한 자신의 견해를 표명했다.

93) 錢玄同, 「寄陳獨秀」, 胡適, 『文學改良芻議』, 臺北: 遠流出版公司, 1986, 27쪽.

農, 1891~1934)도 당시 「문학개량에 대한 나의 관점」(我之文學改良觀) 등의 글을 써서 『신청년』에 기고하면서 문학혁명을 성원했다. 문학혁명을 호소하는 글과 독자들의 투서가 연이어 『신청년』에 게재되면서 문학혁명을 주장하는 국내외 역량이 모아졌고, 문학혁명에 대한 주장은 갈수록 많은 사람들의 관심을 끌면서 찬성과 반대의 목소리를 모두 담게 되었다.

1917년 가을 새 학기가 시작될 때 천두슈는 베이징 대학 문과대학 학장의 직권을 활용하면서 차이위안페이의 지지 아래 신문학을 찬성하는 동지들을 베이징 대학으로 계속 데려왔다. 이리하여 1917년 9월 즈음에 후스와 류반눙 및 천두슈의 옛 학생과 늘 『신청년』에 글을 올리던 숙아(叔雅) 류원뎬(劉文典, 1889~1958)이 모두 베이징 대학으로 모였다.[95] 이들이 모임으로써 신문학을 제창하는 데 힘이 실렸고, 결국 문학혁명은 새로운 단계로 나아가게 되었다.

2. 국어운동과 『신청년』 진영의 합류

하지만 주의할 만한 현상이 있다. 즉, 1917년 천두슈와 후스 등이 문학혁명을 적극 제창하고 있을 때, 원래 베이징 대학에서 교편을 잡고 있던 대부분의 학자(장타이옌의 제자들도 포함)들은 신문학에 대해 공개적으로 찬성하는 사람이 거의 없었다. 그 중 첸쉬안퉁만이 통신 수단으로 후스의 문학개량의 주장에 대해 찬성한 것을 제외하면, 『신청년』에 기고한 장타이옌의 제자는 한 사람도 없었다. 이렇듯 학자들이 문학혁명에 대해 찬성을 마다한 현상은 일반인들로 하여금 문학혁명의 주장은 주로 한 무리의 '새로운 인물'들이 선동하는 것이며, 그들은 모두 구학문에 대해 뛰어난 능력이 없는 사람들로서 신문과 잡지의 편집자나 투고자가 아니면 무명의 미국 유학생들일 뿐이라고 생각하게 만들었다. 이러한 상황에서 장타이옌의 제자

94) 錢玄同, 「寄胡適之」, 胡適, 앞의 책, 46쪽.

95) 이들 가운데 류푸만 장쑤 사람이고, 후스와 류원뎬, 천두슈는 모두 안후이 사람이다.

췐쉬안퉁이 신문학을 지속적으로 지원해 온 일은 신문학 진영에 대한 고무일 뿐만 아니라 신문학에 대한 사람들의 이해까지 점차 변화시켰다.

천두슈는 문학개량을 지지하는 췐쉬안퉁의 서신을 받은 후 매우 기뻐하며 곧바로 『신청년』 2월호에 이 서신을 게재하고 아울러 자신의 회신도 이렇게 첨부했다.

> 성운과 훈고의 대가이신 선생께서 통속적인 신문학을 제창하시니, 어찌 온 나라가 존경하며 따르지 않겠습니까? 문학계의 축배라 할 수 있습니다![96]

흥분한 마음이 밖으로 잘 드러나 있다. 평론가들은 당시 중국 학술계 상황에 대해, 천두슈는 후스가 나이도 젊고 미국에 유학한 경험도 있어서 이러한 커다란 운동을 이끌 수 있는 배경과 조건이 부족하다고 생각했지만, 췐쉬안퉁은 장타이옌의 제자로서 소학과 경학에 대해 깊은 연구가 있어서 구세대 문인들에게는 후스보다 훨씬 설득력이 있었다고[97] 지적했다.

사실 당시 구세대 학자들의 눈에는 전통 학문에 정통한 췐쉬안퉁의 견해가 미국 유학의 경험이 있는 후스보다 단연 낫다고 보았다. 사실 췐쉬안퉁이 문자학 분야에서 지니고 있던 조예는 당시 학계에서 일류로 인정받았다. 1912년 말 상백(相伯) 마량(馬良, 1840~1939)과 장타이옌, 탁여(卓如) 량치차오(1873~1929)가 함하고문원(函夏考文苑)을 설립할 당시, 임시 명단에 오른 교수들은 모두 학계에서 인정받고 있는 일류 학자들로 구성되었는데, 췐쉬안퉁은 '소학'으로 명단에 올라왔다.[98] 그의 학술적 조예는 당시 사

96) "以先生之聲韻訓詁學大家, 而提唱通俗的新文學, 何憂全國之不景從也? 可爲文學界浮一大白!" 陳獨秀, 「答錢玄同」, 任建樹 等, 앞의 책, 268쪽.

97) 周質平, 「胡適與錢玄同」, 周質平, 『胡適與魯迅』, 臺北: 時報文化出版公司, 1988, 58쪽. 저우즈핑(周質平)의 분석은 당시 중국의 학술 문화계의 실제 상황과 연관되며, 마땅히 사실과 거리가 멀지 않음을 추측할 수 있다.

98) 마량(馬良)이 초안을 짠 「함하고문원의」(函夏考文苑議)에 실린 이들로서 발기인인 마량과

람들의 존경을 받았음을 알 수 있다. 이러한 관계로 천두슈는 신문학에 찬성한다는 첸쉬안퉁의 서한을 받고 즉시 문학혁명의 비전에 대한 믿음이 커지게 되었다.

첸쉬안퉁의 지지는 먼 미국에서 유학중인 후스에게 커다란 의미가 있었다. 후스와 그 밖의 유학생들이 태평양 저편에서 문학개량이라는 문제에 대해 1년 넘게 토론한 후, 천두슈의 정중한 재촉 아래 자신들의 8가지 의견을 「문학개량추의」로 정리했다. 커다란 영향을 끼친 문장 속에서 후스는 언어 표현에 관해 아주 조심스러운 면을 보였다. 그는 글의 끝머리에서 다음과 같이 말했다.

> 먼 타국에 있으면서 글을 읽을 겨를도 없고 국내의 선생들에게 질의하거나 문제점을 물을 수도 없어 주장하는 바를 바로 잡으려다가 오히려 지나치게 된 점이 있으니 양해바랍니다. …… 추의라고 한 것은 아직 초고를 완성하지 못했다는 의미이니, 국내 동지들께서 잘못된 점을 바로잡아 주시기 바랍니다.[99]

태염(太炎) 장빙린(章炳麟), 기도(幾道) 옌푸 등 몇 명을 제외한 나머지 교수 명단은 다음과 같다. 자감(子敢) 선자번(沈家本, 법), 성오(惺吾) 양서우징(楊守敬, 금석과 지리), 임추(壬秋) 왕카이윈(王闓運, 문사), 계강(季剛) 황칸(黃侃, 소학과 문사), 계중(季中) 첸샤(錢夏, 소학), 신숙(申叔) 류스페이(劉師培, 경서), 탁운(倬雲) 천한장(陳漢章, 경서와 역사), 선여(善餘) 천칭녠(陳慶年, 예), 약정(若汀) 화헝팡(華蘅芳, 산술), 경산(敬山) 투지(屠寄, 역사), 소후(少侯) 쑨민취안(孫毓筠, 불교), 심규(心葵) 왕루(王露, 음악), 백엄(伯嚴) 천싼리(陳三立, 문사), 매암(梅庵) 리루이칭(李瑞清, 미술), 자배(子培) 선쩡즈(沈曾植, 목록학). 馬良, 「函夏考文苑議」, 朱維錚, 『馬相伯集』, 上海: 復旦大學出版社, 1996, 136~37쪽 참조. 명단 뒤에는 이렇게 주를 달았다. "근래 요절한 사람은 싣지 않기로 하여 샤후이칭(夏穗卿)과 랴오지핑(廖季平), 캉창쑤(康長素), 위런치우(于壬秋) 또한 빼고 그 경설을 취하지 않았다." 馬良, 「函夏考文苑議」, 420쪽 참조. 이 명단은 당시 구학을 연구하던 일류 학자들을 포함하고 있다. 거기에는 금문경을 연구하는 학자를 제외하고 나머지 사람들은 기본적으로 그들의 학문적 성취만을 고려했을 뿐 서로 정치적인 입장이 다르다 하여 배척하지 않았다.

후스는 만년에 그 풋내기 같은 작품을 그렇게 부드럽고 겸허하게 쓴 이유가 당시 구세대 보수파들의 반대를 고려했기 때문이라고 회상했다.[100] 하지만 한편 젊은 미국 유학생의 한 사람으로서 동년배들과 변론할 때에는 당당하고 기죽을 게 없었지만, 고국의 선배 학자들 앞에서는 그렇듯 커다란 자신감이 없었을 것이다.

하지만 후스에게 의외로 기쁨을 준 것은 시론적인 글이 발표된 후 뜻밖에도 음운학의 대가 첸쉬안퉁의 인정을 받았다는 것이며, 이로써 자신의 관점에 대한 자신감도 크게 높아져 갔다. 후스는 만년에 이에 대해 인상 깊게 기록하고 있다.

> 첸쉬안퉁은 원래 국학의 대가인 장타이옌의 제자였다. 한 유학생이 중국의 문학개량이라는 문제에 대해 쓴 글에 대해 그가 높이 평가하는 것을 보고 놀랍고도 기뻐서 몸둘 바를 몰랐다.[101]

후스가 "몸둘 바를 몰랐다"라고 한 것을 보면 첸쉬안퉁의 지지가 어느 정도였는지를 짐작할 수 있다. 첸쉬안퉁의 지지는 한 유학생에게 매우 고무적인 작용을 했음을 확실히 알 수 있다. 후스는 또 말했다.

> 첸쉬안퉁 교수는 어떤 글을 쓰지는 않았지만 천두슈와 나에게 작은 지적과 큰 격려가 담긴 긴 편지를 써서 우리들의 관점을 지지해 주었다. 그 서신들은 『신청년』에도 발표되었다. 첸쉬안퉁 교수는 고문의 대가이다. 그러한 그가 우리에게 이와 같은 찬성을 보여준 것은 우리에게 실로 커다란 힘이 되

99) "遠在異國, 卽無讀書之暇晷, 又不得就國中先生長者質疑問難, 其所主張容有矯枉過正之處 …… 謂之芻議, 猶言未定草也, 伏惟國人同志有以匡糾是正之." 胡適, 「文學改良芻議」, 胡適, 『文學改良芻議』, 18쪽.

100) 胡適 口述, 唐德剛 譯注, 『胡適口述自傳』, 上海: 華東師範大學出版社, 1993, 149쪽.

101) "錢氏原爲國學大師章太炎(炳麟)的門人. 他對這篇由一位留學生執筆討論中國文學改良問題的文章, 大爲賞識, 倒使我受寵若驚." 胡適 口述, 唐德剛 譯注, 『胡適口述自傳』, 같은 책, 151쪽.

었다.[102)]

첸쉬안퉁이 문학혁명의 진영에 가입함으로써 일으킨 작용은 주관적인 느낌에서 후스 등을 크게 격려했을 뿐만 아니라, 더 중요한 것은 신문학에 대한 일반인들의 견해를 바꾸어 놓았다는 점이다. 이에 대해 소서(劭西) 리진시(黎錦熙, 1889~1978)는 일찍이 다음과 같이 예리하게 지적했다.

> 그는 구문학의 대가인 장타이옌 선생의 소중한 제자이다. 학문의 기초가 튼튼하며 주로 전문적인 학술 용어를 한번 외치면 그 영향력이 매우 컸다.[103)]

리진시의 관찰은 상당히 정확하다. 사실 신문학 추진에 대한 첸쉬안퉁의 기여는 여기에서 그치지 않는다. 장타이옌의 제자로서 그는 다른 동문과의 좋은 관계를 토대로 하여, 원래 문학혁명에 대해 침묵하고 있던 베이징 대학 교수들 가운데 일부를 『신청년』의 진영으로 점차 끌어들였다. 후일 신문학운동에서 중요한 역할을 담당했던 루쉰과 저우쭤런 형제는 첸쉬안퉁의 종용으로 『신청년』의 기고자 대열에 참여했다.[104)]

102) "錢玄同教授則沒有寫什麼文章, 但是他卻向獨秀和我寫了些小批評大捧場的長信, 支持我們的觀點. 這些信也在『新青年』上發表了. 錢教授是位古文大家. 他居然也對我們有如此同情的反應, 實在使我們聲勢一振." 胡適 口述, 唐德剛 譯注, 같은 책, 152쪽.

103) "他是舊文學大師章太炎先生的高足, 學有本源, 語多'行話', 振臂一呼, 影響更大." 黎錦熙, 「錢玄同先生傳」, 劉紹唐, 『錢玄同先生傳與手扎合刊』, 臺北: 傳記文學出版社影印, 1972, 33쪽.

104) 저우쭤런은 만년에 1917년 4월 베이징에 처음 도착했을 때를 이렇게 기억한다. "루쉰은 『신청년』 몇 권을 보여주면서 쉬지포(許季茀)가 '여기에 잘못된 점이 많이 있으니 반박하셔도 됩니다'라고 했던 말을 전했다. …… 나는 이렇다 할 잘못된 점을 발견하지는 못했지만 그렇다고 해서 다 옳다고 생각하지는 않았다." 周作人, 『知堂回想錄』, 333~34쪽 참조. 당시 저우 형제와 『신청년』 사이의 관점에 약간의 거리가 있었음을 알 수 있다. 저우창룽(周昌龍)도 저우쭤런과 『신청년』 집단이 꼭 일치하지는 않다는 점에 주의를 기울였다. 周昌龍, 「周作人與『新青年』」, 周昌龍, 『新思潮與傳統: 五四思想史論集』, 臺北: 時報文化

첸쉬안퉁 외에 선인모도 『신청년』을 지지하는 베이징 대학 교수 가운데 한 명이었다. 천두슈가 문과대학 학장으로 임명된 것도 그의 추천 때문이었다. 선인모는 문학이론면에서 별다른 체계적인 주장을 내놓지는 않았지만 가장 일찍 백화문을 사용해 신시를 쓴 사람이다. 그리고 동생 선젠스도 얼마 지나지 않아 신시 창작에 참여했던 것도 역시 그의 독려 때문이었을 것이다.[105] 1919년 4월 저우쭤런이 우스갯소리로 '장타이옌 동문 중 큰 형님', '베이징 대학에서 가장 오래된 베테랑'이라고 말한 주시쭈[106] 역시 『신청년』에 연이어 「백화문의 가치」(白話文的價值)와 「비'절충파'문학」(非'折衷派'的文學)이라는 두 편의 글을 발표했고, 일본인 쿠리야가와 하쿠손(廚川白村)의 『문예의 진화』(文藝的進化)를 번역해 신문학을 지지하는 태도를 분명히 밝혔다.[107] 이로 인해 문학혁명파의 기세가 베이징 대학에서 날로 뜨거워져 갔다.[108]

出版公司, 1995, 216~17쪽 참조. 저우쭤런의 분석에 따르면, 그들이 후에 『신청년』에 가입해 문학과 사상혁명을 고취하는 대열에 참여했던 이유는 한편으로는 장쉰(張勛)의 복귀에 따른 자극 때문이며, 다른 하나는 첸쉬안퉁의 계속되는 정중한 재촉 때문이었다고 한다. 周作人, 『知堂回想錄』, 334~36쪽 참조.

105) 1918년부터 1919년까지 선인모는 『신청년』에 백화시 17편을, 선젠스는 5편을 각각 발표했다. 후에 류푸는 『초기백화시고』(初期白話詩稿)를 써서 그 안에 선인모의 시 9편과 선젠스의 시 6편을 실었다. 선씨 형제의 시를 합쳐보면 모두 15편이지만 이 책에 수록한 여러 사람들의 시를 합쳐보면 11편에 지나지 않는다. 이로써 선씨 형제가 백화시 초창기의 중요 시인이라 하는 것은 지나친 말이 아님을 알 수 있다. 劉復, 「初期白話詩稿·序目」, 瘂弦, 『劉半農卷』, 臺北: 洪範書店, 1982, 124~28쪽 참조.

106) 周作人, 『知堂回想錄』, 352, 497쪽.

107) 朱希祖, 「白話文的價值」, 「非'折中派的文學'」, 『新青年』, 第6卷 第4號, 上海: 求益書社, 1919. 4, 359~64, 382~84쪽. 廚川白村 著, 朱希祖 譯, 「文藝的進化」, 『新青年』, 第6卷 第6號, 1919. 11, 581~84쪽.

108) 주시쭈의 아들 주셰(朱偰)는 문학혁명에서 신파와 구파가 격렬하게 대치하고 있을 무렵에 아버지가 백화문학을 지지하는 글을 썼으며, 그 글이 신파의 승리에 끼친 영향이 컸다고 생각했다. 朱偰, 『五四運動前後的北京大學』, 163쪽 참조. 주셰의 글에는 더러 문학혁명 당시 아버지의 중요한 결함에 대해 과대 포장하는 점이 있기는 하지만, 주시쭈는 베

당시 주시쭈가 백화문을 지지하는 태도를 분명히 한 것도 1918년 4월 후스가 『신청년』에서 발표한 「건설적 문학혁명론」(建設的文學革命論) 속에서 문학혁명과 국어통일운동을 연결지은 것과 밀접한 관계가 있다.

즉, 「건설적 문학혁명론」 속에서 후스가 '국어의 문학, 문학의 국어'라는 슬로건을 외치는 한편, 오늘날 표준 국어를 구축하는 방법은 반드시 먼저 살아 있는 언어로 백화문학을 만들어야 하며, 문학혁명은 중국을 위해 국어 문학을 창조해야 한다고 지적했기 때문이다.[109] 후스는 이에 대해 다음과 같이 강조했다.

> 국어는 단지 몇 명의 언어학 전문가들에 의해 만들어질 수 있는 것이 아니며, 단지 몇 권의 국어 교과서와 국어사전으로 구성할 수 있는 것도 아니다. 국어를 만들려면 반드시 국어로 쓴 문학을 써야 한다. 이러한 국어 문학이 있으면 국어도 자연적으로 있게 된다.[110]

후스는 이 말을 통해 국어운동과 문학혁명을 교묘하게 연관지었으며, 그 영향력에 대해 리진시는 이렇게 말했다.

> 이 문장이 발표된 후 '문학혁명'과 '국어통일'이 점차 합일의 관점을 보였다. …… 본 회의(인용자 설명: 국어연구회를 가리킴)의 '국어통일', '언문일치' 운동과 『신청년』의 '문학혁명' 운동은 완전히 통합되었다. 이것은 정말 대서특필할 만한 일이었다. …… 또한 연합운동의 중요한 표어인 '국어의 문학, 문학의 국어'를 이미 내놓았다. 그리고 인간관계에서 베이징 대학 총장 차이

이징 대학 문과대학의 원로교수로서 1919년 초에 또 베이징 대학의 국문연구소를 이끌었다. 이로 볼 때 신문학에 대한 그의 태도가 응당 중요하지 않은 것은 아니다.

109) 胡適, 「建設的文學革命論」, 胡適, 『文學改良芻議』, 57~63쪽.

110) "國語不是單靠幾位言語學的專門家就能造得成的; 也不是單靠幾本國語教科書和幾部國語字典就能造成的. 若要造國語, 先須造國語的文學. 有了國語的文學, 自然有國語." 胡適, 「建設的文學革命論」, 『文學改良芻議』, 60쪽.

> 위안페이는 …… 바로 이 회의의 회장이었으며, 그 기간에는 자연히 의기를 통합하는 역할을 했다. 그래서 두 조류가 하나로 합류하게 되었고, 그 거센 기세는 막을 수가 없었다.[111]

베이징 대학 문과의 상황을 볼 때, 당시 주시쭈와 마위짜오, 첸쉬안퉁, 저우쭤런 등 장타이옌의 제자들은 모두 국어운동의 열성분자들이었다.[112] 「건설적 문학혁명론」이 발표된 후, 국어운동의 주창자들은 역시 문학혁명을 적극 지지하는 태도를 보였다. 1919년 4월 국어통일준비회가 소집될 때, 두 문학혁명의 선봉자들인 후스와 류푸도 차이위안페이와 주시쭈, 마위짜오, 첸쉬안퉁, 저우쭤런 등과 함께 회원으로서 베이징 대학을 대표해 회의에 참석했다.[113] 이는 분명 국어운동과 문학혁명의 진영이 합류한 추세를 보여준 것이다.

국어운동과 문학혁명이라는 두 조류의 합류에 순응하고 문화계몽운동의 인사 기반을 한 걸음 더 확대하기 위해, 1919년 『신청년』은 과거 천두슈가 혼자 편집해 오던 방식을 편집부 동료들이 번갈아가며 담당하는 체제로 바꾸었다. 계획 속에 새로 구성된 편집구성원으로 천두슈와 후스, 타오멍허(陶孟和), 리다자오(李大釗), 가오이한, 첸쉬안퉁, 선인모, 선젠스, 류푸, 훈조(訓祖) 장웨이츠(張慰慈, 1892~?), 백년(百年) 천다치(陳大齊, 1887~1983), 루쉰, 저우쭤런 등이 포함되었다.[114] 이 명단에서 볼 수 있듯이, 당시 상하

111) "這篇文章發表後, '文學革命'與'國語統一'逐呈雙潮合一之觀 …… 本會(引者按:指國語研究會)底'國語統一', '言文一致'運動和『新青年』底'文學革命'運動完全合作了:這是要大書特書的一件事 …… 而聯合運動底大纛'國語的文學, 文學的國語'已打出來了; 在人的關係上, 則北京大學校長蔡元培 …… 就是這會的會長, 其間自然發生聲氣應求的作用:於是這兩大潮流合而爲一, 於是轟騰澎湃之勢愈不可遏." 黎錦熙, 『國語運動史綱』, 70~71쪽.

112) 주시쭈와 마위짜오는 1913년에 모두 교육부가 주최하는 독음통일회에 참가했다. 선인모와 첸쉬안퉁은 1917년 말에 또 베이징 대학을 대표해 국어토론회에 참가했다. 「劉半農生平年表」, 鮑晶, 『劉半農研究資料』, 天津: 天津人民出版社, 1985, 71쪽 참조.

113) 『劉半農生平年表』, 같은 책, 74쪽.

이와 미국에서 온 새로운 인물인 천두슈와 류푸, 후스는 이미 첸쉬안퉁과 선젠스 등 장타이옌의 제자들과 손을 잡았다. 이 두 세력의 합류로 베이징 대학은 점차 중국의 문화계몽운동의 중심이 되어갔다.

3. 고증학풍 속의 베이징 대학의 문과

하지만 『신청년』의 동인들은 의도적으로 문학과 사상혁명을 고취하는 것을 빌려 중국에서 문화계몽운동을 추진할 때에도 학술전문 분야에서 자신들의 본업인 연구활동을 계속해 나갔다. 사실 백화문학이 갈수록 광범위한 지지를 얻어가고 백화문 제창자들도 갈수록 사회적 명성을 얻고 있을 때, 국내 최고 학부의 교수인 후스 등은 반드시 자신의 전문분야에서 상당한 수준을 보여야만 베이징 대학 내지는 중국 학계에서 자신의 입지를 공고히 할 수 있었다. 이 점에 대해 후스는 잘 알고 있었다. 그는 비록 귀국 전부터 백화문 제창으로 명성이 자자했지만, 중국 학술의 중심지인 베이징 대학에서 확고한 위치를 구축하려면 반드시 고증학 분야에서 실질적인 연구성과를 내야만 했다.

후스는 1917년 가을 초 베이징 대학에 들어올 때 다른 동료들은 그를 문과의 새로운 권력자인 천두슈 진영의 사람으로 보았다. 후스가 천두슈의 추천으로 초빙되었기 때문이다. 1916년 10월 후스가 미국에서 상하이 『청년』 잡지에 기고한 때부터 두 사람의 서신 왕래는 시작되었다. 두 달 후 후스는 다시 고향의 지인이자 아동(亞東)도서관의 주관자인 왕멍쩌우를 찾아가 천두슈에게 직업을 구해 주길 바란다는 뜻을 전해 달라고 부탁했다. 같은 해 12월, 마침 베이징 대학 문과대학 학장을 맡고 있었던 천두슈는 후스가 보내 온 「문학개량추의」를 받고 나서 그에게 편지를 보내 졸업 후 베이징 대학에 와서 교편을 잡을 수 있도록 해주겠다고 약속했다.

114) 唐寶林·林茂生, 『陳獨秀年譜』, 92~93쪽.

차이위안페이 선생이 이미 베이징 총장(인용자 설명: 베이징 대학 총장을 가리킴)으로 임명되면서 내게 문과대학 학장직을 맡기길래 나는 그대를 추천했지만 지금 사람이 없으니 내가 잠시 맡기로 하오. 차이위안페이 선생은 그대가 속히 귀국하기를 원하오. 그대가 학장직을 원하지 않더라도 학교에 훌륭한 철학, 문학 교수 등이 부족하니 그대가 오면 맡을 수 있을 것이오.[115]

이 편지는 1916~17년에 쓴 것으로,[116] 당시 후스는 아직 박사논문을 완성하지 못한 관계로 바로 초빙에 응하지 않고 반년이 지난 후에 베이징 대학에 와서 가르쳤다.

천두슈가 후스를 높이 평가하는 이유는 두 사람이 문학에 대해 같은 견해를 갖고 있었기 때문이다. 그래서 천두슈는 베이징 대학의 초빙에 응하자마자 후스를 데려와 신문학 진영을 강화하려고 했다. 차이위안페이 역시 후스가 베이징 대학으로 오는 데 동의한 이유도 신문학을 고취하는 후스의 글을 보았기 때문이다. 차이위안페이는 다음과 같이 회상했다.

당시 『신청년』에서 문학혁명이 고무된 상황이어서 미국 유학 중인 후스를 알게 되었고, 귀국 후 베이징 대학의 교수직을 맡아 줄 것을 요청했다.[117]

후스는 베이징 대학에 들어온 후 『신청년』에 글을 올리는 것을 제외한 대부분의 시간을 '중국철학사' 강의를 준비하는 데 할애했다.[118] 1년 후 내

115) "蔡子民先生已接北京總長(引者按:指北大校長)之任, 力約弟爲文科學長, 弟薦足下以代, 此時無人, 弟暫充乏. 子民先生盼足下早日回國, 卽不願任學長, 校中哲學, 文學教授俱乏上選, 足下來此亦可擔任." 陳獨秀, 「致胡適信」, 任建樹 等, 『陳獨秀著作選』, 第1卷, 259쪽.

116) 1917년 1월 초라 한다. 唐寶林·林茂生, 『陳獨秀年譜』, 78쪽 참조.

117) "那時候因『新青年』上文學革命的鼓吹, 而我得認識留美的胡適之君. 他回國後, 卽請到北大任教授." 蔡元培, 「我在北京大學的經歷」, 鍾叔河 等, 『過去的學校』, 3쪽.

118) 후스가 1917년부터 1918년까지 어머니에게 보낸 편지에 여러 차례 강의내용을 편찬하는 일에 대해 언급했던 것으로 미루어 그가 이 일을 얼마나 중요하게 생각하고 있었는지를

용이 완성되자 차이위안페이에게 서문을 써달라고 요청했다. 차이위안페이는 후스가 이렇게 빨리 책을 편찬한 데 대해 의아해 하면서 그의 총명함과 재능을 칭찬했다.[119] 사실 강의 내용을 그렇게 빨리 편찬할 수 있었던 데는 막 마친 박사논문 『선진명학사』(先秦名學史)를 기초로 한데다[120] 1년 동안 정말 많은 노력을 기울였기 때문이다. 지희(志希) 뤄자룬(羅家倫, 1897~1969)은 후스가 베이징 대학에 들어올 때의 상황을 이렇게 묘사했다.

> 후스는 당시 상당히 조심스럽게 행동했다. 귀국 후 1년 동안은 『중국철학사』 상권을 쓰는 데 매진했다. 친히 두 번이나 옮기면서 정말 고생을 많이 했다.[121]

뤄자룬이 말한 '『중국철학사』 상권'은 당시 후스가 가르치던 '중국철학사'의 강의 내용이다. 후스가 '목숨 걸고' 노력한 것을 보면 당시 긴장된 심리상태에 놓여 있었음을 알 수 있다. 그렇게 조심하고 긴장을 늦추지 않으며 일했던 이유는 그의 유학 배경과 당시 베이징 대학의 학술적 환경에서 찾을 수 있다.

그가 베이징 대학에 들어올 당시는 앞에서 설명한 바와 같이 문과대학은 고증학풍의 분위기 속에 놓여 있었다. 당시 가장 명망이 높았던 교수는 국문과와 철학과에서 가르치고 있던 류스페이와 황칸, 탁운(倬雲) 천한

잘 알 수 있다. 胡適, 「致母親函」, 耿雲志·歐陽哲生, 『胡適書信集』, 上冊, 北京: 北京大學出版社, 1996, 124, 127, 133, 135, 137~38, 152, 159~60, 164쪽 참조.

119) 蔡元培, 「中國哲學史大綱卷上·序」, 胡適, 『中國古代哲學史』, 臺北: 遠流出版公司, 1994, 2쪽.

120) 馮友蘭, 「三松堂自序」, 北京: 三聯書店, 1989, 216쪽. 「先秦名學史」와 「中國哲學史大綱卷上」을 대조해 보면, 후자는 전자의 기초 위에서 확대된 것임을 알 수 있다. 胡適, 「先秦名學史」, 姜義華, 『胡適學術文集: 中國哲學史』, 下冊, 北京: 中華書局, 1991, 766~915쪽.

121) "胡適之在當時還是小心翼翼的, 他回國第一年的功夫, 拼命的在寫著他的『中國哲學史』上卷, 他自己親手抄了兩道, 的確下過一番苦功." 羅家倫 口述, 馬星野(偉) 筆記, 「蔡元培時代的北京大學與五四運動」, 『傳記文學』, 第54卷 第5期, 臺北: 傳記文學出版社, 1989. 5, 14쪽.

장(陳漢章, 1864~1938)이었다. 그리고 이 세 사람은 신문학에 대해 모두 반대하는 입장이었다. 류스페이와 황칸은 장타이옌의 옛 친구이자 문생이며, 그들의 학술 논저는 20세기 초에 이미 『국수학보』(國粹學報)에 게재되어 학계에서 높은 평가를 받고 있었다. 천한장은 어려서 음보(蔭甫) 위웨(兪樾, 1821~1907)와 황이저우(黃以周)에게 학문을 배웠으며, 후에 경사대학당에 들어가 공부했다. 그의 학술적 깊이와 고증에 관한 글은 장타이옌과 봉손(鳳孫) 커사오민(柯劭忞, 1850~1933), 천옌 등으로부터 칭찬을 받았다.[122] 장타이옌 등이 민국 원년에 함하고문원(函夏考文苑)의 설립을 준비하고 있을 때 류스페이는 '경서', 황칸은 '소학과 문사', 천한장은 '경서와 역사'를 각각 담당했다.[123] 이를 통해 그들의 학문이 당시 최고로 인정받고 있었음을 알 수 있다.

이 세 사람은 학문에서 각자의 장점을 가지고 있었지만 모두 소학을 기초로 하고 있었으며, 여러 경서와 중요한 몇몇 역사서를 반복해서 읽었고, 특히 넓은 견식과 뛰어난 기억력을 소유하고 있었다.[124] 이 점은 청대 학

---

122) 판자전(樊家楨)은 「綴學堂叢稿初集·敍」에서 위항(餘杭)의 장빙린(章炳麟) 선생은 청 광서(光緒) 모년 2월 28일에 천보타오(陳伯弢)에게 쓴 편지에서 "저장의 벗들 가운데 박학심사하기로 선생보다 나은 이가 없습니다"라고 했다. 陳漢章, 『綴學堂叢稿初集』, 출판자료 미상, 1936, 2쪽. 청말 경사대학당의 경과 감독을 맡았던 커사오민(柯劭忞) 역시 천한장의 경학에 대한 학술적 깊이에 대해 칭찬하면서 경학에서는 당대 제일이라고 칭찬했다. 牟潤孫, 「蓼園問學記」, 牟潤孫, 『注史齋叢稿』, 北京: 中華書局, 1987, 540쪽. 또 장순후이(張舜徽)는 『清人文集別錄』, 二十四卷의 '학당의 초고 4권을 엮음'(綴學堂草稿4卷)이라는 조목에서 천한장이 경사대학당에서 학습을 할 때 "천옌(陳衍)은 거기에서 교육을 했다. 천한장이 고증한 글은 건가 시기의 여러 나이 든 학자와 경외하는 벗들에게 부끄러움이 없다고 칭찬했다." 張舜徽, 『清人文集別錄』, 下冊, 北京: 中華書局, 1980, 668쪽 참조.

123) 馬良, 「函夏考文苑議」, 朱維錚, 『馬相伯集』, 136쪽.

124) 류스페이가 세상을 떠난 후, 친구와 제자들이 그의 유서를 수집해 『劉申叔先生遺書』를 엮어 출판했다. 목록은 모두 6개 부분으로 나누어져 있다. (1) 경학과 소학(群經及小學), (2) 학술 및 문사(學術及文辭), (3) 교석(群書校釋), (4) 시문집(詩文集), (5) 독서기(讀書記), (6) 학교 교재(學校課本)이다. 학문의 연구범위가 사부에 미치고 있음을 알 수 있다. 錢玄同, 「劉申叔先生遺書·總目」, 劉師培, 『劉申叔先生遺書』, 第1冊, 臺北: 華世出版社, 民

자들의 학문 연구방법과 일치한다. 뿐만 아니라 베이징 대학에서 교육을 할 때에도 학생들의 존경을 한 몸에 받았다. 지생(芝生) 펑여우란(馮友蘭, 1895~1990)은 만년에 당시 류스페이가 강의하던 모습을 이렇게 기억했다.

> 그는 강의를 할 때 책을 지니지도 않았고 기록 카드도 없었다. 그냥 입에서 나오는 대로 말해도 모든 것이 사리에 들어맞았다. 자료를 인용할 때에도 모두 입으로 줄줄 암송했다. 당시 학생들은 모두 탄복했다.[125)]

신문학을 찬성한 뤄자룬도 당시 "류스페이는 학문에서 모두가 인정하는 권위자"[126)]라고 평가했다. 또한 황칸은 국문과에서 가장 호소력 있는 교수였다. 펑여우란은 다음과 같이 기억했다.

> 당시 베이징 대학 중국문학과에 아주 유명한 교수가 한 분 있었다. 바로 황칸이다. 그가 강의를 할 때 사람들이 가장 많이 몰렸다. …… 그는 시와

國75, 5~7쪽 참조. 황칸이 가장 추숭하고 반복적으로 읽었던 8권의 책인 『모시』(毛詩), 『좌전』, 『주례』(周禮), 『설문해자』(說文解字), 『광운』(廣韻), 『사기』, 『한서』, 『문선』(文選)을 보면, 그의 학술 연구가 경사, 소학, 문사에 두루 통달하고 있음을 알 수 있다. 周作人, 『知堂回想錄』, 483쪽 참조. 황칸은 학문 연구에 대해 논할 때, 학자들에게 박학다문하고 장구를 기초로 삼아야 한다고 했다. 黃侃, 『黃先生語錄』, 앞의 책, 219, 223쪽 참조. 천한장의 학술 연구 역시 박학한 것으로 유명하다. 장순후이는 그의 『綴學堂初稿』四卷을 읽고 난 후, 천한장은 "어릴 때부터 넓게 공부하다 보니 박학함이 사부에까지 이른 것일 뿐, 본디 경서를 연구하는 데 얽매였던 것은 아니다." "경을 언급할 때는 정현(鄭玄)의 학문을 종주로 했고, 역사를 연구할 때는 여지(輿地)를 상세히 공부했으며, 나아가 천문과 역법, 성운, 훈고에까지 이르렀다." 또한 "소학을 깊이 연구했으며 그 공력이 참으로 깊다"라고 말했다. "천한장의 학술 연구를 요약하자면 뿌리를 경사에 두고 있으며 암송하는 것이 넓고도 깊었다." 張舜徽, 『清人文集別錄』, 下冊, 668~69쪽 참조.

125) "他上課既不帶書, 也不帶卡片, 隨便談起來, 就頭頭是道. 援引資料, 都是隨口背誦. 當時學生都很佩服." 馮友蘭, 『三松堂自序』, 330쪽.

126) 羅家倫 口述, 馬星野(偉) 筆記, 「蔡元培時代的北京大學與五四運動」, 『傳記文學』, 第54卷 第5期, 14쪽.

문장을 읽는 것을 좋아했다. …… 그가 읽을 때 아래에서 강의를 듣던 사람들도 큰 소리로 따라 읽었다. 당시 이를 '황조'(黃調)라고 불렀다. 당시 숙소에서는 저녁만 되면 도처에서 '황조'를 들을 수 있었다.[127)]

천한장 역시 학식이 두텁고 박학하기로 이름나 있어서 학생들은 장난으로 그를 "두 다리의 서가"라고 불렀다.[128)] 뤄자룬은 그를 "박식하고 기억력은 좋지만 소화를 못시킨다"[129)]라고 비판하면서도, 한편으로는 "확실히 책을 많이 읽었고, 13경 주소 중 삼례(三禮)의 정문(正文)과 주소(注疏)의 한 글자, 한 글자를 외울 수 있다"[130)]라고 칭찬했다. 명견(銘堅) 구제강(顧頡剛, 1893~1980)은 천한장의 철학사 강의를 듣고 이렇게 그를 칭찬했다.

그는 아주 해박한 학자이다. 우리들에게 많은 자료를 제공해 견문을 넓혀주었고, 하나의 학문을 연구하는 데 엄청난 책을 참조해야 한다는 것을 알게 해주었다.[131)]

이 몇몇 학자들은 '문학혁명'과 '과학정신'의 구호가 높게 퍼진 후, 베이징 대학 학생들에게 사상도 진부하고 학문의 연구방법도 낙후한 상징적 존재로 인식되기는 했지만,[132)] 반대로 후스는 처음 베이징 대학으로 들어왔

127) "當時北大中國文學係, 有一位很叫座的名教授, 叫黃侃. 他上課的時候, 聽講的人最多 …… 黃侃善於念詩念文章 …… 他念的時候, 下邊的聽衆都高聲跟著念, 當時稱爲'黃調'. 在當時宿舍中, 到晩上各處都可以聽到'黃調'." 馮友蘭, 『三松堂自序』, 37쪽.

128) 羅家倫 口述, 馬星野(偉) 筆記, 앞의 책, 13쪽.

129) 羅家倫 口述, 馬星野(偉) 筆記, 앞의 책, 15쪽.

130) 같은 곳.

131) "他是一個極博洽的學者, 供給我們無數材料, 使得我們的眼光日益開拓, 知道硏究一種學問應該參考的書是多至不可計的." 顧頡剛, 『古史辨·自序』, 第1冊, 36쪽.

132) 류스페이가 1919년 병으로 사망한 후 황칸은 베이징 대학을 떠나고 단지 천한장만 사학과에 남아 강의를 했다. 후에 1925년 사학과의 첫 번째 사제 간 집회에서 천한장은 학생

을 때 문과에서 가장 존경받는 교수였다.[133)]

사실 류스페이와 황칸, 천한장은 학생들에게도 존경을 받았고, 대체적으로 사부에 두루 정통한 전통학자로서의 이상적인 경지에 오를 수 있었기 때문에 동료들 역시 그들의 학문에 대해 존경하고 있었다.[134)] 장타이옌의 제자들 가운데 대부분은 학술 연구방법에서 스승의 영향을 많이 받아 고증방법을 활용해 중국의 고서들을 연구했다.[135)] 1917년 후스가 베이징 대학에 들어올 무렵이 바로 이러한 분위기였다. 이러한 학자들 사이에 있던 후스는 가학도 없고 사승의 배경도 없는 터라 다른 사람보다 특별히 노력할 수밖에 없었다. 더욱이 철학과에서 첫 번째로 개설한 과목은 본래 학식이 넓고 깊은 천한장을 대신해 강의하는 중국철학사 수업이었다. 이를

들에게 그의 학문은 "과학적 방법이 부족하다"라는 비평을 받자 화가 나서 사직했다. 이와 관련된 일은 「史學研究會開會記事」, 『北大日刊』(1925. 11. 30.), 2쪽에 보인다. 朱希祖, 「辯駁'北京大學史學係全體學生驅逐主任朱希祖宣言'」, 『北大日刊』(1930. 12. 9.), 3쪽 참조.

133) 1917년 이후 문학혁명은 갈수록 많은 지지자를 확보했지만 류스페이와 황칸 등은 여전히 학생들에게 상당한 호소력을 가지고 있었다. 1919년 2월 26일 일군의 베이징 대학 학생들은 『신청년』을 막아내기 위해 류스페이의 집에서 『국고』 월간사 성립회를 개최했는데, 학생들이 도처에서 모여들었다. 「本社記實錄」, 『國故』, 第1期, 臺北: 成文出版社影印, 1986, 쪽수 없음. 『국고』의 중견인들은 모두 『신조』의 주편 푸쓰넨(傅斯年)의 동학들이었고, 푸쓰넨을 제외한 그들은 『국고』 월간사의 구성원이었다. 푸쓰넨과 사이가 좋았던 구제강은 당시 사람들에게 "푸쓰넨은 동학 가운데서 고립되어 있다"라고 말했다. 顧頡剛, 「致葉聖陶信」(1919. 6. 17.), 顧潮, 「顧頡剛與傅斯年在青壯年時代的交往」, 『文史哲』, 1993年 第2期, 濟南: 山東人民出版社, 1993. 6, 14쪽에서 재인용.

134) 쳰무는 장타이옌의 제자 가운데 "오직 황칸만이 장씨 문인들에게 가장 존경을 받았는데, 이는 그가 두루 배워야 한다는 옛 규칙을 지켰기 때문이다"라고 말했다. 錢穆, 「现代中国学术论衡·序」, 錢穆, 『钱宾四先生全集』, 第25冊, 臺北: 聯經出版事業公司, 1998, 6쪽 참조. 저우쭤런은 황칸의 학문을 논할 적에 탄복하는 마음을 감추지 않으면서 "그의 국학은 1~2등이다"라고 했다. 周作人, 『知堂回想錄』, 482쪽 참조.

135) 1917년 베이징 대학의 예과와 문과에서 국문, 역사, 철학을 가르치던 30여 명의 교원 가운데 3분의 1이 모두 장타이옌의 제자들이었고, 나머지 적잖은 사람들 역시 장타이옌과 오랜 교류가 있었다. 「1917年教員數目統計表」와 「1918年各科教員及研究所教員」, 朱有瓛, 『中國近代學制史料』, 第3輯, 下冊, 76, 81쪽 참조.

통해 당시 그가 받았을 정신적 스트레스를 충분히 짐작할 수 있다.

후스는 미국에 있을 때 비록 선진철학을 연구범위로 삼았었지만, 철학과 학생들은 백화문을 주장하는 어떤 유학생이 와서 중국철학사를 강의한다는 소식을 듣고 다들 회의적인 눈길을 보냈다.[136] 게다가 당시 후스의 나이는 30세도 채 안 되어 학생들은 그를 쉽게 보려는 경향이 있었다.[137] 결국 후스가 와서 강의할 때 삼황오제의 사적을 생략하고 직접 『시경』부터 강의를 하는 모습에 직면하자, 후일 구제강의 말을 빌리자면 "많은 학생들은 동의하지 않았다. 단지 반에서 극렬하게 앞장서는 사람이 없어서 소동은 벌어지지 않았다"[138]고 한다.

뿐만 아니라 후스는 강의 중에 많은 학생들이 구학문에 대한 기초가 탄탄하다는 사실을 발견했다. 뤄자룬의 말에 의하면, 후스는 종종 사람들에게 자신이 베이징 대학에 막 들어왔을 때 항상 걱정되고 조마조마해서 더욱 배가의 노력을 기울였는데, 그 이유는 많은 학생들이 자신보다 학식이 뛰어났기 때문이라고 말했다고 한다.[139] 후스가 이렇게 말한 것은 결코 겸손이 아니다. 전통 학문의 기초에서 볼 때, 그는 일찍부터 신식 학당에서 공부했고 그 후에도 7년 동안 미국에서 유학한 관계로 사실 구학문에 대한 실력은 그의 학생이었던 구제강과 맹진(孟眞) 푸쓰녠(傅斯年, 1896~1950), 마오쯔쉐이(毛子水) 등에 미치지 못했다.

이 점에 대해 후스 자신도 잘 알고 있었다. "걱정되고 조마조마한 마음"은 당시 그의 심리적 긴장 상태를 반영한다. "배가의 노력을 기울였다"는 것은 한편으로는 수업 준비를 위한 노력이었고, 다른 한편으로는 끊임없이

136) 구제강은 후에 당시 철학과 학생들이 의심스런 마음으로 "미국에서 막 돌아온 일개 학생이 어떻게 베이징 대학에 와서 중국의 학문을 강의할 수 있는가?"라고 말했다고 토로했다. 顧頡剛, 『古史辨·自序』, 第1冊, 36쪽 참조.

137) 같은 곳.

138) 같은 곳.

139) 羅家倫, 「元氣淋漓的傅孟真」, 蔡尚志, 『長眠傅園下的巨漢』, 臺北: 故鄉文化出版事業, 1979, 50쪽.

첸쉬안퉁과 주시쭈에게 가르침을 받아[140] 자신에게 부족한 구학문에 대한 소양을 채우려는 노력이었다.

하지만 어쨌든 후스는 미국 유학 당시 중국 철학에 공력을 기울이는가 하면 서방의 학문 연구방법을 습득했다. 이러한 점은 자신의 학문 연구에 새로운 안목으로 녹아들어 점점 수준 있는 학생들의 인정을 받게 되었고 자신감도 크게 증가하게 되었다. 그래서 후스는 철학사의 강의 내용을 모두 작성한 후 바로 상무인서관(商務印書館)에 출판을 의뢰했는데, 이는 자신의 학술적 관점에 대해 상당히 자신감이 있었음을 보여준 것이다. 사실 당시 베이징 대학 교수들은 거의 강의 내용을 준비하고 있었지만 그것을 출판하지 않았을 뿐이었다. 그러나 후스는 1년 동안 강의한 내용을 즉시 인쇄했다. 일반 사람들의 생각과 분명 다른 점이었다. 오래 전에 후스의 『중국철학사대강』을 읽었던 빈사(賓四) 첸무(錢穆, 1895~1990)는 다음과 같이 후스에 대한 인상을 말했다.

> 후스는 이 책을 급히 출판한 것 같다. 아직 자신의 주장을 충분히 표현하지 못했다.[141]

책의 내용은 물론 강의 내용을 기초로 인쇄한 것이지만 강의 진도에 맞추기 위해 '급히' 작성했다는 평은 피할 수 없었을 것이다. 강의 진행이 급했다 할지라도 출판은 천천히 해도 되는 일이었다. 후스가 급히 강의 내용을 인쇄한 이유는 당시 학술분야에서 빨리 자신의 위치를 확립하기 위해서였다.

『중국철학사대강(상)』이 출판된 후 이 책의 일부 관점에 대해 학계의 논쟁이 있었지만, 후스는 청대 유학자들과 제자(諸子)를 연구한 근대 학자들

140) 胡適, 「中國哲學史大綱卷上·再版自序」, 胡適, 『中古代哲學史』, 1쪽.

141) "胡氏此書, 似出急就, 尙未能十分自達其主張." 錢穆, 『國學概論』, 錢穆, 『錢賓四先生全集』, 第1冊, 365쪽.

의 성과를 접목시켰다. 명학(名學)에 대한 탐구는 선인들의 업적을 뛰어넘었으며, 논지 전개의 서술적인 면에서도 조리가 분명해 차이위안페이의 칭찬은 물론 학계 유명인사인 량치차오의 찬상을 받기도 했다.[142] 1919년 신문화운동이 전국적으로 확산된 후 비판정신이 일시에 성행해 학계의 분위기가 빠르게 바뀌어 가자, 후스의 저작도 갈수록 많은 청년 학생들의 환영을 받았다.

치쓰허(齊思和, 1907~80)는 몇 년 후에 후스의 저작이 출판된 후 일반인들의 환영을 받는 이유에 대해 이렇게 분석했다.

> 민국 초 이후 국학 분야에서 장타이옌 선생의 영향력은 지대했다. 중고등학교 선생님들 가운데 어떤 선생님은 우리들에게 『장씨총서』를 한 부씩 구입할 것을 권했다. …… 장 선생님의 글은 아주 어렵고도 깊이가 있었으며 내용은 음운과 소학을 위주로 했다. 중고생들이 읽기에는 참으로 부족한 능력을 개탄할 뿐이었다. 이때 바로 후스의 '저작'이 나타났다. 그의 책은 백화로 쓰여 어려운 문장이나 난해한 글자가 없어서 '가슴이 탁 트이는 느낌'이 들었다. 그러니 자연 환영받을 수밖에 없었다…….[143]

치쓰허는 1920년대 중고등학교에 다닐 때 거의 모든 학생들의 서가에 후스의 『중국철학사대강』[144]이 한 권씩 꽂혀 있었던 상황을 생생하게 기억하고 있다.

142) 余英時, 『中國近代思想史上的胡適』, 42쪽.

143) "自民國初年以來, 章太炎先生在國學方面影響極大. 我們中學的老師, 有的讓我們每人買一部『章氏叢書』…… 先生的文章, 非常艱深, 內容以聲韻小學爲主, 一個中學生讀起來, 眞是'望洋興嘆'. 這是胡適的'著作'出現了. 這些書是用白話文寫成的, 其中幷沒有難懂的句子, 難認的字, 使人有'豁然開朗'之感. 自然受到歡迎……." 「批判胡適主觀唯心論的歷史觀與方法論: 北京大學歷史係教師座談會發言摘要」, 三聯書店, 『胡適思想批判(論文彙編)』, 第2輯, 北京: 三聯書店, 1955, 171쪽.

144) 「批判胡適主觀唯心論的歷史觀與方法論」, 같은 책, 170쪽.

결국 후스는 『중국철학사대강(상)』이 출판된 후 베스트셀러도 되고 호평도 받은데다가 백화문을 제창하면서 사회적 명성을 얻은 후 전공 분야에서도 확고한 위치를 차지하게 되었다. 후스의 성공적인 사례는 함께 베이징 대학에 들어왔던 류원뎬도 고무시켰다. 류원뎬도 그 방향으로 노력하고 있었기 때문이다. 그는 제자학을 연구범위로 삼아 『회남자』(淮南子)를 정해 1년여의 시간을 들여 『회남홍렬집해』(淮南泓烈集解)를 지었다.

류원뎬은 『회남홍렬집해』를 쓸 때 『회남자』를 거의 달달 외웠을 뿐만 아니라 침식을 잊을 정도로 몰두했다고 한다.[145] 이에 대해 후스도 감탄했다.

> 숙아(류원뎬)는 본래 아주 게을렀는데, 이렇게 죽을 정도로 분발하고 공을 들여 훌륭한 작품을 써낼 줄을 몰랐다![146]

책을 완성한 류원뎬은 다시 후스에게 서문을 써달라고 청했다.[147] 후스는 이를 다방면으로 홍보했고[148] 상무인서관에 소개해 출판을 부탁하기도 했다. 류원뎬은 무척 감격했다. 『회남홍렬집해』는 출판된 후 역시 호평을 받았으며, 이로써 류원뎬은 자신의 학술적인 지위를 확고히 다질 수 있었다.[149]

---

145) 張文勳, 「劉文典傳略」, 『晋陽學刊』 編輯部, 『中國現代社會科學家傳略(第8輯)』, 太原: 山西人民出版社, 1987, 62쪽.

146) "叔雅性最懶, 不意他竟能發憤下此死工夫, 作此一部可以不朽之作!" 社科院近史所, 『胡適的日記』(1921. 9. 24.), 上冊, 北京: 中華書局, 1985, 222쪽.

147) 류원뎬은 본래 차이위안페이에게 서문을 써달라고 부탁함으로써 몸값을 올리려고 했으나, 차이위안페이는 후에 무슨 이유에서인지 모르게 쓰지 않았고, 서문은 결국 후스가 쓰게 되었다. 劉文典, 「致胡適函」(1921. 10. 9.), 耿雲志, 『胡適遺稿及秘藏書信』, 第39冊, 合肥: 黃山書社, 1994, 651쪽.

148) 胡適, 「淮南鴻烈集解·序」, 劉文典, 『淮南鴻烈集解』, 上冊, 北京: 中華書局, 1989, 2쪽.

149) 1923년 류원뎬은 후스에게 보낸 편지에서 "자네는 내가 가장 존경하고 좋아하는 친구이며, 학업면에서도 내게 좋은 점들을 본받게 해주었네. 근년에 보잘것없는 작은 명성이 있었던 것도 모두 자네가 좋게 잘 말해 준 덕택일세. 졸작의 출판은 더욱더 자네의 커다란

'아주 게을렀던' 류원뎬이 침식을 잊을 정도로 전념한 것은 후스가 『중국철학사대강(상)』을 쓸 때와 매우 비슷하다. 류원뎬도 책을 다 쓴 후 급히 출판했다. 내심 조급한 그의 심정을 반영한 것이다. 류원뎬은 후스에게 출판사에 빨리 인쇄해 달라고 독촉을 부탁하는 서신에서 자신이 조급하게 요청하는 이유를 밝혔다.

> 나는 일종의 관계를 통해서 속히 이름을 알리고자 해서이네. 결국 그들이 빨리 인쇄해 주었으면 하는 마음뿐이라네.[150)]

"이름을 알리고자 한다"라는 것은 류원뎬 역시 이 책의 출판을 통해 학계에서 확실한 기반을 다지고자 해서였다.

후스와 류원뎬의 행동을 그들의 출신 배경과 당시 그들이 처해 있던 베이징 대학 문과대학의 인사 변천 및 학술 환경과 연계시켜 보면, 그들이 그토록 목숨을 걸고 책을 써서 출판하려 했던 이유를 쉽게 납득할 수 있다. 1919년 4월로 거슬러 올라가 본다. 후스와 류원뎬을 베이징 대학으로 데려온 천두슈는 문과대학 학장직을 사직하고 베이징 대학과의 인연을 끊었다. 천두슈가 사직한 원인은 표면적으로는 행동을 잘 처신하지 못해서 사회의 여론과 동료들의 공격을 받았던 것으로 보이지만,[151)] 사실 사건의 뒤에는 여러 베이징 대학 교수들과의 복잡한 인사문제에서 갈등이 있었기 때문이다.[152)]

도움과 격려의 결과라네"라고 말했다. 「致胡適函」(1923. 12. 18.), 같은 책, 703~04쪽.

150) "典因爲一種關係, 急於要掛塊招牌, 總希望他們快快地印才好." 劉文典, 「致胡適函」(1922. 2. 22.), 같은 책, 658~59쪽.

151) 胡適, 「致湯爾和函」(1935. 12. 28.), 耿雲志, 『胡適遺稿及秘藏書信』, 第20冊, 108~11쪽. 周天度, 「蔡元培與陳獨秀」, 蔡元培研究會, 『論蔡元培』, 北京: 旅游教育出版社, 1989, 432~34쪽 참조.

152) 천두슈는 베이징 대학의 동료들과 사이가 좋지 않았는데, 이는 그의 사람됨과 처세가 원만하지 못한 것과 관련이 있다. 姚柯夫, 「陳中凡傳略」, 『晋陽學刊』 編輯部, 『中國現代社會科

최근 몇 년 동안 발간된 후스의 왕래 서신을 보면, 천두슈가 문과대학 학장을 맡고 있던 후반기에 그를 베이징 대학으로 데려온 선인모와 불화가 있어 당시 베이징 대학을 떠날 수밖에 없었다는 것을 알 수 있다. 천두슈의 사직 문제에서 선인모는 배후의 주모자 중 한 명이었다.[153] 천두슈와 선인모의 불화에 대해 구제강은 안후이 출신인 천두슈와 후스가 서로 협력해 베이징 대학에서 세력을 날로 확장해 가는 것을 보고 불만이 생긴 저장 출신의 선인모가 마침내 천두슈를 배척하려 했다고 한다.[154] 베이징 대학에서의 선인모의 영향력으로 볼 때, 천두슈가 사직하는 것은 실로 피할 수 없는 결과였다.

천두슈가 베이징 대학을 떠나자 류원뎬은 바로 커다란 심리적 압박감을 받게 되었다. 류원뎬은 비록 류스페이의 오랜 제자이자 일본 유학 시절에 장타이옌에게도 학문을 배운 적이 있지만, 그 시간은 매우 짧아서[155] 장타이옌의 제자들에게 동문으로 인정받지 못했던 것 같다. 류원뎬이 베이징 대학으로 오게 된 데는 천두슈의 추천이 있었고, 또 그와의 관계도 매우 친밀했기 때문이다. 따라서 천두슈의 사직은 류원뎬에게 커다란 정신적 스트레스로 다가왔다.

천두슈가 베이징 대학을 떠난 이듬해부터 류원뎬은 바로 『회남홍렬집해』를 쓰기 시작해 1921년에 완성했다. 이 책을 쓰게 된 동기는 분명 학문적 흥미 외에도 문과대학 내부의 인사변동에 관한 상황과도 관련이 있는 것으로 보인다.

당시 류원뎬이 『회남자』를 선정해 고증학의 교감에 힘을 쏟았던 것은 청말에서 민국 초에 제자학이 흥성했던 조류를 따르는 한편, 고증학을 중시

學家傳略』, 第5輯, 133쪽.

153) 胡適, 「致湯爾和函」(1935. 12. 13/1936. 1. 2.), 앞의 책, 105, 114쪽.

154) 顧頡剛 遺著, 顧潮·顧湲 校, 「顧頡剛自傳(二)」, 『中外雜志』, 第47卷 第2號, 臺北: 中外雜志社, 1995. 2, 17쪽.

155) 劉文典, 「回憶章太炎先生」, 陳平原·杜玲玲, 『追憶章太炎』, 63~65쪽.

하는 베이징 대학 문과대학의 학풍과도 부합했다. 당시 이 책은 높은 평가를 받았기에 1923년에 출판된 후 이듬해 바로 재판을 찍은 것은[156] 결코 우연한 일이 아니었다.

후스와 류원뎬이 목숨을 걸고 분발한 것에 비해, 같은 해 베이징 대학으로 왔던 류푸는 그렇게 적극적이지 않았다. 류푸는 베이징 대학에 들어온 후 비록 첸쉬안퉁, 선인모, 저우쭤런 등과 친분이 두텁기는 했지만 원래 상하이의 소설 작가 출신이어서 베이징 대학에서 사람들의 존경을 그리 받지는 못했다.[157] 또한 후스와 같은 유학파인 '영미파 신사'들이 종종 냉소적인 태도를 보이자 심리적 불안을 느껴 결국 1920년 베이징 대학의 지원을 받고 프랑스 유학길에 올랐다.[158] 프랑스에서 5년을 지낸 류푸는 일련의 변화를 경험하면서 최종적으로 실험언어학을 연구 분야로 결정했다.[159] 실험언어학은 당시 유럽 언어학 영역에서 신흥 학과였으며 구미 언어학은 이론이나 방법론적 측면에서 중국의 음운 학자들에게 참조할 만한 가치가 있었다. 따라서 류푸가 이 분야를 주제로 정했던 것은 베이징 대학 문과대학이 언어문자를 중시했던 분위기와 관련이 있다.

후스와 류원뎬과 류푸, 이들 세 사람의 태도와 경력으로 볼 때, 이러한 『신청년』 잡지의 가장 이른 기고자들은 천두슈의 추천으로 베이징 대학에 들어온 후 학술적인 면에서 다른 사람들의 인정을 받는 한편, 동료와 학생들의 도전에 대응하기 위해 다른 사람들보다 훨씬 더 노력하지 않을 수 없었다. 『중국철학사대강(상)』과 『회남홍렬집해』 그리고 심지어 류푸가 먼 프랑스 유학길에 올라 언어학을 공부한 이 모든 것은 이러한 분위기에서 행할 수밖에 없었던 부득이한 선택이었다. 후스와 류원뎬, 류푸는 문학혁명

156) 劉文典, 『淮南鴻烈集解』, 上冊, 4쪽.

157) 羅家倫 口述, 馬星野(偉) 筆記, 「蔡元培時代的北京大學與五四運動」, 『傳記文學』, 第54卷 第5期, 13~14쪽.

158) 周作人, 『知堂回想錄』, 358쪽.

159) 劉復, 「我的求學經過及將來工作」, 『國學門周刊』, 第1卷 第4期(1925. 11. 4.), 上海: 開明書店, 10쪽.

에 앞장섰던 사람들이자 『신청년』의 핵심 멤버이기도 했다. 하지만 베이징 대학에 들어온 그들은 고증을 중시하는 문과대학의 분위기를 대하면서 자신을 보호할 수 있는 길을 찾지 않을 수 없었다.

이는 신문화운동 기간 중 장타이옌 제자들의 사회적 명성이 더러는 후스와 류푸만 못했지만 베이징 대학 문과대학에서는 확실히 우세에 놓여 있어서 후스 등과 같은 인물도 그들과 좋은 관계를 유지해야만 했다. 『신청년』 편집부가 1918년 조직을 확대 개편한 것은 이 두 학자 그룹의 협력이 내딛은 첫걸음이자 문화계몽 사업에서 일시적으로 일치된 견해를 보인 것이다. 그래서 그들은 일제히 국어통일과 문학혁명 사업을 추진했던 것이다.

하지만 5·4운동 기간이 되면서 중국의 민족적 위기감이 최고조에 달하고 서구 학문을 도입하려는 흐름도 갈수록 거세지자, 이러한 학자들은 갈수록 사회 대중으로부터 압박을 느끼면서 자신들이 하고 있는 학문에 대해 반성하기 시작했다. 나라와 민족이 위기에 빠져 있을 때 국가의 역사와 문화, 즉 국고에 대한 정리와 연구가 무슨 가치가 있겠느냐는 질문을 던진 것이다. 그래서 '국고정리' 문제를 둘러싼 토론은 신문화운동의 최고조가 지난 후 베이징 대학에서 전개되었던 것이다.

제3절 '국고'와 '국고정리'

1. '국고정리' 구호의 등장

1919년 말 후스는 신문화운동의 영수로서 「신사조의 의의」(新思潮的意義)를 발표하면서 처음으로 '국고정리' 문제에 대해 체계적인 주장을 제기했다. 신문화운동 속에서 후스가 지닌 특수한 지위로 인해 이 글이 『신청년』에 게재된 후 '국고정리'는 일시에 학자들에게 공통의 관심 의제가 되었다.

후스는 「신사조의 의의」에서 주로 과거 베이징 대학 동인들이 소개한 신사조의 업무에 대한 총결로서 그 의의와 미래의 방향에 대해 소개했다.[160)]이른바 '신사조'란 "근본적인 의미는 단지 새로운 태도일 뿐이고, 새로운 태도란 '비판적 태도'를 말하며, 프리드리히 빌헬름 니체(Friedrich Wilhelm Nietzsche)가 말한 '모든 가치를 새로이 추정한다'라는 뜻이다."[161)] 비판적 태도 아래 과거 2~3년간의 신사조운동은 실제적으로 '문제 연구'와 '학문상의 원리나 법칙'을 받아들이는 두 가지 면에서 드러났다. 후스는 신사조의 향후 지향점은 '문제 연구'의 방향으로 노력하고 이 과정에서 받아들인 학문의 원리나 법칙을 '문제 연구'의 참고자료로 삼을 수 있기를 바랐다.[162)] 동시에 중국의 구학의 학술사상에 대해서도 '비판적인 태도'를 통해 '국고정리' 작업을 진행하고자 했다.[163)] 후스는 이에 대해 다음과 같이 말했다.

> 정리란 뒤섞인 것으로부터 조리와 맥락을 끌어내고, 두서가 없는 것으로부터 전후의 인과관계를 찾아내는 것이다. 그릇된 오류로부터 진의를 찾아내고 근거 없는 미신으로부터 진정한 가치를 찾아내는 것이다.[164)]

후스는 동시에 국수주의를 고수하는 '국수당'을 겨냥해 '국수'를 논할 자격이 없다고 했다. "만약 무엇이 민족의 정화이고 무엇이 민족의 찌꺼기인지를 알려면 먼저 비판적 태도와 과학적 정신을 가지고 국고정리를 해야 한다"라고 했다.[165)] 그는 '문제 연구'와 '학술 수용', '국고정리'라는 삼 단계를 거친 후 '문명 개조'를 실현하려는 목적이었다.[166)]

---

160) 胡適, 「新思潮的意義」, 胡適, 『胡適文選』, 臺北: 遠流出版公司, 1987, 41쪽.

161) 胡適, 「新思潮的意義」, 같은 책, 42쪽.

162) 胡適, 「新思潮的意義」, 같은 책, 43~47쪽.

163) 胡適, 「新思潮的意義」, 같은 책, 48쪽.

164) "整理就是從亂七八糟裏面尋出一個條理脈絡來; 從無頭無腦裏面尋出一個前因後果來; 從胡說謬解裏面尋出一個眞意義來; 從武斷迷信裏面尋出一個眞價値來." 같은 곳.

165) 胡適, 「新思潮的意義」, 같은 책, 49쪽.

후스는 이 문장 속에서 '국고정리'를 신사조운동 속에 넣어 '문제 연구', '학술 수용', '문명 개조'와 함께 신사조운동의 4대 강령 가운데 하나로 삼아 국고정리운동을 형성하는 데 촉진적 역할을 하고자 했던 것이다.

그러나 이 글의 어투를 자세히 살펴보면, 전체 문장의 요점이 주로 반복적으로 논증되고 있음을 알 수 있다. '문제 연구'는 신사조운동 가운데 가장 중요한 일환이며, 후스는 심지어 신사조의 주도적 인물들에게 "모든 열정을 문제 연구에 쏟아부어야 한다"[167]라고 호소했다. 설사 후스가 가장 끝으로 '문명 개조'를 신사조의 목적으로 삼는다고 했지만, 또한 여전히 "문명 개조 이전에 기울여야 할 공력은 이런저런 문제에 대한 연구이다. 문명 개조의 진행은 바로 이런저런 문제를 해결하는 것이다"[168]라며 보충 설명을 잊지 않았다. 확실히 이 글을 쓸 무렵, 후스의 머릿속에는 이미 4개월 전에 발생한 '문제와 주의' 논쟁이 계속 맴돌고 있었기 때문이다.[169] 그래서 신문과 잡지 등의 매체를 통해 신사조를 토론할 기회를 빌려 '문제와 주의' 논쟁에 대한 관점을 재차 강조함으로써 지식인의 미래가 이데올로기는 적게 논하면서 문제에 대해 연구하는 길로 들어설 수 있기를 바랐던 것이다.[170]

후스는 이 문장의 중심 요지는 '문제 연구'에 있다면서 반복적으로 그 중요성을 설명했다. 그렇다면 그는 왜 특별히 '국고정리'라는 항목을 내세워 신사조운동의 일환으로 삼았는가? 어떤 학자는 「신사조의 의의」를 자세히 읽어보면, 후스가 신사조의 정신을 논술하는 것을 시작으로 하여 계속해서 '문제 연구'와 '학술 수용'을 수단으로 삼을 것을 주장하면서, 마지

166) 胡適, 「新思潮的意義」, 같은 책, 49~50쪽.

167) 胡適, 「新思潮的意義」, 같은 책, 47쪽.

168) 胡適, 「新思潮的意義」, 같은 책, 50쪽.

169) 이 논쟁 속에서 후스는 '문제와 주의'에 대해 논쟁한 4편의 글을 발표했다. 胡適, 『問題與主義』, 臺北: 遠流出版公司, 1994, 113~49쪽.

170) 胡適, 『問題與主義』, 113쪽.

막에는 '문명 개조'의 목적으로 귀결하고 있으며, 이는 문맥이나 논증의 과정을 놓고 보았을 때, 중간에 특별히 구학 학술사상에 대해 어떤 태도를 지녀야 한다는 문제를 끼워 넣어야 할 필요가 없다는 점을 분명하게 알 수 있게 해준다고 주장했다.[171] 그렇다면 후스는 도대체 왜 '국고정리'라는 부분을 더했는가?

후스의 개인적 학문 연구의 이념으로 볼 때, 이 문장에서 언급하고 있는 국고정리에 관한 몇 가지 개념, 즉 과학적 방법으로 중국의 학술사상을 정리하고 구학술사상에 대한 체계적인 정리를 통해 각 사상의 원인과 결과를 찾아내어 역사적 관념으로 서로 다른 학설의 가치를 비판하는 것은 그가 중국 고대철학을 연구할 때 줄곧 유지해 오던 태도이며, 이에 대한 언급도 당시 출판한 『중국철학사대강(상)』에서 볼 수 있다.[172] 하지만 '국고정리'라는 말은 『중국철학사대강(상)』 안에 나온 적이 없다. 사실상 '국고정리'라는 말이 남북으로 유전된 것은 비록 후스의 「신사조의 의의」와 밀접한 관계가 있지만, 이 말의 창시자는 후스가 아니다. 이 말은 실제로 1919년 5월 『신조』(新潮) 잡지에 실린 『국고』(國故) 월간을 공격하는 문장에서 처음 등장했다. 당시 이 문장이 발표된 후 『국고』 진영의 반격을 받았으며, 쌍방의 논쟁은 5월부터 10월까지 계속되었다. 후스는 『신조』의 고문으로서 일찍이 마오쯔쉐이에게 편지를 보내 자신의 의견을 나타낸 적이 있는데, 이 편지에서 후스는 처음으로 '국고정리'라는 명칭을 사용했다.[173]

현재 추적해야 할 점은 '국고정리'라는 말이 왜 『신조』와 『국고』라는 두 간행물의 대치와 논쟁 속에서 출현했는가? 이 말이 후에 사람의 입에 오르내리게 된 학술 개념의 출처는 무엇인가? 그가 포함하고 있는 의미는 무엇인가? 이러한 문제는 반드시 1910년 하반기 베이징 대학의 학술 환경 속에

171) 李孝悌, 「胡適與整理國故: 兼論胡適對中國傳統的態度」, 『食貨月刊(復刊)』, 第15卷 第5~6期, 73쪽.

172) 胡適, 「中國哲學史大綱卷上」, 胡適, 『中國古代哲學史』, 3~28쪽.

173) 胡適, 「論國故學」, 胡適, 『問題與主義』, 216쪽.

서 검토해야 할 것이다.

천두슈와 후스 등 베이징 대학 교수들이 『신청년』 잡지에서 신문학을 고취한 후, 그들의 영향을 받은 푸쓰녠과 뤄자룬 등도 『신조』 월간사를 조직하는 한편 후스에게 고문직을 부탁했다. 1919년 1월 『신조』 제1기가 출판된 후 『신청년』과 호응을 했다. 푸쓰녠과 같은 과의 쉐샹쑤이(薛祥綏), 장쉬안(張煊), 뤄창페이(羅常培) 등은 류스페이를 영수로 추천하고 1919년 1월 26일 『국고』 월간사를 창립해[174] "중국 고유의 학술을 밝히는 것을 종지"[175]로 하면서 백화문에 대해 유보적인 태도를 지녔다.[176] 3월 『국고』 월간 창간호가 출판되면서 『신조』와 『신청년』이 맞서 겨루기 시작했다.

『국고』 월간이 출판될 무렵, 『신조』의 주편이었던 푸쓰녠은 이미 「국고론」(國故論)을 쓰기 시작하면서 '낡은 것을 포용하는' 식의 국고 연구에 대해 비판을 가했지만 글을 완성하지는 못했다.[177] 그러나 5월에 『신조』는 마오쯔쉐이의 「국고와 과학적 정신」(國故和科學的精神)을 게재했다. 이 글은 분명 『국고』 월간을 겨냥해 쓴 것으로서 '국고 연구'의 여러 가지 문제에 대해 상당히 전면적인 토의를 했다.

마오쯔쉐이는 글 속에서 먼저 '국고'라는 말에 대해 정의를 내렸다. 그는 장타이옌의 『국고논형』(國故論衡)을 근거로 하여 장타이옌이 말한 '국고'는 '중국고대학술사상'을 포함하고 있다고 지적했고, 그 후 '중국 민족의 과거 역사'를 제기하면서 이 또한 '국고'라고 했다.[178] 세계 학술상에서 '국고'의 지위를 보면, 마오쯔쉐이는 '유럽화'와 '국고'를 함께 거론하면서 전자는 '막 성장하고 있는 것'이며 '체계가 잡힌 학술'이지만, 후자는 '이미 죽은 과거

174) 「本社記事錄」, 『國故』, 第1期, 臺北: 成文出版社影印, 1919. 3, 609쪽.

175) 「本社記事錄」, 『國故』, 第1期, 쪽수 없음.

176) 沈松橋, 『學衡派與五四運動的反新文化運動』, 臺北: 國立臺灣大學出版委員會, 1984, 27쪽.

177) 푸쓰녠이 마오쯔쉐이의 「國故和科學的精神」을 위해 쓴 「附識」를 볼 것. 『新潮』, 第1卷 第5號, 臺北: 東方文化書局影印, 1919. 5, 744~45쪽.

178) 毛子水, 「國故和科學的精神」, 『新潮』, 第1卷 第5號, 臺北: 東方文化書局影印, 1919. 5, 731쪽.

의 것'이며 '체계가 없는 잡다한 지식'이라고 했다.[179] 그는 과거 중국의 학술과 역사는 세계 문명에서 이렇다 할 공헌이 없으므로 '국고'가 오늘날 세계에서 "이렇다 할 위치를 차지하지 못하는" 것이라고 여겼다.[180]

비록 그렇지만 그는 '국고'는 연구해야 한다고 인식했다. 그는 그 이유를 다음 세 가지로 요약했다. 첫째, '국고'는 비록 중요하지는 않지만 세계학술상에서 하나의 지위를 차지하므로 여전히 연구할 필요가 있다. 둘째, 과거 중국에는 훌륭한 학술사나 민족의 역사서가 없었으므로 현재 써낼 수만 있다면 '좋은 일'이다. 셋째, 중국은 기이한 병을 얻어 죽은 사람과 같다. 비록 쓸모는 없지만 해부(연구)를 통해 발병의 원인(학술사상과 민족이 발달하지 못한 원인)을 찾아서 어떻게 그를 구제할지 알아야 한다. 이외에도 국고 연구가 대부분 '주해나 고증'을 하여 '거듭 징험하거나' '사실적인 것을 추구'하는 현상을 형성했으므로 이 또한 좋은 점이라고 보았다.[181]

마오쯔쉐이는 더 나아가 오늘날 국고를 연구하는 사람은 반드시 '과학적 정신'을 갖춰야 하고 '국고학'을 '현재 과학적인 하나'로 보아야 하며, 이른바 '과학적 정신'이란 대체로 선인들이 말했던 '실질적인 것을 추구'하는 것이라고 했다. 아울러 국고를 연구하는 것은 '정수를 발양'해야 하지만 '못난 점'도 드러내야 하며, 오직 '국고를 발양하는 것'을 목적으로 하는 연구는 가장 잘못된 것이라고 했다.[182] 그는 근래 국고를 연구하는 사람들은 대부분 국고의 성격도 모르고 과학적 정신도 없어 "낡은 것을 끌어안고 놓지 않는" 연구를 하고 있다고 비난했다.[183]

마오쯔쉐이는 당시 출판한 국고학에 대해 논의한 서적, 즉 장타이옌의 『문시』(文始)와 『국고논형』 및 여러 편의 논문, 마젠중(馬建忠)의 『마씨문통』

179) 毛子水, 「國故和科學的精神」, 앞의 책, 732쪽.

180) 毛子水, 「國故和科學的精神」, 앞의 책, 734쪽.

181) 毛子水, 「國故和科學的精神」, 앞의 책, 734~36쪽.

182) 毛子水, 「國故和科學的精神」, 앞의 책, 737쪽.

183) 毛子水, 「國故和科學的精神」, 앞의 책, 738쪽.

(馬氏文通), 후스의 『묵가철학』(墨家哲學) 과 『중국철학사대강(상)』을 특별히 추숭했다. 그는 이러한 논저는 "대체적으로 말하자면 모두 정치한 저작"이며 '과학적 정신'을 지니고 있다고 보았다.[184] 국내의 '국고를 논의한 잡지'에 대해서도 『국수학보』(國粹學報)나 막 출판한 『국고』와 같은 것은 비록 "의도가 모두 단호하지만", 그 안에 실린 글들은 "상당히 과학적 정신이 부족한 부분이 많은 것 같다"라고 보았다.[185]

결국 마오쯔쉐이의 「국고와 과학적 정신」은 '국고 연구'의 여러 가지 문제를 중심으로 상세한 논술을 했으며, 종종 『국고』 월간에 대해 냉랭한 조소와 신랄한 풍자를 가했다. 핵심적으로 말하자면, 그의 중심 사상은 바로 국고 연구는 반드시 과학적 정신을 통해 진행되어야 한다는 것이다.[186]

마오쯔쉐이의 이 문장 뒤에 『신조』의 주편 푸쓰넨은 '부기'를 써서 '국고 연구'에 대한 자신의 의견을 약술했다. 그는 대체로 마오쯔쉐이의 관점에 동의하면서 '국고'라는 용어는 '국수'보다 더 타당하며, 국수를 보존하려는 관념은 정말 우스운 것이라고 보았다. 푸쓰넨은 국고 연구는 학술상의 문제여서 "반드시 과학적 주의와 방법을 써야 하므로" "낡은 것을 껴안고 있는" 자들이 할 수 있는 것이 아니라고 했다. 또한 '국고 연구'와 '새로운 지식의 수용'이라는 두 가지 일은 "그 범위와 분량에서 1과 100의 비율이 필요하다"라고 제시했다.[187]결국 이러한 면에서 푸쓰넨과 마오쯔쉐이의 의견은 별다른 차이가 없다.

하지만 '국고 연구'라는 용어에 대해 푸쓰넨은 연구 태도와 수단이 다르다는 점에 근거해 '국고를 정리함'과 '국고를 본받음'이라는 두 종류로 나누어 말했다.

---

184) 毛子水, 「國故和科學的精神」, 앞의 책, 739쪽.

185) 毛子水, 「國故和科學的精神」, 앞의 책, 740쪽.

186) 선쑹챠오(沈松橋)는 이로 인해 마오쯔쉐이가 쓴 「국고와 과학정신」은 국고정리운동의 선구적인 저서라고 생각했다. 沈松橋, 『學衡派與五四運動的反新文化運動』, 28쪽.

187) 傅斯年, 「附識」, 『新潮』, 第1卷 第5期, 744~45쪽.

> 국고 연구에는 두 가지 수단이 있다. 하나는 국고를 정리하는 것이고, 다른 하나는 국고를 본받는 것이다. 전자는 내가 가장 탄복하는 것이며, 과거 중국의 학술과 정치, 사회 등을 재료로 삼아 체계적인 사물로 연구해 내는 것이다. 이는 중국 학계에 유익할 뿐만 아니라 '세계적' 과학에도 보탬이 된다. …… 국고를 본받는다는 것은 …… 이른바 '어리석기 짝이 없는 것'이다.[188)]

푸쓰녠이 제기한 '국고정리'와 마오쯔쉐이가 말한 '국고 연구'는 그 정신과 의미면에서 다를 바가 없다. 다만 특별히 제시하고자 하는 것은 중국의 학자로서 가장 먼저 '국고정리'라는 단어를 사용했으며, 후에 후스 역시 푸쓰녠의 뒤를 이어 '국고정리'라는 용어를 사용했다는 점이다. 결국 '국고정리'라는 네 글자는 1920년대 중국 학술계에서 가장 유행하는 구호가 되었다.

비록 '국고정리'라는 말은 푸쓰녠이 제시한 것이지만, 그 안에 포함하고 있는 의미는 마오쯔쉐이가 말한 '국고 연구'와 대체로 비슷하다. 그러나 사실 마오쯔쉐이와 푸쓰녠의 문장이 발표되기 전, 차이위안페이는 1918년 말 『베이징 대학 월간』(北京大學月刊)에 발간사를 쓸 때 이미 아래와 같은 견해를 제기했었다.

> 연구란 단지 유럽화를 받아들이는 것이 아니라 반드시 유럽화 속에서 더욱 진일보한 발견을 해야 하며, 단지 국수를 보존하는 것이 아니라 반드시 과학적 방법을 써서 국수의 진상을 드러내야 하는 것이다.[189)]

차이위안페이는 비록 '국수'라는 말을 사용했지만 국수를 보존하자는

---

188) "研究國故有兩種手段, 一, 整理國故; 二, 追摹國故. 由前一說, 是我所最佩服的: 把我中國已往的學術, 政治, 社會等等做材料, 研究出些有系統的事物來, 不特有益於中國學問界, 或者有補於'世界的'科學 …… 至於追慕國故 …… 眞所謂'其愚不可及'了." 傅斯年, 「附識」, 같은 책, 744쪽.

189) "研究也者, 非徒輸入歐化, 而必於歐化之中爲更進之發明; 非徒保存國粹, 而必以科學方法, 揭國粹之眞相." 蔡元培, 「北大月刊·發刊詞」, 高平叔, 『蔡元培文集: 卷三·教育(上)』, 483쪽.

뜻도 부정하지는 않았다. 하지만 반드시 과학적인 방법으로 국수의 진상을 드러내야 한다고 강조했으며, 이는 베이징 대학의 국고정리 구호의 서막이 되었다. 그 후 베이징 대학의 사학과 교수였던 주시쭈 역시 유사한 견해를 제시했다.

1919년 3월 『국고』 월간 창간호가 출간되던 그 달에 주시쭈는 「중국의 고서를 정리하는 방법론」(整理中國最古書籍之方法論)이라는 글을 『베이징 대학 월간』에 실으면서 다음과 같이 말했다.

> 현재 학문을 논의할 때 우리는 고금의 서적을 동등하게 봐야 한다. 옛것이 옳고 현재의 것이 틀린 것이 아니며, 지금을 존중하고 과거를 가볍게 여기는 것도 아니다. 생물학과 사회학을 연구하는 방법으로 학문을 연구해야 한다. 다시 말해 과학적인 방법으로 학문을 해야 한다는 것이다.[190]

주시쭈는 중국의 고서에 대해 반드시 과학적인 방법으로 객관적인 위치에서 정리해야 하며, 외국의 학문과 비교해야 한다고 했다.[191] 이 글에서 그는 비록 직접적으로 국고정리라는 말을 사용하지는 않았지만, 과학적인 방법으로 중국의 학문을 정리해야 한다는 태도는 분명히 밝혔다.[192] 이 내용은 위의 마오쯔쉐이, 푸쓰녠의 글과 호응 관계를 이룬다.

한편 주시쭈의 관점이 마오쯔쉐이와 푸쓰녠의 관점과 비슷하고, 정면적

190) "我們現在講學問, 把古今書籍平等看待, 也不是古非今, 也不尊今薄古; 用治生物學, 社會學的方法來治學問. 換一句話講, 就是用科學的方法來治學問." 朱希祖, 「整理中國最古書籍之方法論」, 蔣大椿, 『史學探淵: 中國近代史學理論文編』, 長春: 吉林教育出版社, 1991, 671쪽.

191) 같은 곳.

192) 신문화운동 기간 동안 베이징 대학에서 '과학적 방법'으로 중국의 학문을 정리해야 한다고 했던 말은 다들 익히 알고 있을 것이다. 이 말의 유행의 근원을 추적해 보면, 후스의 「中國哲學史大綱卷上」과 밀접한 관계가 있다. 胡適, 「中國哲學史大綱卷上」, 胡適, 『中國古代哲學史』, 10, 21쪽. 주의할 만한 점은 이 말은 아마도 후스가 일본 학자 구와바라 지쓰조(桑原隲藏)의 문장에서 차용해 온 것으로 보인다. 胡適, 『胡適留學日記』, 卷17(1917. 7.), 海口: 海南出版社, 1994, 393~94쪽.

으로 학문을 연구할 때 갖추어야 할 태도를 제시하기는 했지만, 『국고』 월간에 대해서는 직접적인 비평을 가하지 않았다. 이로써 그 글은 마오쯔쉐이의 「국고와 과학적 정신」과 같이 발표된 후 『국고』 진영의 강렬한 불만을 야기하지는 않았다. 당시 『국고』 월간사의 장쉔(張煊)은 마오쯔쉐이의 글 「국고와 과학적 정신」을 읽은 후, 곧장 「『신조』의 「국고와 과학적 정신을 논박함」(駁『新潮』「國故和科學的精神篇」)을 써서 마오쯔쉐이의 생각은 "편협하고 적절치 못하다"[193]라고 논박하면서, 특히 마오쯔쉐이의 '국고'에 대한 경시적인 태도에 대해 불만을 표했다. 장쉔이 반박한 글에 대해 마오쯔쉐이 역시 「『신조』의 「국고와 과학적 정신을 논박함에 대한 수정」(駁『新潮』「國故和科學的精神篇」訂誤)을 써서 장쉔의 글에 재반박했다.[194]

마오쯔쉐이와 장쉔의 논쟁에서 가장 중요한 분기는 '국고'를 연구하는 목적에서 확연히 다른 주장을 하고 있다는 점이다. 장쉔 등 『국고』 월간의 구성원들이 국수를 드러내는 일을 목적으로 한다면, 마오쯔쉐이 등 『신조』의 구성원들은 중립적 태도로 국고정리를 한다는 점에서 둘의 종지가 분명 다르다. '국고' 연구의 학술적 지위에 대한 쌍방의 의견도 모두 다르다. 장쉔은 '국고'와 '유럽화'는 모두 연구할 가치가 있고 '유럽화를 받아들이는 것'은 물론 시급한 일이기는 하지만, 이로 인해 국고를 경시해서는 안 된다는 주장이다.[195] 마오쯔쉐이와 푸쓰녠은 모두 과학적 정신과 방법으로 국고를 연구하고 정리해야 한다고 하지만, 가장 시급한 것은 '유럽화'이며 이는 "현대의 과학을 연구하는 것이다"라는 관점이다. 마오쯔쉐이는 이에 대한 자신의 기본적인 태도를 밝혔다.

> 세계의 모든 학술을 놓고 볼 때, 국고보다 유용한 것이 많으며 국고보다 요긴한 것 역시 많다. …… (그러므로) 우리 젊은 학자들은 응당 목숨을 걸

---

193) 張煊, 「駁『新潮』, 「國故和科學的精神篇」」, 『國故』, 第3期, 55쪽.

194) 毛子水, 「駁『新潮』, 「國故和科學的精神篇」訂誤」, 『新潮』, 第2卷 第1號, 37~55쪽.

195) 張煊, 「駁『新潮』, 「國故和科學的精神篇」」, 앞의 책, 58~59쪽.

고 현대 과학을 연구하는 것을 가장 중요한 일로 삼아야 한다.[196)]

따라서 마오쯔쉐이와 푸쓰넨은 당장 국고정리운동을 발기할 필요가 있다고 보지 않았다. '국고정리'의 목적에서 볼 때, 후스와 마오쯔쉐이, 푸쓰넨의 관점은 완전히 일치한다. 후스가 '국고정리'라는 말을 답습하고는 있지만 '국수'를 보존하고 드러내야 한다는 것을 논하지 않은 점에서 알 수 있다. 그러나 유럽화의 물결 속에서 국고가 지니는 위치에 대해 세 사람의 관점은 일치하지 않는다. 1919년 8월 후스는 마오쯔쉐이에게 쓴 한 통의 편지에서 학문평등이라는 입장에서 학문은 협의적인 공리적 관념을 지녀서는 안 된다고 설명했다.[197)]

더군다나 현재 국고정리의 필요성은 정말로 절실하다. 우리는 마땅히 온 힘을 다해 국고를 연구하는 학자들이 과학적인 방법으로 국고 연구를 할 수 있도록 이끌어야 한다.[198)]

이 편지 속에서 후스는 국고정리가 도대체 왜 필요한지에 대해서는 설명하지 않았지만, 국고정리에 대해서는 긍정적이고 적극적인 태도를 보이고 있다. 아울러 「신사조의 의의」에서 국고정리를 신사조운동의 일환으로 간주해 신문화운동 속에서의 위치를 한층 높였으며, 국고정리운동을 촉진하

196) "就世界所有的學術看起來, 比國故有用的有許多, 比國故更要緊的亦有許多 …… 我們的青年學者, 自然應以拼命研究現代的科學爲最要緊的事情……." 毛子水, 「駁『新潮』, 「國故和科學的精神篇」訂誤」, 앞의 책, 48~55쪽.

197) 리샤오디(李孝悌)는 당시 후스 역시 국고의 현실적 기능이 무엇인지를 말하지 못했기 때문에 "진리를 위해 진리를 구하다"라는 말을 사용해 자신이 현실 속에서 종사하고 있는 구학을 연구하는 일에 합리적인 변론을 했다고 보았다. 李孝悌, 「胡適與整理國故: 兼論胡適對中國傳統的態度」, 앞의 책, 65쪽.

198) "況且現在整理國故的必要, 實在很多. 我們應該盡力指導'國故家'用科學的研究方法去做國故的研究……." 胡適, 「論國故學」, 胡適, 『問題與主義』, 216쪽.

는 데 커다란 역할을 했다.

2. 『국고논형』에서 '국고정리'까지

비록 그렇지만 후스는 「신사조의 의의」에서 '국고정리'를 학술의 기치로 내세워 많은 학자들의 주목을 받았다. 그러나 학술운동의 형성은 반드시 지식계의 집단 현상으로 일어나는 것이므로 개인이 외친다고 되는 것이 아니다. 그렇다면 '국고정리'가 어떻게 해서 그 많은 학자들을 이끌어낼 수 있었는가? 후스는 '비판적 태도'와 '과학적 정신'을 가지고 '국고'를 '체계적으로 정리'하고자 했다. 그의 주장이 왜 베이징 대학 학자들의 적극적인 호응을 받을 수 있었는가?

후스의 국고정리의 주장이 베이징 대학 교수들에게 호응을 얻을 수 있었던 원인은 그가 제시한 국고정리의 내용이 대부분 그들에게 익숙한 것이었기 때문이다. '국고'라는 말만 놓고 보아도 이는 중국 학계에서 본래 보편적인 것이 아니며, 중국의 과거 문화와 역사, 전적 등을 말할 때는 '국수'라는 말을 오랫동안 써왔다.[199] 그러나 베이징 대학 문과에 많은 장타이옌의 제자들을 놓고 볼 때, '국고'는 그들에게 아주 익숙하고 친근한 용어이며, 장타이옌이 바로 이 용어의 창시자이기 때문이다. 후스는 다음과 같이 지적했다.

> 장타이옌이 『국고논형』을 저술한 후에 '국고'라는 용어가 성립되었다.[200]

'국고'라는 단어는 장타이옌이 처음으로 만들었고 아직 널리 퍼지지 않은 상태였지만 그의 제자들은 이미 그것을 쓰고 있었다. 『국고논형』이 출

199) 鄭師渠, 『晩清國粹派: 文化思想硏究』, 北京: 北京師範大學出版社, 1993, 1~6쪽.

200) "自從章太炎著了一本『國故論衡』之後, 這'國故'的名詞, 於是成立." 胡適, 「研究國故的方法」, 蔣大椿, 『史學探淵: 中國近代史學理論文編』, 683쪽.

판되던 같은 해(1910)에 장타이옌이 주편한 『교육금어잡지』(教育今語雜誌)가 일본에서 창간되었다. 그의 제자 첸쉬안퉁이 초안을 잡은 「교육금어잡지장정」(教育今語雜誌章程)에는 "본 잡지는 국고를 보존하는 것을 취지로 한다"라는 내용이 쓰여 있다.[201] 2년 후 저장성 교육사로 있던 장타이옌의 제자들은 국학회를 발족했다. 국학회의 성립에 관한 「연기」(緣起)에서는 장타이옌의 학술적 성과에 대해 "국내 학교에서 조금이나마 국고에 대해 아는 것은 사실 선생님으로부터 시작되었다"라고 추앙했다.[202] 당시 국학회의 발기인 명단에 오른 사람은 마위짜오와 첸쉬안퉁, 주쭝라이(朱宗萊), 선젠스, 주시쭈 등이다.[203] 이들이 1913년 이후 잇따라 베이징 대학에 들어와 교육을 담당함에 따라 장타이옌의 학풍이 베이징 대학에 퍼져나갔다. 마오쯔쉐이는 당시 베이징 대학에서 공부하던 상황을 이렇게 기억했다.

> 당시 베이징 대학 문사과 학생들의 독서 기풍은 장타이옌 선생의 학설에 크게 영향을 받았다.[204]

장타이옌의 논저가 문과대학에서 경전적인 위치를 차지하자,[205] '국고'라는 단어도 그의 제자들 사이에서 통용하는 용어가 되었고, 나아가 베이징 대학에 널리 퍼지게 되었다. 『국고』 월간을 '국고'로 명명했을 뿐만 아니

201) 「教育今語雜志章程」, 湯志鈞, 『章太炎年譜長編』, 上冊, 322쪽 재인용. 탕즈쥔은 이 「章程」이 "장타이옌 문생인 첸쉬안퉁이 지은 것 같다"라고 했다. 같은 곳. 차오수징(曹述敬)은 「章程」은 분명 첸쉬안퉁이 집필한 것이라고 보았다. 曹述敬, 『錢玄同年譜』, 14쪽.

202) 「國學會緣起」, 湯志鈞, 『章太炎年譜長編』, 上冊, 391쪽 재인용.

203) 「國學會緣起」, 같은 책, 392쪽.

204) "當時北京大學文史科學生讀書的風氣, 受章太炎先生學說的影響很大." 毛子水, 「傅孟真先生傳略」, 『自由中國』, 第4卷 第1期, 臺北: 自由中國社, 1951. 1, 16쪽.

205) 1915년 가을 베이징 대학 예과에 들어와 공부를 하던 타오시성(陶希聖)은 훗날 당시 그들에게 국학을 가르친 선인모가 장타이옌의 『國故論衡』을 사서 공부하기를 바랐다고 회상했다. 陶希聖, 『潮流與點滴』, 臺北: 傳記文學出版社, 1979, 30~31쪽.

라 후스 역시 '국고정리'를 학계의 새로운 슬로건으로 내걸었다. 물론 마오쯔쉐이와 푸쓰녠이 처음에 '국고'라는 단어를 사용했지만(아마도 『국고』 월간 동인들을 겨냥하기 위해서일 것이다), 후스는 새로운 단어로 바꾸지 않고 이를 그대로 사용했으며, 또한 애초부터 '국고'라는 두 글자가 장타이옌의 제자들에게 특별히 흡인력이 있어서 그들을 국고정리 대열에 가담시키려는 이유를 고려하지 않았던 것도 아니다.

사실 후스 본인도 장타이옌의 저서에 커다란 영향을 받은 사람 가운데 한 명이었다. 『중국철학사대강(상)』의 「재판 자서」(再版自序)에서 후스는 다음과 같이 소감을 밝혔다.

> 근래의 사람 가운데 나는 장타이옌 선생에게 가장 감사한다.[206)]

이러한 후스의 감사 표시는 장타이옌의 제자들에게 대충 표현한 겉치레의 말은 아니었다. 이는 첸무의 지적을 통해 잘 알 수 있다.

> 후스는 귀국한 후 베이징 대학에서 강의를 하면서 『중국철학사대강』 상권을 썼다. …… 이 책의 관점과 소재는 장타이옌의 『국고논형』에서 꽤 많은 부분을 취했다.[207)]

첸무는 여러 해가 지난 뒤에 이 논평을 내놓았다. 『중국철학사대강(상)』이 출판되자 량치차오와 익모(翼謀) 류이정(柳詒徵, 1908~1956) 등은 이

206) "對於近人, 我最感謝章太炎先生." 胡適, 「中國哲學史大綱卷上·再版自序」, 胡適, 『中國古代哲學史』, 1쪽. 후스는 장타이옌의 『國故論衡』에 대해 높은 평가를 하면서 "우리는 2000년 동안 단지 7~8부만이 세밀한 구조를 갖추었다고 말할 수 있으며, 가히 '저작'이라고 말할 수 있다. …… 장타이옌의 『國故論衡』은 7~8부 가운데 하나라고 할 수 있다"라고 말했다. 胡適, 『五十年來中國之文學』, 臺北: 遠流出版公司, 1994, 104쪽.

207) "適之歸國, 講學北大, 寫有『中國哲學史大綱』一上冊 …… 此書中觀點及取材, 頗多來自章太炎之『國故論衡』." 錢穆, 「學術傳統與時代潮流」, 錢穆, 『錢賓四先生全集』, 第23冊, 45쪽.

책의 관점이 이미 장타이옌으로부터 많은 영향을 받아 형성되었다는 것을 알았다.[208]

후스의 이러한 학술적 연원은 장타이옌의 제자들과 학술교류를 통해 적잖은 공감대를 형성하면서 이루어졌다. 후스 외에 과학적인 태도와 방법으로 '국고를 연구하고', '국고를 정리하자'고 주장하던 마오쯔쉐이와 푸쓰녠 역시 장타이옌의 저작에서 많은 영향을 받았다. 후에 마오쯔쉐이는 푸쓰녠도 베이징 대학에 있을 때 "장타이옌 신봉자들 가운데 한 사람이었다"라고 말했다.[209] 마오쯔쉐이 본인은 말할 것도 없이 장타이옌 학설의 신도였다. 예과(預科) 당시에 마오쯔쉐이와 친했던 구제강의 말에 의하면, 마오쯔쉐이는 "장타이옌 학설을 신봉했고 그의 지도에 따라 연구를 했다"[210]고 한다. 뿐만 아니라 구제강도 마오쯔쉐이의 안내로 한번 국학회에 와서 장타이옌의 강연을 듣고 난 뒤 진심으로 그의 '학도'가 되려고 결심했다고 한다.[211] 신문학운동이 흥행한 이후에도 마오쯔쉐이는 「국고와 과학의 정신」(國故和科學精神)이라는 글에서 여러 차례 장타이옌의 학설을 인용해[212] 그의 저작에는 '과학적 정신'[213]이 들어 있다고 긍정했다.

> 장타이옌 선생님에게는 여러 면에서 '옛것을 좋아하고 숭상하는' 단점들이 있기는 하지만, 대부분의 '국고학'은 그의 손을 거쳐야 현대 과학의 형태를 갖게 되었다.[214]

---

208) 梁啟超, 「評胡適之『中國哲學史大綱』」, 『飲水室文集之三十八』, 梁啟超, 『飲水室合集』, 第5冊, 北京: 中華書局, 1989, 63~66쪽; 柳詒徵, 「論近人講諸子之學者之失」, 柳曾符·柳定生, 『柳詒徵史學論文續集』, 上海: 上海古籍出版社, 1991, 514~16쪽.

209) 毛子水, 「傅孟真先生傳略」, 『自由中國』, 第4卷 第1期, 16쪽.

210) 顧頡剛, 「古史辨·自序」, 第1冊, 23쪽.

211) 顧頡剛, 「古史辨·自序」, 앞의 책, 24쪽.

212) 毛子水, 「國故和科學的精神」, 『新潮』, 第1卷 第5號, 740쪽.

213) 毛子水, 「國故和科學的精神」, 앞의 책, 739쪽.

214) "章君雖然有許多地方, 不免有些'好古'的毛病, 卻是我們一大部分的'國故學', 經過他的手裏, 才

이는 사실이다. 마오쯔쉐이와 푸쓰녠, 후스를 막론하고 그들이 말하는 '국고정리'의 주요 내용은 대부분 장타이옌의 저작에 담겨 있다. 고대 학술 사상에 대한 체계적인 정리는 후스가 늘 강조하던 국고정리의 첫걸음이다. 후스는 『중국철학사대강(상)』에서 이렇게 기록했다.

> 송대 유학자들은 관통을 중시했지만 한대 학자들은 교감과 훈고에 중점을 두었다. …… 장타이옌에 이르러서야 교감과 훈고의 제자학 외에도 별도로 조리와 체계를 갖춘 제자학이 나타났다.[215]

나아가 「신사조의 의의」에서도 계속해서 이렇게 강조했다. 각 학파의 학설을 본래 모습으로 돌려주고 각종 학설의 가치를 재평가하려면, 구체적으로 말해서 공평한 시야로 유가 이외의 다른 학설을 연구해야 한다. 이 작업은 이미 장타이옌이 오랜 기간 심력을 기울인 제자학 연구에서 찾아볼 수 있다. 후스는 당시 장타이옌의 노력에 대해 높이 평가했다.

> 근세에 이르러 쑨이랑(孫詒讓), 장타이옌과 같은 학자들이 마침내 모든 심력을 기울여 제자학을 발견했다. 따라서 이전에는 경학의 부속품이었던 제자학이 이 시대에 이르러 하나의 전문적인 학문이 되었다. …… 어찌 '부용국이 번영해서 대국이 된 것'일 뿐이겠는가. 참으로 '하녀가 안방마님이 된 것'이로다.[216]

有現代科學的形式." 같은 곳. 아마도 마오쯔쉐이는 장타이옌의 저작에 대해 대체적으로 긍정적인 태도를 갖고 있었으므로, 이 글이 비록 『國故』 진영을 겨냥해 쓰여진 것이라 해도 출판된 후에는 구학문 연구가들의 찬성을 많이 받았다. 羅家倫 口述, 馬星野(偉)筆記, 「蔡元培時代的北京大學與五四運動」, 『傳記文學』, 第54卷 第5期, 17쪽 참조. 또 뤄자룬은 마오쯔쉐이의 문장을 「怎麼樣用科學方法來研究國故」로 오기했다고 기억한다.

215) "宋儒注重貫通, 漢學家注重校勘訓詁 …… 到章太炎方才於校勘訓詁的諸子學之外, 別出一種有條理系統的諸子學." 胡適, 「中國哲學史大綱卷上」, 胡適, 『中國古代哲學史』, 25쪽.

216) "到了最近世, 如孫詒讓, 章炳麟諸君, 竟都用全副精力, 發明諸子學. 於是從前作經學附屬品的諸

후스도 제자학에 대한 장타이옌의 개척적인 공로에 동의했다.

학문 연구에서는 비판적인 정신이 있어야 한다는 점 역시 장타이옌의 초기 저작에서 엿볼 수 있다. 장타이옌이 고인 가운데 가장 존경한 사람은 한나라 중임(仲任) 왕충(王充, 27~97)이었다. 장타이옌은 왕충의 『논형』(論衡)에 대해 다음과 같이 칭찬했다.

> 허망한 것을 바로 잡고 어그러진 것을 분석했다. 의심이 가는 논지는 다양한 측면에서 분석하면서 들추어 지적해 냄이 공자를 예외로 하지 않았다. 한나라는 이 한 사람을 얻어 수치를 씻을 수 있었는데, 오늘날에는 이에 미칠 수 있는 사람이 없다.[217)]

『국고논형』의 명칭은 왕충의 『논형』에서 가져왔으며, '국수'라고 하지 않고 '국고'라 한 것은 왕충의 비판정신을 발전시켜 중국의 학술적 사상을 높이기 위한 것이었다.[218)] 장타이옌은 만년에 더 이상 유가와 공자에 대해 반대의 태도를 취하지 않았지만, 그의 초기 저작 속에서 공자를 비판하던 논지는 이미 학계에 폭넓은 영향을 끼쳤다.[219)] 푸쓰녠은 1919년에 이렇게

子學, 到此時代, 竟成專門學 …… 豈但是'附庸蔚爲大國', 簡直是'婢作夫人'了." 胡適, 「中國哲學史大綱卷上」, 앞의 책, 9쪽.

217) "正虛妄, 審鄉背, 懷疑之論, 分析百端, 有所發擿, 不避孔氏. 漢得一人焉, 足以振恥, 至於今, 亦未有能逮者也." 章太炎, 「學變」, 湯志鈞, 『章太炎政論選集』, 上冊, 北京: 中華書局, 1977, 174~75쪽.

218) 錢穆, 「學術傳統與時代潮流」, 錢穆, 『錢賓四先生全集』, 第23冊, 49쪽. 이 원인 외에도 주웨이정(朱維錚)은 또 『國故論衡』에 대해 고증한 글이 이미 여러 편 나왔으며, 원본은 모두 『國粹學報』에 실렸지만 장타이옌이 모아서 출판할 당시에 '국수'라고 명명하지 않고 '국고'라고 바꾼 것은 아마도 쑹수(宋恕)가 예전에 '국수'론을 공격했던 영향을 받아서 자신을 위해 전통적 취향인 '正名'을 논한 것이라고 지적했다. 朱維錚, 『求索真文明』, 上海: 上海古籍出版社, 1996, 292~93쪽. 주웨이정의 추측이 가능성이 없는 것은 아니다.

219) 柳詒徵, 「論近人論諸子之學者之失」, 柳曾符·柳定生, 『柳詒徵史學論文續集』, 514~16쪽. 장타이옌이 공자를 비난한 말과 신문화운동의 관련성에 관한 글은 王汎森, 『章太炎的思潮

말했다.

> 장타이옌 선생은 지금은 비록 공자를 존숭하고 있지만, 과거에는 공자의 세력을 제거하는 데 많은 노력을 기울였다.[220)]

뿐만 아니라 장타이옌의 초기 학술 연구에서 나타난 비판정신은 제자들에게도 많은 영향을 끼쳤다. 구제강의 말에 의하면, 베이징 대학에서 공부하고 있을 때 몇몇 교수들의 지도 아래 문학비평서 『문심조룡』, 사학비평서 『사통』(史通) 및 문사혼합비평서 『문사통의』(文史通義)를 읽었는데, 이 과정에서 앞으로 "문학이나 사학에서 모두 비판의 길을 가야 하며", "비판성이 강한 책을 많이 찾아서" 읽어야 한다는 것을 느꼈다고 한다.[221)] 그는 또 『문사통의』 가운데 「신정」(申鄭)과 「답객문」(答客問) 등 여러 편의 영향으로 인해 비판정신이 강한 『통지』(通志)에 관심을 기울였고, 어중(漁仲) 정초(鄭樵, 1103~1162)의 『시변망』(詩辨妄)에 탄복하면서 정초는 "담력이 강해 선인들을 비판했다"라고 보았다.[222)] 구제강이 정초의 저작에 관심을 기울이기 시작할 무렵에 후스는 아직 베이징 대학에 오지 않았지만, 구제강은 정초의 비판정신에 대해 높이 평가하면서 이미 '비판정신'을 '학술저작'을 평가하는 주요 기준으로 삼았다.[223)] 이렇게 볼 때 장타이옌의 저작과 제

(1868~1919)及其對儒學傳統的沖擊』, 臺北: 時報文化出版公司, 1985, 176~217쪽 참조.

220) "章先生現在雖然尊崇孔子, 當年破除孔子的力量, 非常之大." 傅斯年, 「清代學問的門徑書幾種」, 傅斯年, 『傅斯年全集』, 第4冊, 411쪽. 1913년 구제강은 베이징에서 장타이옌의 강연을 들은 후 장타이옌이 드러낸 비판정신에 대해 깊은 인상을 받았다. 顧頡剛, 『古史辨·自序』, 第1冊, 23쪽.

221) 顧頡剛, 「我是這樣編寫『古史辨』的?」, 顧頡剛, 『古史辨·自序』, 第1冊, 9쪽.

222) 顧頡剛, 「我是這樣編寫『古史辨』的?」, 앞의 책, 9~11쪽.

223) 당시 구제강과 방을 함께 썼던 푸쓰녠은 비록 비판정신의 토대 위에 『通志』를 긍정했지만, 여전히 "너무 정밀하지 못하다"고 부정했다. 顧頡剛, 「我是這樣編寫『古史辨』的?」, 앞의 책, 10쪽.

자들의 영향으로 당시 베이징 대학의 학풍은 이미 변화를 준비하고 있었다는 것을 알 수 있다.

장타이옌의 이러한 비판정신과 신문화운동의 관계에 대해 첸무는 정곡을 찔러 지적했다.

> 민국 초기의 신문화운동은 사실 일련의 『국고논형』에 불과하며, 구시대 전통에 일일이 새로운 개념과 비판을 더한 것일 뿐이다.[224)]

사실 「신사조의 의의」에서 후스는 몇 년에 걸친 신문화운동의 역정을 회고하면서 '비판적인 태도'라는 단어로 그 기본적인 정신을 요약했는데, 이러한 정신은 일찍부터 장타이옌의 초기 저작에 들어 있었다.

따라서 후스가 '비판적 태도'로 중국의 구시대의 학술사상을 정리해야 한다고 제기했을 때, 이는 베이징 대학 문과대학 학자들에게는 그다지 놀랄 만한 새로운 개념이 아니었다. 반대로 그 개념은 장타이옌의 『국고논형』과 매우 부합했다. 이에 대해 구제강은 분명하게 지적했다.

> 국고정리의 목소리는 장타이옌 선생에서 시작되었지만, 궤도를 따라 진행된 것은 후스 선생의 구체적인 계획에서 비롯되었다.[225)]

결국 이는 '국고정리'와 장타이옌의 관계를 분명하게 드러냈으며, 이러한 슬로건이 장타이옌의 제자들이 많이 있는 베이징 대학에서 신속하게 학자들의 호응을 불러일으킬 수 있었던 이유인 것이다.

---

224) "民初新文化運動, 實亦一套『國故論衡』, 將舊傳統逐一加以新觀念, 新批評, 如是而已." 錢穆, 「學術傳統與時代潮流」, 앞의 책, 49쪽. 이는 신문화운동의 영수인 첸쉬안퉁과 루쉰, 후스 등이 모두 장타이옌 저작의 교육 속에서 성장한 세대들이므로 장타이옌의 사상에 깊은 영향을 받았다. 王汎森, 『章太炎的思想(1868~1919)及其對儒家傳統的沖擊』, 204~17쪽 참조.

225) "整理國故的呼聲始於太炎先生, 而上軌道的進行則發軔於適之先生的具體計劃." 顧頡剛, 『古史辨·自序』, 第1冊, 78쪽.

3. '국고정리'와 '과학적 방법'

국고정리 작업이 신문화운동의 고조 뒤에 많은 젊은 학자들을 끌어들일 수 있었던 것도, 후스가 국고 연구와 유럽화의 조류는 결코 서로 어긋나는 것이 아니라고 알려줌으로써 사람들의 의문점을 상당히 성공적으로 제거해 주었기 때문이다.

1919년 「신사조의 의의」가 『신청년』에 게재되던 같은 달에 『베이징 대학 월간』은 후스의 「청대 한학자들의 과학적 방법」(淸代漢學家的科學方法)이라는 장문의 글을 연재하기 시작했다. 이 문장에서 그는 놀랍게도 청대 학자들의 학문 연구방법은 "과학적 정신을 포함하고 있다"[226]라고 하면서, 청대 학자들의 음운, 훈고, 교감에 대한 연구를 예로 들어가며 이를 입증했다. 그는 구옌우(顧炎武)에서 장타이옌에 이르기까지 음운학의 성과를 인정하면서 청대 음운학은 '체계적이고 가치 있는 과학'이라고 말했다.[227] 청대 사람들의 훈고학은 '귀납적 방법'을 운용했으며 '가설'을 한 후 곳곳에서 '증거'를 찾아 가설의 시비를 논증했으므로,[228] 그러한 저작은 '과학적 가치'가 있다고 했다.[229] 후스는 청대 사람들의 교감학에 대해서도 추숭했다.

> 학문이 얕은 사람들은 한학자들이 시시콜콜하게 한 글자, 두 글자를 교감하며 따지는 것이 지리멸렬하고 조금도 재미없는 일이라 생각한다. 그러나 실로 한학자들의 공력이 자질구레하다 할지라도, 조금이라도 자질구레하지 않은 요소가 있다면 그것이 바로 과학적 정신이다.[230]

---

226) 胡適, 「淸代漢學家的科學方法」은 후에 제목을 「淸代學者的治學方法」으로 바꾸고 수정도 했다. 胡適, 『問題與主義』, 163쪽.

227) 胡適, 「淸代學者的治學方法」, 같은 책, 170쪽.

228) 胡適, 「淸代學者的治學方法」, 같은 책, 123~24쪽.

229) 胡適, 「淸代學者的治學方法」, 같은 책, 174쪽.

230) "淺學的人只覺得漢學家斤斤的爭辯一字兩字的校勘, 以爲'支離破碎', 毫無趣味. 其實漢學家的工夫, 無論如何瑣碎, 卻有一點不瑣碎的元素, 就是那一點科學的精神." 胡適, 「淸代學者的治學

과학적 학문이 되려면 반드시 체계적이어야 한다. …… 청대 교감학은 실로 조리와 체계가 있으므로 일종의 과학이라 할 수 있다.[231]

과학을 중시하는 시대에 후스가 청대 사람들이 하고 있는 학문을 '과학'이라고 한 것은 사실 국고 연구의 지위를 크게 높여주는 결과를 낳았다.[232] 이전에 마오쯔쉐이가 반드시 과학정신을 운용해 국고를 연구해야 한다고 제기할 때, 국고를 비록 연구해야 하는 것은 사실이지만 현재 사람들이 연구해야 하는 과학과 비교해 볼 때 참으로 극히 미약한 것에 불과하다고 일깨우기도 했다.[233] 하지만 후스는 청대 사람들의 학문 연구는 과학적 법칙을 내포하고 있으며 심지어 청대의 박학을 직접 '과학'이라고 했는데, 이는 확실히 국고를 연구하는 학자들에게 커다란 위안과 분발이 되었다.

후스의 이러한 커다란 '발견'은 그가 미국에서 유학할 때 깨달았던 것이다.[234] 이 말의 옳고 그름에 대해서는 잠시 논외로 하고,[235] 여기서 중요

方法」, 같은 책, 181쪽.

231) "凡成一種科學的學問, 必有一個系統 …… 清代的校勘學卻眞有條理系統, 故成一種科學." 胡適, 「清代學者的治學方法」, 같은 책, 181~82쪽.

232) 1928년에는 청대 학자에 대한 후스의 평가가 상당히 두드러진 변화를 보였다. 그 해에 그는 「治學的方法與材料」를 썼다. 비록 여전히 청대 고증학 가운데서 가장 훌륭한 부분을 '과학적'이라고 말했지만, 더 많은 편폭을 할애해 청인 연구의 자료가 옛 종이 더미에서 벗어나지 못한 점은 서양인이 실물의 자료를 운용하는 것만 못하다고 비판했다. 결국 그의 연구성과는 마침내 "한계가 많았으며" 심지어 이전에 추숭했던 청대 성운학에 대해서도 "참으로 이렇다 할 만한 성과가 없는 것"이라고 했다. 胡適, 『治學的方法與材料』, 臺北: 遠流出版公司, 1986, 145~55쪽 참조.

233) 毛子水, 「國故和科學的精神」, 『新潮』, 第1卷 第5號, 736쪽.

234) 胡適 口述, 唐德剛 譯注, 『胡適口述自傳』, 97, 124~26쪽. 30년 후 후스는 자신의 이러한 '발견'에 대해 득의하면서 구술 자전을 지을 때 "당시 현대의 과학적 방법과 고대의 고거학 및 고증학이 방법면에서 상통하는 점이 있다고 생각하는 사람이 적었다(심지어 아예 없었다). 내가 가장 먼저 이 말을 한 사람이다"라고 강조했다. 같은 책, 97쪽.

235) 궈잉이(郭穎頤)는 후스의 이 견해가 상당히 억지스럽다고 보았다. 郭穎頤(Daniel W. T. Kwok) 著, 雷頤 譯, 『中國近代思想中的唯科學主義(1900~1950)』, 南京: 江蘇人民出版社,

한 점은 이러한 말이 신문화운동의 영수이자 서양 학술의 훈련을 직접 받은 미국 박사의 입에서 나왔다는 점과 함께 과학을 숭배하는 사람과 실제로 과학이 도대체 뭔지 모르는 중국 학자들에게 커다란 설득력이 있었다는 점이다. 당시 학술계에서 국고 연구 이상의 즐거움은 없다고 생각하는 학자들은 특히 대부분 후스와 문과의 동료들이었다. 왜냐하면 후스는 청대 사람들(그들의 스승 장타이옌을 포함해)의 학술 연구의 성과를 긍정했을 뿐만 아니라 그들로 하여금 서학의 충격 속에서 자신들의 일에 대한 긍정적인 인식을 갖게 했기 때문이다. 또한 과학 지상의 신문화운동이라는 거대한 물결 속에서[236] 국고 연구를 하는 학자들은 어떤 정도로든 스트레스를 받고 있었는데, 이 때 후스의 글이 시의적절하게 그들로 하여금 자신들이 하고 있는 연구에 대한 가치를 인정할 수 있게 했고, 그들이 받고 있는 외부의 스트레스를 덜어주었기 때문이다.

또한 후스의 「청대 한학자들의 과학적 방법」에서는 유럽 학자들이 사용하는 가설과 검증, 귀납의 과학적 방법은 이미 청대 학자들의 고증 저작에 보인다고 지적했으며, 마오쯔쉐이에게 보낸 공개 편지에서도 당대 학자들이 만약 자각적으로 과학적 방법을 적용해 국고정리를 한다면 반드시 전인들의 성과를 뛰어넘을 수 있을 거라고 말했다.[237]

> 청대 한학자들이 …… 운용한 방법은 드러나지 않게 모두 과학적 방법과 우연하게 일치한다. …… 이는 또한 의도하지 않은(Unconcious) 과학적 방법이며 이미 이러한 성과를 이룩했다. 우리들이 만약 자각적으로 과학적 방

1995, 77~178쪽.

236) 후스는 일찍이 20세기 전기의 '과학'이 중국에서 차지한 숭고한 지위에 대해 과장되게 묘사했다. "이 10년 동안 국내에서 가장 존엄한 위치에 오른 단어 하나가 있다. 아는 사람이든 모르는 사람이든, 수구파이든 유신파이든 간에 모두 그것에 대해 공공연하게 경시하는 태도나 모욕적인 태도를 감히 보일 수 없다. 그것이 바로 '과학'이다." 胡適, 「科學與人生觀·序」, 胡適 , 『五十年來中國之文學』, 2쪽.

237) 胡適, 「論國故學」, 胡適, 『問題與主義』, 217쪽.

법을 적용하고 여기에 많은 폐단을 방지할 수 있는 방법을 더해 국고를 연구한다면 장래의 성과는 반드시 더욱 클 것이다.[238)]

후스가 쓴 이 글의 영향으로 "과학적 방법으로 국고를 정리한다"라는 말은 갈수록 유행하는 새로운 학술적 구호가 되었다. 동시에 이러한 관념은 당시 일부 구미 유학생들의 호응을 얻기도 했다. 예를 들어 옥당(玉堂) 린위탕(林語堂, 1895~1976)은 1923년에 공개적으로 호소했다.

'과학적 국학'이란 우리들의 학문 연구의 목표이자 노력해 나가야 할 지향점이다.[239)]

그래서 일찍부터 진행해 왔던 앞선 세대들의 국고정리 사업에다 과학적 방법이라는 신선한 용어를 입힌 후,[240)] 국고정리를 구인물들이 해왔던 낙오된 일로 간주하지 않고 새로운 인물들이 종사해야 할 '중서관통'의 새로운 학술사업으로 여겼다.

19세기 중엽에 서학이 중국에 대량으로 유입된 후, 중학과 서학의 무게중심의 문제는 줄곧 중국 지식계를 괴롭혀 왔다. 민족의 위기가 갈수록 심해지는 민국 초기에 중학의 지위는 날로 소홀해져 갔다. 베이징 대학의 학풍의 발전은 학술계의 이런 상황을 잘 설명해 주고 있다. 차이위안페이는 1922년 일찍이 경사대학당을 베이징 대학으로 바꾼 역사를 3단계로 나누어 이렇게 설명하고 있다.

---

238) "清朝的'漢學家' …… 用的方法無形之中都暗合科學的方法 …… 這還是'不自覺的'(Unconcious)科學方法, 已能有這樣的成績了. 我們若能用自覺的科學方法加上許多防弊的法子, 用來研究國故, 將來的成績一定更大了." 胡適, 「論國故學」, 앞의 책, 216~17쪽.

239) "'科學的國學'是我們此去治學的目標, 是我們此去努力的趨向." 林玉堂, 「科學與經書」, 『晨報五周年紀念增刊』(1923. 12. 1.), 『晨報副刊』, 第5冊, 北京: 人民出版社影印, 1981, 21쪽.

240) 郭穎頤 著, 雷頤 譯, 『中國現代思想中的唯科學主義(1900~1950)』, 10~11쪽.

설립에서 민국 원년에 이르기까지 십수 년 동안 …… 학교의 방침은 '중체서용'이었다. 그러므로 교학자이든 학자이든 구학 쪽에 편중했으며, 서학은 …… 조금 장식품으로 간주되었다. …… 민초에서 민국 6년에 이르는 동안은 …… 대부분 완전히 구학을 버리는 상황이었다. …… 당시 중학이 장식품의 위치로 물러났다.[241)]

그는 또 이어서 말했다.

민국 6년에서 현재에 이르기까지는 …… '중서관통'을 꾀했다. 예를 들면, 서양이 발명한 과학은 당연히 서양의 방법으로 시험하고, 중국의 자료(중국 고유의 학문)도 과학적 방법으로 정리하고자 했다.[242)]

신문화운동 이후 이미 학계의 영수는 "과학적 방법으로 국고를 정리하는 것"을 '중서관통'의 의의 있는 사업이라고 인식했다. 중학과 서학은 더 이상 서로 배척하거나 대립을 이루는 학술체계가 아니라고 인식한 것은 "과학적 방법으로 국고를 정리"하는 구호 아래 중국 전통의 고증학과 서방의 과학적 방법이 서로 연결될 수 있다고 보았기 때문이다.[243)] 나아가 구제강은 1926년에 쓴 글에서 "국학은 과학의 일부분"[244)]이라고 했다. 이로 미루어 유럽화의 커다란 물결 속에서 이러한 사업에 일부 젊은이들을 가담시킬 수 있었던 것이 참으로 우연한 일이 아니었음을 알 수 있다.

---

241) "自開辦至民元, 十數年中 …… 學校的方針叫做'中學爲體, 西學爲用'. 故教者學者大都偏重舊學一方面; 西學方面 …… 很有點看作裝飾品的樣子 …… 自民元至民六 …… 大有完全棄舊之概 …… 那時候, 中學退在裝飾品的地位了." 蔡元培, 「北大成立廿五周年紀念會開會詞」, 高平叔, 『蔡元培文集: 卷三·教育(下)』, 296쪽.

242) "自民六至現在 …… 謀貫通中西, 如西洋發明的科學, 固然用西洋方法來試驗, 中國的材料—就是中國固有的學問, 也要用科學的方法來整理也." 같은 곳.

243) 逯耀東, 「胡適溯江河而行」, 逯耀東, 『胡適與當代史學家』, 77쪽.

244) 顧頡剛, 「1926年始刊詞」, 『國學門周刊』, 第2卷 第13期(1926. 1. 6.), 3쪽.

4. 구미 학자들의 자극

중국 학자들은 당시 지식계가 서학을 수용하는 방향으로 기울인데다 갈수록 구미 학자들도 중국의 역사와 문화에 대해 흥미를 가지고 있다는 점을 발견하면서, 이로써 학문 연구의 범위도 점차 넓어지고 탁월한 성취도 많아질 거라고 생각했다. 베이징 대학 학자들은 이러한 현상에 주목하면서 마음속에서 뭔가 움직임이 일어나지 않을 수 없었다. 이런 점에 대해 1932년 「베이징 대학 국문과 교과과정 지도서」(北大國文系課程指導書)에서 다음과 같이 묘사하고 있다.

근래 10년 동안 각 나라에는 대부분 이른바 '중국학'이 있다. 그들은 새로운 안목으로 중국의 학문을 연구했으며 그 공헌은 참으로 컸다. 일본이 문자와 역사, 지리적 관계를 연구한 이른바 '지나학'의 성과는 최근 20~30년에 걸쳐 특히 괄목할 만하다. 솔직히 말하자면, 최근 국고정리에 대한 제창은 대부분 이러한 '중국학' 또는 '지나학'의 자극으로 시작되었다.[245)]

20세기 이래 구미와 일본 학자들이 중국의 역사와 문화에 대해 연구해 온 일은 확실히 중국 학자들에게 심리적인 충격을 주었다. 1914년 차이위안페이는 프랑스 유학 시절에 유럽인들이 이룩한 중국 연구의 성과에 대해 이미 무한한 감명을 받았으며, 일찍이 글을 써서 조목조목 진술했다.

우리는 중국의 지질에 대해 여태껏 측량하지 않았으나 독일인 리시허(李希和)는 그것을 했고, 중국의 종교에 대해 우리는 널리 고찰하지 않았으나 네덜란드인 거뤄(格羅)는 그것을 했고, 중국의 고고에 대해 우리는 체계적인

245) "近數十年來, 各國多有所謂Sinologist者, 用其新眼光來研究我國的學問, 貢獻甚大. 日本以文字, 歷史, 地理的關係, 其所謂'支那學'的成績, 最近二三十年, 尤多可觀. 老實說, 近年提倡國故整理, 多少是受了這種Sinologist或'支那學'的刺激而發的." 『國立北京大學中國文學係課程指導書(民國21年9月訂)』, 北大檔案, 全宗號: 1, 案卷號: 274.

연구를 하지 않았으나 프랑스인 사왕(沙望)과 영국인 라오페이(勞斐)는 그것을 했고, 중국의 미술사에 대해 우리는 정리해 보지 않았으나 영국인 부쑤이얼아이컹(布綏爾愛鏗)과 프랑스인 바이뤄커(白羅克), 독일인 멍더바오(孟德堡)는 그것을 했고, 중국의 고대 장식에 대해 우리는 고증을 하지 않았으나 독일인 허쓰만(賀斯曼)과 스위스인 머우퉈(謨脫)는 그것을 했고, 중국의 지리에 대해 우리는 과학적으로 조리 있고 체계적으로 기록하지 않았으나 프랑스인 뤄커뤼(若可侶)는 그것을 했고, 시장(西藏)의 지리와 풍속 및 고고에 대해 우리는 상세한 고증을 하지 않았으나 스웨덴 사람 하이딩(海丁)은 20여 년의 시간을 들여 고찰하고 기록했다. …… 주방장이 요리를 하지 않고 제문을 읽는 사람이 나서서 대신해 주고 있으니, 우리를 세계의 일부라고 자임하는 일에 어찌 자괴감이 들지 않겠는가?

우리들은 단지 스스로 부끄러워만 할 뿐 보완함이 없었다. 내버려두지 않으려면 얼른 스스로 책임을 지는 방법을 찾아야 할 뿐이다.[246)]

따라서 베이징 대학 학자들은 신문화가 고조된 열기 속에서 냉정해지면

246) "中國之地質, 吾人未之繪測也, 而德人李希和爲之; 中國之宗教, 吾人未之博考也, 而荷蘭人格羅爲之; 中國之古物, 吾人未能有系統之研究也, 而法人沙望, 英人勞斐爲之; 中國之美術史, 吾人未之試爲也, 而英人布綏爾愛鏗, 法人白羅克, 德人孟德堡爲之, 中國古代之飾文, 吾人未之疏證也, 而德人賀斯曼及端士人謨脫爲之; 中國之地理, 吾人未能準科學之律貫以記錄之也, 而法人若可侶爲之, 西藏之地理風俗及古物, 吾國未之詳考也, 而端典人海丁竭二十餘年之力考察而記錄之 …… 庖人不治庖, 尸祝越俎而代之, 使吾人而尙自命爲世界之分子者, 寧得不自愧乎?"
"吾人徒自愧, 無補也. 無已, 則亟謀所以自盡其責任之道而已." 蔡元培, 「學風·發刊詞」, 高平叔, 『蔡元培文集: 卷八·語言文學』, 328~29쪽. 차이위안페이의 이 말은 한 중국인으로서 외국 학자의 풍부한 연구성과를 대했을 때 마음에서 일어난 격정과 심리적인 변화를 진솔하게 잘 묘사한 것이다. '부끄러움'에서부터 '얼른 스스로 책임을 지는 방법을 찾아야 할 뿐이다'라는 말을 통해 훗날 차이위안페이의 국학연구에 대한 제창과 지지가 이러한 심리에서 출발했음을 알 수 있다. 따라서 베이징 대학의 학자로서 '국고정리'의 구호를 내세운 후, 이를 적극적으로 지지하면서 새로운 학술운동이 되게 함으로써 신문화운동의 고조 후 베이징 대학에서 빠르게 형성될 수 있게 했던 것이다.

서 오래된 연구소를 개조하자고 결정을 내릴 때 '국학'을 가장 먼저 제기했다. 1920년 10월에 만든 「국립 베이징 대학 연구소의 국학정리 계획서」(國立北京大學研究所整理國學計劃書, 이하 '계획서'로 약칭)에서 이러한 점에 대한 동인들의 충격을 말하고 있다.

> 근래 구미 학술은 이미 우리 고유의 학술에 대해 점차 관심을 보이고 있다. 돌이켜 생각해 보면 우리 고유의 학술은 구미 학자들 앞에 내놓을 게 없다. 왜인가? 우리 고유의 학술은 대개 체계가 없는 상황이어서 구미 학자들에게 제공해 연구하게 한다면 반드시 오해를 불러일으키기 쉽거나 더욱 경시받을 수 있기 때문이다. 따라서 우리가 스스로 밝혀 드러내지 않는다면 반드시 구미 학자들의 연구에 제공할 진상이 없다. 그러므로 우리는 고유의 학술을 선양해야 하며 베이징 대학은 특히 오늘날의 중대한 책임을 느낀다. …… 오늘날 우리 고유의 학술을 선양하려면 먼저 정리부터 시작해야 한다.[247)]

1921년 말 차이위안페이 총장은 구미에서 교육 시찰을 막 마치고 돌아와 베이징 대학 입학식에서 이렇게 말했다.

> 현재 서양의 각 나라들은 중국 종래의 문명에 대해 매우 알고 싶어 하고 있고, 이를 위해 한창 중국의 전적을 수집해 학자들의 연구에 제공하고 있습니다. 우리는 한편으로 서방의 수용에도 주의를 기울여야 하지만, 또 한편으로 우리 고유의 문명을 수출하는 일에 대해서도 주의를 기울여야 합니다. 다행히도 오늘날 중외문명은 이미 교류의 기회가 있으므로 우리는 각별히 유념해야 할 것입니다. …… 여러분들 가운데 이런 일에 적성이 맞는 사람이

247) "近來歐美學術已稍稍移其注意力於吾國固有之學者, 顧轉慮吾國固有之學術無以給於歐美學者之前. 何則? 吾國固有學術, 率有混沌紊亂之景象, 使持是以供歐美學者之研究, 必易招其誤解而益啓其輕視之念, 故非國人自爲闡揚, 必無眞相以供歐美學者之研究. 故闡揚吾國固有之學術, 本校尤引爲今日重大之責任 …… 今日欲闡揚吾國固有之學術, 其道尤要於先整理."「北大整理國學計劃書」, 『北大日刊』, 1920. 10. 19, 2쪽. 이 문장의 저자는 마쉬룬(馬敍倫)이다.

연구를 맡아주기를 바랍니다.[248)]

차이위안페이의 지지 아래 베이징 대학연구소 국학문이 마침내 1922년에 정식으로 성립되었다. '국고정리'라는 구호가 나온 후 가장 먼저 이 이념을 실천하기 위한 연구기관이 성립된 것이다. 이로 미루어 볼 때 전후 구미 학자들이 중국의 역사와 문화를 중시하면서 한학이라는 영역 내에서 거둔 성과가 베이징 대학 학자들로 하여금 신문화운동의 고조 뒤에 더욱 국고정리에 힘을 기울이게 했던 이유 가운데 하나라는 것을 알 수 있다.

중국의 과거 학술을 중국 학자 스스로가 정리하고 선양하는 것은 그들의 입장에서 볼 때 너무도 당연한 일이다. 더군다나 중국의 학술을 정리하는 데 본국의 학자들은 자연 구미 학자들에 비해 쉽게 성과를 거둘 수 있을 것이므로 그 연구성과로 학교의 학술적 지위도 향상시킬 수 있을 것이다. 신문화운동 속에서 베이징 대학은 교수에서부터 학생에 이르기까지 대부분 기쁜 마음으로 신사상을 고취하거나 신문학을 제창한다는 '확대 보급' 사업에 빠져 있었다. 그러나 1919년 고조된 분위기가 지난간 뒤에 동인들은 냉정하게 반성하면서 이 이후로는 점차 '전파'라는 새로운 명사로부터 '향상'이라는 연구 업무로 전환해[249)] 베이징 대학 내지는 중국 학술계로 하여금 국제적인 명성을 얻게 하고자 했다. 이 점에서 후스 역시 열성적인 선전자였다.

후스는 미국에 유학하고 있을 무렵부터 중국에도 하버드 대학교나 옥스퍼드 대학교, 파리 대학교 등 구미의 대학들과 견줄 만한 대학이 있기를 간절히 희망했다.[250)] 그래서 1922년 말 베이징 대학 교무장을 맡고 있을

248) "現在西洋各國, 對於中國從來的文明, 極想知道, 正從事搜集中國的典籍, 供他們學者研究. 我們一方面注意西方文明的輸入, 一方面也應該注意將我國固有文明輸出. 幸今日中外文明, 旣有溝通交換的機會, 我們是格外要留心的 …… 望諸位性近於此者, 多盡些責任研究." 蔡元培, 「北大1921年開學式演說詞」, 高平叔, 『蔡元培文集: 卷三·教育(下)』, 178쪽.

249) 胡適, 「提高和普及」, 胡適, 『胡適演講集(二)』, 臺北: 遠流出版公司, 1994, 79쪽.

250) 胡適, 『胡適留學日記』, 卷9(1915. 2. 20.), 2~3쪽.

때 베이징 대학 학생들과 교수들의 학술 연구 분위기가 진작되기를 바랐었다. 이 해 처음 교내 강연에서 후스는 먼저 신문화운동 속에서 분위기를 열어간 베이징 대학 사생들의 공로를 인정하면서, 이어 국고정리에 대해 전교 사생들이 함께 노력해 달라고 권면했다. 그는 큰 소리로 다음과 같이 호소했다.

> 우리는 몇 천 년의 역사와 사상, 종교, 미술, 정치, 법제, 경제의 자료를 가지고 있습니다. 이러한 귀중한 자료들은 우리들의 발굴을 기다리고 있습니다. 우리는 이러한 좋은 기회를 놓쳐서는 안 되며, 우리들이 '가장 쉽게 힘을 모아 가장 큰 효과를 낼 수 있도록' 노력하는 방향으로 나아가야 함을 분명하게 인식해야 합니다.[251)]

그리고 후스가 이토록 적극적으로 국고정리를 위해 인력을 확대하려 한 이유는 다음과 같이 결정했기 때문이다.

> 세계적인 학술에 견줄 만한 학술이 있어야 한다. 이는 오직 국학뿐이다.[252)]

이로 미루어 볼 때 국제 학술 경쟁이 날로 치열해지는 상황에서 베이징 대학과 중국 학술계가 세계적으로 하나의 지위를 차지하기 위해 후스와 베이징 대학 학자들을 국고정리에 투입하는 일을 결코 소홀히 해서는 안 되는 요소로 생각했다는 것을 알 수 있다. 이러한 학술영역 속에서의 민족경

251) "我們有了幾千年的歷史, 思想, 宗教, 美術, 政治, 法制, 經濟的材料; 這些材料都在那裏等候我們的整理; 這個無盡寶藏, 正在等候我們去開掘. 我們不可錯過這種好機會; 我們不可不認淸我們'最易爲力而又最有效果'的努力方向." 胡適, 「教育長胡適先生的演說」, 『北大日刊』, 1922. 12. 23, 2쪽.

252) "要想能夠要一種學術能與世界學術上比較一下, 惟有國學." 胡適, 「再談談整理國故」, 許嘯天, 『國故學討論集』, 上冊, 上海: 上海書店影印, 1991, 22쪽.

쟁은 5·4 이후 민족주의가 팽배할 무렵에 국고정리 업무라는 합리적인 지위를 얻을 수 있었다. 그리하여 국고정리운동은 마침내 1920년대 초 베이징 대학에서 형성되기 시작했다.

당시 이 학술운동에 적극적으로 참여한 베이징 대학 교수로는 후스 외에도 장타이옌의 제자인 선젠스와 주시쭈, 첸쉬안퉁, 마위짜오, 저우쭤런 등을 들 수 있다. 이는 그들이 1919년 '문제와 주의' 논쟁이 발생한 후, 잠시 『신청년』 단체의 천두슈, 리다자오와 각기 다른 길을 표방하면서 학술연구의 길을 선택했다는 것을 의미한다. 이런 학자 집단은 여러 가지 원인으로 인해 국고정리의 대열에 가입했지만, 그들이 지닌 학문 연구의 관점과 방법 역시 차이가 없었던 것은 아니다. 그러나 국고정리라는 구호는 그들을 하나로 응집시켰고, 그들의 노력 아래 베이징 대학은 국고정리 이념을 실천하는 진지가 됨과 동시에 중국에서 막 흥기한 국고정리운동의 중심지가 되었다.

제2장

베이징 대학 국학문의 창립과 발전

후스가 신문화운동의 고조 속에서 '국고정리'의 구호를 외침과 동시에 신속하게 베이징 대학 학자들의 호응을 받으면서 새로운 학술운동이 베이징 대학에서 무르익어 가고 있었다. 1922년 베이징 대학이 정식으로 연구소 국학문을 설립함으로써 동인들은 국고정리운동의 이상을 실천하고자 했다. 하지만 중국의 현대 대학 가운데 가장 일찍 설립된 연구기구로서의 국학문의 창립은 확실히 20세기 이래 전문기구를 세워 학술연구를 추진하려는 중국 지식계의 자각 위에서 설립되었다.

이 장에서는 현대 학술기구의 건립이라는 측면에 중점을 두면서, 국학문의 초기 역사에 대해 아래의 점들을 분석하고자 한다. 베이징 대학 학자들이 중국문화의 토양 속에서 현대화된 학술기구를 세울 수 있었던 배경은 무엇인가? 중국 대학에서 첫 번째 연구기구로서의 국학문의 구조는 어떠한 특색을 지니는가? 이러한 문제가 해결된 후 다음의 핵심문제를 토론한다. 학술기구가 현대식 연구기구를 받아들인 후 학술발전에 어떤 영향을 주었는가? 결국 본 장의 중점은 학술기구의 창립 배경과 규모, 제도, 발전 동력 등을 통해 중국 학술사에서 현대 학술기구가 흥기하게 된 의의를 살펴본다.

제1절 국학문의 창립 배경

1. 차이위안페이와 국학문의 창립

1921년 11월 베이징 대학평의회는 「베이징 대학 연구소 조직 대강에 대한 제안서」(北大研究所組織大綱提案)를 통해 연구소 설립을 계획하면서 '전문적으로 학술을 연구하는 곳'을 만들고자 했다.[1] 당시 원래 계획은 연구소 아래에 국학과 외국문학, 사회과학, 자연과학의 4분과를 설치하려 했는데,[2] 1919년 후 '국고정리'의 구호가 많은 베이징 대학 교수들의 호응을 얻게 됨에 따라 국학문의 진전이 가장 빨라서[3] 마침내 1922년 1월에 먼저 설립되었다.[4]

이 연구소는 주로 총장 차이위안페이의 적극적 제창과 계획에 의해 설립되었다. 그는 중국에 서방식 연구기구를 세우자고 줄곧 열성적으로 제창해 왔다.[5] 1912년 민국 시기에 초임 교육총장을 맡았을 때 그는 독일의 대학 제도를 모방해 대학 안에 반드시 대학원을 설립하고 고학년 학생들이 들어와 연구할 수 있게 한다는 내용을 『대학령』(大學令) 안에 규정했다. 그러나 이러한 구상은 후에 그가 서둘러 이직하는 바람에 실현되지 못했다.[6]

그는 베이징 대학 총장에 취임한 후 또다시 적극적으로 연구소 설립을

1) 蔡元培, 「北大研究所組織大綱提案」, 高平叔, 『蔡元培文集: 卷三·教育 (下)』, 179쪽.

2) 蔡元培, 「公布北大(研究所簡章)布告」, 같은 책, 50쪽.

3) 『구제강 연보』 1921년 3월에 이러한 기록이 있다. "작년 말 베이징 대학평의회는 본 연구소가 4분과(四門)로 합병하자고 의결했다. …… 그 후 분과(門)를 나누어 준비하는 과정에서 국학문이 가장 빨랐다." 顧潮, 『顧頡剛年譜』, 北京: 中國社會科學出版社, 1993, 62쪽. 구제강은 당시 마위짜오와 선젠스의 요청으로 국학문의 준비 작업에 참여했었기 때문에 연구소의 동태를 잘 알고 있었다.

4) 梁柱, 『蔡元培與北京大學』, 62쪽.

5) 蔡尚思, 『蔡元培學術思想傳記』, 板橋: 蒲公英出版社, 1986, 233~38쪽.

6) 蔡元培, 「我在教育界的經驗」, 高平叔, 『蔡元培文集: 卷一·自傳』, 220~21쪽.

추진했다. 1917년 말 베이징 대학평의회는 문과, 이과, 법과의 3과 연구소를 설립함으로써 각 연구소 아래 독립적인 학과를 두었고, 각 연구소 주임은 교장이 교원 가운데 한 명을 골라 위임했다.[7] 1918년 1월 각 과의 연구소가 성립되었는데,[8] 이는 중국의 현대 대학 연구소 가운데 가장 이른 것이었다.[9] 그러나 3년을 운영한 후 차이위안페이는 연구소를 문과, 이과, 법과로 명명하기는 했지만 실제로 각 과에 설치되어 있어서 산만한데다 이렇다 할 성과도 거두지 못했다고 말했다.[10]

1918년 연구소 창설의 실패를 교훈 삼아 베이징 대학평의회는 1920년 7월 옛 연구소를 전면적으로 개조해 4분과(四門)로 합병할 것을 결의했다.[11] 같은 해 차이위안페이는 구미로 건너가 대학교육과 학술 연구기관의 개황을 고찰했다.[12] 차이위안페이는 1921년 초부터 그 해 가을까지 구미의 각 대학 연구소와 학술문화기구를 방문했으며, 특히 여러 연구기구의 내부 조직구조를 관심 있게 시찰했다.[13] 귀국 후 「베이징 대학 연구소 조직 대강에 대한 제안서」[14]를 다시 만들었고, 총장과 연구소장을 겸직하면서 총책임자의 직무를 맡았다.[15] 1922년 성립한 베이징 대학 국학문은 「베이징 대학 연구소 조직 대강에 대한 제안서」의 기초 위에 세워진 것이다.

차이위안페이가 대학 연구소 설립을 이처럼 중시한 데는 과거에 유럽 대

7) 문과 연구소의 특색과 업무는 梁柱, 『蔡元培與北京大學』, 58~61쪽; 馬越, 『北京大學中文系簡史(1910~1998)』, 北京: 北京大學出版社, 1998, 8~9쪽 참조.

8) 「北京大學沿革」, 梁柱, 『蔡元培與北京大學』, 같은 책, 382쪽.

9) 『國立北京大學志』 編纂處, 『國立北京大學校史略』, 北京: 『國立北京大學志』 編纂處, 1933, 8쪽. 조직 구조에 대해서는 「北京大學研究所總章」, 『國立北京大學校史略』, 389~92쪽 참조.

10) 蔡元培, 「北大第二十三年開學日演說詞」, 高平叔, 『蔡元培文集: 卷三·教育(下)』, 54쪽.

11) 蔡元培, 「公布北大'研究生簡章'布告」, 같은 책, 50쪽.

12) 蔡元培, 「自寫年譜」, 高平叔, 『蔡元培文集: 卷一·自傳』, 72쪽.

13) 蔡元培, 「西遊日記」, 高平叔, 『蔡元培文集: 卷十三·日記(上)』, 486~87, 491~92쪽.

14) 蔡元培, 「北大研究所組織大綱提案」, 高平叔, 『蔡元培文集: 卷三·教育(下)』, 179~80쪽.

15) 蔡元培, 「北大研究所組織大綱提案」, 같은 책, 179쪽.

학 연구소에서 공부했던 직접적인 경험과 밀접한 관계가 있다. 1908~11년 유럽으로 유학을 간 그는 독일의 라이프치히 대학교에서 수학했다. 또 1912~13년 그 학교의 문명사 및 세계사연구소에서 연구를 했다.16) 차이위안페이는 만년에 『자사연보』(自寫年譜)를 쓸 때 아주 상세하게 그 연구소의 개황을 기술했다.17) 즉, 독일 대학의 연구소 제도는 확실히 그에게 커다란 인상을 남겼고, 이에 따라 교육총장과 베이징 대학 총장 임기 때 대학마다 모두 연구소를 설치해야 한다고 주장했다. 그는 베이징 대학이 자신이 늘 말하던 '교원과 학생들이 공동으로 연구하는 기구가 되기를' 바랐다.18)

원래 차이위안페이는 베이징 대학 총장이 되기 전에 유럽의 학술발전을 보면서 유럽에서 공부하는 것이 중국을 진작시킬 수 있는 유일한 방법이라고 생각했다. 이에 일찍이 글을 써서 "우리들이 유럽의 학문에 뜻을 두지 않는다면 그만이지만, 만약 뜻을 둔다면 유학 외에 다른 방법은 없다"라고 강력하게 말했다.19) 그러나 그는 유학 정책에 폐단이 많다는 점을 알고 생각을 바꾸어 중국 대학에서 스스로 연구소를 설립하는 것이 더 좋은 방법이라고 생각했다. 1930년대 차이위안페이의 글이나 대학 연구소에 관한 몇 편의 글을 보면, 그 생각이 예전과 크게 다름을 알 수 있다.

> 유학 자체는 장점이 있다. 그러나 유학은 낭비이기도 하며, 또 기회를 이용해 유학하고 돌아올 수 있는 학생이 많지 않으므로 최선의 방법이 아니다. 만약 우리 중국 대학에서 스스로 연구소를 설립하면, 졸업생 가운데 더 깊이 연구하고자 하는 이가 있을 경우 …… 모두 초보적인 전공을 할 수 있게 되는 것이다. 비록 성적이 우수하지만 더러 더 알고 싶은 문제가 생길 경우

16) 高平叔, 『蔡元培年譜長編(上)』, 342~90, 489~505쪽. 陶英惠, 『蔡元培年譜(上)』, 190~209쪽 참조. Roland Felber, 『蔡元培在德國萊比錫大學』, 蔡元培研究會, 『論蔡元培』, 460~65쪽.

17) 蔡元培, 「自寫年譜」, 高平叔, 『蔡元培文集: 卷一·自傳』, 49쪽.

18) 蔡元培, 「十五年來我國大學教育之進步」, 高平叔, 『蔡元培文集: 卷三·教育(下)』, 369쪽.

19) 蔡元培, 「學風·發刊詞」, 高平叔, 『蔡元培文集: 卷八·語言文學』, 331쪽.

> 모 나라 모 대학 연구소에 가서 공부하면 그것이 단기 유학이 된다. 이 경우 그 효과는 더욱 잘 나타나고 경비도 비교적 절약될 것이다. 게다가 4000년 문화를 보유하고 있다고 자임하는 나라로서 (타국에) 의지하는 부끄러움을 덜 수 있을 것이다.[20)]

그는 경비와 효과면에서 유학정책의 폐단을 지적하고 나아가 중국 대학이 만약 스스로 연구소(원)를 설립한다면 유학정책과 병행해 서로 보완하는 방법이 될 수 있을 거라고 설명했다. 하지만 그의 말 속에서 퍽 흥미로운 것은 가장 뒤에 한 말이다. 즉, 스스로 연구소를 설립하는 장점은 "4000년 문화를 보유하고 있다고 자임하는 나라"로서 (타국에) 의지하는 부끄러움을 덜 수 있게 한다는 점이다. 이른바 "(타국에) 의지하는 부끄러움을 덜어낸다"라는 말은 차이위안페이가 또 다른 장소에서 한 말로 표현하자면, 상대적으로 외국과 비교했을 때 해 중국이 일찍 "학술의 독립적 위치에 오르기를"[21)] 바란다는 것이다. 이 말은 사실 이해하기가 어렵지 않다. 19세기 말 이래 중국 학생들이 구미로 유학 가는 일이 성행하자 결국 자연히 하나의 결과를 낳게 되었다. 즉, 중국이 점점 구미 제국의 '학술식민지'로 전락하고 있었다는 점이다. 그리고 20세기 이후 민족주의가 날로 팽배해지자 지식계는 '학술 독립'의 외침이 함께 생겨나기를 바랐다.[22)] 사

---

20) "留學自有優點. 然留學至爲糜費, 而留學生能利用機會成學而歸者, 亦不可多得; 故亦非盡善之策. 苟吾國大學, 自立研究院, 則凡畢業生之有志深造者 …… 均可爲初步之專攻. 俟成績卓著, 而偶有一種問題, 非至某國之某某大學研究院參證者, 爲一度短期之留學; 其成效易睹, 經費較省, 而且以四千年文化自命之古國, 亦稍減倚賴之恥也." 蔡元培, 「論大學應設各科研究所之理由」, 高平叔, 『蔡元培文集: 卷三·教育(下)』, 627쪽.

21) 蔡元培, 「中央研究院與中央大學聯合招待國民會議代表的大會歡迎詞」, 같은 책, 520쪽.

22) 천인커는 「吾國學術之現狀及清華之職責」에서 '본국의 학술 독립'을 추구한다는 것에 대해 세 번이나 그 뜻을 언급했다. 이는 陳寅恪, 『金明館叢稿二編』, 上海: 上海古籍出版社, 1982, 317~18쪽에 실려 있다. 20세기 초 일찍이 많은 중국 학자들이 '학술 독립'의 문제에 대한 글을 썼지만, 언급한 내용은 각기 다르다. 劉夢溪, 「學術獨立與中國現代學術傳統」, 劉夢溪, 『傳統的誤讀』, 石家莊: 河北教育出版社, 1996, 78~104쪽 참조. 여기에서 차이위안페이와

실 차이위안페이가 1918년 베이징에서 연구소를 설립하려 할 때부터 그의 마음속에는 일찌감치 '구미와 필적하고자 하는' 생각이 들어 있었다.[23]

그러나 중국 학자를 난감하게 만들었던 것은 20세기 초에 이르러 구미 학술계의 연구성과가 중국을 훨씬 뛰어넘었으며, 중국의 역사와 문화에 관한 연구에서 아주 중요한 발견들이 많았다는 사실이다(이 장 제4절 참조). 당시 '학술 독립'이라는 네 글자는 차이위안페이와 베이징 대학 학자들에게 실로 전에 없이 절박한 것이었고, 국고정리는 이로부터 시작되었다. 그리고 그는 제도를 건립하는 면에서 중국에 구미 제도를 모방한 연구소를 건립하는 것이 국고정리의 범위 안에서 가장 빨리 '학술 독립'에 이르는 길이라고 확신했다. 베이징 대학 국학문은 이러한 배경과 과정을 거쳐 성립하게 되었다.

2. 연구기구 건립에 대한 민초 학계의 보편적인 자각

물론 차이위안페이가 베이징 대학의 총장으로 재임하면서 연구소를 창립한 주요 추동자가 된 것은 사실이지만, 하나의 사실을 잊어서는 안 된다. 베이징 대학의 연구소 창립은 중국 지식계에서 날로 팽배해지고 있는 연구기구 설립의 구호 속에서 설립되었다는 점이다. 차이위안페이는 일찍이 5·4운동 기간에 중국의 "지식계층은 이미 학위에만 의존해 밥그릇을 생각하는 사람은 학자라고 인식하지 않았기 때문에, 일종의 연구기구가 생기길 더욱 갈망했다"[24]라고 지적했다. 1920년대 전후로 중국 지식계층의 언론을 검토해 보면, 당시 사람들이 갈수록 연구기구의 설립을 중시하는 경향이

천인커가 말한 '학술 독립'을 인용한 것은 외국 학자들이 남긴 것들을 그저 주으려는 것이 아니라 중국 학자들이 자각적으로 자료를 수집하고 연구해 지식을 세우는 데 새로운 발견이 되기를 바랐던 것이다.

23) 蔡元培, 「本校派生留學近聞」, 『北大日刊』, 1918. 5. 1, 3쪽.

24) 蔡元培, 「吾國文化運動之過去與將來」, 高平叔, 『蔡元培文集: 卷三·教育(下)』, 610쪽.

있었다는 사실을 알 수 있다.

예를 들면, 1922년 3월 30~31일 상하이 『시사신보』(時事新報)에 맹실(孟實) 주광첸(朱光潛, 1897~1986)이 게재한 「어떻게 학술계를 개조할 것인가?」(怎樣改造學術界?)가 그러하다. 주광첸은 당시 지식계의 학술이 쇠퇴하고 있는 상황을 나열하고 비판한 후 학술 환경을 개조하고 학술을 이끌어갈 지도자를 양성하자는 의견을 제시했다. 그리고 끝부분에 "향후 각 대학에 모두 연구원을 설립하기를 희망한다"라고 밝혔다.[25] 그는 중국의 학술 수준을 향상시키려면 공공사회집단의 도움을 받아 학술사업의 보조경비를 조달해 학자들이 각 영역에서 연구할 수 있도록 지지해 주어야 한다고 했다.[26]

주광첸의 문장을 보면, 그가 대학에 연구소를 설립하자고 제기한 이유는 19세기 말 이래 정부가 장기적으로 고취한 유학 열기가 이미 아래의 두 가지 상황을 초래했기 때문이다. 하나는 일본에서 유학한 사람들은 속성으로 학교를 졸업해 그들이 배운 것에는 한계가 있다는 것이고, 다른 하나는 구미에서 유학한 사람들은 학위를 취득하는 것을 목적으로 하기 때문에 학위를 취득하고 귀국한 지 몇 년 지나지 않아 '학술의 낙오자'로 전락해 이미 지난 서양 지식을 팔고 있으므로 그다지 개인적인 연구 지식을 확보하고 있다고 할 수 없다는 점이었다.[27] 주광첸은 이러한 폐단을 고치기 위해서는 유학정책을 개선하는 것 외에도 더욱 철저한 방법이 있다고 주장했다. 즉, 중국 경내에 널리 연구소를 설립해 학자들이 국내에서 연구할 수 있는 공간을 제공해 주는 것이다.[28]

주광첸의 글이 발표된 그 다음 해에 홍스뤼(洪式閭)가 『신보5주년기념증간』(晨報五周年紀念增刊)에 「동방학술의 미래」(東方學術之將來)를 게재해 지식

25) 朱光潛, 「怎樣改造學術界?」, 朱光潛, 『朱光潛全集』, 第8卷, 合肥: 安徽教育出版社, 1993, 38쪽.

26) 朱光潛, 「怎樣改造學術界?」, 같은 책, 32~34쪽.

27) 朱光潛, 「怎樣改造學術界?」, 같은 책, 36~38쪽.

28) 朱光潛, 「怎樣改造學術界?」, 같은 책, 38쪽.

계에서 "전문학술기구"를 설립하는 일을 "급선무로 여겨야 한다"라고 강력히 호소했다.[29] '전문학술기구'에 대한 홍스뤄의 취지는 주광첸의 현실적인 고려에서 나온 것과는 다르며, 주로 구미의 학술발전에서 힌트를 얻었다. 홍스뤄는 유럽의 학술이 고도로 발전한 것은 전문연구기구가 광범위하게 설립된 것과 밀접한 관계가 있다고 보았다. 이 점에 대해 그는 다음과 같이 말했다.

> 세상에서 학술의 흥성함을 말할 때 대체로 구미를 첫 번째로 꼽는다. 나 또한 일찍이 이를 지지했었지만 그 이유를 알 수 없었다. 그러다가 유럽에 유학을 가서 그 나라의 각종 전문학술기구에 모든 것이 갖춰져 있는 것을 보았다. 상황이 이러했으므로 학자들의 성과가 뛰어난 것은 우연한 일이 아니었다. 그들의 학술기구는 오직 깊은 학술을 연구하기 위해 세워졌으며, 규모가 큰 곳은 수십 명을 포함하고 적은 곳은 10여 명이 되는 등 일정하지 않았다. …… 이 모든 것은 서방 학자들의 정신적 결정체이자 전문 학자들의 양성소였다.[30]

홍스뤄는 만약 중국 학자들이 세계적인 학술의 대열에 오를 웅지를 갖고 있다면 "전문 연구소를 조직하는 일에 착수"해 연구소를 "전문 인재의 장이 되게 하고",[31] 연구소의 조직 방법은 "유럽 각국의 기존 제도를 참고하면 된다고 보았다."[32]

홍스뤄가 글을 발표한 그 해에 둥난(東南) 대학 『사지학보』(史地學報)에

29) 洪式閭, 「東方學術之將來」, 『晨報五周年幾年增刊』, 19쪽.

30) "世之言學術盛者, 大抵首推歐美. 予亦曾持此說, 而未悉其所以致盛故. 迨予遊歐洲, 見其國各種專門學術機構, 無不設備, 於是深悟其學者之成就, 蓋非偶然. 此等機構專爲研究高深學術而設, 大者可容數十人, 少亦十數人不等 …… 皆西方學者精神之結晶體, 亦即專門學者之養成所也." 같은 곳.

31) 같은 곳.

32) 같은 곳.

도 '수량'(叔諒)이라는 사람이 쓴 「중국의 사학운동과 지리학운동」(中國之史學運動與地學運動)이 실렸다. 이 글에서 수량은 1920년대 중국 학술의 황폐한 상황에 대해 상세히 검토했다. 유럽의 역사학과 지리학이 흥성한 원인은 모두 크든 작든 간에 각 나라에 '학회'라는 학자단체가 설립되어 있었으며, 아울러 19세기 각국의 학자들이 국경을 초월한 대규모 네트워크를 통해 국제학술단체를 점차 많이 조직하고 이렇게 형성된 학술상의 연합 네트워크가 학술발전에 지대한 영향을 끼쳤기 때문이라고 보았다.[33)]

홍스쥐의 글에서 제창한 '학회'는 단순히 학자들의 우호를 연계하는 단체가 아니라 같은 분야의 학자들이 공동으로 교류하고 학술정기간행물을 출판하며 학술합작기획을 조직하거나 추동하는 조직으로서[34)] 그야말로 학술연구기구를 의미한다. 또한 글을 통해 당시 중국 지식계에서 학자들을 모아 단체를 이루어 연구에 종사하는 현상이 마침내 몇 년간 성행했고, 과학과 교육, 공정, 법률, 천문, 지질 등 각 영역에 모두 학회가 조직되어 있을 만큼 학자들이 이미 단체연구의 중요성을 깊이 인식하고 있었다고 지적했다.[35)] 이로 미루어 볼 때, 학술연구의 조직화는 1920년대 중국에서 이미 지식계의 공통적인 요구가 모아진 것이라 할 수 있다.

사실상 홍스쥐와 수량의 글이 발표되기 전과 베이징 대학 국학문이 성립되기 전에 이미 일부 학자들은 '기존의 유럽 각국의 제도'에 따라 중국에 새로운 연구기구를 건립하려고 했다. 1913~14년 마량이 장타이옌과 량치차오, 옌푸와 공동으로 연합해 발기한 함하고문원이 바로 그것이다. 함하고문원의 설립은 주로 마량의 계획에 따른 것이었다. 마량이 초안한 「함하고문원에 대한 제안」(函夏考文苑議)에 따르면, 함하고문원은 프랑스의 아카데미 프랑세즈(L'Academie Française)를 모방해 세운 것이다. 온 나라에서

33) 叔諒, 「中國之史學運動與地學運動」, 『史地學報』, 第2卷 第3期, 臺北: 進學書局影印, 1923. 3, 1~5쪽.

34) 叔諒, 「中國之史學運動與地學運動」, 같은 책, 7~14쪽.

35) 叔諒, 「中國之史學運動與地學運動」, 같은 책, 7~8쪽.

가장 우수한 학자들을 모아 "위로는 정부에 속하지 않고 아래로는 지방에 속하지 않은" 전국 최고의 학술기구를 베이징에 설립함으로써 새로운 학풍을 일으켜 세우려 했다.[36] 함하고문원의 모든 제도와 조직은 프랑스에서 모방한 것이었다.[37] 그러나 이 계획은 후에 정부의 지지와 학술계의 이해를 얻지 못해 중도에 무산되고 말았다.

함하고문원이 무산된 것은 민국이 막 성립되던 때에 정부와 학계 및 사회 대중들이 전국적인 독립 학술기구를 설립하는 것에 대해 경비나 심리적인 면에서 아직 성숙한 경지에 이르지 못했음을 의미한다.[38] 장타이옌은 함하고문원이 일시에 성립할 수 없다고 이해한 후, 규모를 축소하고 먼저 홍문관(弘文館)을 세워 문인 가운데 첸쉬안퉁과 마위짜오, 선젠스, 주시쭈 등을 관원으로 선발해 주로 자전편찬 작업에 종사하게 했다.[39] 그러나 성격은 사생강습소와 비슷해 함하고문원의 설치 이념과 거리가 멀었으며, 게다가 장타이옌과 위안스카이(袁世凱)의 관계가 나빠지자 홍문관 역시 운영되지 못했다.[40]

정부는 대형 학술기구의 창설에 무심했고 찬조할 능력도 없는 상황이어서 여러 전공 영역에서 뜻이 있는 사람들이 전문연구기구를 건립하려는 시도가 있었다. 1916년에 세운 지질조사소(地質調査所)는 딩원장(丁文江)과 웡원하오(翁文灝) 등의 기획 아래 정부 실업부의 지질연구소가 조직한 것이다.[41] 지질조사소는 비록 정부행정기구에 속했지만, 후스가 지적했듯이 실

36) 馬良, 「函夏考文苑議」, 朱維錚, 『馬相伯集』, 124~25, 128쪽; 馬良, 「爲函夏考文苑事致袁總統條呈」, 朱維錚, 『馬相伯集』, 129쪽.

37) 馬良, 「函夏考文苑議」, 같은 책, 128쪽.

38) 마량 등이 고문원을 설립한 경위와 실패의 원인에 대해서는 陸永玲, 「站在兩個世界之間: 馬相伯的教育思想和實踐」, 같은 책, 1299~1307쪽; 李天綱, 「函夏考文苑: 民初的學術理想」, 『中國研究月刊』, 第1卷 第6~7期, 東京: 中國研究月刊雜志社, 1995. 9/10, 18~24, 71~74쪽 참조.

39) 徐一士, 『一士類稿』, 太原: 山西古籍出版社, 1996, 51쪽.

40) 같은 곳.

41) 李學通, 『書生從政: 翁文灝』, 蘭州: 蘭州大學出版社, 1996, 23~31쪽.

제로 순수하게 지질학을 연구범위로 하는 과학연구기구였다. 지질조사소가 성립된 후 외국 연구기구의 방법을 모방해 『중국고생물지』(中國古生物志)라는 간행물을 창간했으며,[42] 계획적으로 베이징 대학 지리학과 졸업생을 받아들여 실제로 조사업무에 종사할 수 있도록 양성했다.[43] 10여 년의 힘든 운영 끝에 지질조사소는 신속하게 중국의 지질학과 선사고고학 분야의 연구 중심이 되었다.[44]

지질조사소의 설립과 성공은 단체의 힘으로 학술 업무에 종사함으로써 학술발전을 촉진시킨 효과를 충분하게 나타냈으며, 국고를 연구하는 사람들에게 깊은 깨우침을 주었다. 또한 근대 이래로 국학연구의 참고자료가 계속 출토되어, 학자들이 참고할 수 있는 자료의 범주와 관념도 전에 비해 크게 확대되었다. 그래서 갈수록 많은 학자들이 단체의 힘을 운용해 자료를 수집하고 정리할 필요가 있다고 인식하게 되었다. 량치차오는 1920년에 다음과 같이 말했다.

> 대개 한 학술의 발전은 반드시 공개적이고 흥미로운 연구여야 하며, 또 그 연구 자료도 비교적 풍부해야 한다. …… 이 일은 학교와 학회, 신문사 같은 공공연구기관에 의지하지 않으면 서로 도움이 되는 효과를 거둘 수 없고 그 일을 빛나게 할 수도 없다.[45]

량치차오는 학술 영역을 넓게 포괄해 말했다. 그러나 앞서 말한 「중국의 사학운동과 지리학운동」이라는 글에서는 오직 중국 역사학과 지리학의 발전적 미래에 대해서만 제안했다.

42) 胡適, 『丁文江的傳記』, 臺北: 遠流出版公司, 1994, 46쪽.

43) 같은 책, 26, 46~48쪽.

44) 같은 책, 48~52쪽.

45) "凡一學術之發達, 必須爲公開的且趣味的硏究, 又必須其硏究資料比較的豐富 …… 此其事非賴有種種公共硏究機關 …… 若學校若學會若報館者, 則不足以收互助之效, 而光大其業也." 梁啓超, 「淸代學術槪論」, 朱維錚 校注, 『梁啓超論淸學史二種』, 上海: 復旦大學出版社, 1985, 85쪽.

> 이 두 가지 학문은 포함하는 영역이 광범위하며, 또한 정리해서 밝혀내야 하는 일로서 개인이 할 수 있는 것이 아니다. 반드시 공동으로 연계해 분위기를 이끌고 분업과 협력으로 뜻을 한데 모아 달려야 한다. 특히 땅을 파고 조사하는 일은 반드시 연합해서 전면적으로 계획해야 이루어지는 일이다. 이와 같이 협조 체제를 이루어 진행하는 것이야말로 사학과 지리학에서 특히 시급한 일이다.[46)]

"고사(古史)에 대한 고증과 발굴은 반드시 땅을 파고 숨겨진 것을 발굴하는 일이므로 단체의 힘을 이용하지 않으면 진행할 수 없는 것"[47)]이기 때문이다. 그리고 "지질에 대한 실측과 인문지리에 대한 조사" 및 "탐험사업" 등은 모두 대규모 학술 작업으로 "전면적으로 계획하지 않으면 집중할 수 없는 일이며" "커다란 힘을 모아 원대한 효과를 거둘 수 있는 일"이기 때문이다.[48)] 이로써 단체의 역량을 모아 전문기구를 성립해 학술발전을 추동하는 일이 중국 학계에서 갈수록 보편적인 주장이 되었음을 알 수 있다.

베이징 대학의 학자로 말하자면, 차이위안페이에게 베이징 대학 국학문의 설립을 부탁받은 선젠스도 1920년대 초에 중국의 옛 문화와 역사에 대해 체계적인 연구를 진행하려면 전문기구가 아니면 안 된다고 생각했다. 이에 대해 그는 다음과 같이 말했다.

> 대체로 어떤 학문이 충만한 효과를 거두려면 반드시 체계적이고 충분한 연구에 기초해야 하며, 이렇듯 체계적이고 충분한 연구를 위해서는 또 완비된 자료가 갖추어져야 한다. 동방학의 참고 자료는 범위가 광범위해 수집하

46) "蓋斯兩學者, 所包綦廣, 而整理闡發之業, 尤非個人所能爲力. 必也共謀聯絡, 倡導風氣, 分工合力, 協志以赴; 而掘地調查之業, 尤必須聯合統籌, 非閉戶獨行者所濟事. 蓋聯絡共進在吾國之史學地學, 其需要爲尤急也." 叔諒, 「中國之史學運動與地學運動」, 앞의 책, 10쪽.

47) 같은 곳.

48) 같은 곳.

> 는 것이 결코 쉬운 일이 아니며, 정리는 특히 공력을 필요로 한다 …….[49)]

선젠스는 고대의 기물과 각지의 소수민족 언어 및 방언, 국내외 고적과 고물 등에 대해 이 모두는 학자나 연구소가 참고해야 할 중요한 자료로서 하루 빨리 조사와 발굴을 진행해야 한다고 했다.[50)] 한편, 이러한 일에 종사하는 데 필요한 인력과 재력 또한 개인이 부담할 수 있는 것이 아니라고 보았다. 이에 대해 그는 이러한 결론을 내렸다.

> 이러한 종류의 일들은 모두 책임지는 기관이나 충분한 경비 및 상당한 인재가 없으면 오랜 기간 동안 진행될 수 없다 …….[51)]

선젠스의 결론은 국학문을 주관하는 일이 전문기구를 설립해 학술발전을 추동하는 것임을 충분하게 자각하고 있었다. 이러한 자각의 출현은 당시 학자들이 연구소에 종사할 때 마땅히 도움을 받아야 할 재료와 관념에 대한 생각이 이전보다 비교적 확대되었고, 또 그 연구방법도 현장(고고 발굴)으로 나가고 민간(방언조사, 민속조사)으로 향하는 추세였기 때문이다. 그러나 이러한 일은 모두 개인의 지식과 재력으로 감당할 수 있는 것이 아니며, 학술기구 단체의 역량을 통해서만 학과의 발전을 이끌고 추동할 수 있는 것이므로 학술상의 합작은 필연적인 추세가 되었다.[52)] 또한 학자들이

49) "大凡一種學問欲得美滿的效果, 必基於系統的充分研究; 而此系統的充分研究, 又必有待於真確完備之材料. 關於東方之參考材料, 範圍廣大, 搜求既非易事, 整理尤費工夫 ……." 沈兼士, 「籌劃北京大學研究所國學門經費建議書」(以下簡稱「國學門建議書」), 沈兼士, 『沈兼士學術論文集』, 北京: 中華書局, 1986, 362쪽.

50) 沈兼士, 「國學門建議書」, 같은 책, 362~64쪽.

51) "凡此種種, 均非有負責之機關, 充分之經費, 相當之人材, 長久之時日, 莫能舉辦 ……." 沈兼士, 「國學門建議書」, 같은 책, 354쪽.

52) 왕판썬(王汎森)은 사어소가 성립했을 때, 단체의 힘으로 새로운 사료를 찾아 학술계에 단체의 자각성을 보여주었다. 王汎森, 「什麼可以成爲歷史證據: 近代中國新舊史料觀念的衝

단체를 조직해 정부와 사회로부터 연구비와 학술자원을 지원받는 일 역시 유일한 출로가 되었다.[53)]

비록 그런 자료들이 많이 나온 시대에도 학자들은 개인의 힘으로 재료를 수집하고 연구, 간행했다. 하지만 이는 일시적으로 약간의 성과를 거둘 수는 있었을 뿐 장기적으로 지속될 수 없었다. 숙온(叔蘊) 뤄전위(羅振玉, 1866~1940)의 경험이 아주 좋은 예이다. 뤄전위가 『설당자전』(雪堂自傳)에서 말했듯이, 그는 제1차 세계대전 이후 구미 각국의 학자들이 "앞다투어 동양학술을 연구하는" 상황을 목도하고 일찍이 "남북의 동지들을 한데 모아 동방학회를 창설"한 적이 있었다.[54)] 학회에 인쇄국과 도서관, 박물관, 통신부를 세워 고적과 고기물을 수집해 전파하고, 아울러 국내외 학자들과 소식을 주고받으며 함께 토론하거나 연구하는 것을 목표로 삼았다.[55)] 그러나 뤄전위가 말한 내용으로 미루어 볼 때, 이 학회는 주로 역시 뤄전위의 개인 역량으로 운영되었다는 것을 알 수 있다. 예컨대 인쇄국에서 수십 종의 책을 인쇄할 수 있었던 것은 모두 뤄전위 개인의 풍부한 재력 때문이었다.[56)] 뤄전위가 '다른 사람으로부터 자금을 받고 싶지 않다'는 생각을 가지고 있는 바람에 이 학회의 기타 업무는 '막대한 경비'로 인해 멈출 수밖에 없었다.[57)]

突」, 『新史學』, 第8卷 第2期, 95쪽. 이 말은 정말 맞다. 하지만 이러한 자각적 출현은 사실 1920년대 중반 이전에 학술계에 이미 보편적으로 존재했었다.

53) 차이위안페이는 1930년대에 전국의 대학에 반드시 연구소를 설립해야 한다고 제창할 때, "대개 과학적 연구란 자료를 수집하고 기기를 갖추고 참고도서를 구입하는 것이다. 따라서 이 일은 개인의 힘으로 감당할 수 있는 게 아니다. 만약 대학이 미리 준비하지 않으면 한두 명의 걸출한 교원을 제외한 보통 사람들은 오직 남아 있는 잔재를 지키면서 더 이상 한 걸음의 탐구도 할 수 없을 것이다"라고 지적했다. 蔡元培, 「論大學應設各科研究所之理由」, 高平叔, 『蔡元培文集: 卷三·教育(下)』, 626쪽.

54) 羅振玉, 「雪堂自傳」, 羅振玉, 『羅雪堂先生全集五編』, 第1冊, 臺北: 大通書局, 1973, 39쪽.

55) 같은 곳.

56) 같은 곳.

57) 같은 곳.

다음으로 뤄전위가 명·청 자료를 구입해 정리한 예를 보면, 1920년대 초 명·청 자료는 역사박물관에서 민간으로 흘러들어갔다. 당시 그는 이것이 진귀한 사료라는 사실을 직감적으로 인식하고 즉시 개인의 재력으로 이를 구매하고, 자료에 대한 분류와 정리 작업을 진행했다. 그러나 몇 개월 이후 이런 방대한 자료를 보존하고 정리하는 일은 개인의 힘으로는 절대 불가능하다는 사실을 깨달았다.[58] 그는 자배(子培) 선청즈(沈曾植, 1850~1922)가 "언제쯤 이 일을 끝낼 수 있는지요?"라고 물어온 서신에 대해 다음과 같이 답했다.

> 점검하고 정리하는 일은 근 몇 개월을 예로 들자면 10명의 장정의 힘으로 대략 10년이 걸려야 마칠 수 있는 일입니다. 조사를 하려면 집을 비워야 하고 정리를 하려면 배치하고 보관해야 하니, 전문적인 건물을 짓지 않으면 안 될 상황입니다. 이전에 돈을 빌리는 일도 나 혼자의 힘으로 했으니, 장차 무엇으로 얼른 건물을 지을 수 있겠습니까? 다행히도 1~2년 안에 건물이 완성되고 하늘이 내게 시간을 주어 이 일을 완성하게 한다 한들, 책임지고 관리하며 전파하는 일은 또 누구에게 기대를 걸겠습니까? 개인적인 생각으로 이 일은 결코 한두 사람의 힘으로 이룰 수 있는 것이 아니라고 생각합니다.[59]

그러므로 그는 다음과 같이 기대했다.

> 만약 몇몇 동지들과 힘을 합쳐 계획한다면, 한편으로는 돈을 모아 건물

58) 李宗侗, 『史學概要』, 臺北: 正中書局, 1968, 284~85쪽; 李光濤, 『明淸檔案』, 史語所傅故所長紀念會籌備委員會, 『中央硏究院歷史語言硏究所傅所長紀念特刊』(이하 『傅所長紀念特刊』으로 약칭), 臺北: 中央硏究院, 1951, 21쪽.

59) "檢理之事, 以近數月爲比例, 十夫之力約十年當可竟. 顧檢查須曠宅, 就理者須部署庋置, 均非建專館不可. 顧以前稱貸旣竭吾力, 將何從突兀見此屋耶? 即幸一二年間此屋告成, 天假我年俾得竟淸厘之事; 典守, 傳布, 又將於誰望之? 私意此事竟非一二人之力所能及." 羅振玉, 「史料叢刊初編·序」, 羅振玉, 『羅雪堂先生全集五編』, 第6冊, 臺北: 大通書局, 1972, 2323쪽.

을 짓고, 한편으로는 큰 집을 빌려 조사와 정리를 할 수 있으며, 조사와 정리에서 얻어진 것을 수시로 출간해 전파할 수 있을 것입니다. 가령 한 달에 100장을 해낸다면 10년이면 1만여 장이 됩니다. 조사와 정리가 끝나면 요긴한 사료 역시 요지를 파악할 수 있을 것입니다. 비록 그렇지만 어떻게 많은 사람들 속에서 적절한 사람을 찾을 수 있겠습니까? 단지 내 마음을 글 속에 의탁할 뿐입니다.[60)]

마찬가지로 당시 이 일을 들었던 정안(靜安) 왕궈웨이(王國維, 1877~1927)는 내각의 사료가 보존되는 것을 기뻐하면서도 나중에 보관해 둘 문제를 생각하자 심히 난간함을 느꼈다. 그는 뤄전위에게 보내는 편지에서 이렇게 말했다.

이 자료를 …… 향후 어디에 둘지가 정말 큰 문제입니다. 중요한 자료는 많아야 1퍼센트이며 이는 도리어 쉽게 처리할 수 있지만, 그다지 중요하지 않은 것들은 사가에서 보관할 수도 없고, 만약 공유한다면 여전히 땔감이 될까 염려될 뿐입니다. 이를 어찌하면 좋을까요?[61)]

최후로 그 가운데 일부 정리한 자료를 인쇄한 후 뤄전위는 결국 자료를 목재(木齋) 리성둬(李盛鐸, 1859~1934)에게 팔았다. 몇 년 후 중앙연구원 사어소는 다시 리성둬에게 이들 자료를 구입한 다음 단체의 힘을 빌려 정리했다.

뤄전위의 경험은 새로운 자료가 끊임없이 출토된 20세기에 새로운 자료

60) "若得三五同志, 協力圖之, 一面鳩金建築, 一面貸大屋從事檢理. 檢理所得, 隨時刊布. 假以月成百紙, 則十年得萬餘紙. 是檢理告終, 緊要史材亦得大要矣. 雖然, 茫茫人海, 何從竟得其人, 亦托諸空言而已!" 羅振玉, 「史料叢刊初編·序」, 같은 책, 2323~24쪽.

61) "此項材料 …… 將來置之何地, 眞一大問題. 重要材料, 至多不過百分之一, 尙易處置, 惟不甚要者, 私家即無法藏弆, 若爲公有, 則恐仍作燃料耳. 如何如何?" 王國維, 「致羅振玉函」(1922. 5. 13.), 王慶祥 等 校注, 『羅振玉王國維往來書信』, 北京: 東方出版社, 2000, 532쪽.

를 전면적으로 수집, 정리, 연구하려면 전문적인 학술기관을 설립하고 단체의 힘에 의지해야 한다는 사실을 말해 주고 있다. 사실 이재에 밝고 경영 마인드를 갖고 있던 뤄전위는 이 점에 대해 일찍부터 깨닫고 있었다. 그러므로 차이위안페이가 1918년 여러 차례에 걸쳐 뤄전위와 왕궈웨이가 베이징 대학의 발전에 관한 의견을 제기해 주기를 바랄 때, 뤄전위는 비록 재차 거절하기는 했지만 차이위안페이의 정성에 고마워하며 초안을 작성하고, 베이징 대학이 고기물을 편집, 전파, 연구하는 터전이 될 고기물연구소를 설립해 고서적이 외국으로 대량 유출되는 현상을 막아야 한다고 건의했다.[62] 뤄전위의 건의가 당시 금방 실현되지는 않았지만 그가 한 말을 보면, 수년 후 설립된 국학문의 발전 방향과 매우 부합되며, 동인들은 연구소를 준비할 때 그의 건의를 어느 정도 채택했다.

어쨌든 국학문이 정식으로 창설된 후 동인들은 학술연구가 차츰 국제화되어 가는 시대에서 정보의 획득과 연구성과의 발표가 학자들로 하여금 간행물 잡지나 연구기관에서 벗어날 수 없게 함으로써 더욱더 많은 학술적 교류의 채널을 확보하게 해줄 수 있을 거라고 확신했다. 따라서 당시 국학문은 점차 규모를 갖춰가면서 연구소 건물 안에 동인들이 노력해 수집한 고물과 자료, 민속품과 국내외 도서, 잡지 등을 진열했다. 1920년대 초, 국학문에서 오랫동안 근무했던 구제강은 건물 내부의 환경에 대해 다음과 같이 묘사했다.

> 연구소 …… 네 벽에는 책장이 가득 배치되어 있어 책을 보기가 도서관보다 편리했다. 학교에 예로부터 보존되어 있던 고물과 새로이 수집한 가요도 모두 한곳에 모여 있다. …… 이리저리 뒤적여 보는 가운데 가장 좋았던 것은 뤄전위 선생과 왕궈웨이 선생의 저술이었다. …… 연구소는 그들의 모든

62) 羅振玉, 「與友人論古器物學書」, 「雲窗漫稿」, 羅振玉, 『羅雪堂先生全集初稿』, 臺北: 文華出版公司, 1968, 第1冊, 75~78쪽; 羅振玉, 「致王國維函」(1918. 7. 3.), 『羅雪堂先生全集初稿』, 386쪽 참조.

저서를 갖추고 있었다. 나는 처음으로 상나라의 갑골문자와 그들의 고증·해석을 보았고, 처음으로 20년 동안 새로이 발견된 베이망(北邙)의 명기(明器), 둔황의 산일된 서적, 신장의 목간 그림을 보았으며, 처음으로 그들이 실물을 대상으로 옛 역사에 대한 여러 연구를 진행했다는 사실을 알게 되었다. 나의 시야가 이로부터 더욱 넓어졌다…….[63]

구제강의 솔직한 고백을 통해 국학문이 학술적 자원을 모으고 학자들의 연구 시야를 넓혀준 것이 얼마나 중요한지를 명확히 알 수 있다. 아울러 앞서 말했던 이른바 연구기관의 흥기를 위한 필연적인 예증이 된다. 뤄전위와 왕궈웨이가 청나라 말기 이래 새롭게 발견된 각종 자료를 간행·고증하고, 현대학술을 발전시키는 데 기여한 바는 당대 학자들이라면 모두 알고 있다. 심지어 1920년대 초에 그들을 근대 고증학의 중심인물로 보는 사람도 있다.[64] 그러나 뤄전위와 왕궈웨이가 이 업무에 종사할 때만해도 중국은 아직 완벽한 학술자료의 네트워크를 구축하지 못했기 때문에 그 내막을 아는 사람이 적었다. 구제강이 뤄전위에게 일본에서 출판한 새로운 자료 도감과 왕궈웨이의 일부 논저 등을 직접 받았다 할지라도, 당시에는 가격도 비싸고 널리 보급도 되지 않아 국학문이 설립되기 전까지 볼 수가 없었다.[65]

민국 초기의 베이징은 서적과 문물이 집결된 곳이었다. 그러나 구제강처럼 광범위하게 독서를 하는 사람조차 이곳에서 근 8년을 머물면서도 20년

63) "研究所 …… 四壁排滿了書架, 看書比圖書館還要方便些; 校中舊存的古物和新集的歌謠也都滙集到一處來了 …… 在這翻弄之中, 最得到益處的是羅叔蘊先生(振玉)和王靜安先生(國維)的著述 …… 研究生中備齊了他們的著述的全分, 我始見到商代的甲骨文字和他們的考釋, 我始見到這二十年中新發見的北邙明器, 敦煌逸籍, 新疆木簡的圖象, 我始知道他們對於古史已在實物上作過種種的研究. 我的眼界從此又得一廣……." 顧頡剛, 「古史辯·自序」, 第1冊, 50쪽.

64) 抗父, 「最近二十年間中國舊學之進步」, 『東方雜志』, 第19卷 第3號, 臺北: 臺灣商務印書館重印, 1922. 2, 38쪽.

65) 顧頡剛, 「古史辯·自序」, 第1冊, 50쪽.

동안 중국에서 새로 발견된 자료와 관련 연구에 대해 제대로 알지 못했다. 이러한 사실은 1920년대 초 중국의 각종 학술연구기구나 도서관이 널리 설립되지 않았을 뿐 아니라 학술간행물도 널리 발행되기 전이어서 학술정보와 학자들의 연구성과의 전파가 확실히 제한적이었으므로 흔히 학자가 거주하는 지역이나 인간관계의 범주 안에 머물러 있을 수밖에 없었다는 점을 말해 준다. 학술교류의 방식은 여전히 방문과 서신 왕래, 저술 간행 등 전통적인 방식으로 이루어져[66] 학술정보의 전파속도가 느리고 범위도 협소했다. 베이징에 거주하던 구제강도 뤄전위와 왕궈웨이의 저작을 접하기 힘들었으니 먼 곳에 사는 사람들은 더 말할 나위도 없었다.

이런 상황을 뤄전위와 왕궈웨이는 깊이 체감하고 있었다. 그러므로 그들은 정치적 관점에서 국학문을 주관하던 사람들과 커다란 차이를 보였지만, 여전히 민국 정부 아래의 이 대학 연구소와 점차 가까워졌으며, 한때는 정치적 이견을 버리고 1922년에 각각 국학문의 고고학 통신원과 지도교수를 받아들였다.[67]

뤄전위가 국학문 통신원을 맡은 것에 대해 손자 뤄지쭈(羅繼祖)는 '외부와 소식을 전하기' 위한 목적이었다고 한다.[68] 이른바 '소식을 전한다는 것'

66) 梁啟超, 『清代學術概論』, 52쪽; Benjamin A. Elman, *From Philosophy to Philology*, Cambridge: Harvard University Press, 1984. pp. 200～04.

67) 「研究所國學門委員會第一次會議紀事」, 『北大日刊』, 1922. 2. 27, 2쪽. 뤄지쭈의 말에 따르면, 이전에 차이위안페이는 최소한 두 번 정도 뤄전위에게 베이징 대학에서 강의해 줄 것을 청했지만 거절당했다고 한다. 甘孺(羅繼祖) 輯述, 『永豊鄉人行年錄「羅振玉年譜」』, 蘇州: 江蘇人民出版社, 1980, 69, 78쪽. 왕궈웨이도 베이징 대학 동인들이 여러 차례 요청한 끝에 결국 국학문 지도교수를 맡아주기로 했다고 한다. 王國維, 「致羅振玉函」(1917. 9. 4, 1917. 12. 31, 1918. 7. 9, 1921. 1. 28.); 王國維, 「致馬衡函」(1921. 2. 6, 1922. 8. 1.), 모두 劉寅生·袁英光, 『王國維全集·書信』, 北京: 中華書局, 1984, 212, 234～35, 264, 312～13, 323쪽 참조. 아울러 羅振玉, 「致王國維函」(1920. 7. 1/27, 1922. 3. 21.), 王慶祥 等 校注, 『羅振玉王國維往來書信』, 500～01, 525쪽 참조.

68) 羅繼祖, 『王國維之死』, 臺北: 祺齡出版社, 1995, 175쪽. 왕궈웨이가 베이징 대학 국학문의 지도교수를 맡겠다고 허락한 후 뤄전위에게 보낸 편지에서 "이런 관계를 유지하면 이익이 있을 것입니다"라고 한 점은 국학문을 통해 외부 학술정보를 이해하려는 데 중점을 두고

은 뤄전위가 국학문이라는 학술기관을 통해 국내외 문물의 출토 상황과 연구 상황을 파악하고자 했던 것이다. 뤄전위가 이러했는데 왕궈웨이 역시 어찌 다른 생각을 가졌겠는가? 사실 뤄전위와 왕궈웨이가 정식으로 국학문의 직무를 맡기 전에 그들은 고고학에 흥미를 가진 국학문의 숙평(叔平) 마형(馬衡, 1881~1955)과 이미 긴밀한 왕래가 있었다.[69] 사실 마형에게 호감을 갖고 있지 않았던 뤄전위와 왕궈웨이가 왜 그와의 관계를 유지했는가를 묻는 질문에 대해[70] 뤄지쭈는 다음과 같은 이유 때문이라고 했다.

> (뤄전위가) 옛 물건과 그것의 정보를 얻기 위해서는 마형에게 기댈 수밖에 없었다. …… 그래서 빈번히 교류하고 자주 서신을 주고받았다. 왕궈이의 마음 또한 그러했다.[71]

옛 물건에 대한 고증과 해석에 종사했던 뤄전위와 왕궈웨이에 대한 뤄지쭈의 이러한 해석이 반드시 정확한 것은 아니지만 그렇다고 해서 크게 빗나간 것도 아니다.

청나라 조정에 충심을 다했던 뤄전위와 왕궈웨이의 일관된 입장은 국학문과 학술적인 연관을 맺음으로써 학자의 학술정보에 대한 수요가 문 닫아 걸고 책을 쓰던 시대에서 충족되는 것이 아님을 증명하고 있다. 특히 고

있었다는 사실을 말해 준다.

69) 羅繼祖, 『王國維之死』, 172, 174쪽. 뤄전위와 왕궈웨이는 국학문의 직무를 받아들인 후 여전히 마형을 중간에 두고 연락을 취하거나 협조했다. 王國維, 「致馬衡函」(1922. 8. 1, 1922. 8. 24, 1922. 12. 12, 1923. 11. 8.), 劉寅生·袁英光, 앞의 책, 323, 327~28, 336, 370쪽 참조.

70) 1920년에 마형은 상하이로 뤄전위와 왕궈웨이를 보러왔다가 뤄전위를 먼저 만나보았다. 뤄전위는 만난 후에 왕궈웨이에게 편지를 보내어 "그는 참으로 어리석습니다"라고 말했다. 羅振玉, 「致王國維函」(1920. 7. 10.), 王慶祥 等 校注, 앞의 책, 502쪽.

71) "(羅振玉)對訪求古物以及古物信息方面也不得不有賴於馬(衡) …… 因此交往頻繁, 也時常通信, 觀堂意亦如此." 羅繼祖, 「觀堂書札三跋」, 陳平原·王楓, 『追憶王國維』, 北京: 中國廣播電視出版社, 1997, 510~11쪽.

고학 영역에서 학술기관에 대한 학자들의 의존도가 높아졌으며, 뤄전위와 왕궈웨이가 국학문과 모종의 관계를 맺은 것도 실로 필연적인 추세였다. 훗날 결국 정치적인 이견으로 국학문과의 관계가 틀어졌지만,[72] 왕궈웨이는 생계문제로 다시 새로 설립한 칭화 국학연구원(清華國學研究院)의 교수로 들어가 학술기관에서 여전히 교학과 연구에 종사했다. 하지만 뤄전위는 경제적 상황이 비교적 여유가 있어 더 이상 민국 정부 관할의 학원이나 학술기관에서 일하지 않았다. 그러나 뤄전위와 왕궈웨이가 사망한 뒤, 한 명은 별다른 명성을 얻지 못하고 다른 한 명은 높은 명성을 얻게 된 데는 물론 정치와 학술 방면에서 각각의 이유가 있겠지만, 왕궈웨이의 칭화 제자들이 자신의 지도교수를 찬양한 것도 소홀히 할 수 없는 요인이다.

주의할 만한 점은 왕궈웨이가 1927년 쿤밍호(昆明湖)에 몸을 던져 자살하자, 국내외에서 그의 사인을 두고 의견이 분분할 때 구제강은 한 글 속에서 왕궈웨이의 죽음은 중국에 일찌감치 전문적인 연구기관이 설립되지 못했기 때문이라고 했다.[73] 구제강은 그의 죽음을 다음과 같이 분석했다.

> 그(왕궈웨이)는 가난한 서생으로 뤄전위의 도움이 없었다면 …… 그의 학문은 오늘날과 같이 뛰어난 결실을 거두지 못했을 것이다. 그는 뤄전위의 도움으로 학문적인 성공을 거두었으면서도 왜 뤄전위와 헤어져 다른 길을 가면서 서로 모르는 관계가 되었는가. 그러므로 그의 자살에 중국 정부와 사회는 공동의 책임을 져야 한다. 만약 일찍부터 중국에 학문을 연구하는 사람들이 일할 수 있는 학문 연구기관을 설립해 지식에 대한 욕구를 채워주고 끼니 걱정도 덜어주었다면, 징안(靜安) 선생이 구태여 뤄전위에게 기댈 필요가 있었을까? 또 그에게 기댐으로써 전조(前朝)의 유로(遺老)가 될 필요가 있

72) 王國維, 「致沈兼士馬衡函」(1924), 劉寅生·袁英光, 앞의 책, 405~07쪽; 羅繼祖, 『王國維之死』, 175쪽.

73) 顧頡剛, 「悼王靜安先生」, 羅繼祖, 『王國維之死』, 137쪽.

었을까![74]

이런 침통한 글을 쓴 뒤 구제강은 또 다시 다음의 두 구호를 외쳤다.

> 전문적인 학문 연구기관이 없는 나라가 왕궈웨이를 죽였다!
> 우리는 전문 연구기관을 설립해야 한다![75]

여기서는 일단 왕궈웨이가 자살한 진짜 이유를 논하지 않기로 한다.[76] 그러나 구제강이 왕궈웨이의 죽음을 중국에 전문적인 학술 연구기관이 부족한 탓으로 돌린 것은 구제강 자신도 전문 연구기관의 설립을 절박하게 바라고 있었음을 의미하며, 그 바람이 왕궈웨이의 자살로 자극을 받아 격렬한 언사로 표출된 것이다.

구제강의 이 글은 1927년에 작성되었다. 당시 베이징 대학 국학문과 칭화 국학원 등 전문 연구기관이 이미 존재했었지만, 베이징 대학은 경비의 어려움에 직면해 적지 않은 학자들이 끼니 걱정에서 벗어날 수가 없었다. 따라서 구제강의 이 글은 1920년대 학자가 학술사업에 지원을 하지 않았던 정부와 사회를 대상으로 고발한 글로 볼 수 있으며, 특히 왕궈웨이의 죽음을 빌려 사회 대중에게 전문적인 연구기관을 더욱 많이 설립해 학자들이 안심하고 학술연구에 종사할 수 있도록 해야 한다고 호소한 것이다.

이로써 20세기 초에 이르러 유럽 유학을 통해 서양 학술이 발전한 이유

---

74) "他(引者按:即王國維)是一個窮書生, 若沒有羅氏的幇助 …… 學問怎能有今日這般好. 旣經靠了羅氏的幇助而得學問的成功. 他又如何能與羅氏分道揚鑣, 反面若不相識. 所以他今日的自殺, 中國的政府與社會應當共同擔負責任. 倘使中國早有了硏究學問的機關, 凡是有志硏究的人到裏邊去, 可以恣意滿足他的知識欲, 而又無衣食之憂, 那麼, 靜安先生何必去靠羅氏, 更何必因靠羅氏之故而成爲遺老." 顧頡剛, 「悼王靜安先生」, 같은 책, 136쪽.

75) "國家沒有專門硏究學問的機關害死了王國維! 我們應該建設專門硏究的機關!" 顧頡剛, 「悼王靜安先生」, 같은 책, 137쪽.

76) 羅繼祖의 『王國維之死』는 이 문제에 대해 고증과 변석을 많이 했으므로 직접 참고할 만하다.

를 깊이 체득한 차이위안페이와 중국 대학을 졸업한 젊은 학자 구제강은 중국에 전문적인 연구기관을 설립해야 한다는 데 이미 일치된 의견을 보이고 있었다. 이러한 생각은 먼저 베이징 대학 국학문 창설을 통해 초보적으로 실현되었고, 훗날 지식계에서 더욱 큰 반향을 일으켰다. 다음의 제2절에서는 국학문 구성원을 끊임없이 확충하면서 베이징 대학 밖의 주요 학자를 포용한 사실을 서술함으로써, 1920년대 중국 지식계가 전문 연구기관을 설립해 학술발전을 이끌어야 한다는 것에 대해 차츰 공통의 인식을 갖게 되었다는 사실을 분석할 것이다. 그리고 이런 공통의 인식이 국학을 연구범위로 하는 학자들을 주축으로 베이징 대학에서부터 시작되었고, 국학문의 창설과 지속적인 발전의 중요한 동력이 되었다는 점을 살펴볼 것이다.

제2절 국학문의 조직 구조

1. 인사구조

국학문이 1921년 초 개편을 기획할 무렵에 차이위안페이 총장은 국문과 교수 마위짜오와 선젠스에게 그 업무를 위임했다.[77] 같은 해 10월 차이위안페이는 구미에서부터 고등교육을 시찰하고 귀국한 후 베이징 대학 입학식에서 공개적으로 국학문의 일을 언급했고, 이 일은 마위짜오와 선젠스가 공동으로 책임을 진다고 발표했다.[78] 11월 차이위안페이는 두 사람 중 선젠스를 국학문 주임으로 임명한다고 발표했다.[79] 「연구소의 조직대강」(研究所組織大綱)에 따르면, 국학문 주임은 임기가 2년이며 "본 업무를 운영하는" 책임을 진다. 국학문위원회의 의결사항은 모두 주임이 조교와 서기를 지휘

---

77) 顧潮, 『顧頡剛年譜』, 62쪽.

78) 蔡元培, 「北京大學1921開學式演說詞」, 高平叔, 『蔡元培文集: 卷三·教育三(下)』, 178쪽.

79) 蔡元培, 「致沈兼士函」(1921. 11. 7.), 高平叔, 『蔡元培文集: 卷十·書信(上)』, 634쪽.

하며 집행했으므로 그 권한과 책임이 상당히 컸다고 할 수 있다.[80)]

많은 문과대학 교수 가운데 유독 선젠스가 이런 임무를 맡을 수 있었던 이유로 다음 몇 가지를 들 수 있다. 하나는 학술사상으로 볼 때, 선젠스는 장타이옌의 제자로서 문자학 방면에 유독 조예가 깊었다. 다른 하나는 선젠스의 사상이 선진적이었다. 문학혁명 기간에 친형 선인모와 동문 첸쉬안퉁 등과 백화문 운동을 지지했으며, 문과 교수 가운데 신진파에 속했고,[81)] 차이위안페이에게 크게 중시를 받았다. 차이위안페이는 후에 베이징 대학 문과에 대해 논할 때, 즉 천두슈와 후스가 베이징 대학에 들어오기 전에 "옛 교원 가운데 선인모와 선젠스, 첸쉬안퉁 등은 본래 이미 혁신의 막을 열고 있었다"라고 했다.[82)] 1918년 베이징 대학에서 처음 연구소를 설립할 당시 선젠스는 지식인인데다 사전 편찬을 주관한 적이 있었으며,[83)] 아마도 차이위안페이에게 좋은 인상을 주었던 것 같다. 뿐만 아니라 문과대학 안에서도 대인관계가 좋았다. 그는 일본에서 유학을 했고 장타이옌의 제자이므로 문과대학 안에서 같은 배경을 지닌 사람들에게 비교적 수월하게 지지를 받을 수 있었다. 게다가 친형 선인모는 본래 문과대학에서 가장 영향력이 있는 인물이었으며, 1917년 국문과 연구소 주임을 맡았었다.[84)] 이는 선젠스가 국학문 주임을 맡을 때 아마도 적잖은 작용을 했을 것이다.

국학문이 성립된 후 1922년 2월 차이위안페이는 직접 국학문위원회 명단을 작성했다.[85)] 위원회 직책은 주로 국학문이 처리해야 할 모든 일을 기

80) 「研究所組織大綱提案」, 『研究所國學門重要紀事』, 『國立北京大學國學季刊』(이하 『國學季刊』으로 약칭), 第1卷 第1號, 1923. 1, 臺北: 學生書局影印, 1967, 192~93쪽.

81) 沈尹默, 「我和北大」, 鍾叔河, 『過去的學校』, 33쪽. 선젠스의 학생 셰싱야오(謝興堯) 역시 선젠스를 일러 "사상이 늘 새로운 그야말로 늙은 청년이다"라고 했다. 謝興堯, 『堪隱齋隨筆』, 沈陽: 遼寧教育出版社, 1995, 80쪽 참조.

82) 蔡元培, 「我在教育界的經驗」, 高平叔, 『蔡元培文集: 卷一·自傳』, 222쪽.

83) 馬越, 『北京大學中文系簡史(1910~1998)』, 9쪽.

84) 「各研究所研究科目及擔任教員一覽表」, 『國立北京大學廿周年紀念冊』, 臺北: 傳記文學出版社影印, 1971, 220쪽.

획하고, 연구생의 입학자격이나 연구논문을 심사하는 등[86] 실질적으로 국학문의 핵심조직이었다. 국학문위원 명단 중 차이위안페이는 총장 신분과 연구소 소장을 겸임하며 위원회의 위원장을 맡았다. 구멍위(顧孟餘, 1888~1972)는 교무장을, 리다자오는 도서관 주임을 각각 맡았으며, 이 밖에 나머지 위원들은 모두 문과대학 교수들이었다. 예를 들어 선젠스는 국문과 교수였고, 마위짜오는 국문과 주임, 주시쭈는 사학과 주임, 후스는 철학과 주임, 첸쉬안퉁과 저우쭤런은 국문과 교수였다.

즉, 국학문위원회가 막 성립되었을 당시에는 문과대학의 국문학과와 사학과, 철학과 등 세 분야의 교수들이 주를 이루었다. 이는 1920년에 통과된 「연구소 요강」(研究所簡章)이 새로 설립된 국학문연구소를 위해 연구범위를 정할 때 규정되었기 때문이다.

> 무릇 중국의 문학과 역사, 철학을 전문적으로 연구하는 사람들이 이에 속한다.[87]

1922년 국학문이 정식으로 설립될 때 『베이징 대학 일간』(北大日刊)에 게재한 「공지」(啓事)에서 분명히 설명했다.

> 본 국학문 설립의 종지는 구학을 정리하는 데 있다.[88]

'구학'은 중국 전통학술을 말한다. 당시 베이징 대학에서 구학을 강의하는 사람들은 주로 국문학과와 사학과, 철학과에 몰려 있었으므로 조직은

85) 蔡元培 手稿, 「提議北大研究所國學門委員會名單」, 『北大評議會第五次會議議事錄』(1922. 2. 11.), 北大檔案, 全宗號: 7, 目錄號: 第1號, 案卷號: 109.

86) 「研究所組織大綱」, 『國學季刊』, 第1卷 第1號, 192~93쪽.

87) "凡研究中國文學, 歷史, 哲學之一種專門知識者屬之." 蔡元培, 「公布北大'研究所簡章'布告」, 高平叔, 『蔡元培文集: 卷三·教育三(下)』, 50쪽.

88) "本學門設立宗旨, 即在整理舊學." 「研究所國學門啟事」, 『北大日刊』, 1922. 2. 22, 1쪽.

세 과를 기초로 구성되었다. 비록 선젠스와 후스가 국학문의 연구는 문자를 범위로 할 뿐 학과를 범위로 삼지 않는다고 강조하면서 각 과의 교수들이 연구소에 오는 것을 환영했지만,[89] 기본적으로 여전히 세 과의 교수와 학생들이 근간을 이루었다.

주의할 점은 위에서 설명한 국학문위원의 문과대 교수 가운데 구미에서 유학을 한 후스를 제외한 나머지 모두는 일본 유학자들로서 장타이옌의 문생들이었다. 그들과 후스와의 협력관계는 국어운동과 신문학운동을 함께 추진하는 것으로부터 시작해 국고정리의 구호가 나온 후까지 모두 국고정리의 기치 아래 모인 사람들이었다. 그들은 같은 유학 배경을 가지고 있었고 모두 저장(浙江) 지역 동문들이었으므로 밀접한 관계로 결합된 단체가 되어 국학문의 발전을 추동하는 주도적 역량이 되었다. 선젠스가 1922~27년 계속해서 국학문 주임을 맡을 수 있었던 요인도 바로 여기에 있다.[90]

사실상 1920년대 전반은 일본에서 유학했던 장타이옌 문생들이 국학문의 발전방향을 주도했을 뿐만 아니라 베이징 대학평의회를 통제함으로써 베이징 대학의 행정을 좌지우지하는 역량이 되었다.[91] 이와 비교해 볼 때,

89) 「研究所國學門委員會第一次會議紀事」, 『北大日刊』, 1922. 2. 27, 3쪽, 같은 곳.

90) 일부 연구원들은 왕궈웨이가 1924년 4월 6일 장구쑨(蔣谷孫)에게 쓴 편지를 바탕으로 하여 베이징 대학이 1924년에 일찍이 왕궈웨이를 국학문 주임으로 초빙하려 했다고 생각했지만 실제로 이런 일은 없었다. 이 점에 대해 오해하고 있는 저작이 근래 왕궈웨이와 관련해 출판된 몇 권의 연보와 전문서들이다. 이러한 오해가 생긴 것을 고찰해 보면, 그들은 왕궈웨이의 편지 속에서 언급한 '동인이 설립한' 연구소를 베이징 대학 국학문으로 오해했기 때문이다. 그러나 편지의 위아래 내용들을 자세히 읽어보고 역사적 사실을 고찰해 보면, 왕궈웨이가 말한 연구소는 일본인이 "일본이 중국 문화사업에 대해 협정하다"(1924년 2월 성립)라고 했던 말로 미루어 볼 때, 베이징 대학에서 설립한 인문과학연구소를 가리키는 것이 분명하다. 王國維, 「致蔣谷孫函」(1924. 4. 6.), 劉寅生·袁英光, 『王國維全集·書信』, 394쪽; 黃福慶, 「近代日本在華文化及社會事業之硏究」, 臺北: 中硏院近史所, 1997, 123~25, 143~61쪽.

91) 沈尹默, 「我和北大」, 鍾叔河 等, 『過去的學校』, 37~38, 40~44쪽. 1920년대 일반인들이 베이징 대학의 당권파에 대해 논할 때 모두 '三沈二馬'라고 칭했다. 이는 다음의 학자들을

후스는 『국학 계간』 주임 편집이었지만 신문화운동 이후 지식계에서 명망이 날로 높아감에 따라 선젠스 등과의 관계도 갈수록 긴장되어 갔다. 쌍방의 관계가 빠르게 악화되어 가는 상황에서 후스는 점차 국학문 밖의 인물이 되어갔고, 국학문 업무에 대해 실제로 이렇다 할 언급도 할 수 없었다.[92)]

선젠스와 후스의 관계는 악화되어 갔지만 국학문의 학술 업무가 부단히 발전해 나감에 따라 선젠스는 베이징 대학 교수를 초청해 위원회의 항렬에 가입시킴으로써 국학문의 발전적 기초를 확대해 나갔다. 1923년 초까지 새로 위원회에 가입한 교수들은 맹교(孟郊) 장멍린(蔣夢麟, 1886~1964, 총무장), 피쭝스(皮宗石, 도서부 주임), 찬부안(單不庵, 본명은 피(丕), 1878~1930, 도서부 중문도서 주임), 마헝(도서부 고물미술품 주임), 루쉰, 병창(炳昶) 쉬쉬성(徐旭生, 1888~1976), 장펑쥐(張鳳擧, 본명은 딩황(定黃), 1895~?)이다.[93)] 그 후 계속해서 류푸와 원암(援庵) 천위안(陳垣, 1880~1971), 현백(玄伯) 리쭝퉁(李宗侗, 1895~1974), 중규(仲揆) 리쓰광(李四光, 1889~1971), 위안퉁리(袁同禮, 1895~1965), 선인모 등이 위원으로서 한 직책들을 맡았다.[94)]

뿐만 아니라 더욱 많은 국내외 학자들을 망라하기 위해 국학문은 '도사'(導師), '통신원'이라는 명칭을 만들어 베이징에 살고 있는 외적(外籍) 학자

가리킨다. '三沈'은 선인모, 선젠스, 선스위안 형제를 말하며, '二馬'는 마위짜오와 마쉬룬(馬敍倫, 마롄(馬廉) 또는 마헝이라고도 한다. 마위짜오의 동생이다)을 가리킨다. 謝興堯, 「紅樓一角」, 謝興堯, 『堪隱齋隨筆』, 9~85쪽.

92) 「胡適選抄湯爾和日記及跋語」, 耿雲志, 『胡適遺稿及秘藏書信』, 第13冊, 292쪽; 社科院近史所, 『胡適的日記』, 1922. 7. 3, 下冊, 392~93쪽을 상세히 참조. 후스와 선젠스의 불화의 원인은 구제강이 지적한 내용에 따르면, 쌍방의 유학 배경의 차이와 신문화운동 속에서 후스의 명성이 너무 커졌기 때문에 생긴 것이다. 구제강은 본래 국학문에서 유능한 선젠스의 조수였지만 도리어 이로 인해 후스와 더 가까워졌고, 이에 대해 선젠스의 시샘을 받았다. 顧頡剛 遺著, 顧潮·顧洪 校, 『顧頡剛自傳(二)』, 『中外雜志』, 第47卷 第2號, 16~17쪽; 顧潮, 『顧頡剛年譜』, 137쪽; 顧頡剛, 「致胡適函」(1927. 2. 2.), 耿雲志, 『胡適遺稿及秘藏書信』, 第42冊, 334쪽.

93) 「研究所國學門重要紀事」, 『國學季刊』, 第1卷 第2號(1923. 4.), 391쪽.

94) 『國學門概略』, 北京: 北京大學, 1927, 2~3쪽.

나 베이징 대학에서 강의하고 있지 않지만 학문적으로 훌륭한 중국 학자들에게 '도사'라는 명칭을 주었다. 또한 베이징 밖에 살거나 국외 학자에게는 '통신원'이라는 명칭을 주었다.[95] '도사'는 지도교수로서 연구생의 논문을 지도하는 일을 책임졌고, '통신원'은 주로 국학문의 발전에 건의를 하거나 고문 같은 역할을 했다.

1927년 『국학문 개요』(國學門槪略)에 따르면 그 안에 「연구소 국학문 주요 직원 명단」(硏究所國學門主要職員錄)이 실려 있으며, 1922~27년에 국학문에서 직무를 담당했던 학자들의 이름이 수록되어 있다.[96] 이 명단에 근거해 약간 보충을 하자면, 국학문에서 직책을 맡았던 학자들의 명단과 직책은 다음과 같다.

직책	성명
소장	차이위안페이(장멍린, 위원찬余文燦은 代理)
주임	선젠스
위원회	차이위안페이, 구멍위, 선젠스, 리다자오, 마위짜오, 주시쭈, 후스, 첸쉬안퉁, 저우쭤런, 장멍린, 피쭝스, 찬부안, 마헝, 루쉰, 쉬쉬성, 장펑쥐, 류푸, 천위안, 리쭝퉁, 리쓰광, 위안퉁리, 선인모
가요연구회 주석	저우쭤런
명청사료정리회 주석	천위안
고고학회 주석	마헝
고고학회 상무간사	마헝, 선젠스, 천위안, 리쭝퉁, 위안푸리(袁復禮)
풍속조사회 주석	장사오위안(江紹原, 원래 장징성張競生이었음)
방언조사회 주석	류푸(원래 린위탕이었음)

95) 『國學門槪略』, 같은 책, 4~5쪽.

96) 『國學門槪略』, 같은 책, 1~5쪽.

도사	왕궈웨이(후에 퇴출), 천위안, 바론 알렉산데르 폰 슈텔 홀슈타인(Baron Alexander von Staël-Holstein, 러), 알렉세이 이바노비치 이바노프(Aleksei Ivanovich Ivanov, 러), 커사오민(柯劭忞), 샤쩡유(夏曾佑, 후에 사망), 천인커(陳寅恪)
통신원	뤄전위(후에 퇴출), 폴 펠리오(Paul Pelliot, 프), 이마니시 류(今西龍, 일), 시와무라 센타로(澤村專太郎, 일), 불프(Dr. K. Wulff, 덴), 테레즈 P. 아르누(Therese P. Arnould, 프), 빌헬름(Dr. R. Wilhelm, 독), 다나베 히사오(田邊尙雄, 일)

이 명단을 통해 볼 때, 국학문은 설립된 후 5년이라는 짧은 기간 동안 이미 프랑스와 독일, 러시아, 일본의 학자들과 관계를 형성했을 뿐만 아니라 국내 유명한 학자들을 망라했다. 이들 가운데는 구제강의 말을 빌리면 "유로(遺老)와 복벽당(復辟黨), 국수주의자, 제국주의자도 있었다."[97] 그러나 국학문의 주요 일을 주관하는 사람은 "우리 기관은 단지 학문만 알 뿐 정치적 견해와 도덕적 주장은 모른다"라는 태도를 견지하면서,[98] 위에 열거한 학자들과의 연계를 통해 공동으로 학술발전을 추동하려 했다.

이 밖에도 새로 초빙한 국학문 위원 가운데 프랑스 유학 출신으로는 쉬쉬성과 류푸, 리쭝퉁, 장징성(1888~1970)이 있고, 독일과 미국 유학 출신인 린위탕과 장사오위안(1898~1993) 등은 국학문의 중견인물들이었다. 이러한 학자들은 선젠스 등과 정치적 입장이 비슷했으며,[99] 인간관계도 양호했다. 그들은 국학문에 들어온 후, 거의 모든 학회의 리더 역할을 하면서 국학문 발전을 추동하는 데 커다란 영향을 끼쳤다(이 장 제3절 참조). 이로써 비록 국학문의 창립은 주로 일본 유학자 장타이옌의 문생들이 후스의

97) 顧頡剛, 「1926年始刊詞」, 『國學門周刊』, 第2卷 第13期, 5쪽.

98) 같은 곳.

99) 1925년 베이징 대학 교수들은 장스자오(章士釗) 교육총장의 일로 인해 두 개의 진영으로 나뉘었다. 리쭝퉁과 쉬쉬성은 선젠스, 마위짜오 등의 입장에 섰으며, 후스 등과 의견이 맞지 않았다. 顏任光, 「致評議會書」, 『北大日刊』, 1925. 8. 22, 1쪽; 顏任光, 「爲北大脫離教部關系事致本校同事的公函」, 王尙濟 等, 「爲反對章士釗事致本校同時的公函」, 「反對章士釗的宣言」, 『北大日刊』, 1925. 8. 29, 1~3쪽.

'국고정리' 구호에 호응하면서 성립되었지만, 국학문이 계속 발전할 때에는 도리어 구미 유학생들의 잇따른 가입을 받아들임으로써 공동으로 국학연구를 위해 새로운 국면을 열어갔다.

국학문의 구체적인 사무활동, 즉 학회 활동과 연구실 관리, 출판물 편집 등은 모두 주임이 전문가에게 위임해 처리하도록 했다. 이런 인물은 주로 국학문의 조교와 간사, 서기로서, 모두 선젠스가 지휘하면서 연구소 일체의 사무를 처리했다.[100] 1922~27년에 국학문 조교와 간사를 맡았던 사람으로는 구제강, 유균(維鈞) 창후이(常惠, 1895~?), 타이징눙(臺靜農, 1902~90), 중량(仲良) 황원비(黃文弼, 1893~1966), 문옥(文玉) 후밍성(胡鳴盛, 1887~?), 장엄(莊嚴) 좡상옌(莊尙嚴, 1900~?), 러우유징(樓幼靜), 어우양다오다(歐陽道達), 천행(天行) 웨이젠궁(魏建功, 1901~80),[101] 희백(希白) 룽겅(容庚, 1894~1983), 언당(彥堂) 둥쭤빈(董作賓, 1895~1963) 등이 있다. 이들 가운데 구제강의 임직 기간이 가장 길었고 공헌도 가장 많았다. 국학문의 모든 장정 초안과 연구실 배치, 학간(學刊)의 편집과 원고작성, 편집실과 학회 업무 진행 등의 사무에 구제강이 참여하지 않은 부분이 없었다.[102] 사실상 이러한 조교와 간사는 국학문 활동에서의 실제적인 추동자이자 참여자로서 국학문 발전에 매우 커다란 공헌을 했다.

2. 다양한 기능의 학술기구

1922년에 성립한 국학문은 대학 안에 세운 연구소이기 때문에 무엇보다도 학술연구의 전문 인재를 양성하는 일을 목적으로 하는 현대 대학 연구소의 특색을 갖추고 있다. 「연구소 국학문의 연구규칙」(研究所國學門研究規

100) 「研究所組織大綱」, 『國學季刊』, 第1卷 第1號, 192쪽.

101) 趙金銘, 「魏建功」, 『中國現代語言學家』 編寫組, 『中國現代語言學家』, 第1分冊, 石家莊: 河北人民出版社, 1981, 200쪽.

102) 顧潮, 『顧頡剛年譜』, 68, 70, 89~129쪽을 상세히 참조.

則)의 규정에 따르면, 베이징 대학 졸업생 가운데 전문적인 연구 의지와 능력을 가진 자, 미(未)졸업생 및 타 대학 학자로서 특별 연구나 성과가 있는 자는 모두 언제든지 국학문에 와서 연구를 할 수 있다. 그리고 졸업생 및 타 대학 학자들은 역시 통신 연구를 지원할 수 있다.[103] 연구소에 들어온 후 연구생은 각 학과에서 만든 잡지에 논문을 발표하거나 또는 총서로 출판할 수 있도록 언제든 연구 경과와 성과물을 보고해야 한다. 지도교수 방면에서 연구생들은 국학문 주임을 통해 베이징 대학 교원 또는 국내외 전문가에게 지도를 요청할 수 있다. 베이징 대학 교원은 더욱 자유롭게 연구소에 들어와 연구할 수 있고, 또 주동적으로 문제를 제시하고 연구생을 연구소로 소집해 연구를 지도할 수 있으며, 교원과 학생이 공동으로 연구할 수 있다.[104]

위와 같은 규정으로 볼 때, 국학문에서 제시한 연구방식은 연구생 자신이 연구 테마를 제시하든, 교원이 문제를 제기한 후 학생을 지도하며 공동연구를 하든 어떤 문제에 대해 전문적으로 연구하는 것이다. 한편 연구생은 졸업할 때 연구 결과물로서 졸업논문을 제출해야 하며, 국학문위원회는 교원에게 심사를 의뢰한다.[105]

정식으로 연구생을 모집할 때, 국학문은 「공지」(啓事)를 통해 연구생에게 "제목을 제시할 때는 범위가 좁고 성격이 구체적이어야 한다. …… 대체로 이와 같이 연구를 해야 상당한 성과를 거둘 수 있다"[106]라고 상기시켜 준다. 그러나 「연구소 요강」(研究所簡章)에는 새로 성립한 베이징 대학 연구소는 "독일과 미국 두 대학의 세미나 방식을 모방해 전문 지식을 전공하는 곳이다"라고 규정하고 있다.[107] 개편 이후 연구소의 운영정신이 확실히 의

103) 「研究所國學門研究規則」, 『研究所國學門重要紀事』, 『國學季刊』, 第1卷 第1號, 193~94쪽.

104) 같은 곳.

105) 「研究所國學門研究規則」, 앞의 책, 192쪽.

106) 「研究所國學門啟事」, 1922. 1. 23, 北大檔案, 全案號: 7, 目錄號: 第7號, 宗卷號: 131.

107) 蔡元培, 「公布北大'研究所簡章'布告」, 高平叔, 『蔡元培文集: 卷三·教育三(下)』, 50쪽.

도적으로 전문연구를 제창하고 있음을 알 수 있다. 이는 구미 학술과 교육 체제의 영향 아래 중국의 현대 대학이 설립한 연구기구는 학술상 전문 연구인력을 훈련시키는 곳일 뿐 더 이상 전통 시기의 종합적 인재를 양성하는 것을 목적으로 하지 않음을 의미한다.[108]

국학문의 통계자료를 종합해 보면, 1922~27년 국학문 연구생의 성명과 학력, 연구 제목은 다음과 같다.[109]

	성명	학력 및 경력	연구 제목
1	뤄융(羅庸)	베이징 대학 국문과 졸업	『윤문자』(尹文子) 교석(보고서 제출)／청대 소학가(小學家) 서목제요 및 학문 연구방법
2	장쉬(張煦)	베이징 대학 국문과 졸업	『공손용자』(公孫龍子) 주(보고서 제출)／『노자』 교주(보고서 제출)／『광운』(廣韵) 정리
3	정톈팅(鄭天挺)	베이징 대학 국문과 졸업	음의기원고(音義起源考, 첸쉬안퉁 지도)
4	돤이(段頤)	베이징 대학 영문과 졸업	황하변천고(보고서 제출)
5	쩡짜이처우(曾載幬)	베이징 대학 국문과 졸업	중일 교섭 지리
6	가오룽쿠이(高榮魁)	베이징 고등사범학교 졸업	서북 민족과 중국 관계
7	왕다오창(望道昌)	베이징 고등사범학교 졸업	청대 문학가 연표
8	천시랑(陳錫讓)	푸젠 셰허(協和) 대학 졸업	중국 윤리학사

108) 청말 경사대학당을 설립할 당시 대학당 안에 통유원(通儒院)을 설립하려는 계획이 있었다. 통유원은 대학당의 졸업생들이 들어가 공부할 수 있는 지금의 연구원 같은 것이었다. 張之洞 等, 「大學堂章程(大學堂附通儒院)」, 北京大學校史研究室, 『北京大學史料·第一卷(1898~1911)』, 97쪽.

109) 자료 출처는 다음과 같다. 「研究所國學門重要紀事」, 『國學季刊』, 第1卷 第1號, 196~97쪽; 「研究所國學門重要紀事」, 『國學季刊』, 第1卷 第21號, 391쪽; 「國立北京大學國學門重要紀事」, 『國學季刊』, 第1卷 第3號(1923. 7.), 547쪽; 「國立北京大學研究所國學門報告(民國13年 1月 1日~13年 5月 31日)」, 『國學季刊』, 第2卷 第1號(1925. 12.), 191~92쪽; 「丙寅畢業同學錄研究所國學門紀事」, 『北大日刊』, 1926. 6. 2, 1쪽; 「學術消息: 本所新取錄之研究生」, 『國學門月刊』, 第1卷 第6號(1927. 9.), 669~70쪽. 또 「研究所國學門通告」, 『北大日刊』, 1926. 7. 10.; 「本校廿七周年紀念研究所國學門展覽目錄」, 『北大日刊』, 1925. 12. 26., 王學珍 等, 『北京大學史料(1912~1937)』, 第2卷 中冊, 北京: 北京大學出版社, 2000, 1458~59, 1494쪽에 모두 수록.

9	펑수란(馮淑蘭)	베이징 여자고등사범학교 졸업	『초사』(楚辭) 연구(보고서 제출, 후에 출판)
10	룽겅(容庚)	광둥둥관현립(廣東東莞縣立) 중학교원	금문편(金文編)(보고서 제출, 국학문에서 출판)
11	장웨이세(章維燮)	베이징 대학 국문과 졸업	진이준(晋二俊) 시학(詩學)
12	차이런룽(蔡人龍)	후난 고등사범 문사과 졸업	『노자』 의증(儀證)
13	양딩위(楊定宇)	안후이 성립제6사범학교 교원	도연명(陶淵明) 연구
14	상청쭤(商承祚)		은허갑골문유편(보고서 제출, 후에 출판)
15	저우이란(周怡然)	베이징 대학 법률과 4학년	중국 형벌 사상의 변천
16	둥쭤빈	베이징 대학 청강생	역대 명인 생몰 연표
17	왕유더(王有德)	베이징 대학 독문과 졸업	원곡(元曲) 발달사
18	장펑차오(張鵬翹)	베이징 대학 철학과 졸업	고금곡보(古琴曲譜)의 체계적 연구
19	장산궈(蔣善國)	톈진 난카이(南開) 대학 수학	『삼백편』(三百篇) 연론(演論)(보고서 제출)
20	루칸루(陸侃如)	베이징 대학 국문과 수학	송옥(宋玉) 연구
21	팡융(方勇)	안후이 성립제5중학 교원	『설문』 독약 고찰(讀若考)(보고서 제출, 이 책의 범례는 『국학문 주간』에 실림)[110)
22	장푸취안(張輔銓)	미상	중국 형법 연혁
23	쑨사오셴(孫少仙)	미상	윈난(雲南) 풍속지
24	정샤오관(鄭孝觀)	미상	『설문해자』 선이고(羨異考)
25	황지원(黃繼文)	미상	중국 곡식가격 고찰(中國穀價通考)
26	딩딩산(丁丁山)	징스다퉁 중학(京師大同中學) 국문 교원	중국 원시 상형문자 고찰/『석명』(釋名) 해석
27	류자룽(劉嘉鎔)	미상	『시경』 연구
28	리정펀(李正奮)	미상	수대(隋代) 『예문지』(藝文志)(보고서 제출) / 『후한서·예문지』 보완(보고서 제출) / 『위서』(魏書)의 원류 고찰(보고서 제출)

110) 方勇, 「『說文』讀若考例言」, 『國學門周刊』, 第2卷 第15～16期 합정본(1926. 1. 27.), 33～37쪽.

29	리자산(李嘉善)	미상	오호십구국(보고서 제출, 일부는 『국학문월간』에 실림)[111] / 정전(井田) 연구 상편(보고서 제출)
30	웨이펀잉(韋奮鷹)	미상	불상
31	웨이젠궁(魏建功)	베이징 대학 국문과 졸업	양웅(揚雄) 『방언』(方言) 석음석훈석지례(釋音釋訓釋地例)
32	추투난(楚圖南)	베이징 고등사범 역사지리부(史地部) 졸업	위서(緯書)
33	세한장(葉含章)	베이징 대학 국문과 3학년	한대의 도가
34	콩판시(孔繁熙)	중국 대학 국문과 3학년	중국 고대성학사(中國古代性學史)
35	우세공(吳世拱)	난징 공립국학전문학교 졸업	고음운(古音韵)
36	예쥔성(葉俊生)	샤먼 대학 조교	문자학명사 전석(文字學名詞詮釋)
37	민쑨스(閔孫奭)	베이징 대학 국문과 졸업	『설문』의 학자 전략(『說文』學者傳略)
38	간다원(甘大文)	베이징 대학 국문과 졸업	『사기』 연구
39	천중이(陳仲益)	이자오(翊敎) 여자중학 교원	명초 해외번국 고찰(明初海外諸藩考)
40	황환(黃緩)	칭화 연구원 수료	양한지방행정사(兩漢地方行政史)
41	야오밍다(姚名達)	칭화 연구원 수료	중국사적고(中國史籍考)
42	류슈성(劉秀生)	베이징 사범대학 국문연구과 졸업	『설문』의 동성, 전성 독약 고찰(『說文』讀若有同聲轉聲考)
43	돤쩌항(段澤杭)	청두(成都) 공학 졸업	구이저우(貴州)의 묘족(苗族) 역사와 언어문자
44	둥커우(董口)	베이징 사범대학 국문연구과 졸업	『설원』(說苑) 집석(集釋)
45	구둔루(顧敦鍒)	즈장(之江) 대학 부속중학 교원	이립옹(李笠翁) 희곡 연구
46	뤼다환(呂大桓)	미상	『시경』, 『서경』의 연면자(聯綿字) 연구(보고서 제출)

111) 李嘉善, 「五胡十九國興亡表」, 「五胡十九國世表」, 『國學門月刊』, 第1卷 第4號(1927. 1.), 385~422쪽.

국학문의 통계자료에 따르면, 1922~27년에 국학문 심사에서 합격한 연구생은 최소한 46명이다. 그들이 제출한 연구범위와 과제는 상당히 광범위하다. 그 가운데 문학과 언어문자, 학술사상(諸子) 방면의 연구가 가장 많고, 갑골문자와 역사지리, 변강민족사, 형법사, 경제, 풍속 등의 영역도 있다. 그러나 이런 연구생들은 대부분 '통신연구' 방식으로 지원해[112] 최종적으로 논문을 낸 사람이 많지 않아 겨우 10명(1927년까지)에 불과했으며, 연구성과는 14종이었다.[113] 전문 주제를 연구하는 연구생을 양성하는 일 외에 국학문의 조직은 '3실과 5회'(三室과 五會)로 구성되었다.[114] 국학문 위원과 조교, 간사들이 각각 일을 분담했으며 하나의 학술연구기구의 특색을 갖추었다.

1927년 국학문이 만든 「국립 베이징 대학 연구소 국학문 조직표」(國立北京大學研究所國學門組織表)에 따르면, 국학문 조직 구조는 다음과 같다.[115]

국립 베이징 대학 연구소 국학문 조직표

소장 — 국립 베이징 대학 연구소

국학문 (연구소 국학문위원회, 주임)

방언연구회 | 풍속조사회 | 고고학회 | 명청사료정리회 | 가요연구회 | 편집실 | 연구실 | 등록실

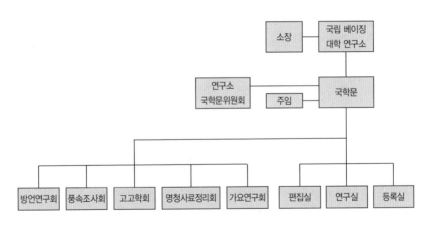

112) 「本學門研究生之統計」, 『國學門周刊』, 第1卷 第7期(1925. 11. 25.), 23쪽.

113) 『國學門概略』, 7~9쪽.

114) 「國立北京大學研究所國學門組織表」, 『國學門概略』, 쪽수 없음.

115) 같은 곳.

표에 따르면 '3실'은 등록실, 연구실, 편집실이며 국학문 동인들의 업무와 연구, 편집, 출판(서적, 간행물) 등을 맡았던 장소이다.[116] 출판 부문은 선젠스가 특히 중시한 영역이다. 그는 일찍이 "대학의 시설은 도서관과 설비가 매우 중요하지만 출판사업 역시 참으로 중요하다"[117]라고 했다. 당시 편집실에서 출판한 책은 주로 동인들이 직접 쓴 책으로서 '베이징 대학 연구소 국학문총서'라는 제목으로 출판했다. 예를 들어, 천위안의 『이십사윤달표 』(二十史朔閏表, 1925), 『중서 회사 일력』(中西回史日曆, 1926),[118] 류푸의 『둔황철쇄』(敦煌掇瑣) 제1집,[119] 룽경의 『금문편』(金文編),[120] 『이정자철학방법론』(二程子哲學方法論)(저자 미상) 등이 있다. 다른 하나는 편집실 동인들이 엮은 책이다. 선젠스가 먼저 편집과 기획을 하면[121] 다시 조교들이 분담해 편집을 담당했다.[122] 예를 들어 황원비와 어우양다오다 등이 주편한 『혜림의 '일절경음의' 인용서목』(慧琳一切經音義引用書目)과 『속사고서목에 대한 설명서』(續四庫書目略說明書) 등이 그러하다. 기타 편집실 동인들이 교정과 편집을 맡았던 책들도 상당히 많다. 『태평어람의 인용서적 증정목록』(太平御覽引用書籍增訂目錄), 『태평어람의 인용서 세목』(太平御覽引用書細目), 『태평광기의 인용서적 증정목록』(太平廣記引用書籍增訂目錄), 『예문유취의 인용서적목록』(藝文類聚引用書籍目錄)(胡鳴盛 주편) 등 여러 가지 공구서가 있다. 그

116) 『國學門概略』, 9~11쪽.

117) 「硏究所國學門第四次懇恩會紀事」, 『國學門月刊』, 第1卷 第1號(1926. 10.), 140쪽.

118) 劉乃和, 「陳垣同志已刊論著目錄系年」, 白壽彝, 『勵耘書屋問學記: 史學家陳垣的治學』, 北京: 三聯書局, 1982, 187쪽. 『二十史朔閏表』가 출판된 후 아주 좋은 평가를 받자, 후스가 이 글을 소개했다. 胡適, 「介紹幾部新出的史學書」, 顧頡剛, 『古史辨』, 第2冊, 331~33쪽.

119) 「'敦煌掇瑣'第1輯出售預約」, 『國學門月刊』, 第1卷 第1號, 뒤표지 광고면.

120) 「硏究所國學門出版書籍雜誌拓本照片目錄」, 『國學門月刊』, 第1卷 第1號, 뒤표지.

121) 1924년 하반기 국학문의 보고에 따르면, 편집실은 모두 제1편집실, 제2편집실, 제3편집실로 나뉘며, 동시에 각종 공구서의 편찬 업무를 수행했다. 『國立北京大學硏究所國學門報告(民國13年 7月~13年 12月 31日)』, 쪽수 없음.

122) 顧頡剛, 「'中國學術年表'及說明」, 『北大日刊』, 1924. 6. 27, 2쪽.

러나 경비의 부족으로 인해 편집을 마쳤지만 출판되지 못한 서적들도 많다.[123] 이밖에도 편집실에서는 정기적으로 학술간행물을 출판했다. 『가요주간』(歌謠周刊), 『베이징 대학 연구소 국학문 주간』(北京大學研究所國學門周刊)(이하 『국학문 주간』으로 약칭) 및 『베이징 대학 연구소 국학문 월간』(北京大學研究所國學門月刊)(이하 『국학문 월간』으로 약칭)이 그러하다.

'5회'는 가요연구회, 명청사료정리회, 고고학회, 풍속조사회, 방언연구회를 말한다.[124] 이 5개 학회는 실제로 독립적인 연구분과팀으로서 각각의 책임자와 회원이 있었다. 학회의 조직에 관해 선젠스는 이렇게 설명했다.

> 이 연구소는 각각 분과를 둔다. 각각 한 명의 주석을 두어 학술 방면의 일을 진행한다. 행정업무는 연구소 국학문 주임이 인원을 파견해 관리하도록 한다. 각 연구회는 모두 이러하다…….[125]

행정업무의 실제 책임자는 국학문의 조교나 간사를 말한다. 당시 '5회'의 부설 독립연구실 역시 그들이 관리했다.[126]

---

123) 「研究所國學門出版書籍雜誌拓本照片目錄」, 뒤표지. 「國立北京大學研究所國學門重要紀事」, 『國學季刊』, 第1卷 第2號, 392~95쪽; 第1卷 第3號, 547~50쪽; 第1卷 第4號, 752~59쪽 상세히 참조. 『國學門概略』, 10~11쪽. 당시 「中國學術年表」의 편집은 구제강이 담당했으며 오랫동안 힘을 기울였다. 비록 후에 출판되지는 못했지만 사람들이 굉장히 많이 참고했다고 한다. 顧頡剛, 「'中國學術年表'及其說明」, 2~4쪽; 「丙寅畢業同學錄研究所國學門紀事」, 1쪽; 顧潮, 『歷劫終教志不灰: 我的父親顧頡剛』, 上海: 華東師範大學出版社, 1997, 84쪽.

124) 국학문의 원래 계획에 따르면 문자학, 문학, 철학, 사학, 고고학 등 5개 연구실을 두고 베이징 대학 교수가 강의하며 분담 지도하는 체제였다. 「研究所國學門重要紀事」, 『國學季刊』, 第1卷 第1號, 196쪽. 그 후 동인들의 연구 흥미가 바뀜에 따라 5개 연구실은 점차 5개 연구회로 변해 갔다.

125) "本所各立分會, 皆有主席一人, 主持關於學術方面進行事宜; 至於事務方面, 則由研究所國學門主任派人負責管理; 各會皆然……." 「研究所國學門方言研究會第二次常會紀事」, 『北大日刊』, 1924. 6. 12, 3쪽.

126) 타이징눙(臺靜農)은 「憶常維鈞與北大歌謠研究會」에서 1920년대 국학문의 고고, 방언, 가요, 풍속 등 4개 연구실에는 각각 관리인이 있었다고 언급했다. 즉 "고고는 좡상옌, 방언

다음은 '5회'의 책임자와 주요 업무이다.

학회명칭	주석	주요업무	성립시기
가요연구회	저우쭤런	가요 수집과 연구	1920년 12월 19일
명청사료정리회 (원명: 당안정리회)	천위안	명·청 내각 당안정리와 연구	1922년 5월
고고학회 (원명: 고적고물조사회)	마헝	고적고물 조사·발굴 및 보존연구	1923년 5월 24일
풍속조사회	장징성(후에 장사오위안)	문자기록과 실물조사를 통한 풍속 정리 및 연구	1923년 5월 24일
방언연구회 (원명: 방언조사회)	린위탕 (후에 류푸)	각 지역 방언조사와 각 지역 방언 지도 작성	1924년 1월 26일

'3실'과 '5회'의 구체적인 업무 목표와 계획으로 볼 때, 국학문은 실로 현재의 대학 연구소와 전문 연구기관이라는 두 가지 성격을 모두 갖춘 연구기구였다.

국학문을 처음 개설할 때 적당한 장소를 찾지 못해 베이징 대학 제1건물 4층의 한쪽 코너에 자리를 잡았다.[127] 연구소에게 보다 이상적인 발전적 환경을 제공하기 위해 1923년 유럽 여행길에 있던 차이위안페이는 특별히 총장대리 장멍린(蔣夢麟)에게 서한을 보내 반드시 국학문의 경비를 늘려야 한다고 당부했다.[128] 같은 해 11월 베이징 대학측은 베이허옌(北河沿)에 위치한 제3건물 공자형(工字形)의 건물을 국학문에 배정했다.[129] 동인들의 세심한 계획으로 이 2층짜리 공자형의 건물은 나중에 국학문 동인들의 학

은 둥쭤빈, 가요는 창후이, 풍속은 나였다." 陳子善, 『回憶臺靜農』, 上海: 上海教育出版社, 1995, 352쪽.

127) 「國學門第二次懇親會紀事」, 『北大日刊』, 1924. 6. 27, 1쪽.

128) 「國學門第二次懇親會紀事」, 같은 책, 1923. 11. 10, 3쪽.

129) 「國學門第二次懇親會紀事」, 같은 책, 1924. 6. 27, 1쪽.

〈그림 1〉 **국학문 평면도**

국립 베이징 대학 연구소 국학문 위층 건물도

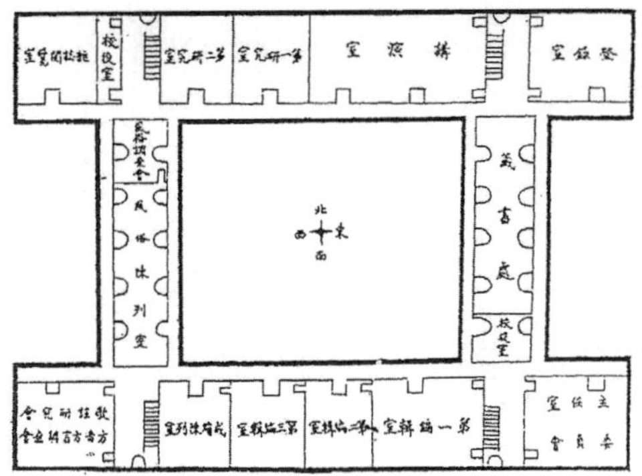

술활동과 교류의 장이 되었다.

현재 베이징 대학 당안실에 보관되어 있는 '국학문평면도'(國學門平面圖)는 국학문 동인들이 1920년대 초에 작성한 것이다. 후인들은 이 평면도를 통해 국학문의 조직 구조에 대해 입체적인 이미지를 갖게 되었다. 〈그림 1〉과 〈그림 2〉는 그 평면도를 인쇄해 제작한 것이다.[130)]

평면도에서 볼 수 있듯이 국학문 동인들은 이 2층 공자형의 건물을 다음과 같이 계획했다. 1층은 가요연구회, 방음방언조사회(후에 방언연구회로 개칭), 풍속조사회 그리고 편집실 3칸, 연구실 2칸, 등록실, 강연실, 잡지열람실 1칸, 장서실 1칸 등으로 구성되어 있다.[131)] 이 외 풍속진열실과 편집실의 성과물진열실도 두었다. 2층은 주로 고적고물조사회(후에 고고학회로 개칭) 및 정리당안회(후에 명청사료정리회로 개칭)가 있었다. 고적고물조사회

130) 「國學門平面圖」, 『北大國學門章程』, 北大檔案, 全宗號: 7, 目錄號: 第1號, 宗卷號: 293.

131) 1926년 3월부터 국학문위원회는 다음과 같이 의결했다. 학술풍기를 향상시키기 위해 이후 매월 한 차례씩 대외 개방의 전문 강연(여름, 겨울 방학 제외)을 개최하며, 장소는 국학문 건물의 강연실로 한다. 「學術消息: 本學門'月講'題目」, 『國學門月刊』, 第1卷 第5號, 560쪽 참조.

〈그림 2〉 **국학문 평면도**
국립 베이징 대학 연구소 국학문 아래층 건물도

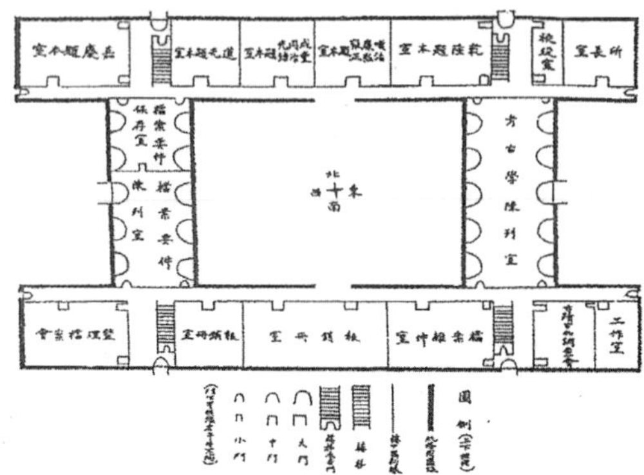

가 수집한 고물에 대해 학자들이 연구할 수 있도록 2층에 특별 고고학진열실 1칸을 마련했다. 베이양(北洋) 정부가 베이징 대학에 배정한 8,000포대에 달하는 명·청 당안들은 당안정리회 동인들의 분류를 거친 후 10개 방에 나누어 보관했다.[132)]

국학문 건물은 풍속 물품과 고물 및 명·청대 당안을 진열하는 데 많은 공간을 사용했고, 학자나 일반인들도 참관할 수 있었다.[133)] 이는 실로 민속박물관과 고고학진열실, 당안관의 특성을 두루 갖춘 종합 역사박물관이었

132) 이 10개의 방은 각각 다음과 같이 분류했다. 순치강희옹정상주문실, 건륭상주문실, 가경상주문실, 도광상주문실, 함풍동치광서상주문실, 당안중요문건보존실, 당안중요문건진열실, 당안기타문건실, 결산처리실 2칸이다. 「國學門平面圖」 참조. 그 후 당안진열실을 15칸으로 늘렸다. 「國立北京大學研究所國學門報告(民國13年 1月 1日~13年 5月 31日)」, 194~95쪽 참조.

133) 선젠스는 국학문 모임에서 다음과 같이 발표했다. "국학문은 수집해 온 각종 자료를 정리(물론 당안에 국한하지 않음)한 후 전국은 물론 전 세계의 학자들에게 완전히 공개적으로 제공하며, 어떠한 자료라도 절대로 영역의 한계를 두지 않을 것입니다. 여러분께서는 이 점을 특히 유념해 주시기 바랍니다." 「研究所國學門懇親會紀事」, 『北大日刊』, 1923. 11. 10, 3쪽. 베이징 대학 개교 25주년 기념전람회에서 이러한 당안을 처음 공개적으로 진열해 학자들이 열람할 수 있게 했다. 「研究所國學門重要紀事」, 『國學季刊』, 第1卷 第1號, 201쪽 참조.

다. 사실상 선젠스는 국학문 발전계획의 「국학문 건의서」(國學門建議書)에서 이러한 각 학회를 기초로 하여 국학문을 '대학의 부속박물관'으로 만들기를 바란다고 밝혔다.[134] 이러한 커다란 목표 아래 각종 작업들이 질서정연하게 전개되었다.

먼저 국학문은 각지에서 새로 출토된 고대 기물에 주의를 기울이며 수집함으로써 빠른 시일 안에 박물관을 건립할 수 있는 기초를 다졌다.[135] 풍속조사회 역시 풍속물품들을 적극적으로 수집하면서 풍속박물관 설립을 학회의 주요 목표로 정했다.[136] 당시 장징성이 작성한 풍속조사회 계획서에도 풍속물품을 수집하는 목적에 대한 내용이 다음과 같이 기술되어 있다.

> 풍속박물관을 조속히 설립해 고고학 진열실과 종횡으로 상호 보완해 대학의 완벽한 역사박물관을 만들고자 한다.[137]

위에서 본 바와 같이, 동인들은 확실히 대학에 박물관을 세울 계획을 가지고 있었던 것으로 보인다.

국학문 동문들의 노력으로 제3건물 공자형의 건물이 국학문에게 귀

---

134) 沈兼士, 「國學門建議書」, 沈兼士, 『沈兼士學術論文集』, 364쪽.

135) 1923년 국학문 동인들은 허난(河南) 신정(新鄭) 멍진(孟津)에서 대량의 고기물이 출토되었다는 소식을 듣고 국무원에 글을 올려 이 고기물을 국학문에서 보관·연구할 수 있게 해달라고 했다. 이로써 베이징 대학 박물관의 기초를 다지게 되었다. 「北京大學國學門硏究所調査河南新鄭孟津兩縣出土古物紀事(續)」, 『晨報副刊』, 1923. 10. 19, 4쪽 참조.

136) 「風俗調査會簡章」은 '풍속박물관'을 세우는 것을 이 회의의 업무 목표로 삼았다. 「風俗調査會簡章」, 『歌謠』, 第58號(1924. 6. 8.), 8쪽 참조. 선젠스는 풍속조사회 회의를 열 때에도 "풍속박물관을 설립하는 데는 무엇보다 관계가 중요하며, 이는 실로 본 회(풍속조사회)의 기본사업이다"라고 강조했다. 「硏究所國學門風俗調査會開會紀事」, 『北大日刊』, 1924. 6. 12, 3쪽 참조.

137) "以期風俗博物館之早日成立, 與考古學陳列室縱橫相輔, 而爲大學之完備的歷史博物館焉." 「硏究所國學門啟事: 爲籌備風俗調査會事」, 『北大日刊』, 1923. 5. 21, 1쪽.

속된 지 1개월도 안 되어 기본적인 박물관 규모를 갖추게 되었다. 이는 1923년 12월 18일 후스가 국학문 새 건물을 참관한 후 일기에 남긴 글을 통해 증명할 수 있다. 후스는 일기에 이렇게 기록했다.

> 연구소 국학문에 가서 사진 촬영을 하고 전시관의 각 실을 참관했다. 이 몇 개월 안에 선젠스와 마수핑(馬叔平) 등이 이미 작은 박물관을 하나 만들었으니, 향후 기대가 참으로 크다.[138)]

박물관의 특성을 띤 국학문에 대해, 1927년 국학문 개편에 따라 국학연구관 관장이 된 예호(譽虎) 예궁춰(葉恭綽, 1891~1968)는 다음과 같이 지적했다.

> 작년 가을부터 개편을 시작한 본관은 베이징 대학 연구소 국학문의 사업을 계속 이어가고 있다. …… 연구생들에게 높은 수준의 연구를 지도하는 일 외에도 구미식의 고물관과 당안국의 특성도 겸하고 있다.[139)]

예궁춰가 말하는 고물관과 당안국은 주로 국학문의 고고학연구실과 당안진열실을 가리키며, 이 둘은 고고학회와 당안정리회를 기초로 설립한 것이다. 1920년대 말 국학문 조교를 맡았던 유본(維本) 푸전룬(傅振倫, 1906~99)은 국학문의 고고학회는 실로 하나의 "구체적이고 상세한 박물관"[140)]이

138) "到研究所國學門照相, 參觀展覽各室. 這幾個月內, 沈兼士馬叔平諸位竟辦成一個小小的博物館, 將來的希望甚大." 胡適, 『胡適的日記手稿本(四)』, 1923. 12. 18, 臺北: 遠流出版公司, 1990, 쪽수 없음.

139) "本館自去秋改組以來, 仍繼續北京大學研究所國學門之事業 …… 除指導研究生作高深研究外, 亦兼有歐美之古物館及檔案局之性質者也." 葉恭綽, 「北京大學國學研究館致中華文化基金董事會陳請書」(1927), 葉恭綽, 『遐庵匯稿』, 上海: 上海書店影印, 1990, 182쪽.

140) 傅振倫, 「記北京大學考古學會」, 傅振倫, 『傅振倫文錄類選』, 北京: 學苑出版社, 1994, 819쪽.

며, 당안정리회는 "당안관과 비슷한 조직"[141]이라고 했다.

즉, 국학문은 몇 년간의 노력 끝에 많은 고대 기물과 민속 물품, 명·청대 당안들을 수장함과 동시에 외부에 공개 진열함으로써 국학문 건물을 엄연한 대학 내 박물관으로 만들었다. 이것으로 볼 때 국학문은 젊은 학자들을 배출하는 대학 연구소이자 학자와 전문가들이 모인 연구단체일 뿐만 아니라, 종합박물관 같은 특색을 띤 복잡하고도 다양한 기능을 지닌 현대 학술기구라고 할 수 있다.

뿐만 아니라 국학문 건물의 도서와 잡지실에 소장되어 있는 서적 또한 상당히 다양했다. 이는 동인들이 정보의 폐쇄는 학술발전에 커다란 장애라고 인식해 국내외 학자들의 저서와 간행물들을 광범위하게 수집했기 때문이다. 국학문은 몇 년간의 노력을 통해 프랑스와 일본의 주요 학술기구 및 학자들과의 관계를 구축해 프랑스 동방학과 일본 동양학의 중요한 저작과 학술간행물도 이 연구소에서 찾을 수 있게 되었다.[142] 이러한 서적과 정기간행물의 수집을 통해 국학문 동인들은 외국 학자들의 최신 연구 동향을 파악할 수 있었고, 이 같은 과정은 중국 학술의 국제화 발전에도 도움이 되었다.

국학을 연구범위로 삼은 선진적인 학술연구기구가 베이징 대학 국학문에 설립된 것은 국내에서 처음 있는 일이었다. 대학의 연구소로서 구비해야 할 내용에 대해 국학문 설립을 대대적으로 지지해 온 차이위안페이는 구미의 대학을 기준으로 다음과 같이 지적했다.

> 외국의 대학에는 학과마다 반드시 연구소를 둔다. 연구소에는 실험기기와 참고용 도서자료, 진열된 표본, 지도 범위, 연습 과정, 발행 잡지 등이 비치되어 있다. 그것들을 진열하는 방법에는 두 가지가 있다. 하나는 연구소를 진

141) 傅振倫, 「記北京大學考古學會」, 같은 책, 820쪽.

142) 「研究所國學門重要紀事」, 『國學季刊』, 第1卷 第1號, 198쪽; 顧潮, 『顧頡剛年譜』, 103쪽; 「本所六七月份收到新出版物一覽」, 『國學門月刊』, 第1卷 第2號(1926. 11.), 253쪽.

> 열소 안에 설치하고 …… 다른 하나는 대학연구소 안에 특별히 진열실을 설치하는 것이다.[143)]

이를 통해 차이위안페이가 마음속으로 그려온 대학 연구소는 다양한 기능을 포괄하는 학술적 기구임을 알 수 있다. '지도의 범위'와 '연습 과정'은 연구소가 전문 지식을 가르치는 장소로서 구비한 특색이다. '기기'와 '도서', '표본'은 연구소의 학술연구에 필요한 자원이자 도구이다. '잡지'와 '진열실'은 이 연구기구가 외부로 연구성과를 나타내는 매개체이자 공간이다. 구미의 대학 연구기구가 갖춘 이러한 내용과 기능은 차이위안페이의 제창과 베이징 대학 학자들의 노력으로 인해 1920년대 상반기에 이미 정식으로 중국의 문화적 토양 속으로 이식되었다.[144)]

제3절 국학문의 학회 창립과 활동

국학문이 창설된 초기에는 국학문이 중국 대학에서 최초로 세워진 학술연구기구였기 때문에 이러한 기구를 어떻게 계획하고 운영할 것인지에 대해 학자들의 경험이 부족했다. 국학문의 5개 연구단체가 설립된 과정을 살펴보면, 이들의 출현에 대해 동인들이 처음부터 전반적인 조직과 구도를

143) "外國大學, 每一科學, 必有一研究所; 研究所裏面, 有實驗的儀器, 參考的圖書, 陳列的標本, 指導的範圍, 練習的課程. 發行的雜志. 他的陳列法有兩種, 一種是把研究所設在陳列所裏面 …… 有一種, 於大學研究所中特設陳列室." 蔡元培, 「國學門概略·序」, 2쪽. 차이위안페이의 일기를 보면, 1921년 그가 구미에서 교육을 시찰할 당시 각 대학의 박물관과 진열실을 폭넓게 참관했고, 아울러 깊은 인상을 받았음을 알 수 있다. 蔡元培, 「西遊日記」, 1921. 1~6. 高平叔, 『蔡元培文集: 卷十三·日記(上)』, 479~516쪽 참조.

144) 셰궈전(謝國楨)은 베이징 대학 국학문과 칭화 대학 국학연구원은 모두 영국의 대학 제도와 중국의 전통서원을 모방해 세운 것이라고 했다. 謝國楨, 「近代書院學校制度變遷考」, 謝國楨, 『瓜蒂庵文集』, 沈陽: 遼寧教育出版社, 1996, 52쪽 참조. 사실 이 말은 단지 칭화 대학 국학연구원이 창립되던 상황에만 부합되는 것이다.

가지고 있었던 것은 아니었다. 의외로 이들 5개 학회는 학자들이 한 학술기구에 모여 많은 교류의 기회를 갖게 됨에 따라 학술연구의 부흥으로 이어져 결국 잇따라 설립하게 되었다. 따라서 이 학회들의 설립 경위와 발전 과정을 살펴보면 다음 문제를 이해할 수 있다. 그렇다면 학술교류의 공간이 마련된 후 학술발전에 어떠한 영향을 끼쳤는가? 이것이 이 절에서 다룰 주요 문제이다.

1. 가요연구회

국학문의 5개 학회 가운데 가장 일찍 출현한 것이 가요연구회이다. 1920년 12월 19일에 설립되었으므로 국학문의 설립 시기보다 빠르다. 가요연구회의 전신은 1918년 2월 베이징 대학에서 설립한 가요모집회(歌謠徵集會)이다. 가요모집회의 설립에 대한 유래는 발기인 가운데 한 사람인 류푸의 기억에 따르면, 1918년 1월 어느 날 그와 선인모와의 한담에서 비롯되었다고 한다. 류푸는 이렇게 기술했다.

> 그날 눈이 많이 내린 후 나와 선인모는 베이허옌(北河沿)을 따라 걷고 있었다. 내가 문득 "가요 가운데 좋은 작품들이 있는데 한번 모집해 보는 것이 어떨까요?"라고 말을 하자, 선인모는 "좋은 생각이네요. 한번 방법을 찾아보세요. 차이위안페이 선생에게 베이징 대학의 명의로 모집하자고 청하면 될 것 같아요"라고 말했다. 다음 날 나는 규정을 작성해 차이위안페이 선생에게 보여주었고, 그는 즉시 문독처(文牘處)에 지시를 내려 5,000부를 인쇄하게 한 뒤 각 성의 관청 학교로 보냈다. 중국의 가요 모집사업은 바로 이렇게 출발한 것이다.[145)]

145) "那天, 正是大雪之後, 我與尹默在北河沿閑走著, 我忽然說: '歌謠中也有很好的文章, 我們何妨征集一下呢?' 尹默說: '你這個意思很好. 你去擬個辦法, 我們請蔡先生用北大的名義征集就是了.' 第二天我將章程擬好, 蔡先生看了一看, 隨即批交牘處印刷五千份, 分寄各省官廳學校. 中國征集歌謠的事業, 就從此開場了." 劉復, 「國外民歌譯 · 自序」, 瘂弦, 『劉半農文選』, 臺北: 洪範書店,

강가에서 류푸와 선인모가 나눈 대화는 신문화운동의 배경 아래 진행된 것이었다. 당시 두 사람은 모두 백화시 창작을 시도하면서 함께 『신청년』 편집을 담당하고 있었다. 대화의 결과로 류푸는 규정의 초안을 작성했는데, 그것이 바로 「베이징 대학의 전국 근세가요 모집 요강」(北京大學徵集全國近世歌謠簡章)(이하 '가요 요강'으로 약칭함)이다. 그들은 국문과의 동료인 첸쉬안퉁과 선젠스에게도 도움을 청했다. 1918년 2월 1일 「가요 요강」을 『베이징 대학 일간』(北大日刊)에 발표했고, 그 속에 가요 모집에 관한 방법과 범위를 제시했다. 그들의 목표는 『중국근세가요회편』(中國近世歌謠匯編)과 『중국근세가요정선』(中國近世歌謠選粹)을 편집해 출판하는 것이었다.[146] 그리고 아울러 이와 같이 언급했다.

> 가요 모집은 왼쪽부터 네 사람이 각각 그 일을 분담한다.
> 선인모: 전반업무 주관 및 『중국근세가요정선』 편집.
> 류푸: 원고의 최초 심의 및 『중국근세가요회편』 편집.
> 첸쉬안퉁, 선젠스: 방언에 대한 고증 및 교정.[147]

「가요 요강」의 발표에 대해 민속학을 연구하는 학자들은 중국의 속문학과 민속학운동의 서막을 열었다고 생각했다.[148] 또한 이번 가요 모집은 상당히 뜨거운 반응을 얻었다. 3개월이 지난 후 가요 모집처에서는 학교 내외로부터 80여 건의 원고와 가요 1,100편을 거둬들였다. 이에 류푸는 1918년 5월 20일부터 1919년 5월 22일에 걸쳐 『베이징 대학 일간』에 잇따라 148편의 가요를 발표했다.[149]

1983, 128쪽.

146) 「歌謠簡章」, 『北大日刊』, 1918. 2. 1, 1쪽.

147) "此項征集由左列四人分任其事. 沈尹默主任一切幷編輯『選粹』, 劉復擔任來稿之初次審定幷編輯『匯編』, 錢玄同, 沈兼士考訂方言."「簡章」, 같은 책, 2쪽.

148) 吳同瑞 等, 『中國俗文學七十年·前言』, 北京: 北京大學出版社, 1994, 1쪽.

베이징 대학의 이번 가요 모집 활동이 이처럼 성공한 것에 대해 같은 해 가요 모집처에 가입했던 저우쭤런은 매우 놀랐다.[150] 가요에 대해 지속적인 관심을 보였던 저우쭤런은 중국에서 가장 일찍 민간문학과 민속연구를 제창한 학자 가운데 한 명이다.[151] 일본에서 귀국한 그는 고향 사오싱(紹興)에서 『사오싱현 교육회 월간』(紹興縣教育會月刊)을 편집한 적이 있었다. 1914년 1월 정기간행물에 동요와 동화를 모집한다는 「공지」(啓事)를 알렸다. 「공지」가 나간 지 한 달 후에 한 명의 독자만이 회신한 것 외에 멀리 베이징에 있는 루쉰이 우편으로 보내온 동화 6편과 그에 대한 주석이 전부였다.[152]

저우쭤런이 사오싱에서 가요 모집에 실패한 경험과 4년 후 베이징 대학의 가요 모집이 뜨거운 반응을 얻으며 성공한 것을 대조해 보면, 확실히 신문학운동 이후 가요라는 속문학에 대한 일반인들의 경시적인 태도가 점차 바뀌었음을 알 수 있다. 하지만 류푸가 선인모의 제안을 통해 차이위안페이에게 '베이징 대학의 명의'로 이 일을 추진하고, 또 『베이징 대학 일간』을 가요 모집과 발표의 기지로 삼을 것을 요청하지 않았더라면, 이번 활동에서 그렇게 많은 사람들이 투고하는 반응을 얻지는 못했을 것이다. 따라서 어떤 연구자는 저우쭤런이 오래 전부터 속문학을 모집해 연구할 뜻이 있었지만, 반드시 베이징으로 와서 다른 신문화운동 제창자들과 연계한 후에 객관적으로 가요활동을 펼칠 수 있는 조건을 구비했다고 지적했다.[153] 현대 학술단체와 학술운동 간에 형성된 밀접한 관계는 이를 통해 충분히 드러나고 있다.

『베이징 대학 일간』에서 가요를 게재하기 시작한 이후로 베이징 대학 외의 신문과 잡지들도 많은 호응을 보였으며, 창후이와 구제강, 웨이젠궁 등

149) 王文寶, 『中國民俗學史』, 成都: 巴蜀書社, 1995, 187~88쪽.

150) 같은 책, 188쪽.

151) 劉錫誠, 「中國民俗學的濫觴與外來文化的影響」, 吳同瑞 等, 『中國俗文學七十年』, 14~19쪽.

152) 錢理群, 『周作人傳』, 北京: 北京十月文藝出版社, 1995, 177쪽.

153) 劉錫誠, 「中國民俗學的濫觴與外來文化的影響」, 위의 책, 19쪽.

베이징 대학 학생들도 가요 수집에 관심을 갖기 시작했다. 1920년 10월 베이징 『신보』(晨報)가 '가요' 칼럼을 개설했고, 편집자인 수분(水汾) 궈사오위(郭紹虞: 1893~1984)의 요청으로 구제강이 그의 고향에서 수집한 오가(吳歌)를 발표하면서 신문에 가요를 실은 최초의 선례가 되었고, 이는 곧바로 대중들의 관심을 불러일으켰다.[154] 이후 각 지역의 일간과 정기간행물도 잇따라 이를 모방해 민간의 문예작품들을 게재했다.[155]

하지만 외부 신문과 잡지들이 가요에 대해 관심을 보일 무렵, 베이징 대학의 가요 모집 활동은 가요모집처의 책임자인 류푸가 프랑스로 유학가면서 중단되었다. 대학 외 신문잡지에서 가요가 갈수록 호응을 얻고 있는 반면, 베이징 대학의 내부에서 모집하는 일은 오히려 침체되어가자 창후이는 초조함을 금치 못하고[156] 주동적으로 국문과 교수회에 서신을 보내 베이징 대학에 정식으로 가요연구회를 설립해 적극적으로 가요 연구 업무를 추진하자고 제의했다.[157] 창후이의 열정은 원래 가요모집처에서 함께 일해왔던 선젠스와 첸쉬안퉁, 저우쭤런의 관심을 끌었고, 그들은 마침내 함께 1920년 12월 15일 『베이징 대학 일간』에 「가요연구회회원모집」(發動歌謠研究會徵求會員)이라는 광고를 냈다. 그 내용은 다음과 같다.

> 본 대학이 가요를 모집하기 시작한 지 이미 3년이 되었습니다. …… 마침 창후이 선생의 편지를 받고서 우리는 가요연구회를 발족하기로 결정했습니다. 가요에 관심이 있으신 학우 여러분께서는 자유롭게 가입해 함께 이 작업을 추진해 나가길 바랍니다. 대학의 외부인 가운데 열정이 있으신 분 역시

154) 顧頡剛, 『吳歌甲集 · 自序』, 臺北: 東方文化供應社影印, 1970, 3~4쪽.

155) 『신보』, 『신생활』, 『학예』, 『부녀잡지』 등의 신문과 잡지에는 모두 전문적인 '가요란'이 있었다. 王文寶, 『中國民俗學史』, 189~90쪽 참조.

156) 창후이의 친한 친구였던 타이징눙은 창후이가 루쉰의 영향을 받아 가요에 대해 깊은 흥미를 가지게 되었다고 보았다. 臺靜農, 「憶常維鈞與北大歌謠研究會」, 陳子善, 『回憶臺靜農』, 351쪽 참조.

157) 王文寶, 『中國民俗學史』, 192쪽.

회원의 소개 아래 입회할 수 있습니다. 자세한 방법은 1차 회의 때 함께 논의하도록 하겠습니다…….[158]

이리하여 1920년 12월 19일 가요연구회가 베이징 대학에서 공식적으로 설립되었다. 이는 공식적인 학술단체로서 선젠스와 저우쭤런이 주도했다.[159] 하지만 이후 경비 부족에다 저우쭤런의 건강 악화까지 겹쳐 설립된 후 2년 동안은 거의 아무런 활동도 하지 못했다.[160] 그러다가 1922년 1월 국학문이 설립된 후 국학문으로 통합되면서[161] 저우쭤런 한 사람이 주관하게 되었다.

가요연구회가 국학문으로 통합된 이후 동인들은 『가요』 주간을 발행하기로 했다. 간행 동기는 「가요·발간사」(歌謠·發刊辭)에 잘 드러나 있다.

> 본 가요연구회에서는 가요를 모집하고자 합니다. …… 이 일은 매우 힘들고 어려운 작업이므로 여러분들의 도움이 없이는 성공하기 어렵습니다. 따라서 본 가요연구회는 『가요』 주간을 창간하기로 결정했으며, 하나의 기관으로서 가요 재료와 논저 등을 실어 일반적인 관심을 불러일으키고자 합니다. 많은 가요와 토론할 만한 원고를 투고해 주시기 바랍니다…….[162]

---

158) "本校征集歌謠, 到現今已經三年了 …… 適値得常維約(常惠)先生的來信, 所以我們便決定發起一個歌謠研究會, 請同學中有研究歌謠的興味者自由加入, 共謀進行. 校外有熱心的人, 也可以由會員介紹入會. 詳細的辦法要等第一次開會時共同討論……." 「北京大學歌謠征集處啟事: 發起歌謠研究會征求會員」, 『北大日刊』, 1920. 12. 15, 1쪽.

159) 王文寶, 『中國民俗學史』, 192~93쪽. 가요모집회의 공고에 따라 가입을 원하는 사람은 '국문학교수회'로 연락을 주기 바란다고 명기되어 있는 것으로 미루어 볼 때, 일을 주관하는 사람들은 대부분 베이징 대학 국문과 교수였다는 사실을 알 수 있다. 같은 곳.

160) 容肇祖, 「北大歌謠研究會及風俗調査會的經過」, 『中山大學民俗周刊』, 第15~16期 합본, 臺北: 東方文化書局影印, 1970, 5쪽.

161) 「研究所國學門委員會第一次會議紀事」, 『北大日刊』, 1922. 2. 27, 2쪽.

162) "本會蒐集歌謠 …… 這個事業非常繁重, 沒有大家的幫助是斷不能成功的, 所以本會決計發起這個周刊, 作爲機關, 登載歌謠材料及論著等, 藉以引起一般的興趣, 歡迎歌謠及討論的投稿……."

위에서 본 바와 같이 『가요』의 창간 초기부터 동인들은 이 간행물을 동지들에게 홍보하고 그들을 응집시키는 기지로 삼았음을 알 수 있다.

1922년 12월 17일부터 1925년 6월 28일까지 『가요』는 총97회 출간되었다. 창후이와 구제강, 웨이젠궁, 둥쭤빈 등 네 사람이 잇따라 이 간행물의 실제 편집을 맡았다.[163] 처음에는 『가요』를 『베이징 대학 일간』에 함께 끼워 보내다가 1923년 9월 제25회부터 단독 발행하게 되었다. 『가요』는 국학문에서 가요를 모집하고 논의하는 중요한 간행물이자 중국 내 첫 민간문학 간행물로서,[164] 당시 중국에서 가요사업을 추동하는 유일한 활동 센터로 인정받았다.[165]

내용과 형식면에서 『가요』 주간은 연구와 토론, 번역과 기록, 독자 서신, 가요 선록의 네 부분으로 나눠졌다. 『가요』의 중요성은 베이징 대학에서 출판한 간행물로서 매회 판매량이 1,000부 정도에 달했으며,[166] 각지의 신문과 잡지에도 상당한 영향을 끼쳤다. 게다가 주간 형태로 각지에서 보내온 가요와 가요에 관한 토론의 글을 지속적으로 게재함에 따라 이러한 자료들이 신속하게 퍼져나갈 수 있었다. 사실상 주간을 출판하려면 충분한 원고의 공급원도 필요하며 현대적인 인쇄기술도 뒷받침되어야 한다. 원고 공급원은 국학문연구회 회원들의 적극적인 투고로 매주 발행되었다. 인쇄면에서는 베이징 대학 제1건물 홍루(紅樓) 지하실의 인쇄소에서 매회의 『가요』가 탄생되었다. 이로써 가요운동을 전개할 수 있는 기본적인 조건이 마련되었다.

1924년 1월 30일 가요연구회는 베이징 대학 제3건물 국학문 가요실에서

周作人, 「歌謠·發刊詞」, 第1卷 第1號, 1922. 12. 17, 上海: 中國民間文藝出版社影印, 1985, 2쪽.

163) 胡適, 「歌謠·復刊詞」, 第2卷 第1期(1935. 4. 4.), 1쪽.

164) 段寶林, 「北大『歌謠』周刊與中國俗文學」, 吳同瑞, 『中國俗文學七十年』, 1쪽.

165) 胡適, 「歌謠·副刊詞」, 第2卷 第1期, 1쪽.

166) 「國立北京大學研究所國學門重要紀事」, 『國學季刊』, 第1卷 第4號, 769~70쪽; 『國立北京大學研究所國學門報告(民國13年 1月 1日~13年 5月 31日)』, 194쪽.

신규 회원 환영식을 가졌다. 신규 회원들은 모두 가요 모집에 적극 참여한 사람들로서 대학의 내외 인사들을 포함해 20~30명 정도였다. 대표적인 인물로 푸전룬과 류징안(劉經庵), 둥쮜빈, 장쓰웨이(張四維), 쑨사오셴(孫少仙), 룽경, 원태(元胎) 룽자오쭈(容肇祖, 1897~1995), 류처치(劉策奇)와 멀리 프랑스에 있는 류푸 등을 들 수 있다.[167] 또한 본 회의 업무 지도에 참여한 사람으로는 리펑거(李鳳閣, 1878~?)와 린위탕, 리쭝퉁 등을 들 수 있다.[168] 회원이 10여 개 성에 분포되어 있고 그 수가 증가했던 것으로 미루어 볼 때, 『가요』 주간 발행 1년여 후에 가요운동이 이미 전국적으로 점차 확산되어 갔다는 사실을 알 수 있다.

가요연구회는 주간을 발행하는 것 외에도 『가요총서』(歌謠叢書)와 『가요소총서』(歌謠小叢書), 『고사총서』(故事叢書)도 출판했다. 개인적으로 수집한 전국의 가요 전집(專集)으로는 구제강의 『오가갑집』(吳歌甲集)이 있는데, 모두 '가요 총서'의 명의로 출판되었다.[169] 이전에 『가요』 주간 '특집호' 형태로 둥쮜빈이 편집한 『그를 보았다』(看見他) 역시 '가요총서'로 출판되었다.[170] 가요 형태로 펴낸 민간전설의 경우로서 구제강의 『맹강녀고사가곡갑

167) 「本會常會歡迎新學員紀事」, 『歌謠』, 第1卷 第45號(1924. 3. 2.), 6쪽.

168) 같은 곳.

169) 『國學門概略』, 19쪽. 이외에도 책으로 엮어낸 가요전집이 있다. 예를 들면, 구제강의 『吳歌乙集』, 창후이의 『北京歌謠』와 『山歌一千首』, 류징안(劉經庵)의 『河北歌謠』, 바이치밍(白啟明)의 『南陽歌謠』와 『豫宛民衆藝術叢錄』, 타이징눙의 『淮南民歌』(第1~2輯) 그리고 쑨사오셴(孫少仙)의 『直隸歌謠』와 『昆明歌謠』가 있다. 「本會常會歡迎新學員紀事」, 같은 책, 19~20쪽; 『本學門叢書預備付印二十一種』, 『國學門周刊』, 第1卷 第11期(1925. 12. 23.), 24쪽. 천다치와 쉬쉬성, 장징성, 첸쉬안퉁, 선인모, 선젠스 등이 심사와 출판의 일을 맡았다. 「研究所國學門懇親會紀事」, 『北大日刊』, 1923. 11. 10, 2쪽; 「國立北京大學研究所國學門重要紀事」, 『國學季刊』, 第1卷 第3號, 559쪽 참조. 경비 문제로 인해 후에 원래 계획대로 출판하지 못했다. 「歌謠研究會通告」, 『北大日刊』, 1924. 10. 2, 1쪽 참조.

170) 『國學門周刊』, 第1卷 第1期(1925. 10. 14.), 겉표지의 출판서목광고. 이외에도 가요연구회는 또 상후이의 『北京謎語』, 『北京歇後語』, 『諺語選錄』을 출판하려 했다. 『國學門概略』, 20쪽. 그러나 후에 경비 부족으로 간행하지 못했다.

집』(孟姜女故事歌曲甲集)은 '고사총서'로 출판되었다.[171)]

2. 풍속조사회

가요연구회 동인들이 가요 수집에 전념하고 있을 무렵에 적잖은 사람들은 민속적인 각도에서 가요를 연구하기 시작했고, 다른 민속자료들도 포함함으로써 『가요』 주간의 모집 범위를 확대해 나가고자 했다. 연구에 대한 관심이 확대됨에 따라 창후이는 처음으로 별도로 민속학회를 설립하자고 제의했다. 그러나 유독 철학과 교수 장징성은 풍속조사회를 설립하자고 주장했다.[172)] 1923년 5월 14일 풍속 연구에 관심이 있는 동지들이 모여 준비회를 개최했다. 준비회에서 여전히 창후이와 장징성의 견해는 달랐다. 룽자오쭈는 이렇게 말했다.

> 명칭에서 창후이 선생은 '민속'이라는 두 글자를 주장했고, 장징성 선생은 '풍속'이라는 두 글자를 주장했다. '풍속'이라는 단어는 이미 있었던 것이고 'Folklore'로 해석해도 손색이 없어 결과적으로 '민속'을 쓰지 않고 '풍속'으로 쓰기로 했다.[173)]

이로써 풍속조사회를 설립하기로 결정했다. 그리고 준비회는 장징성이 초안을 잡은 「풍속조사표」(風俗調査表)[174)]를 약간 수정해 각 성의 교육기관

---

171) 『國學門概略』, 20쪽. 또 구제강의 『孟姜女故事研究集』이 출판 과정에 있었다. 같은 곳.

172) 「國立北京大學研究所國學門重要紀事」, 『國學季刊』, 第1卷 第3號(1923. 7.), 555쪽.

173) "對於名稱上, 常惠先生主張用'民俗'二字, 張競生先生主張用'風俗'二字. 風俗二字甚現成, 即用作Folklore的解釋亦無悖. 故結果不用民俗而用風俗." 容肇祖, 「北大歌謠研究會及風俗調查會的經過(續)」, 『中山大學民俗周刊』, 第17~18期 합본, 15쪽.

174) 「風俗調查表」全文, 「國立北京大學研究所國學門重要紀事」, 『國學季刊』, 第1卷 第3號, 547~72쪽. 이 밖에 1923년 7월 7일자의 『晨報副刊』과 12월 25일자의 『東方雜誌』(第20卷 第24期)에도 「風俗調查表」가 실렸다.

으로 서한을 보내는 한편, 베이징 대학 학우들에게도 보내 여름방학 기간 중에 고향으로 내려가 현지조사를 할 수 있도록 했다.[175)]

그 후 『베이징 대학 일간』을 통해 풍속조사회의 신규 회원을 모집한다는 「공지」를 발표하면서 그 설립취지에 대해 이렇게 밝혔다.

> 풍속은 인류의 유전성과 습관성의 표현입니다. …… 최근 서구 학자들은 이를 매우 중시하고 있습니다. …… 모두 단체를 설립해 탐구하고 있습니다. 국내 학자 중에서는 …… 풍속에 대해 완정한 지식을 가지고 있거나 체계적으로 연구할 수 있는 사람이 별로 없습니다. 이전에 가요연구회 회원 창후이 선생이 민속학회를 조직하자는 의견이 있었지만 결과가 없었습니다. 그러다 최근 장징성 선생이 이 일을 제의하면서 「풍속조사표」를 작성함에 따라 본 국학문에서 풍속조사회를 설립하기로 상정했습니다. 우선 문자와 관련한 조사를 하고 아울러 가요연구회 회원들과 협력하기로 약정했습니다. 이번 달 14일 본 국학문에서 준비회를 한 차례 가졌으며, 먼저 베이징의 한 지역부터 조사를 실시하기로 했습니다. 또한 풍속에 관한 기물을 모집하고 풍속박물관의 설립을 준비하고 있습니다. 이 일은 중대한 사항으로서 오직 여러 사람들의 협력에 달려 있으니, 다시 이번 달 24일에 정하고자 합니다. …… 오후 4시 본 국학문 제2연구실에서 제2차 회의를 소집해 계속해서 추진해 나아갈 방법에 대해 논의하고자 합니다. 대학의 안팎을 막론하고 관심이 있으신 분은 그때 방문해 주시기 바라며, 진심으로 환영합니다.[176)]

---

175) 「風俗調查會啟事」, 『北大日刊』, 1923. 6. 14, 1쪽; 「國立北京大學研究所國學門重要紀事」, 『國學季刊』, 第1卷 第3號, 555~57쪽. 하지만 이러한 조사표가 출판된 이후 반응이 매우 적었다. 룽자오쭈의 말에 따르면, 풍속조사회는 1년 후 단지 41통을 받았다고 한다. 「北大歌謠研究會及風俗調查會的經過」, 『中山大學民俗周刊』, 第17~18期 합본, 24쪽.

176) "風俗爲人類遺傳性與習慣性之表現 …… 晚近以來, 歐西學者, 於此極爲重視 …… 均設立團體, 從事探討. 我國學者 …… 問論風俗, 瑣碎不全, 能爲有系統之研究者蓋少. 前者, 歌謠研究會會員常惠君, 曾有組織民俗學會之議, 而未果行. 近頃張競生先生亦提議及此, 擬就「風俗調查表」, 商定在本學門設立風俗調查會, 先事文字上之調查, 幷約定歌謠研究會會員, 協力合作. 已於本月14日日在本學門開籌備會一次, 議決先自北京一隅試行調查; 幷征集關於風俗之器物, 籌設風俗博

1923년 5월 24일 풍속조사회는 공식적으로 설립대회를 열면서 다음의 3가지 측면에서 사업을 추진하기로 결의했다. (1)서적에 대한 조사, (2)현지 조사, (3)기물 모집이 그것이다.[177] 장징성이 본 회의 주석직을 맡았다(후에 장사오위안이 후임자가 됨).[178]

풍속조사회를 설립한 후 다음해 5월 15일에 동인들은 다시 회의를 갖고 본 회의 「요강」의 조항에 대해 논의했다. 회의 참석자들은 10여 명이었다.[179] 쉬쉬성과 찬부안, 장징성, 천다치, 선젠스, 리스판(李世藩), 둥쮜빈 등이 의견을 제시해 「요강」의 내용을 확정했다.[180]

「풍속조사회 요강」에서 풍속조사회는 전국의 풍속을 조사하고 연구하는 것을 취지로 하며, 또한 풍속과 관련한 기물들을 수집해 풍속박물관을 설립할 것을 계획하고 있으므로 풍속연구원들의 회원가입을 환영한다고 설명했다.[181]

이후 풍속조사회에서는 사람을 파견해 베이징 부근의 백성들이 행하는 향불 참배의 풍속에 대해 조사하게 했다. 하지만 당시 베이징 대학의 재정 상태가 좋지 않아서 실제로 조사한 것은 많지 않았다. 가장 중요한 것은 1925년 4월 30일부터 5월 2일까지 묘봉산(妙峰山)에서 실시한 조사로, 구제강과 룽겅, 룽자오쭈, 좡옌(莊嚴), 복희(福熙) 쑨푸위안(孫伏園, 1894~

物館. 在以玆事體大, 端賴群力, 再訂於本月24日 …… 下午四時, 在本學門第二硏究室開第二次會議, 繼續討論進方法. 校內外諸君有樂乎此者, 屆時惠臨, 無任歡迎.” 「硏究所國學門啟事: 爲籌備風俗調查會事」, 『北大日刊』, 1922. 2. 22, 1쪽.

177) 같은 곳.

178) 장사오위안(江紹原)이 풍속조사회 주석을 맡은 것은 마땅히 1926년 하반기 전후이다. 이는 선젠스가 1926년 6월 국학문 초청 모임에서 장사오위안의 강연을 소개할 때, “앞으로 국학문 풍속학회는 장사오위안이 주관한다”라고 제시한 말로 미루어 알 수 있다. 「硏究所國學門第四次懇親會紀事」, 『國學門月刊』, 第1卷 第1號, 141쪽.

179) 「硏究所國學門風俗調查會開會紀事」, 『北大日刊』, 1924. 6. 12, 3쪽.

180) 같은 곳.

181) 「風俗調查會簡章」, 같은 곳.

1996) 등 5명이 참여했다. 쑨푸위안은 베이징 대학 졸업생으로서 당시 『경보 부간』(京報副刊) 편집장을 맡고 있어서 조사된 내용을 그 간행물에 게재했다. 1925년 5~9월에 『경보 부간』은 「묘봉산 분향 특집호」(妙峰山進香專號) 6회와 「묘봉산 연구에 관한 통신」(關於妙峰山的硏究通訊) 2회를 게재했다.[182] 그 후 동인들은 동악묘(東嶽廟)와 백운관(白雲館) 및 재신전(財神殿)의 향불 참배 풍습에 대해 조사했고,[183] 또한 대학의 내외 인사들에게 설 풍습에 관한 물품들을 수집해 줄 것을 요청했다.[184]

풍속조사회가 설립된 이후 가요연구회의 동인들은 민속에 대한 조사와 연구에 더욱 관심과 흥미를 가지게 되었다. 처음에 류푸가 가요를 모집할 때는 주로 속문학에 대한 관심에서 출발했다. 그 후 가요연구회가 설립되자 주임을 맡은 저우쭤런은 특히 민속 연구에서 가요의 역할을 매우 중시했다. 이는 아래의 「가요·발간사」를 통해 엿볼 수 있다.

> 민속학 연구는 오늘날 중국에서 매우 중요한 사업이라고 확신한다. …… 가요는 민속학의 중요한 자료이다. 우리는 이들을 수집하고 기록해 향후 전문적인 연구에 활용하고자 한다…….[185]

따라서 1924년 1월 30일 가요연구회 회의 때 저우쭤런은 향후 가요 외에도 각지에서 신화와 고사를 수집하고, 또한 가요연구회를 민속학회로 개명해 명실상부할 수 있기를 바란다고 공식적으로 제의했다. 창후이는 이러한 저우쭤런의 제의에 즉각 찬성함과 동시에 수집 범위를 속담과 수수께

182) 顧頡剛, 『妙峰山·自序』, 上海: 上海文藝出版社影印, 1988, 7쪽; 顧潮, 『顧頡剛年譜』, 107~09쪽.

183) 『國學門概略』, 18쪽.

184) 「北大風俗調査會征集各地關於舊歷新年風俗物品之說明」, 『國學門周刊』, 第1卷 第10期; 『國學門月刊』, 第1卷 第5號, 562~63쪽.

185) "我們相信民俗學的硏究在現今的中國確是很重要的一件事業 …… 歌謠是民俗學上的一種重要的資料, 我們把他輯錄起來, 以備專門的硏究……." 周作人, 「歌謠·發刊詞」, 第1卷 第1號, 1쪽.

끼, 헐후어(歇後語)로 확대하자고 제의했다. 회의 참석자 가운데 첸쉬안퉁과 선젠스, 양스칭(楊世淸), 린위탕, 룽자오쭈 등은 재료 수집의 범위를 확대하는 것에 동의는 했지만, 학회 명칭을 변경하는 것에 대해서는 의견 차이가 있어 잠시 보류해 두기로 했다.[186)]

이번 회의 후 가요연구회는 제44호 『가요』에 「본회 공지」(本會啓事)를 실어, 본 연구회는 현재 자료수집의 범위를 '민속문예'의 모든 분야까지 확대한다는 소식을 알렸다. 이를테면 동화와 우화, 재미있는 이야기, 영웅 고사, 지방의 전설, 가요, 가극의 대본(唱本), 수수께끼, 속담, 헐후어 등 모든 분야에서 독자들의 기고를 받아들였다.[187)] 또 "민속학과 관련된 논문은 편폭에 관계 없이 특별히 환영한다"라는 말도 덧붙였다.[188)] 뿐만 아니라 제53호 『가요』에도 한 차례 더 공고를 했다.

> 본 간행물은 제49호부터 범위를 확대해 '방언'과 '민속'의 논저들도 게재한다.[189)]

결국 1924년 2월부터 『가요』는 먼저 수집 범위를 민속 문예까지 확대했고, 5월 이후부터 풍속조사회와 함께 조사를 통해 입수한 자료와 연구논문 및 방언조사회의 관련 자료는 『가요』를 통해 발표되었다.[190)]

186) 周作人, 「歌謠·發刊詞」, 같은 책, 8~9쪽.

187) 「本會啟事」, 『歌謠』, 第44號(1924. 2. 24.), 1쪽.

188) 같은 곳.

189) "本刊自四十九號起, 擴充範圍, 兼載關於'方言'及'民俗'的論著." 「編輯部啟」, 『歌謠』, 第53號(1924. 5. 4.), 1쪽. 이번에 자료모집의 범위를 확대한 일에 대해 룽자오쭈는 "『歌謠』 주간은 제49호부터 비록 명칭을 바꾸지는 않았지만 실제로 민속 주간이다"라고 말했다. 容肇祖, 「北大歌謠研究會及風俗調查會的經過(續)」, 『中山大學民俗周刊』, 第15~16期 합본, 25쪽.

190) 풍속조사회는 자체적으로 주간과 총서를 출판하기로 계획했지만, 끝내 경비의 부족으로 실행하지 못했다. 「本學門叢書預備付印二十一種」, 『國學門周刊』, 第1卷 第11期, 24쪽; 『國立北京大學研究所國學門報告(民國 13年 7月~13年 12月 31日)』, 쪽수 없음.

3. 방언연구회

『가요』에 풍속조사회의 자료를 게재하는 것은 매우 자연스러운 일이다. 가요와 풍속조사의 관계는 본래 매우 밀접하며 모두 민속연구의 범위에 속하기 때문이다. 하지만 이외에도 가요 수집 활동은 베이징 대학 동인들이 방언조사의 중요성을 이해하는 데 도움이 되었다. 선젠스는 다음과 같이 말했다.

> 민국 7년에 나는 방언조사에 대한 방법을 계획해 본 대학의 국어연구소(이 기관은 이미 없어졌음)에 제시했지만 당시 기회가 오지 않았고, 게다가 대다수 사람들도 이 일에 대해 관심을 갖지 않아 방치되었다. 그런데 현재 가요조사가 이루어지자 사람들은 방언에 대한 조사 연구의 급박성과 필요성에 대해 인식하게 되었다…….[191]

가요란 원래부터 각지에서 유행하고 있는 방언문학이므로 1918년 2월 베이징 대학에서 가요를 모집할 때 선젠스와 첸쉬안퉁을 초빙해 발음 심사의 책임을 맡겼다. 이후 모집한 가요의 분량이 많아지자 가요연구회 동인들은 각 지방의 음을 기록할 방법을 정해야 한다는 필요성을 인식하게 되었고, 이 부분에 대한 토론이 갈수록 많아졌다. 한편 가요 모집 후 추가 연구를 위해서도 방언을 참고 자료로 쓸 필요가 있었기 때문에 국학문 학자들은 각 지역의 방언조사를 가능한 빨리 착수해야만 했다.[192]

1923년 11월 저우쭤런은 『가요』에 「가요와 방언조사」(歌謠與方言調查)를 발표하고 "방언조사 사업은 앞으로 전문적인 담당기관이 필요하다"라고 제

191) "在民國7年的時候我曾經擬過一個調查方言的辦法, 提到本校的國語研究所(這個機關早已消滅), 當時因爲機會未至. 多數人還不注意到這件事情, 也就擱起來了. 現在因爲調查歌謠的經過, 大家都漸漸感覺到方言有急須調查和研究的必要……." 沈兼士, 「今後研究方言之新趨勢」, 『歌謠周年紀念增刊』(1923. 12. 7.), 16쪽.

192) 周作人, 「歌謠與方言調查」, 『歌謠』, 第31號(1923. 11. 4.), 1~3쪽.

안했다.[193] 이 글은 발표된 후 상당히 커다란 반향을 불러일으켰다. 둥쮜빈과 룽자오쭈, 선젠스, 린위탕 등은 『가요』를 통해 국학문 내에 전문기구를 설치해 방언조사와 연구활동을 펼쳐야 한다는 의견을 제시했다. 룽자오쭈는 다음과 같이 언급했다.

> 지금의 학문 연구는 종천처럼 혼자서 이루어낼 수 없으므로 분담의 방식을 사용하게 된다는 것을 알게 되었다. …… 조사를 위해 많은 사람의 도움을 청할 수 있다. 물론 각지 사람들이 책임을 지는 조사이다. 나는 우리 대학의 연구소 국학문이 이 일을 담당할 수 있다고 생각한다…….[194]

사실이 그러하다. 방언조사라는 이 방대한 학술활동은 개별 학자가 감당해 낼 수 있는 것이 아니라 단체의 힘이 있어야만 실행 가능한 것이다. 이에 학자들의 호응 속에서 국학문은 1924년 1월 방언조사회를 설립해 방언조사의 연구기구로 삼았다. 이 학회의 설립은 베이징 대학의 가요 모집과 직접적인 관계가 있을 뿐만 아니라, 1922년 12월 17일 국학문 동인들의 다과회에서 성사된 일이었다. 몇 년이 지난 후 웨이젠궁은 다과회의 상황에 대해 이렇게 설명했다.

> 방언조사회의 설립은 한 다과회에서 야기되었다. ……『가요 주간』 탄생 제25주년 설립기념일에 우리(기념회 간사) 조사회에서는 다과회를 열었다. 차이위안페이 선생과 장멍린 선생, 선젠스 선생이 모두 참석했다. 그러다가 여흥으로 각자 방언을 말하게 되었다. 원저우(溫州) 출신인 예샤오구(葉嘯穀)가 원저우 방언을 해서 그 자리에 있던 많은 사람들을 웃겼다. 난창(南昌)의

193) 周作人, 「歌謠與方言調査」, 같은 책, 3쪽.

194) "我們現在知道研究學問, 不能學從前的一手造成, 可以采用分工的方法: 關於調査, 可以要求多數人的幫助, 由各地方的人爲負責任的調査 …… 我想這件事, 我們學校裏的研究所國學門可以擔負這種責任…….” 容肇祖, 「征集方言的我見」, 『歌謠』, 第35號(1923. 12. 2.), 2쪽.

황전위(黃振玉)도 장시(江西) 지역 방언으로 사람들을 즐겁게 했다. 이번 여흥은 우리 연구소 국학문으로 하여금 방언조사회를 설립하는 계기를 마련해 주었다…….[195)]

국학문 동인들은 다과회의 여흥으로 방언조사에 대한 흥미가 커져갔고 또 가요 모집 이후의 수요와 『가요』 주간에서의 토론 등에 힘입어 결국 1924년 1월 26일에 공식적으로 방언조사회를 설립했다.[196)] 당일 출석한 32명 중에는 선젠스와 선스위안(沈士遠, 1881～1957), 첸쉬안퉁, 저우쭤런, 마위짜오, 주시쭈, 린위탕, 리진시(黎錦熙), 우부(遇夫) 양수다(楊樹達, 1885～1956), 웨이젠궁, 수경(穗卿) 샤청유(夏曾佑, 1863～1923), 석개(介石) 정뎬(鄭奠, 1895～1960), 룽겅, 룽자오쭈, 응중(膺中) 뤄융(羅庸, 1990～50), 창후이, 장쉬(張煦) 및 일본 학자 이마니시 류(今西龍) 등이 포함되었다.[197)] 이들은 입을 모아 베이징 대학 영문과 교수인 린위탕을 학회의 주석으로 추천했다. 그리고 그에게 「베이징 대학 연구소 국학문 방언조사회 선언서」(北大研究所國學門方言調査會宣言書(이하 「방언조사회 선언서」로 약칭)[198)]를 작성해 이 기구의 설립취지와 활동계획을 설명해 주기를 부탁했다. 동시에 동인들도 먼저 『가요』를 학술교류의 매개로 활용해[199)] 방언 연구와 관련된 각종 문제에 대해 토론하기로 했다.

국학문 산하의 방언조사회는 중국 현대의 첫 방언 연구단체이다. 린위

195) "方言調査會成立 …… 的先聲是一次茶會餘興引起的 …… 那年二十五周(年)成立紀念, 『歌謠周刊』誕生日, 我們(紀念會幹事)會終開茶會, 蔡先生, 蔣先生, 沈先生都與會, 餘興是各說方言. 那天有溫洲葉嘯谷的溫洲話, 教全座大樂; 而南昌黃振玉說江西的跌跟頭分'通交' '達交'也給大家很多興趣. 這個餘興便引起我們研究所國學門設立方言調査會的擬決 ……." 魏建功, 「到底怎麼樣?(方言調査)」, 『國學門周刊』, 第1卷 第3期(1925. 10. 28.), 23쪽.

196) 「北京大學研究所國學門方言調査會成立紀事」, 『晨報副刊』, 1924. 2. 12, 4쪽.

197) 「北京大學研究所國學門方言調査會成立紀事(續)」, 같은 책, 4쪽.

198) 「北京大學研究所國學門方言調査會宣言書」, 『歌謠』, 第47號(1924. 3. 16.), 1～3쪽.

199) 「北京大學研究所國學門方言調査會成立紀事(續)」, 앞의 책, 4쪽.

탕이 초안을 작성한 「방언조사회 선언서」는 중국 현대 언어학 연구 분야의 이정표로서 현대 방언조사 작업의 시작을 상징하고 있다. 그는 먼저 「방언조사회 선언서」에서 방언조사회가 계획하고 있는 활동에 대해 설명한 후, 정중하게 다음과 같이 언급했다

> 이 사업은 범위도 넓고 동인들의 힘에도 한계가 있습니다……. 우리는 국내에 같은 뜻을 가진 동지들이나 방언탐구에 의사가 있으나 단체의 도움을 받지 못한 분들, 연구성과가 있으나 발표할 데를 찾지 못한 분들에게 유익한 교류와 토론의 장을 제공하고자 합니다. 따라서 다시 선언을 통해 회원을 모집하고자 합니다. 베이징에 거주하지 않는 사람들은 직접 가입해 '통신회원'이 되거나 분회를 설치해 본회와 동일한 방침과 방법에 따라 공동으로 진행할 수도 있습니다. 의향이 있으시면 …… 글이나 저서를 보내시면 되며, 회원 여부와 관계 없이 환영합니다. 글을 발표할 기구는 임시로 『가요 주간』을 활용하며, 향후 실적이 많아지면 별도로 정기간행물을 출간해 전문적인 연구를 할 계획입니다.[200)]

방언조사가 시작 단계이고 규모 또한 방대하므로 동인들은 방언조사회를 총괄적인 계획과 연락을 하는 기구로 삼고자 했다. 따라서 『가요』 주간을 문제 토론과 성과 발표, 동지들과의 연락 기지로 활용하고[201)] 많은 사람들을 동원하는 방식으로 방언조사 사업을 진행하고자 했다. 뿐만 아니라

200) "又念此事範圍廣大, 而同人等精力有限 …… 我們推想國中必有同志的人, 或有心探考方言而未得團體合力的鼓勵, 或已有研究而無處發表成積, 以收交換議論的益處. 故又發表宣言, 征求會員. 凡不在北京的人, 或直接加入, 做'通信會員', 或另設分會與本會取一致方針辦法, 共同進行, 均可. 如有 …… 文字著述見賜, 無論是否會員, 本會無任歡迎. 發表文字機關暫用北大『歌謠周刊』, 將來成積漸多, 當可自出定期刊物, 以專研究." 「北京大學研究所國學門方言調查會宣言書」, 『歌謠』, 第47號, 3쪽.

201) 린위탕은 일찍이 「征求方言的文章」을 써서 『歌謠』 주간에 실어 독자들에게 각지의 방언자료와 연구 내용을 보내달라고 청했다. 林語堂, 「征求方言的文章」, 『歌謠』, 第84號(1925. 3. 29.), 1쪽.

1924년 3월 17일 『베이징 대학 일간』과 3월 25일 『신보 부간』 및 『동방잡지』(東方雜誌) 제21권 제7호 특별 지면에 이 선언문의 전문을 게재했다. 『신보 부간』과 『동방잡지』는 베이징과 상하이에서 각각 출판해 판매망이 전국 각 주요 도시로 확장되었고, 독자는 주로 지식인들이었다. 이 간행물에 「방언조사회 선언서」를 게재하는 것은 지식층을 상대로 한 홍보의 의미도 있고, 방언조사 사업에 동참을 요구하려는 목적도 있었다.

1924년 5월 17일 방언조사회 동인들의 회의가 소집되었다. 회의에는 린위탕과 둥쭤빈, 원진한(溫晋韓), 룽겅, 룽자오쭈, 장펑자오(張鵬翹), 양스칭, 상셴성(尙獻生), 정샤오관(鄭孝觀), 천우즈(陳懋治), 왕이(汪怡), 장쉬, 뤄융, 구제강, 선젠스 등이 참석했다.[202] 회의에서 동인들은 학회를 방언연구소로 개칭하고 학회 요강을 통해 회의 취지를 밝혔다. 여전히 중국 방언조사와 연구를 위주로 하지만 중국 언어 연구와 관련한 모든 것을 연구범위 안에 포함시킨다는 것이다.[203] 또한 회의에서 린위탕의 제의로 관심 있는 외국 학자들의 입회도 허용한다고 정했다. 선젠스는 더 나아가 방언연구회의 정관을 영문으로 번역해 널리 홍보할 것을 제의했고, 린위탕이 즉석에서 단체의 영문 명칭을 'Society for Linguistic Research of China'로 번역했다.[204]

방언연구회는 구체적인 업무로 들어가 1924년 3월(당시 방언조사회로 칭함) 약 3개월을 일정으로 하는 음성표기 원칙반을 개설하고 린위탕이 국제음성기호(國際音標)와 그가 정한 방언자모에 대해 강의했다.[205] 수강생은 대학의 내외 인사를 합해 27명이었다.[206] 린위탕은 같은 해에 시범적으로 『가요』 제55호에 「방언표음실례」(方言標音實例)를 발표했다. 그는 둥쭤빈과

202) 「研究所國學門方言研究會第二次常會紀事」, 『北大日刊』, 1924. 6. 12, 3쪽.

203) 같은 곳.

204) 같은 곳.

205) 「研究所國學門方言研究會第二次常會紀事」, 같은 책, 4쪽. 린위탕이 제정한 「方言調查會方音字母草案」, 「方言標音專號」, 『歌謠』, 第55號(1924. 5. 18.), 1~6쪽 참조.

206) 『國立北京大學研究所國學門報告(民國 13年 1月 1日~13年 5月 3日)』, 197쪽.

웨이젠궁 등을 데리고 음성표기를 담당하고 후스와 저우쭤런, 구제강, 룽경 등에게 각자 방언으로 발음하게 하여 방언 자모로 중국의 10여 종 방언을 기록하게 했다.[207] 같은 해 여름 휴가기간 중 연구회 동인들은 또 『방언지도 조사표』를 작성해 2,000부를 인쇄한 후 베이징 대학의 내외 인사들에게 배포해 『방언지도』 편성을 위한 준비를 했다.[208] 1926년 말 국학문은 또 문과대학 국문과와 협력해 연구소 내에 언어실험실을 설치했다.[209] 실험실 안에는 여러 가지 장비를 설치했고, 그에 따라 축음 디스크를 자체 제작할 수 있었다. 프랑스 유학에서 돌아온 류푸가 린위탕의 후임으로 주석을 맡아 방언연구회를 주관했다.[210]

4. 명청사료정리회

가요와 풍속자료의 모집과 연구 및 방언조사에 대한 중시와 제창은 베이징 대학 학자들이 한 학술공간에서 상호 토론과 연구를 거친 후 정한 학술사업이다. 국학문에서 명·청 시대 당안을 정리한 예가 그러하다. 1920년대 초 경비가 부족한 베이양 정부가 교육부 산하 역사박물관의 소장품 가운데 4분의 3에 달하는 명·청 시대의 내각 당안을 고서상에게 처분하려 할 때, 뤄전위가 3배의 가격으로 구매했다. 그리고 이 소식이 전해지자 국학문 동인들은 즉시 이 일을 어떻게 처리할지에 대해 상의했다.[211]

---

207) 「方言標音實例」, 『歌謠』, 第55號(1924. 5. 18.), 7~15쪽; 『歌謠』, 第66號(1924. 11. 2.), 1~3쪽. 다음 해에 린위탕은 또 「方言字母表」를 제정해 『歌謠』, 第85號(1925. 4. 5.), 1쪽에 실었다.

208) 『國立北京大學研究所國學門報告(民國 13年 7月~13年 12月 31日)』, 쪽수 없음.

209) 『國學門概略』, 22쪽.

210) 같은 곳. 방언연구회는 본래 린위탕이 이끌다가 1925년 류푸가 귀국한 후 두 사람이 공동으로 맡았다. 「本學門第三次懇親會紀事」, 『國學門周刊』, 第1卷 第3期, 24쪽. 1926년 린위탕은 베이징 정국이 어지러워지자 남하했고, 이후 류푸 혼자서 방언연구회를 이끌어갔다.

211) 金敏黻, 『中國史學史』, 臺北: 鼎文書局, 1979, 341쪽.

선젠스는 나중에 이 일의 경위에 대해 다음과 같이 기록했다.

> 민국 11년 당시 위팡(余方)이 베이징 대학 연구소 국학문을 주관하고 있을 때, 뤄전위(羅叔言)가 자금을 내어 내각의 창고에 있는 당안들을 사들인다는 소식을 듣고 분개해 마헝과 천위안, 주시쭈 등과 함께 상의한 후 나머지를 연구소로 가져왔다…….[212)]

후에 선젠스 등은 차이위안페이 총장에게 베이징 대학의 명의로 교육부에 신청해 역사박물관의 나머지 당안들을 모두 베이징 대학으로 귀속시킨 뒤 "사학과와 연구소 국학문조직위원회가 학생들을 통솔해 …… 먼저 기간을 정해 목록을 작성하고 대외적으로 공포해 사람들의 기대에 부응한 후, 전문가들의 감별과 정리를 거쳐 전문서적으로 엮자고" 요청할 것을 결의했다.[213)] 당시 선젠스와 친분이 있던 교육부 차장 통백(通伯) 천위안(陳垣, 1896~1970)이 마침 부장 대리를 맡고 있어서 베이징 대학의 요청을 승인해 주었고, 이에 따라 교육부 역사박물관은 베이징 대학에 이 문서들을 정리해 줄 것을 위탁했다.[214)] 이는 명·청 문서가 민간에 유입된 후 학술기

---

212) "當民國十一年余方主持北京大學硏究所國學門. 聞羅叔言斥貲贖內閣大庫檔案, 有慨於心, 因與馬叔平, 陳援庵, 朱逖先諸君共謀以其劫餘歸於硏究所……." 沈兼士, 「方編清內閣庫貯檔輯刊序」, 沈兼士, 『沈兼士學術論文集』, 343쪽.

213) 蔡元培, 「請將清內閣檔案撥歸北京大學整理呈」, 高平叔, 『蔡元培文集: 卷七·史學民族學』, 188~89쪽.

214) 교육부는 명·청 시기 당안의 정리를 베이징 대학에 맡겼는데, 주로 천위안이 주관하고 차이위안페이 총장이 사방으로 쫓아다니면서 진행했다. 「硏究所國學門懇親會紀事」, 『北大日刊』, 1923. 11. 10, 3쪽; 趙泉澄, 「北京大學所藏檔案的分析」, 『中國近代經濟史硏究集刊』, 第2卷 第2期, 北平: 社會調査所, 1934. 5, 225~36쪽. 1922년 1월에 천위안은 국학문 도사로 초빙된 후, 국학문과의 관계가 더욱 깊어졌다. 베이징 대학 당안정리회가 성립되면서 교육부 직위를 그만두고 전력을 다해 학술 업무에 전념했다. 王明澤, 「陳垣事跡著作編年」, 紀念陳垣校長誕生110周年籌委會, 『紀念陳垣校長誕生110周年學術論文集』, 北京: 北京師範大學出版社, 1990, 468~69쪽.

구에서 처음으로 많은 사람들을 동원해 대규모로 문서들을 정리한 사례이다.[215)]

1922년 5월 22일 선젠스와 주시쭈, 마헝, 찬부안, 양둥린(楊棟林) 등 베이징 대학 교수들은 역사박물관으로 가서 인수절차를 마치고 총 61개 나무 상자와 1,502개 부대 분량의 당안을 베이징 대학으로 운송해 왔다. 이후 국학문과 사학과, 국문과 교직원들이 공동으로 당안정리회를 설립해 당안정리를 계획하고 주관하는 조직이 되었다.[216)] 당안정리회의에는 구성원들이 많았는데, 대표적인 인물로 육삼(育三) 위원찬(余文燦)과 선젠스, 천위안, 주시쭈, 마헝, 마위짜오, 선스위안, 청수더(程樹德, 1876~?), 찬부안, 천한장(陳漢章), 장펑쥐, 리타이펀(李泰棻, 1896~?), 양둥린, 웨이젠궁, 왕광웨이(王光瑋), 후밍성, 왕유더(王有德), 피쭝스, 판촨린(潘傳霖), 장보건(張伯根) 등이 있었다.[217)] 이들은 모두 각각 정해진 시간에 국학문 당안정리실로 와서 일을 했다.

하지만 당안의 분량이 너무 방대하자 1923년 3월 중순 역사과 주임 주시쭈의 제의로 사학과 대부분 학생들(50명이 넘음)도 당안정리작업에 참여시켜 실습과목으로 삼았다. 당시 1인당 각 2~4시간을 정해 놓고 당안정리회의 교수와 조교의 지도 아래 정리작업을 수행했다.[218)] 조금 지난 뒤에 대학측은 자발적으로 당안정리에 참여하기를 원하는 학생이면 누구든 참여할 수 있다는 공고를 냈다.[219)] 같은 해 여름방학 기간에도 당안정리작업은 계속되었다. 장소를 베이징 대학 제3건물 대강당으로 옮겨 매일 아침에서

215) 沈兼士, 「方編清內閣庫貯舊檔輯刊序」, 앞의 책, 343쪽.

216) 「研究所國學門重要紀事」, 『國學季刊』, 第1卷 第1號, 198~99쪽. 「整理檔案會辦事細則」에 "본회는 당안을 정리·진열하는 일체의 일을 담당한다"라고 했다. 「研究所國學門整理檔案會第三屆常年會紀事錄」, 『北大日刊』, 1924. 6. 12, 2쪽.

217) 그 명단은 「研究所國學門整理檔案會第三屆常年會紀事錄」, 같은 책, 2쪽; 「明清史料整理會開會紀事」, 『北大日刊』, 1924. 10. 2, 1쪽 참조.

218) 「整理檔案會紀事」, 『北大日刊』, 1923. 4. 10, 2쪽.

219) 「國立北京大學研究所國學門重要紀事」, 『國學季刊』, 第1卷 第3號, 559쪽.

정오 전까지 모두 30여 명이 팀을 이뤄 정리를 하여 작업 속도가 빠르게 진행되었다.[220)]

학생들의 지원 아래 1924년 초보적인 정리작업을 마쳤다. 형식상의 분류와 일련번호 매기기, 절록 작업 등을 마친 후,[221)] 국학문의 진열실에 보관했다. 동인들은 국내외 학자들이 연구소에 와서 당안을 참고하고 연구하는 것을 환영하는 한편,[222)] 절록한 당안 목록과 중요 자료들을 잇달아 『베이징 대학 일간』에 발표했다. 또한 이들을 책자로 엮은 후 출판해 학계에 선보였다.[223)] 1924년 9월 형식상의 분류와 일련번호 작업이 일단락되자 당안정리회 동인들은 회의를 열어 향후에는 문서의 내용에 대한 정리와 출판에 중점을 두자고 결의하는 한편, 이 회를 명청사료정리회로 개칭하기로 결정했다.[224)] 당시 이미 교육부 직무를 사퇴한 천위안이 주석직을 담당했다.

220) 「國立北京大學研究所國學門重要紀事」, 같은 책, 560쪽.

221) 「國立北京大學研究所國學門報告(民國 13年 1月 1日~13年 5月 31日)」, 194~95쪽. 베이징 대학에서 이루어진 당안정리의 성과에 대해서는 趙泉澄, 「北京大學所藏檔案的分析」, 『中國近代經濟史研究集刊』, 第2卷 第2期, 231~33쪽을 상세히 참조.

222) 예를 들어 뤄전위는 1922년 7월 8일에 국학문 건물을 참관했으며, 동시에 베이징 대학에서 당안을 정리하는 방법에 대해 찬성했다. 趙泉澄, 「北京大學所藏檔案的分析」, 같은 책, 231쪽 참조.

223) 「整理檔案會辦事細則」에서 "당안을 정리한다는 보고는 언제든지 본교 일간에 공포되거나 단행본으로 출간되어야 한다"라고 설명했다(2쪽). 몇 년간의 정리 끝에 1927년에 이르러 당안정리회는 이미 『要件陳列室目錄』, 『明季兵部題行稿摘要』, 『清九朝京省報銷冊目錄』, 『雍正上諭底本(七年,八年)』, 『清代官印譜』 등 여러 권을 엮었다. 「本學門叢書預備付印二十一種」, 『國學門周刊』, 第1卷 第11期, 24쪽; 『國學門概略』, 16~17쪽 참조. 그 후 정식으로 출판한 것은 『明清史料整理會要件陳列室目錄』, 『清九朝京省報銷冊目錄』, 『嘉慶三年太上皇起居注』, 『順治元年內外官署奏疏』 등의 몇 권이다. 「廣告:『嘉慶三年太上皇起居注』影印出版」, 『北大日刊』, 1931. 7. 4, 1~2쪽; 「廣告:『順治元年內外宮署奏疏』出版」, 『北大日刊』, 1932. 6. 25, 1쪽; 「研究所國學門出版書籍雜志拓本照片目錄」, 『國學門月刊』, 第1卷 第1號, 뒤표지 참조.

224) 「明清史料整理會開會紀事」, 『北大日刊』, 1924. 10. 2, 1쪽.

5. 고고학회

하지만 동인들에게 당안정리는 원래 국학문이 기획한 작업계획에 포함된 것이 아니었다. 마침 선젠스가 지적한 바와 같이 당안정리회는 원래 '임시' 조직이었다.[225] 국학문이 막 설립되었을 당시 본래 고물 조사와 발굴을 발전의 중점으로 삼았기 때문에,[226] 초창기에는 우선 고고학연구실을 설립해 뤄전위를 통신도사(導師)로 초빙하고 아울러 다방면으로 고물을 수집하면서 대학 외 관련 기구와도 연계를 맺기 위해 적극 노력했다.[227]

국학문이 고고학 발전에 힘쓰고 있을 때, 선젠스는 "반드시 각 분야의 전문 학자들을 모아 고물조사발굴단을 구성해 지혜로운 측량으로 고고학의 발전을 가져와야 한다"라고 제시했다.[228] 하지만 연구소의 재정능력이 한계에 달해 당분간 탐사와 발굴 작업을 할 여력이 없자, 고적고물조사회를 구성해 "우선 조사부터 시작해서 예산이 충분할 때 발굴단을 구성한다"라고 결정했다.[229] 동시에 『베이징 대학 일간』에 고고학 작업은 "많은 동지들의 협력이 없이는 성공하기 어려우니" "베이징 대학 동인 가운데 이 일에 관심이 많은 분들이 모집에 응해" 고고학 연구 대열에 참여할 것을 희망한다고 공지했다.[230]

1923년 5월 24일 국학문은 공식적으로 고고학 연구실 산하에 고적고물조사회를 설치했다. 이 학회의 설립취지는 "고고학적 방법으로 중국의 과

225) 「研究所國學門懇親會紀事」, 같은 책, 1923. 11. 10, 3쪽.

226) 선젠스는 1923년 말에 "본 국학문은 1년 동안 고고학 방면에 비교적 온 힘을 기울였다"라고 말했다. 「研究所國學門懇親會紀事」, 같은 책, 1923. 11. 10, 2쪽.

227) 「研究所國學門委員會第一次會議紀事」, 같은 책, 1922. 2. 27, 2쪽.

228) 沈兼士, 「國學門建議書」, 앞의 책, 363쪽.

229) 「研究所國學門古跡古物調查會啟事」, 『北大日刊』, 1923. 6. 14, 1쪽.

230) 같은 곳.

거 인류의 유적유물을 조사하고 연구하는 것"이라고 했다.[231] 이는 민국 성립 이래 중국 학자들로 구성된 첫 번째 고고학 단체이다. 그 해 여름방학에 고적고물조사회는 『베이징 대학 일간』에 공고를 게재해 고고학에 뜻이 있는 사람들은 고향으로 돌아갈 때 현지에서 고적과 고기물, 고미술품 등 고고학 물품들에 대해 조사해 줄 것을 부탁했다.[232]

1924년 5월 19일 고적고물조사회는 회의를 열어 고고학회로 명칭을 고치기로 했다. 이 회의 「요강」(簡章)은 대체로 「고적고물조사회초안」(古跡古物調査會草章)에 근거해 약간 수정한 것으로, 현대 중국에서 공식적으로 '고고학'이라는 이름으로 명명한 첫 번째 학술단체이다. 초창기 회원은 마헝과 선젠스, 예한(葉翰), 리쫑퉁, 천완리(陳萬里, 1892~1969), 웨이펀잉(韋奮鷹), 룽겅, 쉬쉬성, 둥쭤빈, 욱영(煜瀛) 리스청(李石曾, 1881~1973), 앙드레 도르몽(André d'Hormon, 프랑스인), 천위안 등 총 12명이었으며,[233] 마헝이 학회의 주석을 맡았다.[234] 같은 해 7월 22일 고고학회는 또 특별회의를 열어 리스청의 제의로 상무간사회를 설치하기로 결정하고, 선젠스와 마헝, 리쫑퉁, 천위안, 구멍위 등 5명을 상임 간사로 추천했다.[235] 그 후 구멍위가 탈퇴해 선젠스가 서음촌(西陰村) 유적지 발견자 가운데 한 명인 위안푸리(袁復禮)를 상무간사로 임명할 것을 요청했다.[236]

고고학연구실의 설립에서부터 고고학회 설립에 이르기까지 국학문은 고고학기물들을 수집하는 동시에[237] 고기물과 관련한 저서와 도록을 출판

231) 「古跡古物調査會草章」. 전체 문장은 「國立北京大學國學門重要紀事」, 『國學季刊』, 第1卷 第3號, 553쪽 참조.

232) 「研究所國學門古跡古物調査會啟事」, 앞의 책, 1923. 6. 30, 1쪽.

233) 고고학회의 제1회 회의 상황과 고고학회 「장정」은 모두 「研究所國學門考古學會開會紀事」, 『北大日刊』, 1924. 6. 12, 3쪽 참조.

234) 같은 곳.

235) 「國立北京大學研究所國學門報告(民國 13年 7月~13年 12月 31日)」, 쪽수 없음.

236) 『國學門概略』, 4쪽.

237) 1929년 국학문 조교이자 마헝의 조수로 있던 푸전룬의 통계에 따르면, 1922년에서

하고자 했다.[238] 한편 프랑스 유학에서 돌아온 불문과 교수 리쭝퉁의 제의로 고고학회도 유럽과 미국의 고물 보존 방법을 모방해[239] 고물진열실을 설치하고 베이징 대학 학생들과 대학 외 인사들의 참관과 연구를 위해 제공했다.[240] 그 후에도 고고학회는 잇달아 석각실(石刻室)과 사진실, 탁본실, 창고 등을 설치했다.[241] 이 부서들의 관리는 고고학회의 조교와 사무원이 맡았다. 1920년대에 룽겅과 둥쭤빈, 좡상옌, 황원비, 푸전룬 등은 잇달아 고고학회의 조교와 사무원을 맡았다.[242]

고고학회가 각종 고기물을 날로 많이 수집함에 따라 고적지 조사작업도 동시에 진행되었다. 다음의 표는 1923~25년에 고적고물조사회와 고고학회가 수행한 조사활동을 열거한 것이다.[243]

1929년 봄까지 고고학회가 수장한 고물로는 철류와 돌류, 갑골류, 옥류, 벽돌류, 기와류, 도기류, 봉니(封泥), 탁본, 벽화 등이 있었다고 한다. 傅振倫, 「記北京大學考古學會」, 傅振倫, 『傅振倫文錄類選』, 822~23쪽 참조. 이러한 고물의 일부분은 이 분야에 열성적인 인사의 증정에서 나왔다. 예를 들어, 이전에 베이징 대학의 교원으로 있었던 독일 학자 리하르트 빌헬름(Richard Wilhelm)이 1924년 귀국할 때, 그가 중국에서 잇달아 수집해 두었던 고물 전부를 고고학회에 기증했다. 「國立北京大學研究所國學門報告(民國 13年 7月~13年 12月 31日)」, 쪽수 없음.

238) 국학문 동인의 통계에 따르면, 1927년 이전 고고학회가 이미 출판한 서적으로 『考古學室藏器目錄』과 천완리(陳萬里)의 『西行日記』가 있다. 이외에도 정리는 끝났지만 출판하지 않은 것으로 『甲骨刻辭』, 『封泥存眞』, 『古明器圖錄』, 『金石書目』, 『綴遺齋彝器款識考釋』, 『藝風堂所藏金石文字增訂目』, 『大同雲崗石刻』, 『興化寺壁畵考』 등이 있다. 『國學門概略』, 14~15쪽; 「研究所國學門出版書籍雜志拓本照片目錄」, 『國學門月刊』, 第1卷 第1號, 뒤표지 참조.

239) 리쭝퉁은 평소 선젠스와 고물의 보존 방법에 대해 논의하다가 선젠스에 의해 국학문 위원으로 초빙되었다. 李宗侗, 「北大教書與辦『猛進』雜志」, 『傳記文學』, 第9卷 第4期, 臺北: 傳記文學雜志社, 1966. 10, 45쪽.

240) 傅振倫, 「記北京大學考古學會」, 傅振倫, 『傅振倫文錄類選』, 821~23쪽. 미국의 스미스소니언 박물관 대표 비숍(Bishop)과 미국 시카고 박물관 동양인종학부장 로퍼(Laufer)는 모두 예전에 참관한 적이 있다. 「研究所國學門重要紀事」, 『國學季刊』, 第1卷 第3號, 551쪽 참조.

241) 傅振倫, 「記北京大學考古學會」, 傅振倫, 『傅振倫文錄類選』, 823쪽.

242) 傅振倫, 「記北京大學考古學會」, 같은 책, 821쪽.

243) 馬衡, 「新鄭古物出土調查記」, 馬衡, 『凡將齋金石叢稿』, 北京: 中華書局, 1977, 303~09쪽.

연월일	활동
1923년 9월	허난성 신정(新鄭), 멍진현(孟津縣)에서 출토된 주나라 때 동기(銅器) 조사
1924년 2월	베이징 시자오(西郊) 대각사(大覺寺) 대궁산(大宮山) 고적과 벽운사(碧雲寺) 고총(古冢) 조사
1924년 8월	뤄양 베이망산(北邙山), 한·진(漢·晋) 태학 유적지와 한·위(漢·魏) 석경(石經) 출토 상황 조사
1924년 12월	원명원, 문연각(文淵閣) 유적 조사
1925년 2~7월	간쑤성 둔황 고적 조사

그 외에도 고고학회는 고적발굴사업도 계획했다. 1923년 마헝은 발굴 작업을 시작하기 위해 직접 허난성 뤄양과 안양(安陽) 등 여러 곳을 현지 조사했으나, 현지 군대와 토비들의 방해로 진행할 수 없었다. 1927년 마헝은 다시 적극적으로 한·진(漢·晉) 태학의 고거와 은허 발굴을 추진했으나 결과적으로 베이징 대학 개편으로 계획이 부득이 중단되었다. 1930년에 이르러 고고학회는 허베이성 이현(易縣)에서 연하도고성(燕下都古城)을 발굴함으로써 동인들의 고고학 발굴의 이상을 실현했다.[244)]

한편 고고학회 설립 이후, 때로 외국 학자나 학술기구들과 교류하며 협력하기도 했다. 1925년 봄, 미국 하버드 대학교는 여행단을 조직해 둔황에서 고고학 작업을 진행했다. 베이징 대학 국학문은 존 C. 퍼거슨(John C. Ferguson)의 소개로 선젠스와 마헝의 기획 아래 고고학회의 천완리와 미

「北京大學國學門研究所調查河南新鄭孟津兩縣出土古物紀事」, 『晨報副刊』, 1923. 10. 18~20/22~31. 馬衡, 「洛陽訪古日記」과 陳萬里·顧頡剛, 「調查文淵閣報告」, 「國立北京大學研究所國學門報告」(民國 13年7月至13年12月31日), 쪽수 없음. 『國學門概略』, 13쪽. 顧潮, 『顧頡剛年譜』, 93, 101쪽. 陳萬里, 「西行日記」, 紫禁城出版社, 『陳萬里陶瓷考古文集』, 北京: 紫禁城出版社, 1997, 318~93쪽을 상세히 참조.

244) 베이징 대학이 은허 고적을 발굴한 동의(動議)와 시범에 대해서는 傅振倫, 「記北京大學考古學會」, 傅振倫, 『傅振倫文錄類選』, 825쪽 참조. 고고학회가 연하도고성(燕下都古城)을 발굴한 과정에 대해서는 傅振倫, 「燕下都考古鵝年要錄(1921~1987)」, 같은 책, 637~40쪽 참조.

국의 고고학 조사팀이 함께 조사에 나섰다.[245] 이 현지조사는 거의 반 년이 걸렸는데, 마지막에 천불동에서 단지 3일 반만 체류한 것이 아쉽지만 천완리는 총 15시간 동안 수십 개에 달하는 조각상의 이름을 베껴왔다.[246]

고고학회가 참여했던 중요하고도 큰 규모의 국제학술합작계획은 1927년 중국과 외국 학자들로 구성된 서북과학고찰단(이하 '고찰단'으로 약칭) 탐사였다. 1927년에 설립한 고찰단은 중국 현대 학술사상 중요한 중외 학자가 공동으로 진행한 프로젝트이다. 스웨덴 탐험가 스벤 헤딘(Sven Hedin, 1865~1952)이 1926년 말 고찰단을 거느리고 베이징으로 와서 중국 서북지역의 고고학 탐사를 계획한 것이다. 국학문 학자들은 이 소식을 접한 후, 즉시 베이징의 10여 개 주요 학술기관과 함께 중국학술단체협회(이하 '협회'로 약칭)를 결성하고 단체의 힘으로 베이양 정부와 헤딘의 고찰단에 압력을 넣었다[247](상세한 내용은 제4절 참조).

중국학술단체협회의 설립은 베이징의 중국인 학자들이 본국의 학술적 자원을 보호하기 위해 취한 방책이다. 그 결과 헤딘은 부득이 협회와 협정을 체결했다. 이는 베이징 학술계의 승리를 의미하며 학술자원을 쟁취하는 일에서 학술단체의 힘을 보여준 예이기도 하다. 1922년 베이징 대학의 국학문이 설립된 이후부터 1927년 중국학술단체협회가 생겨난 이 5년 동안 국학문의 조직은 갈수록 확충되었고, 차츰 국제학술계에서의 위상도 확립되어갔다. 중국 내에서 새로 설립한 각종 학술기구도 갈수록 많아지면서 점점 무시할 수 없는 사회적 역량으로 성장해 갔다.

결과적으로 말해 1922~27년에 국학문 동인들이 추진한 각종 학술사업

245) 이 조사의 경위에 대해서는 천완리의 『西行日記』의 앞부분에 선젠스와 마헝, 구제강, 천완리가 각각 쓴 서언을 참조하기 바란다. 『陳萬里陶瓷考古文集』, 紫禁城出版社, 318~24쪽. 또한 陳萬里, 「敦煌千佛洞三日間所得之印象」, 같은 책, 389쪽 참조.

246) 천완리가 이번 여행의 과정과 경험 및 동굴에서 본 것은 모두 『陳萬里陶瓷考古文集』, 紫禁城出版社, 318~88쪽에 수록. 또 陳萬里, 「敦煌千佛洞三日間所得之印象」, 같은 책, 389~93쪽 참조.

247) 傅振倫, 「記北京大學考古學會」, 傅振倫, 『傅振倫文錄類選』, 825쪽.

을 볼 때, 국고정리 사업이 점진적으로 조직화된 이후 학술자원의 획득과 학술사업의 발전은 모두 단기간에 상당한 진전을 이루었다. 국학문이 설립된 후 2년에 걸쳐 차이위안페이 등의 학자들은 중국에서 대규모 학술 연구기관을 설립할 시기가 이미 도래했다고 인식했다.[248] 결과적으로 1928년 국민정부 산하에서 전국적인 학술 연구기관인 '중앙연구원'이 출현하게 되었다. 이 연구원의 사어소(史語所)의 초대 소장 푸쓰녠은 중국에서 '광대하고도 정밀한 조직'을 설치하는 등 문학과 사학의 발전을 추진하려는 포부가 대단했다.[249] 사어소를 위해 출판한 『역사언어연구소집간』(歷史語言研究所集刊)(이하 『사어소 집간』으로 약칭)의 발간사에는 다음과 같이 언급되어 있다.

> 역사학과 언어학은 현재까지 발전해 오면서 이미 개인이 독립적으로 연구할 수 없는 분야가 되었다. 도서관이나 학회에게 자료를 제공하는 것 외에도 단체를 통해 자료를 수집해야 하며, 반드시 연구 환경이 조성되어야 서로의 단점을 보완하고 이끌어 주고 수정해 줄 수 있기 때문이다. 그러므로 독립적인 작업은 점점 어려워지고 의미가 없어졌으며, 단체 작업이 모든 작업의 방식이 되었다.[250]

푸쓰녠의 이 말은 중국 현대학술의 비전을 보여주고 사어소의 향후 발

248) 蔡元培, 「中國教育的發展」, 高平叔, 『蔡元培文集: 卷三·教育(下)』, 339쪽.

249) 傅斯年, 「傅故校長孟眞先生手跡釋文」, 中央研究院歷史語言研究所四十周年紀念特刊編委會, 「中央研究院歷史語言研究所四十周年紀念特刊」(이하 「史語所四十周年紀念特刊」으로 약칭), 臺北: 中央研究院, 1968, 205쪽.

250) "歷史學和語言學發展到現在, 已經不容易由個人作孤立的研究了, 他旣靠圖書館或學會供給他材料, 靠團體爲他尋材料, 幷且須得在一個研究的環境中, 才能大家互相補其所不能, 互相引會, 互相訂正, 於是乎孤立的制作漸漸的難, 漸漸的無意謂, 集衆的工作漸漸的成一切工作的樣式了." 傅斯年, 「歷史語言研究所工作之旨趣」(이하 「史語所工作之旨趣」로 약칭), 『史語所集刊』, 第1本 第1分冊, 廣州: 歷史語言研究所, 1982, 10쪽.

전적 방향을 밝힌 것으로서 베이징 대학 국학문의 발전적 특색을 잘 형용하고 있다.

제4절 프랑스 동방학과 일본 동양학이 민국 초기 학술계에 끼친 충격

1. "둔황은 중국 학술의 아픈 역사이다"

1921년 11월 차이위안페이는 선젠스를 국학문 주임으로 임명하고 국학문의 각종 업무를 주관하고 계획하는 일을 맡겼다. 이듬해 9월 선젠스는 구미와 일본이 반환한 '경자배상금'을 쟁취해 중국의 문화교육사업 발전에 보탬이 되게 하기 위해 「국학문 건의서」(國學門建議書)를 작성했다. 그는 이 글에서 국학문의 설립취지와 발전 개황에 대해 소개하는 한편, 각국에 지원을 호소했다. 1922~27년에 선젠스는 계속 국학문의 주임을 맡아 국학문의 발전을 이끌어갔다. 따라서 「국학문 건의서」는 당시 국학문의 연구방침과 방향을 연구하는 중요한 문헌이다.

선젠스는 「국학문 건의서」에서 국학문이 시작한 학술활동을 소개하기에 앞서 다음과 같이 동인들의 학술연구 취지에 대해 설명했다.

> 내 생각에 동방문화는 예로부터 중국을 중심으로 했으니 동방학을 정리해 세계에 기여해야 함은 실로 오늘날 중국인으로서 피할 수 없는 책임이다. 우리는 외국으로부터 들어온 신학문에 대해 우리가 진실로 그들보다 못하다고 말한 만하다. 우리는 자신들의 가업을 정리하거나 연구할 사람도 없고 보존도 못하고 있으며, 다른 곳으로 흘러가 없어져도 아깝게 여기질 않는다. 예를 들어 둔황석실의 희귀한 도서가 외인의 손에서 발견된 후 프랑스와 영국, 일본 등은 모두 이를 매우 중요하게 여겨 상당히 많이 수집하고 대부분 정리도 마쳤다. 비록 중국 경사도서관에 소장된 것이 약간 있기는 하나 외부

인들과 개인이 버리거나 남겨둔 것일 뿐이다. 예를 들면 영국인 조지 E. 모리슨(George E. Morrison)의 서고에는 중국 사학의 중요한 자료들이 상당히 많이 수장되어 있었는데, 중국은 이를 매수하는 기구들이 없어 마침내 일본인 이와사키 히사야(岩崎久彌)가 사들였다. 최근 도쿄 제국대학 문학부에 정리와 연구를 위탁했다고 들었으며, 머지않아 발표한다고 한다. 중국의 고물과 전적들이 이렇게 풍부한데도 본국인들은 이를 발양시켜 세계 학술계에서 자신의 발붙일 자리를 찾지 못하고 있으니, 이 어찌 가슴 아픈 일이 아닐 수 있겠는가![251)]

이러한 침통한 말을 통해 선젠스는 국학문 동인들이 종사하는 학술작업은 '자신의 가업'을 정리하는 사업이며, 이는 중국의 학자들이 미룰 수 없는 책임이자 동방학에서 가장 중요한 작업의 일부라고 지적했다. 국학문의 설립취지는 중국의 학술문화에 대한 정리와 연구를 통해 세계 학술계에서 자신들의 입지를 찾고자 한 것이다. 하지만 선젠스가 통탄한 점은 중국인이 자기 나라의 고물과 전적을 소중히 여기지 않고 함부로 해외로 흘려보낸다는 것이다. 이 가운데 해외의 여러 나라로 유출된 둔황 문서와 영국인 모리슨의 서고로 유출된 자료들이 가장 그를 아프게 했다.

선젠스가 「국학문 건의서」를 작성한 지 6년 후 푸쓰녠은 「사어소 업무취지」(史語所工作之旨趣)를 썼는데, 그 안에 이러한 말이 들어있다.

…… 중국 경내에 언어학과 역사학에 관한 자료가 가장 많다. 유럽 사람

251) "竊惟東方文化自古以中國爲中心, 所以整理東方學以貢獻於世界, 實爲中國人今日一種責無旁貸之任務. 吾人對於從外國輸入之新學, 曰我固不如人, 猶可說也; 此等自己家業, 不但無人整理之, 研究之, 並保存而亦不能, 一聽其流轉散佚, 不知顧惜, 如敦煌石室之秘籍發見於外人後, 法.英.日本, 均極重視, 搜藏甚夥, 且大多整理就緒; 中國京師圖書館雖亦存儲若幹, 然僅外人與私家割棄餘剩之物耳; 又如英人莫利遜文庫, 就中收藏中國史學上貴重之材料極多, 中國亦以無相當機構主持收買, 遂爲日本人岩崎氏所得; 近聞已囑托東京帝國大學文學部整理研究, 不久當有報告公布. 以中國古物典籍如此之宏富, 國人竟不能發揮光大, 於世界學術界中爭一立腳地, 此(豈)非極可痛心之事耶?" 沈兼士, 「國學門建議書」, 沈兼士, 앞의 책, 362쪽.

> 들은 이를 얻고자 해도 어려운데 우리는 도리어 가만히 앉아서 소중한 자료들이 흘러나가고 파괴되는 것을 보고만 있다. 참으로 이러한 현실에 불만을 느끼고 승복할 수 없는 것은 물질적인 자료 외에도 학술자료까지 유럽인들에게 유출되거나 심지어 도난당한다는 점이다.[252]

이 글에 표현된 뜻과 푸쓰녠의 심정은 선젠스의 「국학문 건의서」의 표현과 완전히 일치한다. 1950년대 초 푸쓰녠에 이어 사어소 소장을 맡은 제지(濟之) 리지(李濟, 1896~1979)는 푸쓰녠의 이 글에 대해 종종 20여 년 동안 역사언어연구소의 작업에 관한 동력의 의미를 설명한 것이라고 했다. 리지는 나아가 다음과 같이 지적했다.

> 글(「사어소 업무취지」)에서 말하는 '불만'과 '승복할 수 없다'는 말은 당시 학술계에서 이미 오랜 역사를 지니고 있음을 의미한다…….[253]

다시 말해 리지의 관찰에 의하면, 「사어소 업무취지」에서 나타난 짙은 민족적 의식은 이미 사어소를 설립하기 이전인 오래 전부터 중국의 학술계에 존재해 왔다는 것이다. 「국학문 건의서」를 읽어 보면 당시 중국의 학자들이 가지고 있는 강한 민족적 자존심을 느낄 수 있다. 「국학문 건의서」와 「사어소 업무취지」는 각각 베이징 대학 국학문과 중앙연구원 사어소의 학문에 대한 연구정신과 방향을 나타낸 것이다. 이 두 문서의 작성자는 각각 5·4 전후로 흥기한 두 세대의 학자에 속하나 그들의 글에는 짙은 민족적 의식이 깔려 있다.

252) "…… 在中國境內語言學和歷史學的材料是最多的, 歐洲人求之尚難得, 我們卻坐看他毀壞亡失. 我們着實不滿這個狀態, 着實不服氣就是物質的原料以外, 即便學問的原料, 也被歐洲人搬了去乃至偷了去." 傅斯年, 「史語所工作之旨趣」, 『史語所集刊』, 第1本 第1冊, 7쪽.

253) "文中所說的'不滿'與'不服氣'的情緒, 在當時的學術界, 已有很長的歷史……." 李濟, 「傅孟真先生領導的歷史語言研究所: 幾個基本觀念及幾件重要工作的回顧」, 史語所傅故所長紀念會籌備委員會, 『傅所長紀念特刊』, 11쪽.

선젠스가 가지고 있는 민족적 의식은 20세기 중국 학자들의 공통된 특징이지만, 장타이옌의 제자로서 젊은 시절에 다른 사람들보다 더 많은 민족주의의 영향을 받았을 것이며, 장타이옌의 학술 연구는 강한 민족적 의식을 띠고 있기 때문이다.[254] 그 외에 선젠스의 동년배 중에 천위안도 학계에서 민족적 의식이 강한 것으로 유명하다.[255] 1920년대 초 국학문의 연구생이었던 의생(毅生) 정톈팅(鄭天挺, 1899~1981)은 만년에 이르러 국학문 동인들이 용수원(龍樹院)에서 집회를 가졌을 때, 천위안이 갑자기 감개무량한 말투로 다음과 같이 말했던 일을 기억하고 있다.

> 지금 외국 학자들은 한학을 논할 때 파리가 어떻고 일본이 어떻고 하면서 중국에 대해서는 언급하지 않고 있다. 우리는 한학의 중심을 다시 중국으로, 베이징으로 되찾아 와야 한다.[256]

천위안의 제자의 기억에 따르면, 천위안은 1920~30년대에 이 말을 여러 차례 제기했다고 한다.[257] 그리고 사어소를 창립한 푸쓰녠도 「사어소 업

254) 吳蔚若, 「章太炎之民族主義史學」, 杜維運·黃進興, 『中國史學史論文選集』, 第2冊, 臺北: 華世出版社, 1979, 946~54쪽.

255) 선젠스와 천위안은 베이징에서 알게 된 후 왕래가 잦았다. 저우쭤런은 1917년 선젠스가 폐병에 걸려 향산에서 요양을 하고 있을 때 천위안이 이 사실을 알고 찾아갔고, 두 사람은 이때부터 "서로 협력해 국학연구의 명사가 되었다"라고 했다. 周作人, 『知堂回想錄』, 363쪽.

256) "現在中外學者談漢學, 不是說巴黎如何, 就是說日本如何, 沒有提中國的. 我們應當把漢學中心奪回中國, 奪回北京." 鄭天挺, 「鄭天挺自傳」, 馮爾康·鄭克晟, 『鄭天挺學記』, 北京: 三聯書店, 1991, 378쪽.

257) 예를 들어 웡두젠(翁獨健)은 다음과 같이 지적했다. "천위안이 옌징(燕京) 대학과 베이징 사범대학에 있을 때 이와 비슷한 말을 한 적이 있다. 천위안은 의도적으로 이런 이야기로 학생들을 자극해 한학의 영역에서 프랑스와 일본을 뛰어넘도록 힘써야 한다고 했다. 웡두젠은 자신이 후에 원대사 연구의 길을 가게 된 데는 천위안의 영향이 있었다고 인정했다." 翁獨健, 「我爲什麼研究元史」, 文史知識編輯部, 『學史入門』, 北京: 中華書局, 1992, 102쪽 참조. 陳述, 「回憶陳援庵老師的治學和教學: 紀念陳援庵老師誕辰110周年」, 紀念陳垣

무취지」에서 이와 비슷한 말을 남겼다.

> 서양의 동방 학자들이 가장 잘 하는 짓을 최근 들어 일본도 감히 하고 있는데, 우리 중국인들은 그냥 두 손 모아 감사하고 있을 뿐이다.[258)]

그리고 다음과 같이 호소했다.

> 우리는 과학적인 동방학의 정통이 중국에 있기를 원한다![259)]

이것으로 볼 때, 당시 학자들이 가장 걱정한 것은 중국의 역사와 문화에 대한 유럽과 일본 학자들의 연구성과가 본국의 학자들 위에 놓여 있다는 점이며, 이는 민족적 자존심이 걸린 것으로서 중국 학자들이 도저히 참을 수 없는 사실이었다.

「국학문 건의서」를 볼 때, 당시 학자들을 가장 분개하게 만든 것은 중국의 문물과 고적들이 다른 나라로 흘러간 것이다. 그 중 가장 가슴 아픈 일의 하나는 둔황 문물이 영국과 프랑스, 일본으로 흘러간 것이고, 또 하나는 영국인 모리슨의 장서가 일본인 이와사키 히사야의 손에 들어간 것이다.[260)] 이 두 가지 사건 가운데 둔황 문물이 밖으로 흘러가 유럽과 일본에

校長誕生110周年籌委會,『紀念陳垣校長誕生110周年學術論文集』, 322~23쪽 참조. 1925년 베이징 문화계 인사는 '둔황경적집존회'(敦煌經籍輯存會)를 성립해 둔황의 문물을 수집하고 정리하는 일을 했으며, 천위안이 이 회의 수집 주임을 맡았다.「敦煌經籍輯存會的組織」,『國學門周刊』, 第1卷 第8期(1925. 12. 2.), 21~23쪽 참조.

258) "西洋的東方學者之拿手好戲, 日本近年也有竟敢去幹的, 中國人目前只好拱手謝之而已." 傅斯年,「史語所工作之旨趣」,『史語所集刊』, 第1本 第1冊, 260쪽.

259) "我們要科學的東方學之正統在中國!" 傅斯年,「史語所工作之旨趣」, 같은 책, 266쪽.

260) 沈兼士,「國學門建議書」, 沈兼士, 앞의 책, 362쪽. 모리슨은 영국『泰晤士報』의 기자로서 1897년 베이징에 머물게 된 후부터 중국과 관련된 서적을 대량으로 수집하기 시작해 장서가 약 3만 권에 달했다고 한다. 그 가운데는 영국과 프랑스, 독일, 러시아, 네덜란드, 스페인, 이탈리아, 스웨덴 등지에서 구한 책들도 있다. 1917년 일본인 이와사키 히사야(岩

서 둔황학이 형성된 것이 20세기 중국의 학술계에 가장 커다란 파장을 일으켰다. 천인커(陳寅恪, 1890~1969)는 1930년 「천위안『둔황겁여록』서」(陳垣『敦煌劫餘錄』序)를 쓸 때 다른 사람의 입을 빌려 이러한 말을 했다.

> 둔황은 우리나라 학술의 가슴 아픈 역사이다.[261]

짧은 말이지만 둔황 문물의 유출과 외국에서의 둔황학 형성이 중국의 학자들에게 커다란 상처를 안겨주었음을 알 수 있다.

둔황 문물이 근대에 다시 세상에 모습을 드러낸 것은 1900년 도사 왕위안루(王圓籙)가 우연히 장경동(藏經洞)을 발견했을 때부터이다.[262] 1907년 헝가리 태생의 영국 탐험가 마크 아우렐 스타인(Mark Aurel Stein, 1862~1943)과 프랑스 학자 폴 펠리오(Paul Pelliot, 1878~1945)가 잇따라 둔황에 도착해 각각 문서 수천 권을 가져갔다.[263] 이후 그 문서들 가운데 일부는 영국 런던의 대영박물관 동방부에 소장되었고, 일부는 프랑스의 파리 박물관에 소장되었다. 1909년 펠리오가 둔황 문서들을 프랑스로 운송할 때 베

崎久彌)는 3만 5,000파운드를 주고 모리슨의 장서를 구입한 후 일본으로 운반해 중국과 구미 여론계의 주목을 끌었다. 周振鶴, 「從莫利遜文庫到東洋文庫」, 『讀書叢刊: 深情者的眼淚』, 香港: 城市資信, 1994, 93쪽. 같은 해에 『동방잡지』는 '愉之'라는 이름을 쓰는 사람이 집필한 「記莫利遜之藏書」를 실었다. 그는 이 일의 경위에 대해 상세히 서술하고 있으며, 끝부분에 "오늘 모리슨의 귀중한 장서를 이미 일본인이 소유하게 되었다. 중국 학자는 후회해야만 한다. 다시 이러한 서적을 수집하고 베이징에 도서관을 세워 지난 일에 대해 속죄함으로써 부끄러움을 씻어야 한다. 이는 사어소가 중국 학자에게 깊은 희망을 거는 바이다." 愉之, 「記莫利遜之藏書」, 『東方雜志』, 第14卷 第12號(1917. 12.), 35쪽. 이 말은 중국인의 보편적인 마음을 드러낸 것이다. 선젠스는 6년 후 「국학문 건의서」를 쓸 때에도 여전히 이 일에 대해 언급한 것을 보면, 이러한 장서가 밖으로 유출된 것이 중국 학자들에게 엄청난 자극이 되었음을 알 수 있다.

261) "敦煌者, 吾國學術之傷心史也." 陳寅恪, 「陳垣『敦煌劫餘錄』序」, 陳寅恪, 『金明館叢稿二編』, 236쪽.

262) 蘇瑩輝, 『敦煌學概要』, 臺北: 五南圖書公司, 1988, 21~22쪽.

263) 같은 책, 25쪽.

이징을 경유하면서 류궈반점(六國飯店)에서 중국의 학자들에게 일부 책들을 보여주었다. 당시 뤄전위와 왕런쥔(王仁俊)이 초청을 받아 가보았는데, 펠리오가 유창한 베이징 말로 둔황 문서를 소개하는 것을 보고 아주 놀랐다고 한다.[264] 뤄전위는 돌아온 후 바로 「둔황석실서목 및 발견한 원시자료」(敦煌石室書目及發見之原始)를 써서 『동방잡지』 제6권 제10기에 게재했다. 그 후 둔황 문서가 중국의 학자들에게 점차 알려지기 시작했다.[265] 뤄전위와 리성둬 등의 독촉에 따라 청나라 정부의 학부는 나머지 둔황 문서들을 베이징으로 운송해 경사도서관에 소장하라는 명을 내렸다. 하지만 운반 도중에서도 많은 문서들이 분실되었다.[266]

둔황 문물이 출토된 이후, 일본 신문에서는 즉시 「둔황석실의 발견물」(敦煌石室發見物)이라는 제목으로 이 일에 대해 크게 보도했다. 사실 일본인들은 1902년부터 이미 유럽 사람들을 바짝 뒤따르며 오오타니 코우즈이(大谷光瑞)를 중심으로 한 중아탐험대를 결성해 둔황 문물을 포함한 대량의 고물들을 가져간 뒤[267] 바로 둔황 문서에 대한 연구를 진행했다. 1910년 교토(京都) 제국대학의 군산(君山) 카노 나오키(狩野直喜, 1868~1947)와 호차랑(虎次郎) 나이토 코난(內藤湖南, 1866~1934), 오가와 타쿠지(小川琢治, 1870~1941), 하마다 고사쿠(濱田耕作, 1881~1938), 도미오카(富岡謙藏, 1872~1918) 등의 학자 역시 직접 중국에 와서 둔황 유서(遺書)들을 조

264) 賀昌群, 「近年西北考古的成績」, 金自強·虞明英, 『賀昌群史學論著選』, 110쪽.

265) 賀昌群, 「今年西北考古的成績」, 앞의 책, 110쪽. 러전위는 친구 왕캉녠(汪康年)의 편지 속에서 둔황 문서가 외국 사람에 의해 발견된 일에 관해 "매우 기쁘면서도 한스럽고 비참한 일이다"라고 말했다. 羅振玉, 「致汪康年函」, 『汪康年師友書札』, 第3冊, 上海: 上海古籍出版社, 1987, 3169쪽.

266) 이 8,000여 권의 둔황 문서가 베이징에 운송된 후, 줄곧 경사도서관(후에 베이징 도서관으로 개칭)에 보존되었다. 1920년대에 이르러 천위안은 약탈되고 남은 이러한 문서들을 종류별로 나누어 목록을 만든 후에 1931년 '敦煌劫餘錄'이라는 서명으로 출판했다.

267) 賀昌群, 「近年西北考古的成績」, 앞의 책, 112쪽. 張豈之, 『中國近代史學學術史』, 北京: 中國社會科學出版社, 1996, 399~400쪽.

사하고 찾아다니면서 각 지역에 흩어져 있는 적잖은 책들을 가져갔다.[268)] 1911년 코난 등이 가져간 둔황 문물은 교토 제국대학에서 공개 전시되면서 일본 학계에 일대 둔황 열풍을 일으켰다.[269)]

둔황 문물의 발견과 타국으로의 유실은 사실 19세기에 시작된 영국과 프랑스, 러시아, 일본 등이 중국 서북 지역에서 진행한 탐험의 결과이다. 이들 탐험대가 중국에서 지질 탐사와 고고학 발굴작업을 벌인 결과로 수많은 고대 문물들이 다시 세상에 모습을 드러냈다. 한편 새로 출토된 문물 가운데 둔황 천불동(千佛洞)에서 출토된 물량이 가장 많았고, 문서의 내용이 다룬 범위도 가장 넓었다.[270)] 둔황 문물이 출토된 이후, 유럽인들은 새로 출토된 이 문서부터 착수해 빠르게 '둔황학'이라는 학문을 발전시켜 나갔다.[271)]

1930년 천인커는 천위안의 『둔황겁여록』의 서문에서 둔황 문물이 출토된 뒤부터 둔황학이 형성되기까지의 기간은 겨우 20여 년밖에 되지 않지만, 이 학문은 이미 세계 학술의 새 조류를 형성했으며, 연구자들도 "동쪽 일본에서부터 시작해 서쪽의 프랑스와 영국에 이르기까지 각국의 학자들이 각각의 연구범위에서 모두 성과를 거둔 바 있다"라고 지적했다.[272)] 사실상 허창췬(賀昌群, 1903~73)의 말처럼 둔황 천불동을 포함한 중국 간쑤와 신장 각지의 문물들이 출토된 후, 이들 문물은 빠르게 국제 '동방학'의 중

---

268) 狩野直喜, 「回憶王靜安君」, 陳平原·王楓, 『追憶王國維』, 342쪽.

269) 둔황 문물이 일본으로 유입된 경위와 둔황학이 일본에서 형성된 상황에 대해서는 嚴紹璗, 『日本中國學史』, 268~79쪽 참조.

270) 외국 탐험대가 중국에서 활동한 개황에 대해서는 賀昌群, 「近年西北考古的成績」, 앞의 책, 102~45쪽 상세히 참조.

271) '둔황학'이라는 용어는 1930년대 천인커가 천위안의 『敦煌劫餘錄』을 위해 쓴 서문에서 가장 먼저 보인다. 陳寅恪, 「陳垣『敦煌劫餘錄』序」, 陳寅恪, 『金明館叢稿二編』, 236쪽. '둔황학'의 '敦' 자는 천위안의 원문에는 '燉' 자로 되어 있지만 현재 일반적으로 '敦' 자로 쓴다.

272) 같은 곳.

심적인 연구과제가 되었고, "동서양을 막론하고 학계의 모든 관심이 이곳에 집중되었다."[273] 중국에서 출토된 둔황 문물은 먼저 외국인들이 정수를 가져간 후, 이어서 유럽과 일본에서 국제적인 현학으로 발전했다. 하지만 중국 학자들은 이에 대해 뭐라 참견할 수 없었으므로 그들에게는 참으로 가슴 아픈 일이 아닐 수 없다.[274]

베이징 대학 학자 가운데 유럽에서 둔황 문물들을 소장하고 연구하는 일에 가장 먼저 주의를 기울인 사람은 차이위안페이였다. 1921년 3월 차이위안페이는 유럽 시찰 때 특별히 펠리오를 방문했다. 그의 『서유일기』(西遊日記)에는 1921년 3월 2일에 두 사람이 만난 장면을 기록하고 있다.

> 펠리오 씨를 방문했을 때, 그는 신장에서 얻은 고물 가운데 어떤 것은 루브르 박물관에 있고 어떤 것은 동방고물관에 있으며, 현재 아직 고증을 마치지 못했거나 인쇄비가 상당히 비싸서 잠시 출판하지 못하고 있다고 했다.[275]

2개월 후, 차이위안페이는 영국으로 건너가 대영박물관에서 둔황 문물들을 참관했다. 『서유인기』의 1921년 5월 9인 내용에는 다음과 같이 기록

273) 賀昌群, 「近年西北考古的成績」, 앞의 책, 103쪽.

274) 1980년대에 이르러 중국 학자는 비록 이미 둔황학 연구에서 상당한 성적을 거두었지만 여전히 장기적으로 다른 나라에 뒤처짐으로 인해 마음속에 쌓인 굴욕감을 떨쳐버리지 못했다. 돤원제(段文傑) 같은 이는 분을 참지 못하고 "1949년 이후 어디서부터인지 모르게 차가운 바람이 불어왔다. 둔황은 비록 중국에 있었지만 둔황학은 도리어 외국에 있었다. 조금이나마 민족의 자존심을 가진 사람이라면 이에 대해 분명 마음이 편치 않을 것이며, 특히 장기간 둔황 연구에 종사해 온 사람이라면 더더욱 속이 답답할 것이다"라고 지적했다. 段文傑, 「我國敦煌史的里程碑: 代前言」, 敦煌文物研究所, 『1983年全國敦煌學術研討會文集: 石窟·藝術篇(上冊)』, 蘭州: 甘肅人民出版社, 1985, 2쪽 참조.

275) "訪伯希和(Pelliot)君, 據言在新疆所得之古物, 有在魯佛爾博物院者, 有在東方古物館者, 現考訂未竟, 且印費極貴, 一時未能出版." 蔡元培, 「西遊日記」, 1921. 3. 2, 高平叔, 『蔡元培文集: 卷十三·日記(上)』, 488쪽.

되어 있다.

> 대영박물관을 참관했다. …… 불화 5폭을 보았는데 둔황석실의 것이었다. 총 200여 첩이 있다고 한다.[276)]

이튿날 『서유일기』에 또 다음과 같이 기록했다.

> 류반눙(劉半農), 푸멍진(傅孟津)과 함께 대영박물관을 참관하면서 질레스(Jiles) 씨를 방문했더니 둔황석실의 고사본(古寫本)과 절운(切韻) 4권, 어린 공주 서신 1장, 당나라 역본 2쪽, 목간 몇 개를 보여주었다. 이미 이것들은 사판(沙凡) 씨의 책에 실려 있다.[277)]

중국의 소중한 역사 문물들이 유럽 박물관에 수장되어 유럽 학자들의 정리와 탐구, 해석을 기다리는 것을 보고 있는 차이위안페이와 푸쓰녠 등의 심정이 참으로 어떠했는지는 충분히 상상이 간다.

2. 유럽 동방학 연구의 흐름에 참여

베이징 대학 학자들은 상심한 나머지 분발하기로 결심했다. 자료 수집과 연구방법면에서 외국 학자들에게 배움으로써 짧은 기간 내에 국제 동방학 연구의 '흐름'에 '동참'해[278)] 학술 분야에서 외국인에게 뒤처진 수치를 씻고자 했다. 사실 「국학문 건의서」에서 제의한 '동방학'을 정리해 세계에 기

---

276) "參觀不列顛博物院 …… 見示佛教圖像五幀, 系自敦煌石室搜得者, 聞共有二百餘幀云." 蔡元培, 「西遊日記」, 1921. 5. 9, 같은 책, 506쪽.

277) "偕劉君半農, 傅君孟眞往觀不列顛博物院, 訪齊勒君(Jiles), 見示敦煌石室中所得古寫本, 有切韻四卷, 小公主信一紙, 唐時歷本二葉, 又有木簡若干件, 已見沙凡氏書中." 같은 곳.

278) '預流'의 뜻은 陳寅恪, 「陳垣『敦煌劫餘錄』序」, 앞의 책, 236쪽에서 인용한 것임.

여하겠다는 말에는 국학문 학자들이 유럽의 동방학 연구의 길을 가겠다는 뜻이 은연중에 담겨 있는 것이다.[279)]

이른바 '동방학'(Oriental Study)이란 원래 외국어를 번역한 용어로, 19세기 유럽에서 시작된 아시아 지역의 역사와 문화를 연구대상으로 한 학문 분야를 가리킨다. 이 학문은 처음에 유럽 국가들이 동방에서 식민지를 확장함에 따라 나타난 것이다. 중국은 지리적으로 아시아 지역에 속해 있기 때문에 구미 학자들은 중국의 역사와 문화에 대한 연구를 '동방학'의 범위에 포함시켰다.[280)] 그러나 중국의 광활한 토지와 유구한 역사문화로 보자면, 아시아 국가에서 인도와 함께 선두를 차지하며 이로써 중국의 역사와 문화를 탐구하는 학자들이 점점 늘어나면서 이른바 '한학'(漢學) 연구(Sinology)가 형성되었다.

구미 국가 가운데 프랑스의 한학 연구는 동방학 영역에서 가장 먼저 독립적인 자리를 차지했다. 프랑스의 경우 18세기부터 선교사들을 중국으로 파견했고, 그들은 귀국 후 중국의 경전을 번역하고 중국의 역사와 문화에 대한 기초 지식을 소개했기 때문에[281)] 일찍부터 중국의 언어 문자학과 제도를 위주로 탐구한 전통이 있다. 그리고 프랑스의 동방학 연구는 일찍부

279) 머우룬쑨(牟潤孫)은 일찍이 다음과 같이 지적했다. "베이징 대학 국학문에서 하는 연구는 서방을 따르려는 '한학자'와 서방 한학의 영향을 받은 일본의 '지나학자'들의 연구방법과 범위로 연구하고 있다." 이는 참으로 근거가 있는 말이다. 牟潤孫, 「北京大學研究所國學門」, 牟潤孫, 『注史齋叢稿』, 414쪽 참조.

280) 독일을 예로 들면, 1887년 베를린 대학교는 동방언어연구소를 설립하고 독일 외교부와 상계에서는 언어 인재를 양성했다. 1898년 『베를린 프리드리히 빌헬름 제국대학 동방연구소 학보』 창간호에는 동아시아, 서아시아, 아프리카 등으로 나누어 이 지역의 역사문화에 대해 연구한 내용이 실렸다. 1912년에 이르러서야 베를린 대학교에 정식으로 한학연구소가 설립되어 중국의 문화와 지식, 몽골과 서장의 역사를 연구·전수하는 것을 위주로 했다. 이에 이르러 '한학'이 비로소 더 이상 '동방학'에 의지하지 않고 독립적인 발전의 지위를 얻었다. 張國剛, 『德國的漢學研究』, 北京: 中華書局, 1994, 31, 35쪽 참조.

281) 프랑스 선교사가 18세기 중국의 전적과 역사, 문화에 대해 소개한 일에 대해서는 福井文雅, 馮佐哲 譯, 『歐美的道教研究』, 福井康順 等 監修, 朱越利 等 譯, 『道教(第三卷)』, 上海: 上海古籍出版社, 1992, 225쪽 참조.

터 중국과 중국 주변 민족의 역사와 문화를 주요 연구 내용으로 하고 있었다. 1814년 프랑스의 최고 학술기구인 아카데미 프랑세즈는 우선 '중국과 달단 만주어와 문자'라는 강좌까지 개설했다. 이는 구미 국가의 고등 학술기구로서 가장 먼저 한학 강좌를 설립한 경우이다.[282] 1898년 말에 이르러 프랑스는 또 중국과 아시아의 역사와 문화를 가까이에서 연구하기 위해 베트남 하노이에 프랑스 극동(遠東)학원을 설립했다.[283]

중국 역사와 문화에 대한 프랑스의 연구는 유럽과 미국에 앞서 있다. 또한 에두아르 샤반(Edouard Chavannes, 1865~1918)은 1893년 아카데미 프랑세즈의 교수가 된 후, 그의 제자 펠리오 등과 함께 19세기 유럽 탐험대가 중국에서 발굴한 자료들을 토대로 『유사추간』(流沙墜簡), 둔황 문서 등의 자료에 대한 탐구를 했다.[284] 그 중에서 특히 펠리오의 연구성과가 가장 두드러졌다. 이 학자들의 연구성과는 대부분 하노이의 프랑스 극동학원이 출간하는 『프랑스 극동학원 회간』(*Bulletin de l'Ecole Francaise d'Extreme Orient*)과 프랑스 파리에서 발행하는 『통보』(通報, *T'oung-Pao*)에 논문 형태로 게재되었다. 이 논문들은 대부분 개별적인 특별한 문제에 대해 깊이 있게 연구한 것일 뿐 큰 주제에 대한 추상적인 토론을 한 것은 아니었다.[285]

샤반과 펠리오를 비롯한 학자들의 노력으로 프랑스의 동방학은 19세기와 20세기에 전성기를 맞이했다. 영국과 독일, 미국 등은 이에 미치지 못했

282) 구미의 기타 일류 대학과 비교해 볼 때, 영국 옥스퍼드 대학교는 1875년 처음으로 한학과를 설치했고, 네덜란드 라이덴 대학교는 1875년에 한학연구원을 설립했으며, 독일 베를린 대학교는 1912년에서야 처음으로 한학 강좌를 개설했다. 張國剛, 『德國漢學研究』, 32, 35쪽 참조.

283) 沙畹(E. Chavannes) 著, 李璜 譯, 『法國漢學小史』, 李璜, 『法國漢學論集』, 珠海書院出版委員會, 1975, 215~16쪽.

284) 沙畹(E. Chavannes) 著, 李璜 譯, 『法國漢學小史』, 같은 책, 214~15쪽.

285) 葉理綏(S. Elisseeff) 著, 李璜 譯, 『保祿·伯希和(1895~1945)生平概略』, 같은 책, 54쪽.

다.[286] 1908년 독일인 크나페(W. Knappe)는 유럽 한학의 현황에 대해 논평하는 보고에서 "프랑스가 멀리 앞서 있고, 그 다음으로 영국이 2위, 네덜란드가 3위이고, 4위는 러시아와 독일을 꼽을 수 있다"라고 언급했다.[287] 이 말은 이 분야에서 독일의 연구 수준이 프랑스와 영국, 네덜란드, 러시아보다 크게 뒤떨어져 있다는 뜻이다. 먼 미국의 경우 그 당시에는 더 멀리 뒤떨어져 있었다.[288] 제1차 세계대전을 전후로 하여 프랑스의 동방학 연구는 더욱더 전성기로 접어들어갔고 샤반의 유저(遺著)가 잇따라 출판되었다. 또한 펠리오와 앙리 마스페로(Henry Maspero, 1883~1945)의 작품들이 잇따라 발표되면서 유럽의 한학계에 지대한 영향력을 발휘했다.[289] 파리가 확실히 세계 동방학 연구와 한학 연구의 중심지가 된 것이다.

1923년 1월, 대체로 차이위안페이의 주도 아래 설립된 지 얼마 안 된 베이징 대학 국학문은 펠리오를 고고학 통신 연구원으로 초대했다.[290] 당시 펠리오는 아카데미 프랑세즈에서 아시아 언어와 역사, 고고학을 가르치는 교수이자 유럽에서 가장 중요한 동방학 연구 간행물인 『통보』를 주관한 인

286) 후쿠이 코우쥰(福井文雅)은 "19세기 후반부터 20세기 전반까지 프랑스의 한학과 동방학은 황금시대를 맞이했다. 네덜란드와 러시아, 스위스, 독일에서 온 학생들은 에두아르 샤반(Edouard Chavannes)의 문하에 모였고, 그들은 귀국 후에도 각지로 흩어져 현대 한학을 보급했다"라고 기술했다. 福井文雅, 馮佐哲 譯, 『歐美的道教硏究』, 231쪽 참조.

287) 크나페(W. Knappe)의 평론. 張國剛, 『德國漢學硏究』, 34쪽 재인용.

288) 미국은 1843년 미국 동방학회를 설립하고 아시아와 아프리카 등의 지역 언어를 연구하는 것을 목표로 삼았다. 중국에 대한 연구는 동방학 범주 안에 속한다. 한학이 미국에서 독립적 지위와 커다란 발전을 거둔 것은 20세기 이후의 일이다. 費正淸(J. K. Fairbank) 著, 林海 等 譯, 「七十年代的任務: 硏究美國與東亞的關系」, 費正淸, 『費正淸集』, 天津: 人民出版社, 1992, 399~400쪽 참조.

289) 李璜, 「關於保祿·伯希和」, 李璜, 『法國漢學論集』, 47쪽. 리황(李璜)은 1919~24년에 파리에서 유학을 했기 때문에 프랑스의 동방학 발전에 관한 상황을 관찰할 수 있었다. 李璜, 『學鈍室回憶錄』, 臺北: 傳記文學雜志社, 1978, 41쪽 참조.

290) 펠리오와 함께 고고학 통신원으로 초빙된 사람으로는 일본 학자 이마니시 류(今西龍)가 있다. 蔡元培, 「敦請今西龍伯希和爲北京大學考古學通信員的便條」, 高平叔, 『蔡元培文集: 卷十一·書信(中)』, 52쪽 참조.

물로서, 프랑스는 물론 세계 동방학 연구 분야의 리더라고 할 수 있었다. 또한 국학문 동인들은 그가 둔황 문물의 발견자이자 둔황학의 개척자로서 둔황학 연구에 관한 최신 정보를 제공해 줄 것으로 기대했다. 생각한 대로 펠리오는 통신연구원이 된 이후 바로 자신의 프랑스어 저작을 국학문에 보내주었다. 『국학 계간』 제1권 제1호에 발표된 「연구소 국학문의 중요 기사」(研究所國學門重要紀事)에는 다음과 같이 언급되어 있다.

> 국학문은 뤄전위 선생을 통해 폴 펠리오 선생이 보내온 중국 고학연구에 관한 프랑스 책 20종을 받았다. 쑨방쥔(孫芳君)이 번역 작업에 들어가 현재까지 총 8종을 번역했다…….[291)]

동인들이 펠리오의 저작을 얼마나 중요하게 생각하는지를 알 수 있는 대목이다.

펠리오의 저작을 번역하는 것 외에 기타 프랑스 학자들의 중요 저작들도 동인들의 주목을 끌었다. 1924년 파리 대학교에서 박사학위를 받고 귀국한 지 1년 후 베이징 대학에서 강의를 시작한 리황청(李璜曾)은 다음과 같이 말했다.

> 민국 15년 봄, 내가 베이징 대학에서 교편을 잡고 있을 때 동료 쉬빙창(徐炳昶) 선생이 마르셀 그라네(M. Marcel Granet) 선생의 신서 『옛 중국의 무도와 신비 고사』(古中國的舞蹈與神秘故事) 1권을 가져와 …… 국문학 연구소에 새로 이 책 한 권이 들어왔으니 나에게 대신 읽어보라고 하면서, 시간이 되면 책의 내용을 간략하게 좀 써서 알려달라고 했다. …… 나는 그 자리에서

291) "國學門前承羅振玉先生轉交伯希和先生Paul Pelliot寄來關於研究中國古學之法文書二十種, 由孫芳君擔任翻譯, 現已譯出者共計八種……." 「研究所國學門重要紀事」, 『國學季刊』, 第1卷 第1號, 198쪽.

동의했다.[292)]

마르셀 그라네(1884~1940)는 샤반의 학생이었으며, 『옛 중국의 무도와 신비 고사』를 1926년 프랑스에서 막 출판한 상태였다.[293)] 국학문 동인들은 같은 해 봄에 이미 이 책을 입수해 번역에 착수했다. 이를 통해 동인들이 프랑스 동방학의 상황에 대해 많은 관심을 보이며 발빠른 대응을 했다는 사실을 엿볼 수 있다.

국학문 동인들은 프랑스의 동방학 학계와 밀접한 관계가 있었을 뿐만 아니라 일본의 동양학 연구 동태에 대해서도 주의 깊게 살폈다. 국학문이 일본 학계를 주목한 것은 우연이 아니었다. 20세기 들어 일본 학계는 힘차게 유럽의 동방학 연구의 뒤를 따라 빠른 속도로 동양사 연구의 새로운 학과를 확립했다.

일본의 동양사 연구는 중국의 역사와 문화를 주요 대상으로 했고, 그 외 다른 아시아의 역사와 문화에 대한 연구를 겸한 학과였다.[294)] 도쿄 제국대학에서 '동양제국의 역사'를 처음 강의한 시라토리 쿠라키치(白鳥庫吉, 1865~1942)는 독일의 역사가 레오폴트 폰 랑케(Leopold von Ranke, 1795~1886)의 제자 루트비히 리스(Ludwig Riess, 1861~1928)에게 배웠다.[295)] 쿠라키치는 1901년 유럽에서 개최한 국제동방학회의에 참석해 독일

292) "民國十五年春天, 我在北京大學教書時, 同事徐炳昶先生拿着馬爾塞爾格拉勒先生(M. Marcel Granet, 即葛蘭言)新著的「古中國的舞蹈與神秘故事」…… 一書來, 說是大學國學門研究所新得此書, 請我代讀一遍; 如果有工夫, 便請我把書的內容略爲寫點出來, 作爲報告 …… 我立刻便答應了." 李璜, 「古中國的舞蹈與神秘故事」, 李璜, 『法國漢學論集』, 145쪽.

293) 李璜, 「古中國的舞蹈與神秘故事」, 같은 책, 160쪽.

294) 劉俊文, 「日本的中國史研究(2): 東洋史學的創立與發展(上)」, 『文史知識』, 第128期, 北京: 中華書局, 1992. 2, 108쪽 참조.

295) 1887년부터 1902년까지 일본 도쿄 제국대학은 랑케의 제자 루트비히 리스를 초빙해 사학과에서 교육을 담당하게 했다. 랑케 일파의 사학이론은 일본으로 들어감과 동시에 사학회의 성립(1888)과 『史學會雜志』 출판(1889)을 촉진했다. 시라토리 쿠라키치(白鳥庫吉)는 리스가 도쿄 제국대학에서 강의할 때 제1회 졸업생으로서 스승을 평생 존경했다. 이

과 프랑스의 동방학 학자들을 만났다. 그 후 한동안 유럽에 남아 각종 중앙아시아의 언어를 배웠고, 그 후 일본으로 돌아가 주로 중국 변방 민족의 역사 연구에 종사했다. 그의 학생 하네다(羽田) 역시 스승의 영향을 받아 몇몇 중앙아시아 언어에 정통했으며, 중국 서북부에서 발견된 새로운 자료를 활용해 연구하면서 둔황학의 대가로 성장했다.[296] 교토 대학의 교수들도 유럽의 동방학이 발전해 가는 상황에 깊은 관심을 보였다. 예를 들어, 일본 동양사의 창시자로 존경받고 있는 카노 나오키는 일찍이 1911년에 아우렐 스타인과 펠리오 및 러시아 탐험대가 가져간 둔황 문서를 찾기 위해 먼 유럽으로 건너갔다. 유럽에서 돌아온 나오키는 새로 발견한 자료들을 바탕으로 『중국속문학사연구자료』(中國俗文學史硏究資料)를 편찬해 둔황 문서를 중국 속문학의 연구영역으로 편입시켰다.[297]

일본 학자들은 둔황 문서에 대해 관심을 갖고 그 자료들을 활용해 중국 역사를 연구했고, 그 연구성과는 갈수록 중국 학자들의 중시를 받았다. 뤄전위와 왕궈웨이는 신해년 후에 일본으로 건너가 교토의 학자들과 교류하면서 그들의 동양사 연구와 발전에 대해 자세히 파악했다.[298] 베이징 대학의 국학문 학자의 대부분은 일본 유학생들이었기 때문에 일본 학계의 발전에 대해 전혀 모를 리가 없었다. 예를 들어, 1920년 저우쭤런이 일본 학자 아오키 마사루(青木正兒, 1887~1964)에게 보낸 편지에는 이런 내용이 담겨 있다.

> 저는 오래 전부터 중국학 분야에서 귀국의 학자들이 중국 본토 학자들보다 더 많은 학술적 연구를 했고 가치 있는 논문과 서적들을 많이 발표했다

야기에 따르면, 만년에 병상에서도 학생 시절 스승의 강의시간에 적어두었던 노트를 침상 곁에 두었다고 한다. 嚴紹璗, 『日本中國學史』, 314~15, 325~26쪽.

296) 賀昌群, 「日本學術界之'支那學'硏究」, 『圖書季刊』, 第1卷 第1期, 臺北: 文海出版社影印, 1934. 3, 20~21쪽.

297) 嚴紹璗, 『日本中國學史』, 383~85쪽 참조.

298) 羅振玉, 「雪堂自傳」, 羅振玉, 『羅雪堂先生全集五編』, 第1冊, 32~33쪽.

고 알고 있습니다…….[299)]

또한 「베이징 대학의 국학 정리 계획서」(北大整理國學計劃書)의 저자도 다음과 같이 언급했다.

일본인이 우리나라 학술에 관해 저술한 책들 가운데 가치 있는 것들이 많으며, 지금까지 중국에서 찾을 수 없는 책들이 많다. 우리는 이들을 먼저 방문한 다음 어떻게 입수해야 할지 고려해야 한다.[300)]

같은 글에 또 이런 말이 있다.

구미의 학문 연구는 예컨대 역사학, 사회학, 지질학 등의 경우 종종 고대 기물을 증거로 한다. 최근에는 일본에서도 이에 대해 주의를 기울이면서 거금을 아끼지 않고 우리나라에서 고대 기물을 구한다는 말을 종종 듣는다. 이는 정말 중요한 일이다. …… 고대 기물을 수집하는 것은 국학 정리에 큰 도움이 된다.[301)]

이 글의 저자는 고대 기물을 바탕으로 하여 학술 연구에 종사하는 일본 학자들로부터 깊은 인상을 받은 것이다.

선젠스는 저들의 고고학 연구의 발전적 경험을 배우기 위해 1922년 2월

299) "我早已知道, 在中國學方面, 貴國的學者比中國本土的學者作出更學術性的研究, 還發表出版了很多有價值的論文和書籍……." 周作人, 「致青木正兒」(1920. 12. 15.), 黃開發, 『知堂書信』, 北京: 華夏出版社, 1995, 277쪽.

300) "日本人所著關於吾國學術之書可資擇取者亦甚夥, 而向少流行於中土, 皆當先訪而後謀致之." 「北大整理國學計劃書」, 『北大日刊』, 1920. 10. 19, 3쪽.

301) "歐美之治學術, 若歷史學, 社會學, 地質學等, 往往恃古器物爲印證. 近時日本亦注意於此, 不惜巨資潛古器物於吾國者, 時有所聞, 誠有所重也 …… 則搜求古器物, 其有助於整理國學者甚大." 「北大整理國學計劃書(續)」, 『北大日刊』, 1920. 10. 20, 2쪽.

당시 일본에 체류하고 있던 장펑쥐와 선인모에게 교토 대학의 수석 고고학 강좌 교수인 하마다 고사쿠를 방문해 달라고 요청했다.[302] 고사쿠는 근대 일본 고고학의 주요 개척자로서 베이징 대학 국학문이 고고학 연구실을 개설하는 데 깊은 관심을 표하면서 장펑쥐와 선인모에게 교토 대학의 고고학 발전 상황에 대해 상세하게 설명해 주었다. 베이징 대학 국학문이 고고학을 발전시키는 데 그는 많은 중요한 제안과 정보를 제공해 주었다. 예컨대, 고고학 연구실 설립에 필요한 장비와 자료수집에 필요한 주의사항, 외국의 학술기구들과 자료를 교환하는 방법, 외국의 동방고고학 분야의 전문가와 참고도서 등을 소개해 주었다.[303] 이는 후일 국학문의 고고학 발전에 중요한 영향을 끼쳤다.

국학문은 국제 동방학계의 유명 학자들과 직접 연락을 취하는 한편, 국내에서도 뤄전위를 고고학 통신원으로 예우했다. 그는 1920년대 초 중국 학자 가운데 유럽과 일본의 동방학계와 가장 빈번하게 왕래한 사람 중의 한 명이기 때문이다.[304] 앞서 언급한 펠리오가 국학문에 보내온 서적도 당시 뤄전위를 통해 증정된 것이었다. 1921년 러전위가 아카데미 프랑세즈로부터 고고학 통신원으로 임명되었다는 소식을 전해 듣자, 베이징 대학에서는 1922년 봄 차이위안페이 총장이 나서서 그에게 "직위를 주지 않고 학교에 출근할 필요가 없는" 신분을 제공하고 "국외인으로서 지도적 책임을 다해 달라고" 특별히 부탁했다. 베이징 대학은 또한 왕궈웨이에 대해서도 같은 예우를 했다. 상하이에 거주하고 있던 왕궈웨이에게 막 성립한 국학문을 위해 많은 지도를 부탁한다고 청했다.[305] 학술상의 공헌으로 말하자면, 러전위는 둔황 문서를 소개하고 연구한 학자일 뿐만 아니라 근대 중국 내에서 새로 출토된 안양 갑골, 『유사추간』과 같은 각종 고대 문물을 수집해

302) 「張鳳擧先生與沈兼士先生書」, 『北大日刊』, 1922. 3. 6, 1쪽.

303) 「張鳳擧先生與沈兼士先生書」, 같은 책, 1~2쪽.

304) 羅振玉, 「雪堂自傳」, 羅振玉, 『羅雪堂先生全集五編』, 第1冊, 32~35, 39쪽.

305) 羅振玉, 「致王國維函」, 1922. 3. 19, 王慶祥 等 校注, 『羅振玉王國維往來書信』, 525쪽.

인쇄하고 아울러 왕궈웨이와 함께 고증과 해석을 했다.[306] 그들의 연구과제는 당시 유럽과 일본에서 가장 뜨거운 주제였고, 연구 결과 역시 유럽과 일본 학자들에게 크게 인정을 받았다. 다시 말해, 1920년대 초 중국의 학자 가운데 진정으로 동방학 연구의 '흐름'에 참여했다고 할 수 있는 사람은 바로 뤄전위와 왕궈웨이이다. 그들이 가장 먼저 국학문에 초대된 것도 동인들이 조속히 국제 동방학 학계에 발을 들여 놓으려는 기대와 결심을 반영한 것이다.

3. 국제 학술교류의 네트워크에 참여

국학문의 영향력을 확대하고 빠른 시일 안에 국제 동방학계에서의 위치를 다지기 위해 국학문 동인들은 설립 초기부터 학술과 관련한 정기간행물을 출판할 계획을 세워왔다. 1922년 국학문위원회가 제1차 회의를 열었을 때, 위원장 차이위안페이는 연구소가 정기간행물의 출판을 책임져야 한다고 제기했고, 그 자리에서 후스를 간행물 편집장으로 선출했다.[307] 같은 해 3월 21일『국학 계간』은 공식적으로 편집부 회의를 열어 후스를 편집장으로 추천하고 편집위원회의 명단을 정했다.[308]

그리고 차이위안페이는 베이징 대학의 정기간행물 발행관련규정을 작성하고 계간지 편집위원의 토론과 회의를 거쳐 통과시켰다.[309] 이 규정은 계간의 편집 기준과 편집자 및 투고자의 권리와 의무에 대해 상세하게 설명하고 있다. 계간의 조례를 보면 다음과 같다.

306) 羅振玉,「雪堂自傳」, 앞의 책, 33~34쪽.

307) 「研究所國學門委員會第一次會議紀事」,『北大日刊』, 1922. 2. 27, 3쪽.

308) 社科院近史所,『胡適的日記』, 1922. 3. 21, 上冊, 292쪽.

309) 蔡元培,「北大季刊編輯員討論會議決之條件」의 말미 편집자 註, 高平叔,『蔡元培文集: 卷三·教育(下)』, 247쪽 참조.

계간 조례: (1) 유럽 언어의 요약문 첨부 (2) 제4기마다 전체 연도 색인 첨부 (3) 페이지 수는 매년 자유로이 정함 (4) 장편의 글은 반드시 1년 내에 게재 완료해야 한다.[310)]

이들 조항들은 『국학 계간』의 출판을 위해 제도적 기반을 마련한 것이다. 이 중 유럽 언어의 요약문을 첨부해야 한다는 조항은 국제학술계와 교류하려는 목적으로 보인다.[311)] 대학 연구소가 발행하는 학술간행물인 『국학 계간』은 처음부터 넓은 세계적인 시야를 가지고 있었고 국제 학술사회에 융합하려는 의도가 있었다. 사실 간행물을 출간하자고 제의한 차이위안페이는 10년 전에 「학풍·발간사」(學風·發刊詞)를 쓸 때 문화의 세계주의를 뚜렷하게 표출했다. 그는 다음과 같이 말했다.

오늘날은 세계적으로 대교류의 시대인가? …… 프랑스와 독일은 적대국이지만 철학과 문학 서적이 서로 번역되고 …… 일본은 갈수록 유럽화되고 있는 것을 보지 못했는가? …… 그리고 유럽 각국들이 서로 본받고 있는 것을 보지 못했는가? 그들의 학술이 진실로 대등한 것은 아니지만 학술적 교류는 갈수록 많아지고 있다. 한 나라의 학술에 새로운 발명이 있으면 다른 나라의 학술 잡지들도 서로 경쟁적으로 소개를 한다. …… 따라서 우리가 유럽 학술이 가치가 있다고 인정하지 못한다면 그만이지만, 인정한다면 분발해 따라붙어야 하는 것은 지당한 이치이다.[312)]

---

310) "季刊之體例: (1)附歐洲文字提要. (2)每第四期, 附全年索引. (3)頁數每一年自爲起訖. (4)長篇文必須在一年內登完." 蔡元培, 「北大季刊編輯員討論會議決之條件」, 같은 책, 245쪽.

311) 또한 차이위안페이가 계간은 가로 편집을 하고 표점부호를 사용하라고 별도로 규정한 것으로 볼 때, 『국학 계간』의 출판은 확실히 국제 학술간행물을 표준으로 삼았으며, 이를 위해 편집할 때 국제적으로 통용되는 학술규범에 부합하려고 노력했다는 점을 알 수 있다. 이는 국제학술계에서의 베이징 대학의 지위를 향상시키는 것이 목적이었기 때문이다. 같은 곳.

312) "今之時代, 其全世界大交通之時代乎? …… 法與德, 世仇也, 哲學, 文學之書, 互相傳譯 ……

위의 글에서 볼 수 있듯이, 차이위안페이는 당시 국제학술교류의 중요성에 대해 충분히 인식하고 있었을 뿐만 아니라 학술잡지의 발행이 유럽 각국의 학술적 교류에 중요한 매개체이자 유럽 각국의 학술발전을 촉진시키는 관건적 요소임을 인식하고 있었다. 그래서 국학문위원회가 제1차 회의를 개최했을 때, 국학문에 학술정기간행물(계간)을 출간하는 것이 필요하다고 제의했던 것이다. 이 건의는 당시 동인들의 즉각적인 반향을 일으켜 다음 해 1월에 『국학 계간』이 공식적으로 발행되었다.

창간 후의 『국학 계간』을 보면, 매 기의 뒤표지에 영문 제목의 목차와 저자의 이름을 넣었고, 같은 페이지에 『국학 계간』의 영문간행물 명칭 'The Journal of Sinological Studies'와 국학문의 영문 번역 명칭 'The School of Sinological Research at the National University of Peking'을 부기했다. 『국학 계간』 외에 『국학문 주간』과 『국학문 월간』도 간행물 앞표지와 합본 표지에 중국어 외에 외국어 번역명을 넣었다. 다른 점은 그들이 쓴 프랑스어 번역 명칭은 'Bulletin De L'institut De Sinologie De L'universite Nationale De Pekin'이었다.[313)]

이러한 방식은 20세기 초에 프랑스가 국제 동방학계에서 선두적인 위치를 점하고 있었던 일과 직접적인 관련이 있으며, 국제학술사회에 합류하고자 하는 국학문 동인들의 강한 바람을 보여주고 있다. 사실상 이러한 편집자의 의도는 이미 다음의 사항에서 일부 드러난다. 즉, 『국학 계간』 창간호와 매 기의 뒤표지의 우편요금난에 '국내'와 '국제'의 두 종류가 있고, '국외' 부분은 '일본'과 '기타 지역'으로 세분되어 있다. 이를 통해 계간 창간 당시 편집자가 발행 범위를 중국 이외의 지역으로 확대할 의도가 있었음을

不觀日本之步趨歐化乎？ …… 且不觀歐洲諸國之互相師法乎？ 彼其學術, 固不失爲對等矣, 而學術之交通, 有加無已. 一國之學者有新發明焉, 他國之學術雜志, 竟起而介紹之 …… 故吾人而不認歐洲之學術爲有價值也則已耳, 苟其認之, 則所以急取而直追之者固有其道矣." 蔡元培, 「學風·發刊詞」, 高平叔, 『蔡元培文集: 卷八·言語文學』, 327, 330쪽 참조.

313) 1927년에 출간한 『國學門概略』의 겉표지에 국학문의 프랑스 명칭 'INSTITUT DE SINOLOGIE DE L'UNIVERSITE DE PEKIN'이 쓰여 있다.

『국학문 주간』 앞표지

北京大學研究所國學門週刊

第一卷合訂本

BULLETIN DE L'INSTITUT
DE SINOLOGIE
DE L'UNIVERSITE NATIONALE DE PEKIN
Vol. I, No. 1-12
上海開明書店發行
每冊實價大洋六角

알 수 있다.

국학문은 학술정기간행물의 출판과 발행 외에도 외국 동방학 방면의 저작에 대해 적극적인 수집을 했다. 1923년 리쭝퉁이 유럽에 있을 당시, 이미 베이징 대학은 차이위안페이에게 외국과 동방학에 관한 서적과 잡지를 상호 교환하자고 제의했었다.[314] 『구제강 연보』(顧頡剛年譜)의 1925년 1~3월 호에는 "베이징 대학을 위해 「파리 대학교와 서목 평어(評語) 교환」을 만들었다"라는 기록이 있다.[315] 당시 베이징 대학과 파리 대학교가 각각 소유하고 있는 서적을 교환할 때 동방학 방면의 저작이 적지 않았다.

국학문과 프랑스 학술기구 간의 서적교류는 아마도 펠리오 혹은 알렉산데르 폰 슈텔 홀슈타인(Alexander von Staël-Holstein, 1877~1937) 등의

314) 「研究所國學門懇親會紀事」, 『北大日刊』, 1923. 11. 10, 2쪽.

315) 顧潮, 『顧頡剛年譜』, 103쪽.

유럽 학자를 통해 연락을 취하거나[316] 프랑스에서 유학했던 국학문의 학자들이 도왔을 것이다. 당시 국학문의 쉬쉬성과 류푸, 리쭝퉁, 장징성 등은 프랑스에 유학한 배경이 있었고, 차이위안페이 총장의 경우는 프랑스 학술계와 밀접한 교류를 하고 있어서 중국과 프랑스 간의 학술교류 촉진에 많은 힘이 되었다.[317] 따라서 국학문은 이들 학자들의 입을 통해 프랑스 동방학의 발전 상황을 알 수 있었고, 또한 그들을 통해 프랑스의 학술기관과 일정한 연락을 유지할 수 있었다.

국학문 동인들은 일본의 동양학 논저도 중시했다. 1926년에 발행한 『국학문 월간』 제1권 제2호에 「본 연구소가 6~7월 두 달간 받은 신간 일람표」(本所六七二月分收到新出版物一覽)를 첨부했다. 두 달 동안 국학문이 받았던 41종의 간행물 가운데 7종은 일본에서 출판한 정기간행물이었다. 이는 도쿄 제국대학 사학회에서 출판한 『사학잡지』와 교토 제국대학 교토문학회에서 출판한 『예문』(藝文), 일본 고고학회에서 출판한 『고고학잡지』 등으로,[318] 모두 당시 일본에서 중요한 학술간행물이었다. 국학문 동인들이 외국 전문서적과 정기간행물을 수집하는 이유는 국제 학술연구 분야의 상황을 이해하기 위함이며, 동시에 국학문 설립 후 수년 동안 프랑스와 일본의 동방연구단체와 교류할 수 있는 루트를 구축했음을 보여주고 있다.[319]

외국 동방학 연구성과에 대한 국학문 동인들의 관심은 정기간행물의 논문을 통해서도 볼 수 있다. 다음은 『국학 계간』, 『국학문 주간』, 『국학문

316) 알렉산데르 폰 슈텔 홀슈타인은 1921년 일찍이 주동적으로 후스에게 다음과 같이 건의했다. 베이징 대학은 구미 동방학 연구기구에 각종 출판물을 요구할 수 있으며, 자신이 통신교섭의 일을 맡겠다고 했다. 社科院近史所, 『胡適的日記』, 1921. 9. 25, 上冊, 228~29쪽 참조.

317) 蔡夢萊(Loretta Tasi) 著, 張寄謙 譯, 『蔡元培與法國』, 蔡元培研究會, 『論蔡元培』, 473쪽.

318) 「本所六七月份收到新出版物一覽」, 『國學門月刊』, 第1卷 第2號, 253쪽.

319) 1925년 구소련 대외문화기구 화아(華俄) 통신사는 더욱 적극적으로 서신을 보내 국학문과 문화교류 관계를 맺어 서적을 교류하고 싶다고 알렸다. 「研究所國學門通訊: 華俄通信社致本學門函(原文英文)」, 『北大日刊』, 1925. 9. 21, 1쪽 참조.

월간』에 열거된 외국 학자가 쓴 논문 제목과 관련 자료들이다.

저자	역자	서명	원래 출처	간행물
알렉산데르 폰 슈텔 홀슈타인	후스	「음역범서와 중국고음」(音譯梵書與中國古音), 영어를 번역		『국학 계간』(처음 발표) 제1권 제1호 (1923. 1)
폴 펠리오	왕궈웨이	「최근 동방 고언어학과 사학상의 발명과 결론」(近日東方古言語學及史學上之發明與其結論), 원저는 프랑스어인데, 일역본에 의거해 재번역	일본 『예문』, 일본 교토 대학회 발행 (1912. 8)	『국학 계간』 제1권 제1호(1923. 1)
에두아르 샤반 등	뤄푸장(羅福萇) 편역	「런던 박물관의 둔황서목」(倫敦博物館敦煌書目), 프랑스어를 번역		『국학 계간』 제1권 제1호
알렉산데르 폰 슈텔 홀슈타인		「18세기 라마 문고 역주」(十八世紀喇嘛文告譯釋), 영문판을 실음		『국학 계간』(처음 발표) 제1권 제3호 (1923. 7)
베른하르트 칼그렌 (Bernhard Karlgren)	린위탕	「마스페로(Maspero)가 『절운』의 음을 논한 것에 대한 답」(答馬斯貝羅論『切韻』之音), 프랑스어를 번역	『통보』, 제11기[320] (1922, 파리)	『국학 계간』 제1권 제3호(1923. 7)
베른하르트 칼그렌	쉬쉬성	「'死' '時' '主' '書' 등 여러 글자 안의 운모에 대한 연구」(對於'死''時''主''書'諸字內韻母之研究), 프랑스어를 번역	칼그렌의 『중국음학연구』 제2권(스웨덴 발행)의 일부분 (1915)[321]	『국학 계간』 제1권 제3호(1923. 7)
알렉세이 이바노프		「서하국서설」(西夏國書說), 중문으로 작성		『국학 계간』(처음 발표) 제1권 제4호 (1923. 12)
폴 펠리오와 카노 나오키	뤄푸장 편역	「파리 도서관의 둔황서목」(巴黎圖書館敦煌書目), 프랑스어와 일본어 두 종류를 번역		『국학 계간』 제1권 제4호(1923. 12)

320) 이 글의 원래 제목은 "The Reconstruction of Ancient Chinese"이다. 「高本漢著作表」, 高本漢, 趙元任 等 譯, 『中國音韻學研究』, 北京: 商務印書館影印, 1995, 739쪽 참조.

321) 「高本漢著作表」, 같은 책, 737쪽.

폴 펠리오	알 수 없음	「베이징 대학 국학문 동인들에게 보내는 편지」(致北大國學門同人的信), 펠리오의 『카이로 만국지리학회 연설』에 실림		『국학문 주간』(처음 발표), 제1권 제3기(1925. 10. 28)
구와바라 지쓰조(桑原隲藏)	천빈허(陳彬和)	「천위안의 '원대 서역인의 중원 문화 동화에 대한 고찰'을 읽고」(讀陳垣氏之「元西域人華化考」), 일본어를 번역	『사림』(史林), 사학연구회발행, 제9권 제4호(1924. 10)	『국학문 주간』 제1권 제6기(1925. 11. 18)
나이토 코난(内藤湖南) 초록	룽겅 옮김, 왕궈웨이 교정	「낙랑유적출토의 칠기 명문」(樂浪遺跡出土之漆器銘文), 일본어를 번역	『예문』, 일본 교토 문학회 발행, 제17권 제1호(1926)	『국학문 월간』 제1권 제1호(1926. 10)
하라다 요시히토(原田淑人)		「조선 낙랑고묘 발굴에 관한 통신」(關於朝鮮樂浪古墓發掘之通信), 중문으로 작성		『국학문 월간』(처음 발표) 제1권 제1호(1926. 10)
베른하르트 칼그렌	루칸루(陸侃如) 구술, 웨이쥐셴(衛聚賢) 필기, 자오위안런(趙元任) 교정	「『좌전』의 진위와 성격을 논함」(論『左傳』之眞僞及其性質), 프랑스어를 번역	*Goteborgs Hogskolas Arsskrift. V.* 32:3(1926)[322]	『국학문 월간』 제1권 제6~8호(1927. 9~11)

위의 표에서 볼 수 있듯이, 국학문 간행물에 게재된 것 가운데 외국 학자들이 작성하거나 편집한 논문과 통신, 도서목록은 총 13편이다. 작자와 논문의 수는 베른하르트 칼그렌(1889~1978) 3편, 슈텔 홀슈타인 2편, 펠리오 2편, 샤반 1편, 알렉세이 이바노프(Aleksei Ivanov, 1878~1939) 1편, 구와바라 지쓰조(1870~1931) 1편, 나이토 코난 1편, 하라다 요시히토 1편 등이다. 이들은 국학문 간행물에 논문을 게재할 당시 대부분 유럽이나 일본에 거주하고 있었다. 그들의 논문 원고와 통신은 대부분 프랑스어와 영어, 일본어로 작성되었다. 그 중 펠리오의 「최근 동방 고언어학과 사학상의 발명과 결론」만 왕궈웨이가 일본어 번역문을 기초로 재번역한 것이고 그

322) 「高本漢著作表」, 같은 책, 740쪽.

외에 나머지는 모두 중국의 학자들이 원문을 직접 번역한 것들이다.

논문의 발표 상황으로 볼 때, 국학문의 간행물은 1920년대에 이미 국제 동방학의 최신 연구 정보와 성과를 전파하는 임무를 맡았으며, 중외 학자들이 학술교류를 할 수 있는 중요한 교량 역할을 했다. 범어와 서하문에 정통한 러시아 국적의 학자 슈텔 홀슈타인과 알렉세이 이바노프는 베이징 대학에서 강의를 하면서 『국학 계간』에 기고했다.[323] 또한 샤반과 펠리오, 칼그렌과 같은 유럽의 중요한 동방학 연구자들의 논저도 『국학 계간』에 게재되었다. 일본 학자로는 나이토 코난과 구와바라 지쓰조, 카노 나오키 등 교토 대학의 대학자들이 초록한 문헌자료와 서평 역시 국학문 학자들의 주목을 받았다.

번역문 가운데 특이한 것은 뤄전위의 아들 초군(楚君) 뤄푸장(羅福萇, 1900~21)이 생전에 번역한 2권의 둔황서목이다. 이 두 편의 서목의 출처와 편집 경유에 대해 뤄전위는 이렇게 설명했다.

> 영경서록(英京書錄)은 프랑스 유학자 에두아르 샤반 박사가 써서 보내온 것이다. 잡지 안에서 임시목록을 보고 이해한 후 최종적으로 정리했다. 법경목록은 일본의 카노 나오키 박사가 유럽을 방문했을 때 기록한 책으로, 펠리오 박사로부터 입수해 참조하면서 옮겨 적은 것이다…….[324]

샤반과 펠리오, 카노 나오키가 뤄푸장에게 이들 목록을 초록하도록 허락한 것은 러전위와 오래 전부터 친분이 있었기 때문이다. 뤄푸장이 둔황

323) 알렉산데르 폰 슈텔 홀슈타인은 범어에 정통해 인도사와 불교사를 연구했다. 알렉세이 이바노프는 일찍이 러시아 상트페테르부르크 대학교 교수를 역임했고 서하(西夏) 어문의 전문가이다. 칼그렌은 역시 비교언어학을 공부했다. 高本漢, 趙元任 等 譯, 「中國音韻學研究·原序」, 쪽수 없음, 張靜河, 『瑞典漢學史』, 合肥: 安徽文藝出版社, 1995, 96쪽.

324) "英京書錄. 乃得之法儒沙畹博士寫寄, 及臨時陳列之目錄, 見之雜志中者, 會最成之; 法京目錄則就日本狩野博士直喜游歐時錄本, 與得之伯希和博士者, 參考移錄…….” 羅振玉, 「倫敦博物館敦煌書目·序」, 『國學季刊』, 第1卷 第1號, 160쪽.

서목을 편집하고 번역할 수 있었던 것도 그의 아버지의 영향이 컸다. 그가 1921년 한창 나이에 세상을 떠난 후 러전위는 이 두 편의 서목을 마헝에게 주어 『국학 계간』에 게재하게 했다.[325] 이는 후일 중국의 둔황 연구에 기여한 바가 크다. 뤄푸장이 편집하고 번역한 이 두 서목은 런던 박물관과 파리 도서관에 소장되어 있는 둔황서권의 완전한 목록은 아니다. 예를 들어, 『런던 박물관 둔황서목』에 편성된 둔황서권의 수량은 아우렐 스타인이 가져간 문서의 20분의 1에도 미치지 못한다. 하지만 어쨌거나 이는 중국의 학자들이 이 박물관에 소장되어 있는 둔황서목에 의거해 편성한 첫 번째 목록인 것이다.[326] 한편 『파리 도서관 둔황서목』의 편집은 이후 중국 학자가 둔황 문헌을 연구하는 데 촉진적인 역할을 했다. 이 두 목록은 『국학 계간』에 발표된 이후에야 중국의 학자들이 아우렐 스타인과 펠리오가 입수한 둔황서권에 대해 비교적 분명하게 이해할 수 있었다. 따라서 당대 둔황학사 연구자들은 이 목록의 편성 작업에 대해 상당히 긍정적이었고, 결국 둔황학이 중국에서 발전할 수 있는 기반을 마련하게 되었다.[327] 그리고 『국학 계간』에 이러한 목록을 게재한 것도 편집위원회 동인들이 외국으로 흘러간 자료를 중요하게 생각했기 때문이다.

그 외에 국학문 간행물에는 6편의 재게재한 번역원고가 들어 있다. 이들 논문과 강연원고, 서평이 처음 발표된 시간과 장소를 고찰하면 국학문이 외국의 연구정보를 받아들이는 속도와 학술 네트워크의 폭을 이해할 수 있다.

우선, 위의 표에서 재게재한 6편의 번역원고가 발표된 날짜를 국학문 간행물에 실은 연도와 비교해 보면, 6편 가운데 4편은 논문 발표 후 다음해 또는 같은 해에 중국어로 번역한 것으로서 속도가 상당히 빠르다고 할 수 있다. 나머지 2편은 원고 발표 후 10년 정도 지나 중국어로 번역된 것으로,

325) 羅振玉, 「倫敦博物館敦煌書目·序」, 같은 책, 161쪽.

326) 林家平 等, 『中國敦煌學史』, 5~6쪽.

327) 같은 책, 6쪽.

펠리오의 「최근 동방 고언어학과 사학상의 발명과 결론」과 칼그렌의 「'死' '時' '主' '書' 등 여러 글자 안의 운모에 대한 연구」가 그러하다.

펠리오의 「최근 동방 고언어학과 사학상의 발명과 결론」은 원래 그가 1911년 말 아카데미 프랑세즈의 중앙아시아언어사학과 교수로 취임했을 때의 연설문이다. 이후 다음 해 교토 제국대학 교수 사카키 료사부로(榊亮三郎)가 일본어로 번역해 일본의 『예문』에 실었다. 유럽 학술의 발전 동향에 대해 일본 학자들이 발빠르게 파악하고 있음을 알 수 있다. 중국 학자로는 1919년 왕궈웨이가 처음으로 뤄푸장으로부터 이 강연원고의 일역본을 받아 보고서 글이 참으로 중요하다고 느꼈지만 중국 학자들이 이에 주의를 기울이지 않자, 마침내 일역본을 중국어로 번역해 『동방잡지』에 보냈다.[328] 그러나 후에 무슨 이유에서인지 번역은 완성되었지만 발표되지 않았다. 베이징 대학 국학문이 『국학 계간』을 창간하면서 왕궈웨이에게 원고를 요청하자, 그는 3년 전에 번역해 둔 과거의 이 원고를 보냈다. 그래서 원고의 최초 발표일과의 사이에 11년이라는 긴 세월의 간격이 있는 것이다.

스웨덴 학자 칼그렌의 「'死' '時' '主' '書' 등 여러 글자 안의 운모에 대한 연구」[329]는 쉬쉬성이 그의 대표작 『중국 음운학 연구』의 일부 내용에 근거해 번역한 것이다. 이 책은 칼그렌이 박사논문을 기초로 하여 증보·수정한 것으로서 모두 4권이다. 1915년과 1916년, 1919년, 1926년에 각각 출판되어[330] 학계의 주목을 받았다.[331] 앞의 3권이 출판된 지 얼마 안 되어 칼그렌은 이를 첸쉬안퉁을 포함한 중국의 학자들에게 증정했다. 첸쉬안퉁은 1922년 음운학 수업에서 처음으로 이 책의 중요 내용을 절록해 강의 내용으로 삼아 학생들에게 공개적으로 소개했다. 쉬쉬성이 『중국 음운학 연구』

328) 伯希和 著, 王國維 譯, 「近日東方古言語學及史學上之發明與其結論」 글 말미에 보충 기록. 「觀堂譯稿上」, 王國維, 『王國維遺書』, 第14冊, 上海: 上海古籍出版社影印, 1983, 33~34쪽; 王國維, 「致羅振玉」, 劉寅生·袁英光, 『王國維書信全集: 書信』, 292쪽.

329) 칼그렌의 생애와 학술성과에 대해서는 張靜河, 『瑞典漢學史』, 94~143쪽 참조.

330) 「高本漢著作表」, 高本漢 著, 趙元任 等 譯, 『中國音韻學研究』, 737쪽.

331) 「中國音韻學研究·傳序」, 같은 책, 1쪽.

제2권 제6장에서 토론한 '모음' 부분을 중국어로 번역하고 있을 때, 『국학 계간』 음운학 방면의 원고 심사를 맡고 있던 첸쉬안퉁은 이 원고를 게재하기로 결정했다.[332] 이 책의 전체 내용을 다룬 중국어 번역본은 자오위안런(趙元任)과 뤄창페이, 리팡구이(李方桂)가 담당해 1940년에 공식적으로 세상에 내놓았다. 일부 번역본이 먼저 『국학 계간』에 실리기도 했지만, 중국 언어학 연구사상 매우 중요한 의미를 지닌다고 할 수 있다.

게다가 주목할 점은 펠리오와 칼그렌의 프랑스어 논저는 모두 발표 후 약 10년이 지난 후에 국학문 간행물에 게재되었지만, 이들이 처음 발표되었을 당시 베이징 대학 국학문은 아예 성립하지도 않았고, 또 당시 국내에 프랑스어에 정통한 사람이 극히 적어서 왕궈웨이 같은 경우는 일본어 번역본을 기초로 하여 펠리오의 강연원고를 번역했다. 국학문의 설립 이후 유럽에서 유학하고 돌아와 프랑스어에 정통했던 린위탕과 쉬쉬성 등 연구소 동인들은 유럽의 동방 연구 수준을 따라잡을 생각에 이들의 중요한 학술 논저들을 즉시 중국어로 번역해 중국 학계에 소개했다.[333]

한편 칼그렌의 두 편의 번역문 뒤에 번역자 린위탕과 웨이쥐셴(衛聚賢)이 각각 쓴 후기를 통해[334] 중국 학자들의 번역 속도가 빠르고 국제 학계의

332) 魏建功, 「中國音韻學研究(Etudes Sur La Phonologie Chinoise: 一部影響現代中國語文學的著作的譯本讀後記」, 魏建功, 『魏建功文集』, 第2卷, 南京: 江蘇教育出版社, 2001, 467~68쪽.

333) 린위탕은 후에 샤먼(厦門) 대학에서 앙리 마스페로(Henri Maspero)의 학생과 일찍이 프랑스 극동학원에 몸담고 있던 폴 드미에빌(Paul Demiéville)을 알게 되었고, 『국학문 주간』을 대신해 드미에빌에게 원고를 부탁하자, 그는 「印度支那語言書目」을 써서 린위탕에게 보냈다. 후에 『국학문 주간』이 정간되자 린위탕이 또 다시 베이징 대학을 몇 년간 떠나 있었기 때문에 이 글은 끝내 국학문 간행물에 실리지 못했다. Paul Demiéville 著, 林語堂 譯, 「印度支那語言書目·弁言」, 林語堂, 『語言學論叢』, 臺北: 民文出版社影印, 1981, 218쪽 참조.

334) 高本漢 著, 林玉堂 譯, 「答馬斯貝羅(Maspero)論『切韻』之音」, 『國學季刊』, 第1卷 第3號, 494~97쪽; 衛聚賢, 「論『左傳』之眞僞及其性質·跋」, 『國學門月刊』, 第1卷 第7~8號, 1927. 11, 740~41쪽.

최고 수준에 발을 맞출 수 있을 뿐만 아니라 외국 학자들의 관점에 대한 의견 교환이 이루어졌음을 알 수 있다. 또한 심지어 국제 한학계에서 상당한 기간 동안 논쟁중인 과제에 대해 각기 다른 견해를 다룬 것도 있다. 예를 들어 칼그렌의 「마스페로 『절운』의 음을 논한 것에 대한 답」은 주로 프랑스 학자 마스페로의 「당대 장안의 방음」(唐代長安的方音)에 견주어 쓴 글이다.[335] 마스페로의 글은 원래 1920년 하노이의 프랑스 극동학원에서 발행한 『프랑스 극동학원 회간』(法國遠東學院匯刊)에 발표한 것으로, 이 글에는 칼그렌이 유럽에서 잇따라 출판한 『중국 음운학 연구』에서 제기한 고음운 체계에 대해 다른 견해를 보이고 있다. 칼그렌은 이를 읽은 후 즉시 글을 써서 1922년 파리에서 출판한 『통보』를 통해 반박했다. 린위탕은 1923년에 칼그렌의 이 답변 내용을 중국어로 번역해 베이징 대학의 『국학 계간』에 게재하고, 번역 후기에 칼그렌의 여러 가지 관점에 대한 질의와 의견을 제기했다. 이로써 국학문의 유학파들은 유럽의 한학 연구 상황에 대해 상당히 잘 파악하고 있으며, 심지어 그들과 대화할 수 있는 조건과 능력을 구비하고 있었음을 알 수 있다.

이 외에 『국학문 주간』에 구와바라 지쓰조가 쓴 서평 「천위안의 '원대 서역인의 중원문화 동화에 대한 고찰'을 읽고」를 게재한 것으로 보아 이 시기에 일본 학자들과의 학술 교류도 매우 빨랐음을 알 수 있다. 천위안의 「원대 서역인의 중원문화 동화에 대한 고찰」은 중국 학자가 쓴 중외 관계사 논문 가운데 매우 훌륭한 저작이자[336] 스스로도 마음에 드는 저작이라고 했다.[337] 이 글은 1923년 10월에 완성되었다. 천위안은 이를 『국학 계

335) 高本漢 著, 林玉堂 譯, 「答馬斯貝羅(Maspero)論『切韻』之音」, 같은 책, 第1卷 第3號, 475쪽. 마스페로의 논문의 원제는 "Le Dialect de Tch'ang-ngan sous les T'ang"(「唐代長安的方音」)이다.

336) 쉬관산(許冠三)은 천위안의 이 글에 대해 『국학 계간』이 출판된 이래 "시대의 한 획을 그은 첫 번째 걸작이다"라고 했다. 許冠三, 『新史學九十年(1900~)』, 上冊, 香港: 中文大學出版社, 1986, 115쪽 참조.

337) 牟潤孫, 「從『通鑒胡注表微』論陳援庵先師的史學」, 牟潤孫, 『注史齋叢稿』, 524쪽.

간』에 발표하고 한편으로 일본의 구와바라 지쓰조에게도 서신으로 보냈다.[338] 구와바라 지쓰조는 다음 해 봄에 이 논문을 읽은 후 상당히 마음에 들어 했다. 그래서 특별히 서평을 써서 같은 해 10월 일본 『사림』(史林) 제9권 제4호에 발표했다.[339] 『국학 계간』이 창간된 지 얼마 되지 않은데다 구와바라 지쓰조는 일본에서 매우 학문적 명성이 뛰어난 학자이기 때문에 동인들은 특히 이를 중시했다. 1925년 11월에 출판된 『국학문 주간』에는 구와바라 지쓰조의 서평을 중국어로 번역해 실음으로써,[340] 동인들의 연구성과가 일본학계의 인정을 받았음을 보여주고자 했다.

국학문 학자와 일본 학계의 왕래는 1926년 『국학문 월간』 제1권 제1호에 게재된 2편의 글을 통해 더 분명하게 드러난다. 여기에 발표된 나이토 코난이 초록한 「낙랑유적 출토의 칠기 명문」 중국어 번역본과 하라다 요시히토가 마형에게 써준 「조선 낙랑고묘 발굴에 대한 통신」은 당시 일본 학자들이 조선에서 진행하고 있던 고고학 작업과 연관이 있다. 낙랑군 칠기 명문의 출토는 일본의 조선 주재 총독부가 주관했고, 이후 교토 제국대학과 도쿄 제국대학의 교수들도 참여했다.[341] 칠기가 출토된 후 나이토 코난은 직접 현장에 가서 고찰하고 칠기에 적혀 있는 명문을 적어 와서 일본 『예문』 잡지에 발표했다.[342] 나이토 코난이 기록한 명문을 룽겅이 중국어로 번역한 후, 내용 중에 여러 곳이 한나라 역사서의 부족 부분을 보충할 수 있다는 것을 발견하고 고증과 해석의 글을 한 편 작성했다.[343] 글 뒤에는

338) 竺沙雅章, 「陳垣與桑原隲藏」, 暨南大學, 『陳垣教授誕生百一十周年紀念文集』, 廣州: 暨南大學出版社, 1994, 218쪽.

339) 같은 곳.

340) 桑原隲藏 著, 陳彬和 譯, 「讀陳垣氏之'元西域人華化考'」, 『國學門周刊』, 第1卷 第6期, 1925. 11. 18, 9~11쪽.

341) 馬衡, 「參觀朝鮮古物報告」, 『國學門周刊』, 第1卷 第4期, 1~2쪽.

342) 內藤虎次郎 著, 容庚 譯, 「樂浪遺跡出土之漆器銘文」, 『國學門月刊』, 第1卷 第1號, 1926. 10, 34쪽.

343) 容庚, 「樂浪遺跡出土之漆器銘文」, 같은 책, 39쪽.

하라다 요시히토와 마형이 주고받았던 서신을 수록했다. 서신에는 낙랑고묘의 발굴 실황과 마형이 요시히토에게 구입해 달라고 부탁한 발굴보고서가 들어 있다.[344] 이 모든 것은 국학문 동인들이 일본 학계의 고고학 작업을 매우 중요시했을 뿐만 아니라 그들과 학술상의 관계를 구축하고 있음을 보여주고 있다. 따라서 양측은 고고학의 발굴 정보에 대해 서로 종종 교류하고 있었기 때문에 중국 학자들은 고물이 출토되자마자 관련 고증과 해석의 글을 발표할 수 있었다.

결국 국학문 간행물에 발표된 논문을 통해 국학문 동인들이 유럽과 일본의 한학 연구 분야의 실적을 매우 중시하면서 관심을 가지고 새롭고 중요한 연구정보를 국내 학계에 소개하는 한편, 외국 학자들과도 학술 토론을 벌이고 최신 연구정보를 교환하고 있었던 것이다. 지역적으로 볼 때, 당시 동인들은 주로 프랑스와 스웨덴, 일본의 한학자들과 직접적인 왕래를 했으며, 이들 국가들은 1920년대 동방학의 요지였다. 국학문 학자들과 외국 학자들 간의 교류는 설립한 지 얼마 안 되는 기구가 이미 국제 학술교류의 네트워크에 진입했음을 말해 주고 있다.

4. 세계 학술계에서의 입지를 찾아

국학문은 외국 학자들의 연구성과를 적극적으로 소개하는 것 외에도 국제학술계에서의 입지를 확보하기 위해 국제 동방학 연구기구에도 주도적으로 참여했다. 그리고 이 과정에서 펠리오가 중간 다리 역할을 했다. 1925년 펠리오는 국학문의 부탁을 받고 아시아학회의 회의에 참석했을 때 베이징 대학 국학문의 설립목표와 조직에 대한 개황을 회의 참석 대표자들에게 소개했다. 펠리오의 제의로 아시아학회는 본 학회가 출판한 『아주학보』(亞洲學報)와 국학문의 『국학 계간』을 교환하자는 데 동의했다.[345] 같

344) 原田淑人·馬衡, 「關於朝鮮樂浪古墓發掘之通信」, 같은 책, 43~44쪽.

345) 펠리오(Pelliot), 「致北大國學門同人的信」, 『國學門周刊』, 第1卷 第3期, 8쪽.

은 해 펠리오는 또 프랑스 극동학원과 베이징 대학 국학문의 부탁을 받고 이집트 카이로에서 개최한 만국지리학회에 국학문의 대표로 참석해 대표에게 인사를 했다.[346] 그는 20세기 초 국제동방학계의 주요 인물이었기 때문에 그의 관계를 통해 국학문은 외국의 동방학 연구단체들과 연계를 취하면서 점차 국제학술계의 인정을 받게 되었다.

국학문의 5개 학회 가운데 고고학회의 업무가 외국 동방학계가 주목하는 범위와 근접하기 때문에 고고학회와 학술기관과의 관계가 가장 빈번했다. 고고학회는 외부인에게 고고학회의 업무방향과 성과를 이해시키기 위해 프랑스어로 「고고학회 정관 및 개황」(考古學會章程及概況)을 작성해 외국에 알렸으며,[347] 또한 설립 초기부터 국내외 고고학 단체와 서로 연락할 생각을 가지고 있었다.[348]

1925년 9월 일본에서 고고학 연구 사업을 추진하고 있던 교토 제국대학 교수 하마다 고사쿠와 도쿄 제국대학 교수인 요시히토가 잇따라 국학문을 방문해 마헝에게 중일 양국 간의 학술 협력에 대한 구상을 제시했다. 그들은 "동방 고고학 연구는 중일 양국의 학술기관 간의 상호 연계가 없이는 성공하기 어려운 것"이라 생각하고[349] 마헝에게 두 대학이 참여하는 낙랑군 고묘 발굴 프로젝트를 위해 조선을 방문하자고 요청하는 한편,[350] 중일 학자들로 구성된 고고학 단체를 설립할 계획을 세웠다. 양측 간의 협상을 통해 1926년 7월 국학문 고고학회는 일본의 도쿄 제국대학 고고학회, 교토 제국대학 고고학회와 함께 동방고고학협회를 구성했다.[351] 이 학술단체

346) 펠리오(Pelliot), 「致北大國學門同人的信」, 같은 책, 8~9쪽.

347) 傅振倫, 「記北京大學考古學會」, 傅振倫, 『傅振倫文錄類選』, 822쪽.

348) 「研究所國學門第一次會議紀事」, 3쪽; 「考古學會簡章」, 「研究所國學門考古學會開會紀事」, 『北大日刊』, 1924. 6. 12, 3쪽 참조.

349) 馬衡, 「參觀朝鮮古物報告」, 『國學門周刊』, 第1卷 第4期, 1925. 11. 4, 1쪽.

350) 같은 곳.

351) 『國學門概略』, 13쪽.

의 설립은 일본 고고학계가 베이징 대학 국학문 고고학회의 지위를 인정한 것을 의미하며, 동시에 국제학술계에서 국학문의 지명도를 높이는 데 긍정적인 역할을 했다. 1927년 3월 마헝은 또 도쿄 제국대학의 초청으로 '중국의 청동기시대'를 주제로 동방고고학협회의 회의에서 주제연설을 했다.[352] 이후 국학문과 일본 학계 간의 왕래가 더욱 빈번해졌다.

베이징 대학 국학문이 고고학을 적극적으로 발전시킬 수 있었던 이유는 고고학 분야에서 뒤처지지 않으려는 사람들의 노력 때문이었다. 국학문 동인들은 1927년 스웨덴 사람 스벤 헤딘이 외국 탐사단을 이끌고 신장(新疆)에 가서 고고학 탐사를 하려는 계획을 베이양 정부가 승인했다는 소식을 듣자, 둔황 문물이 외국으로 유출되던 20년 전의 역사가 재연되는 것 같아 격앙된 분위기에 휩싸였다. 이에 마헝은 외국인들이 자의로 중국 내에서 고고학 발굴을 하고 고생물 표본을 가져가는 등 '학술적 침략'[353]을 막기 위해 베이징 학술계 동인들에게 적극적으로 연락을 취해 헤딘의 탐사계획을 제지했다.[354]

1927년 3월 5일 저녁에 베이징의 학술계는 회의를 소집해 외국인이 서북 지역에 들어가 고고학 탐사 활동을 하는 것을 금지해 달라고 정부에 호소했다. 계속해서 베이징 대학 국학문의 추진으로 베이징 대학과 칭화 대학, 역사박물관, 베이징 도서관, 예술박물관 등 베이징의 10여 개 학술기관이 중국학술단체협회를 구성하고 공동으로 베이양 정부와 헤딘의 탐사단에 압력을 가했다.[355] 쉬쉬성은 당시 협회 설립의 두 가지 주요 원인을 다

352) 이 강연 원고는 후에 『國學門月刊』(第1卷 第6號), 일본 학술지 『민족』(第3卷 第5號) 및 『고고학논총』(第1冊)에 각각 실렸다. 馬衡, 「中國之銅器時代」 뒷부분의 편집자의 말, 馬衡, 『凡將齋金石叢稿』, 120쪽 참조. 또 馬衡, 「中國之銅器時代」, 『國學門月刊』, 第1卷 第6號, 580쪽 참조.

353) 「學術消息: 中西人合組西北科學考察團」, 『國學門月刊』, 第1卷 第6號, 668쪽.

354) 헤딘은 회고록 속에서 마헝이 1927년 봄에 자신의 고찰 계획을 반대한 두 주요 인물 가운데 한 명이라고 밝혔다. 스벤 헤딘(Sven Hedin) 著, 徐十周 等 譯, 『亞洲腹地探險八年 1927~1935』, 烏魯木齊: 新疆人民出版社, 1995, 338쪽 참조.

음과 같이 밝혔다. 첫째, 중국 학자들은 외국인들이 과거 장기적으로 우월한 재력을 앞세워 중국의 각종 문물들을 "다양한 방법으로 구해 외국으로 가져가는 일"에 대해 불만을 느껴 이에 단체를 조직해 맞서기 위해서이다.[356] 둘째, 중국 학문의 미래를 위해 "중국 내의 중요 학술단체들을 연합한 조직을 만들고 각자 각지로 나가 자료를 수집해 더욱 정밀하고 깊이 있는 연구를 진행하기 위한 준비"를 하기 위해서이다.[357] 즉, 협회는 외국인들이 중국 내에서 '문화약탈' 행위를 하는 것을 저지하기 위해 결성한 학술연맹이며,[358] 베이징 대학 국학문은 이러한 학술 연맹을 촉진하는 데 주요 역량이 되었다.

협회 설립에 크게 이바지한 마형으로 인해 협회 회의 장소는 후에 베이징 대학 국학문으로 정해졌고, 국학문 위원인 류푸는 당시 협회 상무이사로서 협회를 대표해 헤딘과 협상을 진행했다.[359] 1927년 3월 10일부터 4월 26일까지 협회와 헤딘이 국학문에서 10여 차례 협상을 벌인 결과 양측은 합의에 이르렀다.[360] 4월 26일 오후에 저우자오샹(周肇祥, 1880~1954)은 협회의 대표로서 헤딘과 계약서를 체결했다.[361] 그날 양측 대표가 서명한 곳도 베이징 대학 국학문이었다.[362] 계약에 따라 설립된 서북탐사단은 구성원을 중국인과 외국인 반반으로 하고, 베이징 대학 교무장과 국학문 도시

355) 邢玉林·林世田, 『探險家斯文赫定』, 長春: 吉林教育出版社, 1992, 213~16쪽.

356) 徐旭生, 「徐旭生西遊日記·敍言」, 臺北: 文海出版社影印, 1974, 2쪽.

357) 같은 곳.

358) 徐旭生, 「徐旭生西遊日記·敍言」, 앞의 책, 3쪽.

359) 邢玉林·林世田, 『探險家斯文赫定』, 217쪽. 류푸는 협회이사회의 책임자이다. 邢玉林·林世田, 『探險家斯文赫定』, 222쪽 참조.

360) 같은 책, 217~22쪽.

361) 이 협의서의 전체 명칭은 "中國學團體協會與斯文赫定博士所訂合作辦法"이며, 내용은 모두 19개 항목으로 되어 있다. 徐旭生, 「徐旭生西遊日記·敍言」, 앞의 책, 23~28쪽 참조.

362) 「中國學團體協會與斯文赫定博士所訂合作辦法原文」, 『探險家斯文赫定』, 28쪽. 협회 대표와 헤딘이 교섭한 여러 가지 상황은 邢玉林·林世田, 앞의 책, 217~22쪽 참조.

를 겸하고 있는 쉬쉬성이 탐사단의 중국측 단장을 맡았다.[363)]

이것으로 볼 때, 국학문은 외국 열강들의 '문화약탈' 활동을 저지하는 교섭에서 확실히 중요한 지도적 역할을 수행했고, 이 점에 대해 동인들은 커다란 자부심을 갖게 되었다. 류푸가 세상을 떠난 후 웨이젠궁이 「중화민국 고(故) 국립 베이징 대학 교수 프랑스 국가 문학박사 류 선생 행장」(中華民國故國立北京大學教授法國國家文學博士劉先生行狀)에서 류푸와 베이징 대학 국학문이 국가 학술의 주권 수호 및 중외 학술계와의 독립적인 협력을 위해 세운 공적에 대해 대서특필했다.

> 국가의 학술사업 뒤에서 애쓴 사람들이 많다. 다른 나라의 전문가들이 탐험하고 답사하면서 내륙 지방까지 깊숙이 종횡무진하고 있었다. 베이징 대학 연구소가 설립된 이후부터 당시 정부에게 학술주권 수호에 주의를 기울여 달라고 독촉했었다. 민국 15년 스웨덴 학자 스벤 헤딘 박사가 신장에 들어가 과학 탐사를 하려 해서 베이징의 각 단체와 협력해 서북과학탐사단을 설립했다. 선생은 베이징 대학의 대표로 이 단체에 참여해 협의를 통해 상무이사를 맡게 되었다. 중외 학술계와의 독자적 협력, 즉 외국인과의 협약에서 절대적으로 평등한 조건으로 맺게 된 일은 사실 이로부터 시작되었다.[364)]

'학술주권 수호'라는 대전제 아래 협회가 최종적으로 헤딘과 함께 정한 '중국현대과학사상 제1의 평등조약'[365)]의 주요 내용은 다음과 같다. 중

363) 서북탐사단 성립의 경위에 관해서는 邢玉林·林世田, 앞의 책, 212~26쪽을 상세히 참조.

364) "國家學術事業, 往往後人. 別國專家, 探險踏查, 長驅腹地, 漫無限制. 北京大學研究所成立以來, 始稍稍督促當時政府, 注視維護學術主權. 民十五, 瑞典學者斯文赫定博士將入新疆作科學考察, 乃與北京各團體合作, 成立西北科學考察團. 先生代表北京大學, 參加組織, 折沖磋議, 被推爲常務理事. 中外學術界獨立合作, 及與外人訂約, 條件絕對平等, 實自此始." 魏建功, 「中華民國故國立北京大學教授法國國家文學博士劉先生行狀」, 『國學季刊』, 1934, 第4卷 第4號, 455쪽.

365) 楊鐮, 「斯文赫定及其'亞洲腹地探險八年'」, 斯文赫定 著, 徐十周 譯, 『亞洲腹地探險八年1927~1935』, 6쪽. 그 후 1930년의 미국 중아(中亞)고찰단과 1931년의 중국-프랑스과학고찰단

국의 학술단체협회는 헤딘과 협력해 서북과학탐사단을 결성한다. 탐사단은 중국인과 외국인 단장 각 1명을 선출한다. 중국측 단원 10명 중 쉬쉬성이 단장을 맡고, 외국인 단원 17명 중 헤딘이 단장을 맡기로 한다.[366] 중국측 단원은 쉬쉬성(베이징 대학 대표)과 위안푸리(칭화 대학 대표), 황원비(베이징 대학 고고학회 대표)과 딩다오헝(丁道衡), 잔판쉰(詹蕃勳, 베이징 지질조사소와 경사도서관의 각 대표) 등 5명으로 구성되며[367] 이 외에 수행 학생 5명도 포함한다.[368]

10명의 중국 단원 가운데 쉬쉬성은 본래 베이징 대학 국학문 위원이었다. 일찍이 커사오민에게 학문을 배웠던 황원비는 국학문 조교 신분으로 국학문을 대표해 이번 탐사활동에 참여했다.[369] 위안푸리는 칭화 대학을 대표하기는 했지만 국학문 고고학회의 상무간사직을 맡고 있었다. 기타 참여한 학생들은 대부분 베이징 대학 학생들이었다.[370] 따라서 탐사대 구성원은 베이징 대학 국학문 동인들이 핵심을 이루었다 해도 과언이 아니다.

1927년 봄에 시작된 중국과 스웨덴 간의 협력 형태인 서북탐사사업은 19세기 유럽과 미국, 일본 탐사대가 중국에서 활동하기 시작한 이래로 중국 학자들이 자신의 국토 서북부에서 고고학 발굴 활동을 한 경우는 이것

은 모두 이 예를 따라 이와 비슷한 학술협정을 맺었다. 楊鐮, 「斯文赫定及其'亞洲腹地探險八年'」, 같은 책, 7쪽.

366) 徐旭生, 「徐旭生西遊日記 · 敍言」, 3~4쪽.

367) 徐旭生, 「徐旭生西遊日記 · 敍言」, 3쪽; 「學術界消息」, 『中大語史所周刊』, 第1卷 第1期, 1927. 11. 1, 28쪽.

368) 徐炳昶, 「徐旭生西遊日記 · 敍言」, 3쪽.

369) 李濟生, 「論魯學」, 『責善半月刊』, 第2卷 第8期, 1941. 7. 1, 4쪽. 황원비(黃文弼)의 아들 황례(黃烈)의 말에 따르면, 그의 아버지는 본래 송명 이학과 목록학을 연구했으나 후에 국학문에서 조교를 할 때 고물을 정리하는 일을 맡으면서 이후 고고학에 대해 흥미를 갖게 되었다고 한다. 고고학회가 성립된 후 황원비는 회원으로 가입했다. 서북과학탐사단이 성립되자 황원비는 또 다시 자진해서 참가 신청을 했다. 黃烈, 「黃文弼先生傳略」, 黃烈, 『黃文弼歷史考古論集』, 北京: 文物出版社, 1989, v~vi 참조.

370) 傅振倫, 「記北京大學考古學會」, 傅振倫, 『傅振倫文錄類選』, 826~27쪽.

이 처음이었다. 따라서 학계는 이 활동에 대해 높은 기대를 가지고 있었다. 예를 들어, 광저우 중산 대학 언어역사연구소 동인들은 탐사대가 설립되었다는 소식을 듣고 매우 기뻐하면서 "향후 발굴과 고찰의 성과는 실로 중국 학계의 신기원이 될 것입니다"라는 내용의 축하 메시지를 보내왔다.[371] 국학문 학자들은 여러 차례의 교섭과 노력 끝에 이번 탐사에 참여할 수 있게 되었고, 이전에 경비 부족으로 고고학 발굴을 할 수 없었던 아쉬움을 채울 수 있게 되었다며 매우 만족스러워 했다.[372]

중국측 탐사단이 맡은 임무에 대해 단원 가운데 한 사람인 황원비는 사적인 자리에서 "한편으로 외국인을 감시하고 다른 한편으로 과학 탐사를 하기 위함이다"라고 내비쳤다.[373] 이러한 목적으로 1927년 5월 9일 탐사단은 공식적으로 베이징에서 출발하기로 하고, 중국측 단원들은 먼저 베이징 대학 국학문 건물에서 집합했다. 이 날의 일에 대해 황원비의 일기에는 이렇게 적혀 있다.

> 아침이 되자 학자들과 학생들은 모두 연구소에 집합했다. 위위싼(余育三)과 선젠스, 선스위안, 선인모, 주티셴, 류반눙 등은 모두 연구소로 와서 송별하고 기념 촬영을 했다. 선젠스 선생이 술을 차려 송별한 후 곧장 출발했다.[374]

그 후 선젠스는 좡상옌, 창후이, 황원비와 같은 차에 올라 베이징 북서쪽 변두리에 있는 징쑤이(京綏) 역까지 전송해 주었다. 그곳에서 헤딘 등 나머지 단원들과 만났다. 낮 12시가 지나자 열차는 징쑤이 역에서 서서히

---

371) 「學術界消息」, 『中大語史所周刊』, 第1卷 第1期, 1927. 11. 1, 28쪽.

372) 傅振倫, 「記北京大學考古學會」, 앞의 책, 825쪽.

373) 黃文弼, 『黃文弼蒙新考察日記(1927～1930)』, 1927. 5. 8, 北京: 文物出版社, 1990, 1쪽.

374) "晨, 學者, 學生齊集研究所, 余育三, 沈兼士, 沈士遠, 沈尹默, 朱逖先, 劉半農均至研究所送行, 並攝影志別. 沈先生並置酒餞行, 旋即出發." 黃文弼, 『黃文弼蒙新考察日記(1927～1930)』, 1927. 5. 9, 1쪽.

출발했고, 국학문 동인들은 박수를 치며 이들을 전송했다. 탐사단의 서북 지역 탐사는 이렇게 시작되었다.[375)]

1927년에 설립한 서북과학탐사단은 중국의 현대 학술사상 중외 학자 간의 중요한 학술적 협력이며, 전체 탐사 활동은 1935년에야 공식적으로 끝났다. 헤딘은 처음부터 마지막까지 이 일에 참여했고 기타 중국인과 외국인 단원들은 전후로 많은 변동이 있었다.[376)] 1930년 1단계 탐사 활동이 끝난 후 단원들은 거연한간(居延漢簡)을 포함한 문물들을 베이징으로 운송해 베이징 대학 국학문 고고학회에 보관했다. 마헝과 푸전룬 등은 이에 대한 정리와 고증, 해석 작업을 했다.[377)]

1930년 10월 황원비가 베이징으로 돌아오자(당시는 베이핑이라 칭함)[378)] 국학문 고고학회는 특별히 그를 위해 환영회를 마련하고 신장 고고학 탐사 활동에 관한 다양한 이야기들을 들려달라고 요청했다. 총장 대리 천다치와 국학문 주임 선젠스는 환영사를 했다. 보도에 따르면, 당시 선젠스는 기뻐하며 다음과 같이 말했다고 한다.

> 외국인이 신장에서 고고학 탐사를 하는 사례는 참으로 많았습니다. 하지만 우리는 황 선생이 처음이었습니다. 많은 자료 발굴이 결코 외국인에 뒤지

375) 같은 곳.

376) 이 고찰의 상세한 경위에 대해서는 스벤 헤딘 著, 徐十周 等 譯, 『亞洲腹地探險八年1927~1935』를 상세히 참조. 중국측 단원의 기록에 대해서는 이미 출판된 『徐旭生西遊日記』와 『黃文弼蒙新考察日記(1927~1930)』가 있다.

377) 베이징 대학 국학문 고고학회가 진행한 거연한간에 대한 정리 작업은 傅振倫, 「首批居延漢簡的採集與整理始末記」, 傅振倫, 『傅振倫文錄類選』, 661~65쪽 참조. 1930년대 이후 후스가 베이징 대학 문학원을 주관하면서 거연한간은 라오간(勞榦) 등이 정리와 연구의 책임을 맡았다.

378) 서북 지역 탐사 기간에 황원비는 선젠스 등에게 편지를 보내 탐사가 진행되어가는 상황을 보고했다. 黃文弼, 「西北考察團本校研究所國學門特派員黃文弼先生由迪化致馮(馬)叔平沈兼士兩先生信」, 『北大日刊』, 1930. 4. 2, 4쪽 참조.

지 않으므로 참으로 경축할 만한 일입니다 …….[379]

이어서 선젠스는 국학문이 과거 고고학 작업을 제창할 당시 직면했던 여러 가지 어려운 상황을 이렇게 기억했다.

우리나라의 과학적 고고 사업은 여전히 출발 단계에 있습니다. 하지만 인재적인 면이나 경제적·환경적인 면에서 여러 가지 어려움이 있었는데, 황 선생이 당시 용감하게 추진한 덕에 오늘날 모든 어려움을 이겨내면서 성공할 수 있었습니다.[380]

하지만 최근 몇 년간 많은 중국의 학자들이 이미 고고학의 중요성을 인식하고 있다는 생각에 선젠스는 흥분의 마음을 억제하지 못하고 다음과 같이 말을 이었다.

현재 국내 학술기관들은 이미 점차 고고학과 민속학 연구에 관심을 갖게 되었습니다. 하지만 6, 7년 전만 해도 베이징 대학 동인들만 이에 대해 주의를 기울였고 단지 시작일 뿐이었는데, 오늘날 참으로 위대한 성과를 거두게 되었습니다.[381]

정말 그러했다. 1930년에 이르러 국학문 학자들이 참여한 서북 고고학 탐사활동은 풍성한 성과를 거두어 중국 학술계에 소중한 고고학 연구 자

379) "外國人在新疆考古甚多. 我國人今以黃先生爲第一, 而其所得教材之豐富, 亦不亞於外人, 尤可慶幸……." 黃文弼, 「略述內蒙古新疆第一次考古之經過之發現」, 글 앞부분의 편집자의 말, 黃烈, 『黃文弼歷史考古論集』, 7쪽.

380) "我國的科學的考古事業, 今尚在幼稚時代, 人材經濟及環境, 均有種種困難, 黃先生當時勇往直前, 今果戰勝一切, 成功而歸." 같은 곳.

381) "現在國內學術機關, 已漸注意考古及民俗學之研究. 但在六七年前, 只北大同人注意於此, 不但開通風氣而已, 今果有偉大成功." 같은 곳.

료를 제공해 주었다. 아울러 국학문 성립 이후에 설립된 사어소는 당시 이미 은허(殷墟)에 대한 고고 탐사로 인해 중국과 외국에 이름을 떨쳤다. 이는 선젠스가 「국학문 건의서」를 써서 고고학 발굴활동을 제창한 지 불과 8년이라는 시간이 지났을 뿐이었다. 그 수년 동안 중국 학자들이 서북 고고학 탐사와 은허 발굴 과정에서 이루어낸 커다란 성과는 국내에서 현대 고고학 발굴의 새로운 사업을 개척했을 뿐만 아니라, 진정으로 "세계 학술계에서 발을 붙이게 된 것이다." 오늘과 어제를 생각하면서 선젠스의 마음속에서는 만감이 교차했을 것이다.

제3장

베이징 대학 국학문의 국고정리의 방향

베이징 대학 국학문이 설립된 이후, 4가지 정기간행물을 잇달아 발행하면서 학계에 동인들의 연구성과를 발표했다. 이들 간행물 가운데 1923년에 창간된 『국학 계간』이 학계로부터 가장 많은 주목을 받았다.[1] 그리고 후스가 집필한 「국학 계간·발간선언」(이하 「발간선언」으로 약칭)은 줄곧 현대 학술사상에서 매우 중요한 글로 여겨져 왔다. 그러므로 이 장에서는 우선 「발간선언」의 작성 배경과 내용을 집중적으로 분석하고, 국학문 동인들이 제창한 '신국학'이 도대체 어떤 의미를 내포하는지 설명할 것이다.

이어서 국학문 동인들의 몇 가지 정기간행물에 대해 진일보하게 분석해 그 연구의 전체적인 경향과 특색이 무엇인지를 설명할 것이며, 동시에 이러한 간행물의 발행이 학술 관념의 전파, 학술 토론의 진행, 학자들의 공통된 인식의 응집 내지는 학술 운동의 발발에 대해 어느 정도로 영향을 끼쳤는지를 찬술할 것이다.

1) 허창췬(賀昌群)은 중국의 신사학의 기초는 베이징 대학에서 『국학 계간』을 창간했을 때부터 다져지게 되었다고 했다. 賀昌群, 「哀張蔭麟先生」, 金自強·盧明英, 『賀昌群史學論著選』, 539쪽.

끝으로 국학문 동인의 작업이 어떻게 중국 학술계를 위해 새로운 연구 분야를 열었는지에 대해 밝히고, 또한 근대 이후의 자료 출토와 학술 관념의 혁신이라는 두 방면으로부터 이렇듯 새로운 연구 분야가 일어난 원인이 무엇인지를 해석할 것이다.

제1절 「국학 계간 · 발간선언」: '신국학'의 연구 강령

국학문위원회는 첫 번째 회의를 개최했을 때, 차이위안페이의 건의에 따라 정기간행물을 출판해 '국학 분야의 연구성과에 관한 각종 주요 논문을 발표'하기로 결정한 후,[2] 1923년 1월에 『국학 계간』을 정식으로 창간했다. 이는 새로 출판한 간행물이었기 때문에 동인들은 주임 편집을 맡고 있던 후스에게 국고 연구의 원칙과 방법을 학술계에 "간단하고 광범위하게 잘 설명할 수 있는"[3] 「발간선언」을 써달라고 요청했다.[4]

후스가 지적했던 내용처럼 그가 집필한 「발간선언」은 국학문 동인들이 '새로운 원칙과 방법으로 국학을 연구하는' 학술 선언이며, 바꿔 말하면 '신국학 연구의 대강'이라고 할 수도 있다.[5] 1920년대 이후 베이징 대학 학자들이 지녔던 국고정리의 기본정신과 연구방침을 이해하려면 먼저 이 학술선언에 대한 심도 있는 분석을 하지 않으면 안 된다.

---

2) 「研究所國學門重要紀事」, 『國學季刊』, 第1卷 第1號, 197쪽.

3) 후스는 국학문위원회 제1차 회의에서 정식으로 『국학 계간』 주임 편집으로 선출되었다. 「研究所國學門委員會第一次會議紀事」, 『北大日刊』, 1922. 2. 27, 3쪽 참조.

4) 胡適 口述, 唐德剛 譯註, 『胡適口述自傳』, 204쪽.

5) 같은 책, 208쪽.

1. 「발간선언」의 내용 특색

첫째, 「발간선언」은 시작부터 청대 사람들의 학문적 성과를 인정했다. 청대는 '고학이 흥성한' 시기라고 칭하면서 그 성과를 다음 3가지 분야로 귀납했다. 첫째, 고서 정리이다. 이는 고서에 대한 교감(校勘)과 훈고 및 진위의 고정(考訂)을 포함한다. 둘째, 고서 발견 및 판각 시행이다. 셋째, 고물 발견이다. 이어서 다음과 같이 지적했다. 이 같은 300년간의 고학 연구에는 3가지 결점이 있다. 하나는 연구의 범위가 너무 협소해 주로 몇몇 유가의 경서에만 공을 들였고, 파벌에 따른 한계도 넘지 못했다는 점이다. 다음으로는 공력에 너무 치중한 나머지 이해를 소홀히 했기 때문에 경사(經師)만 있고 사상가는 없어 사회적으로 거의 영향력을 발휘할 수 없었다는 점이다. 끝으로 참고할 만한 비교 자료가 부족해 항상 누(陋)를 범할 수밖에 없었다는 점이다.[6]

「발간선언」은 청대 학자들의 학문적 결함이라는 부분을 겨냥하면서 현재와 미래의 국학연구의 방침은 다음의 몇 가지 방향으로 나아가야 한다고 지적했다. 첫째, '연구의 범위를 확대'해야 한다.[7] 이에 대해 다음과 같이 말했다.

> 국학은 우리들의 마음속에서 그저 국고학의 준말일 뿐이다. 중국의 과거 모든 문화와 역사가 우리의 국고이고, 과거의 이 모든 역사와 문화를 연구하는 학문이 바로 국고학이다. 따라서 국고라는 용어가 가장 적당하지만, 이는 중립적인 말로서 포폄의 뜻을 포함하고 있지 않기 때문에 국학이라 약칭한다.[8]

---

6) 胡適, 「發刊宣言」, 『國學季刊』, 第1卷 第1號, 2～6쪽.

7) 胡適, 「發刊宣言」, 같은 책, 7쪽.

8) "'國學'在我們心眼裏, 只是'國故學'的縮寫. 中國的一切過去的文化歷史, 都是我們的'國故'; 研究這一切過去的歷史文化的學問, 就是'國故學', 省稱爲'國學'. '國故'這個名詞, 最爲妥當; 因爲他是一個

반드시 역사의 안목으로 중국의 모든 문화와 역사를 정리하고, 파벌이 달라서 생기는 각종 편견을 타파하며, 고인의 진면목을 돌려주어야 한다는 것이다. 결국 "과거의 모든 것, 즉 위로는 학술의 방대함에서부터 아래로는 한 글자, 한 노동요의 미세함에 이르기까지 모두 역사이고, 모두 국학의 연구 범위에 속한다"[9]는 것이다.

둘째, 「발간선언」은 국고에 대해 '체계적인 정리'를 해야 한다고 강조했다.[10] 체계적인 정리는 다음 3가지로 나뉜다. (1) '색인 정리'이다. 분량이 나가는 책이나 검색하기 힘든 책을 일괄적으로 색인을 만들어 사람들이 편리하게 사용할 수 있도록 하는 것이 국학제창의 첫걸음이다. (2) '종합적 정리'이다. 2000년의 고학이 조리와 체계가 없는 병폐를 안고 있으므로, 반드시 이 분야의 작업을 실시해 젊은 학자들이 제대로 이해한 후 진일보한 연구를 할 수 있게 해야 한다. (3) '전사(專史)식 정리'이다. "국고의 자료가 너무 많고 복잡하므로, 사전에 역사적인 정리 작업을 하지 않으면 처음 배우는 사람들은 어디서부터 착수해야 할지 몰라 입문할 수가 없다. 게다가 이후의 자료도 속할 데가 없게 되며, 자료가 속할 데가 없는 주요 원인은 국학이 어수선하고 난잡하기 때문이다."[11] 국학연구의 최종 목적은 바로 『중국문화사』(中國文化史)를 만들어 모두가 과거 중국의 문화와 역사를 이해할 수 있게 하는 것이다. 이 목적에 도달하려면 가장 먼저 전사식의 체계적인 연구에 착수해야 한다.[12]

전사의 항목에 대해 저자는 이렇게 적었다.

이상적인 국학연구는 적어도 이러한 체계가 있어야 한다.

中立的名詞, 不含褒貶的意義." 같은 곳.

9) 胡適, 「發刊宣言」, 같은 책, 8쪽.

10) 胡適, 「發刊宣言」, 같은 책, 9쪽.

11) 胡適, 「發刊宣言」, 같은 책, 13쪽.

12) 같은 곳.

(1)민족사 (2)언어문자사 (3)경제사 (4)정치사 (5)국제교통사 (6)사상학술사 (7)종교사 (8)문예사 (9)풍속사 (10)제도사[13)]

동시에 또 강조했다.

국학의 체계적인 연구는 이(중국문화사)를 귀착점으로 해야 한다. 모든 국학연구는 시대와 고금은 물론 문제의 대소를 막론하고 항상 이 같은 커다란 방향으로 나아가야 한다. 이러한 목적이 있어야만 모든 자료를 정리할 수 있다. …… 학자들은 분업적 협력 방법으로 우선 성격이 가까운 것부터 각종 전사를 만들기 바란다.[14)]

셋째, 「발간선언」에서 국학연구는 "참고나 비교가 될 만한 자료를 널리 채택해야 한다"[15)]라고 강조한 것은 제도사와 언어 문자학 분야에서 서양 학자의 연구가 중국 학자에게 참고할 만한 가치가 있다고 보았기 때문이다. 그래서 이렇게 호소했다.

첫째, 방법면에서 서양 학자들의 고학 연구방법은 일찍이 일본 학술계에 영향을 끼쳤지만, 우리들은 아직도 어둠 속에서 헤매는 시기에 있다. 우리들은 겸허한 마음으로 이들의 과학적인 방법을 채택해 조리가 없고 체계적이지 못한 습관을 고쳐야 한다. 둘째, 자료면에서 구미와 일본 학술계에는 우리가 참고할 만한 무수한 성과가 있다.[16)]

---

13) 胡適, 「發刊宣言」, 같은 책, 12~13쪽.

14) "國學的系統的研究, 要以此(中國文化史)爲歸宿. 一切國學的研究, 無論時代古今, 無論問題大小, 都要朝着這一個大方向走. 只有這個目的可以整統一切材料 …… 希望學者能用分工合作的辦法, 先就性之所近做成各種專史." 胡適, 「發刊宣言」, 같은 책, 9~12쪽.

15) 胡適, 「發刊宣言」, 같은 책, 14쪽.

16) "第一, 方法上, 西洋學者研究古學的方法早已影響日本的學術界了, 而我們還在冥行索塗(途)的時期. 我們此時正應該虛心采用他們的科學的方法, 補救我們沒有條理系統的習慣. 第二, 材料上, 歐

그러므로 후스는 학자들이 고립된 태도를 버리고, 비교하며 연구하는 겸허한 마음으로 국고 연구에 종사할 수 있기를 바랐다.[17)]

셋째, 「발간선언」은 이 세 가지 연구 방향을 귀납해 다음 세 마디의 말로 결론지었다.

> 첫째, 역사의 눈으로 국학연구의 범위를 확대한다.
> 둘째, 체계적인 정리로 국학연구의 자료를 배치한다.
> 셋째, 비교의 연구로 국학 자료를 정리·해석한다.[18)]

2. '전체를 대표하는' 학술 선언

후스가 집필한 「발간선언」은 국고정리의 원칙과 방법 및 연구방향을 구체적이고 명확하게 설명해 발표 후 학술계의 주목을 받았다. 비록 이 글은 『국학 계간』에 게재할 당시 이름을 밝히지 않았고 공문을 보낼 때에도 '우리'라고 칭함으로써 동인들의 의견을 대표하는 학술 선언임을 드러냈다. 그러나 후스가 이 문장을 이듬해에 출판한 『후스 문존』(胡適文存)에 수록한 후, 일반 학자들은 모두 「발간선언」은 후스 개인의 학술적 견해의 표현이라고 보았으며,[19)] 이후 학자들도 이를 종종 후스의 학술사상연구에서 중요 문헌으로 삼았다.

물론 「발간선언」은 후스가 집필했고 또 그의 학술적 관점이 일부 반영되기는 했지만, 후스의 일기에 근거하자면 「발간선언」은 사실 국학문 전체

美日本學界有無數的成績可以供我們的參考了." 胡適, 「發刊宣言」, 같은 책, 16쪽.

17) 같은 곳.

18) "第一, 用歷史的眼光來擴大國學研究的範圍. 第二, 用系統的整理來部勒國學研究的材料. 第三, 用比較的研究來幫助國學的材料的整理與解釋." 같은 곳.

19) 예를 들어 마오쯔쉐이가 후스를 위해 전을 쓸 때, 후스는 「발간선언」에서 "몇 년간 깊이 생각했던 결과를 모두에게 알립니다"라고 썼다고 했다. 毛子水, 『胡適傳』, 胡頌平, 『胡適之先生年譜長編初稿』, 1923. 1, 第2冊, 臺北: 聯經出版事業公司, 1984, 521쪽 재인용.

동인의 공통된 의견을 대표하는 학술 선언이다.[20] 『후스의 일기』(胡適的日記) 가운데 1922년 11월 9일부터 15일까지의 기록을 살펴보자.

> 1만여 자의 「『국학 계간』서언」(國學季刊序言)을 쓸 때 고심을 많이 했다. 이는 전체를 대표하는 것일 뿐 내가 자유롭게 한 말이 아니므로 어휘 선택에서 상당히 많은 논의를 했다. 이는 내가 쓴 문장 가운데 가장 많은 시간을 들인 것이다.[21]

그 해 11월 18일의 일기에 후스는 또 이렇게 적었다.

> 저녁에 「『국학 계간』서언」을 수정했다. 이 서문을 첸쉬안퉁에게 보여주었다. 그가 몇 가지를 지적하는 편지를 보내왔기에 바꾸게 되었다.[22]

이 두 일기는 「발간선언」은 비록 후스가 집필한 것이었지만, 그는 찬술 과정에서 이것이 '전체를 대표'하는 글임을 고려했기 때문에 하고 싶은 말을 다 할 수가 없어 쓸 때 '고심이 많았다'고 매우 자세하게 설명하고 있다. 그리고 처음 「발간선언」을 마친 후, 후스는 신중을 기하기 위해 특별히 첸쉬안퉁에게 한 번 보여주었으며, 후에 그의 의견을 반영해 수정했다. 「발간선언」은 확실히 베이징 대학 국학문 동인들의 공통된 인식 위에 구축되었고, 아울러 다른 학자들의 관점도 포함되었음을 알 수 있다.

이 외에 후스가 말년에 지은 구술 자전에서는 「발간선언」의 몇 가지 요점을 서술한 후에 이렇게 말했다.

---

20) 逯耀東, 「傅斯年與『歷史語言研究所集刊』」, 逯耀東, 『胡適與當代史學家』, 243~44쪽.

21) "作「『國學季刊』序言」, 約一萬多字, 頗費周折; 這是代表全體的, 不由我自由說話, 故筆下頗費商量. 我做的文章之中, 要算這篇最慢了." 社科院近史所, 『胡適的日記』, 1922. 11. 9~15, 下冊, 516쪽.

22) "晚上修改「『季刊』序」. 此序給玄同看過, 他有信來, 指出幾點, 故引起我的更動." 같은 책, 517쪽.

이는 우리 신국학의 연구 대강이자 우리 베이징 대학 동인들이 각 분야에서 노력하고 시험할 목표이다.[23)]

후스 스스로도 「발간선언」은 국학문 동인들의 공통된 의견을 대표하는 학술연구 강령이라고 인정하고 있다.

기왕 「발간선언」이 '전체를 대표하는' 글이라면 그 속에서 언급한 주요 관점은 편집위원회 구성원이 평소에 논하던 내용과 대체적으로 부합할 것이다. 그렇다면 주의력을 후스에서부터 국학문 전체 학자로 확대해 1920년대 전후 이 학자들의 국고정리에 대한 기본적인 견해가 어떠한지를 고찰함으로써 「발간선언」이 도대체 어느 분야에서 동인들의 공통된 인식을 반영하고 있는지 파악해 보아야 할 것이다.

국학문의 구성 인물에 관해서는 앞에서 이미 지적했듯이 초기에는 문과의 장타이옌 문하생이 핵심을 이루었다. 또 『국학 계간』 편집위원회의 최초 구성원은 후스와 선젠스, 첸쉬안퉁, 저우쭤런, 마위짜오, 주시쭈, 류원뎬(劉文典), 리다자오, 찬부안, 정뎬 등 10명이었다.[24)] 이 가운데 리다자오가 도서관 주임으로 오른 것을 제외하면, 선젠스와 첸쉬안퉁, 저우쭤런, 마위짜오, 주시쭈, 류원뎬 등 6명은 모두 장타이옌의 제자였고, 정뎬 역시 베이징 대학 졸업생으로서 그들의 문하에서 수학했다.[25)] 찬부안은 비록 장타이옌의

23) "這便是我們新國學的研究大綱; 也就是我們北大同人在各方面努力和試驗的目標." 胡適 口述, 唐德剛 譯註, 앞의 책, 208쪽.

24) 1924년 초에 국학문에서 조교를 맡고 있던 구제강은 선젠스의 요청에 따라 편집위원회에 가입했다. 이 해 연말에 리다자오가 편집위원회의 명의는 있었지만 오랫동안 베이징에 머물지 않자, 선젠스는 천위안이 리다자오의 자리를 맡아주었으면 좋겠다고 제의했다. 동시에 편집위원회에 가입한 사람으로 구멍위(顧孟餘)와 슈텔 홀슈타인도 있었다. 顧頡剛·耿雲志, 「胡適遺稿及秘藏書信」, 『致胡適函』(1924. 2. 21./1924. 12. 17.), 238, 292~93쪽 참조. 새로운 편집위원회 명단은 『국학 계간』, 제2권 제1호, 겉표지에 보임.

25) 鄭懿德, 「鄭奠傳略」, 『晋陽學刊』 編輯部, 『中國現代社會科學家傳略』, 第3輯, 太原: 山西人民出版社, 1983, 311쪽.

문하생은 아니었지만 학문 연구에서 역시 고증학의 길을 걸었다.[26] 따라서 편집위원회 구성원의 학술방법은 청대 고증학의 정통을 이어받았다고 할 수 있으며, 이는 「발간선언」이 처음에 청대 학술을 긍정한 학술적 근원이기도 하다.

이 학자들의 국고정리에 대한 주장 가운데 비교적 체계적인 견해는 「베이징 대학 국학정리 계획서」(北大整理國學計劃書, 1920)에 나타나 있다. 계획서의 저자는 이렇게 지적했다.

> 중국 고유의 학술은 대체로 혼란스럽고 난잡한 모습을 지니고 있다. …… 건가의 노련한 학자들이 나오자, 이후의 학술은 약간 조리 있는 체계를 갖추게 되었으며 …… 당시에 이를 고증학이라고 했다. 그 정리 방법은 상당히 근세의 과학적 방법에 가까웠다. …… 오늘날과 같이 과학이 발달한 때에 건가의 노련한 학자들의 기존 방법을 취해 과학적인 방법에 도움이 되게 한다면 …… 중국 고유의 학술은 반드시 분명하게 주장하고 설명할 수 있을 것이다.[27]

청대 박학이 '근세 과학적 방법에 퍽 가깝다'는 관점은 분명 후스가 같은 해에 발표한 「청대 한학가의 과학 방법」(淸代漢學家的科學方法)이라는 글의 영향을 받았으며, 건가의 노련한 학자들의 학문 방법에 대한 추앙 및 국고에 대해 '체계적인 정리'를 해야 한다는 주장은 이미 장타이옌의 학술논

26) 曹聚仁, 『我與我的世界(下)』, 274~75쪽.

27) "吾國固有之學術, 率有渾沌紊亂之景象 …… 自乾嘉諸老出, 而後古之學術略有條理系統之可得 …… 當時謂之朴學. 其整理之法, 頗有近於近世科學之方法 …… 今日科學昌明之際, 使取乾嘉諸老之成法而益以科學之方法 …… 則吾國固有之學術, 必能由闡揚而有所發明." 「北大整理國學計劃書」, 『北大日刊』, 1920. 10. 19, 2~3쪽. 저자는 오늘날 국고정리 작업은 건륭 시기 박학의 기초 위에 세워져야 한다고 인식했다. 그리고 "건가 시기에 여러 노학자들이 마치지 못한 것을 보완하고, 미치지 못한 점을 이뤄내야 한다"라고 했다. 「北大整理國學計劃書」, 같은 책, 3쪽 참조.

저에 포함되어 있을 뿐만 아니라,[28] 「발간선언」에서 논한 내용과도 상당히 일치한다.

게다가 「베이징 대학 국학정리 계획서」에는 중국 고유의 학술을 정리하려면, "고인의 학술을 과학적인 방법으로 분석해 명백한 경계와 단일한 체계를 세워야 한다"거나 학술 자료의 정리에 종사할 때에도 "각 학술 분야는 분류해 정리를 하는 것이 마땅하다"[29]라고 지적했다. 비록 작자는 어떻게 분류해 정리해야 하는지에 대해서 확실하게 설명하지는 않았지만, 국학 자료가 매우 난잡하기 때문에 일정한 체계에 근거한 자료 분류가 절실하게 필요하다고 확신하고 있다.

이 문장이 발표되기 1년 전에 주시쭈는 「중국의 고서정리 방법론」(整理中國最古書籍之方法論)에서 이렇게 제기했다.

> 우리는 중국 고서 가운데 역사와 철학, 문학, 정치, 법률, 예교, 풍속에 속하는 것과 건축, 제조 등을 모두 과거의 고서에서 찾아내어 과학적인 방법으로 객관적 위치를 세워 정리해야 한다…….[30]

주시쭈는 이어서 유가의 칠부(七部) 경전인 『역경』, 『시』, 『서』, 『예』, 『춘추』, 『논어』, 『효경』을 열거하고, 이 몇몇 책에 대한 연구는 '경학'의 이름을 버리고 '각종 학술에 따라 나누어 연구'해야 한다고 지적했다.[31] 이른바 '각종 학술에 따라 나누어 연구하는 것'이란 바로 역사와 철학, 문학, 정치, 법률 등으로 나누는 서학의 근대적 분류에 따라 중국의 경서를 나누어 분석하고 연구하는 것을 말한다. 이는 서양의 현대적 학술 카테고리로 중국

28) 鄭師渠, 『晩清國粹派: 文化思想硏究』, 192~206쪽.

29) 「北大整理國學計劃書」, 『北大日刊』, 1920. 10. 19, 2~3쪽.

30) "我們中國古書中屬於歷史的, 哲學的, 文學的, 以及各項政治, 法律, 禮教, 風俗, 與夫建築, 制造等事, 皆當由今日以前的古書中抽尋出來, 用科學的方法, 立於客觀地位整理整理……." 朱希祖, 「整理中國最古書籍之方法論」, 蔣大椿, 『史學探淵: 中國近代史學理論文編』, 671쪽.

31) 朱希祖, 「整理中國最古書籍之方法論」, 같은 책, 678쪽.

의 자료를 정리하고 배치한다는 「발간선언」의 관점과 완전히 일치한다.

국학문이 초창기에 발표한 「연구소 국학문 공지」(硏究所國學門啓事)를 보면, 위에서 열거한 관점이 당시 이미 동인들의 공통된 인식이었음을 알 수 있다.

> 중국 학술은 항상 분과 관념이 부족했다. 정리하기 전에는 분과해서 연구하기가 쉽지 않다. 그러므로 본 학문의 설립 취지는 바로 구학(舊學)을 정리하고 향후 분과를 준비하고자 한다…….[32]

이른바 '분과해서 연구한다는 것'은 바로 서학의 분류에 따라 중학을 연구하는 것으로서, 후스가 「발간선언」에서 '중국문화사' 아래에 전사 항목으로 국학의 자료를 일관되게 정리해야 한다고 한 것과 실제로 동일한 의미이다.[33]

만약 후스의 학문 연구 배경에서 보자면, 그가 서학의 눈으로 국학을

32) "吾國學術向來缺少分科觀念, 在未經整理以前, 不易遽行分科而治, 故本學門設立宗旨, 即在整理舊學, 爲將來分科之預備……." 「硏究所國學門啟事」, 『北大日刊』, 1922. 2. 22, 1쪽.

33) '중국문화사'라는 개념은 대략 후스가 량치차오의 『中國歷史硏究法』에서 힌트를 얻어 제기한 것이다. 1921년 가을, 량치차오는 난카이(南開) 대학에서 '중국문화사'라는 제목으로 실외 수업활동 강연을 했다. 다음해 1월에 그는 강연 원고를 정리해 『中國歷史硏究法』이라는 제목으로 바꾸어 출판했다. 丁文江·趙豐田, 『梁啟超年譜長編』, 上海: 上海人民出版社, 1983, 946쪽 참조. 량치차오는 이 책에서 사가의 입장에서 새로운 방법으로 중국의 과거 자료를 정리해 중국의 '새로운 역사', 즉 '문화사'를 만들기를 바랐다. 그리고 '문화사'의 성립은 반드시 '전문사'(專門史)를 기초로 해야 한다고 했다. 梁啟超, 「中國歷史硏究法·自序」, 「飮冰室專集之七十三」, 梁啟超, 『飮冰室合集』, 第10冊, 2, 35쪽 참조. 량치차오가 논한 '문화사'와 '전문사'의 내용을 후스가 「발간선언」 속에서 '문화사'와 '전사'(專史)를 연구하자고 제창한 단락과 대조해 보면, 두 사람의 관점은 일치한다. 사실 『中國歷史硏究法』이 출판되자, 후스는 자세히 읽어본 후에 책 속의 관점이 매우 훌륭하다고 여겼다. 社科院近史所, 『胡適的日記』, 1922. 2. 4, 上冊, 255쪽 참조. 쉬관싼(許冠三) 역시 후스의 '문화사'와 '전사'에 대한 의견은 량치차오의 논점에 근접하다고 했다. 許冠三, 『新史學九十年(1900～)』, 上冊, 162쪽 참조.

연구하자고 제창한 것은 실로 매우 자연스러운 일이다. 후스는 13세에 상하이에 가서 신교육을 받았으며, 서양식 학당에서 6년이라는 세월을 보낸 후 미국으로 건너가 7년간 유학생활을 했다.[34] 비록 유학 시기에 후스의 주요 학술적 흥미는 중국 고대 학술사상 분야였지만, 장기간 미국 대학에서 공부하면서 구미 학술 분류의 관념을 받아들였을 뿐만 아니라, 서양 학술 분류의 안목에 따라 중국 고대 서적을 연구했다. 첸무가 "적지(適之)는 서학에 의거해 국고를 말한다"[35]라고 한 것은 국학을 연구하는 후스의 기본적인 정신 태도를 한마디로 잘 묘파한 것이다.

"서학에 의거해 국고를 말한다"는 것은 후스의 국학연구에 대한 기본적인 태도이자, 서양의 현대 학술 분류로 국학의 자료를 배치하는 것이 난삽한 국학의 병폐를 치료하는 효과적인 방법이라고 여겼기 때문이다. 또한 주시쭈 등 일본 유학자들도 「발간선언」을 찬술하기 전부터 근대 서양의 학술 체계를 받아들여 중국 고전을 정리하고 연구해야 한다고 여겼다. 이는 선젠스와 주시쭈 등 일본에서 유학한 장타이옌의 제자들이 메이지 유신(明治維新) 이후 일본 학교가 구미의 학과 분류를 잇달아 채택한 것에 영향을 받아 모두 서양의 근대 학술적인 시각으로 학문을 연구했기 때문이다. 사실상 장타이옌은 청말 국학을 연구할 때 사부 분류를 고수하지 않았으며, 사부의 아래로 더욱 세밀한 항목을 새로 추가해 사부 학문의 울타리를 뛰어넘었다.[36] 장타이옌의 제자는 바로 그보다 한걸음 더 나아가 서양 학문

34) 胡適, 「我的信仰」, 曹伯言, 『胡適自傳』, 合肥： 黃山書社, 1986, 88～89쪽.

35) 錢穆, 「現代中國學術論衡·序」, 錢穆, 『錢賓四先生全集』, 第25冊, 7쪽.

36) 왕룽쭈(汪榮祖)는 장타이옌의 전통 학술에 대한 새롭고도 세밀한 분류는 전통 사부학의 울타리에서 한 걸음 벗어난 것이라고 보았다. 汪榮祖, 「章太炎的中國語言文字之學」, 汪榮祖, 『章太炎研究』, 臺北： 李敖出版社, 1991, 203쪽 참조. 하지만 장타이옌은 비록 사부학 아래 여러 항목들을 새로 추가했지만, 결국 사부 분류에 대한 전면적이고도 혁신적인 의도는 없었다. 오히려 그의 학생들이 일본에서 공부할 때 서방 학과의 분류에 영향을 받았기 때문이다.

의 범주에 근거해 국학의 체계를 다시 세워야 한다고 제기했다.[37)]

이것으로 볼 때, 후스가 국학문의 다른 학자들과 협력할 수 있었던 것은 이들이 모두 직간접적으로 서학의 영향을 받았고, 모두 오늘날 서학의 눈을 빌려 국학을 이해하고 새로 세워야 한다고 보았기 때문이며, 이 같은 공통된 관점을 「발간선언」을 통해 학술계에 명백하게 밝힌 것이다.

뿐만 아니라 「발간선언」에서 또 하나 눈길을 끄는 것은 구미와 일본 학자들의 학문적 성과와 연구방법을 거울로 삼자고 제창한 점이며, 이 점 역시 국학문 학자들의 공통된 견해였다. 이는 국학문의 학자들이 대부분 20세기 초의 일본 유학생이어서 일본의 동양학에 대해 어느 정도 이해하고 있었기 때문이며, 이에 대해서는 앞의 장에서 이미 설명했다. 미국에 유학했던 후스는 일본 학술계의 발전에 대해서는 원래 문외한이었고, 유학일기에서도 일본 학계의 발전 동향에 대해서는 거의 언급하지 않았다. 하지만 귀국 이후, 일본 학술계에 대한 후스의 평가는 날로 높아지는 경향을 보였다.

사실상 1917년 7월 후스는 미국에서 고국으로 돌아오는 길에 일본 학술계에 대한 관념이 변화하기 시작했다. 그는 자신이 타고 오던 배가 도쿄를 지날 때 『신청년』이라는 잡지 하나를 구입했는데, 거기서 일본 학자 구와바라 지쓰조가 쓴 문장을 보고 많은 것을 느끼게 되어 일기에 상당한 분량의 독후감을 남겼다.

> 일본인 구와바라 지쓰조 박사는 「중국학 연구자의 임무」(中國學研究者之任務)라는 글에서 중국학 연구는 마땅히 과학적 방법을 채택해야 한다고 말하고 있다. 매우 합당한 말이다. …… 끝부분에서 또 중국 서적은 '정리'되지 않아 사용하기에 부적합하다고 말했다. '정리'는 영어로 'Systematize'이다.

37) 물론 장타이옌의 제자 가운데도 이에 대해 다른 의견을 가진 사람이 있었다. 황칸 같은 이는 구(舊)학술체계를 보존하는 데 온 힘을 기울였다. 周勳初, 『當代學術研究思辨』, 206쪽 참조.

예를 들면 『설문해자』가 검색하기 불편하며, 『도서집성』(圖書集成)이 사용하기에 적합하지 않다는 것이다. 모두 매우 당연한 말이다. 나는 미주에 있을 때 일찍이 『설문』을 '정리'하기를 바랐으며, 만약 나 자신이 할 수 없다면 다른 사람이 하도록 가르쳐야 한다고 생각했다. 마치 『도서집성』처럼 우리집에 한 권이 있는데, 후일 이를 위해 '검색준비'를 해야 하는 것과 같은 일이다.[38)]

후스는 일기에서 처음으로 일본 학자의 학술적 관점을 언급하면서 동시에 높이 평가했다. 구와바라 지쓰조는 20세기 상반기에 중국학을 연구한 유명한 학자이다. 그의 이 글은 원래 『태양잡지』(太陽雜志)에 게재되었는데, 내용이 중국의 '국학'과 밀접한 관계가 있어서 『신청년』 잡지는 전체 문장을 게재했다. 이 글에서 강조한 중점은 다음과 같다.

중국 서적은 …… 뒤죽박죽이고 분류도 아주 모호하며 서술은 정확성이 매우 부족하다. 즉, 가장 중요한 책은 …… 대부분 아직 정리되지 않은 상태이다. 이를 사용하려면 우선 과학적인 방법으로 세밀하게 정리해야 하고, 정리한 후에는 다시 과학적인 방법으로 연구해야 한다.

…… 이른바 과학적 방법은 서양 학문에만 응용되는 것이 아니므로 중국과 일본의 학문 역시 이를 빌리지 않으면 안 된다.[39)]

후스는 이 글을 읽은 후, '정리'의 개념에 특히 주목했다. 특히 구와바라

38) "日本人桑原隲藏博士之「中國學研究者之任務」一文, 其大皆以爲治中國學宜采用科學的方法, 其言極是 …… 末段言中國籍未經'整理', 不適於用. '整理'即英文之Systematize也. 其所舉例, 如『說文解字』之不便於檢查, 如『圖書集成』之不合用. 皆極當, 吾在美洲曾發願'整理'『說文』一書, 若自己不能爲之, 當教人爲之. 又如『圖書集成』一書, 吾家亦有一部, 他日當爲之作一'備檢'." 胡適, 『胡適留學日記』, 卷8, 1917. 7, 393~94쪽.

39) "中國書籍 …… 雜亂無章, 分類亦極曖昧, 記述多欠正確. 卽其最重要之書 …… 大都尚在未整理之狀態. 欲利用之, 必先以科學的方法細密整理之. 整理之後, 再以科學的方法研究之始可." "…… 所謂科學的方法, 幷不僅可應用於西洋學問, 中國及日本之學問亦非藉此不可." 桑原隲藏 著, J. H. C. 譯, 「中國研究者之任務」, 『新青年』, 第3卷 第3號(1917. 7), 4~5쪽.

지쓰조가 제기한 '과학적인 방법'으로 중국 서적을 '정리'해야 한다는 주장을 극찬하면서, 일기에도 "그 말은 매우 합당한 말이다"라는 평어를 남기기도 했다.

여기서 특별히 짚고 넘어가야 할 것은 구와바라 지쓰조의 이 문장이 출판될 때, 중국 학계에는 정식으로 '국고정리'의 구호를 외친 사람이 없었으며, '과학적인 방법'으로 중국 서적을 정리해야 한다고 제기한 학자도 없었다는 점이다. 구와바라 지쓰조의 위와 같은 관점과 2년 이후 「발간선언」의 관점을 대조했을 때 나타나는 유사점으로 미루어 아마도 이들 간에 어떤 연관성이 존재할 것이라는 생각이 든다.

당시 구와바라 지쓰조는 이 글에서 중국학 연구가 좋은 성과를 거두려면, 한편으로는 "한 시기, 한 부분, 나아가 한 사건"에 대해 "전문적"이면서도 "작고 세밀한 정황"를 연구하는 데 집중해야 하며,[40] 동시에 "각 전문적인 연구결과의 종합적 개괄을 도모하고", "대중이 이해할 수 있도록 해야 한다"[41]라고 건의하기도 했다. 구체적인 정리 작업에 관해서 역대 정사(正史)에 '본문 교감', '주석 정리' 작업을 해야 하며, 또한 정사와 중요 참고서에는 '색인'을 편찬해 검색이 편하도록 해야 한다고 제기했다.[42] 위의 관점을 「발간선언」에서 제기한 국고정리의 3개 방향 곧, '색인식', '종합식', '전사식'과 비교해 보면, 후스가 「발간선언」을 쓸 때 일찍이 구와바라 지쓰조의 이 문장을 참고하면서 그의 관점에 영향을 받았다는 사실을 분명히 알 수 있다.[43]

---

40) 桑原隲藏 著, J. H. C. 譯, 「中国研究者之任务」, 같은 책, 9~10쪽.

41) 桑原隲藏 著, J. H. C. 譯, 「中国研究者之任务」, 같은 책, 10쪽.

42) 桑原隲藏 著, J. H. C. 譯, 「中国研究者之任务」, 같은 책, 10~11쪽.

43) 이외에 1922년 선젠스는 「정리국고의 몇 가지 제목」(整理國故的幾個題目)를 지어 "외국 서적의 색인 방법을 모방하자"라고 하면서, "제자(諸子)가 사용한 학술전문명사 색인"을 편집했다. 沈兼士, 「整理國故的幾個題目」, 『北大日刊』, 1922. 2. 18, 3쪽 참조. 선젠스의 이런 생각이 구와바라 지쓰조에게서 힌트를 얻었는지는 차치하더라도, 그의 관점은 「발간선언」에서 어느 정도 영향을 받은 것이 분명하다.

뿐만 아니라 1920년대 이래로 일본의 동양사를 연구한 학자들은 항상 중국으로 와서 책을 찾아 연구했으며, 중국 학자와 학술 교류를 진행했다. 베이징은 이들이 자주 왕래하던 곳이었으므로 후스는 많은 일본 학자들과 접촉하면서 일본 학술계의 동향을 이해할 수 있었다. 1917년부터 1922년까지 후스의 일기를 읽어 보면, 이런 교류의 기록들을 적잖이 발견할 수 있다. 예를 들어 1921년 10월 5일의 일기에 이러한 기록이 있다.

> 일본인 오야나기 시게타(小柳司氣太)가 나에게 『동양학보』(11, 1~2) 2권을 보내왔는데, 그 안에 이이지마 타다오(飯島忠夫)의 장문 한 편이 실려 있었다. …… 이분은 역법면에서 『좌전』을 유흠(劉歆)의 위작이라고 고증했는데, 이는 매우 연구할 만한 가치가 있다고 생각한다.[44)]

1922년 2월 12일의 일기에는 다음과 같은 기록이 있다.

> 일본 학자 오야나기 시게타로부터 식사 대접을 받는 자리에서 교토 대학 교수 하네다 선생을 만났다. 이분은 동양사 전문가로서 몇 개 국어에 통달했으며, 일찍이 『서하기년고』(西夏紀年考) 등을 저술했다. 유럽에서 막 돌아온 그는 둔황 석실문고 영인본 4,000여 권을 가지고 있고, 곧 차례대로 인쇄할 것이라고 했다. 이는 더없이 좋은 일로서 모두 감사해야 할 일이다.[45)]

이 외에 1920~22년에 후스는 또 교토 대학의 아오키 마사루와 자주

44) "日本人小柳司氣太送我兩本『東洋學報』(十一, 1~2), 中有飯島忠夫一篇長文 …… 此君從歷法上考見『左傳』爲劉歆之僞作, 甚有研究之價值." 社科院近史所, 『胡適的日記』, 1922. 10. 5, 上冊, 235쪽.

45) "日本人小柳司氣太邀我吃飯, 席上見着京都大學教授羽田亨(Haneda)先生. 此君爲東洋史專家, 通數國語言文字, 曾著有『西夏紀年考』等書. 他新從歐洲回來, 携有敦煌石室文稿影本四千餘卷, 將次第印行之. 此極好事, 我們都應該感謝." 같은 책, 265쪽.

서신을 주고받았다.[46] 마사루의 편지를 통해 후스는 일본 학계의 동정에 대해 많이 이해할 수 있었다. 마사루는 후스에게 일본의 정기간행물 『지나학』(支那學)을 부쳐왔다.[47] 후스는 거기에서 나이토 코난이 쓴 『장실재연보』(章實齋年譜)에 주목하게 되었고,[48] 청대 학자 실재(實齋) 장학성(章學誠, 1738~1801)을 연구하려는 생각을 갖게 되었다.[49]

한편, 후스는 일본에서 유학한 첸쉬안퉁에게도 간접적으로 일본 학술계의 연구성과를 들을 수 있었다. 그는 베이징 대학에 있을 때 첸쉬안퉁과 왕래가 잦았으며, 첸쉬안퉁 및 구제강과 더불어 고대사의 각종 문제에 대해 자주 토론했다. 당시 후스는 청대의 입방(立方) 요제항(姚際恒, 1647~1715)과 동벽(東壁) 최술(崔述, 1740~1816)에 관심을 갖게 되어, 사람들에게 이들의 저작을 중국에서 대신 찾아달라고 부탁했다. 그 결과 서적 상인들은 완전하지 않은 『동벽유서』(東壁遺書) 1권만 찾아냈다. 후스는 그 가운데 「고신록」(考信錄) 부분을 읽고, 최술은 "2000년 이래의 탁월한 의고대가"이며, 그의 저작은 "모두 번각의 가치가 있다"라고 보았다.[50] 첸쉬안퉁은 후스에게 일본사학회는 벌써 『동벽유서』 완본을 번각했고, 이 책에 구

46) 「胡適與青木正兒往來書信二十七通」, 耿雲志, 『胡適研究叢刊』, 第1輯, 北京: 北京大學出版社, 1995, 303~28쪽. 새롭게 간행된 편지에서 후스는 학문 연구상 일본 학자의 영향을 받았고, 전인(前人)들에 비해 아는 것이 많다고 토로했다. 후스와 아오키 마사루(青木正兒)는 이 기간에 백화 문학과 희곡, 소설 등의 연구에 대해 한참 관심이 깊어졌기 때문에 토론 역시 이 방면에 집중되었다.

47) 胡適, 「致青木正兒」(1920. 9. 25.), 耿雲志, 같은 책, 303쪽. 『支那學』 잡지는 1920년에 창간되었고 지나학사(支那學社)에서 출판했다. 이 출판사는 교토 대학 학자를 중견으로 하며, 마사루는 그 성원 가운데 한 명이다. 嚴紹璗, 『日本中國學史』, 406쪽 참조.

48) 胡適, 「致青木正兒」(1920. 12. 14.), 같은 책, 311쪽.

49) 胡適 著, 姚名達 訂補, 「章實齋先生年譜·胡序」, 臺北: 遠流出版公司, 1994, 31쪽. 쑹자푸(宋家復)는 후스가 『章實齋先生年譜』를 쓴 동기를 세심하게 살펴본 후, 실로 일본 학자와 학술 경쟁을 해볼 만한 맛이 난다고 지적했다. 宋家復, 「詮釋的歷史與歷史的詮釋: 章學誠'六經皆史'說的再理解」, 『九州學刊』, 第25期, 香港: 香港中華促進中心, 1996. 1, 27쪽.

50) 胡適, 「告得『東壁遺書』書」, 顧頡剛, 『古史辯』, 第1冊, 27쪽.

두와 인용부호 및 색인도 추가할 거라고 말하자,[51] 후스는 너무 놀라 바로 마사루에게 일본에서 최술의 저작을 구해 달라고 부탁했다.[52]

청대에서 민초까지 최술의 사상은 당시 학술계의 주류와 맞지 않아서 학자들은 줄곧 그의 저작을 중요하게 생각하지 않았었다. 그런데 후스가 최술의 저작에 주의를 기울이기 20년 전에 일본 학계가 이미 이 타국의 학자에게 관심을 보이고 있었을 뿐만 아니라 완벽한 판각본을 저술했던 것이다. 후스는 그것을 보고 놀라움을 금치 못하며 학문 연구에서 견문이 좁아서는 안 된다고 느끼게 되었다. 당시 후스를 놀라게 한 일이 또 하나 있다. 그것은 바로 후스가 마사루로부터, 후스가 『수호전』을 고증하기 이전에 자신의 스승인 카노 나오키가 이미 동일한 연구를 하여 일본의 『예문』(藝文)이라는 잡지에 발표했다는 소식을 들은 것이다. 마사루는 후스의 요청에 따라 가노의 그 「수호전과 지나 희곡」(水滸傳與支那戲曲)을 부쳐왔다. 그 후 후스는 이 글과 자신의 「수호전고증」(水滸傳考證)을 비교한 후, 두 문장에서 사용한 자료가 거의 완전히 같을 뿐만 아니라 결론도 동일하다는 것을 발견했다.[53] 과연 그가 「발간선언」에서 "학술의 가장 커다란 적은 견문이 얕고 좁은 것이다. 학문 연구는 고립된 태도를 깨뜨려야 한다"[54]라고 외칠 만했으며, 이는 실제로 그가 절실히 느꼈던 속마음에서 우러나온 말이었다.

후스의 일본 학술계에 대한 추앙은 그가 『국학 계간』 제1권 제2호에 발표한 「과학적 고대 사학가 최술」(科學的古史家崔述)에서도 엿볼 수 있다. 이 글에서 후스는 중국 학계가 장기간 최술을 소홀히 하고 불공평하게 대우한 것을 보고, "이렇게 위대한 학자가 …… 놀랍게도 시대 때문에 100년 동

51) 같은 책, 28쪽.

52) 胡適, 「致青木正兒」(1920. 12. 14./1921. 2. 4.), 앞의 책, 311, 318쪽.

53) 胡適, 「發刊宣言」, 『國學季刊』, 第1卷 第1號, 16쪽.

54) 胡適, 「致青木正兒」(1920. 12. 14./1921. 3. 15.), 앞의 책, 311, 323쪽. 胡適, 「『水滸傳』後考」, 胡適, 『水滸傳與紅樓夢』, 臺北: 遠流出版公司, 1994, 135쪽.

안 묻혀 있었다는 일은 중국 학술계의 커다란 수치가 아닐 수 없다"[55]라고 분개하는 한편, 다음과 같이 일본 사학계를 칭찬했다.

> 약 20년 전(1903~04)에 일본 학자 나가 미치요(那珂通世)가 진리화각본(陳履和刻本)에 표점을 단 것을 조판 인쇄하면서 중국인은 점차 최술이라는 사람을 알게 되었다. 최술의 학설은 일본 사학계에 적지 않은 영향을 끼쳤다. 최근 일본의 사학은 이미 경(經)으로 사(史)를 입증하려는 최술의 방법을 뛰어넘어 완전한 과학의 시대로 들어섰다. 그런데 중국의 사학자들 중에는 최술의 사학 방법을 중시하는 사람이 매우 드물다.[56]

위의 글에서 볼 때, 후스는 확실히 중국과 일본의 사학을 비교하면서 당시 일본이 중국보다 훨씬 앞섰다고 보았다.

사실 이 글을 쓰기 1년 전부터 후스는 중국 사학이 일본에 미치지 못한다는 견해를 이미 가지고 있었다. 『후스의 일기』 1922년 8월 26일자에 그와 일본 학자 이마제키 도시마로(今關壽麿)가 나누었던 대화가 기록되어 있다. 이 대화에서 후스는 격앙된 어투로 "오늘날 중국에는 사학자가 하나도 없다"[57]라고 했을 뿐만 아니라, "일본 사학의 성과는 최고이다. 예전에는 중국 학생이 일본으로 가서 졸업장을 받았는데, 앞으로는 분명 중국 학생이 일본에 가서 학문을 구할 것이다"[58]라고 했다. 후스와 이마제키 도시마로가 나눈 이 대화는 마침 그가 「발간선언」을 찬술하기 3개월 전에 있었던 일이다. 이 대화를 통해 볼 때, 「발간선언」에서 중국 학자들이 방법과

55) 胡適, 「科學的古史家崔述」, 『國學季刊』, 第1卷 第2號, 267쪽.

56) "約二十年前(1903~1904)日本學者那珂通世把陳履和刻本加上標點排印出來, 中國人方才漸漸知道有崔述這個人. 崔述的學說, 在日本史學界頗發生了不小的影響. 近來日本的史學早已超過崔述以經證史的方法, 而進入完全科學的時代了. 然而中國的史學家似乎還很少賞識崔述的史學方法的." 胡適, 「科學的古史家崔述」, 같은 책, 266쪽.

57) 社科院近史所, 『胡適的日記』, 1922. 8. 26, 下冊, 438쪽.

58) 같은 곳.

자료면에서 모두 일본 학술계의 연구성과를 참고해야 한다고 말한 것은 국학문에 있는 일본 유학자들의 견해였을 뿐만 아니라, 후스도 이에 대해 실제로 깊이 동감하고 있었음을 분명히 알 수 있다.

하지만 후스는 일본 사학이 비약적인 발전을 하며 '완전한 과학의 시대'로 진입할 수 있었던 것은 주로 서양 학술의 영향을 받았기 때문이라 여겼다. 『후스의 일기』 1922년 8월 26일자에 이런 기록이 있다.

> 이마제키 도시마로는 이렇게 말했다. 20년 전에 일본인은 최술의 영향을 가장 많이 받았고, 근 10년 동안은 왕중(汪中)의 영향을 가장 많이 받았다. 최술의 영향은 경으로 사를 연구하고, 왕중의 영향은 사로 경을 연구하는 것이었다. 사실 일본인이 사학에서 크게 한 걸음 나아갈 수 있었던 것은 대부분 모두 서양 학술의 영향이며, 또한 그는 왕중을 추천하는 것을 빠뜨리지 않았다.[59)]

이 점에서 「베이징 대학 국학정리 계획서」의 저자도 마찬가지로 일본 학술은 서양 학자들의 영향을 받았다고 여겼다. 이러한 관점이 「발간선언」에 반영되면서 국학계에서는 구미와 일본 학술계의 연구성과를 겸허하게 받아들여야 한다는 외침이 나오게 되었다.[60)]

학문 연구는 "참고 자료와 비교 자료를 널리 취해야 한다"라고 제창할 때, 「발간선언」은 학계는 구미 학자의 중국학 연구방법과 자료를 거울 삼아야 한다고 호소했으며, 동시에 중국과 외국의 대응적 현상, 예를 들어 제도와 문법, 언어, 철학, 문학, 종교, 민속 등의 분야를 비교·연구해야 한다고 지적했다.[61)] 언어학에서 비교·연구를 할 때, 「발간선언」에서 특히 오늘날

59) "(今關壽麿)說, 二十年前, 日本人崔述的影響最大; 近十年來, 受汪中的影響最大: 崔述的影響是以經治史, 汪中的影響是以史治經. 其實日本人史學上的大進步大部分都是西洋學術的影響, 他未免過推汪中了." 社科院近史所, 『胡適的日記』, 1922. 8. 26, 下冊, 437쪽.

60) 胡適, 「發刊宣言」, 『國學季刊』, 第1卷 第1號, 15쪽.

조선어와 베트남어에는 아직도 중국 고음이 많이 존재하므로 중국 고음 연구의 자료로 삼을 수 있다고 지적했다.[62] 이는 선젠스와 비슷한 관점을 떠올리게 한다. 선젠스는 1922년에 「국고정리의 몇 가지 제목」(整理國故的幾個題目)을 발표하면서 국고 연구의 5개 항목을 제기했다. 그 중 3개 항목을 통해 국내외 민족 언어(혹은 방언)에 대해 조사·연구해야 한다고 건의했다.[63]

또 한편, 구미의 음운학 연구 학자를 언급할 때, 「발간선언」은 특별히 칼그렌과 슈텔 홀슈타인의 성과를 높이 평가했다.

> 근래 서양학자 예를 들어 칼그렌과 스타엘 홀스테인은 범문 원본을 사용해 한문 음역의 문자를 대조했다. 이는 고음상의 많은 어려운 문제를 해결하는 데 커다란 도움이 되었다.[64]

칼그렌과 슈텔 홀슈타인은 모두 당시 구미의 한학 연구자였다. 1922년 11월에 칼그렌은 린위탕의 소개로 후스에게 처음 편지를 쓰면서,[65] 중국 고대 어법을 논한 그의 최근작을 보내왔다. 후스는 이를 읽은 후 감탄을 금치 못하면서 "오늘날 유럽의 중국학 대사"라고 칭찬했다.[66] 1921~22년에 후스는 베이징에서 머물던 슈텔 홀슈타인과 더욱 자주 왕래했다. 후스

---

61) 宋家復, 「詮釋的歷史與歷史的詮釋: 章學誠'六經皆史'說的再理解」, 앞의 책, 35쪽. 쑹자푸는 후스가 「발간선언」에서 두 가지 다른 층차의 비교 연구를 오해해 한데 섞어 논하고 있다고 지적했다.

62) 胡適, 「發刊宣言」, 앞의 책, 第1卷 第1號, 15쪽.

63) 沈兼士, 「整理國故的幾個題目」, 『北大日刊』, 1922. 2. 18, 3~4쪽.

64) "近時西洋學者如Karlgren, 如Baron von stael-Holstein, 用梵文原本來對照漢文譯音的文字, 很可以幫助我們解決古音上的許多困難問題." 胡適, 「發刊宣言」, 앞의 책, 第1卷 第1號, 15쪽.

65) 劉炎生, 『林語堂評傳』, 南昌: 百花洲文藝出版社, 1994, 17쪽. 林語堂, 「八十自述」, 林語堂, 『林語堂自傳』, 南京: 江蘇文藝出版社, 1995, 88~91쪽. 린위탕은 라이프치히 대학교에서 공부를 할 때 이미 칼그렌과 왕래가 있었다. 칼그렌은 후스에게 보낸 편지에서 'Y. T. Lin'을 거론했는데, 그가 바로 린위탕이다. 社科院近史所, 『胡適的日記』, 1922. 11. 8, 下冊, 514쪽.

66) 같은 곳.

는 범문과 티베트 문자를 사용해 중문 불교 경전을 교감하는 그의 작업에 대해 매우 감탄을 하면서 '러시아의 일류 학자'라고 칭찬했다.[67] 또한 「발간선언」에서도 이들에 대한 칭찬을 아끼지 않았다.

비록 후스는 「발간선언」에서 서양 학자들의 중국학 연구방법에 대해 크게 칭찬했지만, 사실 처음부터 구미 한학자를 높이 평가했던 것은 아니다. 사실상 후스는 미국에 유학할 때, 유럽 한학의 발전에 대해 그다지 주의를 기울이지 않았으며, 한학자의 학문적 성과에 대해 그다지 높게 평가하지도 않았다.[68] 1914년 그는 『영국 왕립 아시아 학회보』(*The Journal of the Royal Asiatic Society*)에 영국 학자 리오넬 자일스(Lionel Giles)의 『둔황록 역석』(敦煌錄譯釋)이 게재된 것을 읽고 바로 비평하는 내용을 일기에 썼다.

> 뜻밖에도 이분(자일스)이 해석한 것에는 착오가 상당히 많다. …… 그런데도 저 나라에서 한학의 대가라고 불리다니, 정말 개탄을 금할 수 없다![69]

위의 내용이 영국 한학자에게만 초점을 맞춘 것이라면, 1916년 4월 5일 일기에 기재된 것은 서양 한학자에 대한 전면적인 평가였다.

> 서양의 한학 연구자는 …… 상당한 많은 공을 들이면서도 성공하는 경우가 극히 드물다. 하지만 그들은 대부분 중국 고대의 선입견에 구속되지 않아 그 저서가 종종 중국인의 사상을 일깨우는 점이 있으므로 일괄적으로 부정할 수는 없다.[70]

---

67) 社科院近史所, 『胡適的日記』, 1921. 5. 27, 下冊, 66쪽.

68) 저우이량(周一良)은 서양 한학에 대한 후스의 의견이 미국 유학 시절과 귀국 후가 완전히 다르다고 지적했다. 周一良, 「西洋'漢學'與胡適」, 三聯書店, 『胡適思想批判(論文彙編)』, 第7輯, 207~08쪽 참조.

69) "不意此君(解兒司)所釋譯, 乃訛謬無數 …… 彼邦號稱漢學名宿者尚爾爾, 真可浩嘆!" 胡適, 『胡適留學日記』, 第5卷, 1914. 8. 2, 191쪽.

70) "西人之治漢學者, 其用工甚苦, 而成功殊微. 然其人多不爲吾國古代成見陋說所拘束, 故其所著書

후스는 당시 비록 서양 한학자의 저작에 관한 독특성은 인정했지만 그들의 연구는 기본적으로 성공한 경우가 아주 드물다고 보았다.

후스의 일기에서 서양 한학자에 대해 이런 평가를 남긴 때는 그가 컬럼비아 대학교에서 존 듀이(John Dewey)로부터 철학을 배우고, 또한 이 학교의 딘 룽(Dean Lung) 교수와 프리드리히 히르트(Friederich Hirth)의 요청 아래 한학을 부전공하던 때였다. 히르트는 미국에 머물던 독일 국적의 한학자로서 구미 학계는 그의 저작 『중국과 동로마 교통사』(中國與東羅交通史)를 매우 중요하게 생각했다. 그러나 후스가 당시 컬럼비아 대학교에서 히르트에게 "그야말로 정말 학생이 없었다. 전공이나 부전공도 모두 없었다"[71]라고 밝힌 것으로 미루어 1910년대 컬럼비아 대학교가 한학에 대해 무관심했던 상황을 실감할 수 있다. 게다가 후스는 비록 히르트의 과목을 선택 과목으로 했지만, 이후 이 과목이 그에게 어떤 영향을 끼쳤는지에 대해서는 언급하지 않았다. 오히려 이 기간 동안의 일기에 한학자는 "상당한 공력을 들였지만 성공하는 경우가 극히 적었다"라는 말을 남긴 것으로 보아 이 평론에는 히르트도 포함되었을 가능성이 높다.

후스의 유학 일기 가운데 서양 한학자를 언급한 것은 대체적으로 위의 몇 가지 경우에 불과하다. 이는 후스의 일기에서 서양 교감학을 누차 언급한 것과는 분명 커다란 차이가 있다. 사실상 서양 한학의 발전에 대해 말하자면, 당시 한학의 중심은 미국이 아닌 유럽에 있었으므로 컬럼비아 대학교에서 공부한 후스가 유럽 한학자의 연구성과가 어떠했는지에 대해서는 그다지 이해하지 못했을 것이다.

후스의 일기에서 처음으로 서양 한학자를 비교적 높이 평가한 것은 의외로 구와바라 지쓰조의 글을 읽은 후였다. 지쓰조는 「중국학 연구자의 임무」(中國學研究者的任務)에서 유럽 학자가 중국학을 연구한 성과와 공헌에 대해 나열했고, 후스는 이를 읽은 후 일기에 이렇게 적었다.

往往有啟發吾人思想之處, 不可一筆抹煞也." 胡適, 『胡適留學日記』, 第12卷, 1916. 4. 5, 208쪽.

71) 胡適 口述, 唐德剛 譯註, 『胡適口述自傳』, 89쪽.

중국을 연구하는 유럽과 미국의 학자가 사용하는 방법 두 가지를 예로 들자면, 하나는 중국 한나라 때의 '1리'를 400미터로 정하고(10리는 약 2.5마일), 하나는 중국의 '1世'를 31년으로 정한 것이다. 후자의 예는 그렇게 중요하지 않지만 전자의 예는 역사학의 일대 발명이다.[72)]

이는 후스가 처음으로 한학자의 연구성과를 높이 평가한 것이다. 재미있는 것은 후스가 미국에서 유학하던 7년이라는 기간보다 오히려 귀국 도중에 한 일본 학자의 글로 인해 서양 한학자를 비교적 높게 평가하게 되었다는 점이다.

중국에 돌아온 후, 후스는 베이징에 거주하던 유럽 한학자들과 접촉함으로써, 서양 한학계 내지 동양 학계에 대해 점점 더 많이 알게 되었다. 예를 들어, 그는 1922년 슈텔 홀슈타인을 위해 『다라니와 중국 고음』(陀羅尼與中國古音)을 번역했고, 읽은 후 인도 주문의 음역을 끌어다가 중국 당시의 음독을 고증하면 "놀랄 만한 발견이 매우 많을 것"이라고 느꼈다.[73)] 또한 슈텔 홀슈타인의 소개로 기타 한학자들의 저작에 주의를 기울이게 되었으며, 그들의 연구에는 자신이 미칠 수 없는 부분이 있다고 느꼈다.[74)] 1917년부터 1922년까지 베이징에서 한학자와 그들의 저작을 접촉함으로써 후스는 결국 과거 한학자에 대한 자신의 견해를 수정해 나갈 수 있었다. 귀국하기 1년 전에 그들의 연구는 "성공한 경우가 극히 드물다"라고 비평한 것에서부터 그들의 연구방법은 중국 학자가 본보기로 삼을 만하다고 여기기까지 후스에게는 확실히 상당히 큰 변화가 있었다.

72) "其所舉歐美治中國學者所用方法之二例, 一爲定中國漢代'一里'爲四百米突(十里約爲二英里半), 一爲定中國'一世'爲三十一年. 後例無甚重要, 前例則歷史學之一大發明也." 胡適, 『胡適留學日記』, 第17卷, 1917. 6, 393쪽.

73) 社科院近史所, 『胡適的日記』, 1922. 4. 4, 下冊, 305쪽.

74) 社科院近史所, 『胡適的日記』, 1922. 5. 9, 下冊, 351~52쪽.

3. 후스와 국학문 동인과의 학술관점의 차이

비록 후스와 그의 국학문 동인들은 많은 문제에서 일치된 견해를 보이면서 서로 영향을 끼쳤지만, 일부분에서 의견 차이가 없었던 것은 아니다. 후스는 「발간선언」을 쓸 무렵에 일기에다 직접 "이는 전체를 대표하는 것일 뿐 내가 자유롭게 하는 말이 아니므로, 어휘 선택에서 상당히 논의를 많이 했다"라고 여러 번 말한 것에서 알 수 있다. 후스가 글을 쓸 때 주저했다는 것은 다른 동인들과 국고정리의 구체적인 견해에서 일부 이견이 존재했다는 것을 의미한다. 그렇다면 어떤 점에서 서로 다른 견해가 있었는가? 후스가 1922년 전후에 발표한 국고정리에 관한 문장과 「발간선언」을 대조해 보면 일부 어렴풋하나마 단서를 발견할 수 있다.

후스가 처음으로 비교적 국고정리에 대한 전면적인 개인의 의견을 제기한 것은 1921년 7월 31일 둥난(東南) 대학 여름학기반의 강연에서였다.[75] 당시 강연주제는 「국고를 연구하는 방법」(研究國故的方法)이었으며, 그는 강연에서 이렇게 말했다. '국고정리'에는 4가지 방법이 있다. 첫째, 반드시 "역사적 관념"을 가지고 일체의 고서를 역사로 보아야 한다. 둘째, 책을 볼 때 "의고의 태도"를 지녀야 하며, "차라리 의심해 틀릴지언정 믿어서 그르쳐서는 안 된다." 셋째, "체계적인 연구"에 종사해야 한다. 넷째, 반드시 "정리"를 하는 시간을 가져야 하며, "과거 소수 몇몇 사람들만 이해하던 것을 지금 모든 사람들이 알 수 있게 해야 한다."[76]

당시 1시간 15분 강연에서 후스가 가장 강조한 점은 '의고의 태도'로 국고를 정리해야 한다는 것이었다. 강연 기록을 보면 그는 적어도 3분의 1의 시간을 들여 이 점에 대해 설명하고 있다. 후스는 이렇게 지적했다.

75) 社科院近史所, 『胡適的日記』, 1921. 7. 31, 上冊, 166쪽; 胡適, 「研究國故的方法」, 蔣大椿, 『史學探淵: 中國近代史學理論文編』, 682쪽.

76) 胡適, 「研究國故的方法」, 같은 책, 683~85쪽.

…… 의고의 태도는 두 가지 분야에서 말하기가 좋다. (1)고서의 진위를 의심한다. (2)진서(眞書)가 산둥(山東)의 노학자(공자)에 의해 날조된 것을 의심한다. 의고의 목적은 '진실'을 얻는 데 있으며, 의심해서 틀린다 하더라도 그다지 큰일은 아니다 …… 동주 이전의 역사는 믿을 수 있는 것이 한 글자도 없다. 그렇다면 그 이후는 어떠한가. 이것도 대부분 신뢰할 수 없다. …… 사부 가운데 경, 사, 자의 세 가지는 대부분 신뢰할 수 없으며, 항상 의고의 태도를 가져야 한다.[77)]

이 강연에 대해 많은 사람들의 느낌은 다음과 같았다.

파괴 분야에 치중해 고대를 망치는 것을 제창하고, 건설 부분에 대해서는 대부분 언급하지 않았다.[78)]

1921년 여름, 국고정리에 대한 후스의 견해가 주로 의고와 변위 분야에 치중되어 있었다는 것을 알 수 있다.

사실 후스는 미국 유학 초기부터 의심을 중시하는 경향이 있었다. 이 경향은 듀이와 토머스 H. 헉슬리(Thomas H. Huxley, 1825~95)의 학설을 접한 후 더욱 강화되고 체계화되었다.[79)] 후스는 『중국철학사대강(상)』(中國哲學史大綱卷上)에서 고대 사료의 운용을 언급할 때, 특히 중국 고서를 신뢰할 수 없음을 강조하고 "동주(東周) 이전의 중국고대사에 대해서는 의심의

---

77) "…… 疑古的態度, 有二方面好講: (一)疑古書的眞僞; (二)疑眞書被那山東老學究弄僞的地方. 我們疑古的目的, 是在得其'眞', 就是疑錯了, 亦沒有什麼要緊……." "在東周以前的歷史, 是沒有一字可以信的. 以後呢? 大部分也是不可靠的. …… 四部書裏面的經史子三種, 大多是不可靠的, 我們總要有疑古的態度才好." 胡適, 「研究國故的方法」, 같은 책, 684쪽.

78) "偏於破壞方面, 提倡壞古; 於建設方面, 多未談及." 胡適, 「再談談整理國故」, 許嘯天, 『國故學討論集』, 上冊, 21쪽.

79) 余英時, 『中國近代思想史上的胡適』, 43~45쪽.

태도를 가져야 한다"[80]라고 강조했다. 1920~21년에 그는 첸쉬안퉁, 구제강과 고서와 고사 정리에 대해 논할 때에도 변위 분야에 초점을 두면서 구제강에게 "차라리 의심해 그르칠지언정 믿어서 그르쳐선 안 된다"[81]라는 취지를 거듭 밝혔다. 미국에 유학하다가 귀국해 교편을 잡을 때까지 의고와 변위는 항상 후스의 연구에서 핵심 부분을 차지했으며, 1921년까지 그의 국고정리 제창의 중심적인 견해이기도 했다.

그러나 「발간선언」에서 후스가 청학(清學)의 성과를 논평할 때, 청초와 청말의 학자만이 그래도 고서의 진위를 고증하는 데 중점을 두어 이 분야의 성과를 이룩했으며, 청인(清人)의 '고서정리' 항목 가운데 가장 작은 부분이라고 언급했다.[82] 이렇게 말한 것은 1년 전에 둥난 대학에서 강연할 때 의고의 중요성을 적극 강조하던 것과는 완전히 다르다. 이 점에서 후스와 다른 국학문 동인들의 견해가 완전히 같지는 않았으므로, 확실히 '전체를 대표'하는 「발간선언」에서는 이에 대해 언급을 생략한 것이다.

당시 국학문 동인들의 학술적 관점을 보면, 찬부안 같은 사람은 고문 경서를 위조라고 보았고,[83] 심지어 장타이옌의 제자 중에도 첸쉬안퉁과 마위짜오 등 적잖은 사람들은 금문가의 영향을 받아 스승과 반대되는 말을 하기는 했지만,[84] 어떤 사람들은 주시쭈처럼 여전히 고문가의 말을 충실히 지키면서 후스 등의 의고 관점과는 상당한 거리를 두기도 했다.[85] 그러므

80) 胡適, 「中國哲學史大綱卷上」, 胡適, 『中國古代哲學史』, 20쪽.

81) 胡適, 「適之先生評」, 「告擬作『僞書考』長序書」, 「自述古史觀書」, 顧頡剛, 『古史辯』, 第1冊, 12, 15, 23쪽.

82) 胡適, 「發刊宣言」, 앞의 책, 第1卷 第1號, 2쪽.

83) 吉川幸次郎, 錢婉約 譯, 『我的留學記』, 北京: 光明日報出版社, 1999, 57~60쪽; 「單不庵先生追悼會記事(續)」, 『北大日刊』, 1930. 5. 24, 3~4쪽.

84) 顧潮, 『歷劫終教志不灰: 我的父親顧頡剛』, 37쪽.

85) 주시쭈는 「整理中國最高書籍之方法論」에서 금문가의 관점에 대해 많이 비평했다. 蔣大椿, 『史學探淵: 中國近代史學理論文編』, 671~82쪽. 주시쭈의 관점에 대해 후스는 일찍이 사적으로 불만을 드러낸 적이 있다. 우위(吳虞)의 일기에 한 단락의 기록이 있는데, 후스는 주

로 후스는 「발간선언」을 쓸 때, 동인들 사이의 서로 다른 의견에 주의하면서 그런 점은 특별히 피해 쟁의가 일어나지 않도록 했다.

'의고의 태도'를 제창하기 위해 후스는 별도로 「과학적 고대 사학가 최술」(科學的古史家崔述)이라는 글을 써서 『국학 계간』 제1권 제2호에 게재했다. 이 문장은 비록 절반만 완성되었지만 그래도 후스의 의고사관을 가장 체계적으로 제창한 논저이다. 「과학적 고대 사학가 최술」이 출판된 지 한 달 후에 구제강의 「첸쉬안퉁 선생과 고대 사서를 논하다」(與錢玄同先生論古史書)가 『독서잡지』(讀書雜志)에 게재되면서 '고사변'(古史辨)운동을 불러일으켰다. 주의할 만한 점은 이렇게 10년 이상 지속되어온 고사 논쟁에서 국학문의 학자로 널리 알려진 후스와 첸쉬안퉁 외에는 아무도 의고파의 진영에 서지 않았다는 점이다. 더욱이 1940년대 초, 의고 사조가 사학계에서 여전히 상당한 영향력을 발휘하고 있을 때, 선젠스는 공개 강연에서 "무턱대고 의고한다면 결국에는 견강부회가 우려되니, 이 역시 결점이다." 그러므로 새로운 자료와 방법으로 "우리 민족의 찬란하고 믿을 만한 역사를 새로 입증"하느니만 못하다고 했다.[86)]

게다가 1920년대 의고사관이 크게 성행할 때, 베이징 대학 국학문의 주요 연구 성향이 오직 의고와 변위뿐만 아니라 민속 연구와 고고 발굴의 제창에도 치중했다는 것을 보면(이 장 제3절 참조), 「발간선언」에서 '의고의 태도'를 제기하지 않은 것은 오히려 대부분 국학문 학자의 관점을 반영한 것으로서 당시 국학문의 전체 연구 취향에 부합되는 것이다.

이 외에도 후스가 「발간선언」을 쓸 때 '어휘 선택에서 상당히 논의를 많이 하게 된' 또 다른 원인은 아마도 동인들이 국고정리를 하는 과정에서 전통문화에 대해 비판을 해야 하는지에 대해 아직 의견의 일치를 보지 못했

시쭈에게 "주시쭈 선생이 고문가를 믿고 따르는 것이 심히 옳다고 여기지 않는다"라고 표현했다. 中國革命博物館整理, 『吳虞日記』, 1921. 5. 13, 上冊, 成都: 四川人民出版社, 1986, 598~99쪽 참조.

86) 沈兼士, 「近三十年來中國史學之趨勢」, 沈兼士, 『沈兼士學術論文集』, 374쪽.

던 것으로 보인다.

후스는 「발간선언」의 집필자로서 이전에 국고정리를 제창하고 국고정리에 종사할 때, 반드시 '판정'의 단계를 포함해야 한다고 항상 강조했다. 후스는 『중국철학사대강(상)』을 쓸 때, '판정'이란 학자가 일종의 '객관적인' 눈과 '중립적인' 눈 그리고 '역사적 관점'으로 각각의 학설이 역사에서 발생하는 효과와 영향을 고찰, 연구함으로써 각 학술의 가치에 대해 비평하는 것이라고 신중하게 정의했다.[87] 하지만 「신사조의 의의」(新思潮的意義)를 쓸 때, 그는 전체 신문화운동의 기본 태도와 정신을 '판정의 태도'라는 다섯 글자로 귀결해 니체의 "모든 가치를 새로 추정한다"[88]라는 한 마디로 해석하면서, 국고정리의 최종 목표는 "각자 모두에게 진면목을 돌려주고, 각자 모두에게 진짜 가치를 돌려주는 것"[89]이라고 여겼다. 또한 전체 문장에서 보면, 후스는 당시 이미 '국고' 중에 '찌꺼기'가 가득하다고 여긴 견해를 숨기지 않았고, '국수 보존'을 제창하는 사람을 풍자하고 비웃었다.[90] 당시 그는 '국고'의 가치에 대해 비교적 부정적으로 평가했으므로, 그가 말한 국고정리는 체계적인 정리와 정확한 고증, 명확한 변석과 원인 규명 외에도 중국의 구문화와 구사상에 대해 비판하는 것, 곧 나중에 말한 이른바 '요괴를 잡고', '귀신을 몰아내는' 작업을 의미하기도 했다.[91]

그러나 이러한 국고정리의 목적과 구체적인 정리를 진행하기 전에 가진

87) 胡適, 「中國哲學史大綱卷上」, 胡適, 『中國古代哲學史』, 5～6, 27쪽.

88) 胡適, 「新思潮的意義」, 胡適, 『胡適文選』, 42쪽.

89) 胡適, 「新思潮的意義」, 같은 책, 49쪽.

90) 胡適, 「新思潮的意義」, 같은 책, 41～42, 48～49쪽.

91) 胡適, 「整理國故與'打鬼': 給浩徐先生信」, 胡適, 『治學的方法與材料』, 159～61쪽. 이른바 '요괴를 잡고' '귀신을 몰아내는' 일은 바로 허창췬이 말한 다음의 의미와 같다. "몇 천 년 동안 쌓아온 엄청나게 많은 문헌 속의 옛 역사로부터 한 차례 새로운 세례를 거치는 것이다. 이를테면, 현대적인 의식과 과학적 방법으로 매 시대, 매 사건을 다시금 평가하는 것이며, 적어도 현대에서 정확한 의미와 해석으로 여기는 것이다." 賀昌群, 「哀張蔭麟先生」, 金自強·盧明英, 『賀昌群史學論著選』, 539쪽.

가치판단의 태도 및 '국고' 가운데 '찌꺼기'가 가득하다고 여기는 견해 등은 국학문 동인들에 의해 모두 받아들여졌을까?

국학문 동인 가운데 장타이옌 문하생들의 국고에 대한 태도는 앞에서 약간 설명했다. 장타이옌이 만청 시기에 공자를 비난한 언사와 고유의 학술사상에 대해 말한 '논형'(論衡) 정신으로 인해, 그의 일부 제자들은 전통문화에 대해 대개 비판적인 태도를 가지고 있었다. 그 중 특히 첸쉬안퉁의 주장이 가장 강력했다. 1923년 말, 첸쉬안퉁은 일찍이 「한자혁명과 국고」(漢字革命與國故)라는 글을 써서 국고정리에 대한 자신의 기본적인 견해를 찬술했다.[92] '국고'에 대해 극히 낮은 평가를 내렸던 첸쉬안퉁은 이를 "고각(高閣)에 묶어두어야 한다"라고 여겼지만, 다만 현실적으로 그렇게 하기 어려우므로 할 수 없이 물러나 차선책을 써야 했다. 즉, 정리 작업을 소수 학자에게 넘겨 "조리 있고 체계적으로 국고를 서술한 신서"를 엮는 한편, "국고에 대한 일반인들의 기본적 지식 수요를 충족시켜주면서" "국고의 오류에 대한 이들의 전통사상이 점차 바뀔 수 있기를" 기대했다.[93] 첸쉬안퉁은 '국고'를 "이미 부패하고 말라비틀어진 과거의 중국 구문화", "현재 중국인의 근본 생활과 실제로 아무런 관계도 없는 것"이라고 말하는 한편, 고인을 "야만적이고 유치하며 무식하고 발전이 없는 사람"이라고 말한 것을 보면, 그 마음속의 '국고'는 '찌꺼기'가 절대적인 비중을 차지하고 있었던 것 같다.[94]

하지만 이렇게 강렬한 관점은 신문화운동의 중심인 베이징에서도 모든 사람들이 동의한 것은 아니었다. 사실상 「베이징 대학 국학정리 계획서」로

92) 첸쉬안퉁이 이 글을 지은 이유는 주로 같은 해 7월 우즈후이(吳稚暉)가 발표한 '국고정리'를 비평한 글에서 영향을 받았기 때문이다. 그 글에서 우즈후이는 '국고'는 마치 첩이 아편에 의지해 살아가는 것과 같이 썩어빠진 것으로, 마땅히 다시 30년을 변소에다 버려야 하며, 소수 몇몇 학자들이 정리하는 것은 괜찮지만 청년들에게 연구하라고 고무해서는 안 된다고 했다. 吳稚暉, 「箴洋八股化之理學」, 『晨報附刊』, 1923. 7. 23, 2~3쪽.

93) 錢玄同, 「漢字革命與國故」, 『晨報五周年紀念增刊』, 30쪽.

94) 같은 곳.

볼 때, '국고'에 대한 작자의 견해는 확실히 첸쉬안퉁과 상당한 거리가 있었다. 이 글의 작자는 비록 "중국 고유의 학술은 대체로 혼돈스럽고 뒤범벅된 모습"이라고 인정했지만, 글 속에서는 오히려 "중국 고유의 학술을 설명해 널리 알리는 일"은 베이징 대학 동인들이 미룰 수 없는 책임이라고 누차 지적했다.[95] 가령 작자가 '국고'는 전부 '찌꺼기'이거나 '찌꺼기'가 대부분이라고 여겼다면, "설명해 널리 알릴" 필요가 과연 있었겠는가? 이를 통해 작자가 분명 고유 학술 중에는 그래도 상당히 가치가 있는 부분이 여전히 존재한다고 여겼음을 볼 수 있다. 그리고 차이위안페이 총장은 베이징 대학 동인들에게 국고정리를 호소하는 강연에서 "우리는 한편으로는 서양 문명의 수용에 주의하면서, 다른 한편으로는 중국 고유의 문명을 수출하는 데에도 주의를 기울여야 한다"[96]라고 언급한 것을 보면, 중국 고유문화에 대한 차이위안페이의 생각이 완전히 부정적인 것은 아니었음을 알 수 있다.

좀더 나아가 말하면, 설령 국학문 동인들이 전통학술사상에 대해 '찌꺼기'가 '국수'보다 많다는 견해를 가졌고, 또 일찌감치 '국수 보존'의 관념을 포기했다 해도 주시쭈처럼 국고정리를 할 때 만약 너무 많은 판정의 말을 가한다면 무의미한 논쟁을 많이 야기할 것이라고 여긴 학자들도 있었다. 주시쭈는 「중국 고서정리의 방법」에서 이렇게 말했다.

> 과학적인 방법으로 학문을 연구한다. …… 단지 진화의 흔적을 확실하게 밝히고, 변천의 도리를 발견하며, 자연의 법칙에 순응하고, 약간의 설명을 가하기만 한다면, 뜻밖의 의론이 생기거나 시비를 무리하게 판정할 필요가 없다. 그런 후에 보면 자연적으로 그의 정신도 진화의 최고점에 도달해 자신도 모르게 감화될 것이다. 이는 쓸데없는 논쟁을 생략한 것이므로 세계적으로 가장 경제적인 사업이다.[97]

95) 「北大整理國學計劃書」, 『北大日刊』, 1920. 10. 19, 2쪽.

96) 蔡元培, 「北大1921年開學式演說詞」, 高平叔, 『蔡元培文集: 卷三·教育三(下)』, 178쪽.

97) "用科學的方法來治學問 …… 只要闡明他進化的跡, 發見他變遷的理, 順自然之法則, 略加說明;

이로 볼 때, 국학문 동인 간에는 국고의 가치에 대한 평가와 국고정리에 대해 판정이라는 말을 적용시켜야 하는지에 대해 각기 다른 의견들이 존재했다는 것을 알 수 있다. 그러므로 후스는 「발간선언」을 쓸 때 특별히 신중하지 않을 수 없었고, 가치중립적인 태도로 국고정리 작업에 종사해야 한다고 제기한 것이다. 그는 이렇게 적었다.

> '국고'라는 이 용어가 가장 적당하다. 왜냐하면 이는 중립적인 명사로서 포폄의 의미를 포함하지 않기 때문이다. '국고'는 '국수'를 포함하지만 '찌꺼기'도 포함한다…….
>
> 국고정리는 반드시 …… 그에게 진면목을 돌려준 후, 여러 세대, 여러 학파, 여러 사람들이 의리의 시비를 판정해야 한다. 그들의 진면목을 돌려주지 않으면 고인을 모함하는 것이다. 그들의 시비를 판정하지 않으면 우리에게 손해가 되는 것이다. 하지만 이들의 진면목을 먼저 확실하게 하지 않으면 결코 그들의 시비를 판정할 수 없다.[98]

후스는 이 말에서 국고정리는 '고인에게 진면목을 돌려주는 것'과 '시비를 판정하는 것'이라는 두 가지 차원의 작업을 포함해야 한다고 제기했다. 이 뜻은 대체로 량치차오가 『청대 학술개론』(清代學術概論)에서 오늘날 학문 연구는 진상 추구를 첫 번째로 하고, 다음으로는 고인의 시비 득실을 비평해야 한다는 언급을 답습한 것으로 보인다.[99] 다만 후스가 제기한 "하

不必橫生議論, 硬斷是非. 人家看了, 自然而然, 他的精神會達到進化最高之點, 潛移默化. 省卻了許多閑爭執, 這是世界上最經濟的事業." 朱希祖, 「整理中國最古書籍之方法論」, 蔣大椿, 『史學探淵: 中國近代史學理論文編』, 671쪽.

98) "'國故'這個名詞, 最爲妥當; 因爲他是一個中立的名詞, 不含褒貶的意義. '國故'包含'國粹'; 但他又包含'國渣'……." "整治國故, 必須 …… 各還它一個本來面目, 然後評判各代各家各人的義理的是非. 不還他們的本來面目, 則多誣古人. 不評判他們的是非, 則多誤今人. 但不先弄明白了他們的本來面目, 我們決不配評判他們的是非." 胡適, 「發刊宣言」, 「國學季刊」, 第1卷 第1號, 8쪽.

99) 梁啟超, 「清代學術概論」, 朱維錚 校注, 『梁啟超論清學史二種』, 37쪽.

지만 이들의 진면목을 먼저 확실하게 하지 않으면, 결코 그들의 시비를 판정할 수 없다"는 말은 현 단계의 국고정리 작업이 고대의 역사와 문화에 관한 진상을 가장 먼저 명시해야 한다는 것이다. 이러한 말은 후스가 연구소 동인들의 서로 다른 의견을 염두에 둔 타협적인 표현일 뿐만 아니라, 국학문 동인들의 국고정리 작업은 우선 진상추구의 방향으로 노력해야 한다는 점을 드러낸 것이기도 하다.

4. 신국학

「발간선언」은 『국학 계간』이 출간된 이후, 베이징 대학 학자들이 서학의 충격 속에서 중학(中學)에 대해 내린 공동 견해로서, 발표 후 학계의 많은 관심을 끌었다. 이 글이 발표되기 전에 중국에서 '국학'이라는 명분 아래 연구에 종사하던 단체나 개인은 청말 이래로 많았다. 하지만 「발간선언」 속에서 국고 연구의 목적과 방법에 대해 찬술한 점은 분명 국학문 동인이 제창하고 진행한 것으로, 사실 일종의 '신국학'이었다. 이를 선인들의 연구와 비교해 보면, 태도나 방법에서 완전히 동일한 것은 아니었다.

우선 「발간선언」이 표방한 것은 일종의 가치중립적인 연구로서 학자들에게 과거 중국의 역사와 문화 자료에 대해 체계적인 정리를 하자고 호소한 것이다. 이러한 국고정리의 태도와 성질에 대해 후스만 말했던 것은 아니다.

> 우리가 말하는 국고정리는 결코 향수를 짜는 개념이 아니다. 향수를 짜는 것은 바로 국수를 보존하는 것이다. 우리가 국고를 정리하려는 것은 단지 진면목을 돌려주려는 것이며, 단지 사실을 진솔하게 이야기하려는 것일 뿐이므로 분뇨와 향수도 모두 사실이며, 모두 정리 대상에 포함된다.[100)]

100) "我們說整理國故, 並不存在擠香水之念; 擠香水即是保存國粹了. 我們整理國故, 只是要還他一個本來面目, 只是直敍事實而已, 糞土與香水皆是事實, 皆在被整理之列." 胡適, 「致錢玄同」

동시에 쉬쉬성도 몇 년 후에 다음과 같이 지적했다.

> 국고정리는 국고 안에서 진귀한 보물을 찾거나 윤리 교육서나 문학의 자료를 찾으려는 것이 아니라, 단지 몇 천 년에 걸친 우리들의 모든 물질적 환경과 정신적 노력이 확실히 어떤 모습인지 알려고 하는 것일 뿐이다.[101)]

이러한 지식탐구의 입장에서 국고 연구를 강조하는 목적은 단지 "사실에 근거해 중국 전체 민족의 각 방면에 대해 정밀하고 상세한 관찰과 추단을 가하고, 5000년 이래 문명 진화의 발단과 부분적인 실마리를 찾아"(류푸의 말),[102)] 국학문의 국고정리 작업을 20년 전 국수파 학자의 '국수 보존'이라는 심리상태와는 약간 구별되게 하며,[103)] 심지어 1920년대 이후 베이징 대학을 계승해 '국고정리'의 기치를 내걸며 일어났던 일부 학자들과 비교할 때도 역시 본질적인 차이가 있게 하는 것이다.

이 점은 1920년대 국고정리의 풍조가 전국을 휩쓸 당시 후스가 국학문 동인의 집회에서 했던 발언에서 볼 수 있다. 당시 후스는 베이징 대학의 소식을 듣고 일어난 국고정리의 작업이 연구 동기에서 국학문 동인과 완전히 반대 방향으로 갔을 뿐만 아니라, 심지어 외부에서도 국학문의 학술 작업

(1925. 4. 12.), 耿雲志·歐陽哲生, 『胡適書信集』, 上冊, 360쪽. '분뇨와 향수'의 비유는 천두슈가 1923~24년에 후스 등이 저술한 국고정리에 대한 비평에서 취한 것이다. 천두슈는 후스 등이 국고를 연구하는 일은 "더러운 분뇨에서 향수를 찾는 것으로, 온 힘을 다해 단지 소량의 향수를 찾아내는 일과 같은 것이다. 그 품질이 아주 좋다고 해도 다른 향수와 같은 것일 뿐 특별할 게 없으므로 온 힘을 다해 찾을 때에도 자신이 얼마나 더러운 냄새에 오염이 될까 걱정하지 않아도 된다"라고 했다. 陳獨秀, 「寸鐵」, 任建樹 等, 『陳獨秀著作選』, 第2卷, 517, 604쪽 참조.

101) "整理國故, 不是要在國故裏面找什麼寶藏, 找什麼倫理教科書和什麼文學的資料, 不過是要知道我們這幾千年裏面所有底物質環境, 精神努力, 的的確確是什麼樣子." 「研究所國學門第四次懇親會紀事」, 『國學門月刊』, 第1卷 第1號, 147쪽.

102) 劉復, 「 敦煌掇瑣敘目」, 『國學門周刊』, 第1卷 第3期, 6쪽.

103) 鄭師渠, 「晚淸國粹派: 文化思想硏究」, 8쪽; 劉龍心, 『史料學派與現代中國史學的發展』, 61쪽.

에 대해 적지 않은 오해를 가지고 있다고 느껴 특별히 동인들의 국고정리에 대한 기본태도를 다시 한 번 개괄해 강조했다.

> 우리들이 제창하는 '국고정리'는 '정리'라는 (두) 글자에 중점이 있다. '국고'는 '과거의' 문물이며 역사이자 문화사이다. '정리'는 선입견이 없는 태도로 정밀한 과학적 방법을 적용해 이전의 문화적 변천과 아울러 연혁의 맥락과 실마리를 찾아 국부적이거나 전반적인 중국 문화사를 구성하는 것이다. 국수이든 찌꺼기이든 모두 '국고'이다. 우리들에게는 '지배적인 전통사상에 대한 옹호'의 태도는 없으며, 입신양명하기 위해 국고 안에서 불변의 진리를 찾을 생각도 없다. 베이징 대학 연구소의 태도는 이러한 정신을 대표하므로 결코 '국수 보존'이나 '국광 발양'이라고 오해해서는 안 된다.[104)]

후스는 이 말을 통해 국학문 동인들이 연구한 '신국학'의 특징이 어디에 있는지를 확실히 밝혔다. 이로써 국학문 학자들의 학문적 태도가 여러 선인들 내지는 동시대의 일부 국고 학자들과 비교해 볼 때 정신적으로 확실히 근본적인 차이가 있음을 보여주고 있다.

이러한 학문적 태도의 전제 아래 국학문 동인들이 훗날 행한 연구가 여전히 주로 고증의 방식에서 나와서 일부 사람들의 눈에는 건가(乾嘉) 시기 고증학의 변형적인 탄생으로 보였고,[105)] 그 가운데 실험주의의 방법론

104) "我們所提倡的'整理國故', 重在'整理'(兩)個字. '國故'是'過去的'文物, 是歷史, 是文化史; '整理'是用無成見的態度, 精密的科學方法, 去尋求那已往的文化變遷沿革的條理線索, 去組成局部的或全部的中國文化史. 不論國粹國渣, 都是'國故'. 我們不存什麼'衛道'的態度, 也不想從國故裏求得什麼天經地義來供我們安身立命. 北大研究所的態度可以代表這副精神, 決不會是誤解成'保存國粹', '發揚國光'."「研究所國學門第四次懇親會紀事」, 앞의 책, 第1卷 第1號, 143~44쪽. 당시 후스가 동인들의 모임에서 국학문 동인들이 국고정리의 취지를 정중하게 거듭 설명한 이유는 새로 가입한 젊은이들이 '국수 보존'의 길로 갈 수 있다는 점을 염려했기 때문이다.「研究所國學門第四次懇親會紀事」, 같은 책, 143쪽 참조.

105) 劉龍心,「史料學派與現代中國史學的發展」, 70쪽.

이 융합되어서 당시 '신고증학'이라고 불리기도 했다.[106] 그 본질을 따져보면 단지 사라진 박학사상을 다른 명목으로 돌려놓은 것일 뿐이었다. 하지만 사실상 이러한 학자들이 고증에 종사할 때 그 심리상태는 이미 서로 확연히 달랐으므로, 그 연구대상은 비록 국학이지만 이것을 단순히 청대 고증학의 연속이라고 보는 것은 적절하지 않다.

게다가 「발간선언」이 제창하는 국고 연구가 일종의 '신국학'이라 부를 수 있었던 까닭은, 학술평등의 태도를 명확하게 드러내면서 반드시 국학 연구의 범위를 확대해 더 이상 경학을 중심으로 하지 않는다고 선포했으며, 또한 모든 학술은 항상 독립적이고 평등한 연구가치가 있고 모두 중요한 지위가 있다고 지적했기 때문이다. 이러한 학술 관념상의 혁명적인 전환은 중국 학술이 전통에서 현대로 넘어가는 중요한 상징이며, 이로부터 무수한 학술 연구의 신천지가 열리게 되었다.[107]

주광첸은 일찍이 중국의 전통학술이 지닌 특색에 대해 다음과 같이 개괄했다.

> 우리 중국의 학술은 자고로 경, 사, 자, 집의 사부로 나뉘며, 청대 유학자가 나눈 의리(義理), 고거(考據), 사장(辭章)도 모두 사부 연구가 치중한 점이

106) 曹聚仁, 「我與我的世界(下)」, 276쪽; 林同濟, 「第三期的中國學術思潮: 新階段的展望」, 溫儒敏·丁曉萍, 「時代之波: 戰國策派文化論著輯要」, 北京: 中國廣播電視出版社, 1995, 320쪽.

107) 王汎森, 「什麼可以成爲歷史證據: 近代中國新舊史料觀念的衝突」, 『新史學』, 第8卷 第2期, 97~98쪽; 余英時, 『中國近代思想史上的胡適』, 82~90쪽. 이 이전에 왕궈웨이 같은 개별 학자들은 서학의 영향 아래 학술 연구의 새로운 영역을 열었으며, 이로 인해 당대 학자들은 그를 현대 학술의 기초를 마련한 사람 가운데 한 명이라고 했다. 井波陵一 著, 盛勤 譯, 「試論王國維的學風: 經史子集分類法的革命性轉變」, 王永興, 『紀念陳寅洛先生百年誕辰學術論文集』, 南昌: 江西教育出版社, 1994, 308~42쪽; 劉夢溪, 「王國維與中國現代學術的奠立」, 劉夢溪, 『傳統的誤讀』, 105~30쪽 참조. 하지만 왕궈웨이는 어쨌든 개별적인 예일 뿐, 「발간선언」에서 반영한 관념은 도리어 1920년대 중국 학술의 중심을 이루었던 베이징 대학 학자들의 공통된 의견에 의거하고 있으므로 이는 집단적 학술 선언이었으며 이로써 지식계에 대한 영향도 상당히 광범위해졌다고 말했다.

> 다. 사부에서 경과 사는 본디 주요한 위치를 차지했고, 자가 그 다음이며 집은 또 그 다음이다. 사부 연구의 세 가지 분야로 말하자면, 요희전(姚姬傳)은 한 쪽도 소홀할 수 없다고 힘주어 말했지만, 사실은 사장이 의리에 미치고 고거가 사장을 명확하게 하며, 마지막에는 의리를 철저하게 규명하는 것으로 귀납된다. …… 수천 년 동안 중국 학자가 성실하게 계속해 온 것은 우선 의리를 철저하게 규명하는 것이었으며, 그 다음은 역사와 주진(周秦) 제자에게 미쳤고, 남은 힘이 있으면 집부에 이르렀으며, 사장을 배우는 것은 학문을 말하고 세상에 대처하는 도구로 여겼다.[108]

주광첸의 말은 비교적 두루뭉술하지만, 중국 전통학술은 경, 사, 자, 집의 사부 가운데 경과 사의 학문적 지위를 가장 높게 여기며 특히 경학을 최고의 지위에 놓았고, 청대 유학자들이 습관적으로 말하는 의리, 사장, 고거의 경우에는 "의리를 명확하게 한다"는 항목을 학자들이 학문의 궁극적인 목적으로 여겼다고 지적했다.

「발간선언」에서는 이러한 전통적인 학문 관념에 대해 처음부터 맹렬히 공격했다. 저자는 청대 유학자들은 "유가의 서적이 최고의 것"이라는 관념에 사로잡혀, "경학에는 전력을 다하면서도 다른 책은 여력이 있어야만 연구했으므로", 학술 연구의 범위가 매우 협소할 수밖에 없었다고 지적했다.[109] 단도직입적으로 말하자면, 저자는 오늘날 과거의 여러 가지 낡은 관념을 타파해야 한다고 공언했다. 문학 영역에 대해서는 다음과 같이 말했다.

> 오늘날 민간의 어린이나 여자들이 부르는 가요는 『시』 300편과 동등한 위

108) "吾國學術, 自昔分經史子集四部, 清儒所分之義理, 考據, 辭章, 蓋就研究四部所側重之方面而言. 四部之中, 經史素占主要地位, 子次之, 集又次之. 就四部研究之三方面而言, 姚姬傳雖力言其不可偏廢, 實則辭章所以達義理, 考據所以明辭章, 而其終極應歸於窮義理 …… 數千年來, 吾國學者所孳孳不輟者, 首在窮經明義理, 次則及於歷史與周秦諸子, 行有餘力, 及旁及集部, 習辭章以爲言學應世之具." 朱光潛, 「文學院課程之檢討」, 朱光潛, 『朱光潛全集』, 第9卷, 79쪽.

109) 胡適, 「發刊宣言」, 앞의 책, 第1卷 第1號, 4쪽.

치에 있으며, 민간에 전해지는 소설은 국가의 귀중한 문서나 전적과 동등한 위치에 있다.[110)]

이 말은 바로 "일체의 가치를 새로 정한다"라는 태도로서,[111)] 경학이 최고의 지위를 가지는 것을 부정하면서 평등한 눈으로 경학과 가요 소설을 동등하게 대우해야 한다는 것이다.

중요한 점은 1920년대 전후 베이징 대학 학자들이 이러한 학술평등의 관념을 공통으로 가지고 있었다는 것이다. 후스가 『중국철학사대강(상)』을 지어 고대 철학을 찬술할 때, '평등의 눈'으로 공자와 선진(先秦) 제자를 나란히 놓은 것은 차이위안페이 이후 당대 학자들에게 모두 익숙한 일이었다.[112)] 그러나 후스 이외의 다른 국학문 동인 역시 모두 '유가의 서적이 최고의 것'이라는 관념에서 벗어나 일종의 학술적 평등이라는 안목을 가지고 있었다.

이 분야에서 주시쭈의 「중국의 고서정리 방법론」은 이러한 새로운 학술 관념을 매우 명확하게 드러냈다. 그는 이 글에서 경서를 포함한 고대 서적을 정리하는 태도와 방법에 대해 논했으며, 과감한 어투로 표현했다.

경학이라는 명칭 역시 버려야 한다.[113)]

그는 이렇게 해석했다.

110) "今日民間小兒女唱的歌謠, 和『詩』三百篇有同等的位置; 民間流傳的小說, 和高文典冊有同等的位置." 胡適, 「發刊宣言」, 같은 책, 8쪽.

111) 胡適, 「新思潮的意義」, 胡適, 『胡適文選』, 42쪽.

112) 蔡元培, 「中國哲學史大綱·序」, 胡適, 『中國古代哲學史』, 3쪽; 余英時, 『中國近代思想史上的胡適』, 19~21, 77~91쪽.

113) "經學之名, 亦須捐除." 朱希祖, 「整理中國最古書籍之方法論」, 蔣大椿, 『史學探淵: 中國近代史學理論文編』, 678쪽.

경(經)의 본의는 실을 엮는다는 뜻으로 원래 특별한 의미가 없었다. 그런데 후인들이 경은 천지대의로서 변할 수 없는 의미이자 거스를 수 없는 일종의 용어라고 했다. …… 그러므로 경은 독립적으로 진보하는 것을 사람들에게 영원히 허락하지 않는 것이다. 우리는 고서를 연구하지만 결코 교주의 경전으로 대우하지 않는다.[114)]

경학이 가장 높은 지위에 있다는 것을 부정한 글이다. 나아가 주시쭈는 이렇게 제시했다.

결국, 일괄적으로 모두 평등하게 대해야 한다. 귀중한 문헌이나 가요 소설은 똑같이 중요한 것이다.[115)]

이것이 바로 학술평등 관념의 표현이 아니겠는가? 이는 바로 위에서 인용한 「발간선언」의 축소판이라고 할 수 있다. 당시 베이징 대학 교수들의 언론과 학술활동을 자세하게 고찰해 보았을 때, 소설과 가요의 연구 가치를 유가 경전과 동등하게 생각한 것은 많은 학자들의 공통된 인식이었다.

소설로 말하자면, 「발간선언」이 발표되기 전에 '소설', '소설사'가 베이징 대학 강단에 잇따라 등장한 것에서부터 학자들이 공동으로 소설에 서를 쓰거나 소설에 대해 세밀한 고증을 한 것에 이르기까지, 이는 모두 베이징 대학 학자들이 이미 소설을 일종의 엄숙한 학문으로 보면서 경서와 동등

114) "因爲經之本義, 是爲絲編, 本無出奇的意義. 但後人稱經, 是有天經地義, 不可移易的意義, 是不許人違背的一種名詞 …… 所以經是永遠使人不許獨立進步的. 我們治古書, 卻不當做教主的經典看待." 朱希祖, 「整理中國最古書籍之方法論」, 같은 책, 679~80쪽. '경'에 대한 주시쭈의 해석과 태도는 확실히 그의 스승 장타이옌의 관점을 계승한 것이다. 장타이옌은 '경'의 신성성을 깨뜨리고 세속화된 해석을 가했으며, 청말 민초 시기의 사상계에 커다란 영향을 끼쳤다. 王汎森, 『章太炎的思想(1868~1919)及其對儒學傳統的衝擊』, 189~99쪽 참조.

115) "總之, 一概須平等看待. 高文典冊, 與夫歌謠小說, 一樣的重要." 朱希祖, 「整理中國最古書籍之方法論」, 앞의 책, 681쪽.

한 연구 가치를 가지고 있다고 인식하고 있음을 보여준 것이다.[116)]

소설이라는 문학 장르는 청말에 이미 학자들이 풍속을 보고 득실을 판단하는 각도에서 고증한 학자들도 있었지만 그래도 전심전력을 다했다고 할 수 없다.[117)] 신문화운동 기간이 되어서야 소설은 진정한 학술과제로 여겨졌고, 전국 최고 학부에 정식으로 오르면서 직업적인 학자들의 강의와 연구의 대상이 되었다.[118)] 1918년 베이징 대학 연구소 국학문이 선보인 과목 중에 '소설'이 포함되어 있었으며, 저우쭤런과 후스, 류푸 3명이 공동으로 책임졌다.[119)] 1920년에 국문과 주임 마위짜오는 루쉰을 초빙해 베이징 대학에서 '중국소설사'(中國小說史)의 강의를 해달라고 부탁했고,[120)] 루쉰이 이 과목을 강의하는 동안 『중국소설사략』(中國小說史略)을 재촉했다. 이로써 『중국소설사략』은 중국 소설사의 창시가 되었을 뿐만 아니라[121)] 중국 문학

116) 후스는 「『水滸傳』考證」의 한 단락에서 베이징 대학의 학자들이 소설의 가치에 대해 새로운 생각이 있었다고 분명하게 반영하고 있다. 그는 "나는 『수호전』이라는 기서가 중국문학사에서 『좌전』과 『사기』보다 더 중요한 위치를 차지하고 있다고 생각한다. 이 책은 염약거(閻若璩)가 그를 위해 고증의 공력을 들일 만하며, 왕념손(王念孫)이 그를 위해 훈고의 공력을 들일 만한 것이다. 나는 비록 이러한 큰 일을 하기에 부족하지만(장래의 학자들이 해야 함) 나 역시 노력을 할 것이며, 장래의 '수호전 전문가'들을 위해 새로운 방향과 새로운 길을 열어주고자 한다"라고 밝혔다. 胡適, 「『水滸傳』考證」, 胡適, 『水滸傳與紅樓夢』, 67쪽.

117) 유월(兪樾)은 청말에 『三俠五義』를 정리해 『七俠五義』로 이름을 바꾼 후 서(序)를 달아 간행했다. 이는 민국의 학자들이 구소설을 정리하는 효시가 되었다. 그러나 이것은 유월이 경, 제자, 시문을 연구한 후에 여력이 있어서 한 일일 뿐이다. 陳炳堃(子展), 『最近三十年中國文學史』, 上海 : 上海書店影印, 1989, 163쪽 참조. 만청 시기에 쏟아져나온 직업 소설가들은 대부분 과거 출신자들이 아니다. 陳平原, 『二十世紀中國小說史·第一卷(1897~1916)』, 北京 : 北京大學出版社, 1997, 90~102쪽 참조.

118) 陳平原, 「作爲文學家的魯迅」, 王瑤, 『中國文學研究現代化進程』, 北京 : 北京大學出版社, 1996, 92쪽.

119) 「各研究所研究科目及擔任教員一覽表」, 『'國立'北京大學廿周年紀念冊』, 220쪽.

120) 魯迅, 「日記」, 魯迅, 『魯迅全集』, 第14卷, 393~402쪽.

121) 루쉰은 『中國小說史略』 서언(序言)에서 "중국 소설에는 여태까지 (소설)사가 없었다"라고

분야에서 소설의 지위도 확립했다.[122)]

이 외에도 1920년부터 1921년까지 천두슈와 후스, 첸쉬안퉁은 모두 아동(亞東)도서관의 신 표점(標點)을 단 『수호전』, 『유림외사』, 『홍루몽』에 서를 써서 소설의 지위를 대대적으로 높였으며, 이 중에서도 몇몇 소설에 대한 후스의 세밀한 고증은 아직도 상당한 영향력을 발휘하고 있다.[123)] 후스는 여러 해가 지난 후 이들이 공동으로 소설을 위해 서를 쓴 목적을 다음과 같이 말했다.

> 이는 소설 명저에 현대의 학술적 영예를 주는 방식으로, 이것 또한 한 가지 학술연구의 주제이자 전통적인 경학, 사학과 함께 동등한 위치에 있는 것이라고 생각한다.[124)]

가요도 원래는 문인 학사들이 하찮게 여기던 것이었는데,[125)] 현재는 마찬가지로 베이징 대학 학자들에 의해 진지하게 수집, 연구되고 있다. 1918년 가요모집처를 설립할 때 선젠스와 첸쉬안퉁, 저우쭤런, 류푸 등은 모두 이 일에 참여했다. 국학문이 설립되자 가요연구회는 바로 그 아래에

했다. 魯迅, 『中國小說史略』, 魯迅, 『魯迅全集』, 第9卷, 4쪽 참조.

122) 루쉰은 『中國小說史略』 이외에도 『古小說鉤沈』을 썼다. 천핑위안은 건륭의 박학이 성행하던 시기에 여소객(余蕭客)이 『古經解鉤沈』을 쓴 것에서부터 가정(嘉靖)과 도광(道光) 이후 황석(黃奭)이 『子史鉤沈』을 쓰고, 다시 민초 시기에 루쉰이 『古小說鉤沈』을 쓰기까지 "집일(輯佚)과 고증의 대상은 학술사조와 가치 관념의 변화에 따라 변화해 왔음"을 명확하게 볼 수 있다고 지적했다. 陳平原, 「作爲文學家的魯迅」, 王瑤主, 『中國文學研究現代化進程』, 91~92쪽.

123) 白吉庵, 『胡適傳』, 北京 : 人民出版社, 1993, 161~66쪽. 또한 1920년부터 1933년까지 후스는 서와 도론(導論) 등의 방식으로 10여 종의 소설에 대략 30만 자에 달하는 고증의 글을 썼다. 白吉庵, 『胡適傳』, 166~67쪽 참조.

124) "是給予這些小說名著現代學術榮譽的方式, 認爲它們也是一項學術研究的主題, 與傳統的經學史學平起平坐." 胡適 口述, 唐德剛 譯註, 『胡適口述自傳』, 230쪽.

125) 顧頡剛, 「吳歌甲集·自序」, 臺北 : 東方文化供應社影印, 1970, 2쪽.

예속되었고, 가요의 조사와 연구는 동인들이 공동으로 추진하는 학술사업이 되었다. 구제강이 지적한 것처럼 당시 가요연구회의 학자들은 일종의 '학술적인 안목'으로 민간가요를 수집했는데, 이러한 가요 연구를 하나의 '학문'으로 보는 태도는 명·청 시기에도 출현한 적이 없었다.[126]

종합하자면, 베이징 대학 학자들은 소설과 가요 연구에 대해 이미 '유가서적이 최고'라는 관념에서 벗어나 학술평등의 시각에서 보고 있다는 점을 드러내기 위해 그렇게 많은 힘을 쏟아부었던 것이다. 이러한 새로운 안목을 가지고 있다면 어떠한 사물을 연구하든 모두 학문이 될 수 있다. 따라서 구제강이 다음과 같이 흥분해 말한 것도 당연하다.

> 과거 학문의 영토는 얼마나 협소했던가. 그 물건은 책에 한정되어 있었고, 또 책은 경서만을 주체로 했다. …… 지금은 상황이 다르다. 학문이 되는 꺼리들은 전 세계의 사물로 변했다! …… 학문의 영토가 얼마나 넓고 아득한가.[127]

뿐만 아니라, 구제강은 『베이징 대학 연구소 국학문 주간』(이하 『국학문 주간』으로 약칭)의 「1926년 창간사」를 쓸 때, 특히 국학문의 젊은 세대를 대표해 이들이 학문을 연구하는 기본 태도에 대해 설명하면서 '학술적 평등 관념'을 가지고 있다고 했다.[128]

---

126) 顧頡剛, 「論『詩經』所錄全爲樂歌(中)」, 『國學門周刊』, 第1卷 第11期, 11쪽.

127) "從前學問的領土何等窄狹, 它的物件只限於書本, 書本又只以經書爲主體 …… 現在可不然了, 學問的物件變爲全世界的事物了！ …… 學問的領土是怎樣的廣漠." 顧頡剛, 「妙峰山進香專號引言」, 6~7쪽.

128) 顧頡剛, 「1926年始刊詞」, 『國學門周刊』, 第2卷 第13期, 1쪽. 구제강은 이 글에서 '학술평등'에 대해 논하고 있다. 학술평등이란 학문에 대한 불변의 추존적인 관념을 깨뜨린 후, 현재 사람들이 학문을 연구할 때 시대의 고금과 계급의 존비, 자격의 귀천, 응용의 좋고 나쁨에 지배되어서는 안 된다고 힘주어 강조했다. 같은 곳.

고고 분야와 사료 분야, 풍속 가요 분야에 대해 우리의 눈은 일괄적으로 평등하다.[129]

또 이렇게 말했다.

국학 분야의 자료는 매우 풍부하다. …… 선인들의 연구범위는 지극히 협소하며, 또 아직 발견되지 않은 많은 천연자원이 남아 있다. 지금 새로운 눈으로 보면, 정말 얼마만한 신천지를 열 수 있는지 알 수 없으며, 해야 할 새로운 일이 얼마나 있는지도 알 수 없다.[130]

이 말은 모두 「발간선언」이 드러낸 이념과 호응하고 있다. 또 베이징 대학 학자들의 소설과 가요 및 민속에 대한 태도와 연결해 본다면, 일종의 참신한 학술 관념이 이미 베이징 대학 학자들 사이에 형성되었다는 점을 발견할 수 있다. 주의해야 할 점은 이러한 새로운 관념의 싹은 경학의 지위가 동요됨에 따라 나타났다는 점이다.[131] 경학의 지위가 매우 안정적일 때, 학술계의 주류 관점은 경학이 모든 학문의 중심이라고 여겼으며, 모든 학문은 경학을 출발점으로 하고[132] 다른 것은 모두 부속적인 지위에 있으므

129) "對於考古方面, 史料方面, 風俗歌謠方面, 我們的眼光是一律平等的." 같은 곳.

130) "國學方面的材料是極豐富的 …… 從前人的研究的範圍又極窄隘, 留下許多未發的富源, 現在用了新的眼光去看, 眞不知道可以開辟出多少新天地來, 眞不知道我們有多少新的工作可做." 顧頡剛, 「1926年始刊詞」, 같은 책, 10쪽.

131) 물론 서방 학술사상의 유입은 새로운 관념을 형성하는 데 도움이 되었다. 陳平原, 「胡適的文學史硏究」, 王瑤, 『中國文學硏究現代化進程』, 228쪽; 劉錫誠, 「中國民俗學的濫觴與外來文化的影響」, 吳同瑞 等, 『中國俗文學七十年』, 228쪽 참조.

132) 梁啟超, 『淸代學術概論』, 39쪽; 『中國近三百年學術史』, 朱維錚 校注, 『梁啟超論淸學史二種』, 327, 329, 493쪽 참조. 청 중엽 이후 비록 사학과 제자학의 지위가 이미 상승세를 보였지만, 만청 이전까지 경학의 주류적인 위치는 여전히 의심의 여지가 없었다. 羅志田, 「淸季民初經學的邊緣化與史學的走向中心」, 『漢學硏究』, 第15集 第2期, 臺北: 漢學硏究中心, 1997. 12, 6~7쪽; 余英時, 『中國近代思想史上的胡適』, 84~85쪽.

로 그 자체로는 독립적인 연구 가치가 없다고 보았다. 이러한 관념의 속박 아래 학술발전은 자연히 상당한 제약을 받게 되었다.

천두슈는 이러한 상황에 견주어 일찍이 1918년에 『신청년』 잡지에 다음과 같은 글을 써서 비평했다.

> 중국 학술이 발달하지 못한 가장 커다란 원인은 학자 자체가 학술 독립의 신성을 모르기 때문이다. 예를 들어, 문학은 원래 독립적인 가치를 지녔는데도 문학가 자신은 이를 인정하지 않고, 육경에 빌붙어 반드시 '문장에는 도를 싣고' '성현을 대신해 자신의 이론을 세워야 한다'면서 스스로를 억압하고 있다. 사학 역시 원래 독립적인 가치가 있으나, 사학자 자신은 이를 인정하지 않고 『춘추』에 빌붙어 대의명분에 착안한 나머지 사학을 윤리학의 부속품으로 보고 있다…….[133]

천두슈는 또 기타 음악과 의약, 권투 기술 같은 것 역시 모두 "독립적인 가치가 있다"라고 말했지만, 오히려 종사자들은 이를 정치, 도술(道術)과 함께 끌어올리려는 자가 없었다.[134] 그러자 그는 이렇게 탄식했다.

> 학자가 그 학문에 대해 자신감을 가지지 않으면서 발전을 바라는 것이 어찌 가능한 일이겠는가?[135]

1940년대 초, 선젠스가 민국 사학의 혁신과 왕성한 발전의 원인을 탐구할 때, 건가(乾嘉) 학자들은 금석지리와 천문수학, 박물공예 등의 분야에

133) "中國學術不發達之最大原因, 莫如學者自身不知學術獨立之神聖. 譬如文學自有其獨立之價值也, 而文學家自身不承認之, 必欲攀附『六經』, 妄稱'文以載道', '代聖賢立言', 以自貶抑. 史學亦自有其獨立之價值也, 而史學家自身不承認之, 必欲攀附『春秋』, 着眼大義名分, 甘以史學爲倫理學之附屬品……." 陳獨秀, 「隨感錄」, 任建樹 等, 『陳獨秀著作選』, 第1卷, 389쪽.

134) 같은 곳.

135) "學者不自尊其所學, 欲其發達, 豈可得乎?" 같은 곳.

서 비록 놀라운 성과를 거두었지만, 이러한 연구를 독립적인 학문으로 확대하지 못했다. 그 근본 원인은 바로 청나라 사람들이 "천문지리를 연구하는 것은 「요전」(堯典), 「우공」(禹貢)을 읽기 위함이고 음운 박물을 연구하는 것은 『삼백편』, 『이아』(爾雅)를 읽기 위함이며, 궁궐 의복을 연구하는 것은 『삼례』(三禮)를 읽기 위함이다. 이 모두가 경에 귀납된다……"라고 여긴 데 있다.[136] 선젠스는 이렇게 말했다.

> 사실 경을 가지고 모든 학문을 통제하는 것 …… 이것이 모든 학문을 독립적으로 자유롭게 발전할 수 없게 만드는 중요한 원인이라고 나는 생각한다.[137]

선젠스는 이로 인해 경학이 근대에 쇠퇴한 것이 사학을 포함한 모든 학문을 독립적으로 발전할 수 있게 만든 결정적 요인이라고 여겼다.[138]

근대에 들어 경학이 쇠퇴한 원인을 논하자면 매우 복잡하다. 간단하게 사상적인 측면에서 보자면, 제자 사상의 재발견과[139] 청말의 금고문 논쟁,[140] 서학의 유입,[141] 세상의 변화에 속수무책인 경학 등 모든 것이 경학

136) 沈兼士, 「近三十年來中國史學之趨勢」, 沈兼士, 『沈兼士學術論文集』, 372쪽.

137) "其實拿經來統制一切學問 …… 我認爲這就是一切學問不能獨立自由發展的一個重要原因." 같은 곳.

138) 1940년대 초 저우위퉁(周予同)은 중국 근대 사학의 궤적을 돌아볼 때, 사학은 경학의 굴곡에서 벗어나 독립했으며, 이는 청말 이래 출현한 '신사학'의 중요한 내용과 발전에 기초한 것이라고 거듭 강조했다. 周予同, 「五十年來中國之新史學」, 朱維錚, 『周予同經學史論著選集』, 上海: 上海人民出版社, 1983, 514~47쪽.

139) 梁啟超, 『清代學術概論』, 앞의 책, 49~50쪽; 余英時, 『中國近代思想史上的胡適』, 77~91쪽; 鄭師渠, 『晚淸國粹派: 文化思想研究』, 192~95쪽.

140) 신성한 고문경서의 지위를 깨뜨린 금문가에 대해서는 王汎森, 『古史辨運動的興起: 一個思想史的分析』, 臺北: 允晨文化公司, 1987; 梁啟超, 『清代學術概論』, 앞의 책, 64~66쪽 참조. 고문가들이 "'고사'(古史)에서 육예를 없앤다"라는 말은 경서 역사의 문헌화를 야기했다. 鄭師渠, 『晚淸國粹派: 文化思想研究』, 270~80쪽 참조.

의 지위를 동요시켰다.[142] 제도적인 면에서 보면, 과거제도의 폐지로 인해 경학은 사회적 기초를 잃게 되었다.[143] 나아가 청 정권의 종료는 장기간 유지되었던 경학과 정치의 긴밀한 관계를 끊어버렸다.[144] 1912년 차이위안페이가 민국 최초로 교육 총장이 되었을 때, 대학 경과(京科)를 폐지하고 경학의 연구 항목을 문과의 각 학문에 편입시킨다고 선포한 일도 몰락으로 향하는 경학의 발걸음을 더욱 가속화시켰다.[145]

청말에 이르러 경학이 급속도로 몰락할 때 원래 경학의 그늘에 덮여 있던 각종 학술도 이에 따라 독립발전의 기회를 얻게 되었다.[146] 이는 바로

---

141) 서학이 중국인에게 끼친 영향은 신식학당이 보편적으로 설립됨에 따라 신속하게 확대되었다. 머우룬쑨(牟潤孫)은 경학과 사학의 관계를 관찰할 때, "경학이 사학으로부터 퇴출된 것은 중국에 서양식 학교가 세워지면서부터이다"라고 여겼다. 牟潤孫 主講, 關彩華 記錄, 「從中國的經學看史學」, 『新亞書院歷史學系系刊』, 第2期, 香港: 新亞書院歷史學係, 1972. 9, 372쪽.

142) 羅志田, 「清季民初經學的邊緣化與史學的走向中心」, 『漢學研究』, 第15卷 第2期, 20쪽.

143) 선젠스는 과거제도의 폐지와 경학의 쇠퇴는 서로 밀접한 관계가 있다고 보았다. 沈兼士, 「近三十年來中國史學之趨勢」, 沈兼士, 『沈兼士學術論文集』, 372쪽.

144) 린위탕은 1920년대 초에 청대 학자 가운데 비록 "경을 떠나 자를 논하면서 일가를 이룬 자"들이 있었지만, 황제 체제의 시대가 사상의 숨통을 조여왔기 때문에 "독립의 움직임은 아무래도 제한적일 수밖에 없었고, 몰래 모의는 했을지라도 감히 명백한 반대를 하지는 못했다"라고 지적했다. 林語堂, 「科學與經書」, 『晨報五周年紀念增刊』, 23쪽 참조. 그러나 '유가 제국의 붕괴'에 따라 학술은 점차 정치적 간섭에서 벗어나 '학술 독립의 조류'를 형성하게 되었다. 汪榮祖, 「五四與民國史學之發展」, 汪榮祖, 『五四研究論文集』, 臺北: 聯經出版事業公司, 1985, 221~23쪽 참조.

145) 周作人, 『知堂回想錄』, 331쪽.

146) 루야오둥(逯耀東)은 위진 시기 사학의 발전을 관찰할 때, 경학과 사학의 관계에 착안해 동한 말기 유가사상의 권위적 지위의 동요는 사학으로 하여금 경학으로부터 떨어져나가게 했고, 학술 분류상에서 독립의 길로 성큼 다가서게 한 원인이 되었다고 했다. 逯耀東, 「經史分途與史學評論的萌芽」, 『大陸雜志』, 第71卷 第6期, 臺北: 大陸雜志社, 1985. 12, 1~7쪽 참조. 하지만 위진 이후 사학과 경학은 여전히 복잡한 관계를 유지했다. 그러다가 청말 민초에 경학의 지위가 전면적으로 동요된 후 사학을 포함한 중국 학술은 철저하게 경학의 질곡에서 벗어났고, 충분한 독립과 평등 발전의 기회를 얻었으며, 그 결과로 현대

주쯔칭(朱自淸, 1898~1948)이 1940년대 초에 지적한 내용과 같다.

> 예전의 상황에 따르면, 원래 경학만 있고 사자집(史子集)은 모두 속국이었다가 후에 사자는 속국에서 대국으로 번성했지만, 집부는 그래도 전주(箋注)의 학문만 있어서 항상 속국의 지위에 있었다. 민국 이래 …… 경학은 이미 학문이 되지 않았고 …… 과거에는 속국과 대국의 구분이 있었으나 지금은 일률적으로 평등하다…….[147)]

주쯔칭의 말은 민국 이후 각 학술이 '일률적으로 평등'할 수 있었던 원인은 바로 '경학이 이미 학문이 되지 않았음'을 전제로 하고 있다. '경학이 이미 학문이 되지 않는' 상황에서 집부의 지위가 크게 높아졌을 뿐만 아니라 학자들이 연구할 때에도 마음속에 이미 속국과 대국의 차이가 없었다.

베이징 대학 학자들이 소설과 가요를 중요하게 생각한 것은 이들이 경학의 속박에서 완전히 벗어나 일종의 학술평등의 눈을 가지고 있었음을 보여준 것이다. 뿐만 아니라 이후 민속학 분야에서 보여준 국학문 동인들의 혁신적인 연구는 이러한 학문 관념의 혁신을 더욱 잘 설명해 주고 있다. 결국 국학연구에서 천지개벽할 만한 변화가 발생한 것이다. 류푸는 1925년에 이렇게 지적했다.

> 베이징 대학 연구소 국학문에서 시행한 작업을 보면, 이후의 중국 국학계가 반드시 신천지를 열 수 있을 것이라고 판단할 수 있다. 설령 한동안은 상당히 큰 성과를 얻는 것을 바랄 수는 없겠지만, 적어도 많은 옛날 사람들이

학술이 성립하게 되었다.

147) "按從前的情形, 本來就只有經學, 史子集都是附庸; 後來史子由附庸蔚爲大國, 但集部還只有箋注之學, 一直在附庸的地位. 民國以來 …… 經學已然不成其爲學 …… 從前有附庸和大國之分, 現在一律平等……." 朱自淸, 「部頒大學中國文學係科目表商榷」, 朱喬森, 『朱自淸全集』, 第2卷, 南京: 江蘇教育出版社, 1993, 10쪽.

꿈꾸지 못한 좋은 방법을 펼칠 수는 있을 것이다.[148)]

류푸는 더 나아가 이러한 새로운 정신을 가지고 종사하는 국학연구가 바로 '신국학'이라고 여겼다.[149)] '신국학'의 연구는 학문적 태도에서 과거 학자의 국학연구와는 확연히 다르다. 비록 모두 '국학'이라는 이름을 가지고는 있지만, 베이징 대학 학자들의 작업은 류푸가 말한 것처럼 사실상 "낡은 술병에 새로운 술을 담는" 일종의 새로운 학술사업이었다.[150)]

이런 새로운 관념은 또 국학문이 출판한 각종 간행물을 통해 당시 신속하게 전국 각지로 퍼져나갔으며, 심지어 일본 학술계에서도 일종의 '신국학'이 중국에서 이미 나타난 것을 느끼고 있었다. 1920년대 일본에 유학한 하외(何畏) 허쓰징(何思敬, 1896~1968)은 일본 학계가 베이징 대학의 '신국학'을 중요하게 생각한다는 점과 이러한 새로운 학문정신이 그에게 미친 충격을 생동감 있게 서술했다. 그는 이렇게 말했다.

> 나는 원래 고국의 학술계 상황을 모르고 있었는데, 다행히 한 일본 친구(원문 주: 일본 친구 이시다 칸노스케(石田幹之助)는 동양문고의 주임)가 중국에서 신국학이 발생했다는 사실을 말해 주었다. 나는 이 말을 듣고 …… 바로 그가 관리하는 동양문고에 가서 …… 베이징 대학 『국학문 주간』 7, 8권을 빌려 집에서 한번 읽어보았다. 여기에서 구제강 선생의 1926년 창간사와 다른 여러 편을 발견하고, 후에 또 그의 맹강녀 연구 전편을 보고 나자, 갑자기 내 마음은 폭풍을 만난 것처럼 중국 학술계에 혁명이 일어났다고 느끼게 되었다. 국학에는 전혀 관계하지 않던 문외한이 홀연 전혀 예상하지도 못

148) "我們只須一看北京大學研究所國學門中所做的工作, 就可以斷定此後的中國國學界, 必定能另辟一新天地; 即使一時還不能希望得到多大的成績, 總至少能開出許許多多古人所夢想不到的好法門." 劉復, 「敦煌掇瑣敍目」, 『國學門周刊』, 第1卷 第3期, 6쪽.

149) 같은 곳.

150) 같은 곳.

하고 말로 형용할 수도 없는 놀라움을 느꼈다. 그래서 베이징 대학 『주간』에 게재된 지식을 소개하는 한편의 글을 실었다 ……. 『민족』 잡지에 일본의 민속학, 민족 학계를 알리는 글을 소개하면서 우리 중국도 그들과 같은 새로운 학술운동이 일어났다고 말했다.[151)]

허쓰징이 글에서 언급한 '신학술운동'이란 구체적으로 말해서 바로 베이징 대학 국학문 동인들이 새로 세운 민속학 연구를 가리킨다. 그가 이렇게 강렬한 충격을 받은 이유는 바로 베이징 대학 『국학문 주간』의 글을 통해 이 새로운 학술분야 출현의 배후에는 일종의 학술평등의 관념이 내포되어 있다는 것을 확실하게 인식했기 때문이며, 이러한 학술평등의 관념이 출현한 이유는 경학이 모든 학문을 통제하던 시대는 이미 끝나고 "중국 학술계에 혁명이 일어났다"는 것을 표명한 것이기 때문이다. 이 관념이 국학계에 끼친 충격을 가늠해 보면, 허쓰징이 '폭풍'이라고 형용한 것도 사실 매우 적절한 표현이라는 것을 알 수 있다.

학자들이 학술평등의 관념을 보편적으로 받아들이면서 중국의 학술연구는 다원화를 향해 발전해 나갔고, 동시에 학술 독립의 흐름에 따라 학술연구의 전문화도 나타나게 되었다. 단순히 사학이라는 한 부분만 말하자면, 1920년대 이후 각종 사학이론과 연구방법의 유입 및 제창이 매우 많아져서 백가쟁명의 상황이 연출되게 되었다.[152)] 이러한 학술의 왕성한 발전적 기초는 모두 「발간선언」에 나타난 학술평등의 정신 위에서 구축된 것이다.

151) "我本來不知故國學術界的情形, 幸虧一個日本友人(原文注：日友石田幹之助, 爲東洋文庫主任……)告訴我說中國有新國學之發生. 我聽了 …… 遂到他所管的東洋文庫 …… 去借了七八本北大『國學門周刊』到寓中翻讀了一遍, 從中發現了顧頡剛先生的1926年的始刊詞及另外數篇, 後來又見到他的孟姜女研究前篇, 忍(忽)然我的心境好像來了一陣暴風, 覺得中國學術界起了革命, 使一個向來不問國學的門外漢忽然感到從沒有預期的不可名狀的驚異. 於是, 從幾本北大『周刊』的知識寫了一介紹載於一個 …… 雜志『民族』上告訴日本的民俗學, 民族學界, 說我們中國也有和他們同樣的新學術運動發生." 何思敬, 「讀妙峰山進香專號」, 顧頡剛, 『妙峰山』, 248쪽.

152) 何炳松, 「通史新義·自序」, 上海： 上海書店影印, 1992, 13~14쪽.

린위탕은 1920년대에 일찍이 「발간선언」을 쓴 것은 '새로운 학계를 여는 신기원'이라고 하면서,[153] 중국의 현대 학술사상에서 이 문헌이 차지하는 중요성에 대해 정확하게 지적했다.

다른 한편으로 「발간선언」은 매우 구체적으로 국학연구의 여러 방침을 열거함으로써 후에 학자들이 노력해 가야 할 방향을 제시했다. 사실상 「발간선언」이 발표된 같은 해 말에 린위탕은 선언에 열거된 각종 전사 항목을 읽고 이렇게 말했다.

> 이러한 체계, 이러한 조리 등은 모두 옛 사람이 상상하지 못했던 것이지만, 서양의 정치와 사상, 종교, 문예를 연구하는 사람들이 보면 모두 시급하게 고찰해야 하는 것이다. 우리에게는 이렇듯 새로운 연구 목표와 새롭게 고찰해야 할 문제가 있으므로 생기 없던 국학에 새로운 운명과 새로운 패기가 생긴 것이다. 마치 오랜 가뭄으로 곧 말라갈 계곡에 갑자기 큰 비가 쏟아지는 것처럼 왕성하게 내려 막을 길이 없는 것과 같다…….[154]

린위탕의 말은 결코 과장이 아니다. 1920년대 이후 중국에서 왕성하게 일어난 대량의 문화사와 전사 저작을 보면, 이러한 새로운 연구풍조가 일어난 것이 「발간선언」의 제창과 깊은 관계가 있음을 알 수 있다.[155] 그러므로 마오쯔쉐이는 여러 해 이후에 「발간선언」이 민국 학술계에 끼친 영향을

153) 林語堂, 「科學與經書」, 『晨報五周年紀念增刊』, 21쪽.

154) "這些系統, 這些條理(,) 都是前人所夢想不到的, 而由研究西洋政治思想宗教文藝的人看他, 都是急待考查的. 我們有這些新的研究目標, 新的考察問題, 於是乎岌岌不可終日僵無生氣的國學得了一大新運命新魄力, 猶如久旱將幹的溪壑忽得秋霜大雨, 沛然而下莫之能禦……." 林語堂, 「科學與經書」, 같은 책, 23쪽.

155) 이 가운데 상무인서관은 왕윈우(王雲五)의 지지 아래 1930년대 '중국문화사총서' 한 질을 출판해 학계에 매우 커다란 영향을 끼쳤다. 이 총서는 원래 80종을 출판하기로 했으나 40종을 출판한 후 항전이 발발해 정지되었다. 王雲五, 『新目錄學的一角落』, 臺北: 臺灣商務印書館, 1973, 225~28쪽; 王雲五, 『商務印書館與新教育年譜』, 臺北: 臺灣商務印書館, 1973, 1098쪽 참조.

검토하면서 이렇게 생각했다.

> 민국 12년 이후 중국의 '국학'이 어느 정도 성과를 거둘 수 있었던 것은 이 글의 힘이 적지 않게 작용했기 때문이다.[156)]

뿐만 아니라 중국 현대학술사에서 「발간선언」의 중요성은 그것이 중국 전통학술체계의 현대화를 향한 전환을 예시하고 촉진했다는 데에도 있다. 왜냐하면 「발간선언」이 '중국문화사'의 작성을 '국학연구'의 목적으로 삼고, '중국문화사'와 그 아래 각종 '전사' 항목을 '국학연구'의 '체계'로 삼아 국학 자료를 '정리 및 통일'해야 한다고 제기한 것은 실제로 '나뭇가지를 다른 나무에 접목하는' 방식으로, 최종적으로는 서양의 현대 학술체계를 적용해 중국 전통의 사부 분류를 대체하려는 것이었기 때문이다. 특히 후스는 「발간선언」의 마지막에서 결론을 지을 때, 국학연구의 3가지 방향을 제시했는데, 그 중 하나가 "체계적인 정리로 국학연구의 자료를 배치한다"라는 것이다. 이 말을 위에 말한 것과 연결하면, 후스의 의미는 사실상 국학의 자료를 서양의 현대 학술체계에 적용시켜 서양의 학술 분류로 국학의 자료를 배치하는 것이며,[157)] 간단히 말해 "서학으로 중학을 배치"해야 한다는 말이다.

이처럼 "서학으로 중학을 배치하는" 구상은 중국의 지식인들이 청말 '중학을 체(體)로, 서학을 용(用)으로' 하는 관념을 계승한 후, 중학과 서학의 관계에 대해 제기한 새로운 견해라는 점이다. 20세기 초, 상하이 국학보존회의 주관자들처럼 서학과 비교적 많이 접촉한 일부 중국 학자들은 비록

---

156) "民國十二年以後國內的'國學'所以能有一點成績, 這篇文章的力量不少." 毛子水, 「胡適傳」, 胡頌平, 『胡適先生年譜長編初稿』, 第2冊, 521쪽 재인용.

157) 최근 류멍시(劉夢溪)는 후스가 '국고정리'라는 구호를 제창한 것은 "현대의 학과 분류의 방법으로 고유의 학술자원을 정리하려는 것이다"라고 말했다. 劉夢溪, 「中國現代學術經典·總序」, 李光謨 編校, 『中國現代學術經典·李濟卷』, 石家莊: 河北教育出版社, 1996, 47쪽 참조.

형식적으로는 오래된 사부 분류를 이미 포기하고 서양의 근대 학술 분류를 채택했지만,[158] 이들은 베이징 대학의 학자들처럼 그렇게 새로운 학술 분류로 국학의 자료를 '정리 및 통일'하며 '배치'해야 한다는 주장을 하지는 않았다.

중국 학계는 국학문 동인들의 이러한 관점을 1920년대 이후 보편적으로 받아들였으므로, 그 결과 원래 붕괴와 분열의 기미를 보이던 전통 사부의 학문이 서양의 현대 학술체계로 전환되는 정도가 가속화되었다(제4장 제2절 참조). 물론, 이러한 관념은 서학의 유입이라는 대조류 아래 나타난 것이었지만, 「발간선언」의 광범위한 전파로 인해 국학계에서 더욱 촉진되었고, 나아가 국고정리운동의 방향을 상당 정도 이끎으로써 서양의 현대 학술 분류에 근거해 구축된 새로운 학술체계가 중국에서 빠르게 나타날 수 있게 했다.

이로 볼 때, 「발간선언」이 중국 현대학술사상에서 일으킨 작용은 아주 광범위하면서도 영향력이 크다. 1950년대 초, 라오간은 근대사학의 발전을 회고하면서 이렇게 지적했다.

> 청말 이래로 역사학 연구에 대한 선배들의 의견과 시범적 작업은 …… 모두 비교적 단편적이었으며 영향과 비교면에서도 크다고 할 수 없다. 단지 후스 선생의 베이징 대학 「국학 계간 발간사」와 푸멍진 선생의 「역사언어연구소의 업무 취지」라는 2편의 글이 근래 중국 역사 연구 과정의 중요한 문헌으로서 중국 현대 역사학의 기초를 닦았다고 할 수 있다.[159]

---

158) 桑兵, 「晩清民國時期的國學研究與西學」, 『歷史研究』, 1996, 第5期, 36쪽; 鄭師渠, 『晩清國粹派: 文化思想研究』, 332~33쪽 참조.

159) "自清末以來, 前輩的人對於歷史學研究的意見, 和示範的工作 …… 都比較零碎, 而影響比較上也不算最大. 只有胡適之先生的北京大學「國學季刊發刊詞」, 和傅孟眞先生「歷史語言研究工作的旨趣」, 兩篇文字可以說(是)近年來來中國歷史研究經過上的重要文獻, 而奠定了中國現代歷史學的基礎." 勞榦, 「傅孟真先生與近二十年來中國歷史學的發展」, 『大陸雜志』, 第2卷 第1期, 臺北: 大陸雜志社, 1951. 1, 7쪽.

라오간은 사학자이므로 주로 사학사의 각도에서 「발간선언」이 중국 현대 사학의 발전에 중대한 영향을 가지고 있다고 지적했으며, 「발간선언」과 「사어소 작업의 취지」를 함께 논하면서, 이 둘은 체계적인 견해를 제기한 점과 광범위한 영향력면에서 모두 중국 현대 역사학의 기초를 다졌다고 보았다. 하지만 「발간선언」이 논한 범위는 실제적으로는 국학연구의 목적과 방법, 목표에 대한 전면적인 설명이었으므로 사실상 사학의 범주를 훨씬 넘어 전 국학 분야의 여러 차원까지 영향을 끼친 것이다.

제2절 『국학 계간』, 『국학문 주간』, 『국학문 월간』

1. 『국학 계간』

베이징 대학 국학문에서 출판한 『국학 계간』은 차이위안페이가 1922년 국학문위원회 제1차 회의에서 제기해 창간된 것이다. 그 전에 베이징 대학에서 출판한 학술간행물 『베이징 대학 월간』(北大月刊, 1919년 1월 출판)은 1918년 베이징 대학이 처음 연구소를 설치했을 때 각 과의 연구소가 공동으로 주관한 학술 간행물로서 동인들의 연구성과를 발표하는 장이 되었다.[160] 이는 당시 베이징 대학의 유일한 학술 간행물이었기 때문에 내용은 '각 분야의 학술을 망라'한 종합적인 정기간행물이었다.[161] 1923년 『국학 계간』이 출판된 이후 베이징 대학은 비로소 전문적으로 '국학 분야의 연구성과'를 게재하는 간행물이 생긴 것이다.[162]

『국학 계간』은 1923년 1월 창간부터 1952년 12월 정간될 때까지 30여

160) 「北京大學研究所總章」, 潘懋元 · 劉海峰, 『中國近代教育史資料匯編: 高等教育』, 391~92쪽.

161) 蔡元培, 「北京大學月刊 · 發刊詞」, 高平叔, 『蔡元培文集: 卷三 · 教育(上)』, 484쪽. 『國學季刊』이 출판되자 『北大月刊』은 곧 정간되었다.

162) 「研究所國學門重要紀事」, 『國學季刊』, 第1卷 第1號, 197쪽.

년이라는 세월을 거쳤다. 비록 그 기간 동안 정국의 혼란과 학술행정의 중단으로 정간이 강요되기는 했지만,[163] 중외 학술계에서 중국 국학을 연구하는 가장 중요한 간행물의 하나로 인정받기도 했다.[164] 후스가 말한 것처럼 『국학 계간』은 전성기를 누릴 때 중국 지식계에 커다란 영향을 끼쳤다.[165]

1923년부터 1927년까지 『국학 계간』은 총 5기만 나왔다. 원래의 계획에 따르면 1년에 4기가 나와야 했다. 하지만 이 시기에 혼란한 베이징 정국과 부족한 학술경비로 인해[166] 4년 동안 1923년에 총 4기가 출판된 것을 제외하고 1925년 12월에 1기만 출판될 수 있었으므로 지연 상황이 상당히 심각했다. 상황이 이렇기는 했지만 이 5기에 게재된 37편의 원고를 대략적으로 분석하면 당시 학자들의 주요 연구 성향을 이해할 수 있다.

서술 방식에서 보면, 37편의 원고 가운데 현대 학술 저작의 형식을 갖춘 논문은[167] 판쭌싱(潘尊行)의 「원시 중국어 시탐」(原始中國語試探)처럼 각주 방식을 적용한 것도 있고, 어떤 논문은 전통적인 '고'(考), '서'(序), '발'(跋)과 '후기' 등의 형식으로 발표한 것도 있었다. 학술이 전통에서 현대로 변환되는 과정에서 중국의 전통과 서양의 현대 학술논저 저작 방식이 동시에 공존하는 상황을 드러내고 있는 것이다. 이러한 과도기에 학계는 학술 저작의 표현 방식에 대해 일정한 양식을 정하지 않았기 때문에 원고 형식에

163) 張越, 「『國學季刊』述評」, 71~72쪽.

164) 高本漢 著, 趙元任 等 譯, 「中國音韻學研究·作者序」, 쪽수 없음.

165) 胡適 口述, 唐德剛 譯註, 『胡適口述自傳』, 203쪽.

166) 『國學季刊』, 제2권 제1호에는 편집위원회의 「공지」(啓事)를 실었다. "본 간행물은 시국 관계로 학교 경비가 부족해 정기적으로 출판하지 못하게 되었습니다……." 마지막 쪽수 하단.

167) 허창췬(賀昌群)은 중국 학술 문자가 현대적 논문 형식을 갖춘 것은 『국수학보』(1905년 창간)에 실린 것이 가장 이른 것이라고 보았다. 賀昌群, 「一個對比」, 金自強·盧明英, 『賀昌群史學論著選』, 534쪽 참조.

제한을 두지 않았다.[168] 출판할 때 원고에 일률적으로 새로운 문장 부호를 넣거나[169] 가로 배열을 채택한 것을 제외하면, 문자에서는 백화든 문언이든 제한하지 않았다.[170] 비록 이러했지만 형식에서 『국학 계간』의 이런 '작은 혁명'은 많은 사람들을 놀라게 했고, 대학에서 국학을 논하는 간행물에 이처럼 '야만적인' 형식이 나타났다고 생각했다.[171] 이러한 외재적인 형식의 혁신은 국학문 동인의 새로움을 추구하려는 태도를 반영한 것이며, 이를 통해 『국학 계간』이 비록 국고를 연구범위로 하지만, 동인들은 오히려 새로운 안목과 방법으로 그 작업에 종사했던 것으로 보인다.

원고 모집의 범위에서 보면, 『국학 계간』 편집위원회 동인들은 토론을 거친 뒤 「편고약례」(編稿略例)를 만들어 이 간행물의 취지는 "국내외 '중국학' 학술연구의 결과물을 발표하는 것"이라고 밝혔다.[172] 또한 특별히 다음과 같이 설명했다.

> 본 계간은 비록 '국학'을 범위로 하지만 국학과 관련된 각종 과학, 예를 들어 동양 고언어학, 비교언어학, 인도 종교 및 철학 …… 역시 그에 상응하는 지위를 부여한다.[173]

---

168) 중국 학자들이 논문 쓰는 것을 중시하고 격식면에서 획일적이기 시작한 것은 대략 1930년대 이후 미국의 영향을 받아 생긴 것이다. 1938년 미국에서 돌아온 훙예(洪業)는 「연구논문격식제요」를 써서 옌징(燕京) 대학 연구생에게 보냈는데, 혹자는 이를 학술 문장의 규범화의 시작이라고 했다. 張存武, 「研究論文格式」, 張存武·陶晋生, 『歷史學手冊』, 臺北: 食貨出版社, 1986, 1쪽 참조. 학술기간 논문의 격식이 점차 통일됨에 따라 학술 연구의 전문화도 나타나게 되었다. 「『新史學』撰稿格式」, 『新史學』, 創刊號, 臺北: 『新史學』雜志社編輯委員會, 1990, 3, 쪽수 없음.

169) 후스는 왕궈웨이의 문장에 표점 부호를 달았다. 胡適, 「致沈兼士函」(1922. 4. 14.), 耿雲志, 『胡適遺稿及秘藏書信』, 第27冊, 109쪽 참조.

170) 「國立北京大學國學季刊編輯略例」, 『國學季刊』, 第1卷 第2號. 마지막 쪽수 하단.

171) 같은 곳. 胡適 口述, 唐德剛 譯註, 『胡適口述自傳』, 204쪽.

172) 같은 곳.

173) "本季刊雖以'國學'爲範圍, 但與國學相關之各種科學, 如東方言語學, 比較言語學, 印度宗教及哲

그 밖에 「편고약례」에는 대개 논저가 위의 표준에 맞는 경우 편집위원회 동인은 모두 적극적으로 환영한다고 밝혔다.[174] 이처럼 『국학 계간』은 수용하는 원고 범위가 구미 동양학 분야의 연구를 포함할 뿐만 아니라 그 활동범위가 공개된 학술 간행물이기도 했다.

『국학 계간』에서 「발간선언」과 매 기(期)마다 게재했던 국학 소식을 제외하면 기타 정식 원고는 총 37편이었다. 원고 가운데 몇 가지 분야와 연관된 문장이 적지 않았기 때문에 원고를 분류하는 것은 상당히 어려운 일이었다. 그러므로 아래 제시한 간행물의 '총목 분류 색인'을 참고로 하여 대체적으로 구분했다. 이는 『국학 계간』의 문장이 주로 어떤 연구 범주에 분포되어 있었는지를 설명하기 위함이다.

내용 분류	편수
언어문자학	15
국학문 기사/보고/공고	7
학술사상	7
고고, 금석, 기물	6
도서목록	4
중외교통	3
역사	1
문학	1
총계	44

편명 분류에서 볼 수 있듯이 언어문자학이 확실히 가장 인기 있는 연구과제임을 알 수 있다. 청대 소학이 매우 흥성하던 학술적 전통과 장타이옌

學 …… 亦與以相當之地位." 같은 곳.

174) 같은 곳.

의 제자가 베이징 대학에 포진해 있는 상황으로 볼 때, 이는 전혀 놀라운 일이 아니다. 하지만 주목할 만한 것은 언어문자학을 논한 15편의 글 가운데 단지 1편만이 베이징 대학 문과의 장타이옌 문하생이 쓴 것이며, 다른 14편의 원고 가운데 6편은 외국 학자의 연구성과로서 원고의 5분의 2를 차지했다는 점이다.

언어문자학 범주의 논문을 쓴 중국 학자로는 류푸(2편)와 선젠스(1편), 린위탕(1편)이다. 이 3명은 모두 베이징 대학 교수이자 국학계의 핵심 인물이다. 이 외에 왕궈웨이(2편), 곤보(袞甫) 왕룽바오(汪榮寶, 1878~1933, 2편), 판쭝싱(1편) 등 3명의 학자는 베이징 대학에서 교편을 잡은 적이 없었고, 그 중 왕궈웨이는 국학문의 외부 초빙도사였다. 외국 학자로는 칼그렌(3편)과 스탈 볼슈타인(2편), 알렉세이 이바노프(1편), 슈텔 홀슈타인(1편)이 있다.

위의 유럽 학자들의 언어학 연구의 특색은 여러 언어에 정통해 언어학적 비교 연구를 제창한 점이다. 이에 학자들은 슈텔 홀슈타인의 「음역 범서와 중국 고음」(音譯梵書與中國古音)(『국학 계간』, 제1권 제1호)에서 비교언어학의 방법을 적용해야 한다고 제시했다. 예를 들어, 범문 원문과 음역 주문을 대조하면 고대의 한자 독음을 고증할 수 있다고 보았다.[175] 또한 이러한 언어학적 비교 방법은 중국 음운 연혁사에 많은 방증을 가져다 줄 뿐만 아니라, 인도사와 중앙아시아사를 연구하는 유럽 학자에게도 많은 도움을 줄 수 있다고 했다.[176] 칼그렌의 「마스페로가 논한 '절운'의 음에 대한 답변」(答馬斯貝羅(Maspero)論〈切韻〉之音) (『국학 계간』, 제1권 제3호)에서는 중국 고음의 변화를 고찰할 때, 운서와 반절 이외에 4가지 중요한 음역, 즉 한자음의 고려역과 오음(吳音)의 일역, 한자음의 일역, 베트남어의 음역에도 주의해야 한다고 지적했다.[177] 서하어를 전문적으로 연구했던 이바노프는

175) 鋼和泰, 胡適 譯, 「音譯梵書與中國古音」, 『國學季刊』, 第1卷 第1號, 47~49쪽.

176) 鋼和泰, 胡適 譯, 「音譯梵書與中國古音」, 같은 책, 56쪽.

177) 高本漢 著, 林語堂 譯, 「答馬斯貝羅(Maspero)論『切韻』之音」, 『國學季刊』, 第1卷 第3號,

「서하국서설」(西夏國書說)(『국학 계간』, 제1권 제4호)에서 "서하 언어를 연구하는 데 중국 자료의 보조가 없었다면 성공하지 못했을 것이다"라고 말했다.[178] 왜냐하면 서하 문자는 매우 복잡하고 자료도 적어서 "중하(中夏)의 2가지 문자를 서로 대조하고 비교해야" 했기 때문이다.[179] 펠리오는 특히 여러 중앙아시아 언어에 정통했다. 그의 「근일 동방 고언어학 및 사학상의 발명과 결론」(近日東方古言語學及史學上之發明與結論)은 중앙아시아에서 유럽인의 최신 발명과 연구성과를 총괄해 설명했고, 또한 중앙아시아 고대사를 연구하는 데 언어학이 매우 중요하다는 점을 지적했다. 왕궈웨이는 그 논점을 "매우 중요하고" "학술적 관계가 매우 깊다"고 여겼다.[180]

유럽 학자가 중국 고음과 중앙아시아 언어를 연구한 성과는 중국 학자에게 놀랍고도 감탄스러운 일이었을 뿐만 아니라,[181] 그들이 제창하고 적용한 비교 연구방법은 중국 학자들에게 새로운 길을 열어주었다. 왕룽바오의 「가과어우모의 옛 독음 고찰」(歌戈魚虞模古讀考)(『국학 계간』, 제1권 제2호)은 슈텔 홀슈타인의 「음역 범서와 중국 고음」의 영향 아래 위진육조의 범한(梵漢) 대음(對音), 일문 중의 한음 및 고대 서인유기(西人遊記) 중에서 번역한 한자 음독을 고찰하고 고대 한자 음운에 대한 새로운 견해를 제시했다. 이 글이 발표되자 전통 고음 연구에 커다란 반향이 일었으며, 고음학 연구에 관한 커다란 논쟁이 촉발되었다.[182]

477쪽.

178) 伊鳳閣, 「西夏國書說」, 『國學季刊』, 第1卷 第4號, 685쪽.

179) 伊鳳閣, 「西夏國書說」, 같은 책, 681쪽.

180) 王國維, 「致羅振玉」(1919. 8. 17), 劉寅生·袁英光, 「王國維書信全集·書信」, 292쪽.

181) 왕궈웨이는 펠리오에 대해 깊이 숭상하는 마음을 가졌다. Paul Pelliot 著, 王國維 譯, 「近日東方古言語學及史學上之發明與其結論」 끝에 부기한 「觀堂譯稿上」, 王國維, 『王國維遺書』, 第14同, 33~34쪽 참조.

182) 魏建功, 「古音學上的大辯論: '歌戈魚虞模古讀考'引起的問題」, 『國學門月刊』, 第1卷 第1號, 66~67쪽. 趙金銘, 「汪榮寶」, 中國語言學家編寫組, 『中國現代語言學家』, 第2冊, 石家莊: 河北人民出版社, 1982, 204~06쪽.

왕룽바오의 글이 발표된 이후, 그의 새로운 방법 연구에 대해 반대를 표하는 사람은 주로 장타이옌의 측근에서 나왔다. 이와 관련한 비평의 글은 주로 1924년 『화국』(華國) 제5기에 실려 있다.[183] 그러나 왕원(汪文)이 『국학 계간』을 발간할 당시 장타이옌의 제자이자 편집자의 한 명이었던 첸쉬안퉁은 오히려 글 뒤에 「후기」를 지어 대체적으로 왕룽바오의 연구 경향에 대해 찬성하면서, 일부 관점에 대해서만 약간 보충하고 토론했다. 다음 기의 『국학 계간』을 출판할 때는 몇 편의 관련된 토론 문장을 게재했는데, 모두 왕룽바오의 연구방법에 호응하는 것이었다. 예를 들어 판쭌싱의 「원시 중국어 시탐」은 장타이옌과 황칸 등의 음운학 연구를 비평했다. 그는 장타이옌과 황칸이 근거한 자료의 한계를 통해, 그들은 대략 고음 변천의 대강만을 알 뿐 음운 발전의 흐름을 이해하지 못한다고 보았으며 나아가 '비교언어학'의 중요성을 지적했다.[184] 더욱이 린위탕의 「왕룽바오의 '가과어우모의 옛 독음 고찰'을 읽고」(讀汪榮寶「歌戈魚虞模古讀考」書後)는 '서양식 고음학'의 비교 방법을 적용했으므로, 인도유럽어와 중국 언어를 비교하고 동시에 일본과 고려, 베트남 및 하문의 방음을 참고해 왕룽바오의 논점을 약간 수정했다.[185] 왕룽바오와 린위탕의 두 글에서 관점은 서로 조금씩 다르지만 모두 유럽의 비교언어학 방법의 영향을 받았다는 점에서는 같다. 이 외에 같은 기간에 게재된 것으로 류푸의 논문 2편도 있다. 비록 직접적으로 고음 연구 문제를 논하지는 않았지만 모두 유럽 언어학의 새로운 틀과 방법을 사용함으로써 중국 언어를 세밀하게 연구했다. 특히 「사성 변화를 실험한 일례」(實驗四聲變化之一例)는 유럽에서 최근 발명된 음성실험 방법을 적

183) 왕룽바오(汪榮寶)의 문장은 1923년 4월 『국학 계간』에 발표된 후, 같은 해 10월과 11월에, 또 『화국』(華國) 제2기와 제3기에 실렸다. 다음해 1월 『화국』 제5기에 장타이옌의 「與汪旭初論阿字長短音書」를 실었는데, 글 속에서 왕룽바오와 첸쉬안퉁의 논점에 대해 모두 비판했다. 같은 해 4월, 『화국』 제6기는 쉬전(徐震)이 쓴 「'歌戈魚虞模古讀考'」에 대한 질의를 별도로 실어 왕룽바오의 입론에 반대했다.

184) 潘尊行, 「原始中國語試探」, 『國學季刊』, 第1卷 第3號, 422쪽.

185) 林語堂, 「讀汪榮寶'歌戈魚虞模古讀考'書後」, 같은 책, 465~74쪽.

용해 처음으로 중국어를 테스트한 실험 음성학을 중국 학술계에 소개한 예이다.[186]

『국학 계간』 제1호부터 제3호에 게재된 일련의 언어학 논문에서 보여준 1920년대 유럽 언어학자의 연구방법과의 관련성은 중국의 고음 연구에 매우 커다란 영향을 끼쳤음을 알 수 있다. 일부 학자들은 비교언어학 방법을 적용해 연구하기 시작했으며, 그 결과 전통적인 음운학 분야에 엄청난 충격을 안겨주었다. 원래 장타이옌을 따르던 첸쉬안퉁조차도 이때에는 새로운 견해를 쫓았다. 『국학 계간』에 실린 관련 논문을 보면, 학자들은 사소한 고증에서는 비록 서로 다른 견해를 보였지만 대부분 왕룽바오의 새로운 연구방법에 대해 기본적으로 찬성하는 태도를 보였다. 『국학 계간』의 편집위원회에 비록 장타이옌의 제자들이 많았지만 연구방향에서는 오히려 새로움을 추구하려는 의도가 확실하게 드러났음을 볼 수 있었다.

언어문자학의 논저 외에 『국학 계간』에는 고기물이나 고고학적 발견에 관한 연구 논문이나 보도 역시 적지 않았다. 총 6편이었다. 저자는 각각 마형(2편)과 룽경(2편), 뤄전위(1편), 위안푸리(1편)였다. 그 가운데 마헝과 룽경, 뤄전위가 쓴 고증해석 문장과 서발은 모두 근대에 새로 발견된 석각과 금문, 갑골문과 관련이 있으며, 금석학(또는 고기물학이라고도 함) 분야에 속했다. 청말 민초 시기에 중국 각지에서는 여러 문물들이 출토되었다. 예를 들어, 뤄양성(洛陽城) 동쪽에서 위(魏) 정시(正始) 연간의 석경과 한(漢) 희평(熹平) 연간의 석경이 출토된 것과 은허(殷墟)에서 갑골문이 발견된 것과 같은 경우로, 이는 전통 금석학자들의 연구범위를 크게 확대시켰다. 마

186) 1920년에서 1925년까지 류푸는 프랑스 파리 대학교에서 언어학을 전공했다. 언어실험 방법으로 완성한 그의 박사학위 논문은 『漢語字聲實驗錄』이다. 프랑스 학계에서 좋은 평가를 받았으며, 파리 대학교의 '어음학원총서'에 수록되어 출판되었다. 류푸는 1925년 프랑스 학원 프리 볼네(Prix Volney) 상을 받아 파리 언어학회 회원이 되었다. 秦賢次, 「劉半農的面面觀」, 瘂弦, 『劉半農卷』, 236쪽 참조. 『漢語字聲實驗錄』은 프랑스어로 쓰였고, 그 안에 중문제요가 있다. 劉復, 『半農雜文』, 第1冊, 上海： 上海書店影印, 1983, 201~09쪽.

형과 룽경, 뤄전위의 글은 이처럼 새로이 출토된 재료에 대해 고증, 해설한 것이다.

이 외에 『국학 계간』에는 위안푸리가 쓴 고고학 소식, 즉 「새로 발견된 석기시대 문화의 기록」(記新發現的石器時代的文化) (『국학 계간』, 제1권 제1호)도 있었다. 이는 몇 년 전 허난에 있었던 스웨덴인 요한 군나르 안데르손(Johan Gunnar Andersson, 1874~1960)의 고고학 발견을 소개한 것이다. 1921년 안데르손은 중국지질조사소의 지원 아래 허난에서 고고 발굴에 종사했으며, 그 결과 멘츠(澠池)에서 석기와 골기, 도기를 많이 발견했다. 당시 안데르손의 조수를 맡았던 사람이 바로 위안푸리이다.[187] 1922년 3월에 안데르손은 베이징 셰허(協和) 병원에서 공개강연을 하면서 '석기시대의 중국 문화'라는 제목으로 이번 발견의 성과를 대외적으로 처음 공개했다. 후스는 이를 듣고 이 발견의 중요성을 깊이 깨닫고서, 당시 안데르손에게 『국학 계간』에 발굴의 경위를 찬술해 달라고 부탁했다.[188] 이에 안데르손은 다시 위안푸리에게 『국학 계간』에 게재하기 좋도록 이번 발굴에 관한 간단한 소개문을 작성해 달라고 부탁했다. 위안푸리는 이 보도에서 안데르손의 발굴 작업을 "지질 방면으로부터 문화사를 연구하는 것"이라고 했다.[189] 이는 사실 서양 고고학 범위 내의 작업이었지만, 위안푸리의 이 글은 중국 내 서양 학자의 야외 고고학 작업을 처음으로 학술정기간행물에 실어 공개적으로 중국 학술계에 소개한 것이었다.

안데르손이 진행한 고고학 발굴은 물론 중국 내에서 진행된 서양인의 야외 고고학 작업으로서는 최초였으나, 둔황 문물의 출토는 일찍이 20여

187) 이번 발굴의 경과와 수확에 대해서는 袁復禮, 「記新發現的石器時代的文化」, 『國學季刊』, 第1卷 第1號, 188~91쪽 참조. 요한 군나르 안데르손(Johan Gunnar Andersson)은 당시 중국에서 지질 감측과 고생물 유적지를 찾는 일을 했고, 스웨덴 중국연구회의 지원을 받았다. 張靜河, 『瑞典漢學史』, 73~77쪽 참조.

188) 社科院近史所, 『胡適的日記』, 1922. 3. 27, 上冊, 301~02쪽; 袁復禮, 「記新發現的石器時代的文化」, 『國學季刊』, 第1卷 第1號, 190~91쪽.

189) 袁復禮, 「記新發現的石器時代的文化」, 같은 책, 191쪽.

년 전에 이미 중국 학술계를 놀라게 했었다. 『국학 계간』의 2편의 도서목록이 둔황 서적과 관련이 있다는 점은 앞의 장에서 이미 설명한 바 있다. 이 외에 『국학 계간』에 게재된 서적 목록은 뤄푸장(羅福萇)이 편역한 2편 외에도 왕궈웨이와 찬부안이 각각 1편씩 발표했다.

뤄푸장이 둔황의 학술발전을 촉진시킨 공헌은 바로 목록 편집에 있으며, 왕궈웨이는 최초로 둔황 문서를 연구한 중국 학자 가운데 한 명이었다. 『국학 계간』에서 유일하게 문학과 관련한 글 1편은 바로 왕궈웨이가 쓴 「위장의 진부음」(韋莊的「秦婦吟」)(『국학 계간』, 제1권 제4호)이다. 왕궈웨이는 이 글에서 둔황 문서에 근거해 당대(唐代)의 문학 작품을 고증했으며, 이는 중국 학자가 새로운 자료를 이용해 새로운 문제를 연구한 한 예이다.

이 외에도 『국학 계간』에는 중외관계사(또는 중외교통사라 칭함) 분야에 속하는 논문도 있었다. 이 연구 분야의 흥기는 한편으로는 청말에 일어난 원사(元史)와 서북 역사지리 연구를 배경으로 하며, 다른 한편으로는 20세기 초 중국 서북부에서 이루어진 외국 학자의 고고학 발견과도 직접적인 관련이 있다. 중앙아시아 언어와 고물이 근대에 발견되면서, 고대 한인(漢人)과 기타 민족과의 관계는 많은 중외 학자들이 관심을 가지는 새로운 분야가 되었다. 중국 학자의 연구성과에 대해서만 말하자면, 이 학문의 흥기야말로 10여 년이라는 짧은 기간 안에 매우 놀랄 만한 성적을 거두었다.[190)]

중국의 중외관계사를 연구하는 학자 가운데 천위안은 성과가 가장 탁월한 사람 가운데 한 명이다. 『국학 계간』에서 천위안이 쓴 「화천교의 중국 유입에 관한 고찰」(火祆教入中國考)(『국학 계간』, 제1권 제1호), 「마니교의 중국 유입에 관한 고찰」(摩尼教入中國考)(『국학 계간』, 제1권 제2호), 「원대 서역인의 중국화에 대한 고찰 상편」(元西域人華化考上編)(『국학 계간』, 제1권 제

190) 童書業 著, 顧頡剛 修訂, 『當代中國史學』, 香港: 龍門書店影印, 1964, 116쪽. 이 책은 일반적으로 모두 구제강이 썼다고 되어 있지만, 구차오(顧潮)의 『顧頡剛年譜』에 기록된 내용을 보면 사실 퉁수예(童書業)가 쓴 것이며, 구제강은 단지 그 가운데 일부분을 수정했을 뿐이다. 顧潮, 『顧頡剛年譜』, 326쪽 참조.

4호)은 모두 중외교통사의 중요한 문제에 대해 논했다.[191] 이 세 편의 논문 가운데 특히 「원대 서역인의 중국화에 대한 고찰 상편」은 가장 많은 공력을 들였으며, 전체적인 자료 수집도 풍부했다. 천인커는 이를 '분석과 종합이라는 두 가지 면에서 모두 공력을 들인' 작품이라고 칭찬했다.[192] 구와바라 지쓰조도 이를 읽은 후, 연구방법이 '정밀'하면서 '과학적'이고, 관련 고찰의 근거자료의 인용도 '대체로 아쉬움이 없는', 그야말로 중외관계사 분야의 가작이자 '지나문화사'를 연구하는 데 필수적으로 참고해야 할 자료라고 칭찬했다.[193] 구와바라 지쓰조는 동시에 천위안의 「화천교의 중국 유입에 관한 고찰」과 「마니교의 중국 유입에 관한 고찰」도 모두 "자료도 풍부하고 고증의 근거도 정확한" 작품이라고 높이 평가했다.[194]

이 외에 『국학 계간』에는 학술사상을 논한 글 7편도 게재되었다. 저자는 후스(2편)와 구제강(2편), 왕궈웨이(1편), 웨이젠궁(1편), 룽자오쭈(1편)이다. 이들의 논문은 주로 학술사에서 정초와 최술, 동원(東原) 대진(戴震, 1724~1777)의 공헌을 논했다.

현대 학자가 특히 청대 학자 가운데 대진을 주목한 데는 량치차오가 1923년 10월 대진 탄생 200주년기념회를 발기한 것과 깊은 관련이 있다. 「대동원 탄신기념회 발기문」(戴東原生日紀念會緣起)에서 량치차오는 중국 학술계에서 대진의 공헌은 대략 다음 2가지 분야에서 논할 수 있다고 했다. 첫째, 대진이 학술상에서 제창한 연구방법은 '근세 과학정신과 일치'하며, 현대 '과학계의 선구자'라고 했다. 둘째, 대진의 철학사상은 "주회옹(朱晦翁), 왕양명(王陽明)과 위치를 나란히 하기에" 충분하며, 중국 "철학계의 혁명적인 건설가"라고 했다.[195] 1924년 1월, 후스는 『독서잡지』에 「중국 철학

191) 『元西域人華化考下編』에 1927년 12월 『옌징 학보』 제2기에 실렸다.

192) 陳寅洛, 「元西域人華化考·序」, 陳寅洛, 『金明館叢稿二編』, 230쪽.

193) 桑原隲藏 著, 陳彬和 譯, 「讀陳垣氏之'元西域人華化考'」, 『國學門周刊』, 第1卷 第6期, 9~11쪽.

194) 桑原隲藏 著, 陳彬和 譯, 「讀陳垣氏之'元西域人華化考'」, 같은 책, 9쪽.

195) 梁啟超, 「戴東原生日二百周年紀念會緣起」, 『飲冰室文集之四十』, 梁啟超, 『飲冰室合集』, 第5冊,

사에서 대동원의 위치」(戴東原在中國哲學史上的位置)를 발표하면서 고증학에서 대진의 성과는 이미 그의 제자 회조(懷祖) 왕념손(王念孫, 1744~1832), 약응(若膺) 단옥재(段玉裁, 1735~1815)가 그를 뛰어넘기는 했지만, 대진은 그야말로 중국 "주자 이후 최초의 대사상가이자 대철학자"라고 여기면서[196] 사상적인 면에서 대진의 공헌을 높이 평가했다.

1924년 1월 19일, 량치차오와 후스의 추진 아래 베이징 학계는 쉬안우먼(宣武門) 밖 안후이(安徽) 회관에서 대진을 기념하는 행사를 개최했는데, 이때 참석자는 300~400명에 달했다. 회의장에서 량치차오와 후스, 선젠스, 주시쭈 등은 모두 대진의 학술사상에 대해 강연했으며, 대진에 대한 연구는 베이징 학술계에서 한동안 저명한 학설로 번성했다.[197] 베이징 대학 국학문 동인들은 이 기념회에 적극 참여했을 뿐만 아니라, 특히 『국학 계간』 제5기를 '대진연구 특집호'로 정했다. 후스의 「대동원의 철학」(戴東原的哲學)과 웨이젠궁의 「대동원 연보」(戴東原年譜), 룽자오쭈의 「대진이 말한 이(理)와 이(理)를 구하는 방법」(戴震說的理及求理的方法)은 이러한 배경 아래서 쓴 것이다.[198]

생전에 이름을 떨쳤던 대진과 비교할 때 같은 건가(乾嘉) 시기에 살았던 최술은 오히려 사후 200년이 지나서야 새로 '발견'된 사람이다. 후스가 쓴 「과학적 고대 사학가 최술」(『국학 계간』, 제1권 제2호)은 '과학적 고대 사학가'의 생애와 저술을 소개하고, 한편으로는 이를 빌려 후스 자신이 주장한 '의고(疑古)의 태도'를 제창했다.

앞에서 말한 것처럼, 후스가 국고를 정리하는 작업에서 의고와 변위(辨

38~39쪽.

196) 胡適, 「戴東原在中國哲學史上的位置」, 姜義華, 『胡適學術論文集』, 下冊, 1106쪽. 대진(戴震)의 사상 성취에 대한 량치차오와 후스의 추숭은 건륭 학자들의 평가와 정반대이다. 이로써 200년간 학풍 변화의 일면을 대략 엿볼 수 있다. 대진에 대한 건륭 학자들의 평가에 관해서는 余英時, 『論戴震與章學誠』, 香港: 龍門書店, 1976, 95~102쪽 참조.

197) 白吉庵, 『胡適傳』, 208~10쪽.

198) 「研究所國學門懇親會紀事」, 『國學季刊』, 第1卷 第4號, 779쪽.

僞)는 항상 가장 관심을 갖던 주제였다. 『고사변』(古史辨) 제1책에 수록된 후스, 첸쉬안퉁, 구제강이 토론한 학문적 서찰을 보면, 이들은 확실히 당시 의고와 변위를 국고정리의 기본적인 태도와 중심 작업으로 여겼음을 알 수 있다.[199] 후스는 「국학 계간·발간선언」을 쓸 때, 이는 전체를 대표하는 학술선언임을 고려해 자신이 평소에 표방하던 의고의 관점은 언급하지 않았고, 별도로 「과학적 고대 사학가 최술」을 써서 국고정리에 대한 자신의 개인적인 관점을 명확하게 표현했다.

이 글에서 후스는 중국의 신사학(新史學)의 성립은 최술의 『고신록』(考信錄)을 출발점으로 삼아야 한다고 밝혔다.

> 나는 중국의 신사학은 최술로부터 시작되어야 하며, 그의 『고신록』을 출발점으로 삼아 향후 점차 더 높은 곳을 향해 진보해야 한다고 굳게 믿는다. 최술은 100여 년 전에 이미 '전국 시기와 진한의 책은 믿기 어려운 부분이 많으며, 상고 시대의 일을 기록한 것은 황당한 것이 더욱 많다'라고 말했다. 우리는 그의 책을 읽고 자연히 그가 의심하는 모든 것은 모두 의심해야 하고, 그가 위서라고 여기는 것은 모두 믿을 수 없는 사료라는 것을 점점 믿게 되었다. 이는 바로 중국 신사학의 가장 낮은 출발점이다. …… 간단히 말해 신사학의 성립은 반드시 최술을 뛰어넘은 다음의 것이지만, 최술을 뛰어넘으려면 우선 반드시 최술을 따라야 한다.[200]

199) 첸쉬안퉁은 구제강에게 보낸 편지에서 "모든 '국고'는 연구할 때 반드시 변위를 첫 번째 순서로 해야 한다"라고 말했다. 錢玄同, 「論今古文經學及『辨僞叢書』書」, 顧頡剛, 『古史辨』, 第1冊, 29쪽 참조.

200) "我深信中國新史學應該從崔述做起, 用他的『考信錄』做我們的出發點; 然後逐漸謀更向上的進步. 崔述在一百多年前就曾宣告'大抵戰國秦漢之書多難征信, 而其所記上古之事尤多荒謬.' 我們讀他的書, 自然能漸漸地相信他所疑的都是該疑; 他認爲僞書的, 都是不可深信的史料: 這是中國新史學的最低限度的出發點 …… 簡單說來, 新史學的成立須在超過崔述以後; 然而我們要想超過崔述, 先須要跟上崔述." 胡適, 「科學的古史家崔述」, 『國學季刊』, 第1卷 第2號, 267~68쪽. 1936년 구제강은 후스에게 새로 출판된 『崔東壁遺書』의 서문을 써달라고 부탁했다. 후스는 서언에서 이 14년 전에 쓴 「科學的古史家崔述」을 제기할 때, 문장 속의 견해에 대해

후스가 이 문장을 쓴 목적은 "의심하는 데 용감하며, 증거를 찾는 데 부지런한" 최술의 학문 태도를 제창하기 위함이라는 것을 확실히 보여주고 있다.[201] 후스는 최술이 "의고 변위의 정신"을 가지고 있다고 여겼으며,[202] 최술의 생애와 학설을 소개하는 글을 찬술한 것도 바로 이러한 의고 정신을 제창하고자 함이었다. 후스는 또 다음과 같이 강조했다.

> 『고신록』은 단지 믿음이 너무 강한 세인들의 커다란 병을 치료하기 위해서이며, 고신은 단지 '고증한 후에 믿는 것'이고, 단지 '의심한 후에 믿는 것' 일 뿐이다.[203]

'고'와 '신'의 두 글자는 원래 최술의 저작에서 나왔다. 후스가 고증한 후에 믿으라고 한 것은 최술의 기본적 입장으로서 최술의 뜻에 위배되는 것

적지 않은 수정을 했다. 이는 13년 동안 중국 사학계가 고사 연구에서 새로운 진전을 가져온 것이며, 이로써 후스는 과거의 어떤 주장은 반드시 수정할 필요가 있다고 느끼면서, "십 몇 년간의 고사학에 의거해 볼 때, 최술이 믿은 것에 대해 의심할 부분이 없는 것은 아니며, 그가 의심하는 것을 '모두 의심해야 하는 것'은 아니다"라고 말했다. 崔述著, 顧頡剛 編訂, 『崔東壁遺書』, 上海: 上海古籍出版社, 1983, 1043쪽.

201) 胡適, 「科學的古史家崔述」, 『國學季刊』, 第1卷 第2號, 290쪽.

202) 胡適, 「科學的古史家崔述」, 같은 책, 288쪽.

203) "『考信錄』之作, 只是要醫世人信心太強之大病, 『考信』只是'考而後信', 只是'疑而後信'." 胡適, 「科學的古史家崔述」, 같은 책, 302쪽. 10여 년 후 후스의 고사 관념에 변화가 생기자 그는 구제강의 『崔東壁遺書』에 서문을 쓸 때, 비록 최술의 '고신'(考信)의 태도를 칭찬했지만 이미 "의심한 후에 믿는다"라는 이 말을 제시하지는 않았다. 그러면서 후스는 "'고신'의 태도는 단지 어떤 자료의 진위와 허위를 고찰한 연후에 의심해야 할지 믿어야 할지의 태도를 정해야 한다. 최술의 저서에 담긴 본의가 바로 여기에 있으므로 『考信錄』이라 칭한다"라고 말했다. 「崔東壁遺書·胡適序」(亞東版), 崔述, 顧頡剛 編訂, 『崔東壁遺書』, 1045쪽. "의심한 후에 믿는다"에서 먼저 진위를 고찰한 후에 의심할지 믿을지를 결정한다는 점으로까지 발전한 것은 후스가 역사를 연구하는 태도의 일대 변화였다. 후스의 고사 관념이 변하게 된 원인에 대해서는 王汎森, 「傅斯年對胡適文史觀點的影響」, 『漢學研究』, 第14卷 第1期, 臺北: 漢學研究中心, 1996. 6, 177~93쪽을 상세히 참조.

은 아니다. 그러나 최술이 사람들에게 의심한 후에 믿으라고 한 말은 후스 자신이 덧붙인 말이며, 이는 최술의 견해를 넘어선 것이다.

최술은 건가 시기의 학자였지만 당시 그의 인물과 서적은 크게 드러나지도 않았고, 당시 학계의 주류에도 들어가지 못했다. 20세기 초가 되어서야 본국 학자들의 관심과 인정을 받게 되었고,[204] 심지어는 '2000년 이래의 훌륭한 의고의 대가'로 추앙받았으므로 이는 분명 탐구해 볼 만한 학술사의 현상이다. 원래 중국 학술사상에서 변위와 의고의 전통이 없었던 것은 아니다. 구제강은 후에 「최동벽유서·서」(崔東壁遺書·序)를 써서 전국(戰國), 진한(秦漢)에서 청대 학자에 이르기까지의 변위 작업을 개괄해 설명했다.[205] 하지만 의고와 변위는 어쨌든 과거 학술발전사의 한 지류라고 할 수밖에 없으며, 후스와 구제강이 중국 역대의 의고와 변위의 전군(殿軍)이라고 여겼던 최술의 저작이 생전에 주목받지 못한 이유는 의고 전통이 청대 학술권에서 사실상 주변의 위치에 있었기 때문이다. 그런데 최술에 대한 후스의 대대적인 표방은 바로 지류를 주류로 대체하고, 이단을 정통으로 바꾸려는 목적을 이루기 위함이었다. 이는 그가 백화문을 제창할 때 저술한 문학사 가운데 백화문을 중국 전통 문학의 '정통'으로 삼고자 힘썼던 때와 의도나 방법면에서 일치한다.[206]

---

204) 錢玄同, 「玄同先生與適之先生書」, 顧頡剛, 『古史辨』, 第1冊, 27쪽.

205) 이 서는 간략한 한 편의 중국변위사라고 할 수 있다. 崔述 著, 顧頡剛 編訂, 『崔東壁遺書』, 1~71쪽.

206) 후스가 쓴 『白話文學史』는 그의 말에 따르면 사실 한 편의 중국문학사이다. 그는 책 속에서 줄곧 중국에서 백화문학사의 역사를 강조한 이유는 "모두에게 백화문학사가 중국문학사의 중심 부분이라는 점을 알게 하고자 함이다." 胡適, 『白話文學史上卷·第一編(唐以前)』, 臺北: 遠流出版公司, 1994, 9, 14쪽 참조. 문학 영역에서 후스는 백화문학은 자고 이래로 중국 문학의 중심 부분을 점하고 있으며, 사학 범위에서는 여태까지 의고변위의 전통이 있었다고 제기했다. 이 두 범위는 비록 다르지만 '이단'을 '정통'으로 바꾸거나 '지류'를 '주류'로 바꾸려는 의도는 없었음이 분명하다. 후스는 1930년대 초 "근래 중국 학술계의 두드러진 경향은 '정통'의 붕괴와 '이단'의 부활이다"라고 지적했다. 胡適, 「致錢玄同」(1932. 5. 10.), 耿雲志·歐陽哲生, 『胡適書信集』, 上冊, 570쪽 참조.

후스가 최술을 소개하는 글을 쓴 것은 의심하는 데 용감하고 변위하는 데 근실했던 최술의 학문적 태도를 좋아했기 때문이다. 1920년 전후 후스와 깊게 교류한 구제강은 송대 학자 정초와 관련한 두 편의 글을 지어 비평정신이 풍부했던 정초를 높이 평가했다. 이 두 편의 글은 「정초저술고」(鄭樵著述考)(『국학 계간』, 제1권 제1, 2호)와 「정초전」(鄭樵傳)(『국학 계간』, 제1권 제2호)이다.[207] 「정초전」에서 구제강은 정초의 회통(會通) 정신과 조리 정연한 그의 저서를 칭찬한 것 외에 정초의 비평정신에 대해서도 높이 평가했다.

> 그(정초)의 마음속에는 전체적으로 계획하는 학문과 사실을 귀납해 이루어낸 학문이 있을 뿐, '변할 수 없는 진리'나 '자기의 생각을 고집하고 낡은 것을 보존하는' 경서와 주소(注疏)는 없다. …… 그러므로 설령 고서라고 할지라도 표현이 맞지 않다면 '잘못을 바로잡는' 일을 해야 한다. …… 그는 고인과 금인은 단지 선후의 구별만 있을 뿐 …… 절대로 침범할 수 없는 고서의 신성함이 있다고 생각하지 않는다. 이러한 관념은 현재 약간의 과학적인 생각이 있는 사람들에게는 당연히 평범하기 그지없는 것이지만, 예전의 학계에서는 참으로 탁월한 견해였다.[208]

구제강은 또 정초의 「시변망」(詩辨妄)을 특히 칭찬하면서 그것이 한유(漢儒)들의 전주(傳注)의 부회한 점을 깨뜨리는 데 커다란 공헌을 했다고 여

207) 顧頡剛, 「鄭樵著述考」, 『國學季刊』, 第1卷 第1號, 96~138쪽; 『鄭樵著述考(續第一期)』, 第1卷 第2號, 353~85쪽; 「鄭樵傳」, 『國學季刊』, 第1卷 第2號, 309~32쪽 참조.

208) "他的心思裏, 只有通盤籌算的學問, 只有歸納事實而成的學問, 但沒有'天經地義' '專已守殘'的經書和注疏 …… 所以憑你是古書, 他表現的不對, 就得做'正誤'的功夫 …… 他看古人與今人只是先後的分別 …… 絕沒有古書神聖不可侵犯的觀念. 這種觀念, 在現在稍有科學思想的人看來, 固是平平無奇, 但在從前的學界, 實在是卓絕的見解." 顧頡剛, 「鄭樵傳」, 『國學季刊』, 第1卷 第1號, 317쪽.

졌다.[209]

정초와 최술이 학계에서 새로 인정받게 된 것은 중국 현대 학술사에서 결코 단독적인 사건은 아니다. 이는 근대 이래로 중국과 일본 학자가 중국 학술사를 연구할 때 '새롭게 과거를 발견하자'고 주창한 것에 대한 두 가지의 예에 불과할 뿐이다.[210] 사실 이러한 '새로운 발견'은 항상 학술평가 표준이 전환되는 시기에 출현했다. 학자가 새로운 안목과 척도를 가지고 고인의 고서를 새로 읽을 때, 과거에는 소홀하게 보았던 일부 학자들이 새로 인정받는 경우가 종종 있는데, 정초와 최술이 바로 전형적인 예이다.

종합적으로 말해 1923년부터 1927년까지 『국학 계간』에 게재된 원고로 보면, 이러한 글들은 연구과제와 방법, 서술 형식 등의 면에서 「발간선언」에 게시된 '신국학' 정신에 확실히 부합되며, 또한 이후 학술연구에 새로운 방향을 열어주었다.

또한 『국학 계간』의 저자들에 대해 분석하면, 23명의 저자(논문 번역자 포함) 가운데 진정으로 베이징 대학에서 교편을 잡은 사람은 겨우 7명에 불과하며, 연구소 국학문의 조교, 대학원생 4명까지 더하면 총 11명으로 총 저자의 절반에 가깝다. 나머지 저자는 원래 베이징 대학과 관계가 없지만, 이 가운데 3명을 제외하면 나머지는 모두 국학문에서 '지도교사' 또는 '통신원'의 명의로 국학문과 학술상의 관계를 구축했다. 그 중에 위안푸리와 슈텔 홀슈타인 등은 모두 『국학 계간』에 투고한 후에야 비로소 국학문에 가입할 수 있었다. 이들 저자의 이름과 신분을 정리해 보면 다음과 같다.

209) 顧頡剛, 「鄭樵傳」, 같은 책, 321~22쪽.

210) Joshua A. Fogel, "On the Rediscovery of the Chinese Past: Tsui Shu and Related Cases", in Joshua A. Fogel & William T. Rowe eds., *Perspectives on a Changing China: Essays in Honor of Professor C. Martin Wilbur on the Occasion of His Retirement*, Colorado: Westview Press Inc., 1979. pp. 219~35.

직무	성명
베이징 대학 교수 (국학문위원을 겸함)	선젠스, 후스, 쉬쉬성, 찬부안, 주시쭈, 린위탕, 마헝
국학문 대학원생, 조교	구제강, 룽경, 룽자오쭈, 웨이젠궁
국학문 지도교사/통신원	뤄전위, 왕궈웨이, 천위안, 위안푸리, 슈텔 홀슈타인, 알렉세이 이바노프, 펠리오
교외 인사	칼그렌, 왕룽바오, 판쭌싱, 뤄푸장(작고)

이들 가운데 뤄전위와 왕궈웨이의 밀접한 관계는 모두 잘 아는 사실이다. 뤄푸장과 뤄푸청(羅福成)의 원고가 『국학 계간』에 게재될 수 있었던 것은 분명 뤄전위와의 관계 때문일 것이다. 룽경은 비록 뤄전위와 정식 사생관계는 아니지만 뤄전위에게 자주 학문에 대해 물었으며,[211] 베이징 대학 국학문에 들어와 공부한 것도 뤄전위의 추천에 의한 것이었다.[212] 뤄전위와 뤄푸장 부자, 왕궈웨이, 룽경이 쓴 논저는 총 11편으로, 『국학 계간』 원고 가운데 3분의 1이 약간 넘는다.[213] 이들은 국학문 동인 가운데 마헝과 왕래가 가장 많았으므로 원고도 마헝을 통해 선젠스에게 전달되었고, 선젠스는 이를 또 편집장인 후스에게 전해 주었다.[214] 이러한 논저의 내용은 대부분 고기물학(古器物學) 분야에 집중되었으며, 일부 원고는 둔황 문서를 소개하고 이를 운용해 연구한 것도 있다. 이 논저들은 발표된 후 학계에 커다란 주목을 받았다.

게다가 『국학 계간』의 저자들의 거주 지역을 보면, 중국 내 저자는 대부

211) 莫榮宗, 「羅雪堂先生年譜」, 羅振玉, 『羅雪堂先生全集初稿』, 第20冊, 8732쪽.

212) 曾憲通, 「容庚」, 中國史學會 『中國歷史學年鑑』 編輯部, 『中國歷史學年鑑 1985』, 北京: 人民出版社, 1985, 269쪽.

213) 뤄전위와 왕궈웨이는 『국학 계간』에 발표한 글이 상당히 많다. 그들이 국학문과의 관계에서 벗어날 때, 신문지상에서는 『국학 계간』은 주요 집필자를 잃어 정간한다는 소식이 전해졌다. 『晨報』, 1925. 9. 12, 北大檔案, 全宗號:7, 目錄號:第1號 檔案號:177 참조.

214) 胡適, 「致沈兼士函」(1922. 4. 14.), 耿雲志, 『胡適遺稿及秘藏書信』, 第27冊, 47쪽.

분 베이징과 톈진 일대에 거주했으며 특히 베이징에 집중되었다. 이들은 각자 서로 다른 학술적 배경을 갖고 있고 연구에 대한 흥미와 방법에서도 차이를 보였지만, 연구성과를 발표하기 위해 모두 『국학 계간』에 투고하기를 원했다. 그러므로 1920년대 초 학술간행물이 중국에서 아직 보편화되지 않은 시기에 『국학 계간』은 북방 학자들을 응집할 수 있는 간행물이 되었으며, 이로써 『국학 계간』에 발표된 논저는 사실상 당시 베이징과 톈진의 학자들의 주요 연구 취향을 반영하고 있다고 말할 수 있다. 이후 중국 학술의 발전면에서 볼 때, 이러한 연구 취향은 언어문자학과 중외관계사, 고기물학, 변위 작업 등의 측면에서 선구적인 지도적 기능을 했다.

이 외에 『국학 계간』에 서로 다른 연구 취향이 두루 분포해 있는 것을 보면, 후스와 첸쉬안퉁, 구제강 등이 1920년대 초에 적극적으로 토론한 변위 작업은 이러한 연구 가운데 한 가지 방향에 불과했음을 알 수 있다. 1923년 2월, 구제강은 『독서잡지』에서 「첸쉬안퉁 선생과 고대 사서를 논하다」(與錢玄同先生論古史書)를 발표하면서 고사변운동의 서막을 열었고, 『국학 계간』은 1923년 1월에 창간되었다. 그러므로 『국학 계간』의 출판은 고사변운동과 거의 동시에 시작된 것이라고 할 수 있다.

하지만 『국학 계간』에 게재된 총 37편의 논문 가운데 변위 및 의고와 관련한 글은 겨우 2편뿐이었다. 이를 후스가 '전체를 대표'한 「발간선언」에서 평소 힘주어 제창했던 의고정신을 일부러 언급하지 않은 이유와 연결시켜 보면, 1920년대 초의 국학문 내지 북방 학술계에서는 의고와 변위의 경향이 아직 학계를 휩쓸지 못했고, 고대 역사와 서적에 대한 의심과 변석(辨釋)도 단지 일부 학자들에 의해 제창되었던 학술 작업에 불과했음을 말해주고 있다.

2. 『가요』에서 『국학문 주간』까지

베이징 대학 국학문이 설립된 후, 『국학 계간』은 연구소 국학문 학자들이 출판한 유일한 간행물은 아니었다. 그리고 선젠스가 토로한 바에 따르면, 비록 『국학 계간』 편집위원회 성원들은 모두 국학문 동인이기는 했지만, 이 "편집회는 본 연구소 체계 안에 있지 않았고 학교에 직속되어 있었다."[215] 국학문 조교와 간사, 대학원생들이 많아서 학회 업무도 점차 성과를 내고 있었지만, 『국학 계간』은 1년에 겨우 4기가 출판되고 또 교외 학자에게도 개방되었기 때문에 국학문은 별도로 또 정기간행물을 발행해 학회와 대학원생의 학술성과를 발표하고자 했다.

하지만 국학문이 1922년에 막 설립되었을 당시는 연구성과가 별로 없어서 간행물을 바로 발행할 필요가 없었다. 유독 가요연구회만이 많은 자료를 축적해 놓았으므로 관련 자료를 체계적으로 정리해서 먼저 주간지로 발행하기로 했다. 그리하여 우선 『가요』(歌謠)가 1922년 12월에 출판되었다. 사실상 『가요』가 주간 형식으로 출판될 수 있었던 것은 1918년 가요모집처가 설립된 이래 동인들이 많은 가요를 수집한데다가 모집처가 가요연구회로 개편된 후 3년 동안 동인들의 정리를 거쳐 쌓인 성과가 가히 놀라울 정도였기 때문이다. 그리고 『가요』 발행 후, 늘 매주 1기를 유지할 수 있었던 것은 국학문의 지원이라기보다는 과거 5년 동안 이루어진 가요 수집과 연구의 기초가 있었기 때문이다. 그 후 국학문 동인의 연구 흥미로 인해 얼마 되지 않아 가요에서 방언과 민속 연구로 확대되었지만, 풍속조사회와 방언연구회가 설립된 후에도 모두 『가요』를 논문 발표의 기지로 삼았

215) 「本學門第三次懇親會紀事」, 『國學門周刊』, 第1卷 第3期, 24쪽. 비록 선젠스는 1923년 9월 제1회 국학문 친목 모임에서 『국학 계간』을 "본 국학문에서 주관한다"라고 밝혔고, 국학문위원회는 제1회 회의를 열었을 때에도 『국학 계간』은 국학문에서 출판한다고 설명했다. 『국학 계간』의 편집위원회는 비록 국학문 동인들로 구성되어 있었지만 사실상 조직은 학교에 예속되어 있었다. 「研究所國學門懇親會紀事」, 『北大日刊』, 1923. 11. 10, 3쪽 참조.

으므로 이 분야의 글은 점차 늘어날 수밖에 없었다. 간행물의 토론 주제를 비교적 명확하게 하기 위해 편집자들은 일반 잡지의 편집 방식을 모방해 '특집호'를 발행함으로써 동일한 성격의 글을 집중적으로 발표했다. 즉, '방언표음특집호'(『가요』, 제55호), '혼인특집호 1', '2', '3', '4'(『가요』, 제56~60호)를 잇따라 내놓았다.[216] 그들은 이러한 방식을 통해 독자들이 흥미를 느낄 수 있는 일부 과제를 집중적으로 게재하고자 했다.

범위를 확대한 이후의 『가요』를 고찰해 보면, 국학문 동인들의 민속학(민간문학에 가요를 포함)에 대한 연구가 가장 좋은 성과를 보였으며, 방언의 연구성과는 그 다음이었다. 하지만 주간에 풍속과 전설, 방언 연구 등과 관련된 글이 점차 많아지자, 가요는 오히려 이 두 가지보다 적게 게재되면서 유명무실하게 되었다. 그리고 『가요』의 유한한 편폭도 이 세 가지 분야의 연구 내용을 모두 수용할 수 없게 되자, 동인들은 점차 개판(改版)의 필요성을 느끼게 되었다.

다른 한편으로 3년 동안 동인의 노력을 거쳐 명청(明淸) 당안의 정리, 고적과 고물의 조사와 수집도 적지 않은 성과를 쌓았지만, 『가요』는 이들을 수용하기에 역부족이었다.[217] 동시에 편집실의 업무와 대학원생들 개개인의 연구성과 역시 점점 더 많아졌지만,[218] 경비의 한계로 인해 전문집으로 인쇄할 수 없는 형편이었다. 동인들은 이에 대해 논의를 한 후, 범위를 확충하고 편폭을 늘려 국학문의 발전과 보조를 맞출 필요가 있다고 판단하고 새로운 간행물로 바꾸어 출판할 계획을 세웠다.[219]

216) 흥미로운 점은 '혼인특집호'에 실린 첫 번째 글은 『가요』의 주편집인 창후이(常惠)의 혼례를 기록한 것이다. 董作賓, 「一對歌謠家的婚儀」, 『歌謠』, 第56號(1924. 5. 25.), 1~3쪽 참조.

217) 「本學門第三次懇親會紀事」, 『國學門周刊』, 第1卷 第3期, 24쪽.

218) 『國學門概略』, 11쪽.

219) 1925년 5월 11일 국학문은 새로운 주간 발행을 만들기 위해 회의를 개최했는데, 회의에서 주간의 명칭과 항목, 표지 설계, 가격, 출판 시간 등 세세한 부분을 확정했다. 「啟事」, 『歌謠』, 第97號(1925. 6. 28.), 1쪽; 王學珍 等, 『北京大學紀事(1898~1997)』, 上冊, 128쪽 참조.

1925년 10월 14일, 『국학문 주간』이 정식으로 출판되면서 『가요』는 자연히 발행이 중단되었다. 이 간행물 창간호의 짧은 '발기문'에서는 출판의 경위와 편집 방침에 대해 이렇게 설명하고 있다.

> 국학문에는 원래 『가요 주간』을 두어 가요와 관련된 자료를 발표했다. 작년에 풍속조사회가 설립되었고, 그 남는 지면을 빌려 약간의 소식을 게재했다. 후에 1기에 이르러 풍속을 최대한 많이 싣게 되었지만 가요는 오히려 부족했다. 두루 다 살필 수 없었으니 유명무실이 아닐 수 없었다. 게다가 국학문 설립 이래 대학원생들의 성과와 각 학회에서 수집해 정리한 자료들이 날로 쌓여 적지 않은 분량을 이루었지만, 발표할 기회가 없어 고민하게 되었다. 그러므로 동인들 속에서 『가요 주간』을 별도로 확대 개편하자는 움직임이 일었다.
>
> 이 새로운 주간은 국학문의 편집실과 가요연구회, 방언조사회, 풍속조사회, 고고학회, 명청사료정리회의 모든 자료를 포괄했다. 이러한 자료를 어느 정도 체계적인 보고서로 엮어 학자들에게 토론할 수 있도록 제공하며, 이를 통해 동인들의 흥미와 사회적인 관심을 끌고자 했다. 이 조직은 비록 본교의 『국학 계간』과는 다르지만, 그래도 안팎이 서로 충돌하지 않아야 한다. 이후 여러분의 많은 지도 편달을 바란다.[220]

---

220) "國學門原有一種『歌謠周刊』, 發表關於歌謠的材料. 去年風俗調查會成立, 也就借牠的餘幅來記載一點消息. 後來浸志一期之中, 盡載風俗, 歌謠反付缺如, 顧此失彼, 名與實乖. 兼之國學門成立以來研究生之成績, 及名學會搜集得來整理就緒之材料, 日積月累, 亦復不少, 也苦於沒有機會發表. 於是同人遂有擴張歌謠周刊另行改組之舉." "這個新周刊是包括國學門之編輯室, 歌謠研究會, 方言調查會, 風俗調查會, 考古學會, 明清史料整理會所有的材料組合而成. 其命意在於將這些材料編成一個略有系統的報告, 以供學者之討論, 藉以引起同人之興趣及社會之注意. 其組織雖於本校『國學季刊』不同, 卻是表裏相需並行不悖的. 以後尚望同志隨時賜教." 「緣起」, 『國學門周刊』, 第1卷 第1期, 뒷면 하단. 이외에도 「丙寅畢業同學錄研究所國學門紀事」에서 『가요 주간』을 『國學門周刊』으로 확대한다고 제기했고, 또한 경제적인 요인이 있다고 했다. "근래 국학문의 각 부문은 수정하고 정리한 자료들이 점차 많아지는데 자원의 부족으로 인해 하나하나 단행본으로 출판할 수 없다. 따라서 각종 자료를 계속 출판할 수 있도록 『가요

이처럼 『국학문 주간』의 발간 배경을 명확하게 설명하고 있는데, 이 가운데 두 가지 특별히 주의할 만한 점은 첫째, 『국학문 주간』이 1925년 10월에 창간된 것은 『가요』를 토대로 하여 확대·창간되었다는 점이다. 『가요』에서 『국학문 주간』으로 발전되면서 새로운 주간은 편폭 분야에서 3배가 늘었으므로, 『가요』가 1기에 8판을 내놓았다면 『국학문 주간』은 1기에 24판을 내는 것과 같았다. 이는 국학문이 4년 동안 동인들의 힘든 운영을 거쳐 쌓아온 풍부한 자료와 연구성과를 이 새로운 간행물을 통해 학계에 보여주려는 것이다. 또한 '주간' 형식으로 발행할 수 있었던 것은 각 학회의 작업성과를 토대로 한 자료와 원고가 풍부했기 때문이다.

둘째, 「발기문」에서는 『국학문 주간』에 게재된 자료는 주로 편집실과 5개 학회에서 제공한 것이며, 이외에 대학원생의 연구성과도 발표할 수 있다고 했다. 그러므로 『국학문 주간』은 국학문 전체의 연구방향을 대표한다고 말할 수 있다. 그리고 편집과 서술, 출판은 주로 국학문의 젊은 성원들이 책임을 졌다. 구제강과 웨이젠궁, 숙란(淑蘭) 평위안쥔(馮沅君, 1900~74) 3명이 편집 작업(이후 주간에서 개편해 만든 『국학문 월간』을 포함)을 잇따라 주관하면서 커다란 공헌을 했다.[221]

따라서 『국학문 주간』은 비록 『국학 계간』과 동시에 발행되었고 모두 국학을 범위로 하지만,[222] 이들은 조직에서 차이가 있었다. 전자는 후자에 비해 동인의 연구 취향과 학술적인 경향을 더욱 잘 반영할 수 있었다. 『국학 계간』은 1920년대 전기 북방 학술계의 연구 취향이 강했다면, 『국학문 주

주간』의 범위를 확대해 편폭을 증가한다." 1쪽.

221) 『국학문 월간』 제1권 제1호는 「本刊編輯室啟事」에서 "본 『국학문 월간』 편집일은 원래 웨이젠궁과 구제강이 책임을 맡고 있다. 현재 구제강 선생이 일이 있어 베이징을 떠나 편집일은 제3권부터 특별히 평수란(馮淑蘭) 여사가 대리 역할을 한다. 본 간행물의 모든 편집일은 마땅히 의논을 거친 후 평수란 여사와 웨이젠궁 선생이 협조해 꾸려나갈 것이다." 『國學門月刊』, 第1卷 第2號, 페이지 하단.

222) 『국학 계간』 편집위원회는 『국학문 주간』을 소개할 때 『국학문 주간』과 『국학 계간』은 성격이 같다고 했다. 「『國學季刊』編輯委員會啟事」, 『國學季刊』, 第2卷 第1號, 199쪽 참조.

간』은 국학문이라는 학술기구 자체의 발전방향을 나타낸 것이었다.

1925년 10월 14일에 창간되어 1926년 8월 18일 정간될 때까지 『국학문 주간』은 총2권 24기를 출판했다. 다음은 총 24기에 게재된 원고를 내용에 따라 분류한 것이다.

내용 분류	편수
민속(가요, 창곡(唱曲), 풍속, 전설)	81
언어문자 및 훈고(음률 포함)	24
학술 사상	24
잡록(강연, 학자들의 서신, 학술계 소식, 국학문 기사 및 공고문)	20
목록 및 교감(校勘)	14
고고학, 금석학	13
역사	5
총계	181

위의 표에서 볼 때, 민속학 관련 자료와 연구 원고가 총 81편으로 가장 많이 차지했다. '잡록'의 항목을 제외한다면, 전체 161편의 원고 가운데 민속학 한 종류가 2분의 1을 차지하고 있는 점은 『국학문 주간』이 민속학 연구를 주요 특색으로 하고 있음을 알 수 있다. 비록 이러한 민속학 범주에 속하는 원고 가운데 상당 부분이 단지 각지의 가요와 풍속 자료의 초록 및 보도(이는 이러한 원고의 분량이 많아지게 된 원인 중의 하나임)로서, 비(非)연구성 원고에 속한다. 그런데도 편집장 구제강이 여전히 이러한 자료들을 받아들인 점은 『국학문 주간』이 확실히 민속학의 연구를 고취하고 제창할 뜻이 있었음을 보여준 것이다. 그리고 이 점은 몇 년 동안 국학문이 발전해 나아가는 방향과도 일치했다.

앞 절에서 지적했던 것처럼, 국학문 중에는 단지 가요연구회와 풍속조사회만 공동으로 민속학의 연구를 추진했던 것이 아니라, 가요연구회의 전신인 가요모집처도 일찍이 1918년에 설립된 후 이 분야에서 가장 많은 성과를 올렸다. 이 외에 『국학문 주간』에 언어문자에 속하는 연구 분야가 많은 이유는 당시 방언조사 작업이 진행되고 있었던 점과 베이징 대학 문과에 원래 이 분야에서 비교적 뛰어난 교수진들이 포진되어 있었기 때문이다. 또한 고고와 목록 부분도 고고학회와 명청사료정리회를 기초로 하여 제때에 고고학 조사와 명청 당안정리 목록을 발표했으므로 이 분야의 원고 역시 일정 비율을 차지했다.

이것으로 볼 때, 『국학문 주간』은 확실히 몇 년 동안 국학문이 작업해 온 성과를 구체적으로 나타낸 것이다. 사실상 『가요』의 마지막 1기에 정간 '공고'를 게재하면서 그 안에 『국학문 주간』의 내용 편성을 소개할 때, 국학문의 내부 조직에 따라 "(1) 가요, (2) 방언, (3) 풍속, (4) 명청사료, (5) 고고, (6) 편집실"로 나누었다.[223] 이 간행물은 확실히 동인들의 연구방향을 살펴볼 수 있는 하나의 지표로 작용했다.

『국학문 주간』에 민속학 분야의 글이 많이 차지한 것 외에 '역사와 학술사'에 속하는 논저도 적지 않았다. 그런데 이들 가운데 11편은 고사(古史)와 경서(經書) 문제를 다루고 있다. 이는 당시 학술계에서 진행중이던 '고사변'과 관련이 있으며, 이후 구제강은 그 중 9편을 『고사변』 1, 2책에 수록해 출판했다.[224] 좀 더 살펴보면, 고사를 논한 이 11편의 글 가운데 5편은 모두 1926년 1월 27일에 출판된 제2권 제15, 16기 합본에 게재되었고, '『說文』 證史討論號'라는 표제를 달았다. 이 기의 글을 편집할 당시 편집자는 먼

223) 「啟事」, 『歌謠』, 第97號(1925. 6. 28.), 1쪽.

224) 9편의 논문은 다음과 같다. 錢玄同·顧頡剛, 「『春秋』與孔子」(第1期); 顧頡剛, 「論『詩經』所錄全爲樂歌(上)」(第10期); 「論『詩經』所錄全爲樂歌(中)」(第11期); 「論『詩經』所錄全爲樂歌(下)」(第12期). 15, 16기 합본에 등재한 5편의 논문은 다음과 같다. 柳詒徵, 「論以『說文』證史必先知『說文』之誼例」; 顧頡剛, 「答柳翼謀先生」; 疑古玄同, 「與顧頡剛先生論『說文』書」; 魏建功, 「新史料與舊心理」; 容庚, 「論『說文』誼例代顧頡剛先生答柳翼謀先生」. 이외에도 『고사변』 두 편은 싣지 않았는데, 이는 구제강이 쓴 「鄭樵'詩辨妄'輯本」(第5期)과 「'非詩辨妄'跋」(第6期)이다.

저 둥난(東南) 대학 교수 류이정이 지은 「『설문』으로 역사를 증명하려면 반드시 『설문』의 올바른 예를 먼저 알아야 한다」(論以『說文』證史必先知『說文』之誼例)를 싣고, 다음으로 구제강과 첸쉬안퉁, 웨이젠궁, 룽경 등 4명의 글을 그 뒤에 배치했다.

류이정의 글은 1923년 『독서 잡지』에 발표한 구제강의 고대사를 논한 글을 겨냥해 쓴 것이다. 이 글은 후진에게 교훈하는 어투로 구제강을 향해 "『설문』의 바른 예를 잘 알지 못하면서 한 마디 말을 취해 제멋대로 논단하고 있다. 비록 의고에 용감하다 말할 수 있을지 모르지만 실제로는 독서를 소홀히 했다"라고 질책을 했다.[225] 또한 "오늘날 학자들은 문자를 통해 고사(古史)를 연구하고자 하면서, 어찌 먼저 책을 암송하고 청나라 유가의 저술에 심혈을 기울인 후에 의고를 주장하지 않는가!"[226]라고 했다. 이 글이 1924년 4월 『사지학보』(史地學報)에 게재된 후, 신랄한 표현으로 인해 구제강은 답변을 하지 않으면 안 될 것 같아 1925년 11월에 「류이정 선생에 대한 답변」(答柳翼謀先生)을 써서 자신의 관점에 대해 류이정 선생이 오해하고 있는 부분을 설명하고, 또한 그가 『설문』과 청나라 유가의 저술을 역사 연구의 기준으로 받들지 않는 기본 태도를 설명했다.[227]

구제강은 답변을 쓴 후, 그것을 첸쉬안퉁에게 보여주었다. 첸쉬안퉁은 즉시 '의고 쉬안퉁'이라고 서명한 「구제강 선생과 『설문』을 논한 글」(與顧頡剛先生論『說文』書)을 써서, 구제강의 논점을 적극 지지했다. 첸쉬안퉁은 "우리는 일체의 모든 고서를 단지 참고할 만한 사료로 여길 뿐이다. …… 어떤 한 책을 유일하게 믿을 만한 보전(寶典)으로 받들고자 하지 않는다"[228]라고 말했다. 이 글이 완성된 후 첸쉬안퉁의 제자 웨이젠궁도 「신사료와 구심리」(新史料與舊心理)를 써서 역사 연구에서 구제강과 첸쉬안퉁, 류이정의 근본

225) 柳詒徵, 「論以『說文』證史必先知『說文』之誼例」, 『國學門周刊』, 第2卷 第15, 16期 합본, 1쪽.

226) 柳詒徵, 「論以『說文』證史必先知『說文』之誼例」, 같은 책, 4쪽.

227) 顧頡剛, 「答柳翼謀先生書」, 같은 책, 4~10쪽.

228) 疑古玄同, 「與顧頡剛先生論『說文』書」, 같은 책, 10쪽.

적인 차이를 지적하면서 후자는 용감하게 의심하는 정신이 결여되어 있다고 했다.[229)]

당시 첸쉬안퉁과 웨이젠궁이 지은 글에는 '그들', '우리들'이라는 말이 자주 나타나는데, 이는 고대사 논쟁에 매우 농후한 '적대' 의식이 들어 있음을 보여주는 것이다. 그리고 이러한 의식은 룽경이 쓴 「『설문』의 바른 예를 논함에 있어 구제강 선생을 대신해 류이정 선생에게 답하는 글」(論『說文』誼例代顧頡剛先生答柳翼謀先生)에서 가장 농후하게 표현되었다. 룽경은 금석학을 연구하면서 갑골문자에 숙독했기 때문에 류이정이 『설문』에만 근거해 문자학을 연구하는 것을 옳다고 할 수 없다고 했다.[230)] 그러나 이 문장에서 가장 주목할 만한 것은 전문(全文)에 짙은 화약 냄새가 난다는 것이다. 전문에서 류이정의 논점을 예로 들어 일일이 비평하고 반박했을 뿐만 아니라 류이정이 구제강을 비평한 문구를 다시 인용하면서 류이정의 학문은 "공소"하거나 "진실성의 결핍"에 있으므로 "두 가지 가운데 반드시 하나에 기해야 한다"라고 풍자했다. 또 류이정은 "독서를 소홀히 하고", "남의 의견을 받아들이지 않으며, 두루 섭렵하지 않는다"라고 했다.[231)] 이는 상당히 조롱하는 문구로서 당시 류이정에 반박하는 문장 가운데 가장 화약 냄새가 짙은 글이었다.

이러한 논전의 의미를 띤 일련의 문장이 발표된 후, 3년 전 『독서 잡지』에서 시작되었던 고대사 변론이 최고조에 이르렀다. 고사변이라는 전쟁의 불꽃이 『국학문 주간』에 만연하게 되었던 이유는 1923년 12월, 구제강이

229) 魏建功, 「新史料與舊心理」, 같은 책, 19~31쪽.

230) 룽경은 3년 전에 허신(許愼)의 『설문』(說文) 가운데 잘못된 점을 적잖이 지적한 글을 썼고, 주대(周代)의 글을 수록했다. 현재 사람들은 마땅히 갑골문과 금문에 의거해 보충하고 수정해야 한다. 『金文篇』은 허신의 『설문』의 잘못된 점을 고증하고 수정한 것이다. 容庚, 「甲骨文字之發現及其考釋」, 「金文編·序」, 『國學季刊』, 第1卷 第4號, 657~65, 709~15쪽 참조.

231) 容庚, 「論『說文』誼例代顧頡剛先生答柳翼謀先生」, 『國學門周刊』, 第2卷 第15, 16期 합본, 31~33쪽.

선젠스의 요청에 따라 상하이에서 국학문으로 돌아와 조교를 담당했기 때문이다. 『국학문 주간』이 발행된 이후, 구제강은 이 간행물의 편집 작업을 책임졌다. 1925년 말, 구제강은 이전에 발표했던 고대사 토론 문장의 수집에 착수하면서 이를 『고사변』으로 엮어 출판하고자 했다. 그래서 「류이정 선생에 대한 답변」을 써서[232] 류이정이 1년 반 전에 둥난 대학 『사지학보』(제3권 제1, 2합본)에서 발표한 「『설문』으로 역사를 증명하려면 반드시 『설문』의 올바른 예를 먼저 알아야 함」이라는 글에 대한 답변으로 삼았던 것이다.[233] 당시 구제강은 베이징 대학에 있었기 때문에 국학문의 사우들이 잇따라 그를 응원했고, 결국 『국학문 주간』 에 특별히 '『설문』의 역사적 증거에 대한 특집 토론'(『說文』證史討論號)을 내어 고사 문제에 대해 전문적으로 논했던 것이다.

류이정은 장기간 둥난 대학과 이 학교의 전신인 난징 고등사범학교에서 교편을 잡았으므로, 이 학교의 정신적인 지도자 가운데 한 사람이었다.[234] 고사변론 중에 구제강과 대립적인 위치에 있었던 류산리(劉掞藜)도 그의 학생이었다. 이들의 의견과 상반된 생각을 가지고 있던 구제강과 첸쉬안퉁 등은 모두 베이징 대학 교수와 조교, 대학원생이었으므로 이 논전은 당시 일반적으로 베이징 대학파와 난징 고등사범학파 간의 대립이라고 여겼다.[235] 하지만 이 두 진영의 적대 의식이 심해지면서 류이정이 후진을 교훈하는

232) 顧頡剛, 「答柳翼謀先生」, 같은 책, 4쪽.

233) 『史地學報』, 第3卷 第1, 2期 합본에 류산리와 구제강, 첸쉬안퉁이 『독서잡지』에 실은 고사에 대해 토론한 글 4편을 다시 실었다. 고사에 관해 토론한 글은 『史地學報』의 제3권 제4호로 끝났다.

234) 1921~24년 둥난 대학에서 교편을 잡고 있던 우미(吳宓)는 연보를 쓰는 과정에서 류이정을 언급할 때 "난징 고등사범학교의 성과와 학풍, 명성은 모두 류이정 선생 혼자 다년간 쌓아온 공이다. 현재 둥난 대학의 교수와 인재를 논할 때에도 류이정 선생은 넓고도 두루 통하는 것으로 치자면 첫 번째 가는 사람이다"라고 했다. 吳宓 著, 吳學昭 整理, 『吳宓自編年譜』, 北京: 三聯書店, 1995, 228쪽 참조.

235) 楊寬, 『歷史激流中的動蕩和曲折:楊寬自傳』, 臺北: 時報文化出版公司, 1993, 71쪽.

어투로 쓴 글이 발표된 후에 구제강과 그 사우들이 지은 4편의 글은 사실이 글을 반격하기 위해 쓴 것이다.[236] 이 글들이 『국학문 주간』에 게재된 후 난징 고등사범학교와 베이징 대학 간의 대립은 다시 한 번 학계의 주목을 끌었다.[237]

하지만 주의해야 할 점은 『국학문 주간』에 게재된 150여 편의 글 가운데 고사에 대해 논한 글은 겨우 11편으로, 총 편수의 15분의 1에 불과했다는 점이다. 67편에 달하는 민속 연구에 관한 글과 통신(通訊)을 비교해 보면, 고사변운동이 1920년대에 커다란 핫이슈였고 '의고파'의 중견인 후스와 첸쉬안퉁, 구제강 모두 베이징 대학과 밀접한 관련이 있었지만, 의고와 변위가 결국 국학문의 대표적인 학풍은 아니었던 것 같다. 그리고 『국학문 주간』의 저자 가운데 국학문 지도교사와 조교, 대학원생 및 각 학회의 회원만을 계산한다면, 약 25명의 저자 가운데 진정으로 고사 논쟁에 참여한 사람은 5명에 불과했다.[238] 고사에 대한 토론이 비록 국학문 학자들의 연구 취향 중의 하나이기는 했지만, 동인들이 가장 관심을 가졌던 학술작업은 아니었던 것으로 보인다.[239]

236) 같은 곳.

237) 난징 고등사범학교(당시 이미 둥난 대학으로 개칭함)와 베이징 대학이 1920년대에 대치했던 상황에 대해서는 彭明輝, 『疑古思想與現代中國史學的發展』, 臺北: 臺灣商務印書館, 1991, 83쪽 참조.

238) 위에서 언급했던 구제강과 첸쉬안퉁, 웨이젠궁, 룽겅 등 4명 외의 또 한 명은 후스이다. 류푸와 둥쭤빈, 룽자오쭈, 마헝 등이 다른 곳에 게재한 글은 후에 일부분이 구제강에 의해 『고사변』에 수록되었지만, 그들은 단지 『시경』이나 고대사만을 다루었기 때문에 이들 몇몇 학자들의 학술연구는 구제강처럼 명확하게 의고와 변위의 길을 간 것은 아니었다.

239) 고사변운동의 주역인 구제강을 보면, 1923년부터 1926년 8월까지 국학문에 근무하면서 대부분의 시간을 맹강녀 연구와 묘향산의 참배풍속 조사, 벽운사(碧雲寺) 고적 조사 등에 종사했으며, 특히 민속학 방면의 조사와 연구에 치중했다. 顧潮, 『顧頡剛年譜』, 89~129쪽 참조.

3. 『국학문 월간』

국학문 동인들은 『국학문 주간』을 출판할 때 '주간'이라 명명하고 매주 1기를 출판하고자 했다. 하지만 이 기간에 교육부가 학교 경비를 지급하지 않는 경우가 많아지자 『국학문 주간』은 계속 연기되었다.[240] 게다가 간행물 인쇄를 상하이 카이밍(開明) 서점에 의뢰한 후, 원고가 베이징과 상하이를 오고 가는 시간이 늘어나면서 출판이 지연되는 상황이 더욱 심각해져[241] 10개월에 겨우 24기가 나왔을 뿐이다. 이 같은 상황을 개선하기 위해 편집 동인들은 1926년 10월부터 주간을 월간으로 바꾸어 간행물의 수준을 높이려고 했다.[242]

새로 출판된 『국학문 월간』은 편폭이 『국학문 주간』에 비해 많이 늘었다. 형식과 연구방향 부분에서 여전히 민속류가 많았지만 원고에서 차지하는 비율은 이미 『국학문 주간』 시기의 2분의 1에서 3분의 1로 그 수가 감소했다. 다음 표는 『국학문 월간』에 실린 글을 내용별로 분류한 것이다.

내용 분류	편수
민속(가요, 창곡, 풍속, 전설)	34
학술 사상	17
언어문자 및 훈고(음률 포함)	15
고고학, 금석학	13

240) 『國學門周刊』, 第14期, 「本刊啟事」에 "본 간행물은 이전에 학교 경비의 부족으로 종이를 구입할 수 없어서 출판을 연기하게 되었다……"라고 공지했다. 『國學門周刊』, 第2卷 第14期(1926. 1. 13.), 겉면 하단. 이 간행물 제18기 「本刊啟事」에 또한 "본 간행물은 학교 경비의 어려움으로 여러 차례 연기되었다. 동인들은 어려움 속에서 열심히 노력해 단지 5개월 안에 3기를 출판했다." 『國學門周刊』, 第2卷 第18期(1926. 7. 7.), 겉면 하단.

241) 「本刊特別啟事」, 『國學門周刊』,第2卷 第24期(1926. 8. 18.), 페이지 하단.

242) 같은 곳.

역사	9
잡록(학자들의 편지, 학술계 소식, 국학문 기사 및 공지)	8
목록 및 교감	4
총계	100

원고 내용의 범주로 볼 때, 『국학문 월간』에도 여전히 민속류가 많았지만 고고와 학술 사상 및 언어학 분야의 논저도 적잖은 비율을 차지했다. 민속학 원고가 『국학문 월간』에서 차지하는 비율이 전에 비해 감소한 이유는 가요와 풍속 연구를 제창하는 구제강과 룽자오쭈 등이 이 시기에 남하한 것과 어느 정도 관련이 있으며(자세한 것은 제4장 제1절 참조), 당시 편집 사무를 주관하던 웨이젠궁과 펑위안췬의 학술적 흥미가 주로 음운학과 문학 분야에 있었기 때문에 이 두 종류의 수량이 상대적으로 약간 증가했던 것이다. 게다가 몇 년 동안에 걸친 고고학회의 노력으로 많은 고물을 수집해 이 분야의 고증 해석의 글도 점차 모습을 드러냈기 때문이다. 편집자가 새로 개판한 간행물에서 특별히 제1권 제1기를 '고고학 특집호'로 내세워 새로 출토된 고대 벽화와 비각, 칠기 등의 글 11편을 실은 것을 보면, 고적 고찰 분야에서 고고학회의 노력과 연구성과를 드러내려고 함이 분명했던 것으로 보인다.[243)]

수량이 많은 학술사상의 글에서 가장 주목할 만한 것은 칼그렌의 원저와 루칸루(陸侃如), 웨이쥐셴이 공역한 「『좌전』의 진위와 그 성격」(論『左傳』之眞僞及其性質)(제1권 제6, 7~8호)이다.[244)] 칼그렌은 글을 상편과 하편으로 나누고, 상편에서는 『좌전』의 진위 문제를 논하면서 『좌전』의 원본이 『사

243) 이 가운데 벽화의 연대를 논한 4편의 단문은 고고학회가 사들여 보관한 산시(山西) 지산현(稷山縣) 흥화사(興化寺)의 벽화에 대한 고증이다. 葉瀚, 「山西壁畫七佛繼題辭」, 『國學門月刊』, 第1卷 第1號, 1쪽 참조.

244) 루칸루와 웨이쥐셴(衛聚賢)이 이 문장을 번역한 경위는 衛聚賢, 「論『左傳』之眞僞及其性質·跋」, 『國學季刊』, 第1卷 第6號, 740~41쪽 참조.

기』에 비해 빠르며 분서(焚書) 이전에 이미 존재했다고 제기했다.[245] 하편에서는 『좌전』의 성격에 대해 연구했다. 언어학적 문법에서 분석해 『좌전』이 특수한 문법 조직을 가지고 있는 기원전 4, 5세기의 작품으로서, 『국어』(國語)와 가장 근접하며 노나라 사람이 만든 것도 아니고 후세의 위작자가 허위로 날조한 것도 아니라고 지적했다.[246] 칼그렌은 문법의 관점에서 새롭고 독특한 방법으로 『좌전』의 진위를 고증해 중국 고서 고정학(考訂學)의 새로운 길을 개척했다. 웨이쥐셴과 후스는 비록 그의 논점을 전적으로 찬성한 것은 아니었지만, 그 연구방법을 추앙한 점에서는 같았다.[247] 『좌전』에 관한 진위 문제는 청대 신수(申受) 유봉록(劉逢祿, 1776~1829) 이래로 금문 고문가들의 논쟁이 끊이지 않던 과제였으므로 칼그렌의 논문은 발간되자마자 학계의 고서 진위에 관한 논쟁을 야기하게 되었다.[248]

『국학문 월간』에 언어문자류의 논저가 증가한 이유는 편집장 웨이젠궁의 학술적 흥미와 밀접한 관련이 있다. 특히 제1권 제1호에서 웨이젠궁은 원래 다른 간행물에 게재되었던 고대 음성 문제를 논한 글 5편을 수집했고,[249] 또한 본인이 「독자에게」(致讀者)와 「고음학상의 대변론: '가과어우모

245) 珂羅倔倫原 著, 陸侃如 口譯, 衛聚賢 筆記, 「論『左傳』之眞僞及其性質(續)」, 『國學門月刊』, 第1卷 第6號, 587~603쪽 참조.

246) 「論『左傳』之眞僞及其性質(續)」, 같은 책, 第1卷 第7~8號, 712~36쪽.

247) 衛聚賢, 「跋」, 같은 책, 第1卷 第6號, 737~40쪽. 胡適, 「『左傳眞僞考』的提要與批評」, 胡適, 『海外讀書雜記』, 臺北 : 遠流出版公司, 1994, 3~28쪽.

248) 예를 들어 린위탕은 1928년 칼그렌의 중역본 문장을 읽은 후에 「『左傳』眞僞與上古方音」을 썼다. 언어학의 관점에서 『左傳』의 진위를 논했고 『語絲』, 第4卷 第27期에 실었다. 林語堂, 『語言學論叢』, 92~132쪽 참조.

249) 몇 편의 문장은 다음과 같다. 章太炎, 「與汪旭初論阿字長短讀音書」(『華國』, 第1卷 第5期); 李思純, 「讀汪榮寶君'歌戈魚虞模古讀考'書後」(『學錄』, 第26期); 林語堂, 「再論'歌戈魚虞模古讀'」(『晨報副刊』, 1924, 第56號); 徐震, 「'歌戈魚虞模古讀考'質疑」(『華國』, 第1卷 第6期); 汪榮寶, 「論阿字長短音答太炎」, (『學衡』, 第43期). 이외에 웨이젠궁이 논한 것도 왕룽바오의 「歌戈魚虞模古讀考」, 첸쉬안퉁의 「歌戈魚虞模古讀考·附記」, 린위탕의 「讀汪榮寶'歌戈魚虞模古讀考'書後」, 탕웨(唐鉞)의 「'歌戈魚虞模古讀'的管見」을 언급한 것이다. 이 4편은 원래 『國

의 옛 독음 고찰'이 야기한 문제」(古音學上的大辯論:「歌戈魚虞模古讀考」引起的問題)라는 2편의 글을 써서 독자들에게 글의 중점을 소개함과 동시에 고음 연구방법에 대한 개인적인 견해를 설명했다.[250] 웨이젠궁의 글은 1920년대 범음(梵音)을 적용해 고음을 고정(考訂)함으로써 야기된 고음학상의 대 변론을 총결했을 뿐만 아니라 왕룽바오와 린위탕, 첸쉬안퉁, 장타이옌, 리쓰춘(李思純) 등 여러 사람의 관점에 대해서도 각각 평론했다.[251] 동시에 유럽 언어학 관념의 영향 아래 중국 전통 음운학의 성과와 한계를 지적했다. 즉, 새로운 연구방법과 방향은 고인이 남긴 운서와 선인들의 문자 자료에 의거해 세운 고운(古韻) 시스템을 참고해야 하며, 또한 고금의 역사적 변화에 따라 오늘날 중국 내부의 소수민족의 방음과 이민족의 언어(이미 사라진 고대 언어와 현존하는 외국어 포함), 범음, 일본 한오음(漢吳音)으로부터 착수해 과학적인 기기로 실험하고 분석해야 한다고 여겼다.[252] 그는 전통적인 음운학 연구에 대해 "역대 고음을 연구한 사람들은 모두 죽은 자료에 주의했고, 다른 언어를 참고하는 데는 전혀 주의를 기울이지 않았다"라고 비평했다. 나아가 "과거의 성음을 고증 연구하는 경우에는 현대의 어음에서 실례를 찾고, 고서에서 가설을 찾으며, 다른 언어에서 방증을 구해야 한다"라고 지적했다.[253] 그의 논술을 통해 전통 음운학이 현대 언어학으로 바뀌는 궤적을 명확히 볼 수 있다.

같은 권(제1권)의 '고고학 특집호'에는 11편의 고고학 및 고기물에 관련한 글이 실렸다. 그 중에 3편은 조선 낙랑고분의 발굴 작업 및 출토 문물에 관한 보도와 고증 해석이었다. 이 몇 편의 글은 낙랑고분의 발굴 실황에

學門月刊』과 『동방잡지』에 실렸기 때문에 모두 수록하지 않았다. 앞의 5편은 『國學門月刊』, 第1卷 第1號, 109~39쪽에 실렸다.

250) 魏建功, 「致讀者」, 「古音學上的大辯論:'歌戈魚虞模古讀考'引起的問題」, 『國學門月刊』, 第1卷 第1號, 45~108쪽.

251) 魏建功, 「古音學上的大辯論:'歌戈魚虞模古讀考'引起的問題」, 같은 책, 56~108쪽.

252) 魏建功, 「古音學上的大辯論:'歌戈魚虞模古讀考'引起的問題」, 같은 책, 49~56쪽.

253) 魏建功, 「古音學上的大辯論:'歌戈魚虞模古讀考'引起的問題」, 같은 책, 56쪽.

대해 서술한 것이고, 나이토 코난(內藤湖南)이 출토한 칠기의 명문(銘文)에 관해 기록한 내용도 번역·게재했다. 룽경이 지은 「낙랑유적지에서 출토된 칠기의 명문에 관한 고증」(樂浪遺跡出土之漆器銘文考)은 이번에 출토된 칠기의 명문과 한대(漢代) 사적을 서로 대조하고, 고증 해석을 더해 역사적 사실에서 빠진 점을 보충하고 개정하는 데 도움이 되었다.[254)]

뿐만 아니라 『국학문 월간』의 저자들을 보면, 제1권 제4호에서 제8호까지 총 8편의 원고가 있는데, 모두 칭화(淸華) 국학원 대학원생이었던 루칸루와 셰궈전(謝國楨), 웨이쥐셴, 왕리(王力, 1900~1986)가 지은 것이다.[255)] 이들은 당시 베이징 학계에서 활약하던 젊은 학자들이었고, 그들의 글은 『국학문 월간』과 칭화 국학원 대학원생을 주체로 하는 술학사(述學社)에서 편집 출판한 『국학 월보』(國學月報)에 자주 등장했다.[256)] 『국학문 월간』이 이들의 문장을 게재한 것은 『국학문 월간』의 활동 무대가 대외에 개방되어서라기보다는 국학문이 정부의 고정적인 경비지원과 외국 학술기금회의 찬조를 받을 수 없어서 학술사업이 이 시기에 아주 어려운 지경에 이르렀기 때문이다. 또 원래 국학문에 있던 학자들이 잇따라 베이징에서 쫓겨나는 처지가 되자 이 간행물의 원고 자원이 부족하게 되었고, 이에 외부 원고를

254) 이 3편의 글은 다음과 같다. 內藤虎次郎(內藤湖南) 著, 容庚 譯, 「樂浪遺跡出土之漆器銘文」, 容庚, 「樂浪遺跡出土之漆器銘文考」; 原田淑人·馬衡, 「關於朝鮮樂浪古墓發掘之通信」, 모두 『國學門月刊』, 第1卷 第1號, 35~44쪽에 실림.

255) 蘇雲峰, 『從清華學堂到清華大學(1911~1929)』, 臺北: 中央硏究院近史所, 1996, 341~42쪽. 이 4명 가운데 루칸루의 상황이 비교적 특별하다. 그는 원래 베이징 대학 국문과를 졸업하고 후에 또다시 베이징 대학 국학문과 칭화 연구원에서 동시에 공부를 했었기 때문에, 『국학문 월간』의 주편 펑위안쥔(馮沅君)과 잘 알았고 또 셰궈전(謝國楨) 등은 동학이었다. 셰궈전과 웨이쥐셴, 왕리(王力)의 글이 『국학문 월간』에 실린 것은 대개 그가 그들 사이에 연계되어 있었기 때문이다.

256) 「『國學月報』廣告」, 『國學門月刊』, 第1卷 第7~8號 합본, 페이지 하단. 베이징 술학사(北京述學社)는 칭화 연구생을 주로 한 학술단체이며 『國學月報』를 간행했다. 1927년 루칸루가 베이징 술학사 편집부 주임을 맡았으며, 편집을 맡았던 나머지 3명 또한 칭화 연구생이었기 때문에 셰궈전 등은 늘 여기에 글을 실었다. 蘇雲峰, 『從清華學堂到清華大學(1911~1929)』, 368쪽 참조.

게재함으로써 일정한 편폭을 유지해야 했기 때문이다.

확실히 1926년 10월부터 1927년 11월 20일까지 한 달에 원래 한 권을 출판하려던 『국학문 월간』이 8기만 발행된 점은 출판이 지연되던 상황이 매우 심각했음을 보여준다.[257] 확실히 베이징 정국의 혼란함과 교육 경비의 장기적인 지연으로 인해 연구소의 작업이 심각한 타격을 받았음을 알 수 있다. 동인들이 뿔뿔이 흩어지면서 학술간행물의 출판은 매우 어려워졌고, 1927년에 이르러 베이징 대학이 개편 상황에 직면하자 국학문의 작업은 중단되었으며 『국학문 월간』도 정간하게 되었다.[258]

4. 학술 교류와 학술 경쟁

국학문이 학술간행물을 출판하는 과정에서 비록 끊임없는 경비부족의 제약과 불안한 정국으로 인해 어려움을 겪었지만, 『가요』와 『국학 계간』, 『국학문 주간』, 『국학문 월간』의 잇따른 간행은 학자들에게 학술교류의 공간을 제공해 주었다. 넓은 지역에 분산되어 있던 학자들로 하여금 이 간행물을 통해 각 분야의 여러 가지 문제에 대해 토론하고 변론할 수 있게 함으로써 관련 분야가 앞으로 더욱 발전할 수 있고 더욱 깊은 연구를 할 수 있도록 추동적 역할을 해주었던 것이다.

먼저 민속연구가 중징원(鍾敬文)의 경력을 예로 들어 새로운 학술 관념을 전파하는 데 힘쓴 간행물의 역할을 살펴본다. 베이징 대학 동인들이 가요 수집 활동을 시작한 지 얼마 되지 않아, 광둥(廣東)에 있던 중징원은

257) 편집부 동인들은 본래 비교적 중요한 월간의 논문들을 모아 4종의 총서로 출판할 계획이었지만, 결국 실현할 길이 없었다. 「學術消息: 本刊叢書」, 『國學門月刊』, 第1卷 第6號, 669쪽 참조.

258) 비록 베이징 대학이 1927년 8월에 새로 성립된 경사(京師) 대학으로 합병되었지만, 『국학문 월간』은 상하이의 카이밍 서국(開明書局)에서 인쇄를 했던 관계로 마지막 한 기의 출판 일자는 그 해 11월로 명기되었다. 당시 국학문은 이미 변해 있었다. 『國立北京大學志』 編撰處, 『國立北京大學校史略』, 13~14쪽 참조.

1922년부터 1926년까지 광둥 하이펑현(海豊縣) 일대에서 많은 가요와 전설, 이야기를 수집하고 기록했다.[259] 그의 말에 따르면, 당시 자신이 이 분야의 작업에 종사할 수 있었던 것은 순전히 베이징 대학 학풍의 영향을 받았기 때문이었다고 한다. 그는 『베이징 대학 일간』에 가요를 게재하기 시작하면서부터 『가요』 주간의 발행에 이르기까지 "각지 일보 및 정기 간행물들은 …… 잇따라 모방하면서 신문과 간행물에 가요류의 민간 문예를 게재했다. 당시 광둥의 성보(省報)와 우리 현의 지방보도 그러했다. 가요 등에 대한 나의 관심은 여기에서 비롯된 것이다"[260]라는 내용을 몇 년 후에 술회했다. 뿐만 아니라 그는 이렇게 수집한 민속자료를 국학문 간행물에 선보임으로써 광둥을 벗어나지 않으면서도 중국 가요사업에서 최초의 개척자 가운데 한 명이 되었다. 중징원의 예는 『베이징 대학 일간』과 『가요』에 가요를 수집해 게재하는 것이 가요 연구의 씨를 뿌리는 데 확실히 중대한 작용을 했음을 말해 준다. 또한 학술사업에 대한 현대 정기간행물의 엄청난 영향을 여기에서 일부 엿볼 수 있다.

국학문이 발행한 간행물에서 학술연구 촉진에 가장 커다란 역할을 한 것은 『가요』와 『국학문 주간』에 실린 '맹강녀(孟姜女) 연구'와 관련된 토론이었다. 당시 일련의 토론은 구제강이 『가요』 제69호에서 발표한 「맹강녀 고사의 변화」(孟姜女故事的轉變)라는 글에서 야기되었다. 구제강이 1924년 11월 맹강녀 연구를 시작한 이유는 이 시기에 가요연구회 동인들이 『가요』의 '특집호'를 많이 출판해 학자들로 하여금 각 연구과제에 대해 비교적 심도 있는 분석을 진행할 수 있게 하자고 결의함에 따라 자신은 맹강녀 연구를 특별 주제로 선정해 연구했던 것이다.[261] 또한 당시 구제강은 마침 『가

259) 鍾敬文, 「'五四': 我的啟蒙老師」, 楊哲, 『鍾敬文生平·思想及著作』, 石家莊: 河北教育出版社, 1991, 155쪽 참조.

260) 같은 곳.

261) 구제강이 맹강녀를 연구하게 된 연유에 대해서는 「孟姜女故事研究(10): 孟姜女故事研究的第二次開頭」, 『國學門周刊』, 第1卷 第1期, 7~10쪽 참조.

요』의 편집을 맡고 있어 스스로 논문을 쓰는 것 외에도 『가요』를 '발표하고 모집하는 기관'으로 만들려는 뜻이 있었다.[262] 그래서 한편으로는 「본간정제」(本刊征題)에서 독자들에게 구전되는 맹강녀의 자료 송부를 요청했고,[263] 한편으로는 관련 편지를 모두 '통신'이라는 제목으로 주간에 게재함으로써 폭넓은 의견을 수렴하는 효과를 가져오고자 했다. 그러므로 『가요』 제73, 76, 79, 83, 86, 90, 93, 96호에 독자로부터 제공받은 맹강녀 관련 자료와 토론 의견을 연달아 실었다. 『가요』가 『국학문 주간』으로 편입된 후에도 구제강은 계속 「맹강녀 연구」를 주제로 하여, 제1~4, 7~9기와 제14기에 새로 수집된 맹강녀 자료와 글을 발표하면서, "본 간행물은 독자들의 도움을 바란다. 어떤 자료를 보았든 모두 나에게 부치고, 어떤 의견이 생각나더라도 항상 나에게 알려주기 바란다"[264]라고 공개적으로 호소했다.

총괄적으로 보면 『가요』에서 『국학문 주간』에 이르기까지 총 17기에 맹강녀와 관련한 연구 자료와 글이 모두 게재되었다. 이들은 직접 만나거나 투고하는 방식으로 자료를 제공했으며, 토론에 참여한 구제강의 사우와 독자들은 총 50명 이상이었다.[265] 단순히 이 두 간행물에 게재된 38편의 맹강녀를 논한 '통신'으로 본다면, 서신 방식으로 구제강과 토론한 학자들로는 중징원과 류처치, 궈사오위, 류푸, 웨이젠궁, 조기(肇基) 첸난양(錢南楊, 1899~1987), 저우쭤런, 룽겅, 선젠스, 청수더(程樹德), 구펑톈(谷鳳田), 정빈위(鄭賓於), 돤징신(段井心), 추이위딩(崔漁汀), 허즈싼(何植三) 등이 있으며, 그 가운데 특히 광둥의 중징원은 자료 및 의견 제공에서 가장 열성적이었다.

262) 顧頡剛, 「啟事」, 『歌謠』, 第83號(1925. 3. 22.), 1쪽.

263) 「本刊征題」, 『歌謠』, 第72號(1924. 12. 14.), 8쪽.

264) 顧頡剛, 「孟姜女故事研究(10): 孟姜女故事研究的第二次開頭」, 앞의 책, 9쪽.

265) 沈尹默, 劉復, 容肇祖, 趙元任, 黃文弼, 董作賓, 莊尚嚴, 何植三, 孫伏園, 馬健伯, 谷鳳田, 錢南揚, 馬衡, 章矛塵, 林語堂, 王文彬, 徐調孚, 胡鳴盛, 周作人, 蔣中川, 鐘敬文, 段井心, 紀湘濤, 劉枝, 魏建功, 吳立模, 殷履安, 劉策奇, 馮瑞, 梅若芝, 楊德瑞, 沈兼士, 陳垣, 容庚, 顧兆鴻, 樂均士, 劉瑞哲, 郭紹虞, 伍家宥, 徐光熙, 陳萬里, 朱蘊山, 鄭振鐸, 黃右昌, 陳彬和, 盧逮曾, 徐玉諾, 李錦, 胡文燦, 尚鉞, 俞平伯, 張雨人, 胡適, 程樹德, 馬祥符 등이다.

그리고 이러한 '통신'의 뒤에 대부분 편집자 구제강의 주석을 달아 자신의 개인적인 의견을 덧붙였다. 이 외에 정식으로 맹강녀 문제를 논한 원고도 2편이 있었고, 여기에 구제강 본인이 쓴 논문까지 합친다면 그 수는 6편에 달한다. 이렇게 많은 학자들의 공동 토론을 거쳐 맹강녀 연구는 갑자기 막 걸음마를 시작한 민속 연구의 인기 주제가 되었다.

분명한 점은 만약 이렇게 많은 구제강의 사우와 독자들의 적극적인 도움의 손길이 없었다면 맹강녀 연구는 결코 이렇게 오래 이어질 수도 없었고, 발표된 글도 이렇게 많을 수 없었을 것이며, 토론의 차원도 더더욱 깊은 수준까지 도달할 수 없었을 것이다. 이 점에 대해서 구제강 자신이 가장 깊은 느낌을 받았다.

> 만약 최초의 맹강녀 연구 논문을 발표한 이후 나와 통신한 사람이 없었다면, 나는 지금까지도 어둠 속을 헤매고 있었을 것이며, 이처럼 많은 새로운 길을 결코 발견하지 못했을 것이라고 감히 말할 수 있다…….
>
> 나는 정말 행운이었다! 나는 몇십 명의 친구를 얻었고, 그들은 나에게 호응하고 나를 인도하면서 나를 상상하지 못한 세계로 이끌었다. 그러므로 우리들은 이 세계를 지금까지 함께 열어왔고, 대략적이나마 새로운 도시를 만들게 되었다.
>
> …… 만약 여러 친구들의 가르침이 없었다면 나는 구팅린(顧亭林) 등이 맹강녀 이야기의 문자를 고증한 데서 단지 한 걸음밖에 더 내딛지 못했을 것이고, 우리들의 성과는 여전히 서적에만 국한되었을 것이다. …… 다행히 여러 친구들의 가르침에 있었기에 여러 지방의 민중 전설의 진면목을 볼 수 있게 되었다![266]

266) "我敢說, 若是我發表了第一篇孟姜女研究論文之後沒有人和我通信, 我至今還是在黑弄裏摸着, 我決不會發見這許多條新路…….""我眞感幸! 我得着這幾十位同志, 他們響應着, 引導着, 引我到一個料想不到的世界. 於是我們共同開辟這世界, 開到現在, 已經粗粗地造成一個新市了." "…… 若沒有諸位同志給與我許多指示, 我只有比顧亭林們考據孟姜女故事的文字多走上一步罷了, 我們的成績依然是限於書本的 …… 幸賴諸同志的指示, 使我得見各地方的民衆傳說的本來

구제강은 물론 겸손하게 한 말이었지만 사실 모두 맞는 말이다. 맹강녀 연구는 베이징 대학이 민속 연구를 시작한 이래 가장 성과가 풍부한 근거지가 될 수 있었던 배경은 『가요』와 『국학문 주간』이 이처럼 각지에 분산되어 있던 사람들을 모두 모아 몇십 명에 달하는 많은 종사자들로 하여금 이 새로운 학술활동 무대의 개척에 공동으로 참여하게 했기 때문이다. 30여 년 이후, 그 해 개척자의 한 명이었던 웨이젠궁은 『가요』를 추억하는 한 편의 글에서 특별히 '맹강녀 특집호'에 대해 다음과 같이 언급했다.

> 특집호의 성과가 풍부하고 다채로웠던 것은 구제강 선생이 편집한 '맹강녀'였다. 구제강 선생은 사학을 연구하는 방법을 적용해 정신적으로 옛 사회에서 '저속한 것'이라고 여겨졌던 이야기 전설에 대해 연구했고, 이는 일시에 수 십 명에 이르는 학자들의 공동 과제가 되었다. 또한 가요와 가사집, 고사(鼓詞), 보권(寶卷)과 그림, 비문 수집에 도움이 되었고, 통신방식으로 이야기의 내용을 분석해 토론하기도 했다. …… '맹강녀'는 총 9기가 출판되었으며, 자발적으로 서로 계발하고 서로 영향을 준 가장 전형적이고도 모범적인 예를 구현했다.[267)]

반드시 강조해야 할 점은 만약 이와 같은 학술정기간행물의 협조가 없었더라면, 이런 학술 교류는 결코 있을 수 없었을 것이다. 그러므로 구제강은 후에 다음과 같은 결론을 얻었다.

面目!" 顧頡剛, 「孟姜女故事研究·自序」, 第3冊, 顧頡剛, 『孟姜女故事研究集』, 167쪽. 顧頡剛, 「'孟姜女專號'的小結束」, 『歌謠』, 第96號(1925. 6. 21.), 1쪽 참조.

267) "專號成績豐富多彩的是顧頡剛先生主編的'孟姜女'. 顧先生用研究史學的方法, 精神來對舊社會認爲'不登大雅之堂'的故事傳說進行研究, 一時成了好幾十位學者共同的課題, 有幫助收集歌謠, 唱本, 鼓詞, 寶卷和圖畫, 碑版的, 有通訊分析討論故事內容的 …… '孟姜女'共出過九期, 最典型地體現了人們自發自願, 肯想肯幹, 互相啟發, 不斷影響的範例." 魏建功, 「『歌謠』四十年」, 王煦華, 「孟姜女故事研究集·序」, 顧頡剛, 『孟姜女故事研究集』, 3쪽 재인용.

> 만약 내가 베이징 대학 연구소 국학문에서 근무하지 않고, 『가요 주간』 등의 간행물이 나에게 수집의 기관이 되어 주지 않았다면, 민중의 자료에 다가가는 일이 이렇게 쉽지 못했을 것이다.[268)]

맹강녀 연구의 범례에서 명확하게 알 수 있는 것은 현대 학술정기간행물의 발행은 학술 토론 풍조를 촉진하고 학술발전을 추동하는 데 확실히 지대한 영향을 끼쳤다. 뿐만 아니라 『국학문 주간』에서의 고사 변론도 학술정기간행물의 발행이 학술 연구의 풍조를 확대시켰을 뿐만 아니라 서로 다른 학술기구 간의 경쟁 촉진에도 중요한 작용을 했다.

1923년 4월, 구제강은 후스를 대신해 『독서 잡지』의 편집장을 맡았을 때, 첸쉬안퉁에게 편지를 보내면서 간행물과 학술풍조 형성의 관계에 대해 이렇게 설명했다.

> 나는 선생이 변위의 견해를 『노력』에 많이 발표하기를 희망합니다. 『노력』은 판로가 매우 좋아 풍조를 형성할 수 있을 겁니다.
>
> 우리가 변위를 말한 지 벌써 3년이 되었는데도 아무런 성과가 나타나지 않은 큰 이유는 외부의 변론을 야기할 수 있고 스스로를 격려할 수 있는 어떠한 발표도 없었기 때문입니다. 만약 나의 이 편지가 발단이 되어 계속적인 토론으로 이어지고 독자들의 주의를 이끌어낼 수만 있다면, 앞으로 3년 동안의 성적은 과거 3년 동안의 성적보다 좋을 것입니다.[269)]

268) "要是我不到北京大學研究所國學門服務, 沒有『歌謠周刊』等刊物替我作征求的機關, 我要接近民衆的材料也不會這樣的容易." 顧頡剛, 「古史辨·自序」, 第1冊, 80쪽. 顧頡剛, 「孟姜女故事研究集第1冊·自序」, 顧頡剛, 「孟姜女故事研究集·序」, 3쪽 참조.

269) "我很希望先生把辨僞的見解多多在『努力』上發表. 『努力』銷路很好, 可以造成風氣." "我們說起了辨僞已有三年了, 卻沒有甚麼成績出來, 這大原故由於沒什麼發表, 可以引起外界的辯論, 和自己的勉勵. 如能由我這一封信做一個開頭, 繼續的討論下去, 引起讀者的注意, 則以後的三年比過去的三年成績好了." 顧頡剛, 「致錢玄同函」(1923. 4. 28.), 顧潮, 『顧頡剛年譜』, 82쪽 재인용.

매우 날카로운 안목을 가진 구제강은 1919년 신문화운동의 중심에 서서 『신조』(新潮)의 편집 작업에 참여한 관계로 정기간행물 잡지가 현대사회(학술계 포함)에서 발휘할 수 있는 영향력을 깊이 이해하고 있었으며, 글의 발표와 공개적인 토론이 외부의 관심을 이끌어 내어 학술풍조의 형성과 전파에 도움이 된다고 인식했다. 과연 첸쉬안퉁과 구제강이 고사에 대해 토론한 편지가 『독서 잡지』에 공개적으로 발표되자, 학술계에서 열띤 토론이 일어났다. 둥난 대학의 학자들도 글을 지어 구제강과 변론했고, 이른바 '고사변운동'은 이로 인해 서막이 열리게 되어 국고정리운동의 중요한 일환이 되었다. 이는 학술정기간행물과 학술운동 사이의 밀접한 관계의 일례라 할 수 있다.

뿐만 아니라 고사변운동이 막 일어났을 무렵, 토론에 참여한 학자는 비록 난징 고등사범학교와 베이징 대학이라는 배경이 있었고 양쪽의 글도 모두 『독서 잡지』에 발표되었다.[270] 『독서 잡지』는 당시 구제강이 편집장을 맡기는 했지만 그래도 사회적으로 독립된 간행물이었으므로 두 학교의 대립적 상황이 그다지 명확하지는 않았다. 1924년에 이르러서 둥난 대학은 교내 간행물 『사지학보』(史地學報)에 고사에 대해 토론한 글들을 게재하거나 재게재하기 시작하고, 또한 구제강의 관점에 대해 질의와 비판을 가하면서부터 이 간행물은 엄연히 마치 고사변운동을 반대하는 근거지가 되었다.[271] 그 후 1926년에 이르러 베이징 대학 국학문의 기관 간행물 『국학문주간』도 제15, 16기 합본의 형식으로 류이정을 반박하는 글을 단숨에 4편이나 실었고, 이로써 난징 고등사범학교와 베이징 대학의 대립적 상황은 더욱 확실해졌다. 당시 이러한 학술 경쟁의 출현은 간행물이라는 매개체가 없었다면 분명 생겨날 수 없었을 것이다. 그런데 난징 고등사범학교와 베이징 대학의 이러한 학술 쟁론은 중간에 학술유파의 대립과 약간의 감정적인 싸움으로 치닫기도 했다. 하지만 학술발전을 촉진했다는 점에서 볼 때,

270) 고사에 관한 토론은 1923년 5월에 『독서 잡지』 제9기부터 시작되어 9개월간 지속되었다.

271) 彭明輝, 『歷史地理學與中國現代史學』, 臺北： 東大圖書公司, 1995, 88쪽.

『고사변』 제1책부터 제7책까지의 토론 문제를 보면, 관련 변론은 고사 문제에 대한 학계의 연구 흥미를 높였을 뿐만 아니라 고서의 출처와 성질에 대해 깊은 인식을 갖게 했다. 나아가 참여자 각자가 고서 고정에 대해 더욱 자세하게 연구해 학술의 진일보한 발전을 추동했다는 점이다. 이는 모두 학술정기간행물이 학술발전을 촉진하는 데 확실히 중요한 역할을 한다는 것을 보여준 예이다.

제3절 새로운 학술영역의 개척

베이징 대학 연구소 국학문 동인들이 『가요』와 『국학 계간』, 『국학문 주간』, 『국학문 월간』 등에 발표한 글들을 종합적으로 살펴보면, 이 연구소는 가요 연구와 풍속조사, 고고, 명·청 사료정리, 방언조사 등 5개의 조직을 설립했을 뿐만 아니라 동인들은 이들 영역에서 일차적인 조사, 연구 작업을 실시함으로써 민속 연구와 고고조사, 문서정리, 방언조사 등 4개 분야에서 학술 연구의 새로운 영역을 잇달아 열어갔다. 본 절에서는 근대 이후 새로운 자료의 발견과 학술 관념의 혁신이라는 두 방면에서 이들 새로운 학술사업이 일어난 원인을 찬술함과 동시에 여러 영역에서 국학문이 실시한 개척적인 작업이 근대 학술발전사에서 차지하는 의미를 설명하려 한다.

1. 명·청 당안

새로운 자료와 새로운 학술영역 흥기의 관계에 대해 민국 이래로 이미 많은 학자들이 상세하게 언급했다. 왕궈웨이는 「최근 20, 30년 사이 중국이 새로 발견한 학문」(最近二三十年中國新發見之學問)에서 간단명료하게 지적했다.

예로부터 새로운 학문이 일어난 것은 대부분 새로운 발견으로부터 비롯된 것이다.[272)]

비승(丕繩) 퉁수예(童書業, 1908~68)는 중국 근대사학의 발전 역정을 회고하면서 이렇게 말했다.

신 사료의 발견은 …… 한편으로는 과거 사적의 불충분함을 보충할 수 있으며, 다른 한편으로는 후기 사학의 길을 결정하는 것이다.[273)]

1920년대 초기 명·청 당안의 발견이 명·청사 연구를 촉진한 일도 역시 마찬가지이다.

명·청 내각의 당안이 1921년 민간에 유입된 후, 베이징 대학 학자들은 이 자료의 중요성을 알게 되었고, 소장하고 있는 당안을 베이징 대학으로 옮겨와 정리하게 해달라고 교육부에 요청하는 신청서를 올렸다.

교육부 역사박물관이 상소문과 황제의 명령, 결산보고책(報銷冊), 시권(試卷) 등 매우 많은 명말 및 청대의 내각 당안을 소장하고 있는 것을 잘 알고 있습니다. 이는 모두 청대 역사의 진실되고 소중한 자료입니다. …… 현재 본교에서 청사 자료에 대한 수요가 매우 간절하니 …… 귀 부서에서는 근세사의 중요성과 사료 수집의 어려움을 생각하시어 요청한 바를 허가해 주시기 바랍니다…….[274)]

272) "古來新學問起, 大都由於新發見." 王國維, 「最近二三十年中國新發見之學問」, 『靜庵文集續編』, 王國維, 『王國維遺書』, 第5冊, 65쪽.

273) "新史料的發現 …… 一方面可以補充過去史籍的不備, 一方面卻又決定了後期史學的途徑." 童書業 著, 顧頡剛 修訂, 『當代中國史學』, 3쪽.

274) "稔知教育部歷史博物館收藏明末及清代內閣檔案, 如奏本, 譽黃, 報銷冊, 試卷等甚夥, 皆爲清代歷史真確可貴之材料 …… 現在本校對於清史材料, 需要甚殷 …… 倘祈鈞部顧念近世史之重要, 史料之難求, 准如所請……." 蔡元培, 「請將清內閣檔案撥歸北京大學整理呈」, 高平叔, 『蔡元培

동인들은 당안 자료가 역사 연구에 얼마나 중요한지를 충분히 인식했던 것이다.

이런 당안을 획득한 후 국학문 동인들은 몇 차례 회의를 열어 최종적으로 정리 방안을 만들고 다음의 3가지 단계로 나누었다.

(1) 당안 형식에 따라 분류하며 연대를 구분한다.

(2) 적요에 번호를 매긴다.

(3) 각 항목의 중요 사건을 편집, 고증하고 각각 통계표를 편성한다.[275)]

비록 국학문은 후에 경비 문제로 인해[276)] 원래 정한 3가지 작업 가운데 주로 1, 2조항만 완성했지만, 이 관련 작업은 중국 학술단체에 이미 당안정리의 풍조를 불러일으켰다. 1920년대 이후에는 심지어 일반 대학도 당안실을 설치해 당안을 보존하고 연구했다. 이로써 이 시기에 당안정리 풍조가 성행했음을 엿볼 수 있다.[277)]

이러한 당안 자료가 일단 정리되면 이후의 연구를 위한 기초가 자연적으로 갖춰진다. 1920년대 국학문 대학원생이었던 정톈팅(鄭天挺)은 다음과 같이 회고했다.[278)]

> 나는 대학원생 시절에 연구소에서 '청대 내각창고 당안정리회'(淸代內閣大庫檔案整理會)에 가입해 명·청 당안의 정리 작업에 참여했다. 이는 국가에게든 개인에게든 매우 중요한 일이었으며, 이리하여 이후 명·청사 연구의 기초를 닦게 되었다.[279)]

文集: 卷七·史學·民族學』, 188~89쪽.

275) 趙泉澄, 「北京大學所藏檔案的分析」, 『中國近代經濟史硏究集刊』, 第2卷 第2期, 231쪽.

276) 趙泉澄, 「北京大學所藏檔案的分析」, 같은 책, 233~34쪽.

277) 우한(吳晗)은 1934년에 "당안을 수장하는 것은 칭화 대학 역사학과가 5년간 해온 주요 일 가운데 하나이다"라고 했다. 吳晗, 「淸華大學所藏檔案的分析」, 같은 책, 256쪽 참조.

278) 정톈팅(鄭天挺)이 당안을 사용해 명·청사를 연구한 공헌에 대해서는 傅同欽·鄭克晟, 「憶鄭先生對博物館事業及檔案工作的重視」, 馮爾康·鄭克晟, 『鄭天挺學記』, 317~21쪽 참조.

279) "我在作硏究生期間, 在硏究所加入了'淸代內閣大庫檔案整理會', 參加了明淸檔案的整理工作, 這

확실히 1930년대 이후, 학자들이 점차 당안을 이용해 연구하면서 마침내 명·청사 연구가 왕성하게 전개될 수 있었다.

뿐만 아니라 국학문의 당안정리작업으로 인해, 선젠스와 천위안, 주시쭈, 마헝, 찬부안, 정톈팅, 찬스위안(單士元) 등 이 일에 참여한 학자와 대학원생들은 중국 당안정리사업의 1대 개척자가 되었다. 이들은 모두 당안을 대외적으로 개방해 학자들이 공동으로 이용할 수 있도록 해야 한다는 관념을 가지고 있었고, 또한 당안정리의 경험을 쌓아 이후 다른 신흥 기구의 문서정리작업을 지도할 때 과거 베이징 대학에서의 작업을 기초로 삼아 당안정리사업의 발전을 촉진하고자 했다.

예를 들면, 1924년 푸이(溥儀)가 궁궐에서 축출된 후 청실선후위원회(清室善後委員會)가 이 해 11월에 설립되었다. 새로 구성된 이 준비위원회는 기본적으로 정부 각 부 장관의 대표 조수와 사회 명사 및 베이징 대학 교수로 구성되었다. 위원장은 이페이지(易培基, 1880~1937)가 맡았으며, 다음으로 간사 28명은 대부분 베이징 대학 교수였다. 이들 중에는 또 국학문 위원 및 그 아래 명·청사료정리회의 성원이 주를 이루었다. 장멍린(당시 베이징 대학 총장 대리)과 후스, 첸쉬안퉁, 마위짜오, 선인모, 천위안, 마헝, 피쭝스, 주시쭈, 천부안, 쉬쉬성, 리쭝퉁, 후밍성, 구제강, 뤄융, 황원비 등이 그러하다.[280] 이듬해 9월에 위원회는 고궁박물원을 설립하고[281] 그 아래에 명·

無論對國家, 對我個人都是一件大事情, 從而奠定了我以後從事明清史研究的基礎." 鄭天挺, 「鄭天挺自傳」, 馮爾康·鄭克晟, 『鄭天挺學記』, 378쪽 참조.

280) 單士元, 「從封建皇朝的王宮到人民大衆的博物院」, 單士元, 『我在故宮七十年』, 北京: 北京師範大學出版社, 1997, 390쪽.

281) 劉乃和, 「陳垣在紫禁城: 從清室善後委員會到故宮博物院的成立」, 劉乃和, 『勵耘承學錄』, 北京: 北京師範大學, 1992, 105~09쪽. 고궁이 소장하고 있는 도서고물을 공개해 민중박물관을 지어 사람들에게 마음대로 학술연구물을 볼 수 있게 하자는 일에 대해 선젠스와 찬부안, 첸쉬안퉁, 마위짜오, 주시쭈, 마헝 등은 1922년에 일찌감치 제의했으며, 리쭝퉁은 이에 대해 찬성을 표했다. 沈兼士 等, 「爲清室盜賣『四庫全書』敬告國人速起交涉案」, 3쪽; 李宗侗, 「北大教書與辦『猛進』雜志」, 『傳記文學』, 第9卷 第4期, 46쪽. 그들의 계획 아래 고궁은 신속하게 사회 대중에게 개방하는 박물관을 지었다. 고궁박물관 성립의 우여곡절에

청 당안 보관을 전문적으로 책임지는 문헌관(오늘날 베이징 제1역사당안관의 전신)을 두었으며, 부천(溥泉) 장지(張繼, 1882~1947)와 선젠스가 각각 정·부관장을 맡고, 천위안과 주시쭈는 지도교사로 문서의 정리작업을 주관했다.[282)]

푸전룬은 천위안과 주시쭈가 문헌관에서 문서 정리를 지도할 때, "여전히 베이징 대학 '명청사료정리회'에서 두 선생의 경험을 기준으로 삼았다"[283)]라고 지적했다. 또 선젠스는 1935년 「고궁박물원 문헌관 당안정리 보고」(故宮博物院文獻館整理檔案報告)를 썼을 때, 먼저 베이징 대학 국학문의 당안정리의 과정을 검토하고, 이어서 문헌관이 어떻게 베이징 대학의 경험을 흡수했는지를 설명하면서 더욱더 완벽한 정리방안을 마련했다.[284)] 국학문 당안정리작업은 확실히 이후의 당안정리사업을 다지는 데 기초되었음을 알 수 있다.

뿐만 아니라 국학문 당안정리의 경험을 통해 주시쭈와 선젠스 등은 이후의 당안정리사업을 매우 중요하게 생각하게 되었다. 주시쭈는 1930년대 말에 항전이 발발한 이후, 중앙 및 지방 정부 당안의 심각한 유실을 목격하고 특별히 「총당안고를 건립해 국사관을 설립해야 함」(建立總檔案庫籌設國史館議)을 써서 정부는 서둘러 '총당안고'를 세워 국가 당안을 소장하고 이후 이를 국사편찬의 준비로 삼아야 한다고 호소했다.[285)] 또한 선젠스는

대해서는 吳景洲, 『故宮五年記』, 上海: 上海書店出版社, 2000을 상세히 참조.

282) 傅振倫, 「陳垣先生與古籍檔案整理」, 紀念陳垣校長誕生110周年籌委會, 『紀念陳垣校長誕生110周年學術論文集』, 13쪽.

283) 같은 곳. 천위안은 옌징(燕京) 대학에서 강연할 때, 과거의 경험에 근거해 당안정리의 8개 순서에 대해 설명했다. 陳垣, 「中國史料的整理」, 陳樂素·陳智超 編校, 『陳垣史學論著選』, 上海: 人民出版社, 1981, 250~52쪽 참조. 당안정리에 대한 천위안의 공헌은 韋慶遠, 「珍護文獻垂風範·史檔結合樹楷模: 試論陳垣教授對保存整理和利用明清歷史檔案的貢獻」, 暨南大學, 『陳垣教授誕生百一十周年紀念文集(1990年江門國際學術研討會論文集)』, 60~71쪽 참조.

284) 沈兼士, 「故宮博物院文獻館整理檔案報告」, 沈兼士, 『沈兼士學術論文集』, 345~95쪽.

285) 주시쭈는 "역사를 계속하려면 국사관을 설립하지 않을 수 없으며, 사료를 보존하려면 당

1930년대에 쓴 「고궁박물관 문헌관 당안정리 보고」에서 처음으로 '당안학'이라는 단어를 언급했는데,[286] 이는 당안의 보존과 정리가 그의 마음속에서 이미 독립적인 학문을 이루는 사업이 되었음을 보여준 것이다. 동시에 선젠스의 주관 아래 고궁박물원 문헌관은 전쟁 전에 적지 않은 명·청 당안을 정리해 출판함으로써 당안 사업의 발전에 지대한 공헌을 했다.[287]

이 밖에도 사어소가 후에 명·청 내각의 당안을 구입한 일은 국학문의 몇몇 학자들에게 그 공을 돌려야 한다. 사어소가 구입한 명·청 당안은 원래 뤄전위가 얻은 것으로, 후에 그가 다시 리성둬에게 전매한 것이다.[288] 1927년 리성둬는 이 당안들을 판매하기 위해 일본 만철(萬鐵)공사와 협정을 체결한 상태였다. 이 일은 1928년 푸쓰녠이 차이위안페이에게 보낸 편지에 이렇게 적혀 있다.

> 작년 겨울 만철공사가 이를 구매하기로 약정을 체결했는데, 마형(마수핑) 등 여러 선생이 크게 들고 일어나 출경하지 못했습니다. …… 올 봄에 마형(마수핑) 선생이 저(푸쓰녠)에게 편지를 써서 방법을 강구하라고 했습니다…….[289]

푸쓰녠이 편지에서 말한 "구매하기로 약정을 체결했다"라는 것은 만철

안관을 세우지 않을 수 없다. 국가 당안이란 사료의 연원이자 국사의 기초이며 실로 지고한 국보이다"라고 말했다. 이로써 그가 당안을 중시한 정도를 알 수 있다. 朱希祖, 「建立總檔案庫籌設國史館議」, 朱希祖, 『朱希祖先生文集』, 第2冊, 1015쪽 참조.

286) 沈兼士, 「故宮博物院文獻館整理檔案報告」, 沈兼士, 『沈兼士學術論文集』, 350쪽.

287) 예를 들어, 문헌관에 소장된 청 내각의 황책(黃冊) 6,000권을 정리하고 다시 베이징 대학 및 중앙연구원 사어소에 소장된 황책을 정리하고 수집해 『清內閣舊藏漢文黃冊聯合目錄』을 엮었다. 蔡元培, 「清內閣舊藏漢文黃冊聯合目錄·序」, 高平叔, 『蔡元培文集: 卷七·史學, 民族學』, 234쪽 참조.

288) 李宗侗, 『史學概要』, 284~85쪽.

289) "去年冬滿鐵公司將此訂好買約, 以馬叔平諸先生之大鬧, 而未出境 …… 今春叔平先生函斯年設法……." 傅斯年, 「致蔡元培書」(1928. 9. 11.), 傅斯年, 『傅斯年全集』, 第7冊, 97~98쪽.

공사가 이미 리성둬와 당안의 구입과 관련한 협약을 체결했음을 말한다. 이후 마헝 등이 이 일을 알게 되자 이들은 당안이 유출되는 것을 막을 방법을 강구하게 되었고, 당시 사어소 소장을 맡고 있던 푸쓰녠에게 방법을 찾도록 요청하는 편지를 보냈다. 푸쓰녠은 마헝의 편지를 받은 후, 즉시 후스, 천인커와 논의를 했다. 그들은 모두 이것이 중요한 자료임을 인정하고 바로 차이위안페이에게 편지를 보내 돈을 마련해 구매할 것을 요청했다.[290] 그리고 마지막으로 마헝이 또 리성둬와 가격을 협상해[291] 결국 사어소에서 이 문서들을 사들이게 되었던 것이다.

하지만 리쭝퉁의 서술에 따르면, 최종적으로 사어소에서 명·청 내각 당안을 구입할 수 있었던 과정에는 사실 사람들이 알지 못하는 우여곡절이 또 있었다. 리쭝퉁은 다음과 같이 회상했다. 그해 그는 리성둬가 내각 당안을 판매하려고 한다는 소식을 접한 후, 남하하는 길에 당시 난징에서 대학원 원장을 지내고 있던 차이위안페이에게 건의해 국가에서 이 문서를 구입할 것을 촉구하는 방법을 강구해야 한다고 요청했다. 이 의견은 차이위안페이의 지지를 얻어서 마침내 리쭝퉁에게 선젠스가 직접 리성둬와 협상하라는 편지를 쓰라고 부탁해 결국 쌍방의 협상 끝에 1만 8,000은화(銀圓)의 가격으로 대학원에서 구입하게 되었다. 이후 대학원에는 대학원 내에 당안을 보존하지 않는다는 규정이 있어서 이 당안들은 비로소 사어소로 양도되었다.[292]

리쭝퉁과 국학문 동인들의 관계 및 민초 학술문화계에서의 가오양(高陽) 리쭝퉁 집안의 인맥으로 볼 때, 리쭝퉁의 서술은 상당한 근거가 있다. 리쭝퉁의 기억과 푸쓰녠이 차이위안페이에게 보내는 편지를 합쳐보면 당시의 상황은 대략 다음과 같다. 리쭝퉁은 리성둬로부터 그가 당안을 판매할 뜻이 있다는 말을 듣고, 남하하는 길에 차이위안페이와 만나서 이 일에 대해

290) 같은 곳.

291) 李光濤, 「明清檔案」, 史語所傅故所長紀念會籌備委員會, 『傅所長紀念特刊』, 23쪽.

292) 李宗侗, 『史學概要』, 284~85쪽.

논의했다. 차이위안페이는 당안을 구입하는 일에 찬성한 후, 선젠스에게 바로 베이징에서 직접 리성둬와 접촉하라고 했다. 동시에 마헝도 베이징에서 푸쓰녠에게 편지를 보내 푸쓰녠이 중간에서 방법을 강구하도록 했다. 그리고 마지막으로 리성둬와 가격을 협정할 때, 선젠스와 마헝이 아마도 얼굴을 드러냈을 것이고, 결국 이 당안은 중국 경내에 남겨지게 되었다. 리쭝퉁과 마헝, 선젠스는 모두 1920년대 국학문 위원이었으며, 고궁박물원에서 일을 하여 관계가 매우 돈독했다.[293)] 사어소가 최종적으로 이 당안을 입수하게 된 것은 학술적 지위 향상에 커다란 도움이 되었으며, 명·청 당안의 정리는 이후 이 연구소의 주요 작업 가운데 하나가 되었다.

2. 고고 발굴

국학문 학자들이 고고 조사와 발굴을 중요하게 생각하면서 적극 제창한 데는 먼저 19세기 말 이래로 중국 경내에서 여러 고대 유물과 문서가 발견되는 것에 대해 자극을 받았기 때문이다. 근대 중국 경내에서 대량으로 드러난 고물 가운데 은상(殷商)의 갑골문과 한진(漢晋)의 목간, 둔황의 경권(經卷)벽화가 가장 중요하다.[294)] 이러한 자료의 출토가 우연의 기회(예를 들어 갑골문)에서였든 중앙아시아에서 외국 탐험가가 벌인 활동으로 인한 것이었든 간에 학자들은 이 새로운 자료에 근거해 고대의 문자 역사를

293) 리쭝퉁은 만년에 이 일을 기억할 때, 왜 마헝의 이름을 완전히 제시하지 않았던가에 대해 추론해 볼 수 있는 원인은 다음과 같다고 했다. 첫째는 1949년 이후 마헝은 대륙에 남아 있었기 때문에 리쭝퉁이 1960년대 타이완에서 이 일을 다시 거론할 때 정치적인 기피로 마헝의 이름을 뺏을 수 있었다. 하지만 더 중요한 원인은 마땅히 고궁 도난사건 발생 후, 리쭝퉁과 마헝의 관계가 깨진 것과 더욱 관계가 있다. 傅樂成, 「追念玄伯先生」, 『傳記文學』, 第25卷 第6期(1974. 12.), 48~51쪽 참조. 푸러청(傅樂成)의 글에서 "고물 전문가로 자명한다"라고 언급한 그 사람은 이페이지(易培基)의 뒤를 이어 고궁박물관 관장을 맡은 '마씨 성을 가진 고위 직원', 즉 마헝을 가리킨다.

294) 王國維, 「最近二三十年中國新發見之學問」, 『靜庵文集續編』, 王國維, 『王國維遺書』, 第5冊, 65~68쪽.

고정(考訂)했으며, 나아가 송대부터 일어난 금석학 연구의 범위가 전보다 훨씬 확대되었다.

중국 전통 금석학의 연구범위와 특색은 과학적 발굴이 아직 전개되기 전에 자질구레하게 출토된 고대 동기(銅器)와 석각(石刻)을 주요 연구대상으로 한 학문이었다. 학자들이 문자자료의 기록과 고증에 주력한 것은 경(經)을 증명하고 사(史)를 보충하려는 목적이었다.[295] 20세기 초에 이르러 각종 새 자료가 계속 출토되면서 전통 금석학의 범위는 크게 확대되었다. 마형은 1920년대에 『중국금석학개요』(中國金石學概要)에서 송대 이래 금석학의 발전을 총괄할 때, 다음과 같이 말했다.

> 지금까지 출토된 고물의 종류는 날로 많아지고 있다. 은허의 갑골과 연제(燕齊)의 도기, 제로(齊魯)의 봉니(封泥), 서역의 간독(簡牘), 하락(河洛)의 명기(銘器) 등은 모두 선인의 기록에 없었던 것이다. 물질의 명칭이 다 포괄하지는 못하지만 확실히 이 학문의 범위에서 연구해야 하는 것들이다. 그러므로 오늘날 이른바 금석학이란 고기물학, 금석 문자학을 겸해 확대한 것으로, 광의의 학과 명칭일 뿐 협의의 물질의 명칭에만 국한되는 것은 아니다.[296]

마형은 새로 발견한 고대의 기물과 서적을 모두 금석학의 영역에 넣어 금석학이라는 학과의 연구범위를 확대했으며,[297] 그가 쓴 『중국금석학개

295) 王世民, 「金石學」, 中國大百科全書考古學編輯委員會, 『中國大百科全書·考古學』, 北京: 中國大百科全書出版社, 1986, 236쪽. 陳星燦, 『中國史前考古學研究(1985~1949)』, 北京: 三聯書店, 1997, 59쪽 참조.

296) "至於今日, 古物出土之種類, 日益滋多, 殷虛之甲骨, 燕齊之陶器, 齊魯之封泥, 西域之簡牘, 河洛之明器等, 皆前人著錄所未及者. 物質名稱雖不足以賅之, 而確爲此學範圍以內所當研究者. 故今日之所謂金石學, 乃兼古器物學, 金石文字學而推廣之, 爲廣義的學科名稱, 非僅限於狹義的物質名稱已也." 馬衡, 「中國金石學概要」, 馬衡, 『凡將齋金石叢稿』, 2~3쪽.

297) 당대 학자들은 명실상부하기 위해 이런 범위를 전보다 크게 확장한 '광의 금석학'을 '고기물학'이라는 명칭으로 바꾸었다. 張豈之, 『中國近代史學學術史』, 425쪽 참조.

요』도 전통 금석학을 총괄하는 저작으로 여겨졌다.[298]

마헝 이외에 뤄전위와 왕궈웨이는 민초 금석학의 대표적인 학자였다. 특히 '이중증거법'을 제창해 시행한 왕궈웨이는 '기존의 종이 자료'와 '지하의 새로운 자료'를 결합함으로써 고대사 연구의 새로운 길을 열었으며,[299] 이에 대한 학자들의 칭찬이 자자했다. 하지만 왕궈웨이가 말한 지하 자료는 여전히 문자가 있는 것에 국한해 금석학의 제약을 크게 벗어나지 못했다.[300] 따라서 현대 고고학자들은 왕궈웨이의 연구방법을 추숭하고 또 그가 금석학의 최고 수준에 도달했다고 여기지만, 아직도 그를 전통 금석학의 집대성자로 볼 뿐 중국 현대 고고학의 선봉으로 여기지는 않는다.[301]

중국에서 현대 고고학 관념이 나타난 것은 20세기의 처음 10년 동안 구미 근대 고고학 관념이 유입된 이후였다. 이로써 일부 학자들은 고고학이 사학의 보조 학과가 될 수 있다는 점에 주의를 기울이기 시작하면서,[302] 인류 역사의 연구는 "서적 이외에 반드시 실물과 그 유적에 힘입어야 한다"는 것을 알게 되었다.[303] 동시에 중국에서 외국인의 탐험 활동 및 민초에 행해진 구미 지질학자와 고물학자들의 현지조사 등은 모두 중국 학자들에게 야외 조사와 고고 발굴의 중요성을 인식시켜 주었다.[304] 그러므로 일부

298) 王世民,「金石學」, 中國大百科全書考古學編輯委員會,『中國大百科全書·考古學』, 北京: 中國大百科全書出版社, 1986, 237쪽.

299) 王國維,「古史新證」, 王國維,『古史新證: 王國維最後的講義』, 北京: 清華大學出版社, 1994, 2쪽.

300) 陳星燦,『中國史前考古學研究(1895~1949)』, 61쪽. 李濟,「安養發掘與中國古史問題」, 張光直·李光漢,『李濟考古學論文選集』, 北京, 文物出版社, 1990, 796~97쪽.

301) 王世民,「金石學」, 앞의 책, 237쪽; 夏鼐,「五四運動和中國近代考古學的興起」, 中國社會科學院近代史研究所,『紀念五四運動六十周年學術討論會論文選(三)』, 第3冊, 北京: 中國社會科學出版社, 1980, 369쪽.

302) 兪旦初,「二十世紀初年西方近代考古學思想在中國的介紹和影響」,『考古與文物』, 1983, 第4期, 西安: 陝西人民出版社, 1983. 12, 107~11쪽.

303)「國立北京大學研究所國學門重要紀事」,『國學季刊』, 第1卷 第4號, 759쪽.

304) 陳星燦,『中國史前考古學研究(1985~1949)』, 42~52, 87~98쪽. 1920년대 중국 학자들이

학자는 서재에서 벗어나 야외에서 새로운 자료를 찾아야 한다고 제기하기 시작했다.

국학문 주임 선젠스는 1922년 전후 「국학문 건의서」를 작성할 때, 고고 발굴의 중요성을 이미 확인했다. 그는 이렇게 언급했다.

> 대개 일종의 학문이 만족스러운 효과를 거두려면 반드시 체계적이고 충분한 연구를 기초로 해야 하고, 이 체계적이고 충분한 연구를 위해서는 반드시 완벽한 자료가 있어야 한다. 동양학의 참고 자료는 범위가 넓다. …… 고대 기물은 고고학의 중요한 자료이며 …… 반드시 여러 전문 학자들을 모아 고물조사발굴단을 조직하고 지혜로운 측량으로 고고학을 발굴하기 위해 …… 다시 과학적인 정리를 해야 한다…….[305)]

선젠스의 고고 발굴에 대한 관심은 멀리로는 20세기 초 유럽과 일본 학자들이 중국 서북에서 진행한 고고 발굴의 영향을 받았으며, 가까이로는 1920년대 구미 학자의 고고학 발견과 또 그들이 중국에서 벌인 고고 사업에 대한 흥미에 비롯되었다. 이는 선젠스와 국학문 동인들에게 상당한 자극을 주었다.

1920년대 초 중국에서 벌인 유럽인의 고고학 활동은 1921년 말 스웨덴 학자 안데르손이 허난 멘츠(澠池)에서 석기시대 고물을 발견한 일이 가장 중요할 것이다. 이 작업은 현대 중국에서 중요한 고고학의 일대 발견이었다.

산시(山西) 시인촌(西陰村)에서 벌인 고고 활동은 안데르손의 고고 작업에 영향을 받았다. 1926년 시인촌 유적 출토는 중국 학자들이 스스로 과학적 고고를 진행한 첫 번째 작업이었으며, 발굴자는 리지(李濟)와 위안푸리였다. 리지는 안데르손에게서 힌트를 얻어 당시 그들의 발굴 작업을 직접 계승하게 되었다. 李濟, 「西陰村史前的遺存」, 李光謨, 『李濟與清華』, 北京 : 清華大學出版社, 1994, 35~36쪽 참조.

305) "大凡一種學問欲得美滿的效果, 必基於系統的充分研究; 而此系統的充分研究, 又必有待於眞確完備之材料. 關於東方學之參考材料, 範圍廣大 …… 古代器物, 爲考古學之重要材料 …… 必須集合各專門學之組織一古物調查發掘團, 應用智慧的測量, 爲考古學發掘 …… 再施以科學的整理……." 沈兼士, 「國學門建議書」, 沈兼士, 『沈兼士學術論文集』, 362~63쪽.

하지만 중국 학자들은 대부분 현장에 있지 않았고, 선젠스는 이를 매우 유감스럽게 생각했다.[306] 이듬해 해외에서 영국 탐험가 하워드 카터(Howard Carter)가 이집트에서 3000여 년 전의 왕릉을 발굴했다는 소식이 전해지자,[307] 국학문 학자들은 부러운 나머지 생각을 바꾸지 않을 수 없었다.

> 중국에는 가장 오래된 문명과 유구한 역사가 있다. 고고학적으로 아직 발견되지 않았으며, 이후 해결하고 증명할 수 있는 문제 역시 매우 많다.[308]

1923년 미국 학자 칼 화이팅 비숍(Carl Whiting Bishop, 1881~1942)과 버톨드 로퍼(Berthold Laufer, 1847~1934)가 잇달아 중국에서 고적을 조사하고 특별히 국학문에 새로 설립한 고고학 연구실을 참관하자, 동인들은 활기에 찼고 모두 동양학 연구에 공헌이 있다고 생각했다.[309]

마형은 국학문 고고학회의 지도자이자 근대 최초로 고고 조사와 발굴을 제창한 중국 학자 가운데 한 명이다.[310] 1923~24년 마형은 연구소 동인들을 직접 이끌고 각지의 고물을 조사하고 출토했다. 그때까지의 조사 활동 가운데 신정(新鄭)과 멍진(孟津)의 조사 작업에 참여한 사람이 가장 많았는데, 대표적인 사람으로 마형과 쉬쉬성, 리쭝퉁 구제강, 룽경, 천완리

306) 沈兼士, 「國學門建議書」, 같은 책, 363쪽.

307) 이 일에 대해 『東方雜志』에 전문적으로 보도했다. W生, 「埃及發掘古墓記」, 『東方雜志』, 第20卷 第6號(1923. 3.), 57~62쪽 참조.

308) "我國有最古之文明與悠久之歷史, 其尚待考古學上之發見, 而後可以解決與證明之問題, 亦至繁夥."「研究所國學門古跡古物調查會啟事」, 『北大日刊』, 1923. 6. 14, 1쪽.

309) 같은 곳.

310) 마형 등 국학문 동인들이 고고 발굴을 제창한 시기에 미국에서 유학을 마치고 돌아온 리지(李濟)도 중국에서 외국인의 고고 발굴 작업에 참여했다. 1925년 여름, 리지는 칭화 국학연구원의 초빙을 받고 거기서 고고학과 인류학을 강의했으며, 아울러 전야(田野) 고고 업무를 조직하기 시작해 현대 고고학 관념을 중국의 고등학부로 끌어들였다. 李光謨, 「李濟先生學術活動時間表」, 李光謨, 『李濟與清華』, 220쪽; 李濟, 「安陽發掘與中國古史問題」, 張光直·李光謨, 『李濟考古學論文選編』, 817쪽 참조.

등이 있다.[311] 하지만 대규모 발굴 작업은 국학문의 경비부족으로 인해 줄곧 진행되지 못했다. 1925년 마헝은 또 일본 학자의 초청으로 이들이 조선의 한 낙랑군에서 실시한 발굴 작업을 참관하기도 했다. 이 여정으로 고고 발굴에 대한 그의 열정은 더욱 뜨거워졌고,[312] 중국 경내에서 '공개 발굴을 더 이상 늦출 수 없다'는 생각에[313] 안양(安陽)의 은허 및 뤄양의 한 태학 유적을 즉시 발굴해야 한다고 거듭 건의했다. 하지만 그 계획은 전쟁으로 인해 실현되지 못했다.[314] 1930년에 이르러서야 국학문은 허베이 이현(易縣)에서 옌샤두(燕下都)의 발굴 작업을 진행했으며, 이로써 여러 해 동안 고고 발굴에 종사하려던 동인들의 꿈을 이루게 되었다.

금석학의 연구범위 확대에서부터 서재를 벗어나 야외에서의 고고 발굴에 이르기까지, 마헝은 중국 전통 금석학이 현대 고고학으로 발전하는 시기의 과도기적 인물이었다.[315] 정당(鼎堂) 궈모뤄(郭沫若, 1892~1978)는 일찍이 마헝의 학술성과를 평가하면서, 그를 '중국 근대 고고학의 선구자'라

311) 『國學門概略』, 13쪽. 傅振倫, 「記北京大學考古學會」, 傅振倫, 『傅振倫文錄類選』, 824쪽 참조.

312) 傅振倫, 「馬衡先生傳」, 傅振倫, 『傅振倫文錄類選』, 595쪽.

313) 馬衡, 「參觀朝鮮古物報告」, 『國學門周刊』, 第1卷 第4期, 5쪽.

314) 傅振倫, 「記北京大學考古學會」, 傅振倫, 『傅振倫文錄類選』, 825쪽. 1927년 마헝은 둥쭤빈을 파견해 편지를 가지고 상하이로 가 차이위안페이에게 은허와 한 태학 유적지의 발굴작업을 조직하고 이끌어서 은대 갑골과 한위의 석경을 탐구하기를 청했다. 다음해 1월에 마헝은 다시 『中大語史所周刊』에 「本校籌備考古學係之計劃」을 실었는데, 글 속에서 다음과 같이 제기했다. "갑골문이 출토된 안양은 …… 감정이 필요한 구역으로 대규모의 발굴을 해야 한다." 『中大語史所周刊』, 第1卷 第10期(1928. 1. 3.), 283쪽. 그해 여름에 사어소에서는 비로소 둥쭤빈을 파견해 조사원으로 삼고 처음으로 안양으로 보내 은허유적지를 발굴하게 했으며, 둥쭤빈은 이때부터 가요와 풍속을 연구하던 것에서 상고사의 영역으로 방향을 돌리게 되었다. 그러나 사어소가 그 후 안양의 발굴 작업에 마헝을 참여시키지 않자 마헝은 이에 대해 심히 불편해했다. 이는 푸전룬 선생에 따르면, 1996년 6월 25일 베이징에 있는 그의 거주지에서 만나 알려주었다고 한다. 푸전룬은 마헝의 학생으로 1920년대 말 마헝의 조수가 되었기 때문에 그 내막에 대해 잘 알고 있다. 傅振倫, 「馬衡先生傳」, 앞의 책, 595쪽 참조.

315) 陳星燦, 『中國史前考古學硏究(1985~1949)』, 61쪽.

고 지지했다.[316] 나아가 "청대 건가학파의 박학 전통을 계승했을 뿐만 아니라 굳은 마음과 과학적인 방법으로 중국 금석박고(金石博古)의 학문을 근대화시켰다"[317]라고 평가했다. 궈모뤄는 마헝이 전통적인 금석학자이지만 오히려 고고 발굴의 제창에 주력했으므로 금석학의 마지막 행군자이자 현대 고고학의 선구자라고 칭하면서, 바로 금석학이 고고학으로 넘어갈 수 있도록 추동한 과도기적 학자라고 지적했다.[318]

확실히 마헝이 고고 조사와 발굴에 대해 제창한 것을 보면, 그는 1920년대 초에 이미 전통 금석학의 테두리를 넘어섰다는 사실을 알 수 있다. 1923년 허난의 신정과 멍진에서 대량의 고기물이 출토되자, 마헝은 이에 관해 다음과 같이 말했다.

> 본인은 고물이 우연히 발견된 이상, 발견된 곳으로 전문가들을 모아 계획적으로 발굴해야 한다고 생각한다. 비록 깨진 동과 부식된 철, 잔여 벽돌, 조각난 기와일지라도 반드시 그 위치를 상세하고도 빠짐이 없이 기록해야 한다.[319]

1925년 또 이렇게 호소했다.

> 우리가 역사를 연구하는 일은 복고가 아니라 우리들의 선조가 어떻게 생활하고 일했는지에 대한 전체적인 지식을 이해하려는 것이다. 그러므로 고고

316) 郭沫若, 「凡將齋金石叢稿·序」, 쪽수 없음.

317) 같은 곳.

318) 傅振倫, 「馬衡先生傳」, 앞의 책, 594쪽. 1928년 초 마헝은 다시 광저우 중산 대학에 고고학과를 설립하려는 계획을 세웠으며, 또한 고고학과 설립 후 진행해야 할 일과 예산에 대한 초안을 마련했다. 이 계획은 후에 마헝이 남하하는 것이 취소되어 실행되지 못했다. 馬衡, 「本校籌備考古學係之計劃」, 『中大語史所周刊』, 第1卷 第10期, 282~84쪽 참조.

319) "竊以爲古物既遇然發現, 當於發見之地, 集合專家, 作有計劃之發掘. 雖破銅, 爛鐵, 殘磚, 斷甓, 亦必記其方位, 纖悉靡遺." 馬衡, 「新鄭古物出土調查記」, 馬衡, 『凡將齋金石叢稿』, 303쪽.

학을 하려면 조직적이고 계획적으로 대규모 발굴을 하여 더욱 정확하고 더욱 복잡한 '지하의 이십사사(二十四史)'를 열어야 한다.[320]

1928년 초에 이르러 마형은 또 "구(舊) 역사를 개조하려면 고고학으로부터 착수하지 않으면 안 된다"[321]라고 지적했다. 그는 고고학과 역사 연구의 밀접한 관계에 대해 분명 어느 정도 인식하고 있었던 것이다.

마형 외에도 국학문 고고학회의 다른 동인들도 고고학의 역사 연구에 대한 중요성에 대해 거듭 강조했다. 리쭝퉁은 구제강 등이 『독서 잡지』에서 고대사 문제에 대해 열띤 토론을 할 때, 이렇게 지적했다.

> 고대사를 해결하기 위한 유일한 방법은 고고학을 하는 것이다. 이 문제를 해결하고 싶다면 발굴 방면으로 나아가야 한다.[322]

그가 고고학을 중요하게 생각한 것은 의심할 여지가 없었다. 또 고고학회 간사 위안푸리는 1926년에 국학문 동인들에게 시인촌(西陰村) 유적지의 발견 상황에 대해 소개할 때, 마지막에 이런 말로 결론을 지었다.

> 체계적인 발굴은 고고학에서 가장 중요한 일이다.[323]

이상을 종합해 고고학회 동인들의 관점을 정리하면, 한마디로 말해 고고 발굴을 신사학 확립의 중요한 수단으로 삼았다는 점이다. 과거 학자들

---

320) "我們研究歷史, 不是復古, 而是要了解我們的祖先如何生活和工作的整個知識. 因此要考古, 要作有組織, 有計劃(的)大規模發掘, 以打開更精確, 更複雜的'地下二十四史'." 馬衡, 「考古與迷信」, 傅振倫, 「馬衡先生傳」, 앞의 책, 594쪽 재인용.

321) 馬衡, 「本校籌備考古學係之計劃」, 『中大語史所周刊』, 282쪽.

322) "要想解決古史, 惟一的辦法就是考古學. 我們若想解決這些問題, 還要努力向發掘方面走." 李 玄伯(宗侗), 「古史問題的唯一解決方法」, 顧頡剛, 『古史辨』, 第1冊, 270쪽.

323) "有一個有統系的發掘是考古學上最重要的." 「研究所國學門第四次懇恩會紀事」, 『國學門月刊』, 第1卷 第1號, 143쪽.

은 대부분 의고를 베이징 대학의 대표적 학풍으로 여겼다. 그러나 고고학회 동인의 학술적 견해를 보면, 1920년대 초 베이징 대학에는 아직도 일련의 학자들이 지하 자료의 발굴을 통해 진정한 고대사를 세우자고 주장하고 있었다. 이들의 연구 경로는 분명 '고사변'파가 오직 지면상의 문헌으로 고대사의 진위를 고증하는 것과는 다른 점이 있다. 이 점에 대해 베이징 대학을 졸업한 타오시성(陶希聖, 1899~1988)은 말년에 다음과 같이 언급했다.

> 베이징 대학의 고증학은 구제강의 『고사변』이 나와 일단 변별하면서 고대사를 가르치게 되었다. …… 하지만 베이징 대학에는 고고학파도 동시에 있었다 …….[324]

쳰쉬안퉁과 구제강 등이 지면상의 의고와 변위에 주력할 때,[325] 동시에 많은 학자들은 베이징 대학에서 고고 발굴의 중요성을 주장했음이 분명하다. 타오시성이 말한 '고고학파'는 마헝과 리쭝퉁, 쉬쉬성 등 고고학회의 중견 인물들을 가리킨다. 의고파에 대한 이들의 견해에 대해 일부에서는 쉬쉬성의 태도를 대표로 삼는다.

1920년대 말 서북과학고찰단 중국측 단장을 맡고 또 1930년대 베이핑 연구원 고고학팀 주임을 맡았던 쉬쉬성은 국학문 중에서 고고 발굴을 제창한 중요한 인물이다.[326] 그는 구제강 등의 고대사관에 대해 처음부터 다

324) "北大的考據學, 到了顧頡剛的『古史辨』出來, 一辨就把故史搞垮了 …… 但是北大同時還有考古學一派……." 杜正勝 等 訪談, 王建文 整理, 「風氣新開百代師: 陶希聖先生與中國社會史研究」, 『歷史月刊』, 第7期, 臺北: 歷史月刊雜志社, 1988. 8, 18쪽.

325) 구제강 역시 고고 발굴을 중시하지 않은 것은 아니다. 1925년 2월에 쓴 「答李玄伯先生」에서 "발굴에 관한 일은 우리들이 마땅히 중시해야 하는 일입니다"라고 말했다. 顧頡剛, 『古史辨』, 第1冊, 270쪽 참조. 다음해 7월, 구제강은 천완리(陳萬里)의 『西行日記』에 서문을 쓰면서 또한 산시, 산시(陝西), 간쑤 등의 성에서 '유의미한 발굴'을 해야 한다고 했다. 「顧頡剛序」, 紫禁城出版社, 『陳萬里陶瓷考古文集』, 322쪽 참조.

른 견해를 보였다. 그는 후에 구제강과 류산리 사이의 고대사 변론이 한창 성행할 때, "사학계의 보편적인 의견은 마치 구제강에게 유리한 것 같다. 개인적으로 말하자면 나는 비록 그의 작업을 높이 평가하지만, 그는 항상 좀 너무 멀리 나가고 또 사실과 다르기도 하여 그의 결론이 옳다고만 할 수는 없다"라고 회상했다.[327] 그는 확실히 구제강의 고대사 관점에 대해 어느 정도 보류하는 자세를 보였다. 첸쉬안퉁 등이 유흠이 대규모로 위조한 일을 지적한 것에 대해서도 쉬쉬성 역시 찬성을 표하지 않았다.[328] 구제강과 고고학회 동인들은 모두 진정한 고대사의 이해를 최종 목표로 삼았지만, 후자의 중점은 지하 발굴로 출토된 새로운 자료를 통해 지상 자료의 부족한 점을 보충하려는 데 있었다.[329]

뿐만 아니라 베이징 대학 고고학회 전신인 고적고물조사회 「초장」(草章) 속의 '자료의 수집' 항목을 보면, 이 조사회의 작업 과정이 다음 3가지 방면임을 명확하게 알 수 있다. (1) 일반적인 조사(General Investigation), (2) 탐험(Exploration), (3) 발굴(Excovation)이다. 특히 동인들이 "전력을 다해 발굴에 주의해야 한다"라고 명시한 내용을 통해[330] 그들이 현재 학자들의 이른바 '야외 고고' 정신을 이미 가지고 있었음을 알 수 있다. 그리고 「초장」에서는 다음과 같이 명확하게 설명했다.

---

326) 쉬쉬성이 베이핑 연구원의 고고 업무를 주관하던 기간에 베이핑 연구원이 진행해 온 고고 활동에 대해서는 陳星燦, 『中國史前考古學硏究(1895~1949)』, 193~94쪽 참조.

327) 徐旭生, 「中國古史的傳說時代·敍言」, 北京: 文物出版社, 1985, 1쪽.

328) 徐旭生, 「我所認識的錢玄同先生」, 曹述敬, 『錢玄同年譜』, 204쪽.

329) 1920년대 국학문에서 오랫동안 근무해 왔던 둥쭤빈은 대개 국학문에서 이러한 학풍에 영향을 받은 관계로, 후에 중앙연구원 사어소에 들어가 고고 발굴에 종사했다. 주의할 만한 점은 둥쭤빈이 국학문에 들어오기 전에 일찍이 허난 동향이자 당시 베이징 대학 교수로 있던 쉬쉬성의 집에서 머물렀었다. 둥쭤빈은 다음 해에 국학문에 들어왔는데, 이는 쉬쉬성의 추천으로 이루어진 것이다. 「董作賓先生事略」, 國史館, 『'國史館'現藏民國人物傳記史料匯編』, 第8輯, 新店: '國史館', 1993, 418쪽 참조.

330) 「古跡古物調査會草章」, 『國學季刊』, 第1卷 第3號, 553쪽.

> 본 조사회의 취지는 고고학적 방법으로 중국의 과거 인류가 남긴 물질적 유적과 유물, 즉 모든 인류의 의식적인 제작물과 무의식적인 유적 및 유물, 인류에게 남아 있는 가축이나 식용동물의 유골, 배설물 …… 등을 조사하고 연구하는 것이다. 이 모든 것은 조사와 연구범위에 들어간다.[331]

이러한 조항은 한 가지 사실을 분명히 강조하고 있다. 즉, 이 조사회의 고고학에 대한 인식은 전통 금석학자가 문자 자료에만 치중하던 견해를 넘어섰으며, 현대 고고학의 기본정신에 부합된다는 것이다.[332]

비록 국학문의 일부 동인들은 이미 현대 고고학의 새로운 관념을 갖추고 있었고, 또 적극적으로 중국에서 고고 발굴 사업의 확립을 추동하고자 했다. 그러나 고고학을 극력 제창한다 해도 마헝 역시 구미 근대 고고학에 대한 전문적인 훈련을 받지 않았기 때문에, 관련 작업에 대해 단지 수박 겉핥기 정도의 수준이라고 인정했다.[333] 비록 마헝은 현대 고고학에 대한 훈련이 부족해 고고학의 성과에 제약을 받기는 했지만, 분명 새로운 관념의 영향을 받았기 때문에 베이징 대학 고고학회를 지도할 때 항상 고고 발굴을 극력 제창하면서 중국 금석학이 고고학으로 넘어가는 과도기적 발걸음을 가속화했다.

만약 당시 일부 고고학자의 관점에 근거해 사어소의 은허 발굴을 중국 현대 고고학 탄생의 중요한 표지로 삼는다면,[334] 베이징 대학 고고학회의

---

331) "本會之宗旨: 用考古學的方法調查研究中國過去人類之物質的遺跡及遺物, 一切人類之意識的制作物, 與無意識的遺跡遺物, 以及人類間接所遺留之家畜或食用之動物之骸骨, 排泄物 …… 等, 均在調查研究範圍之內.", 같은 곳. 조금 후에 만든 「考古學會簡章」은 그 내용이 대체로 「古跡古物調查會草章」과 같다. 「考古學會簡章」, 『北大日刊』, 1924. 6. 12, 3쪽 참조.

332) 夏鼐·王仲殊, 「考古學」, 中國大百科全書考古學編輯委員會, 『中國大百科全書·考古學』, 1~2쪽.

333) 馬衡, 「本校籌備考古學係之計劃」, 『中大語史所周刊』, 第1卷 第10期, 284쪽. 이에 따라 마헝은 계획서에서 교육기구는 학문적인 기본이 잘 갖춰진 학자를 구미 각국으로 파견해 전문적으로 고고학 연구를 하게 하거나 그와 상관된 학과로 보내야 한다고 했다. 馬衡, 「本校籌備考古學系之計劃」, 같은 책, 284쪽.

1920년대 초기 작업은 분명 중국에서 고고학의 탄생에 추동적인 역할을 했다. 이후 금석학은 점차 현대 고고학 범위로 유입되면서 고고학의 일부가 되었다. 동시에 새로 출토된 문자와 비(非)문자 자료에 근거해 고대의 문화와 역사를 고증하는 것은 1920년대 이후 고대사 연구의 새로운 방향이 되었으며, 최종적으로 중국 상고사 연구의 면모를 새롭게 했다. 그리고 국학문 학자들이 이러한 연구 풍조의 흥기를 촉진한 데는 실로 선대를 이어받아 새로운 길을 열었다는 점이 크게 작용했다.

3. 방언 조사

위에서 살펴본 바와 같이 중국 전통 금석학이 현대 고고학으로 넘어간 것은 주로 구미 고고학 관념이 유입된 결과이며, 마찬가지로 방언 조사가 중국 현대 언어학 분야 속에서 새로운 세력으로 떠오른 것도 주로 구미 언어학 이론의 유입에 따른 영향 때문이다. 그리고 베이징 대학 국학문의 방언조사회는 바로 중국 현대 방언 조사 사업의 선도 역할을 했다.

국학문이 방언조사회를 설립한 경위는 방언조사회 주석 린위탕이 지적한 것처럼 동인들 때문이었다.

> 서양 언어학의 영향으로 인해 중국 문자를 연구하는 데 반드시 언어를 무시할 수 없으며, 언어를 연구하는 데 반드시 방음을 무시할 수 없다는 것을 깨달았다. 그러므로 중국의 문자 언어를 잘 정리하는 것은 근본적으로 방언 자료를 수집하고 정리하는 것에서부터 착수하지 않으면 안 된다. …… 새로운 음운학은 방언 조사를 통해 이를 증거로 삼지 않으면 안 된다.[335]

---

334) 王世民, 「中國考古學簡史」, 中國大百科全書考古學編輯委員會, 『中國大百科全書 · 考古學』, 690쪽. 같은 관점을 가지고 있는 책은 安金槐, 『中國考古』, 上海: 上海古籍出版社, 1992, 2쪽.

335) "受了西洋語言學的影響, 覺悟研究中國文學必不能放掉語言, 而要研究語言必不能放掉方音. 因此要把中國的文字語言整理好, 非根本從搜集及整理方言材料着手不可 …… 新的音韻學非利用方

린위탕 본인은 독일 라이프치히 대학교에서 아우구스트 콘라디(August Conrady, 1864~1925)를 스승으로 삼아 비교언어학을 공부했다.[336) 린위탕은 서양 언어학의 연구방법이 중국보다 우월하다고 생각했다. 만약 서양 언어학의 연구방법을 빌려 중국 고음을 연구한다면, 선인의 연구 기초 위에서 반드시 한 단계 뛰어넘을 수 있을 거라고 생각했다. 그는 이렇게 말했다.

> 나는 서양 학자의 중성음(重聲音) 훈고가 중국인에 못지않다고 생각하며 조리 있고 꼼꼼함은 더 낫다고 생각한다. 우리는 서양 학술의 유입 시대에 놓여 있다. 규모가 이미 갖추어진 우리의 고음학을 과학적인 방법에 근거해 발전시키고 추진한다면 반드시 전에 없던 결과를 가져올 것이다. 그러므로 향후 30년은 '서양고음학'의 제1의 홍성 시기가 될 거라고 단언할 수 있다.[337)

그는 주로 전통 소학 훈련을 받았던 국학문의 학자이지만, 당시 구미 학자들의 영향도 받아 방언 조사가 고음의 고증에 끼치는 중요성을 인식했다. 또한 선젠스는 방언조사회 설립회에서 분명하게 제기했다.

> 현대어의 소리의 조직과 변화 및 그 어법의 형식에 대해 명백하게 조사하지 않는다면, 고대어가 비록 서적 안에 존재한다 할지라도 체계적으로 정리

言的調査以爲佐證不可." 林語堂, 「閩粵方言之來源」, 林語堂, 『語言學論叢』, 200쪽.

336) 린위탕이 라이프치히 대학교에서 언어학을 공부한 경위에 대해서는 林語堂, 『林語堂自傳』, 88~91쪽 참조. 린위탕의 스승 아우구스트 콘라디는 장문(藏文)과 범어, 타이어 및 한어를 비교하고 연구하는 것으로 유명하며, 독일 한학계의 중요한 학자이다. 그의 지도 아래 라이프치히 대학교는 구미 한학계에서 언어학을 연구하는 허브가 되었다. 張國剛, 『德國漢學研究』, 56~59쪽 참조.

337) "我以爲西方學者之重聲音訓詁亞於中國人, 而條理縝密則過之. 我們處此西洋學術輸入時代, 能把我們規模已備的古音學據科學方法而演進之, 推蜜之, 將必有空前的結果. 所以此後三十年中將爲'西法古音學'第一昌明時期, 可以斷言." 林語堂, 「讀汪榮寶'歌戈魚虞模古讀考'書後」, 『國學季刊』, 第1卷 第3號, 465쪽.

> 하기가 쉽지 않다. 이는 마치 고음학 분야에서 예전의 학자가 현대 방음을 기초로 하여 그 원류의 변천을 더듬어 찾지 않았기 때문에 오랜 시간을 한 때로 축소하고 천리를 한 곳으로 합쳐버리는 병폐를 면할 수 없는 것과 같은 이치이다. 그러므로 우리는 먼저 현대 방언을 조사하고 그 후 다시 이를 이용해 고대어를 정리해야 한다.[338)]

사실, 국학문 동인들이 제창한 방언 조사가 단기간 내에 학자들의 인정과 호응을 받을 수 있었던 것은 사실 방언이 담고 있는 언어 문자의 학문(예전 말로 소학)이 이미 중국에서 오래 전부터 연구되어 왔기 때문이다.[339)] 청대는 고증학이 발달했고, 고염무(顧炎武) 이후의 학자들은 소학을 연구하면서 이를 유가 경전에 통달하는 기초 학문으로 보았다. 청대의 학자들이 무수한 노력을 쏟아부음으로써 소학은 전문적인 학문으로 발전했다. 청말에 장타이옌은 소학이 오로지 유가 경전에 통달하기 위해서만 사용되는 것은 아니라고 제기했다. 그리고 소학을 언어 문자의 학문이라고 개칭하면서 정식으로 경학의 종속적 지위를 벗어나게 했을 뿐만 아니라,[340)] 방언연구를 위한 독립적 발전의 기초를 닦아놓았다.

1920년대에 이르러 베이징 대학 동인들의 가요수집운동은 더욱 직접적으로 방언 조사 사업의 서막을 열어주었다.[341)] 가요는 원래 지방에서 전해

---

338) "關於現代語的聲的組織和變化及其語法之刑式, 倘是沒有調查明白, 那末古代語雖然存在於載籍之中, 也是不容易把它整理出一個系統來的. 譬如古音學方面, 古來的學者沒有拿現代的方音作個基礎, 以溯其源流變遷, 所以不免有縮千載爲一時, 混千里爲一地的毛病. 因此我們不得不先把現代方言調查一番, 然後再來利用之以整理古代語."「北京大學研究所國學門方言調查會成立紀事」, 『晨報副刊』, 1924. 2. 12, 4쪽.

339) 선젠스는 「今後研究方言之新趨勢」라는 글에서 일찍이 양웅(揚雄)에서 장타이옌에 이르기까지 중국의 전통 방언 연구에 대해 간략한 회고와 검토를 했다. 『歌謠周年紀念增刊』, 16~18쪽.

340) 遲鐸·黨懷興, 「'小學'研究中的理性自覺」, 中國海峽兩岸黃侃學術研討會籌備委員會, 『中國海峽兩岸黃侃學術研討會論文集』, 第1冊, 武昌： 華中師範大學出版社, 1993, 245쪽.

341) 周振鶴·遊汝杰, 『方言與中國文化』, 上海： 人民出版社, 1991, 192쪽.

오던 민요로서 방언으로 전해져 불려왔다. 그러므로 가요운동이 흥기할 때 수집자들은 이들을 정확하게 기록하고, 각지 방언의 차이에 주의를 기울일 수밖에 없었다. 그리고 기록자가 가요의 독음을 표기하고자 할 때, 자연히 어떤 부호를 사용해서 표음해야 하는지에 대한 문제에 직면하게 되었고, 이는 방언학의 기초 지식과 훈련이 없으면 안 되는 문제였다. 뿐만 아니라 학자들도 가요에 대해 진일보한 연구를 할 때 참고할 만한 상응하는 방언 지식이 필요했다. 따라서 베이징 대학의 가요 수집 작업이 상당히 진행된 뒤, 저우쭤런은 「가요와 방언조사」(歌謠與方言調査)라는 글을 발표해 방언이 가요 연구에 도움이 된다는 각도에서 바로 방언 조사 작업에 착수해야 한다고 제기했다.[342)]

저우쭤런의 글은 간행되자마자 둥쭤빈과 룽자오쭈, 린위탕, 선젠스의 호응을 얻었으며, 여러 사람들도 잇달아 글을 발표해 방언 조사에 대한 자신들의 의견을 진술했다.[343)] 이 학자들은 방언 조사의 구체적인 방법면에서 서로 다른 관점을 보였지만, 방언 조사는 독립적으로 발전시키고 연구해야 하는 학과이며 단지 가요 연구의 보조로 삼아서는 안 된다는 의견에는 일치했다. 다음 린위탕의 말은 그들의 의견을 가장 잘 대표하고 있다.

> 최근 가요연구회가 점점 방음 연구 작업에 주의를 기울이기 시작했으며 또한 앞으로 방음방언조사회를 세울 것이다. 이는 매우 중요하면서 참으로 기쁜 일이다. 하지만 …… 먼저 우리가 파악해야 할 것은 방음 연구가 독립적인 지위와 취지를 가지고 이루어지고 있는가 하는 점이다. 방음 연구는 가요 연구에 속해서는 안 된다. 그리고 이 두 가지는 동등한 위치에서 서로 보

342) 周作人, 「歌謠與方言調查」, 『歌謠』, 第31號(1923. 11. 4.), 1~3쪽.

343) 董作賓, 「歌謠與方音問題」, 『歌謠』, 第32號(1923. 11. 11.), 1~4쪽; 容肇祖, 「征集方言的我見」, 『歌謠』, 第35號(1923. 12. 2.), 1~4쪽; 林語堂, 「研究方言應有的幾個語言學觀察點」, 『歌謠周年紀念增刊』, 1923. 12. 17, 7~11쪽; 沈兼士, 「今後研究方言之新趨勢」, 『歌謠周年紀念增刊』, 16~19쪽 참조.

완적 역할을 하는 분과 사업이어야 한다.[344]

이 외에 선젠스도 강조했다.

> 가요를 위해 방언을 연구하는 것은 단지 방언을 연구하는 목적 가운데 하나일 뿐, 사실 방언은 지속적으로 연구되어야 할 독립적인 가치가 있다 …….[345]

몇 개월 후, 방언조사회의 설립회에서 선젠스는 다시 정중하게 제시했다.

> 방언 연구는 결코 가요 정리의 도구에 국한된 것이 아니며, 그 자체로 독립적인 정신을 지닌다.[346]

이것으로 볼 때, 가요 수집과 기록에서부터 시작해 방언까지 주의를 기울인 것은 원래 매우 자연스러운 추세이다. 하지만 선젠스 등이 특히 방음 연구를 중시한 이유는 방언이 자체적으로 독립적인 연구 가치를 지니고 있음을 강조하기 위해서였다. 사실 이 일이 있기 전에 방언 문제는 일찍이 지식계의 주의를 끌었으며, 단지 가요운동이 직접적으로 상관된 연구의 흥기를 촉진했을 뿐이다.

이 외에 국학문 동인들이 방언을 중요하게 생각한 데는 근대의 원인도

344) "近日歌謠研究會漸漸注意於方音研究事件, 而並且將要設立一個方音方言調查會. 這個是極重要而極可喜的事. 但是 …… 頭一件我們所應當了悟的就是方音研究應有獨立的身份與宗旨, 不應做附屬於歌謠研究下之一物. 這兩個應當做同等並行相輔相成的分科事業." 林語堂, 「研究方言應有的幾個語言學觀察點」, 같은 책, 7쪽.

345) "爲歌謠而研究方言, 只是研究方言的目的裏面的一件事, 其實方言仍自有他應該被研究之獨立的價值在……." 沈兼士, 「今後研究方言之新趨勢」, 앞의 책, 16쪽.

346) "研究方言並不是限於爲整理歌謠之工具, 他的自身本具有獨立之精神." 「北京大學研究所國學門方言調查會成立紀事」, 『晨報副刊』, 1924. 2. 12, 4쪽.

있었다. 바로 청말 이래 30여 년 동안 지속되었던 국어운동이다.[347] 국어운동은 '국어통일'을 목표로 했다. 하지만 '국어'가 확립되기 이전에 반드시 각지 방언에 대해 어느 정도 이해를 해야 일종의 표준어를 정할 수 있었다. 그러므로 1913년 교육부는 독음통일회를 개최할 때 회원 자격 안에 "여러 곳의 방언을 숙지한다"라는 조항을 두었다.[348] 1918년 베이징 대학의 국문학연구소(國文門研究所)는 각지 방언에 대한 조사를 실시할 뜻을 가지고 일찍이 국어부를 설립했다.[349] 선젠스와 둥쭤빈, 룽자오쭈 등이 방언 조사를 제창할 당시 모두 약속이나 한듯이 국어통일 문제를 언급한 것을 보면,[350] 국어운동은 분명 방언 연구를 중요하게 생각해야 한다는 이유를 보여주는 것이다.[351]

1923년 말, 베이징 대학 학자들이 방언 조사의 방법을 잇달아 만들 때, 린위탕은 「방언 연구가 갖추어야 할 몇 가지 언어학적 관찰」(研究方言應有的幾個言語學觀察點)을 써서 방언 연구의 중요한 10개 항목을 제시했다.[352] 린위탕은 구미 비교언어학에서 힌트를 얻었고, 또 방언으로 중국 고음을 고

347) 국어운동의 시말에 대해서는 黎錦熙, 『國語運動史綱』을 상세히 참조.

348) 「讀音統一會章程」 第四條, 黎錦熙, 『國語運動史綱』, 51쪽 재인용.

349) 馬越, 『北京大學中文系簡史(1910~1998)』, 9쪽.

350) 예를 들어 선젠스는 "나는 방언에 대해서 만약 완비된 조사와 정밀한 비교가 없으면, 비교적 타당한 표준어를 산출할 수 없다고 믿는다"라고 보았다. 「北京大學研究所國學門方言調查會成立紀事」, 『晨報副刊』, 1924. 2. 12, 4쪽. 둥쭤빈은 "방언을 어떻게 현재 반드시 조사할 것인가? …… 교통이 편리해진 후로 전국의 언어는 점차 통일의 방향으로 나아가야 한다. 방음은 소멸의 위험이 있고 현재 과도기여서 '때를 놓칠 수 없으므로' 반드시 지금 착수해야 한다"라고 제시했다. 「歌謠與方音問題」, 『歌謠』, 第32號(1923. 11. 11.), 2쪽. 룽자오쭈는 "우리는 국어를 통일, 보급, 확충, 개량하기 위해서 자연히 방언을 끝내는 총결산을 피할 수 없으며 …… 이러한 총결산으로 이전의 번다하고 복잡한 방언을 끝내고 순수하게 통일된 국어의 길을 열어야 한다"라고 했다. 「征集方言的我見」, 『歌謠』, 第35號(1923. 12. 2.), 1쪽.

351) 청말에 일어난 국어운동의 흥기는 원래 지식인들이 애국적인 마음에서 발기한 문화계몽 작업이었다. 黎錦熙, 『國語運動史綱』, 10~33쪽 참조.

352) 林語堂, 「研究方言應有的幾個語言學觀察點」, 『歌謠周年紀念增刊』, 7~11쪽.

증한 칼그렌의 영향을 받았다. 이 글의 관점은 기타 글에 비해 훨씬 참신하고 치밀했다. 후에 린위탕이 만든 「방언조사회 선언서」(方言調查會宣言書)는 방언 조사를 제창한 강령적인 문건으로,[353] 중국 현대 언어학사에서 획기적인 의미를 지닌다.

린위탕은 「방언조사회 선언서」에서 "중국 방언은 상세하고 철저하게 조사해야 한다"라고 성명했다. 비록 방언 조사에서 선인들이 이룩해 놓은 것이 없는 것은 아니지만 "규모가 완비되어 있지 못하고 방법면에서도 전반적인 적절한 조사 계획이 없었다." 그러므로 "오늘날 방언 조사가 해야 할 일과 고찰해야 할 문제점" 7가지를 열거했다.[354] 7가지 작업의 요점을 보면 다음과 같다.

(1) 중국 경내 방언의 종류와 경계 및 상호 관계를 자세하게 조사해 방언지도를 만든다.

(2) 발음학 원리에 근거하고 발음학 계측기를 사용해 방음을 측정하고, 아울러 표음자모를 만든다.

(3) 민족이동의 역사를 조사해 언어 변천을 파악한다.

(4) 윈난의 과라(猓玀), 월(粵)의 묘요(苗猺)와 여(黎), 민(閩)의 여객(畲客)과 단가(蜑家), 구이저우(貴州)의 송묘(宋苗), 채묘(蔡苗)와 같은 묘이족(苗夷族)의 언어를 조사·고증해 고대 어음 연구의 참고로 삼는다(동시에 티베트어와 타이어, 베트남어의 연구 문자를 보존하고 발표함).

(5) 방언 자료에 근거해 고음을 반증한다.

(6) 어휘를 조사한다.

(7) 방언 어법을 연구한다.[355]

---

353) 劉炎生, 『林語堂評傳』, 23쪽.

354) 林語堂, 「方言調查會宣言書」, 『歌謠』, 第47號, 1쪽.

355) "(一)詳細調查中國境內方言的種類, 分界與相互關系, 以制定方言地圖. (二)依據發音學原理及使用發音學儀器測定方音, 並擬定標音字母. (三)調查民族遷移之歷史以了解語言變遷. (四)調查考

이 7가지는 매우 포괄적이다. 종합해 보면 린위탕은 오늘날 방언에 대해 두 가지 방향에서 연구를 실시해야 한다고 제창했다. 첫째, 횡적 방향으로서 현대 방언어법에 관한 조사를 실시하는 것이다. 둘째, 종적 방향으로서 각종 방언의 역사를 연구하는 것이다.[356] 방언 연구에 대한 관심과 서술 방법의 세밀함으로 볼 때, 이미 청대 건가 시기에 제자(諸子)의 울타리를 넘어 새로운 기치를 세운 것이다. 비록 방언조사회가 이후에 일부분에서만 매우 초보적인 작업을 했지만, 이 문서는 중국 현대 언어학사에서 여전히 중국 현대 방언 조사 사업을 개척한 이정표이다. 뿐만 아니라 선언의 찬자인 린위탕 역시 중국 현대 언어학의 개척자이자 선구자의 한 명으로 여겨지고 있다.[357]

이미 앞에서 언급한 것처럼, 1924년부터 1927년까지 방언조사회는 경제 문제로 인해 실제 진행한 작업은 결코 많지 않았다. 특히 유감스러운 것은 비록 린위탕과 선젠스, 주시쭈 등은 처음부터 이 조사회에서 전문가를 각 지방으로 파견해 방언자료를 수집하는 것이 가장 좋다고 믿었지만,[358]

定苗夷異族的語言, 如雲南之猓玀, 粵之苗·猺·黎, 閩之畲客·蜑家, 貴州之宋苗·蔡苗, 作爲研究古音之參考. (兼及保存與發表對西藏語, 暹羅語及安南語之研究文字) (五)依據方言材料反證古音. (六)調查詞彙. (七)研究方言語法." 林語堂, 「方言調查會宣言書」, 같은 책, 1~3쪽.

356) 林語堂, 「閩粵方言之來源」, 林語堂, 『語言學論叢』, 200쪽.

357) 劉炎生, 『林語堂評傳』, 23쪽. 언어학자 딩방신(丁邦新)은 한 편의 기념 문장에서 린위탕을 중국 현대 언어학의 길을 열어준 사람 가운데 한 명이라고 보았고, 그와 자오위안런(趙元任), 리팡구이(李方桂) 등은 "서방의 이론과 방법을 원래부터 있어왔던 중국 연구와 결합했다"라고 보았다. 丁邦新, 「非漢語語言學之父: 李方桂先生」, 逯耀東, 『拓墾者的畫像』, 臺北: 中華文化復興月刊社, 1977, 340쪽 참조. 린위탕은 1930년대 이후의 문학을 위주로 하면서 더 이상 언어문자학 방면의 연구에 종사하지 않았기 때문에, 후인들은 가끔 그를 단지 문학가로 보기도 한다. 린위탕의 초기 작품인 언어학 논문은 『언어학 논총』으로 묶어 상하이 카이밍 서점에서 1933년에 출판했다.

358) 「北京大學研究所國學門方言調查會成立紀事」, 『晨報副刊』, 1924. 2. 12, 4쪽; 「北京大學研究所國學門方言調查會成立紀事(續)」, 『晨報副刊』, 1924. 2. 13, 4쪽 참조. 린위탕이 각지의 방언 조사에 전문가들을 파견한다는 것에 대해 특히 강력히 주장한 점은 방언 조사표를 각지의 학교에 보내어 학생들로 하여금 각자 직접 쓰게 하는 방법이었다. 「北京大學研究

이 목표는 끝내 이루어지지 못했다는 점이다. 1926년이 되어 베이징 정국이 혼란에 빠지면서 린위탕 등은 남하했고 방언 조사 작업은 전면적인 중단 상황을 맞게 되었다.

그러나 이 1년 동안 베이징 대학 국문과와 국학문은 서로 협력해 프랑스에서 유학하고 돌아온 류푸가 창설한 어음악률(語音樂律) 실험실에서 결국 완성했다. 이 실험실은 중국 최초로 설치된 음성실험실의 하나로, 국학문 건물 안에 설치했다. 설치한 계측기는 상당히 완벽했다.[359) 이 실험실을 주관했던 류푸는 유럽 실험음성학의 새로운 방법을 중국에 도입해 언어학 범위에서 신천지를 열어갔다.

결국 현대 방언 조사의 제창과 음성실험의 도입에서 베이징 대학 국학문은 결코 소홀히 할 수 없는 지위를 지닌다. 중징원이 말한 것처럼, "베이징 대학 방언조사회 설립 이후, 비록 성과는 많지 않았지만 이미 거칠게나마 이러한 새로운 인문학과를 건립하게 되었다."[360) 중앙연구원 사어소 설립 이후, 언어팀은 자오위안런의 지도 아래 점차 대규모의 방언 조사를 벌였으며, 여러 가지 방언 조사 보고 특집호를 출판하고,[361) 음성실험실도 세웠다.[362) 이러한 작업은 모두 베이징 대학 국학문보다 늦게 나타난 것이다. 따라서 방언 조사 작업에서 국학문의 개척적인 공로는 절대 간과할 수 없

所國學門方言調查會成立紀事」,『晨報副刊』, 1924. 2. 12, 4쪽 참조.

359) 비록 국학문 동인들이 쓴 문헌자료에서는 베이징 대학의 언어실험실이 중국에서 처음 창시되었다고 말했지만, 실제로 이와 거의 비슷한 시기에 칭화 국학원에서 자오위안런의 주도 아래 언어실험실을 건립했었다.『國學門概略』, 22쪽; 吳宓 著, 吳學昭 整理,『吳宓日記』, 1925. 7. 27, 第3冊, 北京: 三聯書店, 1998, 49쪽 참조.

360) 鍾敬文,「'五四'時期民俗文化學的興起: 呈獻於顧頡剛·董作賓諸故人之靈」, 鍾敬文,『鍾敬文學術論著自選集』, 北京: 首都師範大學出版社, 1994, 500쪽.

361) 사어소에서 출판한 각종 방언 조사 보고 전문지는 中央研究院歷史語言研究所出版品委員會,『中央研究院歷史語言研究所出版品目錄』, 臺北: 中央研究院史語所, 1995, 15~16쪽 참조.

362) 양시펑(楊時逢)은 전국의 방언을 조사하고 어음실험실을 설치하는 것은 사어소 언어조가 성립한 후 즉시 착수해 처리해야 할 두 가지 커다란 계획이라고 지적했다. 楊時逢,「語音調查語音實驗」, 史語所傅故所長紀念會籌備委員會,『傅所長紀念特刊』, 27~31쪽 참조.

을 것이다.

4. 민속학

국학문의 가요연구회와 풍속조사회는 당안정리와 고고발굴, 방언 조사를 제창한 것 외에도 민속 연구의 새로운 활동무대를 개척했다. 민속학자는 다음과 같은 정의를 내렸다.

> 민속이란 인류가 창조하고 향유하고 전승한 문화사업으로서, 이를 연구하는 학문이 바로 민속학이다.[363)]

이러한 정의에서 보면, 가요라는 민간문학도 민속 연구의 범위에 포함된다.[364)] 그러므로 당대 민속학사 연구자들은 일반적으로 1918년 초 베이징 대학 가요수집 활동을 중국 민속학운동의 서막으로 여겼다. 그리고 1922년 이후 베이징 대학 국학문의 유관 활동 역시 민속학 영역에서 개척적인 작업으로 진행되었다.[365)]

베이징 대학 학자들이 민속학에 주의를 기울인 직접적인 원인은 다음의 두 가지이다. 첫째, 영국의 인류학과 일본의 민속학 이론이 중국 학자에 끼친 영향이다. 둘째, 신문학운동으로 인해 통속문학에 주의를 기울였기 때문이다. 베이징 대학의 민속 연구는 가요 수집을 시작으로 했고, 가요운동 과정에서 류푸와 저우쭤런이 중요한 역할을 했다.

저우쭤런은 1913년 말 가장 먼저 '민속학'이라는 명사를 제기했다.[366)]

363) "民俗, 是指人類創造, 享用, 傳承的文化事業, 研究它的學問即是民俗學." 王文寶, 『中國民俗學史』, 3쪽.

364) 王文寶, 『中國民俗學史』, 4～5쪽; 鍾敬文, 「'五四'時期民俗文化學的興起: 呈獻於顧頡剛·董作賓諸故人之靈」, 앞의 책, 530쪽 참조.

365) 王文寶, 『中國民俗學史』, 219쪽.

366) 王文寶, 『中國民俗學史』, 183쪽.

저우쭤런이 일본에서 유학한 기간을 보면, 그가 일찍부터 해외의 민속학 이론을 접했다는 것을 알 수 있다. 특히 영국의 인류학자 앤드루 랭(Andrew Lang)과 일본의 민속학 대가인 야나기타 구니오(柳田國男)의 영향을 깊게 받았다.[367] 그는 베이징 대학에서 가요 수집 작업을 실시한 후 가요연구회 주석을 지냈으며, 이후 가요에 대해 '민속학적 연구'에 종사해야 한다고 제기했다. 이후에 또 가요연구회가 수집한 범위를 가요에서 신화와 전설, 고사, 동화 등의 분야로 확대하자고 건의한 점으로 볼 때,[368] 해외 민속학 이론을 중국에 최초로 도입한 학자 가운데 한 명이라 할 수 있다.

류푸가 가요에 주의를 기울인 것은 주로 문학혁명에 기인한다. 1917년에 일어난 신문학운동은 백화문과 통속문학의 창작을 적극 제창했다. 신문학 제창자들은 고대 백화를 사용해 쓴 통속문학에 대해 충분히 긍정하면서 중국 문학의 정통으로 보았다.[369] 또한 전해 내려오던 민간의 구전문학, 예를 들어 가요와 전설, 속담, 수수께끼, 신화, 고사 등도 중요하게 생각했다.[370] 류푸는 이런 흐름 속에서 1917년 여름 장인(江陰)에서 베이징으로 오는 도중에 가요를 수집하기 시작했고, 가요 수집과 연구를 위해 여러 가지 선구적인 일을 했다.[371]

가요라는 이러한 통속문학을 베이징 대학 학자가 수집하기 시작한 후, 각지의 간행물들은 신속하게 호응을 보였으며, 이는 기타 통속문학과 마찬가지로 가요 수집의 흥기에 사회적 기초가 있었음을 보여준 것이다. 근대 백화문의 왕성한 발전은 거의 대도시와 일부 향촌(鄕村) 및 성진(城鎮)의 대중을 독자층으로 했다.[372] 1920년대가 되면서 도시의 시민들은 대체

367) 劉錫誠, 「中國民俗學的濫觴與外來文化的影響」, 吳同瑞 等, 『中國俗文學七十年』, 14~19쪽.

368) 「本會常會歡迎新學員紀事」, 『歌謠』, 第45號(1924. 3. 2.), 7쪽.

369) 胡適, 『白話文學史上卷·第一編(唐以前)』, 14쪽.

370) 鍾敬文, 「'五四'時期民俗文化學的興起: 앞의 책, 507~09쪽.

371) 劉錫誠, 「中國民俗學的濫觴與外來文化的影響」, 앞의 책, 22쪽.

372) 李孝悌, 「胡適與白話文運動的再評估」, 周策縱, 『胡適與近代中國』, 10~11, 19쪽.

로 신흥 간행물의 독자층이 되었으며, 가요학이나 민속학운동은 모두 이러한 사회적인 기초 위에서 발전했다.

근대 도시의 흥기와 식자층의 증가는 통속문학에 새로운 환경을 마련해 주었다. 그리고 지식인이 민족 위기로 인해 종사하던 '국민의 지식 개발'(開民智) 작업은 더욱 직접적으로 백화문의 발흥을 야기했다.[373] 사학 영역에서 만청 10년의 지식들은 과거 사서(史書)에 백성들의 생활과 풍속에 대한 기재가 매우 결여되어 있다고 신랄하게 비평했다. 이로써 '신사학'을 구축하자고 호소할 때, 많은 사람들은 향후 '민사'(民史)의 기록에 반드시 주의해야 한다고 제기했다.[374] 이러한 언론은 민중의 역사와 문화에 대한 학자들의 관심을 어느 정도 끌어올렸다. 만약 사회에서 부단히 늘어나는 식자층이 통속문학과 민속 연구 흥기의 주축이 되어준다면, 정치적 동요로 인해 출현한 경학의 독존적 지위의 동요와 학술평등 관념의 출현은 더욱 더 학술 연구의 범위를 확대해 나갈 것이며 민속학 연구 역시 두각을 보이게 될 것이다.

이러한 민중의 물질과 정신의 표현을 연구대상으로 한 민속학이라는 학문은 그 자료를 찾으려면 얼마든지 찾을 수 있었다. 하지만 학술 관념이 아직 바뀌지 않은 때에, 사람들은 이러한 자료에 대해 별로 신경을 쓰지 않았다. 구제강은 맹강녀 고사를 연구한 과정을 추억하면서 이렇게 말했다.

> 나는 맹강녀 고사를 연구해 왔다. …… 현재 많은 자료는 바로 나를 위해 이 문제를 제기하면서 비로소 드러나게 되었다. 이처럼 민중의 것은 줄곧 사대부 계급에 의해 억눌려 왔으므로 찾지 않을 때는 '흔적조차 없지만' …… 수집이 시작되다 보니 '무궁무진'하게 나타났다. 누구든지 방법만 있다면 놀랄 만한 수확을 얻을 수 있을 것이다. 처음 경작하는 토지는 토질도 좋게 마

373) 李孝悌, 「胡適與白話文運動的再評估」, 같은 책, 2~18쪽.

374) 俞旦初, 「二十世紀初年中國的新史學」, 俞旦初, 『愛國主義與中國近代史學』, 北京: 中國社會科學出版社, 1996, 65~71쪽.

련이다.[375]

구제강의 말은 민속자료는 일종의 '민중의 것'으로서 비록 각지에 흩어져 있지만 학자들이 새로운 관념을 가지고 '문제를 제기'하기만 한다면, 이러한 자료는 확실하게 드러난다는 것이다. 민속 연구의 흥기는 주로 학술 관념의 혁신에서 드러남을 알 수 있다.

베이징 대학 학자들이 민속자료의 수집에 주의를 기울이기 시작할 때, 사회에서는 이를 이해하지 못하고 의아해하는 사람도 적지 않았다. 구제강은 이렇게 말했다.

> 민국 6년에 베이징 대학은 가요를 수집하기 시작했다. …… 이때까지도 가요는 문인 학사들이 거들떠보지 않던 것이었는데, 홀연 학문계에서 이 같은 신천지를 열었으니 모두들 약간 의아해했다.[376]

구제강이 맹강녀 고사를 수집하기 시작했을 때 사회적으로 매우 큰 반향을 일으키기도 했다. 구제강은 이렇게 말했다.

> 우리가 베이징 대학에서 이런 종류의 글을 발표했을 때, 다른 사람들의 질책이 적지 않았다. 어떤 이는 우리더러 제대로 된 학문을 하지 않고 대아지당에도 오르지 않은 통속적인 것을 하고 있다고 비웃었고, 또 어떤 이는 우리들의 '가련하고도 무익한 정신'에 대해 탄식하기도 했다. …… 하나의 학

375) "我的研究孟姜女故事 …… 現在得有許多材料, 乃是爲我提出了這個問題, 才透露出來的. 這種民衆的東西, 一向爲士大夫階級所壓伏, 所以不去尋時, 是'無踪無影' …… 着手搜求時便會得'無窮無盡'. 無論什麼人, 只要有方法去做, 便可得到很好的收獲; 初耕施種的土地,地力正厚咧." 顧頡剛, 「孟姜女故事研究集第1冊 · 自序」, 顧頡剛, 『孟姜女故事研究集』, 4～5쪽.

376) "當民國六年時, 北京大學開始征集歌遙 …… 歌謠是一向爲文人學士所不屑道的東西, 忽然在學問界中辟出這一個新天地來, 大家都有些詫異." 顧頡剛 搜錄, 「吳歌甲集 · 自序」, 2쪽.

문이 시작될 때 일반인들의 이해를 얻지 못하는 것은 일반적인 일이다.[377)]

민속학 연구가 '의아함'과 '질책', '탄식'에서부터 1919년을 전후로 베이징 대학에서 일어났을 때까지 일반인들은 여전히 이를 '저속한 것'으로 보았지만, 류푸와 구제강 등은 오히려 이를 '하나의 학문'으로 보고 엄숙하게 연구했다. 이는 일종의 새로운 학술 관념이 이미 학자들 사이에서 형성되었음을 의미하며, 결국 베이징 대학 학자들이 벌인 작업은 중국 민속학 연구의 기원이 되었던 것이다.

가요 수집과 정리는 중국에서 '고대부터 이미 있었던'것이고, 특히 명·청 2대의 문인 학자들은 가요를 수집하고 기록한 예가 더욱 많았다.[378)] 그러나 전체적으로 볼 때, 가요에 대한 선인의 정리는 대부분이 우연한 것이자 아마추어적인 것이었다. 그러므로 대부분 이를 일종의 엄숙한 학술사업으로 간주하지 않았고, 가요에 대한 그들의 견해와 평론 역시 대부분 단편적이고 체계적이지 못했다.[379)] 따라서 중국 제1대 민속학자인 중징원은 청대 이전의 이러한 정리작업은 결국 "과학사의 각도에서 볼 때, '전사'(前史) 또는 '원사'(原史)에 속하는 것이다"라고 했다.[380)] 하지만 이와 상대적으로 그는 베이징 대학 가요모집처의 설립이야말로 '가요학' 창설의 표지라고 했다.

신흥 학술 부문으로서의 중국 가요학은 5·4운동 전야에 나타났다.[381)]

---

377) "我們在北京大學發表這類的文字時, 常聽到他人的責備, 或者笑我們不去研究好好的學問而偏弄些不登大雅之堂的東西, 或者歎息我們的'可憐無益費精神' …… 一種學問在創始的時候不能得到一般人的了解是很尋常的." 顧頡剛, 「孟姜女故事研究集第1冊·自序」, 앞의 책, 4쪽.

378) 鍾敬文, 「'五四'前後的歌謠學運動」, 鍾敬文, 『鍾敬文民間文學論集』, 上冊, 上海: 上海文藝出版社, 1982, 365쪽.

379) 같은 곳.

380) 같은 곳.

381) "作爲一個新興的學術部門的中國歌謠學, 產生於五四運動前夜." 鍾敬文, 「'五四'前後的歌謠學

베이징 대학 학자들은 처음부터 가요의 수집과 연구를 일종의 엄숙한 학술사업으로 진행하려고 했고, 그 결과 이 작업은 신속하게 학술계에서 신천지를 열어가게 되었다.[382] 1925년이 되어 구제강이 엮은 『오가갑집』(吳歌甲集)이 '베이징 대학 가요총서'라는 명의로 출판되었을 때, 후스와 선젠스, 첸쉬안퉁, 류푸, 위핑보(兪平伯) 등은 동시에 이 책에 서문을 써서 가요 연구라는 이 신흥학과에 대한 지지와 관심을 표했다.[383] 「자서」(自序) 속에서 구제강은 심지어 '가요학가'(歌謠學家)라는 단어도 제기했다.[384] 가요 연구를 하나의 '학문'으로 칭한 것은 베이징 대학 학자들이 이에 대해 학술의 독립적 지위를 인정한 것이라고 할 수 있다.

뿐만 아니라 1920년에 구제강은 『오유집록』(吳歈集錄, 후에 『오가갑집』(吳歌甲集)으로 제목 변경)의 서(序)에서 다음과 같이 언급하면서 오가(吳歌)와 같은 이런 민간가요에는 난해한 문구가 많다고 했다.

> 문자학 공부가 절실하게 필요하다. …… 이 일은 몇 년 안에 할 수 있는 것이 아니므로 나는 이 『오유집록』을 나의 평생의 업으로 삼고자 한다.[385]

구제강처럼 이렇게 심오한 교육을 받은 학자가 뜻밖에 가요 연구를 자신의 '평생의 업'으로 삼겠다고 공개적으로 발표한 것은 전통 학자의 눈에서 보면 사실상 불가사의한 것이었다. 그러나 이는 곧 가요의 가치에 대한 구제강의 평가가 이미 선인과 완전히 다르다는 것을 설명한 것이다.

국학문 동인들이 이후 민속학 분야에서 실시한 각종 개척적인 작업 역

運動」, 같은 책, 368쪽.

382) 顧頡剛 搜錄, 「吳歌甲集·自序」, 2쪽.

383) 후스와 선젠스, 첸쉬안퉁, 류푸, 위핑보 등의 서언은 顧頡剛 搜錄, 『吳歌甲集』의 앞부분에 수록됨.

384) 顧頡剛 搜錄, 「吳歌甲集·自序」, 8쪽.

385) "必得切切實實做一番文字學的工夫 …… 這件事情不是幾年裏所能做到的, 所以我已經拿了這部『吳歈記錄』算做我的終身之業了." 顧頡剛 搜錄, 「吳歌甲集·自序」, 4쪽.

시 일종의 학술평등 관념의 지도 아래 출현한 것이다. 1925년에 국학문 동인들은 먀오펑산(妙峰山) 참배 조사를 실시했다. 민속 연구가 중국에서 막 일어난 지 얼마 되지 않아 시행된 중요한 활동이었다. 이 일에 참여한 구제강은 그들이 당시 이 활동을 발기할 수 있었던 이유에 대해 한편으로는 "민간으로 가야 한다"라는 사회적인 외침에 호응하고자 했고,[386] 다른 한편으로는 그들이 학술 연구는 평등하다고 여겼기 때문이라고 말했다. 구제강은 이렇게 말했다.

> 학문의 자료는 …… 전아하고 속됨, 귀하고 천함, 현명하고 어리석음, 아름답고 추함, 깨끗하고 더러움 등의 경계가 절대 없다.
>
> …… 지금 학문을 조금 아는 사람들은 모두 학문상의 일관된 추존적인 견해는 타파되어야 한다고 생각한다.[387]

이러한 태도는 바로 선인들이 일종의 '역사의 눈'으로 학문을 연구하던 '일관된 추존적인 견해'에서 벗어나자는 것이다. 이러한 새로운 안목으로 학문을 연구한 나머지 국학문 동인들은 민속학 영역에서 신천지를 열어갔으므로 당대 민속학자들은 지금도 베이징 대학을 중국에서 이 학과를 연 학술의 발원지로 보고 있다.

베이징 대학에서 민속학 연구가 싹튼 후, 국학문 동인들은 1926년에 남하함에 따라 민속 연구의 씨도 남방으로 널리 퍼져나갔다. 그 중 특히 중산 대학의 민속학 활동은 규모나 성과면에서 모두 베이징 대학의 기초 위

386) '민간으로 가다'라는 사조와 구제강의 관계에 대해서는 L. A. Schneider 著, 劉寅生 譯, 『顧頡剛與中國新史學』, 臺北: 華世出版社, 民國73年, 135~67쪽 참조. 洪長泰 著, 董曉萍 譯, 『到民間去: 1918~1937年的中國知識分子與民間文學運動』, 上海: 上海文藝出版社, 1993, 19~22쪽 참조.

387) "學問的材料 …… 絕對沒有雅俗, 貴賤, 賢愚, 美醜, 淨染等等的界限……." "在現在的時候, 稍微知道一點學問的人都覺得學問上的一尊的見解應該打破……." 顧頡剛, 「妙峰山進香專號引言」, 顧頡剛, 『妙峰山』, 7~8쪽.

에서 진일보 발전했다. 민속학 분야에서 베이징 대학의 개척적인 공로에 대해 1920년대 말 중산 대학 민속학회의 주석 룽자오쭈는 다음과 같이 말했다.

> 베이징 대학 가요연구회와 풍속조사회는 …… 경제가 어려웠던 근 10년 동안 성과가 자연히 두드러질 수 없었다. 하지만 …… 베이징 대학에서처럼 이렇게 제창되지 않았다면, 민속과 가요의 연구는 중국에서 이만큼의 관심도 끌지 못했을 것이다. 베이징 대학에서 이렇게 소량이지만 어려움을 두려워하지 않는 수집과 연구가 있었기에, 일반인들은 보고 들은 것이 많아져 자연히 영향을 받게 되었고, 이는 연구할 만한 자료임을 알게 되었으니 결과가 나쁘지 않다고 할 수 있다. 현재 …… 베이징 대학의 가요와 풍속 연구의 씨가 각지에 뿌려졌다. 본교에도 베이징 대학 가요연구회와 풍속조사회의 회원이 적지 않다.[388)]

룽자오쭈는 베이징 대학과 중산 대학의 민속 연구에 적극적으로 참여했다. 위 글에서 그는 민속학 연구에서의 국학문의 공헌을 적절하게 표현했다.

5. 성과와 한계

1912년부터 1927년까지 베이징 대학 문과는 인사 변동에 따라 학술 풍조도 세 차례의 변화를 겪었다. 선젠스는 1930년대 중반에 이렇게 회고

388) "北大歌謠研究會及風俗調查會 …… 在經濟困難的近十年的當中, 成績自然不能狠大. 然而 …… 非有北大這樣的一種提倡, 民俗, 歌謠的研究, 在中國內當更少人注意. 有了北大這樣的零星的, 不畏難的搜集和研究的情形, 使一般人耳濡目染的習聞, 知道這是可研究的一種材料, 這結果眞算不惡. 現在 …… 北大歌謠, 風俗的研究的種子散布在各地. 即本校中, 亦不乏北大歌謠研究會及風俗調查會的會員." 容肇祖, 「北大歌謠研究會與風俗調查會的經過(續)」, 『中山大學民俗周刊』, 第17, 18期 합본, 30~31쪽.

했다.

민국 20여 년간을 회고하면 베이징 대학의 국학연구의 풍조는 대략 3번 변했다. 처음에는 청말의 여습을 계승해 고대 문사를 숭상했고, 3, 4년 이후에는 박학을 주장했으며, 10년쯤에는 점차 과학에 물들어 빠른 속도로 실증 방법을 사용했다.[389)]

선젠스는 이어서 이른바 과학적인 실증방법에 대해 다음과 같이 말했다.

고대 연구에서는 고고학을 제창하고 고기물의 수집에 주의를 기울였다. 근대 연구에서는 국가 당안과 민간 풍속에 치중했다. 이 두 경계를 종횡한 대량의 새로운 자료를 가지고 서적 연구를 증명하면서 학자에게 새로운 길을 열어주었다.[390)]

새로운 자료를 중요하게 생각하고 또한 고대 서적 연구와 실물조사를 한데 결합한 것은 이 연구소의 공통적인 학술작업의 특색이었다.[391)] 국학문 동인이 발기하고 추진한 작업이 선인을 뛰어넘을 수 있었던 이유는 바로 이 점과 밀접한 관련이 있다.

비록 국학문은 고고학과 방언학, 민속학 등의 분야에서 이미 학술 연구의 새로운 영역을 개척했고, 자료의 수집과 정리에서도 과거 지면상의 자료만을 중요하게 생각하던 한계를 타파하고 실물 자료로 시야를 확대해 나갔다. 하지만 이러한 신흥 학과가 구미에서는 일찍이 어느 정도 발전된 역사

389) “溯民國二十餘年間, 北京大學之於研究國學, 風氣凡三變: 其始承清季餘習, 崇尚古文辭; 三四年之後, 則倡朴學; 十年之際, 漸漬於科學, 駸駸乎進而用實證方法矣.” 沈兼士, 「方編清內閣庫貯舊檔輯刊序」, 沈兼士, 『沈兼士學術論文集』, 343쪽.

390) “於古代研究, 則提倡考古學, 注意古器物之采集; 於近代研究, 則側重公家檔案及民間風俗. 持此縱橫兩界之大宗新資料, 以佐證書籍之研究, 爲學者辟一新途徑.” 같은 곳.

391) 顧頡剛, 「1926年始刊詞」, 『國學門周刊』, 第2卷 第13期, 4쪽.

를 가지고 있고, 각자의 전문적인 연구이론과 기술을 형성한 상태였다. 때문에 국학문 학자들이 비록 새로운 학술영역의 개척이라는 원대한 포부를 가지고 있었지만, 대부분의 사람들은 위의 영역에 대한 이론적 지식과 조작 도구에 대해 단지 얕은 인식을 하고 있었다. 따라서 학술상에서 개척의 여지를 남긴 채 더욱 깊이 있는 연구는 후학들의 노력에 기대어야 했다.

민속학의 상황을 예로 들면, 이 분야의 연구에 종사하던 구제강과 첸난양(錢南揚), 룽자오쭈 등은 거의 역사 문헌에서 착수해 민간에 전해지던 맹강녀 전설과 축영대(祝英臺) 전설, 칠석(七夕) 풍속 등에 대해 연구했을 뿐 진정으로 야외 고찰을 진행한 경우는 거의 없었으며, 비교적 규모를 지닌 것은 먀오펑산 조사 한 번뿐이었다.[392] 국학문이 야외 조사를 거의 하지 못한 것은 물론 경비의 제약 때문이기도 하지만, 구제강 등이 지식 구조에서 주로 풍부한 국학 문헌을 위주로 한 점과 구미 민속학의 전문지식을 훈련받지 못한 점 때문이기도 하다.[393] 그러므로 연구방법과 결론은 제한적일 수밖에 없었다.

국학문이 당안과 고고, 방언, 민속 분야에 대해 조사하고 정리한 것을 보면, 대부분 동인들이 공동으로 진행하는 방법을 채택했다는 것을 알 수 있다. 이러한 방식은 말만 많고 전문성이 부족한 방향으로 흐르기 쉽다. 방언조사를 예로 들면, 린위탕은 아마추어적인 조사와 전문적인 언어학자의 연구는 효과면에서 같을 수 없다고 지적했다.

> 방언 연구는 …… 일종의 언어학적 사업으로서 언어학자의 통솔과 예술로 다뤄져야 한다. 우리 베이징 대학에는 학생들이 이렇게 많으니, 각자 여름방학에 집으로 돌아가서 고향의 방언을 고찰하는 일이 겉으로 보기에는 어

392) 鍾敬文, 「民俗文化學發凡」, 鍾敬文, 『鍾敬文學術論著自選集』, 480~81쪽.

393) 鍾敬文, 「民俗文化學發凡」, 같은 책, 481쪽. 양청즈(楊成志)와 린후이샹(林惠祥) 등이 유학을 마치고 귀국한 후에 서방의 현대 민속학 이론이 비로소 비교적 체계적으로 중국에 들어오게 되었다. 王文寶, 『中國民俗學史』, 307~13쪽.

> 려울 것 같지 않다. 하지만 이렇듯 자질구레한 고찰에서 어떤 중요한 결과를 얻을 수 있을까? 이처럼 여러 사람의 힘을 모아 얻은 자료는 몇몇(10명 안팎)의 전문적인 시각과 통솔력을 지닌 사람들이 인내력과 정성으로 각 방음을 깊이 있게 연구해 얻은 자료보다 훨씬 못하다고 본다. …… (이런) 연후 각종 방음은 투철하고 체계적인 연구를 기대할 수 있다. …… 이는 방언의 연구뿐만 아니라 가요의 연구에서도 마찬가지이므로 반드시 전문가가 있어야 괄목할 만한 성과를 낼 수 있는 것이다.[394]

린위탕은 국학문의 방언 조사에서의 결함과 연구소의 학술작업에 관한 보편적인 문제점도 지적했다.

왜냐하면 국학문 동인들은 학술발전을 추진하려는 열정은 있었지만, 대부분 각 분야에서는 엄격한 의미의 전문가가 아니었기 때문이다.[395] 상대적으로 중앙연구원 사어소의 여러 학술작업은 비록 베이징 대학 국학문에서 시작되었고 초기 연구자들도 베이징 대학 문과나 국학문 출신자가 많았지만,[396] 리지와 자오위안런 같은 연구소 내의 각 학술팀 지도자들은 모두 장기간 구미에서 유학하면서 근대 인류학과 언어학의 전문 훈련을 받았기 때문에 이 연구소의 고고 발굴과 방언 조사 등의 작업을 지도할 수 있었

---

394) "方言的研究 …… 是一種語言學的事業, 應用語言學家的手領與藝術去處治他. 我們北大學生這麼多, 如是各人暑假回家去考查本鄉土音(,) 表面上看似是不難. 但是此種零碎的考查能有什麼重要的結果? 我想此種靠多數人之力集來的材料還遠不如得幾個(十個上下)有專門眼光專門手領的人, 肯用他的耐心精力對各自的方音做深長的研究 …… 然後各類方音可望得一個透澈的有系統的研究 …… 這不但是方言研究如此, 就是歌謠研究也是如此, 必有專家然後有可觀的成績." 林語堂, 「研究方言應有的幾個語言學觀察點」, 『歌謠周年紀念增刊』, 7쪽.

395) 푸쓰녠은 일찍이 베이징 대학 국학문의 일부 성원은 전문성이 부족한 경우가 있다고 지적했었다. 傅斯年, 「傅故校長孟眞先生手跡釋文」, 史語所四十周年紀念特刊編委會, 『史語所四十周年紀念特刊』, 205쪽.

396) 사어소 성립 당시 초기 연구원과 기간간행물인 『史語所集刊』의 초기 투고자는 대부분 모두 베이징 대학 국학문 출신들이었다. 逯耀東, 「傅斯年與『歷史語言研究所集刊』」, 逯耀東, 『胡適與當代史學家』, 237쪽.

다. 비록 방언조사회의 린위탕과 류푸, 풍속조사회의 장징성과 장사오위안, 고고학회의 쉬쉬성과 위안푸리, 리쭝퉁처럼 국학문도 이후 몇몇 구미 유학생이 각 학회의 지도 작업을 담당할 수 있도록 추가 초빙했지만, 이들 가운데 진정으로 언어학, 인류학, 고고학의 전공 훈련을 받은 사람은 실제로 린위탕, 류푸, 장사오위안 3명뿐이었다. 물론 이들은 국학문에서 약간의 새로운 관념을 전파하기도 했고, 『국학 계간』 등 간행물에 게재된 관련 논저는 새로운 연구방향을 확실하게 보여주기도 했다. 하지만 그들은 1920년대 베이징 교육계의 불안과 국립대학 경비의 장기적인 지연으로 인해 집단적 방식으로 동인들을 이끌면서 대규모의 조사와 연구를 진행하기가 어려웠다.

연구 사업에 대한 학술 경비의 중요성을 국학문 동인이 어찌 몰랐겠는가? 사실상 본국 정부의 학술 경비의 확대를 기대할 수 없는 상황에서, 동인들은 고정적이고 충분한 연구 경비를 얻기 위해 항상 '경자배관'의 보조를 받기를 원했다. 1920년대 초에 선젠스는 경자배관을 신청하기 위해 쓴 「국학문건의서」에서 이렇게 말했다.

> 국립 베이징 대학 연구소 국학문은 …… 경비의 제약으로 발전할 수 없으니 심히 안타깝도다! 대학의 예산 증가를 기다려야 한다면, 이는 현재 고유의 교육 경비도 믿을 수 없는데, 증가할 것이라는 기대는 더더욱 있을 수도 없는 일이다. 다행히 각국이 경자배관에 대해 모두 반환해 중국에서 문화 사업을 펼치라는 주장이 있다. 이 일이 시행된 후, 베이징 대학 연구소가 매년 약간의 보조 경비를 지급받을 수 있기를 진심으로 바란다(만약 국내외 공사(公私) 단체와 개인이 경비를 원조한다면, 이 역시 적극 환영하는 바이고, 받는 방법은 별도로 자세하게 규정해야 할 것임). …… 이를 통해 동양 학술의 발전을 도모하고자 한다. (그러면) 중국은 참으로 다행이다! 학술은 참으로 다행이다![397]

397) "國立北京大學研究所國學門 …… 爲經費所限制, 無力發展, 深爲可惜! 若待大學預算增加, 則現在固有之教育經費, 尚不可靠, 增加之期, 殆猶河清之不可俟. 玆幸各國對於庚子賠款均有退還

하지만 이러한 호소도 1920년대에는 실질적인 응답을 얻지 못했다.[398]

장기적으로 경비가 부족한 상황에서 국학문은 새로운 인재를 받아들일 수 없었을 뿐만 아니라 계획했던 많은 작업 역시 순조롭게 진행할 수 없었다.[399] 그 결과 비록 개별적인 학자들이 각 연구 영역에서 약간의 중요한 성과를 거두고 관념적으로도 새로운 방향을 제시하기는 했지만, 이 학술기구가 단체로 추진한 작업을 볼 때 국학문이 제창한 사업은 대부분 그저 자료수집과 초보적인 정리단계에 머물러 있었다. 천인커는 1930년대 초에 일찍이 국어와 방언 조사를 연구하는 중국 학자들의 작업이 마치 홍보에만 치중하는 것 같다고 비평했다.[400] 이런 점에서 국학문 방언연구회의 실제 작업의 성과에 대해 질문한 것은 그야말로 핵심을 찔렀다고 할 수 있다. 다른 4개 학회의 성과도 대부분 여전히 자료수집과 정리 차원에 머물렀다고 할 수 있다. 1926년에 선젠스는 국학문의 작업성과를 검토할 때 이렇게 지적했다.

> 국학문은 과거 대부분의 시간을 수집과 정리 분야에 썼으며, 연구 분야는 충분히 진행되지 못했다.[401]

我國興辦爲文化事業之主張, 深望此事實行後能每年撥給北京大學研究所補助經費若幹元(倘蒙國內外公私團體及個人捐助經費, 亦極歡迎, 其承受辦法, 當另訂詳章) …… 以共圖東方學術之發展. 中國幸甚! 學術幸甚!" 沈兼士, 「國學門建議書」, 沈兼士, 『沈兼士學術論文集』, 364쪽.

398) 1927년 국학문을 개조해 성립한 베이징 대학 국학 연구관의 주관 인물은 또한 중미 경자배관 분파를 계획한 중화교육문화기금회 이사회에 편지를 보내어 연구관의 학술사업에 쓰일 보조금을 부탁했지만 어떠한 회답도 얻지 못했다. 葉恭綽, 「北京大學國學研究館致中華文化基金董事會陳請書」, 葉恭綽, 『遐庵彙稿』, 183~84쪽 참조.

399) 룽겅은 1926년 초에 고증의 글 한 편을 쓸 때, 글의 말미에서 침통한 심정을 억누르지 못하고 "학교가 월급을 늘상 몇 개월씩 밀려 경제적 압박으로 연구 정신이 동요되고 있다"라고 말했다. 容庚, 「樂浪遺跡出土之漆器銘文考」, 『國學門月刊』, 42쪽 참조.

400) 陳寅恪, 「吾國學術之現狀及淸華之職責」, 陳寅恪, 『金明館叢稿二編』, 317~18쪽.

401) "國學門已往之工夫多用於搜集整理方面, 關於研究方面尙未能充分進行." 「研究所國學門第四次懇親會紀事」, 『國學門月刊』, 第1卷 第1號, 140쪽.

이 말은 1920년대 국학문 학술사업을 가장 적절하게 총괄한 표현이다.

1920년대 후기에 창설된 사어소는 전국 최고의 학술기구에 예속되어 있었고, 유럽에서 유학하고 돌아온 푸쓰녠이 방법이나 정책을 강구함에 따라 1930년대 중화교육문화기금 이사회의 경제적 원조를 얻게 되면서[402] 많은 사람을 모아 대규모의 학술 작업에 종사할 수 있게 되었다. 사어소가 이후 연구성과면에서 베이징 대학 국학문을 넘어설 수 있었던 것도 분명 이 점이 중요한 이유로 작용했다.

402) 楊翠華,『中基會對科學的贊助』, 臺北: 中央研究院近史所, 1991, 198～99쪽.

제4장

베이징 대학 국학문이 현대 학술발전에 끼친 영향

베이징 대학 국학문이 1920년대 실시한 학술활동은 베이징의 혼란한 정국과 교육 경비의 부족으로 장기간 힘든 시기를 보냈다. 그러다가 1927년 8월, 봉계(奉系) 군벌의 통제 아래 베이양 정부가 베이징의 9개 학교를 경사(京師) 대학으로 합병했다. 이 해 9월, 베이징 대학 국학문은 국학 연구관으로 강제 개칭되어 경사 대학에 예속되었으며, 예궁춰(葉恭綽)가 관장을 맡았다.[1] 이 시기에 동인들은 뿔뿔이 흩어진데다 경비마저 부당하게 삭감되자 학술 작업은 중단 상태에 빠지게 되었다.[2]

국학문의 활동은 비록 1927년 말에 중단되었지만, 동인들이 보여준 연구의 취지와 방향은 오히려 이후의 학술발전에 깊은 영향을 끼쳤다. 이 장에서는 국학문 동인들이 1920년대 후반 새로운 학술연구기지에서 학술이

1) 국학연구관의 조직과 업무계획에 대해서는 葉恭綽, 「北京大學國學研究館致中華教育文化基金董事會陳請書」, 葉恭綽, 『遐庵匯稿』, 182~88쪽을 상세히 참조.

2) 國立北京大學志編纂處, 『國立北京大學校史略』, 13~14쪽. 1927년 후 여러 번에 걸친 베이징의 제도개혁에 따라 국학문도 여러 차례 변화를 겪었다. 연구소의 인사가 대폭 바뀌었고, 1932년 처음으로 베이징 대학연구소 문사부라고 정했으며 주임은 류푸가 맡았다. 國立北京大學志編纂處, 『國立北京大學校史略』, 14~17쪽 참조.

식 작업을 어떻게 진행했는지, 그리고 출판기구의 협력으로 국고정리 사업이 어떻게 몇 년 안에 전국적인 운동으로 확대되었는지에 대해 주로 논술하겠다. 마지막으로 이러한 영향력 깊은 국고정리운동을 개략적으로 탐구하고, 이것이 중국 현대학술사에서 차지하는 의미도 살펴본다.

제1절 새로운 학술연구기지의 구축

1. 샤먼 대학에서 중앙연구원까지

베이징 대학 국학문 동인들이 각종 학술사업 개척에 노력을 기울일 당시, 베이징 정국은 날이 갈수록 무질서하고 혼란한 양상을 띠고 있었다. 베이양 정부가 무력하게 교육경비를 지급할 뜻이 없었으므로 베이징 대학을 포함한 수도 8개 국립학교의 불만은 날로 커져갔으며, 1920년대부터 교육경비 쟁취를 위한 교사운동(教潮)과 학생운동(學潮)이 수없이 일어났다.[3] 1925년이 되자, 정부에 대한 교육계의 각종 항쟁운동이 더 없이 뜨거워졌으며, 남방 국민당도 이 기회를 빌려 베이양 정부를 끌어내리기 위해 이 운동에 개입했다.[4] 당시 많은 베이징 대학 교수(국학문 동인 포함)들은 남북이 힘을 겨루는 이러한 정치적 소용돌이에 휘말렸다.

1925년 10월부터 12월까지의 시위활동에서 류선(騮先) 주자화(朱家驊, 1892~1963), 쉬쉬성, 구멍위, 리쭝퉁, 선젠스, 린위탕, 리황(李璜) 등 10여 명의 베이징 대학 교수들은 모두 반정부 시위에 참가했다.[5] 이와 같은 정부와 교육계의 일련의 충돌은 1926년 3월 18일 시위 군중에 대한 정부의

3) 呂芳上, 『從學生運動到運動學生(民國八年至十八年)』, 臺北： 中央研究院近史所, 1994, 188~99쪽.

4) 呂芳上, 『從學生運動到運動學生(民國八年到十八年)』, 같은 책, 234~46쪽.

5) 李璜, 『學鈍室回憶錄』, 124~25쪽.

발포로 인해 최고조에 달했다. 3월 18일의 반정부 시위에 많은 베이징 대학 교수들이 가담한 사실이 이후 널리 언론에 알려졌고,[6] 된치루이(段祺瑞) 정부가 내놓은 지명수배 명단에는 베이징 대학 교수들이 많이 포함되어 있었다.[7] 공지란에 이름이 붙은 장멍린과 주자화, 마쉬룬, 마위짜오, 선젠스, 천위안, 장펑쥐, 린위탕, 리쭝퉁, 쉬쉬성, 루쉰, 저우쭤런 등은 서둘러 베이징에서 숨어버렸다.[8] 봉계(奉系) 장쭝창(張宗昌)의 군대가 베이징에 들어와 문필가 사오퍄오핑(邵飄萍)과 린바이수이(林白水)를 죽이자, 평소 정부를 비판하는 대열에 참여했던 교수들은 모두 불안함을 느끼고 베이징에서 빠져나올 방법을 강구했다. 한바탕 공포 분위기에서 베이징 대학 국학문의 학술작업은 완전히 중단되었다.

'3·18'사건 이후, 베이징을 빠져나온 민인(閩人) 린위탕은 남방의 샤먼 대학으로 가서 문과 주임을 맡았다. 마침 샤먼 대학의 총장 린원칭(林文慶, 1869~1957)은 국학을 제창할 뜻을 가지고 1925년 12월에 벌써 국학연구원 총준비위원회를 설립했다. 린위탕은 이 위원회의 주석을 맡으면서 「샤먼 대학 연구원 조직 대강」(廈門大學研究院組織大綱, 이하 「연구원 조직대강」으로 약칭)을 마련했다.[9] 린위탕이 샤먼 대학으로 온 이후, 린원칭은 그에게 국학연구원(이하 '국학원'으로 약칭) 총비서를 겸임해 달라고 요청했다. 린위탕은 이 기회에 린원칭에게 선젠스와 루쉰, 구제강 등을 추천했다. 1926년 7월 중에 샤먼 대학은 베이징으로 임명장을 부쳤고, 선젠스 등은 8월에 베이징을 떠나 남하했다.[10]

6) 馬敍倫, 『我在六十歲以前』, 71쪽.

7) 당시 베이징 언론계에 돌고 있던 명단에는 48명이 올라 있었는데, 그 가운데 베이징 대학 평의회 의원이 14명을 차지했다. 지명수배 명단은 루쉰의 「大衍發微」의 '부록'을 보라. 魯迅, 「而已集」, 『魯迅全集』, 第3卷, 575~78쪽.

8) 당시 많은 학자들은 잠시 동교민항(東交民巷)의 프랑스 의원과 육국(六國) 호텔에 머물렀다. 馬敍倫, 『我在六十歲以前』, 71쪽 참조.

9) 洪永宏, 『廈門大學校史』, 廈門: 廈門大學出版社, 1990, 72쪽.

10) 顧潮, 『顧頡剛年譜』, 129쪽.

선젠스 등이 베이징을 떠나는 것에 대해 망설이지 않았던 것은 아니다. 베이징에서 벌써 10여 년을 거주했던 선젠스와 루쉰 등의 오래된 학우들이 모두 거기에 모여 있었기 때문이다. 그리고 가장 그들을 끌어당긴 것은 베이징에는 아직도 농후한 학술적 분위기가 남아 있었다는 점이다. 구제강이 2년 반 전에 상하이 상무인서관의 일을 포기하고 베이징으로 돌아온 것도 이러한 이유에서였다. 구제강은 이렇게 지적했다.

> 베이징은 학술적 분위기가 비교적 농후하다. 오래된 책과 물건들이 모두 이곳에 있어서 중국 역사 문제를 연구하는 데는 가장 적합한 거주지이며, 또한 여러 분야의 전문가들을 베이징에서만 찾을 수 있고, 질문이나 가르침을 청하는 것도 편리하다.[11]

하지만 교육부가 장기간 월급을 주지 못한 상황에서 빚이 주렁주렁 매달린 구제강은 샤먼 대학이 제기한 후한 대우를 고려하면서 남하할 수밖에 없었다.[12]

8월 하순에 선젠스 등이 샤먼에 도착했다. 선젠스의 주관 아래 원래 준비되어 있던 샤먼 대학 「연구원 조직대강」에 기초해 「샤먼 대학 연구원장정」(廈門大學硏究院章程)과 연구원 소속 6부의 「업무처리 세칙」(辦事細則)이 마련되었다.[13] 이렇게 설립된 샤먼 대학 국학원은 조직이 방대했다.[14] 총장 린원칭이 원장을 겸하고, 선젠스는 주임을 맡고 린위탕은 총비서를 맡았지

11) "北京的學問空氣較爲濃厚, 舊書和古物薈萃於此, 要硏究中國歷史的問題這確是最適宜的居住地; 並且各方面的專家惟有在北京還能找到, 要質疑請益也是方便." 顧頡剛, 「古史辨·自序」, 第1冊, 56쪽.

12) 顧潮, 『顧頡剛年譜』, 129쪽. 샤먼 대학이 교수들에게 제공한 월급은 400은(銀)이었고, 강사는 200은, 조교는 150은이었다. 洪永宏, 『廈門大學校史』, 67쪽 참조.

13) 洪永宏, 『廈門大學校史』, 앞의 책, 73쪽 참조.

14) 「國學硏究院系統表」, 薛綏之, 『魯迅生平史料匯編』, 第4輯, 21쪽 재인용.

만, 실제 업무는 선젠스가 책임졌다.[15)]

1926년 10월 10일, 샤먼 대학 국학원이 정식으로 설립되었다.[16)] 국학원 내 연구교수와 지도교사, 간사, 편집, 사무원, 서기 등의 직위도 설치되었다.[17)] 조직은 확실히 베이징 대학 국학문을 모방했다. 양승(亮丞) 장싱랑(張星烺, 1888~1951)과 루쉰, 구제강은 연구교수를, 천완리는 고고학 지도교사를 각각 맡았다. 황젠(黃堅)과 천나이첸(陳乃乾), 쑨푸위안, 천완리, 천도(川島) 장팅첸(章廷謙, 1901~81) 등을 초빙해 각각 진열, 도서, 편집, 조형, 출판 등 각 부서의 간사를 맡겼으며, 룽자오쭈와 개천(介泉) 판자쉰(潘家洵, 1896~1989), 딩산(丁山, 1901~52), 린징량(林景良), 왕자오딩(王肇鼎)은 편집을 맡았다.[18)] 위의 사람들은 모두 예전에 베이징 대학 교수이거나 졸업생들로서, 선젠스가 잇따라 샤먼 대학으로 초빙했다. 특히 선젠스와 린위탕, 구제강, 쑨푸위안, 천완리, 룽자오쭈, 딩산 등은 베이징 대학 국학문 사람들이다. 그러므로 샤먼 대학 국학원은 실제로 베이징 대학 국학문 동인들이 핵심이 되어 구축한 새로운 학술기지였다.

새로 개척된 이 학술기지에서 선젠스와 린위탕, 루쉰 이외의 나머지는 모두 젊은 세대의 후진 학자들이었다. 이들이 국학원에 들어와 교편을 잡을 수 있었던 것은 주로 린위탕과 선젠스의 학술적 명망을 믿고 온 것이다. 하지만 정작 선젠스 자신은 처음부터 샤먼 대학에 오래 머물 계획이 없었다. 1926년 7월에 구제강은 후스에게 보낸 편지에서 이렇게 토로했다.

> 선젠스 선생은 이번 달 말에 샤먼에 도착하며, 한두 달 있다가 연구원 배치가 적당해지면 베이징으로 돌아갈 겁니다. 일본 방면의 경자배관이 상당히 희망이 있는데, 만약 선젠스 선생이 북방에 없다면 교섭할 수가 없기 때

15) 洪永宏, 『廈門大學校史』, 앞의 책, 73쪽.

16) 洪永宏, 『廈門大學校史』, 앞의 책, 75쪽.

17) 「國學研究院系統表」, 앞의 책, 21쪽 재인용.

18) 洪永宏, 『廈門大學校史』, 앞의 책, 73~75쪽.

문입니다.[19]

선젠스는 남하하기 전부터 샤먼 대학에 오래 머물 생각이 없었음을 알 수 있다. 국학원 장정의 기초가 완성되고 각 부서의 책임자가 정해지자, 선젠스는 그해 10월에 일을 그만두고 베이징으로 돌아갔다.[20] 주자화도 그에게 광저우로 와서 중산 대학의 개편과 발전사항을 주관해 달라고 청했으나 역시 가버렸다.[21]

선젠스가 베이징으로 돌아간 후, 잠시 국학원 주임을 대신했던 장싱랑과 루쉰은 기타 예전 베이징 대학 사람들과 관계가 깊지 않았고,[22] 린위탕은 학교 행정사무 처리에 바빴다. 그래서 구제강은 마치 젊은 세대의 지도자가 된 것 같았다. 구제강은 베이징 대학을 졸업하고, 일찍이 국학문 조교를 수년 동안 담당해 대인관계가 매우 넓었다. 국학원이 장싱랑과 천완리, 판자쉰, 뤄창페이, 왕자오딩, 황젠, 청하오(程灝) 등을 초빙한 것도 모두

19) "兼士先生擬於本月底到廈門, 俟一二個月後研究院布置就緒, 即回京. 所以然者, 因日本方面之庚款頗有希望, 如兼士先生不在北方, 便無法接洽也." 顧頡剛, 「致胡適函」(1926. 7. 9.), 耿雲志, 『胡適遺稿及秘藏書籍』, 第42冊, 323쪽.

20) 장싱랑(張星烺)은 「致陳垣函」(1926. 10. 16.)에서 "선젠스 선생은 현재 이미 베이징으로 돌아가기로 결정했다. …… 대략 4, 5일 후면 바로 북쪽으로 출발할 예정이다"라고 말했다. 陳智超, 『陳垣來往書信集』, 上海: 上海古籍出版社, 1990, 210쪽 참조.

21) 1926년 10월 16일 루쉰은 쉬광핑(許廣平)에게 보내는 편지에서 "오늘 주자화가 선젠스, 린위탕과 나에게 보내는 전보를 받았다. 중산 대학이 이미 위원제를 바꾸었으니 우리에게 일체를 지시해 달라고 하는데, 아마도 학제를 토의해 결정하려는 것 같다. 선젠스는 급히 베이징으로 돌아가고 린위탕은 가지 않을 것 같다"라고 했다. 魯迅, 「兩地書」, 魯迅, 『魯迅全集』, 第11卷, 157쪽.

22) 룽자오쭈는 「致陳垣函」(1926. 11. 9.)에서 "선젠스는 현재 베이징으로 돌아갔고 …… 여기(인용자: 샤먼 대학) 국학과(국학'원'이어야 함) 주임은 장량천(張良臣) 선생이 잠시 대리를 겸하기로 했다." 陳智超, 『陳垣來往書信集』, 266쪽. 선젠스가 샤먼 대학을 떠나기 전에 원래 루쉰에게 국학원의 업무를 대리해 달라고 부탁하려 했으나 승낙을 얻지 못했다. 魯迅·許廣平, 「兩地書」, 앞의 책, 120, 148~57쪽.

그가 선젠스에게 추천해 이뤄진 것 같다.[23] 더구나 구제강은 국학문 조교로 있을 때 여러 학회 활동에 참여했고, 『가요』와 『국학 계간』, 『국학문 주간』, 『국학문 월간』 등의 간행물 편집을 맡았었기 때문에 학술활동을 추진한 경험이 풍부했다. 게다가 자신이 편집한 『고사변』 제1책이 그 해 6월에 출판된 이후 학계의 주목을 많이 받았으며, 그의 학술적 지위와 명성도 크게 높아졌다.[24] 이로 인해 선젠스가 샤먼 대학을 떠난 후 구제강이 국학원의 실제 지도자가 되었다.

당시 구제강과 기타 베이징 대학에서 온 동인들은 베이징 대학 '신국학'의 정신과 연구방법을 상대적으로 폐쇄된 경향이 있는 샤먼에 도입하기를 바랐다.[25] 이들은 한편으로는 비교적 충분한 샤먼 대학의 경비로 과거 국학문에서는 간행할 수 없었던 저작을 하나하나 출판하려 했고,[26] 다른 한편으로는 새로운 작업계획을 세워두고 있었다. 즉, 중국역대사지서목(中國歷代史志書目)을 모두 모아 학술발전의 원류를 탐색한 『중국도서지』(中國圖書志)를 편찬함으로써 이를 국학원의 국고정리 사업으로 삼고자 했다.[27] 또한 이들의 노력 아래 샤먼 대학 국학원은 『샤먼 대학 국학연구원 계간』(廈門大學國學研究院季刊)과 『샤먼 대학 국학연구원 주간』(廈門大學國學研究院周刊, 이하 『샤먼 대학 국학원 주간』으로 약칭)을 출판하기도 했다.[28] 이 두 간행물

23) 구제강과 맞지 않았던 루쉰은 그가 전문적으로 샤먼 대학에 사람을 추천하는 것에 대해 질책했다. 魯迅, 「兩地人」, 앞의 책, 126, 128~29, 156, 158, 183~84쪽 참조. 구제강은 후스에게 보내는 편지에서 추천에 관한 일을 거론했다. 顧頡剛, 「致胡適函」(1926. 7. 9. /1926. 9. 26.), 耿雲志, 『胡適遺稿及秘藏書籍』, 第42冊, 323, 325쪽.

24) 린위탕이 샤먼 대학에 구제강을 추천할 때, 원래 강사로 초빙하고자 했다. 그런데 『고사변』이 출판된 후 샤먼 대학에서 연구교수로 초빙했다. 顧潮, 『顧頡剛年譜』, 129쪽 참조.

25) 洪永宏, 『廈門大學校史』, 앞의 책, 75쪽.

26) 洪永宏, 『廈門大學校史』, 앞의 책, 73쪽.

27) 「學術消息: 『中國圖書志』之編纂」, 『國學門月刊』, 第1卷, 第4號, 453~55쪽. 편찬계획을 보면, 실로 구제강이 과거 베이징 대학 국학문에서 편찬한 『中國學術年表』의 규모가 확대된 것이라는 사실을 알 수 있다.

28) 「國學研究院談話會記略」, 薛綏之, 『魯迅生平史料匯編』, 第4輯, 19~20쪽 재인용; 顧頡剛, 「致

은 형식면에서 모두 베이징 대학 국학문에서 출판한 정기간행물을 본뜬 것으로, 『샤먼 대학 국학원 주간』은 표지도 중국어와 프랑스어 두 가지 언어로 작성했다.

『샤먼 대학 국학원 주간』 제1기에는 구제강이 쓴 「발기문」(緣起)을 실어 동인들의 국학연구 정신과 방향을 학계에 선포했다. 이렇게 적혀 있다.

> 국학의 자료는 비록 중국의 것이지만 이러한 자료를 정리하는 방법은 세계의 것이다. …… 학문은 실물을 대상으로 해야 하며 서적은 실물의 기록에 불과하다는 것을 우리는 안다. 현대 사회를 이해하지 못하면서 고대 사회를 논하는 것은 완전히 잠꼬대 같은 것임을 우리는 안다. 그러므로 우리는 땅속을 파내어 고인들의 생활을 봐야 하며, 여행을 통해 현대 일반인의 생활을 보아야 한다. 어떠한 더럽고 추악한 물건도 모두 수집해야 한다…….
>
> 현재 이 주간을 발행하는 것은 우리가 수집한 적나라한 자료를 발표하고자 함이며, 우리가 얻고 싶은 적나라한 자료를 구하고자 함이다. …… 우리는 오래된 종이 더미 속에서 보배를 찾는 것이 아니라 우리의 학문 범위 내에서 지식을 구하는 것이다.[29]

「발기문」에서 드러난 정신을 보면, 베이징 대학 국학문의 학문 태도 및 방침과 완전히 일치하고 있다는 것을 알 수 있다. 구제강이 말하는 '땅을 파는 것'과 '여행'이란 고고학 발굴과 풍속조사를 의미하며, 모두 베이징 대학 국학문이 과거에 실시했던 학술 신사업으로서 현재 샤먼 대학 국학원

胡適函」(1927. 2. 2.), 앞의 책, 330~31쪽.

29) "國學的材料雖是中國的, 但整理這些材料的方法乃是世界的 …… 我們知道學問應以實物爲對象, 書本不過是實物的記錄. 我們知道如果不能了解現代的社會, 那麼所講的古代的社會便完全是夢囈. 所以我們要掘地看古人的生活, 要旅行看現代一般人的生活. 任何肮髒和醜惡的東西, 我們都要搜集……." "現在發行這個周刊, 是要發表我們所搜集到的赤裸裸的材料, 也是要征求我們所願意得着的赤裸裸的材料 …… 我們不是在故紙堆中找寶貝, 乃是在我們的學問範圍之內求知識." 顧頡剛, 「緣起」, 『廈大國學院周刊』, 第1卷 第1期, 廈門: 廈大國學研究部, 1927. 1. 5, 쪽수 없음.

에서 계획하고 있는 두 가지 주요 발전책이다.

1926년 말, 국학원은 고고학회와 풍속조사회를 설립했다. 동시에 『샤먼 대학 국학원 주간』에도 고기물과 풍속물을 구한다는 공고를 게재했다.[30) 고고학 발굴은 거액의 자금을 필요로 한다. 샤먼 대학 국학원도 창설된 지 얼마 안 되어 경비부족 문제를 만나 '땅을 파자'는 이상은 결국 공염불이 되고 말았다. 고고학회가 할 수 있는 것이란 베이징 대학 국학문처럼 주로 고기물 수집과 고적 조사에 종사하는 것뿐이었다.[31) 풍속물의 수집과 현지 조사는 비용이 그렇게 많이 들지 않아서 가장 적극적으로 진행되었고, 수확도 가장 풍부한 사업이 되었다.

국학원 풍속조사회 설립은 구제강과 린여우(林幽), 쑨푸위안, 룽자오쭈 등 몇 명이 1926년 말에 발기한 것이다.[32) 그 해 12월에 풍속조사회가 회의를 열었는데, 장싱랑과 린위탕, 판자쉰, 왕자오딩, 딩산 등이 모두 참가했다. 회의에서는 베이징 대학 국학문을 본떠 풍속진열실을 설치하고, 『샤먼 대학 국학원 주간』을 이 조사회의 연구성과를 선전하고 발표하는 진지로 삼자고 결의했다.[33) 이후에 동인들은 또 푸젠의 각지에서 풍속물을 구매해[34)

30) 「本院啟事」, 「廈大國學院周刊社啟事」, 같은 책, 겉표지 아래.

31) 하지만 동인들은 이 방면에서 적잖은 수확을 거두었다. 1926년 10월부터 11월까지 장싱랑과 천완리는 취안저우(泉州)에 가서 고적조사를 하고 중외교통사의 중요한 자료들을 발견했다. 陳萬里, 「泉州第一次遊記」, 紫禁城出版社, 『陳萬里陶瓷考古文集』, 406~11쪽; 「學術消息: 泉州各古跡之發現」, 『國學門月刊』, 第1卷 第4號, 455~56쪽 참조.

32) 顧潮, 『顧頡剛年譜』, 133쪽.

33) 「本院紀事」, 『廈門國學院周刊』, 第1卷 第1期, 책 뒤에 있음, 쪽수 없음. 顧潮, 『顧頡剛年譜』, 133쪽. 『廈大國學院周刊』, 第1卷 第1期에 공지를 내서 각지의 신과 고인 고사의 전설, 가요 등 민간문예, 지방희 극본, 소수 민족 생활 등에 관한 자료를 모집한다고 알렸다. 「廈大國學院周刊社啟事」, 같은 곳.

34) 천완리의 「泉州第二次遊記」와 『顧頡剛年譜』의 기록에 따르면, 1926년 12월 15일부터 24일까지 구제강과 천완리는 취안저우로 여행을 가서 학교를 위해 풍속물을 구매했다. 1927년 1월 18일 구제강은 또 룽자오쭈, 판자쉰(潘家洵)과 함께 푸저우(福州)로 가서 역시 학교를 위해 풍속물을 구매했다. 陳萬里, 「泉州第二次遊記」, 紫禁城出版社, 『陳萬里陶瓷考古文集』,

이를 진일보한 연구 자료로 삼았다.

결국 샤먼 대학 국학원이 창설되던 기간 동안 동인들의 학술작업은 주로 풍속조사 분야에 집중되었다. 국학원이 출판한 『샤먼 대학 국학원 주간』에도 풍속과 관련한 글이 절반 이상을 차지했다. 하지만 풍속조사는 북방에서 새로 개척된 학술사업이기 때문에 비교적 폐쇄적인 풍조의 샤먼 학계에서 이를 단기간 내에 받아들이기란 결코 쉬운 일이 아니었다.

게다가 국학원 창설 후 얼마 되지 않아 학교의 이사장 천자경(陳嘉庚)이 경영하던 고무 사업이 어려움을 만나 학교 경비가 삭감되면서 국학원도 영향을 받게 되었다. 장싱랑은 1926년 10월 16일 「천위안에게 보낸 편지」(致陳垣函)에서 다음과 같이 말했다.

> 이곳(인용자 주석: 샤먼 대학을 가리킴) 상황이 좋지 않아 국학연구원의 팻말이 걸려 있는데도 안에는 모든 것을 처리할 수 있는 경비가 없습니다. 듣자 하니, 이사장 천자경의 하반기 고무 사업이 좋지 않은 것이 그 이유라고 합니다.[35)]

국학원이 창설된 후 불과 몇 달도 안 되어 경비 문제로 학술활동을 추진할 수 없게 된 것이다. 게다가 학교 내 파벌이 심하고 타지역 학자들을 상당히 배척해 쑨푸위안 등이 연이어 이곳을 떠났다.[36)]

1927년 2월 샤먼 대학 국학원은 중단을 선포했다. 국학원에 장싱랑과 구제강이 문과 교수로 유임된 것을 제외하면, 나머지 사람들은 모두 해임되었다.[37)] 하지만 구제강 역시 광저우 중산 대학 문과대학장인 푸쓰녠의 초

419~24쪽; 顧頡剛, 『顧頡剛年譜』, 133, 136쪽 참조.

35) "此間(引者按: 指廈大)情況不見甚佳, 國學研究院牌子已掛出, 而內中並無的款辦理一切. 據云因校主陳嘉庚下班年來橡皮生意不佳之故也." 張星烺, 「致陳垣函」(1926. 10. 16.), 陳智超, 『陳垣來往書信集』, 210쪽.

36) 洪永宏, 『廈門大學校史』, 79쪽.

37) 顧潮, 『顧頡剛年譜』, 137쪽.

청을 받아 곧 샤먼 대학을 그만두고 중산 대학 사학과로 옮겨 교편을 잡았다.[38] 후에 구제강은 샤먼 대학에 몸담고 있던 시기에 대해 실망스럽게 회고하며 말했다.

> 샤먼 대학이 국학연구원을 창설하고 우리를 초빙했다. 우리가 가 있던 반년 동안 샤먼과 취안저우(泉州), 푸저우(福州) 등지에서 찾은 풍속물이 수백 점이나 되었다. 하지만 우리에게 공감하는 사람들은 너무 적었고, 짐작건대 우리가 떠난 후 사람들은 이를 어린애 장난쯤으로 여기며 이 물건들을 잿더미 속에 그대로 방치하거나 불태웠을 것이다![39]

샤먼 대학 국학원은 창설된 지 4개월 만에 폐쇄되었다. 구제강 등이 수고스럽게 뿌린 민속 연구의 씨앗은 동인들이 흩어지면서 일시에 사라지게 되었다.[40]

하지만 국학원이 문을 닫은 지 얼마 안 되어 베이징 대학 국학문 동인들은 또 광저우의 중산 대학으로 계속 옮겨갔다. 샤먼 대학이 적극적으로 막 창설을 준비하고 있을 무렵에 중산 대학도 개편을 진행하고 있었다. 즉, 교장제가 위원제로 바뀌면서 계도(季陶) 다이촨셴(戴傳賢, 1890～1949)이 위

---

38) 顧潮, 『顧頡剛年譜』, 138쪽.

39) “廈門大學開辦國學研究院, 招我們去, 我們去的半年之中, 在廈門, 泉州, 福州等處搜羅的風俗物品也有數百件. 但給我們同情的人太少了, 我們走了之後, 說不定大家以爲這是兒戲的擧動, 把這些東西丟棄在灰堆上了, 或者燒了!” 顧頡剛, 「閩歌甲集·序」, 謝雲聲, 『閩歌甲集』, 臺北: 東方文化供應社影印, 1969, 2～3쪽.

40) 구제강 등은 샤먼 대학 국학원에 있을 때, 일찍이 푸저우 셰허(協和) 대학 국학과와 민학회(閩學會)를 조직할 계획이었다. 이 학회의 제안자는 모두 베이징 대학 국학문에 적극적으로 참여한 사람들이었다. 예를 들어 천시샹(陳錫襄)과 둥쭤빈, 정빈위(鄭賓於), 구제강, 룽자오쭈 등은 조직도 베이징 대학 국학문을 모방해 세웠다. 그 후 샤먼 대학 국학원이 문을 닫으면서 민학회는 경제적 지원을 잃자 해산할 수밖에 없었다. 陳錫襄, 「閩學會的經過」, 『中大語史所周刊』, 第1卷 第7期(1927. 12. 13.), 192～95쪽 참조. 顧潮, 『顧頡剛年譜』, 136～37쪽 참조.

원장을 맡고 구멍위가 부위원장을 맡았으며 쉬첸(徐謙, 1871~1940)과 딩웨이펀(丁惟汾, 1874~1954), 주자화 등 몇 명이 위원을 맡았다.[41] 구멍위와 주자화는 이전에 모두 베이징 대학 교수들이었다. 그들은 3·18사건 이후 남하하면서 베이징을 떠난 학자들을 중산 대학으로 부를 생각이 있었기 때문에 우선 9월 말 쑨푸위안에게 광저우에서 신문을 발행하도록 요청했고, 10월에는 또 선젠스와 린위탕, 루쉰 3명에게 전보를 보내 개혁사업을 지도해 줄 것을 요청했다.[42] 그런데 결국 쑨푸위안 한 사람만 먼저 왔고 루쉰은 이듬해가 되어서야 움직일 수 있었다. 선젠스와 린위탕은 각자 베이징 대학과 샤먼 대학의 사무로 바빴기 때문에 뜻대로 되지 않았다.

같은 해 주자화는 또 유럽에서 유학하다 귀국한 푸쓰녠을 초빙해 문과대학 학장 겸 국문과와 역사과의 주임을 맡겼다.[43] 푸쓰녠은 과거 베이징 대학 국문과에 다녔으며, 졸업 후 유럽에서 유학했다. 중산 대학으로 온 후, 그와 주자화는 베이징 대학의 우수한 교수들을 한 명씩 중산 대학으로 불러들이자고 논의했다. 1927년 5월 16일 주자화와 푸쓰녠은 국민당 원로 리스청과 경항(敬恒) 우즈후이(吳稚暉, 1865~1953)에게 보낸 편지에서 자신들의 구상을 설명했다.

> 우리는 …… 베이징 대학 문리과 등의 우수한 교수들을 이곳으로 초빙하고자 합니다. 압박에서 벗어날 수도 있고 또한 이곳의 분위기도 바꿀 수 있기 때문입니니다. 이미 요청한 사람으로 마수핑과 리쉬안보(李玄伯), 딩산, 웨이젠궁, 류반눙, 저우쭤런, 리성장(李盛章), 쉬쉬성, 리룬장(李潤章) 등이 있습

41) 黃福慶, 『近代中國高等教育研究: 國立中山大學(1924~1937)』, 臺北: 中央研究院近史所, 1988, 50쪽.

42) 魯迅, 「兩地書」, 魯迅, 『魯迅全集』, 第11卷, 135~57쪽.

43) 국민당 정부가 북쪽으로 옮긴 후 중산 대학을 주관하던 5명의 위원 가운데 4명은 정부를 따라 북쪽으로 갔지만, 단지 주자화 한 명만 광저우에 남았기 때문에 그가 중산 대학 학교행정의 실질적인 책임자가 되었다." 黃福慶, 『近代中國高等教育研究: 國立中山大學(1924~1937)』, 55쪽 참조.

니다. 또한 압박당하고 있는 동학들도 청하고자 합니다…….[44]

당시 주자화와 푸쓰녠이 초빙하려 한 베이징 대학 교수는 상당히 많았다. 단지 1927년 여름만 해도 중산 대학은 선젠스와 선스위안, 선인모, 마위짜오, 마헝, 주시쭈, 천다치, 루쉰에게 광둥으로 오라고 초청하는 전보를 보냈으며,[45] 특히 푸쓰녠은 후스에게 중산 대학에서 교편을 잡을 것을 적극적으로 부탁했다.[46] 주자화와 푸쓰녠이 베이징 대학의 유명 교수와 신진 학자들을 광둥으로 대거 초빙하려 한 계획은 한편으로는 물론 중산 대학의 충분한 경비를 빌려 베이징에서 정치적으로 탄압을 받고 있던 학자들에게 출로를 열어주고자 한 것이며, 다른 한편으로는 중산 대학을 중국 남방의 학술 중심으로 만들어 베이징 대학의 학풍을 계승하게 함으로써 지역적 풍조를 새롭게 열어가고자 했기 때문이다.

하지만 위의 유명 학자들이 최종적으로 남하한 경우는 극히 적었다. 루쉰이 1926년 상반기 중산 대학에서 짧게 교편을 잡았던 것을 제외하면, 나머지 초빙에 응한 사람들은 구제강과 딩산, 룽자오쭈, 뤄창페이, 둥쭤빈, 상청쭤(商承祚), 뤄융, 소맹(紹孟) 위융량(余永粱, 생몰년 미상), 양청즈(楊成志, 1901~91) 등을 포함한 젊은 학자들이었다. 특히 1927년 가을 중산 대학이 언어역사학연구소를 설립하기로 결정하고, 푸쓰녠이 연구소 준비회 주임을 맡은 후,[47] 베이징 대학 국학문의 젊은 학자들은 또다시 이 신흥 학술연구

44) "我們 …… 籌一齊聘北大文理等科之良教授來此. 既可免於受壓迫, 並開此地空氣. 已去請者, 有馬叔平, 李玄伯, 丁山, 魏建功, 劉半農, 周作人, 李聖章, 徐旭生, 李潤章諸先生. 並請一切被壓迫之同學來……." 「朱家驊 · 傅斯年致李石曾 · 吳稚暉書」(1927. 5. 16.), 傅斯年, 『傅斯年全集』, 第7冊, 102쪽.

45) 魯迅, 「致章廷謙」(1927. 7. 17.), 魯迅, 『魯迅全集』, 第11卷, 558, 560쪽.

46) 푸쓰녠이 1927~28년에 여러 차례 후스를 광저우로 초청했지만 이루지 못한 전후 사정에 대한 것은 朱家震, 「胡適欠傅斯年的人情債」, 『歷史月刊』, 第35期(1990. 12.), 113~18쪽 참조.

47) 언어역사학연구소의 최초의 명칭은 '중국동방언어역사과학연구소'였다. 푸쓰녠은 1927년 8월 언어역사학연구소 준비회 주임을 맡았다. 顧潮, 『顧頡剛年譜』, 143쪽; 王煦華, 「顧頡剛

소로 잇따라 모여들었다. 이들 가운데 과거 샤먼 대학 국학원에서 함께 일했던 사람들도 적지 않았으며, 지금은 새로이 중산 대학으로 모여들었다.

2. '내 도가 남쪽으로 간다!'

1928년 중산 대학 언어역사학연구소(이후 '어사소'로 약칭)가 정식으로 설립되었고, 푸쓰녠이 연구소 주임을 맡았다. 하지만 연구소의 실제 업무 추진은 오히려 구제강이 많이 책임졌다. 구제강은 1928년 2월 후스에게 보낸 편지에서 원망스럽게 말했다.

> 언어역사학연구소가 비록 아직 설립되지는 않았지만 장소와 서적, 직원, 출판물이 벌써 나와 있으므로 이미 설립된 것이나 다름없습니다. 한편으로는 푸쓰녠이 모두 책임지지 않아 나는 이름은 없고 실제로 일만 하는 연구소 주임이 되었습니다.[48]

확실히 구제강은 어사소 설립 전의 준비 작업에 참여했을 뿐만 아니라, 연구소 설립 이후에도 계속해서 각종 학술활동의 추진을 주관해 왔다.[49] 1928년 9월 푸쓰녠은 '중앙연구원' 사어소(史語所)의 소장직을 맡아달라는 요청을 받고서 두 달 후 중산 대학 어사소 주임직을 그만두었다. 그리하여 구제강은 명실상부하게 어사소의 업무를 지도하는 역할을 맡게 되었다.[50]

구제강은 어사소 주임을 맡은 후, 상청쭤를 어사소의 고고학회 주석으

先生在中山大學」, 『慶祝楊向奎先生教研六十年論文集』編委會, 『慶祝楊向奎先生教研六十年論文集』, 石家莊: 河北教育出版社, 1998, 660쪽 참조.

48) "語言歷史學院所雖未成立, 而已有房子·書籍·職員·出版物, 同已經成立一樣, 這一方面孟眞全不負責, 以致我又有實無名地當了研究所主任." 顧頡剛, 「致胡適函」(1928. 2. 27.), 耿雲志, 『胡適遺稿及秘藏書信』, 第42冊, 351쪽.

49) 顧潮, 『顧頡剛年譜』, 140~71쪽.

50) 顧潮, 『顧頡剛年譜』, 159, 165쪽.

로, 룽자오쭈를 민속학회 주석으로 각각 추천했다.[51] 상청쭤와 룽자오쭈는 모두 일찍이 베이징 대학 국학문에 있을 때 고고학회와 가요연구회의 회원이었지만, 이제는 모두 남쪽의 신흥 연구기구의 중견인물이 되었다. 1929년 2월 구제강이 중산 대학을 떠난 후 상청쭤가 이어서 주임직을 맡았다. 이로써 알 수 있듯이 베이징 대학 국학문에서 중산 대학 어사소에 이르는 짧은 몇 년 동안 구제강과 상청쭤, 룽자오쭈 등의 신분은 연구생과 조교의 신분에서 대학과 연구소의 교수로 바뀌었다. 이는 국학문의 젊은 세대가 이미 학술계에서 빠르게 떠오르고 있음을 의미하며, 또한 이들의 노력으로 베이징 대학 국학문에서 창설한 학술사업이 남쪽의 이 신흥 학술기지에서 계속 이어지면서 더욱 발전해 나갔다는 것을 뜻한다.

학술계에서 어사소의 지위를 최대한 빨리 확립하기 위해 1927년 10월 16일 연구소 동인들은 회의를 열어 학술정기간행물을 출판하기로 했다. 『국립 제일 중산 대학 언어역사학연구소 주간』(國立第一中山大學語言歷史學硏究所周刊)(이하 『중산 대학 어사소 주간』으로 약칭)이라 칭하고, 구제강과 위융량, 뤄창페이, 상청쭤가 책임 편집을 맡았다.[52] 그들은 한 달이 안 되어 『중산 대학 어사소 주간』 창간호를 빠르게 발행함으로써 투고하는 학자들이 충분하다는 것을 보여주었다. 이는 연구소가 정식으로 설립하기 이전부터 동인들이 발 빠르게 이들의 연구성과를 발표함으로써 학술계로 하여금 이 신흥 연구기구에 많은 관심을 갖게 하고자 함이었다.

정말로 『중산 대학 어사소 주간』 몇 기가 출판되자 북방학계는 커다란 관심을 보였다. 당시 칭화 대학에서 공부하던 소치(素癡) 장인린(張蔭麟, 1905~42)은 「『중산 대학 언어역사학연구소 주간』에 대한 평가(評『中山大學語言歷史學硏究所周刊』)」라는 글을 써서 톈진의 『대공보·문학부간』(大公報·文學副刊)에 게재했다.[53] 그는 여기에서 다음과 같이 지적했다.

---

51) 顧潮, 『顧頡剛年譜』, 166쪽.

52) 顧潮, 『顧頡剛年譜』, 144쪽.

53) 베이징에 있던 장인린이 『중산 대학 어사소 주간』과 접촉할 수 있었던 이유는 칭화의 옛

광둥의 중산 대학이 최근 설립한 언어역사연구소는 그 규모가 대략 예전의 베이징 대학 국학연구소와 비슷하며, 주간 발행의 체례도 예전의 베이징 대학 연구소 주간을 본뜬 것이다. …… 집필진은 대부분 이 대학 교수이며, 비록 제재 선정에 아주 엄밀하지는 않았지만 그래도 최근 출판계의 수준에 걸맞은 간행물이다.[54)]

장인린이 이렇게 평가한 것은 결코 우연이 아니다. 어사소의 학자와 『중산 대학 어사소 주간』 편집자는 대부분 모두 국학문에 있었던 사람들로서, 이들이 중산 대학에서 추진한 학술활동도 과거 베이징 대학에서의 경험을 토대로 했기 때문에 이 두 기구는 학술면에서 명확한 전승 관계를 가지게 되었다.[55)]

확실히 구제강 등 베이징 대학에 있었던 사람들의 주도 아래 어사소는 많은 분야에서 국학문이 창간한 학술사업을 이어갔으며, 그 중에서 특히 민속학은 어사소의 주요 발전방향이었다. 이 점에 대해 중징원은 분명하게 지적했다.

1927년 가을, 나는 중산 대학에 있었다. …… 당시 문과대 교수 가운데 구제강과 룽자오쭈, 둥옌탕(董彦堂) 등과 같은 이들은 과거 베이징 대학에서 가요연구회와 풍속조사회 작업에 적극적으로 참여했던 사람들이다. 그들은

친구이자 이 간행물 편집을 맡고 있는 위융량(余永梁)이 그에게 간행물을 부쳐주면서 동시에 원고를 부탁했기 때문이다. 장인린은 읽은 후, 비평의 글을 위융량에게 보냈다. 위융량은 그 후 이 글과 구제강, 후스 및 본인의 글 전체를 『중산 대학 어사소 주간』에 실었다. 張蔭麟, 「致余永梁」, 『中大語史所周刊』, 第2卷 第19期(1928. 3. 6.), 579쪽 참조.

54) "廣東中山大學近創辦語言歷史研究所, 其規模略仿舊日北京大學國學研究所, 並印行周刊, 其體例亦仿舊日北大研究所周刊 …… 撰述人多爲該校教授, 雖取材間或不甚緊嚴, 亦近日出版界中在水平線上之刊物也." 張蔭麟, 「評『中山大學語言歷史學研究所周刊』」, 『中大語史所周刊』, 第2卷, 第19期, 576쪽.

55) 逯耀東, 「傅斯年與『歷史語言研究所集刊』」, 逯耀東, 『胡適與當代史學家』, 237~38쪽.

모두 북방에서 시작된 그러한 신학술사업을 계승하고 발전시킬 필요가 있다고 느꼈다. …… 그래서 우리들은 민속학회를 설립하고 민속학 전수반을 세운 뒤 『민간문예』과 『민속주간』 및 민속학회 총서를 엮었다.[56]

'북방에서 시작된 새로운 학술사업'을 '계승·발전'하려는 것은 중징원 등의 공통된 이상이었음을 알 수 있다. 그래서 중산 대학은 베이징 대학의 뒤를 이어 남방에서 민속학 연구의 기치를 세웠으며, 어사소의 젊은 학자들 역시 "거의 꺼져가는 학술 횃불의 바통을 넘겨받게" 되었다.[57]

당시 어사소 동인들은 주로 정기간행물 발행과 학회 조직, 총서 출판 등의 방식을 통해 민속학을 고취시켜나갔다. 『중산 대학 어사소 주간』(1927년 11월에서 1928년 7월까지)의 총 36기 안에 게재된 글은 대부분 민속학 범주에 속하는 것들이었다. 『중산 대학 어사소 주간』은 "비록 '민속학'이라는 글자를 표방하지는 않았지만 민속학 분야의 글을 많이 게재했다. 이는 베이징 대학 연구소 국학문 『주간』과 『월간』에 비해 더하면 더했지 못하지는 않았다."[58]

『중산 대학 어사소 주간』 외에도 또 얼마 안 되어 『민간 문예』 주간도 발행했다. 『민간 문예』는 12기 발행 이후에 『민속』(주간)으로 이름을 바꾸어 다시 123기까지 발행했다. 『민간 문예』와 『민속』의 편집진들을 보면, 전후로 둥쭤빈과 중징원, 룽자오쭈와 류완장(劉萬章) 등이 있다. 이들 가운데 일부는 예전에 베이징 대학 국학문에 있었고, 또 일부는 과거 『국학문 주

56) "一九二七年秋, 我在中山大學 …… 這時候, 文科教師中, 像顧頡剛·容肇祖·董彥堂等過去曾經在北大出力參與過歌謠研究會和風俗調查會工作的, 都覺得有把那種在北方開始了的新學術事業, 給以繼承和發展的必要 …… 於是, 我們就成立了民俗學會, 倡辦了民俗傳習班, 編印『民間文藝』, 『民俗周刊』及民俗學會叢書." 鍾敬文, 『自傳』, 楊哲, 『鍾敬文生平·思想及著作』, 5쪽. 중산 대학 민속학회의 활동과 베이징 대학 학자들과의 밀접한 관계에 대해서는 鍾敬文, 「重印『民俗』周刊序」, 楊哲, 『鍾敬文生平·思想及著作』, 409쪽 참조.

57) 鍾敬文, 「鍾敬文學術論著自選集·自序」, 3쪽.

58) 王文寶, 『中國民俗學史』, 226쪽.

간』과 『국학문 월간』에 투고하기도 했었다.[59] 이들은 베이징 대학에서 일어났던 민속학운동에 직접 참여한 경험도 있었고, 북방에서 일어난 이 학술운동을 남방으로 확대하려는 생각도 가지고 있었다.

1927년 11월에 구제강과 둥쭤빈, 중징원 등은 더 나아가 민속학회를 조직했다. 이 학회는 "본국의 각 지방, 각 민족의 민속을 조사, 수집, 연구하는 것"을 취지로 삼았다.[60] 구제강에 따르면, 이는 베이징 대학 국학문의 가요연구회를 본떠 설립한 것이다.[61] 회원은 교내외 인사를 포함하며 총 30명 이상에 달했다.[62]

같은 해 11월 18일 민속학회 동인들은 민속총서(民俗叢書) 간행을 재결의했다. 처음에 정한 서목은 다음과 같다.[63]

저자/편자	서명
구제강	『맹강녀 고사 연구』
구제강 등	『묘봉산』(妙峰山), 『동악묘』(東嶽廟)
둥쭤빈	『중국가요개론』, 『그녀를 보았네』(看見她)
중징원	『민간문예총화』(民間文藝叢話)

59) 『民間文藝』의 주편은 둥쭤빈과 중징원이다. 둥쭤빈은 베이징 대학 국학문 간사를 역임한 적이 있고, 중징원 역시 『국학문 주간』과 『국학문 월간』에 자주 투고했다. 『민속』의 발행 기간은 비교적 길었으며, 전후로 주편을 맡았던 사람은 중징원과 룽자오쭈, 류완장(劉萬章)이었다. 룽자오쭈는 일찍이 베이징 대학 국학문 연구생이자 베이징 대학 민속학운동의 초기 참여자 가운데 한 명이다.

60) 「民俗學會簡章」, 楊成志, 「民俗學會的經過及出版物目錄一覽」, 『中山大學民俗(復刊號)』, 第1卷, 第1期(1936. 9. 15.), 224쪽.

61) 「顧頡剛來信」, 『歌謠(復刊)』, 第2卷, 第10期(1936. 6. 6.), 8쪽.

62) 푸쓰녠과 둥쭤빈, 룽자오쭈 등은 모두 민속학회 회원이다. 楊成志, 「民俗學會的經過及出版物目錄一覽」, 앞의 책, 225쪽 참조.

63) '민속총서' 출판의 최초 서목은 「學術界消息」, 『中大語史所周刊』, 第1卷 第2期(1927. 11. 8.), 56쪽 참조. 이 시기의 '민속총서'는 모두 56종이 나왔으며, 그 목록은 楊成志, 「民俗學會的經過及出版物目錄一覽」, 앞의 책, 308~12쪽 참조.

중징원(靜聞) 편	『가요논문집』, 『육안전설집』(陸安傳說集), 『최가』(崔歌)
바이치밍(白啓明) 편	『허난미어류편』(河南謎語類編)
류완장 등 개편	『월구』(粵謳)
류첸추(劉乾初) 등 번역	『낭동가요』(狼獞歌謠)

이 책들은 거의 대부분 베이징 대학 국학문의 민속 연구의 산물이었다. 이 중 『맹강녀 고사 연구』의 일부 내용과 『그녀를 보았네』는 이전에 국학문에서 출판한 적이 있었고, 『묘봉산』과 『동악묘』 두 편은 모두 '국학문총서'의 출판 계획에 포함되기도 했었다. 나머지 각 책들은 모두 경비 부족으로 출판할 여력이 없었는데,[64] 지금 어사소의 비교적 충분한 경비로 인해 하나씩 출판해 마침내 널리 퍼지게 되었다.

하지만 '민속총서'가 부단히 인쇄될 무렵, 푸쓰녠과 구제강 사이에 논쟁이 일어났다. 구제강은 후스에게 보낸 편지에서 자신과 푸쓰녠의 이견에 대해 이렇게 말했다.

> ('민속총서') 1, 2권이 나오자 푸쓰녠은 재미가 없고 수준이 얕다고 합니다. …… 인쇄하는 것에서도 그와 나의 주장은 매우 달랐습니다. 그는 대학에서 책을 내는 것은 해를 거듭한 연구의 결실이어야 한다고 보았고, 나는 이 말은 …… 학문의 토대가 튼튼할 때는 맞는 말이지만 초창기에는 그렇지 않다고 봅니다. …… 우리가 출판하지 않으면 우리의 작업을 이어가고 있는 일련의 청년들은 이끌어주는 힘을 얻지 못해 다른 분야로 가야 합니다. …… 민속학은 이제 막 제창되어 이 방면에서 근거할 뭔가가 없으므로, 나는 자료가 있으면 인쇄할 수 있다고 주장합니다.[65]

64) 顧頡剛, 「妙峰山·自序」, 7쪽.

65) "('民俗叢書')出到一二冊時, 孟眞就說這本無聊, 那本淺薄 …… 在印書上, 孟眞和我的主張很不同. 孟眞以爲大學出書應當是積年硏究的結果. 我以爲這句話 …… 在一種學問根基打好的時候說是對的, 在初提倡的時候說是不對的 …… 我們不出版, 一班可以繼續我們工作的靑年便得不到

비록 푸쓰녠과 구제강의 의견이 달랐으나 구제강의 고집으로 '민속총서'는 계속 발행되었다.[66] 당시 구제강이 수집한 자료들을 되도록 인쇄하려 한 것은 과거 베이징 대학의 교훈을 받아들였기 때문이다. 그는 이렇게 말했다.

> 내가 가장 슬퍼하는 것은 베이징 대학의 가요연구회가 설립된 이후 지금까지 10년 동안 수집해 온 가요와 속담이 2만 여 개가 있으며 고사와 풍속조사는 수천 편에 달하지만, 경비 부족으로 인쇄하지 못했다는 것이다. 하기야 베이징 대학에 오지 않았던 사람들은 볼 기회조차 없었으니 있어도 없는 것과 마찬가지가 아니겠는가![67]

구제강이 중산 대학에서 '민속총서'를 인쇄하려는 이유는 민속연구의 토대를 마련하려는 목적이었다. 즉, 서책 출판을 통해 민속자료가 널리 전파되면, 설령 이후 어사소라는 "이 단체에 불행이 닥치더라도 처음 선보이는 이런 자료들이 일단 인쇄를 통해 전파된 상황이므로 소멸되지 않을 것이고, 이처럼 뿌려진 씨가 앞으로 울창한 숲을 이룰 수 있기를" 바랐기 때

誘掖引導的力量而要走到別方面去了 …… 民俗學是剛提倡, 這一方面前無憑藉, 所以我主張有材料就可印." 顧頡剛, 「致胡適函」(1929. 8. 20.), 耿雲志, 『胡適遺稿及秘藏書信』, 第42冊, 365~66쪽.

66) 푸쓰녠은 당시 비록 어사소 주임이었지만, 구제강은 『고사변』 출판 이후에 비교적 높은 학술 성망을 갖추고 있었을 뿐만 아니라 또 베이징 대학과 샤먼 대학에서 학술사업을 이끈 경험을 가지고 있었다. 그러므로 베이징 대학 국학문의 옛 사람들이 모여 있는 어사소에서도 상당히 커다란 영향력을 발휘하고 있어서 어사소의 발전방향을 좌지우지할 수 있었다. 하지만 사람을 쓰는 면에서 푸쓰녠은 연구소 주임으로서 주도권을 잡고 있었으므로, 구제강이 그에게 여러 사람들을 추천했지만 그는 듣지 않았던 것 같다. 胡適, 「致江紹原函」, 耿雲志·歐陽哲生, 『胡適書信集』, 上冊, 402쪽 참조.

67) "我最悲傷的, 北京大學自從成立歌謠研究會以來, 至今十年, 收到的歌謠諺語有兩萬餘首, 故事和風俗調查有數千篇, 但以經費不充足的緣故, 沒有印出來. 凡是不到北京大學的人便沒有看見的機會, 有了同沒有一樣!" 顧頡剛, 「閩歌甲集·序」, 謝雲聲, 『閩歌甲集』, 2쪽.

문이다.[68]

아무튼 당시 어사소 동인들이 추진해 온 민속학 활동은 경험의 참고면에서든 제도의 제정면에서든 확실히 베이징 대학 국학문을 답습한 흔적이 있었다. 정기간행물 발행과 학회 설립, 총서 출판을 막론하고 중산 대학 어사소는 베이징 대학 국학문의 모델에 근거해 민속학 활동을 계속 발전시켜 나갔다.

	베이징 대학 국학문	중산 대학 어사소
학술정기간행물	(1) 『가요 주간』 (2) 『국학문 주간』 (후에 『국학문 월간』으로 개칭)	(1) 『민간문예』(후에 『민속』으로 개칭) (2) 『중산 대학 어사소 주간』
학회	(1) 가요연구회 (2) 풍속조사회	민속학회
학술총서	(1) 가요총서 (2) 가요소총서	(1) 민속총서 (2) 민속소총서

당시 어사소가 베이징 대학을 이은 후에 새로운 단계의 민속학운동의 중심이 될 수 있었던 것은 동인들의 협동 단결 외에도 중산 대학 최고 지도층들이 이 새로운 학술사업에 대해 적극적인 지지와 태도를 보이면서 경비를 지원해 주었기 때문이다. 중징원은 몇 년이 지난 후 이렇게 회상했다.

> 당시 학교의 새로운 지도층 가운데 베이징 대학에서 온 사람이 한 명 있었다. 그는 당연히 베이징 대학의 이러한 '신국학' 활동 상황과 의의에 대해 잘 알고 있었다. 그가 처한 특수한 지위로 인해 민속학 활동에 대한 지원도 상당히 무게감 있는 적극적인 요인이 되었다.[69]

68) 顧頡剛, 「閩歌甲集·序」, 같은 책, 3쪽.

69) "當時學校新領導班子成員中, 有一位是從北大來的, 他當然知道北大這種'新國學'活動的情形和一定的意義. 由於他所處的特殊地位, 它對民俗學活動的支持, 也就成爲有一定分量的積極因素." 鍾

위에서 말한 '베이징 대학에서 온' 교수란 바로 주자화를 말한다. 주자화는 국민당과 밀접한 관련이 있었으므로, 대륙에 남은 중징원이 글을 쓸 때 그의 이름을 직접 언급하기가 불편했을 것이다. 하지만 중징원의 말처럼 어사소의 민속학 활동에 대한 주자화의 지원은 중산 대학이 베이징 대학의 작업을 이어가는 데 결코 무시할 수 없는 역할을 했다.[70)]

이로 볼 때, 1920년대 하반기 중국 남방에서의 민속학 전파는 바로 베이징에서 남하한 학자들이 매개체가 되었다. 중산 대학 어사소는 베이징 대학 국학문에 있었던 일련의 학자들을 모아 남방 민속학운동의 요충지로 빠르게 발전할 수 있도록 했다.

뿐만 아니라 『중산 대학 어사소 주간』, 『민간 문예』, 『중산 대학 민속 주간』의 정기간행물 발행과 '민속총서'의 지속적인 출판을 통해 민속연구의 씨는 남방에서 매우 빠르게 전파되었다. 양청즈는 1930년대에 이 시기 중산 대학 민속학회의 작업성과를 평가하는 글을 쓰면서 중국 민속학운동의 흥기와 발전의 역정에 대해 회고했다. 그는 베이징 대학의 가요연구회와 풍속조사회의 설립과 업무가 중국 민속학운동의 '발족 시기'를 의미한다면, 중산 대학 민속학회의 설립 이후는 '전파에 노력을 기울인 시기'로 접어들었다고 했다.[71)]

양청즈는 민속학 발전을 위해 대략적인 시기를 나누었다. 베이징 대학과 중산 대학의 민속학 활동에 참가했던 중징원은 이 둘의 작업에 대해 전면적인 비교를 한 후, 다음과 같은 견해를 제기했다.

敬文, 「重印『民俗』周刊序」, 楊哲, 『鍾敬文生平思想及著作』, 409~10쪽.

70) 룽자오쭈 역시 일찍이 자신이 민속학회를 주관하던 때에 교장 주자화의 지지 아래 민속학회가 경비면에서 상당한 거액의 보조를 받았다고 기억했다. 容肇祖, 「我最近於'民俗學'要說的話」, 『中大民俗周刊』, 第111期(1933. 3.), 12~13쪽.

71) 楊成志, 「民俗學會的經過及出版物目錄一覽」, 앞의 책, 223쪽. 중징원은 1980년대에 베이징 대학 가요연구회를 위주로 한 민속학 활동을 중국 민속학의 창설 시기라고 칭했다. 鍾敬文, 「民俗學的歷史問題和今後的工作」, 鍾敬文, 『鍾敬文學術論著自選集』, 437쪽.

자체의 규모와 영향의 범주면에서 보면, 중산 대학의 민속학 활동과 성과는 베이징 대학보다 좀 더 큰 것 같다. 이는 존속 기간도 비교적 길고 간행물의 출판 기간도 비교적 길며, 또 많은 총서를 인쇄 간행했고, 각지에서 참여한 사람(단체)도 비교적 많았기 때문이다…….[72)]

중징원은 또 이 두 기구의 출판물을 비교했다. 베이징 대학은 "『가요』 주간에서 『국학문 주간』 등에 이르기까지 일반 민속자료를 기록한 수량이 여전히 많지 않았고(평론은 더욱 적음) 영향 범위도 비교적 협소했다. 중산 대학의 『민속』 주간(및 민속학회총서)은 이 점에서 베이징 대학의 사업을 계속 이어갔을 뿐만 아니라 여기에서 한 걸음 더 나아갔다"라고 했다.[73)]

나아가 중징원은 이 두 기구는 민속 연구의 특색에서도 차이가 있다고 보았다.

베이징 대학이 …… 관찰과 연구면에서 추구했던 각도는 처음에는 주로 문학(문예학)이었다가 뒤에 언어학(방음학, 방언학 등)과 민속학도 추가했다. 그러나 1928년 중산 대학의 수집과 연구활동은 처음부터 민속학에 치중했다. 이러한 학술적 활동은 후에 민족학, 인류학의 연구와 합쳐졌다.[74)]

중산 대학 민속학회의 영향 아래 푸젠의 푸저우와 샤먼, 광둥의 제양(揭陽), 저장(浙江)의 인현(鄞縣) 등지에서는 1920년대 이후에 민속학회가 잇따

72) "從本身的規模來講, 從影響的廣泛來講, 中大的民俗學活動和成就, 好像比北大還大些, 因爲它存在時間較長, 刊物出版的時間也比較長, 又刊印了許多叢書, 各地參加的人(還有團體)比較多……." 鍾敬文, 「民俗學的歷史問題和今後的工作」, 같은 책, 438쪽.

73) 鍾敬文, 「重印『民俗』周刊序」, 楊哲, 『鍾敬文生平·思想及著作』, 411쪽.

74) "北京大學 …… 在觀察研究上所持的角度, 開始主要是文學的(文藝學的), 稍後, 加入了語言學的(方音學, 方言學等)和民俗學的. 一九二八年, 中山大學的收集·研究活動, 一開始就偏向於民俗學. 這種學術性活動, 後來卻與民族學·人類學的研究匯合起來." 鍾敬文, 「加強民間文學的研究工作: 『民間文藝學文叢』代卷頭語」, 같은 책, 404쪽.

라 설립되었다. 그 중 특히 항저우(杭州)에서 설립한 중국민속학회가 가장 중요했다.[75] 양청즈는 새로 설립된 학회들을 고찰한 후 다음 사항을 발견했다.

> 각지 민속학회의 주관자는 대부분(중산 대학) 『민속』 주간의 핵심이거나 민속총서의 저자들이다. 특히 본회(중산 대학 민속학회)의 회원으로서 각지에서 끊임없이 노력해 새로운 활동무대를 개척한 실력자들이다.[76]

중산 대학의 민속학회가 뿌린 씨앗은 10년 사이에 확실히 '울창한 숲'을 이루었으며, 이로써 중국 학술계에서 민속학의 기치도 널리 확립되었다.[77]

민속학운동이 중국 북방에서 발아해 20년이 안 되는 시간에 그 씨앗이 남방 각지로 퍼져나갔을 뿐만 아니라, 심지어 '울창한 숲'을 이루었다. 이는 일정 부분 구제강과 기타 베이징 대학 국학문 동인들의 공동 노력으로 공을 돌려야 할 것이다. 구제강은 젊은 학자들의 지도자이자 중산 대학 어사소의 실제 책임자로서 민속학운동의 중심인물이었다.[78] 1926년 여름, 베이징 대학을 떠나 중간에 샤먼 대학에서 몇 개월 머물다가 마지막으로 다시 중산 대학으로 옮겨갔다. 이 몇 년 사이에 구제강 개인의 학술적 흥미는 주로 고대사 연구였으며, 중산 대학 문과에서도 이 분야의 과목을 개설했다.[79] 그러나 학술사업을 추진할 때는 다른 옛 국학문 사람들과 함께

---

75) 鍾敬文, 「民俗學的歷史問題和今後的工作」, 『鍾敬文學術自選集』, 439~41쪽. 鍾敬文, 「我與浙江民間文化」, 楊哲, 『鍾敬文生平·思想及著作』, 583~96쪽 참조.

76) "各地民俗學會的主持人, 多系(中大)『民俗』周刊的骨幹, 或民俗叢書的作者, 更有屬本會(中大民俗學會)會員, 而在各地繼續努力開辟新園地的健將." 楊成志, 「民俗學會的經過及出版物目錄一覽」, 앞의 책, 227쪽.

77) 楊成志, 「民俗學會的經過及出版物目錄一覽」, 앞의 책, 223쪽.

78) 스나이더(施耐德)는 1926년 남하했던 구제강이 중국 민속학운동의 파종자이자 민속학운동을 화북에서 화남으로 뻗어나가게 한 장본인이며, 중산 대학에 있을 때에도 중국 민속학운동의 주요 발언인이었다고 지적했다. 施耐德, 『顧頡剛與中國新史學』, 149, 152쪽.

79) 구제강이 1927년에 개설한 수업은 '중국상고사', '서경연구', '서목지남'(書目指南)이다. 顧潮, 『顧頡剛年譜』, 145쪽 참조.

민속 연구의 보급에 힘썼으므로,[80] 결국 중산 대학은 베이징 대학을 이어 1920년대 후반 중국 민속학운동의 중심이 되었다. 급기야 국학문에 있었던 둥쭤빈은 "내 도가 남쪽으로 간다!"라고 감탄했다.[81] 중산 대학 어사소의 활동으로 인해 베이징 대학에서 시작된 민속학운동은 '전승 가능한 횃불'을 얻었을 뿐만 아니라 더욱 진일보하게 '전국적으로 확대'되어갔다.[82]

3. 어사소에서 사어소까지

민속 연구는 비록 중산 대학 어사소 발전의 중점 항목이었지만 어사소 동인의 연구방향은 민속학 분야에 국한되지 않았다. 1927년 11월 1일에 출판된 『중산 대학 어사소 주간』(中大語史所周刊)은 어사소의 기관간행물이었다. 동인들은 이 주간의 창간호 「발간사」에서 업무취지와 연구방향에 대해 정식으로 학계에 알렸다.

> 여러 학문 가운데 언어학과 역사학이 중국에서 가장 먼저 일어났다. 중국의 모든 학문을 비교할 때 가장 풍부한 성과를 거둔 것도 이 두 분야를 꼽아야 한다. 하지만 역사적으로 여러 세력의 구속으로 인해 2000여 년을 거쳐도 견실한 기초를 닦지 못했다. 우리는 현재 공리적인 선입견도 없으며, 모든 학문이 다 실리적인 쓰임이 있는 것은 아니라는 것을 안다. 또 우상숭배의 누습을 타파하고, 자신의 이성이 앞사람의 권위 아래 굴복되기를 원하지 않는다. 이로써 우리는 현대 학문을 연구하는 가장 적당한 방법을 받아들여 이 분야의 신세계를 열어갈 수 있을 것이다. 언어와 역사학도 기타 자연

80) 구제강이 과거에 베이징 대학에 있을 때, 가요모집회와 풍속조사회의 항렬에 낄 수 있었던 것은 주로 국학문 학풍의 영향을 받았기 때문이다. 그의 개인적인 학술적 흥미는 사실 학술사와 상고사 방면이었다. 顧頡剛, 「古史辨·自序」, 第1期, 77, 87쪽 참조.

81) 董作賓, 「『看見他』之回顧」, 『歌謠』, 第3卷 第2期(1937. 4. 10.), 1쪽.

82) 顧頡剛, 「臺山歌謠集·顧序」, 陳元柱, 『臺山歌謠集』, 臺北: 東方文化供應社影印, 1969, 2쪽.

과학과 같은 목적과 수단을 가지고 있으며, 차이는 단지 분업에 불과할 뿐이다.[83)]

「발간사」는 언어학과 역사학을 동시에 언급하면서 언어역사학 연구는 기타 자연과학과 마찬가지의 목적과 수단을 가지고 있다고 강조했다. 이는 어사소의 주임 푸쓰녠의 학술이념에 매우 부합되는 것이다.[84)] 그러므로 일찍이 중산 대학에서 푸쓰녠, 구제강과 함께 일했던 둥쭤빈은 후에 이 발간사가 푸쓰녠의 문장에서 나왔다고 여겼다.[85)] 둥쭤빈은 특히 「발간사」의 이 말에 근거해 그렇게 생각했다.

우리들은 실제로 자료를 수집하고, 민중 속에서 방언을 찾으며, 고문화의 유적에서 발굴하고, 여러 사람들의 사회에서 풍속을 물어 많은 신학문을 건설해야 한다![86)]

둥쭤빈은 이를 사어소 20주년 보고서에서 언급한 4조의 업무와 비교한 후 "작업 범위가 완전히 같으며", "방침도 같은" 두 가지를 발견하고서 이 발간사는 "분명 푸쓰녠 선생의 문장"이라고 단정했다.[87)] 『중산 대학 어사소

83) "語言學和歷史學在中國發端甚早, 中國所有的學問比較成績最豐富的也應推這兩樣, 但爲歷史上種種勢力所縛, 經歷了二十餘年還不曾打好一個堅實的基礎. 我們生當現在旣沒有功利的成見, 知道一切學問, 不都是致用的. 又打破了崇拜偶像的陋習, 不願把自己的理性屈伏於前人的權威之下, 所以我們正可承受了現代研究學問的最適當的方法, 來開辟這些方面的新世界. 語言歷史學也正和其他的自然科學同目的同手段, 所差只是一個分工." 「中大語史周刊·發刊詞」, 第1卷 第1期, 3쪽.

84) 푸쓰녠이 쓴 「史語所工作之旨趣」에서도 역사학과 언어학을 함께 거론하면서 "역사학과 언어학을 생물학, 지질학 등과 같이 건설해야 한다"라고 밝혔다. 傅斯年, 「史語所工作之旨趣」, 『史語所集刊』, 第1本 第1分冊, 10쪽.

85) 董作賓, 「歷史語言研究所在學術上的貢獻」, 『大陸雜志』, 第2卷 第1期(1951. 1.), 2쪽.

86) "我們要實地搜羅材料, 到民衆中尋方言, 到古文化的遺址去發掘, 到各種人間社會去采風問俗, 建設許多新學問!" 「中大語史所周刊·發刊詞」, 第1卷 第1冊, 3쪽.

87) 董作賓, 「歷史語言研究所在學術上的貢獻」, 『大陸雜志』, 第2卷 第1期, 11~12쪽.

주간』 창간호를 출판할 당시, 둥쥐빈은 중산 대학에 있지 않았으므로 발간사에 드러난 작업 방침에 근거해 저자가 누구인지를 추단할 수밖에 없었다. 단지 구제강이 남긴 일기와 직접 쓴 연보 등의 자료에 근거해 구차오(顧潮)가 엮은 『구제강 연보』에서는 이 문장이 확실히 구제강이 쓴 것이라고 설명했다.[88]

물론 푸쓰녠의 학술이념이 구제강이 집필한 「발간사」를 통해 표현될 수는 있지만,[89] 이 글에는 사실 구제강의 견해가 적지 않게 들어 있다. 발간사에서 진술한 작업방침을 자세히 살펴보면, 베이징 대학 국학문에서 과거 몇 년 동안 제창하고 발전시킨 학술사업이 아닌 것이 없었다. 국학문에서 몇 년 동안 조교를 했던 구제강은 여러 활동에 적극적으로 참여했던 사람이었기 때문에, 그가 이 발간사를 계획할 당시 국학문의 연구방향을 총결해 간단명료하게 「중산 대학 어사소 주간·발간사」에 써넣음으로써 중산 대학 어사소의 발전을 이끄는 강령 성격의 글을 만들었던 것이다.

둥쥐빈이 「중산 대학 어사소 주간·발간사」와 사어소의 이후 작업을 비교한 후에 이 발간사를 푸쓰녠이 썼다고 오해한 것은 푸쓰녠과 구제강이 당시 학술기구의 발전과 추진에 관한 '큰 방침에서는 일치함'을 보일 뿐만 아니라,[90] 1920년대 초 국학문이 창설한 학술사업과 1920년대 말에 설립된 사어소의 작업 방향이 매우 근접했음을 반영한 것이다.[91] 이는 분명 사

88) 『顧頡剛年譜』, 1927년 10월 21일에 "「중산 대학 언어역사학연구소 주간·발간사」"라고 되어 있다. 顧潮, 『顧頡剛年譜』, 144쪽.

89) 예를 들어 「중산 대학 어사소 주간·발간사」에서 언어학과 역사학을 함께 거론한 것은 분명 푸쓰녠에게서 나온 주장이다. 루야오둥(逯耀東)도 「중산 대학 어사소 주간·발간사」는 "푸쓰녠의 학술사상과 목표를 선명하게 표명했다"라고 보았다. 逯耀東, 「傅斯年與『歷史語言研究所集刊』」, 逯耀東, 『胡適與當代史學家』, 235쪽.

90) 顧潮, 「顧頡剛與傅斯年在青壯年時代的交往」, 『文史哲』, 1993, 第2期, 16쪽.

91) 루야오둥은 사어소의 창립 초기를 보면, 조직 규모와 기간, 편집형식이 모두 베이징 대학 국학문 및 『국학 계간』과 일맥상통한다고 지적했다. 逯耀東, 「傅斯年與『歷史語言研究所集刊』」, 앞의 책, 239쪽. 류룽신(劉龍心) 또한 중산 대학 어사소의 연구계획은 베이징 대학 국학문을 청사진으로 삼았지만 설계면에서는 더욱 정통했다고 보았다. 劉龍心, 『史料學派

어소와 국학문의 지도자가 학술이념에서 상통하는 부분이 많다는 점을 나타낸 것이지만, 이렇듯 비슷한 학술 관점의 배후에 내포된 문제는 분명 진일보하게 검토해 볼 만한 것이다.

푸쓰넨은 사어소의 소장으로 분명 사어소의 발전방향을 결정하는 주요 인물이었다. 사어소 소장을 맡기 전에 푸쓰넨은 유럽에서 7년 동안 유학했고, 그가 평생에 걸쳐 세우고자 했던 뜻은 1926년 귀국 전에 이미 형태를 갖추었다.[92] 귀국 이후에 푸쓰넨은 우선 구제강의 협조 아래 중산 대학 어사소를 창설하고, 그 후 두 사람이 1928년에 또 중앙연구원(中央硏究院) 사어소의 준비에 함께 참여했으므로,[93] 구제강은 푸쓰넨의 학술이념에 대해 매우 잘 알고 있었다. 구제강은 이렇게 생각했다.

> 푸쓰넨은 유럽에서 오래 있었으며 프랑스 한학의 뒤를 따라가면서 이와 승부를 겨루고 싶어했다…….[94]

푸쓰넨은 유럽에서 공부할 때 독일 사학 이론의 영향을 받았을 뿐만 아니라 프랑스 한학의 연구성과로부터도 커다란 자극을 받았다.

푸쓰넨과 친분이 두터웠던 뤄자룬은 이렇게 지적했다.

> (푸쓰넨이) 중국 학문을 연구하는 외국 한학자 가운데 가장 탄복하는 사람으로 두 명을 꼽을 수 있다. …… 한 사람은 스웨덴의 칼그렌이고 …… 또 한 사람은 프랑스의 펠리오이다. …… 이 두 사람이 지닌 중국 학문의 과학성에 대한 조예는 푸쓰넨에게 매우 커다란 자극이 되었다.[95]

與現代中國史學的發展』, 72쪽.

92) 杜正勝,「從疑古到重建: 傅斯年的史學革命及其與胡適, 顧頡剛的關系」,『當代』, 第116期, 臺北: 當代雜志社, 1995. 12, 21～24쪽.

93) 顧潮,『顧頡剛年譜』, 152쪽.

94) "傅在歐久, 甚欲步法國漢學之後塵, 且與之角勝……." 같은 곳.

푸쓰녠은 특히 펠리오를 흠모해 그의 학술성과를 극찬한 「펠리오 교수를 논하다」(論伯希和教授)라는 글에서 이렇게 말했다.

> 동양학에서의 펠리오의 공헌은 국외 한학자들이 이미 잘 알고 있는 사실이다. 펠리오는 이미 사라진 몇몇 중앙아시아 언어를 회복시키고, 중앙아시아 역사의 각 분야와 중국의 대외 관계를 위해 매우 중요한 몇 장(章)을 추가했다. 또한 무수한 한학의 착오를 교정하는 한편, 한학을 연구하면서 함부로 말하는 사람들에게 신중하라고 채찍질했으며, 에두아르 샤반에 이어 파리 한학파의 정통성을 구축했다. 독일과 오스트리아, 스웨덴, 영국, 미국, 일본 등지에까지 영향을 끼쳤다. 이분은 중국은 물론이고 전 세계 한학연구자들이 존경하는 사람이다.[96)]

또 이렇게 말했다.

> 1920년 이래 일본의 동양학이 진보한 것은 대체적으로 파리 학파를 본받았기 때문이다…….[97)]

그는 프랑스 한학을 추앙한 것 외에도 언어학 분야에서 칼그렌이 쌓아온 성과에 대해서도 칭찬을 했다. 유학이 끝나갈 무렵, 푸쓰녠은 칼그렌의

95) "(傅斯年)對於外國硏究中國學問的漢學家中最佩服的只有兩個人 …… 一個是瑞典的高本漢(Karlgren) …… 一個是法國的伯希和(Pelliot) …… 這兩個人對於中國學問的科學性的造詣, 給了孟眞很大的刺激." 羅家倫, 「元氣淋漓的傅孟眞」, 蔡尚志, 『長眠傅園下的巨漢』, 57쪽.

96) "至若伯君在東方學上之貢獻, 本爲留意國外漢學者所夙知. 伯君將已泯滅之數個中亞語言恢復之, 爲中亞史之各面及中國外向關係增加極重要的幾章, 糾正無數漢學中之錯誤, 鞭策一切治漢學而爲妄說者以向謹嚴, 繼茹裏安沙畹以建立巴黎漢學派之正統. 影響所及, 德·奧·瑞典·英國·美國以及日本. 此君固中國以外, 全世界治漢學者奉爲祭酒者也." 傅斯年, 「論伯希和教授」, 傅斯年, 『傅斯年全集』, 第7冊, 6쪽.

97) "二十年來日本之東方學進步, 大體爲師巴黎學派之故……." 傅斯年, 「論伯希和教授」, 앞의 책, 6~7쪽.

중국 음운학 연구서를 대대적으로 수집했다.[98] 귀국 후에 사어소를 주관하면서 칼그렌의 대표작 『중국 음운학 연구』 중역본이 나올 수 있도록 힘썼으며, 이 책을 위해 직접 서문을 쓰기도 했다. "서양 학자의 방음 연구방법과 중국에서 대대로 전해지던 반절 등의 음운학을 종합한 그는 실로 선대를 이어받고 후세를 열어줄 훌륭한 실력을 갖춘 사람으로서 한학 발전에 없어서는 안 될 매우 중요한 핵심"이라고 높이 평가했다.[99]

펠리오와 칼그렌은 20세기 초 유럽의 '한학'의 대가(엄격하게 말해서 이들의 학문 범위는 '동양학'이라고 하는 것이 더 맞을 것임)이자 베이징 대학 동인들이 평소부터 존경해 오던 외국 학자였다. 이들을 추종하던 푸쓰녠은 국학문의 학술작업에 대해 상당한 이해와 칭찬을 표하면서, 사적인 자리에서 베이징 대학 국학문과 칭화 국학원은 모두 1920년대 전기에 중국에서 싹튼 '한학의 우수한 맹아(萌芽)'라고 칭찬했다. 푸쓰녠은 이 둘을 비교한 후 이렇게 말했다.

> 특히 베이징 대학이 이끄는 '국고'에 대응할 만한 새로운 태도는 가장 잠재력이 있는 것이라고 생각한다.[100]

비록 푸쓰녠은 사어소 동인들이 사어소를 창립할 당시, '국수 보존'이라는 구관념을 가지고 낡은 것을 지키는 보수적인 연구를 하는 것을 막기 위해 「사어소 업무취지」(史語所工作之旨趣)에서 '국고'라는 단어에 대해 비평을 했으나, 베이징 대학 국학문이 학술을 연구해 나가는 방향에 대해서는 오히려 찬사를 아끼지 않았다.

---

98) 이는 왕판썬이 푸쓰녠 당안을 정리한 후의 발견이다. 王汎森, 「讀傅斯年檔案札記」, 『當代』, 第116期, 32쪽 참조.

99) Karlgren 著, 趙元任 等 譯, 「中國音韻學研究·傅序」, 1쪽.

100) "尤以北大所領導之對付'國故'之新的態度, 爲最有潛力者." 傅斯年, 「傅故所長孟眞先生手跡(二)釋文」, 『史語四十年周年紀念特刊』 編委會, 『語所四十周年紀念特刊』, 205쪽.

사실상 푸쓰녠은 귀국 전후로 국학문의 핵심 인물과 접촉할 기회가 많아 베이징 대학 동인들의 국고정리에 대한 태도와 방법에 대해 상당히 잘 알고 있었다. 그가 유럽에서 유학할 때 구제강은 자주 그와 연락을 하면서 중국의 학술간행물 등을 부쳐주었고,[101] 프랑스에서 유학한 류푸도 푸쓰녠과 밀접하게 왕래했다.[102] 푸쓰녠은 구제강과 류푸를 통해 당시 국학문의 활동에 관한 정보를 얻을 수 있었으나,[103] 고국의 새로운 학술동향을 속속들이 모두 아는 것은 아니었다. 귀국해 중산 대학 문과와 어사소를 주관하면서 그는 옛 국학문 사람들과 자주 만나는 일련의 과정에서 과거 몇 년간 어사소의 발전 상황에 대해 자세히 알게 되었다.[104] 「사어소의 업무취지」 가운데 언급한 '귀신 숭배'와 '가요 민속', '내각 당안', '실험 어음학' 등을 보면, 모두 베이징 대학 국학문 동인들이 수년 전에 이미 수집한 새로운 자료이거나 운용해 온 새로운 방법이었다. 물론 그가 「사어소의 업무취지」를 쓸 때 이러한 새로운 영역을 제창하는 과정에서 국학문 학술작업의 시사를 어느 정도 받았을 거라는 가능성이 없는 것은 아니다. 그가 특별히 사어소의 발전적 방향에 대해 논한 글을 자세히 살펴보면, 먼저 국학문이 '한

101) 傅斯年, 「與顧頡剛論古史書」, 傅斯年, 『傅斯年全集』, 第4冊, 454쪽. 顧潮, 『顧頡剛年譜』, 132쪽 참조.

102) 蔡元培, 「西遊日記」, 1921. 5. 6/10, 高平叔, 『蔡元培文集: 卷十三·日記(上)』, 504, 506쪽. 1922년 류푸는 파리 대학교에서 박사학위논문을 쓸 무렵, 역시 자주 푸쓰녠과 언어학에 관한 문제에 대해 토론하곤 했다. 傅斯年, 「劉復『四聲實驗錄』序」, 傅斯年, 『傅斯年全集』, 第3冊, 205쪽.

103) 푸쓰녠은 사어소 소장을 맡은 후 구제강과 류푸를 각각 초청해 문헌고증조와 민간문예조의 책임자로 임명했다. 류푸는 일찍이 민간문예조를 위해 상세하고도 큰 규모의 업무계획을 만들었다. 이 계획서는 후에 민간문예조의 폐지와 류푸가 퇴직함으로 인해 대부분 실행되지 못했다. 그러나 사어소가 후에 출판한 『中國俗曲總目稿』와 『北平俗曲略』은 모두 이 계획의 일부분이다. 劉錫城, 「中國民俗學的濫觴與外來文化的影響」, 吳同瑞 等, 『中國俗文學七十年』, 23~24쪽 참조.

104) 현재 타이완 중앙연구원 푸쓰녠 도서관에 소장되어 있는 『국학문 주간』합정본(1~2권)은 그 위에 모두 푸쓰녠의 장서인이 찍혀 있는 것으로 보아 확실히 원래 푸쓰녠의 개인 장서였음을 알 수 있다.

학' 분야에서 "적극적으로 새로운 방향으로 나아가는 태도"에 대해 높이 평가하고, 이어서 사어소 동인들이 "대규모로 새로운 방향으로 나아가기를 바란다"라고 했다.[105] 이로써 두 연구기구 간의 내재적인 연관성이 매우 명확하다고 할 수 있다.

이것으로 볼 때, 1920년대에 잇따라 창설된 두 학술기구로서의 국학문과 사어소는 연구의 취향면에서 모두 유럽 동양학의 영향을 받았으며 지도자들끼리의 교류 기회도 적지 않았다. 비록 두 기구의 주요 발전 중심은 달랐지만(국학문은 초기에 민속연구를 발전적 특색으로 삼았고, 사어소의 처음 20년간 작업은 고고학 발굴에 편중되었음), 연구에 임하는 태도면에서는 대체적으로 비슷했다.

이 외에 조직구조를 보면, 사어소는 동인들의 연구방향에 따라 연구소 내에 분과를 두었다. 그 성격은 베이징 대학 국학문과 비슷하며 강학을 위주로 하는 칭화 국학원과는 매우 달랐다. 인사구조를 보면, 사어소는 창설 초기에 국학문에 있던 사람들도 대량 흡수했다. 1928년 10월 14일, 사어소는 연구소 재직자를 중심으로 제1차 회의를 개최했다. 참가자로는 푸쓰녠과 구제강, 뤄융, 뤄창페이, 상청줘, 룽자오쭈가 있었다.[106] 그 중 푸쓰녠과 뤄창페이 외에 나머지 4명은 모두 국학문에 있던 사람들이고, 일찍이 베이징 대학 국문과에서 공부했던 뤄창페이 역시 이들을 잘 알고 있었으며, 샤먼 대학 국학원에서는 함께 일한 적이 있었다. 『사어소 집간』(史語所集刊) 창간호의 집필진을 보면, 푸쓰녠과 위융량(칭화 국학원 졸업) 외에도 후스가 국학문 지도교사를 맡았던 것은 말할 필요도 없고, 게다가 둥쭤빈과 상청줘, 딩산, 룽자오쭈 등은 과거에 모두 국학문의 조교나 대학원생이었다.

초창기 사어소의 연구자 명단을 좀 더 관찰하면, 연구원(특약, 겸임, 전임 3가지로 나눔)과 외국 통신원, 편집자 등 세 부분의 명의로 초빙한 학자들

105) 傅斯年, 「傅故所長孟眞先生手跡(二)釋文」, 『史語四十周年紀念特刊』 編委會, 『語所四十周年特刊』, 205쪽.

106) 이 회의 명단은 王懋勤, 「歷史語言研究所正式成立的日期」, 앞의 책, 198쪽 인용.

은 모두 34명이었다. 이 중 과거 국학문에서 직무를 맡았거나 연구생이었던 사람은 18명으로,[107] 차이위안페이와 후스, 천위안, 류푸, 린위탕, 마헝, 룽겅, 주시쭈, 선젠스, 쉬쉬성, 위안푸리, 구제강, 딩산, 펠리오, 둥쭤빈, 상청쭤, 룽자오쭈, 찬부안이다.[108] 결국 초창기 사어소 동인 가운데 절반 이상은 모두 과거 베이징 대학 국학문의 중견 인물들이었다. 이 같은 점들은 두 학술기구의 관계가 상당히 밀접했음을 여실히 보여주고 있다.

제2절 국고정리운동의 확대

1. 전국적인 학술운동의 형성

국학문은 베이징 대학의 사생(師生)들이 신문화운동에서 '국고정리'의 구호를 외친 후, 앞장 서서 이 구호에 응답해 설립한 연구기구이다. 동인들도 각종 루트를 통해 지식계에 국고정리의 의미와 작업을 적극적으로 소개했다.

신문화운동을 통해 떠오른 학술계의 샛별인 후스는 1920년대 초에 도처에서 국고정리와 연구를 제창했다. 1921년 7월말, 그는 남하하는 길에 둥난 대학과 난징 고등사범 여름학교의 초청으로 '국고방법 연구'라는 제목으로 강연을 했다.[109] 이듬해 10월, 베이징 고등사범학교의 요청에 따라 같은 제목으로 또 한 차례 강연을 했다. 이 두 차례 강연기록은 잇달아 1921년부터 1922년까지 『시사신보·각오부간』(時事新報·覺悟副刊), 『동방잡지』(東方雜誌), 『국문학회 총간』(國文學會叢刊)에 각각 게재되었다.[110] 이 강연에서 후

107) 「中央研究院歷史語言研究所研究員外國通信員編輯表」, 王汎森·杜正勝, 『傅斯年文物資料選輯』, 臺北: 中央研究院史語所, 1995, 65쪽.

108) 같은 곳.

109) 季維龍, 『胡適著譯系年目錄』, 47쪽.

스는 다음과 같이 강조했다.

> 국고 연구는 현재 절실히 필요한 것입니다. …… 나는 제군들이 국고연구에 대해 흥미를 가지고 진실한 공부를 한번 해보길 바랍니다…….[111]

그는 또 1923년 초 칭화 학교 졸업생들의 초청으로 그들을 위해 「최저한의 국학서목」(一個最低限度的國學書目)을 준비했다. 같은 해에 량치차오도 칭화 학생들의 초청에 응해 이들을 위해 「국학입문서 요목 및 그 독법」(國學入門書要目及其讀法)을 작성하는 한편, 「후스의 '최저한의 국학서목'에 대한 평」(評胡適之的'一個最低限度的國學書目')이라는 글을 써서 후스가 열거한 서목에 대해 비판을 가했다.[112] 후스와 량치차오는 젊은 학자들이 어떤 국학 서적을 읽어야 하는지에 대해 각각 견해가 달랐으나, 국학연구에 대한 중요성에 대해서는 의견을 함께 했다. 5·4운동 전후로 중국 학술사상계의 두 지도자는 모두 청년 학자들을 위해 국학 서적 요목을 작성했고, 한편 국고정리운동의 확대에도 상당한 영향을 끼쳤다.

1923년 초, 베이징 대학 국학문은 『국학 계간』 창간호를 재발행했다. 국학문 전체 동인의 의견을 대표해 후스가 집필했던 「발간선언」은 국고정리의 태도와 방법에 대해 구체적이고 명확하게 설명했고, 발표 후 학계의 관심을 한몸에 받았다. 이는 먼저 『국학 계간』에 게재된 후에 『베이징 대학 일간』에도 3일 동안 연재되었으며, 이듬해 또 전체 문장을 『후스 문존』(胡適文存)에 수록해 출판했다. 1920년대 크게 유행했던 후스의 저작을 학생들이 너도나도 구입해 읽다 보니,[113] 베이징 대학 동인의 국고정리의 의견

110) 같은 곳.

111) "研究國故, 在現時確有這種需要 …… 我很望諸君對於國故, 有些研究的興趣, 來下一番眞實的功夫……." 胡適, 「研究國故的方法」, 蔣大椿, 『史海探淵: 中國近史學理論文編』, 682~83쪽.

112) 胡適, 「一個最低限度的國學書目」; 梁啟超, 「國學入門書要目及其讀法」, 「評胡適之的『一個最低限度的國學書目』」, 胡適, 『最低限度的國學書目』, 臺北: 遠流出版公司, 1994, 127~75쪽 참조.

과 작업이 많은 사람들의 주목을 받게 되었다. 1924년 1월에 후스는 둥난 대학을 방문해 이 학교 국학연구회에서 '국고정리를 다시 한 번 이야기하다'(再談談整理國故)라는 제목으로 「발간선언」의 주요 관점을 명료하게 요약해 설명했다.[114] 그 강연 내용은 2월의 『신보부전』(晨報副鐫)에 게재되었고,[115] 이후에도 당시 사람들에 의해 종종 「발간선언」과 함께 일부 국학논문집에 수록되었다.[116]

어쨌든 남북의 여러 대학 캠퍼스에서 열린 후스의 강연과 각지 신문잡지, 학술정기간행물, 논문집 등의 게재를 통해 '국고정리' 구호는 점점 지식계에 알려지게 되었다.[117] 동시에 국학문 동인들도 종종 베이징과 상하이의 신문 칼럼을 이용해 소식을 배포함으로써, 뜻을 함께 하는 사람들에게 호소하고 사회에 선전하고자 했다. 베이징에서 출판된 『신보부전』, 『경보』(京報) 부간과 마찬가지로 상하이에서 출판된 『동방잡지』도 국학문의 활동을 자주 게재했다.[118] 『신보부전』과 『동방잡지』는 베이징과 상하이의 지식인들이 애독하던 간행물인데다 판매망도 중국 각지의 대도시에 널리 퍼져 있었다. 이러한 신문 간행물과 잡지 등의 매개체를 통해 국학문 동인들의 국고정리에 대한 주장은 남북 각지로 빠르게 전파되었고, 광범위한 지식계의 주목을 받게 되었다.

113) 「批判胡適主觀唯心論的歷史關於方法論: 北京大學歷史係教師座談會發言摘要」, 三聯書店, 『胡適思想批判(論文匯編)』, 第2輯, 170쪽.

114) 胡適, 「再談談整理國故」, 許嘯天, 『國故學討論集』, 上冊, 21쪽.

115) 季維龍, 『胡適著譯系年目錄』, 70쪽.

116) 예를 들어 쉬샤오톈(許嘯天)이 편집한 『국고학토론집』에 이 두 편의 글을 동시에 수록했다.

117) 현대 신문의 선전홍보 기능에 대해 후스는 일찍부터 깊은 인식을 갖고 있었다. 그리고 또한 상무인서관과 후스의 원만한 관계로 인해 국고정리의 주장은 출판기구의 유력한 지지를 얻을 수 있었다. 沈松僑, 「一代宗師的塑造: 胡適與民初的文化社會」, 周策縱, 『胡適與近代中國』, 153~57쪽 참조.

118) 『신보』와 『경보』두 신문의 부간의 주편을 맡았던 쑨푸위안은 원래 베이징 대학의 청강생으로서 베이징 대학 사생과의 관계가 밀접했기 때문에 항상 국학문의 학술활동을 보도했다. 周作人, 『知堂回想錄』, 447~49쪽 참조.

이러한 외부의 선전 기지 외에도 베이징 대학이 출판하는 『국학 계간』과 『국학문 주간』 등의 간행물은 베이징 대학 동인을 중심으로 한 국고정리의 성과를 더욱 구체적으로 보여주었다. 이러한 학술적 간행물 가운데 특히 가장 커다란 판매망을 보유하고 있던 『국학 계간』은 베이징의 여러 책 시장에서 위탁 판매되었고, 상하이와 난징, 광저우, 칭두 등 전국 14개 주요 도시에도 『국학 계간』의 위탁판매처가 있었다. 이러한 위탁판매처는 일반적으로는 서점과 소형 출판물 유통처, 학교 등이었다. 이 외에 여러 성의 상무인서관(商務印書館)도 이 간행물의 위탁판매를 책임졌다.[119)]

국학문이 출판한 학술간행물의 판매망은 베이징과 상하이의 지역 신문과 잡지, 출판사의 발행망과 연결되어 전국 학술 중심의 베이징 대학이 여러 성과 소식을 주고받을 수 있게 되었다. 뿐만 아니라 국고정리의 주장도 이로 인해 각 곳으로 전파되면서 급속도로 전국적인 새로운 학술운동으로 형성되었다. 1930년대 초에 베이징 대학 동인들이 편집한 교사(校史) 자료를 보면, 그 속에서 1920년대 이래로 "나라 안에 국학을 연구하는 풍조가 크게 일어났으며, 실제로 우리 학교가 그 발단을 이끌었다"라고 언급하고 있다. 사실 그대로의 말이다.[120)]

2. 대대적인 국학연구기구의 설치

1920년대 하반기에 들어 지식계의 '국고정리'의 외침 속에서 중국 남북의 여러 신흥 대학들은 베이징 대학의 뒤를 이어 연구소를 설립해 국학연구와 발전의 중심으로 삼고자 했다. 잇따라 설립된 유명 학술기구로는 둥난 대학 국학원, 칭화 대학 국학원, 옌징 대학 국학연구소 등이 있다.

119) 「『國學季刊』代賣處」, 『國學季刊』, 第2卷 第1號(1925. 12.) 마지막 쪽수. 서로 비교해 보면, 『국학문 주간』의 판매망은 『국학 계간』보다 훨씬 못했으며, 베이징 이외에 톈진과 카이펑(開封) 두 곳에만 위탁판매처가 있었다. 『國學門周刊』, 第1卷 第12期(1925. 12. 30.), 마지막 쪽수.

120) 『國立北京大學志』 編纂處, 『國立北京大學校史略』, 11쪽.

이들 가운데 베이징 대학 동인의 '국고정리' 호소에 가장 커다란 호응을 보였던 곳은 1920년대 초에 중국 남방 최고의 학부라고 불리던 둥난 대학이었다. 1924년에 둥난 대학은 국학원을 설립해 이 학교 국문학과 학생들이 졸업한 후 더 깊이 공부할 수 있는 곳으로 삼았다.[121] 국학원의 책임자 척삼(惕森) 구스(顧實, 1876~?)는 「둥난 대학 국학원 국학정리계획서」(東南大學國學院整理國學計劃書, 이하 「둥난대국학원계획서」로 약칭)를 작성했다. 둥난 대학 국학원의 창설 취지는 국고정리가 확실히 중국 학술계의 급선무이기 때문이라고 설명했다.

> 무릇 한 나라의 역사적 장구함은 특히 반드시 유전되는 학술적 지식의 경험을 가지고 있다. 안으로는 애국지사에 의해 중요하게 여겨지고, 밖으로는 다른 나라의 학자들에 의해 주목을 받는다. 멀리 서양의 학풍은 그리스 학술과 로마 학술은 물론 본국의 학술까지 존중하지 않음이 없다. 중국이라고 다를 게 있겠는가. 그러므로 오늘날 국학을 정리하는 일은 현재 당면한 과제이다. 하물며 평소에 세계문명의 한 발원지라고 외쳤으니, 어찌 그 진면목을 조금이라도 잃어버릴 수 있겠는가?[122]

둥난 대학 국학원의 설립 목표는 국학정리에 있었던 것이다. 국고정리의 범위에 대해서는 계획서에서 "중국의 언어문자로 기록한 책" 모두가 "정리의 대열에 포함된다"라고 밝혔다.[123]

구체적인 정리방법에 대해서 「둥난대국학원계획서」는 3가지 방면에서 착수해 확립한다고 밝혔다. (1) 과학부: "과학으로 국고를 관리·감독하고",

---

121) 「東大國學院計劃書」, 『北大日刊』, 1924. 3. 15, 2쪽.

122) "蓋凡一國歷史之綿遠, 尤必有其遺傳之學識經驗, 內則爲愛國之士所重視, 外則爲他邦學者所注意. 遠西學風莫不尊重希臘學術, 羅馬學術, 及其本國學術. 吾國亦何獨不宜然. 故今日整理國學, 爲當務之急. 況夙號世界文明之一源, 焉可稍自失其面目哉?" 「東大國學院計劃書」, 앞의 책, 2쪽.

123) 같은 곳.

각종 고대 도감과 기물을 수집해 전문 역사와 사전을 집필한다. (2) 전적부(典籍部): “국고로 국고를 관리·감독하고”, 고서에 대해 소증(疏證)과 교리(校理), 재수정(重修)을 거쳐 그 진위와 의리(義理)를 명확하게 한다. (3) 시문부(詩文部): “낡은 풍속과 습관을 바꾸는 것”을 목표로 한다.[124] 이외에 계획서에는 다른 나라 대학과 교수를 교환하고 학생을 선발해 유학을 보내며 국학도서조사회를 부설하자는 등의 구상도 제기했다.[125]

둥난 대학 국학원은 이 학교 문과 교원들이 주축이 되어 이끌었으며, 위의 계획서도 이 과의 교수인 구스가 집필했다.[126] 발전방향은 비록 베이징 대학 국학문과 상당한 차이가 있지만,[127] 설립 동기는 분명 베이징 대학 학자들의 국고정리 제창에 영향을 받았다. 1921년부터 1924년 초에 이르기까지 둥난 대학 국문과 주임은 베이징 대학 문과를 졸업한 각현(斠玄) 천중판(陳中凡, 1888~1982)이었다.[128] 베이징 대학에서 공부하면서 류스페이를 사사했던 천중판은 『국고』 월간 편집자 가운데 한 명이었다.[129] 그런데 1919년 이후 학문적 취향이 점점 바뀌면서 1923년 『고서독교법』(古書讀校法)을 출판할 당시에는 ‘국수 보존’ 방식의 독서 태도에 대해 심하게 비판했다.[130] 이는 그가 과거 베이징 여자고등사범학교에서 교편을 잡고 있을

---

124) 「東大國學院計劃書」, 앞의 책, 2~3쪽. 「東大國學院計劃書(續)」, 1924. 3. 18, 앞의 책, 1~3쪽.

125) 「東大國學院計劃書」, 앞의 책, 3쪽; 「東大國學院計劃書(續)」, 앞의 책, 1쪽.

126) 乙 M, 「顧實先生之妙文」, 『晨報副刊』, 1924. 4. 17, 4쪽.

127) 「둥난 대학 국학원 국학정리계획서」가 발표된 후, 베이징의 『신보부간』에 비평의 글이 몇 편 출현했다. 계획서 안의 “국고로써 국고를 이해한다”, “풍속을 바꾸다” 등의 주장에 대해 크게 조소했다. 陶然(周作人), 「國學院之不通」, 『晨報副刊』, 1924. 3. 27, 4쪽; 天均, 「評‘東南大學國學院整理國學計劃書’」, 『晨報副刊』, 1924. 3. 20, 3~4쪽 참조.

128) 姚柯夫, 「陳中凡年譜」, 姚柯夫, 『陳中凡論文集』, 上海: 上海古籍出版社, 1993, 1307, 1312~14쪽.

129) 「『國故』月刊社職員錄」, 『國故』, 第1期, 쪽수 없음.

130) 陳中凡, 『古書讀校法』, 臺北: 臺灣商務印書館, 1980, 31~35쪽.

때, 이미 베이징 대학 국고정리의 경향에 영향을 받았기 때문이다. 그래서 1923년 둥난 대학과 난징 고등사범학교가 공동으로 운영한 『국학 총간』(國學叢刊)의 편집장을 맡을 때에도[131] 과학적인 방법으로 국고를 정리해야 한다고 제창했던 것이다.[132]

천중판이 남하해 교편을 잡고, 또 후스도 둥난 대학 여름학교에서 국고를 주제로 강연함에 따라 베이징 대학의 국고정리의 경향은 남방으로 빠르게 확산되었고, 이에 따라 둥난 대학의 일부 교원들도 국고정리의 대열에 끼어들게 되었다. 베이징에 신설된 몇몇 대학은 지역적으로 베이징 대학과 가까웠으므로, 이러한 지식계의 새로운 동향에 대해 자연스럽게 영향을 받을 수밖에 없었다.

과연 1925년 베이징의 칭화 학교는 대학부의 설립을 준비하면서 국학연구원도 새로 설립했다. 1925년 9월에는 국학원이 정식으로 개학했다. 주임을 맡았던 우승(雨僧) 우미(吳宓, 1895~1978)는 개학 당일 국학과가 설립된 경위에 대해 다음과 같이 설명했다.

> 연구원은 …… 본래 규모를 크게 늘려 각 과를 함께 설치(예를 들어 자연과학, 사회과학 등)할 계획이었으나, 경비의 제약으로 인해 우선 국학과만 설립하게 되었습니다. 이는 오늘날 국학이 특히 중요하기 때문입니다 …….[133]

131) 난징 고등사범학교는 '난고'로 약칭하며 둥난 대학의 전신이다. 1920년 이 학교는 둥난 대학으로 개조되어 학교 안의 일부분으로 남아 있다가 1923년을 시작으로 완전히 둥난 대학으로 편입되었다. 郭庭以, 『郭庭以先生訪問紀錄』, 臺北: 中央硏究院近史所, 1987, 115쪽 참조.

132) 鄭國煊, 「陳中凡傳」; 姚柯夫, 「陳中凡敎授傳略」, 南京大學古典文獻硏究所, 『古典文獻硏究(1989~1990)』, 南京: 南京大學出版社, 1992, 60, 71쪽 참조. 국문과의 구스(顧實)와 우메이(吳梅, 일찍이 베이징 대학 교수였음), 천페이런(陳佩忍)도 『국학 총간』의 편집업무에 참여했다. 姚柯夫, 「陳中凡年譜」, 姚柯夫, 『陳中凡論文集』, 1309, 1313쪽 참조.

133) "硏究院 …… 原擬規模甚大, 兼辦各科(如自然科學, 社會科學等), 嗣以經費所限, 只能先辦國學一科. 且以國學之在今日, 尤爲重要 ……." 吳宓, 「淸華開辦硏究院之旨趣及經過」, 淸華大學校史硏究室, 『淸華大學史料選編: 淸華學校時期(1911~1928)』, 北京: 淸華大學出版社, 1991,

칭화 대학이 연구원을 설립하면서 먼저 국학과를 개설한 것은 분명 한창 싹을 틔우고 있는 국고정리운동의 영향을 받은 것이다. 리지는 칭화 국학원을 설립하는 "기본 관념은 현대의 과학적 방법을 적용해 국고를 정리하는 것"이라고 지적했다.[134] 사실상 당시 국고정리 사업에 열중하던 후스는 칭화 학생들에게 "중국이 대학을 창설할 때 국학이 가장 중요하며", 연구원을 창설하는 것 역시 국학을 우선으로 해야 한다고 선전했다.[135] 후스는 총장 차오윈샹(曹雲祥)과 자주 접촉하면서 교원을 추천했고,[136] 칭화의 '경자배관'을 이용해 국고정리 사업의 새로운 거점을 구축하고자 했다.[137] 차오윈샹은 후스의 영향을 받아 칭화에서 전문적인 학술연구를 할 수 있도록 적극 제창했으며, 연구원을 창설할 때 우선 국학과 한 과를 먼저 설치하자고 결의하면서 중서문화의 융합이라는 목표를 이루고자 했다.[138]

1925년 칭화 연구원 국학문(이하 '칭화 국학원'으로 약칭)이 정식으로 창립되면서 차오윈샹은 우미를 주임으로 초빙했다. 우미는 일찍이 둥난 대학 교수를 역임했으며, 잡지 『학형』(學衡)의 중견 인물로서 베이징 대학 교수가 추진하는 신문화운동에 대해 비판적인 태도를 지니고 있었다.[139] 하지만 베이징 대학 국학문이 추진한 국고정리 작업에 대해서는 배척하지 않았으며, 일찍이 자오위안런과 함께 참관하기도 했다.[140] 또한 그의 주관 아래

373쪽.

134) 李濟, 『感舊錄』, 臺北: 傳記文學出版社, 1985, 129쪽.

135) 華華, 「與胡適之先生談話記」, 淸華大學校史編寫組, 『淸華大學校史稿』, 北京: 中華書局, 1981, 50쪽 재인용.

136) 蘇雲峰, 『從淸華學堂到淸華大學 1911~1929』, 320쪽.

137) 淸華大學校史編寫組, 『淸華大學校史稿』, 50쪽.

138) 吳宓, 「淸華開辦硏究院之旨趣及經過」, 앞의 책, 373~74쪽.

139) 신문화운동 속에서 보인 학형파의 태도는 沈松僑, 「學衡派與五四時期的反新文化運動」을 상세히 참조.

140) 「學術界消息」, 『國學門周刊』, 第1卷 第5期(1925. 11. 11.), 24쪽. 우미(吳宓)는 국학원 학생 우치창(吳其昌) 등에게 편지를 써서 베이징 대학 국학문을 참관하라고 했다. 吳宓 著, 吳

진행된 칭화 국학원의 국학연구 정신과 연구 취향은 베이징 대학 국학문과 대체적으로 동일했다.[141)]

우미는 「칭화 연구원의 설립취지와 과정」(清華開辦研究院之旨趣及經過)에서 다음과 같이 말했다.

> 이른바 국학이란 중국의 학술문화 전체를 가리키는 말이다. 연구 과정에서 특히 정확하고 정밀한 방법(즉, 당시 사람들이 과학적인 방법이라고 했던 것)에 치중하고, 동방 언어와 중국 문화에 대한 구미 학자들의 연구성과로부터 자료를 취한다. 이는 본교 연구원이 국내의 국학연구기관과 다른 점이다.[142)]

사실 위에서 서술한 우미의 말을 「국학 계간·발간선언」과 비교하면 서로 다른 점이 없다.[143)] 또한 우미와 왕궈웨이가 함께 논의한 「연구원 장정」(研究院章程)을 보면,[144)] '발기문'의 일부에서 현재 학자들은 고대 사료의 출토가 놀랄 만한 시대에 살고 있으니 옛 사람들의 생활 양상과 언어 변천,

學昭 整理 注釋, 『吳宓日記』, 1925. 12. 17~18, 第3冊, 109쪽 참조.

141) 칭화 국학원의 학술활동과 발전 개황에 대해서는 蘇雲峰, 『從清華學堂清華大學 1911~1929』, 319~76쪽; 孫敦恒, 「清華國學研究院紀實」, 葛兆光, 『清華漢學研究』, 第1輯, 北京: 清華大學出版社, 1994, 267~340쪽 참조.

142) "所謂國學者, 乃指中國學術文化之全體而言, 而研究之道, 尤注重正確精密之法(即時人所謂科學方法), 並取材於歐美學者研究東方語言及中國文化之成績, 此又本校研究之異於國內之研究國學者也." 吳宓, 「清華開辦研究院之旨趣及經過」, 清華大學校史研究室, 『清華大學史料選編: 清華學校時期(1911~1928)』, 374쪽.

143) 쑤윈펑(蘇雲峰)은 교육체제의 각도에서 칭화 국학원과 베이징 대학 국학문을 비교했다. 칭화는 엄격하고 베이징 대학은 자유로우며 둘 다 각자의 특색이 있다고 여겼다. 하지만 동방언어와 중국 문화를 연구하는 동방 학자들의 방법을 배우고 모방하는 면에서는 두 연구기구의 태도가 대체로 비슷하다고 보았다. 蘇雲峰, 『從清華學堂到清華大學 1911~1929』, 323, 325~28쪽 참조.

144) 吳宓 著, 吳學昭 整理 注釋, 『吳宓日記』, 1925. 2. 21, 3. 1/7, 第3冊, 6~7쪽.

풍속 연혁, 도덕, 정치, 종교, 학문 예술의 흥망성쇠 등 각 분야에 대해 '정통하고 정밀한 연구'와 '전문적인 분류 연구', '심오한 비교 연구'를 진행해야 한다고 했다.[145] 이는 베이징 대학 동인이 세웠던 「국학 계간·발간선언」의 연구 취지와 별다른 차이가 없다.

칭화 국학원은 처음에 왕궈웨이와 량치차오, 자오위안런, 천인커 등 지도교사 4명과 강사로 리지를 초빙했다. 자오위안런과 천인커, 리지는 모두 구미 유학 출신으로, 서방의 동양학 가운데 중서교통사와 비교언어학, 방언학, 인류학 등의 과목을 맡았다.[146] 당시 학생들은 이렇게 새롭고 독특한 과목을 낯설어했다. 자오위안런과 리지는 또 국학원 밖에서 방언과 고고조사에 종사하는 경우가 많아서 학생들과의 접촉이 많지 않았으므로 이들의 학문을 좇는 이는 극히 적었다.[147] 그렇다 보니 국학원 내 대부분의 학생들은 모두 왕궈웨이와 량치차오에게 지도를 청했고, 연구범위도 대부분 문자학과 학술문화사 방면에 집중되었다.[148] 연구성과의 출판면에서 칭화 국학원은 계간으로 『국학논총』(國學論叢)을 출판하면서 주로 원내 사생들의 글들을 실었다. 이외에 학생이 편집한 월간 『실학』(實學)도 있었고, 교원들의 저작 역시 총서의 형식으로 출판되었다.[149]

칭화 국학원이 설립된 지 3년 후, 칭화 대학 인근의 옌징 대학도 1928년에 국학연구소(이하 '옌징대국학소'로 약칭)를 설립했다. 옌징대국학소의 창립은 주로 학교 설립의 원로인 단생(亶生) 류팅팡(劉廷芳, 1891~1947)의 뜻이었다. 연구자들의 지적에 따르면, 류팅팡은 1928년에 한동안 옌징 대학의 하버드 연구학사를 함께 관할했다. 그는 하버드 연구학사의 경비로 칭

145) 「研究院章程·緣起」, 清華大學校史研究室, 『清華大學史料選編: 清華學校時期(1911~1928)』, 375쪽.

146) 蘇雲峰, 『從清華學堂到清華大學 1911~1929』, 334~77쪽

147) 蘇雲峰, 『從清華學堂到清華大學 1911~1929』, 338, 342, 374~75쪽.

148) 蘇雲峰, 『從清華學堂到清華大學 1911~1929』, 339~40쪽.

149) 蘇雲峰, 『從清華學堂到清華大學 1911~1929』, 366~67쪽.

화 대학과 베이징 대학을 모방해 국학연구소를 설립하고, 학자를 초빙해 교육을 담당하게 했으며, 전통 학자들의 학문의 길을 계승하는 방향으로 청년들을 양성하고자 했다.[150] 당시 초빙된 사람으로 우레이촨(吾雷川)과 룽겅, 구제강, 황쯔퉁(黃子通, 1887~1979), 쉬디산(許地山, 1893~1941), 궈사오위, 장싱랑 등이 있었다. 그들은 각각 지도교사와 연구원을 맡았으며, 일찍이 베이징 대학 국학문 위원을 맡았던 천위안이 소장과 학술회의 주석을 담당했다.[151] 당시 그들은 각각 옌징 대학의 국문과와 역사과, 철학과에서 교편을 잡았으며,[152] 학술저작은 『옌징 학보』에 게재했다. 『옌징 학보』는 국학연구소가 설치된 지 1년 안에 창간했다. 내용은 주로 국학분야의 저작이 많았고, 집필진은 하버드 연구학사가 경제적 지원을 하는 연구원과 옌징 대학 교원이 주를 이루었다.[153] 『옌징 학보』의 29기까지는 룽겅과 구제강이 돌아가면서 편집장을 맡았다.[154] 8기부터는 독자의 사랑을 많이 받은 '국내 학술계 소식'과 '신서 평론'의 두 난을 증설했다.[155] 이는 구제강이 베이징 대학 『국학문 주간』을 본떠서 혁신적으로 만든 것이었다.[156]

둥난 대학과 칭화 대학, 옌징 대학 등 유명 학부들이 잇따라 국학연구소(원)를 설립한 것 외에 둥난 연해의 샤먼 대학도 1926년에 국학연구원을 창설했다(이 연구원의 활동은 제1절에서 이미 서술한 바 있다). 기타 대학과 전문대학에서도 각종 국학과, 국학전수과(國學專修科), 국학연구소를 설립했

---

150) 張寄謙, 「哈佛燕京學社」, 『近代史研究』, 1990, 第5期(1990. 5), 163쪽.

151) 顧潮, 『顧頡剛年譜』, 176쪽.

152) 査時傑, 「私立基督教燕京大學歷史係所初探(1919~1952)」, 『臺大歷史學報』, 第20期, 631~32쪽.

153) 史復洋, 「『燕京學報』前四十期述評」, 『燕京學報』, 新1期, 北京: 北京大學出版社, 1995. 8, 467쪽.

154) 史復洋, 「『燕京學報』前四十期述評」, 앞의 책, 469쪽.

155) 史復洋, 「『燕京學報』前四十期述評」, 앞의 책, 469~71, 478~88쪽.

156) 베이징 대학 『국학문 주간』 제5기부터는 '학술계 소식'난이 마련되었다. 당시 구제강이 주편을 맡았다.

다. 예를 들어 푸런(輔仁)과 샤먼, 둥베이(東北), 시베이(西北), 다샤(大廈), 중궈(中國), 치루(齊魯), 정펑(正風) 등의 학교가 그러하다.[157] 이 외에 각지에 개설된 국학전문학교 역시 적지 않았다. 그 가운데 특히 우시 국학전수학교(無錫國學專修學校)가 가장 유명하다.[158] 즉, 1920년에서 1930년대 전기에 이르기까지 국학을 표방한 학술적 결사가 뚜렷하게 늘어났으며, 이들은 베이징과 상하이에 집중되었을 뿐만 아니라 시베이와 둥베이, 민웨(閩粵), 홍콩 등지에도 골고루 분포하고 있었으므로[159] 실로 신문화운동 이후 전국을 휩쓴 학술 신사업이었다.

3. 출판업과 국고정리운동

앞에서 이미 지적했듯이 국고정리운동의 급속한 확대는 베이징 대학 국학문 동인들이 현대 전파 미디어를 잘 활용해 영향력을 확산해 나간 일과 밀접한 관련이 있다. 이후 설립된 각종 신흥 연구기구 역시 국학연구를 추진하는 크고 작은 기지가 되어, 1920년대 여러 학자들을 이 학술운동으로 끌어들였다. 또한 당시 중국에서 날로 번성하던 출판업의 적극적인 협조 또한 국고정리운동의 확대 발전에 매우 중요한 역할을 했다.

국고정리운동이 지식계에서 날로 확장되어가던 1924년에 우원치(吳文祺, 1901~91)는 이렇게 말했다.

157) 桑兵, 「晩清民國時期的國學研究與西學」, 『歷史研究』, 1996, 第5期, 37쪽. 이 가운데 푸런(輔仁) 대학 국학전수과와 사학(실은 국학)연구소의 핵심 인물은 류푸와 천위안, 마형 등이며, 모두 옛 베이징 대학 국학문 사람들이다. 푸런 대학의 국학연구에 관한 상황에 대해서는 何建明, 「輔仁國學與陳垣」, 章開沅, 『文化傳播與教會大學』, 武漢: 湖北教育出版社, 1996, 233~65쪽을 상세히 참조.

158) 우시(無錫) 국학전수학교는 탕원즈(唐文治)가 교장을 맡았다. 그의 지도 아래 학교의 교학 방식은 구시대의 서원과 비슷했다. 주로 오경과 사서, 송명이학, 동성파 고문, 구체시 등 구학을 강의했다. 楊廷福·陳左高, 「無錫國專雜憶」, 鍾叔河 等, 『過去的學校』, 389~98쪽; 錢仲聯, 『錢仲聯自傳』, 成都: 巴蜀書社, 1993, 7쪽 참조.

159) 桑兵, 「晩清民國時期的國學研究與西學」, 『歷史研究』, 1996, 第5期, 37쪽.

1, 2년 사이에 국고정리의 목소리가 상당히 높아졌다. …… 최근 신문과 잡지에서도 국고정리에 관한 논문이 자주 게재되고 있다…….[160]

1927년으로 접어들어 국고정리의 세력이 더욱 왕성해지자, 이에 대해 불만을 품은 천위안은 당시의 상황을 이렇게 묘사했다.

국립대학은 '국고정리'를 입학 시제로 삼고, 신문과 잡지는 국고와 관련한 글을 가장 유행하는 테마로 보고 있다. 그 결과 선장본(線裝本)의 가격이 10년 동안 2~3배나 뛰었다.[161]

국고정리가 지식계에서 인기 주제가 되었다는 사실은 신문과 잡지의 협조와 밀접한 관계가 있음을 보여준다. 물론 당시 학자들은 신문과 잡지를 이용해 학술이념을 널리 알리려는 생각이었고, 출판기구 역시 학자들과 협력해 이 새로운 학술적 풍조를 통해 이익을 보려고 했다. 사실상 국고정리 풍조가 형성되고 확대되는 과정에서 학자와 출판업은 서로 이익과 혜택을 주는 관계였다.

두드러진 예를 보면, 야둥(亞東) 도서관은 1920년대 고전소설 표점본을 인쇄하기 시작하면서 후스와 천두슈, 첸쉬안퉁 등에게 서문을 부탁했다. 이는 베이징 대학 동인들의 고서 정리와 표점에 대한 주장에 호응하는 것이기도 했지만 놀랄 만한 수익도 거두었다.[162] 중국 출판계의 거두였던 상무인서관이 1920년대부터 3세트의 국학총서를 연이어 발행한 것은[163] 분명

160) "一二年來, 整理國故的呼聲, 可算是甚囂塵上了 …… 近來報章雜志上也常常登載着關於整理國故的論文……." 吳文祺, 「重新估定國故學之價值」, 許嘯天, 『國故學討論集』, 上冊, 30쪽.

161) "國立大學拿'整理國故'做入學試題; 副刊雜志看國故文字爲最時髦的題目. 結果是線裝書的價錢, 十年以來, 漲了二三倍." 陳源, 「西瀅跋語」, 胡適, 『治學的方法與材料』, 163쪽.

162) 천두슈와 후스, 첸쉬안퉁이 야둥(亞東) 도서관이 출판한 소설에다 서문을 쓰게 된 경위에 대해서는 汪原放, 『回憶亞東圖書館』, 上海: 學林出版社, 1983, 56~65쪽 참조.

163) 1920년 11월 후스는 국고총서를 편집할 구상을 가지기 시작하면서 새로운 표점으로 고

중·고등학교 국문 교학의 수요에 응한 것이다.[164] 이는 또한 교과서 시장의 경쟁 문제와도 연관이 있으며, 출판 이후 국고정리운동에 대한 추진 작용도 매우 두드러지게 했다.

1920년대 이후 국고정리운동이 빠른 속도로 전국에 전파될 수 있었던 데에는 학술기구와 출판기구의 상호 협조 관계가 결코 무시할 수 없는 요소로 작용했던 것이다. 차오쥐런(曹聚仁, 1900~72)은 다음과 같이 말했다.

> 근대 문화사는 다른 측면에서 보면, 바로 인쇄기기의 발달사이기도 하다 …….[165]

국고정리운동의 형성과 확대를 고찰해 보면, 근대 학술문화 발전과 출판업 사이에 분명 긴밀한 의존 관계가 있음을 알 수 있다. 출판기구와 학자 간의 협력 관계 속에는 문화적 이상을 실천하려는 요소도 들어 있지만 동시에 상업적 이익이 고려되기도 했다. 이처럼 서로 혜택과 이익을 주고 받는 상황 속에서 국고정리는 1920년대 중국 학술문화계에서 새로운 붐을

서를 판각·교감하고자 했다. 그 후 상무인서관은 국고논총을 출판할 계획을 세우고 후스에게 그 일을 맡아달라고 요청하는 한편, 베이징 대학 동인들에게 고서 수십 종을 열거하고 이를 분담해 정리해 달라고 요청했다. 이 계획이 제출된 후 처음에는 베이징 대학 동인들의 찬성을 많이 받았다. 하지만 후에 아마도 후스와 선젠스 등과의 관계가 나빠지자 선젠스 등은 이 일에서 물러났고, 상무인서관은 관내 편역 동인들에게 정리의 일을 맡길 수밖에 없었던 것으로 보인다. 胡適, 「囑點讀『僞書考』書」, 「告續得姚際恒著述書」; 顧頡剛, 「論『竹柏山房叢書』」, 「『莊子內篇』書」, 顧頡剛, 『古史辨』, 第1冊, 6쪽, 16~18쪽 참조. 顧頡剛, 「致胡適函」(1920. 11. 24.), 耿雲志, 『胡適遺稿及比藏書籍信』, 第42冊, 37~38쪽; 胡適, 「擬整理國故計劃」, 『胡適遺稿及比藏書籍信』, 第13冊, 380~83쪽 참조.

164) 고서 정리와 중학교 교학과의 수요 관계에 대해서는 胡適, 「再論中學的國文教書」, 胡適, 『西遊記考證』, 171~81쪽 참조. 후스는 「국학 계간·발간선언」에서 말한 '종합식' 정리를 학자들이 노력해야 할 방향으로 정하고 사람들이 고서를 읽는 것을 목표로 삼게 했으므로, 확실히 당시 중학교 국문 교육의 실제 수요에 따라 제기된 것이라 할 수 있다.

165) "一部近代文化史, 從側面看去, 正是一部印刷機器發達史 …….” 曹聚仁, 『文壇五十年』, 上海: 東方出版中心, 1997, 83쪽.

이루었다.

이러한 국고정리운동에 대해 후인들은 근대에 출판한 『민국시기 총서목』(民國時期總書目)에서 그 성황을 대략 엿볼 수 있다. 이 책에 기록된 바에 따르면, 1920년대에서 1940년대까지 중국 학자들이 찬술한 국학 관련 논저는 그 수를 헤아릴 수 없을 정도로 많다. 이러한 논저는 대체적으로 5종류로 귀납할 수 있다. 첫째, 개인이 찬술한 국학 논저로서 첸무의 『국학개론』(國學槪論)과 같은 것이다.[166] 둘째, 학술 단체가 발행하고 국학을 범위로 한 정기간행물로서 베이징 대학 국학문의 『국학 계간』과 같은 것이다.[167] 셋째, 국학연구를 범위로 한 논문집으로서 쉬샤오텐(許嘯天)이 편집한 『국고학토론집진위』(國故學討論集眞僞) 3권과 같은 것이다.[168] 넷째, 중·고등학생의 시험 대비를 위해 엮은 국학입문서로서 팡밍(方明)이 편찬한 『(연합 고사 진학 필수)국학 요점 문답』((會考升學必備)國學要題簡答)과 같은 것이다.[169] 다섯째, 출판기구에서 총괄 편집한 국학총서로서 상무인서관이 편찬한 '국학기본총서'(國學基本叢書), '학생국학총서'(學生國學叢書), '국학소총서'(國學小叢書)는 책의 크기와 두께에서 최고였으며, 판로도 매우 넓었다.[170] 이러한 저작은 전체가 100종 이상이었는데, 그 중에는 학자 개인의 관점을 드러낸 전문서도 있고, 개별 학술단체의 학문적 취향을 반영한 정기간행물도 있으며, 전문적인 학술논저와 통속적인 상식입문서도 있었다. 뿐만 아니라 잡지에서도 국고학 범위에 속한 문장이 점차 많아짐에 따라 베이핑(北平) 도서관은 1928년부터 1936년까지 『국학논문색인』(國學論文索

166) 北京圖書館, 『民國時候時期總書目(1911~1949): 綜合性圖書』, 北京: 書目文獻出版社, 1995, 136~43, 146~47쪽. 단지 『국학개론』이라는 서명을 보면, 1920년대와 1930년대에 최소한 10권 정도 나왔다.

167) 北京圖書館, 『民國時候時期總書目(1911~1949): 綜合性圖書』, 144~46쪽.

168) 北京圖書館, 『民國時候時期總書目(1911~1949): 綜合性圖書』, 143~44쪽.

169) 北京圖書館, 『民國時候時期總書目(1911~1949): 綜合性圖書』, 147~50쪽.

170) 상무인서관이 단독으로 발행한 국학기본총서는 400종이 넘는다. 이 총서의 목록은 王雲五, 『新目錄學的一角落』, 51~86쪽 참조.

引)과 그 『속편』, 『3편』, 『4편』을 잇따라 출판하면서 잡지 속에 국학과 관련한 논문을 전문적으로 수록하게 되었다.

위와 같은 방대한 수량의 국학전문서와 연구논문은 1920년대 이후 국고정리가 이미 중국 지식계에서 전국적인 운동으로 확산되었음을 명확하게 보여주고 있다. 청년 학자층이 국고 연구에 힘을 쏟는 상황에서 이 운동의 형성과 확대에 커다란 영향을 준 후스는 많은 사람들이 지니고 있는 "정도를 지키고" "진귀함을 찾는" 태도에 대해 연구방법면에서 훈련이 부족하다고 깊은 우려를 했다.[171] 그리하여 베이징 대학 국학문 모임에서 자신의 걱정을 말했고 이어 동인들의 격려 아래[172] 1928년 「학문의 방법과 재료」(治學的方法與材料)라는 글을 써서 젊은이들이 지금 국고정리의 길에서 "서둘러 돌아와" 자연과학의 지식과 기술을 많이 배우고 과학실험실에서 좋은 성과를 거둔 후 남은 여력을 국고정리에 사용해야 하며, 그 때에 거둔 성적이야말로 분명 이전 사람들을 넘어설 것이라고 호소했다.[173]

후스의 이 글은 당시 마침 불같이 일어나던 국고정리운동에 약간 찬물을 끼얹는 것이기도 했다.[174] 일부 학자는 '국고'와 '국학'이라는 이러한 개념에 대해 계속 비판을 했고, 또 일부 기구는 점차 '국학'이라는 이 두루뭉술한 학술 호칭을 버리고 각종 전문학과로 변경해 과를 나누어 연구하기

171) 「研究所國學門第四次懇親會紀實」, 『國學門月刊』, 第1卷 第1號, 144～45쪽.

172) 후스가 국학문 모임에서 했던 발언은 그 자리에서 마위짜오와 쉬쉬성의 호응을 받았다. 마위짜오는 특별히 후스에게 일반 청년 학자들에게 권고하는 글 한 편을 써달라고 부탁했다. 「研究所國門第四次懇親會紀實」, 같은 책, 145～47쪽 참조.

173) 胡適, 「治學的方法與材料」, 胡適, 『治學的方法與材料』, 156쪽. 후스의 일생 속에서 국고정리의 가치와 의의에 대한 전후의 관점은 매우 일치하지 않으며, 심지어 서로 모순된 경향을 보이고 있어서, 후대인들로 하여금 국고정리를 제창한 궁극적인 목적이 무엇인지 이해하기 어렵게 만들었다. 이런 문제에 관해서 리샤오디(李孝悌)는 일찍이 후스의 학술훈련과 역사의식, 실험주의의 입장, 중국인의 정체성 등의 요소를 통해 해석을 시도했다. 李孝悌, 「胡適與整理國故: 兼論胡適對中國傳統的態度」, 『食貨月刊(復刊)』, 第15卷 第5～6期, 214～42쪽 참조.

174) 曹聚仁, 『我與我的世界(下)』, 278쪽.

도 했다.[175] 그 가운데 베이징 대학 연구소가 1932년에 국학문을 문사부로 개칭한 것은[176] '국고'라는 단어가 이때부터 점차 학자들의 외면을 받았음을 보여준 예이다. 하지만 거의 1940년대가 되어서야 위에서 아래로 향한 이 학술사업은 비로소 정식으로 폐막을 알렸다. 당시 중국의 학술발전은 또 다른 새로운 전환점을 맞이하고 있었다.

4. 학술체계의 변화

국고정리는 관련 분야도 매우 광범위하고 참여한 학자 또한 많은 학술운동이어서 이 시기에 출판된 각종 학술저작과 잡지, 신문 칼럼을 전체적으로 조사하기 전에는 사실 이 운동이 가져온 영향과 의미를 전면적으로 평가하기가 쉽지 않다. 일찍이 1920년대부터 1930년대까지 국고정리에 참여한 학자들은 매우 많았지만 각자의 취지와 방법이 같지 않았기 때문에 그로 인해 야기된 영향과 의미 역시 다를 것이다.[177] 사실 이 점에 대해서는 그해 이 운동에 참여한 학자들도 확실하게 느끼고 있었다. 예를 들어 차오쥐런은 1920년대에 조롱하는 어투로 다음과 같이 비평했다.

> 가령 '국고정리' 하나만 가지고 논한다면, 베이징 대학의 국학연구소는 '국학'을 기치로 삼았고, 우시의 국학전수관 역시 '국학'을 기치로 삼았으며, 상하이의 퉁산서(同善社)의 국학전수관 역시 '국학'을 기치로 삼았다. 이 세

---

175) 천두슈와 훙예(洪業), 푸쓰녠, 허빙쑹(何炳松) 등은 '국학'과 '국고'라는 표현에 대해 비평하는 글을 쓰면서, 그 말이 포함하는 범주가 명료하지 않을 뿐만 아니라 유폐를 드러내기 쉽다고 보았다. 陳獨秀, 「寸鐵」, 任建樹 等, 『陳獨秀著作選』, 第2卷, 516~17, 604쪽; 陳毓賢, 『洪業傳』, 臺北: 聯經出版事業公司, 1992, 157~58쪽; 傅斯年, 「史語所工作之旨趣」, 『史語所集刊』, 第1本 第1分冊, 8쪽; 何柄松, 「論所謂'國學'」, 劉寅生 等 編校, 『何柄松論文集』, 北京: 商務印書館, 1990, 481~90쪽 참조.

176) 『國立北京大學志』 編纂處, 『國立北京大學校史略』, 251쪽.

177) 耿雲志, 「胡適整理國故評議」, 耿雲志·聞黎明, 『現代學術史上的胡適』, 121쪽.

곳은 비록 같은 목표의 기치를 내걸었지만 사실 모두 결코 같지는 않았다. …… 베이징 국학연구소의 '국학'은 '과학적 방식의 국학'이며, 우시의 국학전수관은 '시골 서당식의 국학'이고, 상하이의 국학전수관은 '종교적이고 신괴한 국학'이었다…….[178]

차오쥐런은 여러 학술단체들이 '국고정리'라는 동일한 기치를 내걸었어도 진행해 온 연구 작업에서 뚜렷한 차이가 난다고 보았다. 사실, 당시 어떤 사람은 연구취지와 방법의 차이에 따라 관련 작업에 참여한 학자를 '복고'와 '조화', '과학'의 세 파로 구분했다.[179]

분명히 이러한 학술운동을 전개하는 과정에서 학자들이 추구했던 학문적 태도와 방법은 서로 달랐지만, 모두 '국고정리'라는 기치를 내걸고 있어서 마치 새것과 옛것이 마구 섞여 있는 것처럼 보였다. 하지만 전체적으로 볼 때 한 가지 추세를 보였다. 즉, 점점 많은 학자들이 서양 학술의 안목으로 예전부터 전해 오던 중국의 전적과 역사, 문화를 정리·연구하고, 구미의 현대 학술 분류로 중국의 구학문을 배치함으로써,[180] 원래 사분오열의 기미를 보이던 전통 사부(四部) 학문을 서양의 현대 학술체계로 더욱 빠르게 전환시켰다는 점이다.

이른바 전통 학술체계의 전환은 두 가지 단계를 포함한다. 하나는 전통 사부 학문의 와해이고, 다른 하나는 중국 학자들이 서학의 영향 아래 서양

178) "即以'整理國故'一事而論: 北京大學之國學硏究所, 以'國學'爲幟; 無錫之國學專修館, 亦以'國學'爲幟; 上海同善社之國學專修館, 亦以'國學'爲幟: 三者雖同標一幟, 其實三者必不能並立 …… 北京國學硏究所之'國學', 賽先生之'國學'也; 無錫之國學專修館, 冬烘先生之'國學'也; 上海之國學專修館, 神怪先生之'國學'也……." 曹聚仁, 「春雷初動中之國故學」, 許嘯天, 『國故學討論集』, 上冊, 84~85쪽.

179) 陳一百, 「中國今日之中國學術界」, 中國學術討論社, 『中國學術討論集』, 第1冊, 上海: 上海書店影印, 1991, 165~66쪽.

180) 쌍빙(桑兵)은 1920년대 성립한 저명한 국학연구기구를 고찰한 후, 이러한 기구들은 이미 전통적 학술 분류를 깨고 서학의 분류에 따라 과를 개설했다고 지적했다. 桑兵, 「晩淸民國時期的國學硏究與西學」, 『歷史硏究』, 1996, 第5期, 38쪽.

의 근대 학술 분류를 전용해 전통 학술의 자료를 일괄적으로 정합하는 것이다. 학술체계의 전환은 학술사에서 매우 중요한 과제이다. 19세기 후반부터 시작된 근대 중국 학술체계의 전환은 20세기 중엽에 이르러서야 일단락되었으며, 여기서 그 전환 과정의 흔적을 찾을 수 있다.

사부 학문의 붕괴 과정을 가장 명확하게 보여준 예는 근대 중국 목록학의 혁명적인 변화에서 잘 나타난다. 목록의 출현은 서적들이 나온 후 학자들이 군서를 분류하면서 생겨났다. 목록 분류의 변화는 학술발전의 윤곽과 맥락을 함께 한다. 한대(漢代)의 유흠이 『칠략』(七略)을 지은 때부터 청대 『사고전서 총목』(四庫全書總目)을 수정할 때까지 중국 목록 분류의 최대 전환점은 육분법에서 사분법으로 바뀐 위진(魏晉) 시기였으며,[181] 이후 경(經)과 사(史), 자(子), 집(集)의 사부 분류가 청대까지 계속 이어졌다. 그 사이 학자와 문인들의 저술이 날로 많아지면서 사부 분류법 내부에도 그에 상당하는 조정이 이루어졌고,[182] 심지어 개인이 사부 규정을 준수하지 않고 별도로 항목을 만드는 경우도 나타났다.[183] 그러나 수(隋)대에서 청대에 이르기까지 국가 서목은 항상 사부 분류를 유지했으므로, 사부 분류법은 중국 고대 목록분류에서 항상 주류를 차지했다.[184]

181) 余嘉錫, 『目錄學發微』, 臺北 : 藝文印書館, 1987, 136~62쪽.

182) 程千帆·徐有富, 『校讎廣義: 目錄編』, 濟南 : 齊魯書社, 1988, 149~66쪽.

183) 程千帆·徐有富, 『校讎廣義: 目錄編』, 169~86쪽.

184) 程千帆·徐有富, 『校讎廣義: 目錄編』, 186쪽. 사부 분류가 이렇게 긴 시간 동안 사용된 이유는 상당한 장점을 가지고 있기 때문이다. 청첸판(程千帆)은 앞의 책 151쪽에서 "경과 사, 자, 집의 사부 가운데 경부의 역사가 가장 오래되었고, 변화도 적으며, 사부는 전문적 성격이 강하다. 집부에 시문집을 수록한 것도 비교적 명확하며 그 나머지를 모두 자부에 집어넣었고 다시 2급 항목, 3급 항목으로 보충해 분류상의 소략함을 피했으므로 그 자체로 장점을 가지고 있다"라고 말했다. 이외에도 또 다른 주요 원인은 중국은 위진 시대 이후 외래 문화의 커다란 충격을 받지 않았기 때문에 서적은 비록 당·송 이후 출판이 날로 많아졌다 해도 포용성이 강한 사부(四部) 안으로 수합되었던 것이다. 따라서 위진남북조의 사부가 성립된 때처럼 '학술상의 혁명적 변화'는 이 시기에는 출현하지 않았다. 井波陵一 著, 盛勤 譯, 「試論王國維的學風: 經史子集分類法的革命性轉變」, 王永興, 『紀

청말에 이르러 서학이 대량으로 유입되면서 그 충격으로 사부 분류법은 동요되기 시작했다. 달인(達人) 야오밍다(姚名達, 1904~42)는 근대 분류법의 전환은 도광(道光)과 함풍(咸豊) 이래 중외(中外) 학술교류가 늘어나면서부터 시작되었다고 했다.

> 그러므로 동양과 서양의 번역서가 매년 많아짐에 따라 학술이 새로워지면서 구학문 밖으로 멀리 벗어나게 되었다. 목록 학계의 사상은 이 때문에 흔들리지 않을 수 없게 되었다. 그러므로 50~60년 전에 장런두(江人度)는 이미 장즈둥(張之洞)에게 편지를 써서 이에 대해 …… "동양과 서양의 여러 학자들의 저작이 점점 새로워져서 궁구해도 대답을 구할 수가 없습니다. 특히 『사부』가 가능한 범위가 아니어서 『사고』의 장벽이 장차 무너질까 염려됩니다"라고 했다.[185)]

장런두는 1880년경에 이미 동양과 서양(동양은 일본을 가리킴. 당시 사람들은 습관적으로 일본 학술을 '동학'이라고 불렀음)의 번역서가 해마다 증가하는 것을 보고 성격 또한 중학(中學)과 커다란 차이가 나서 결국에는 분명 사부의 제약에서 벗어날 것이고, 이는 바로 전통 학술체계의 붕괴를 초래할 것이라 인식했다. 그의 안목은 매우 날카로웠다. 근대 목록학의 변화를 관찰해 보면, 그 속도가 실제로 정치상의 변혁과 일치하면서 점진적인 변화의 양상을 보였다.

구미와 일본에 관한 역서가 많아지기 시작할 무렵, 조이(祖詒) 캉유웨이(康有爲, 1858~1927)는 갑오 이후 『일본서목지』(日本書目志)를 엮어 서적을

念陳寅恪先生百年誕辰學術論文集』, 313쪽 참조.

185) "於是東西洋譯籍逐年增多. 學術翻新, 迴出舊學之外. 目錄學界之思想自不免爲之震動. 故五六十年前, 已有江人度上書張之洞論之曰: …… 東西洋諸學子所著, 愈出愈新, 莫可究詰, 尤非『四部』所能範圍, 恐『四庫』之藩籬終將沖決也." 姚名達, 『中國目錄學史』, 上海: 上海書店影印, 1984, 140~41쪽.

15개 종류로 나누었다.[186] 이후 량치차오는 『서학서목표』(西學書目表)를 편찬해 '학'(學)과 '정'(政), '교'(敎)의 3목(目)을 세우고 각종 서학 서적을 기록했다.[187] 1895년부터 1905년까지 쉬웨이쩌(徐維則)의 『동서학서록』(東西學書錄)처럼 진일보하게 서학과 동학의 서목을 함께 기록해 간행한 것도 있다.[188] 이처럼 새로 번역된 동학과 서학의 서목은 처음에는 구목록 밖에서 독립적으로 간행되었지만, 메이지 유신 이후부터 이른바 '동학'은 사실상 서학의 분류에 의해 세워진 것이므로, 사실 서학으로 개괄되었다고 할 수 있다.

서학과 동학의 유입이 중국 학술에 끼친 충격은 장서루(藏書樓) 서목 분류의 혁신에서도 나타났다. 청말 신흥 도서관에서는 신서 목록을 구서 목록의 뒤에 수록하는 등 신·구 서목이 공존하면서 분립하는 상황이 나타났다.[189] 비록 1902년이 되어 『항저우 장서루 서목』(杭州藏書樓書目)이 '신구 혼합, 부류 통일'을 시도하기 시작했지만,[190] 민국 초기에 이르러 각지에 세워진 도서관은 장서목록을 편성할 때만 해도 일정한 규칙이 없었다. 때문에 혹자는 신서를 구분류에 넣기도 하고, 혹자는 별도로 부류를 만들기도 했으며, 혹자는 신서와 사부를 병렬하기도 하고, 또 혹자는 신구를 혼합하기도 했다. 따라서 여러 설이 분분해 일치된 결론을 얻을 수 없었다.[191] 이러한 것들은 모두 서학이 중국에 들어온 후, 신·구 학문이 충돌을 거쳐 점차 융합되기까지 나타난 일종의 과도기적 상황이었다. 하지만 1920년대 이후부터 학자들은 점차 사부 분류를 버리고 미국의 듀이 십진법을 기초로 하

186) 姚名達, 『中國目錄學史』, 142～43쪽.

187) 梁啓超, 「西學書目表·序例」, 「飮冰室文集之一」, 梁啟超, 『飮冰室合集』, 第1冊, 122～26쪽.

188) 呂紹虞, 『中國目錄學史稿』, 合肥: 安徽敎育出版社, 1984, 197～99쪽.

189) 姚名達, 『中國目錄學史』, 144～46쪽.

190) 姚名達, 『中國目錄學史』, 146～47쪽. 이러한 목록학상의 과도기적 시기에 중국의 학술사상은 마침 '중학'과 '서학'(또는 '구학'과 '신학'이라고도 함)의 충돌을 겪게 되었다.

191) 姚名達, 『中國目錄學史』, 148쪽.

여 약간 변경한 후 중국의 구서적들을 수용할 수 있게 했다.[192] 이런 방법은 당시 빠르게 목록 분류의 주류가 되었다.[193]

1896년 『서학서목표』(西學書目表)가 간행된 이래 불과 수십 년 만에 목록학에 이렇게 커다란 변동이 일면서 전통적 사부 분류는 신속하게 붕괴되고 서양의 근대 학술 범주를 주체로 하는 새로운 학술체계가 이를 대신하게 되었다. 그 변동은 매우 극렬해 중국학술사상 '목록학의 혁명'이라고 할 수 있을 정도였다. 이러한 혁명적인 전환이 발생한 데에는 한편으로는 19세기 후반에 시작된 보편적인 서양식 학당의 설립과 역서 사업의 발달 및 유학생 수의 고속 성장과 밀접한 관련이 있다. 하지만 여러 학자들이 국고정리운동 과정에서 의식적으로 서양의 근대 학술 목록에 따라 국학을 배치한 것도 사부 학문의 급속한 붕괴를 가져온 중요한 원인이었다.

국고정리운동이 1920년대 한창 발전할 무렵, 차오쥐런은 그것이 결국 전통 학술체계에 거대한 충격을 가져다줄 것이라고 의식했었다.

> 국고가 일단 정리되면 분류의 상황이 이루어진다. 어느 날 국고정리로 이루어진 철학과 교육학, 인생철학, 정치학, 문학, 경제학, 사학, 자연과학은 …… 반드시 체계를 이루어 이른바 '국고'와 완전하게 분리될 것이다.[194]

'분류'에서 '체계를 이루기'까지란 전통 학술('국고')의 붕괴로부터 새로

192) 이 가운데 특히 류궈쥔(劉國鈞)이 편한 『中國圖書分類法』(1929년 최초 발행)의 영향이 가장 크다. 류궈쥔은 이 책의 서론 부분에서 각 항목이 세워진 원칙을 찬술했을 뿐만 아니라 특별히 '이 표(表) 안에 사고전서 부류의 위치'를 설명했다. 이는 근대 목록학 혁명과 전통 학술체계가 현대로 전화하는 것을 소홀히해서는 안 된다는 것을 이해하기 위해서였다. 金陵大學圖書館, 『增補索引中國圖書分類法』, 臺南: 高長印書局, 1958, 3~7쪽 참조.

193) 蔣元卿, 『中國圖書分類之沿革』, 臺北: 臺灣中華書局, 1983, 203~04, 207~08쪽.

194) "國故一經整理, 則分家之勢即成. 他日由整理國故而組成之哲學, 教育學, 人生哲學, 政治學, 文學, 經濟學, 史學, 自然科學 …… 必自成一系統而與所謂'國故'者完全脫離." 曹聚仁, 「國故學之意義與價值」, 許嘯天, 『國故學討論集』, 上冊, 74쪽.

운 학술체계가 구축되기까지의 과정을 의미한다. 새로 나타난 학술체계는 이러한 '철학과 교육학, 인생철학, 정치학, 문학, 경제학, 사학, 자연과학' 등의 서양 근대 학술 카테고리를 포함하지만, 국고정리운동은 이러한 신·구 학술체계의 붕괴와 구축 사이에서 전통 학술체계를 현대적 전환으로 유도한 학술 작업이 된 것이다.

국고정리운동 기간 동안 유삼(有三) 왕중민(王重民, 1903~75)은 국학연구에 대한 논문이 날로 많아지는 것을 보고, 청말 이래로 각각 81종 잡지에 게재된 글(그 중 대부분의 잡지는 1919년 이후에 창간되었음)을 모아[195] 『국학 논문 색인』(國學論文索引)을 엮었다. 이 책을 편집하면서 그는 당시 지식계에 신(新)과 구(舊)의 두 가지 분과 관념이 존재함을 발견하고 이 책의 「서례」(敍例)에서 이렇게 지적했다.

> 현대인들이 분류학을 논할 때, 어떤 이는 사부를 쫓고 어떤 이는 구미를 주장한다. 그러나 원리면에서 서로 다른 점이 있기 때문에 두 가지를 모두 겸용할 수 없다. 이 분류에는 문학 과학의 분류도 있고 군경(群經) 제자(諸子)의 명목도 있어서 서로 모순되는 부분을 피할 수 없다. 이런 과도기적 시기에는 어찌할 수 없는 것이다.[196]

국학 분류 목록의 '신·구 혼합'은 국고정리운동 과정에서 보여준 신·구 공존의 상황과 서로 부합한다. 당시 지식계가 학문방법 내지 학술체계에서 '사부를 따라야 하는지' 아니면 '구미를 주장해야 하는지'에 대해 여전히 일치된 정견이 없음을 보여주는 것이므로 학술상의 '과도기'라 할 수 있다.

195) 이 81종류의 잡지 가운데 청말에 창간되어 1919년 전에 정간된 것이 있으며, 글은 기본적으로 전통적 치학의 궤도를 따르고 있었다. 「本書所收雜志卷數號數一覽」, 國立北平圖書館, 『國學論文索引初編續編』, 臺北 : 鍾鼎文化出版公司影印, 1967, 1~9쪽 참조.

196) "近人談分類學者, 或宗四部, 或主歐美, 因其原理上有不同之點, 故二者似不得兼用, 此所分類, 即有文學科學之類, 復具群經諸子之名, 故抵牾之處, 在所不免, 在此過渡時期, 而亦莫可如何也." 王重民, 「敍例」, 國立北平圖書館, 『國學論文索引初編續編』, 1쪽.

이러한 신·구 학술 방법과 학술 체계가 혼잡하게 공존하는 것은 『국학 논문 색인』의 목록에서도 볼 수 있다. 목록에 따라 분류하면 다음과 같다.

(1)총론 (2)군경(群經) (3)언어문자학 (4)고고학 (5)사학 (6)지구과학 (7)제자학 (8)문학 (9)과학 (10)정치법률학 (11)경제학 (12)사회학 (13)교육학 (14)종교학 (15)음악 (16)예술 (17)도서목록학[197]

『국학 논문 색인』의 목록 분류는 편집자가 논문의 편명 내용에 따라 여러 종목을 모아 종류로 나눈 것이다. 이러한 목록은 중국 현대학술사대강처럼 '군경'과 '제자학'이라는 구명칭도 있고, 동시에 서학의 카테고리를 넣어 국학연구가 중학에서 서학으로 변환되어가는 과도기적 특색도 드러내고 있다.

하지만 젊은 세대의 학자들은 대부분 신식학교에서 교육을 받았다. 이러한 신식학교는 과(科)를 구분할 때 거의 모두 서양 대학의 모델을 따랐기 때문에, 새로운 세대의 학자들은 고서를 연구할 때 보편적으로 서양 학술의 안목에 따라 학문을 연구하게 되었다.[198] 1930년대 독경(讀經) 문제에 대한 토론을 통해 서양 학술체계를 가지고 전통 학술 범주를 대체하는 것이 당시 이미 지식계의 주류 관점이 되었음을 알 수 있다. 왜냐하면 이번 토론에서 학자들은 초·중·고교 학생의 독경 여부에 대해 찬성을 하든 안하든 간에, 대부분의 사람들은 경서는 중국 고대의 문화적·역사적 기록으로서 학자들은 반드시 문학과 철학, 사학, 사회학, 인류학, 고물학 등의 각도에서 연구해야 한다고 인식하고 있었기 때문이다.[199] 이를 통해 서양의

197) 『國學論文索引目錄』, 같은 책, 1~8쪽.

198) 이로써 류명시(劉夢溪)는 신식학당과 현대 대학의 출현은 중국 학술사상을 변화시키는 계기이자 학술사상으로 하여금 현대를 향해 중요한 한 걸음을 내딛게 했다고 여겼다. 劉夢溪, 「中國現代學術經典·總序」, 49~50쪽 참조.

199) 「全國專家對於讀經問題的意見」, 『教育雜志』, 第25卷 第5號, 上海: 商務印書館, 1935. 5, 1~

근대학술의 안목으로 중국 고서를 분석하는 것이 당시 이미 지식계의 공통된 인식이었음을 알 수 있다.

이에 따라 사부 학문이 점차 절향되었을 뿐만 아니라 심지어 '국학'이라는 과도기적 단어도 어느덧 더 이상 유행하지 않게 되었다.[200] 이러한 상황에서 항상 "중국의 구학문을 이해하려면 역시 중국 구학문이 가지고 있는 정신적 취지로부터 이해를 해야 한다. 그렇지 않으면 겉에서 보기에는 닮은 것 같아도 사실은 그렇지 않아서 아무것도 아는 것이 없게 된다"[201]라는 취지를 견지했던 첸무는 『중국학술통의』(中國學術通義)라는 책에서도 여전히 "경과 사, 자, 집의 사부에 대해 회통과 화합을 구한다"[202]라고 말했다. 하지만, 『현대 중국 학술 논형』(現代中國學術論衡)을 지을 때는 오히려 현대 학술발전의 대세에 따라 "현재 각 분류의 새로운 학술을 좇아야 한다"라고 했다. 이는 종교와 철학, 과학, 심리학, 사학, 고고학, 교육학, 정치학, 사회학, 문학, 예술, 음악의 범주에 근거해 부문별로 분류해서 탐구하지 않을 수 없다는 것을 의미한다.[203] 근대 학술의 혈맥과 진전을 여기에서 볼 수 있다.

136쪽.

200) 1940년대 초 주쯔칭은 "어떤 한 시기에 '국학'이라는 단어가 통한 것은 경, 사, 자, 집을 평등하게 포괄한 것이다. 그러나 이는 단지 과도기적 표현일 뿐이다 …… 현재 이미 사용하는 사람이 별로 없다"라고 말했다. 朱自清, 「部頒大學中國文學係科目表商榷」, 朱喬森, 『朱自清全集』, 第2卷, 10쪽.

201) 錢穆, 「中國學術通義·序」, 錢穆, 『錢賓四先生全集』, 第25冊, 4쪽.

202) 錢穆, 「現代中國學術論衡·序」, 錢穆, 『錢賓四先生全集』, 第25冊, 10쪽.

203) 같은 곳.

결론

베이징 대학 국학문의 창건 경위와 발전 과정을 돌아보면, 사실 20세기 초 중국의 학계에서 활기 넘치는 두 가지 의식이 합쳐진 것임을 발견하게 된다. 하나는 사회적 분업이 갈수록 세분화되고 정보의 유동 속도가 빨라지고 있는 상황에서, 학술계는 연구기관을 설치해 직업 학자들이 전문적인 연구에 종사할 수 있도록 육성하고, 각종 자원을 합리적으로 배분해 학술적 발전을 추진하고자 했다. 그리고 유럽과 미국의 연구기관들이 학술발전을 추진하는 과정에서 보여준 긍정적인 기능은 학자들로 하여금 중국에서도 구미와 같은 연구기관의 설립을 더 이상 늦출 수 없는 사업이라는 것을 확신케 했다. 다른 하나는 중국 학자들은 구미와 일본 학자들이 동방학 분야에서 축적한 상당한 연구성과를 직면한 후, 국제학술분야의 경쟁 상황을 보면서 외국 학자들의 연구성과와 방법을 거울로 삼아 '자신의 가업'을 정리하는 국학연구가 "세계 학술계에서 자신의 입지를 구축할 수 있기를" 바랐다. 국고정리 작업은 바로 이렇게 시작된 것이다.

하지만 베이징 대학의 스승과 제자들이 신문화운동에서 제기한 '국고정리'의 구호는 장타이옌과도 밀접한 관계가 있다. '국고'라는 두 글자는 장타이옌의 『국고논형』이라는 책에서 나온 것이며, 이후 그의 제자들이 자주 사용하는 용어가 되었다. 1919년 '국고정리'라는 구호가 베이징 대학에서 처음으로 나오게 된 데는 장타이옌의 제자들이 민국 설립 이후 잇따라 베이징 대학에 들어가 문과의 주류가 되었기 때문이다. 그들의 영향으로 장타이옌의 논저는 문과에서 경전과 같은 저작으로 존중을 받았고 '국고정리'라는 구호도 이러한 학술적 환경에서 제기된 것이다.

1920년대 베이징 대학 문과를 주도한 장타이옌의 제자들은 대부분 저장성 사람들이다. 그들은 국학문에 대한 상당히 깊은 기초가 있고 또한 일본 유학을 통해 서학에 대해서도 어느 정도 잘 알고 있었다. 이들은 신해혁명 전에 귀국해 동문이라는 관계를 통해 서로 이끌어주면서 저장성 각 부의 중학에서 교편을 잡았다. 1913년 이후 베이징 대학의 학교 행정을 주관하던 일본 유학 출신의 학자들은 동성파의 구세력을 몰아내기 위해 장타이옌 제자들을 잇달아 베이징 대학으로 데려와 일시에 베이징 대학 문과의 주류가 되게 했고, 이로 인해 고증학은 문과의 주류 학풍이 되었다. 1916년 말 장타이옌의 옛 친구인 저장성 출신 차이위안페이가 베이징 대학 총장에 임명된 후, 장타이옌 제자들의 지위는 더욱 확고해졌다. 천두슈와 후스가 베이징 대학에서 신문학을 외칠 때에도 장타이옌 제자들의 많은 지지를 얻어 『신청년』에 적극적으로 투고함으로써 문학혁명의 세를 확장시켜 나갔고, 이에 따라 신문화운동이 전국을 휩쓸 수 있었다. 이로 볼 때, 차오쥐런이 장타이옌의 제자들을 두고 신문학운동 기간 동안 "베이징 대학 학술사상의 중심이자 신문화운동의 주도적 핵심"이라고 말한 것은 충분한 근거가 있다.[1)]

1917년 베이징 대학 교수로 초빙된 미국 유학파 후스는 처음 문과에 들어갈 때, 장타이옌 제자들에게 상당한 존경을 표했다. 후스는 중국 고대철학사를 연구할 때에도 장타이옌와 관련된 저작에 대해 상당히 숙지하고 있었으며, 이를 통해 다른 동료들과 교제할 때 학술적 교류의 공통 언어로

1) 曹聚仁, 『文壇五十年』, 190쪽.

삼았다. 신문화운동의 고조 속에서 '국학'의 연구 가치와 발전 전망 등 핵심적인 이슈는 학자들의 열띤 토론의 주제가 되었다. 서학의 강렬한 충격과 도전에 직면한 후스는 오늘날 과학적인 방법으로 '국고정리'를 해야 한다는 필요성을 제기했다. 건가 고증학을 기반으로 중국의 전통학술과 서방의 과학적 방법을 결합하기 위함이었다. 후스의 이러한 중서융합의 주장이 동료들의 호응을 얻자 '국고정리'는 일시에 새로운 학술적 구호가 되었다.

이러한 학술적 분위기 속에서 1922년 새로 개편한 베이징 대학 연구소는 가장 먼저 국학문을 설립해 국고정리를 실천하는 학술 연구기관으로 삼았다. 이 기구는 초기 준비 단계부터 장타이옌 제자들이 주도권을 잡았다. 1922~27년에 국학문 주임은 계속 선젠스가 맡았다. 이 기간 동안 국학문에 설립한 여러 학회와 학술활동은 대체적으로 선젠스와 그의 동인들이 협력한 결과이다. 선젠스와 기타 베이징 대학 학자들은 국학문의 설립을 준비하기 전부터 프랑스의 동방학자와 일본의 동양학자들의 우수한 연구성과에 주목했다.

국학문은 민족적 자존심을 걸고 외국 학자들의 연구 수준을 최대한 빨리 따라잡기 위해 조직구조와 연구방향, 연구방법 등에서 적극적으로 외국 것을 배웠다. 길지 않은 5~6년이라는 기간에 동인들이 장려한 고고학 발굴과 당안정리, 민속 연구 및 방언 조사는 모두 중국 학계에서 새로운 사업을 확립시키고 새로운 영역을 개척했다.

국학문이 추진한 사업 가운데 고고학과 당안정리, 민속학의 세 분야는 가장 풍부한 성과를 거두었다. 이 세 분야의 성격을 놓고 볼 때, 그들이 계속해서 전문적으로 발전하고 독자적인 학문을 이루기 전까지는 학문 영역 중에서 역사학에 가장 가까웠다. 따라서 국학문은 명칭으로는 '국학'이라는 표현을 내세웠지만, 일의 중점만을 놓고 볼 때 사실 역사연구소라고 해도 과언이 아니다. 게다가 국학문이 극력 제창한 방언 조사도 이에 포함시킨다면 역사언어연구소라 해도 무방할 것이다.

국학문의 학술사업에도 부족한 점은 있었다. 그 가운데 전문지식의 부족은 동인들의 학술사업에 상당한 한계로 작용했다. 또한 외부환경의 제한 역시 동인들이 추진하고자 하는 학술사업에 많은 장애가 되었다. 1920년대 베이징의 불안정한 정세와 정부의 교육경비의 비리 등으로 각 국립대학의 학술사업 또한 영향을 받을 수밖에 없었고, 베이징 대학의 교사와 학생들은 정치운동에 너무 깊이 관여한 관계로 학술연구도 종종 중단되곤 했다. 당시 교내 동인들 간에는 학교가 장기적으로 정치에 관여하는 것에 대해 의견이 분분했지만, 1919년 이후부터 교수와 학생운동이 계속해서 발생하자 국학문의 업무 또한 방해를 받을 수밖에 없었다. 결국 1927년이 되어, 더 이상 계속 유지하기가 어려운 지경에 이르렀다. 선젠스 등은 1920년대에 정치운동에 많이 관여했고,[2)] 이로써 그들과 정치적 견해를 달리하는 학자들은 더 이상 공동으로 학술사업을 추진할 수 없게 되었다. 뤄전위 및 왕궈웨이와 국학문의 관계가 깨진 것도 그 중의 한 예이다. 정치적 풍조가 점차 거세짐에 따라 베이징 대학 내에는 서로 당을 짓고 상대를 억누르려는 분위기가 갈수록 심해져 학문 발전에 부정적인 영향을 초래했다.[3)]

국학문의 학술사업은 1920년대 베이징의 불안정한 정국과 교육경비의 부족으로 인해 여러 차례 중단되어 더 큰 성과를 거둘 수는 없었지만, 몇 년에 걸친 동인들의 노력은 이미 중국 학자들의 안목을 열어주었다. 한편, 새로 시작한 학술사업은 이후 동인들이 각지로 분산됨에 따라 1920년대 후반에 새로 설립된 학술기관들에 의해 이어져갔다. 그 중 1928년에 설립된 사어소는 대규모의 은허 발굴과 명·청 시기의 당안정리 및 각지 방언 조사로 학계에서 명성을 떨친 학술기관이다. 베이징 대학 국학문 학자들은 이러한 방면에서 갖은 고생을 다하며 개척해 왔다.

베이징 대학 학자들이 추진한 국고정리 사업은 중국의 현대 학술사상

2) 장싱랑(張星烺)은 1926년 4월 25일 천위안(陳垣)에게 보내는 편지에서 베이징 대학은 당시 이미 순수한 학술기구가 아니며, 거의 '전문 정치운동 기관'이 되었다고 탄식했다. 張星烺, 「致陳垣函」(1926. 4. 25.), 陳志超, 『陳垣來往書信集』, 209쪽 참조.

3) 국학문에서 오랫동안 조교를 했던 구제강은 1926년에 교내 당파의 알력이 너무 심해 그곳을 떠나려는 생각을 했었다. 顧頡剛, 「致胡適函」(1926. 3. 16.), 耿雲志, 『胡適遺稿及秘藏書信』, 第42冊, 311쪽 참조.

영향력이 큰 학술활동이고, 국학문의 설립은 이 활동의 서막을 연 것이다. 비록 20세기 초에 이미 장타이옌 등 국수파 학자들에 의해 시작되었지만, 국고정리운동의 흥기는 그들과 맥을 같이 하고 있다. 하지만 신문화운동이 고조된 이후에 나타난 국고정리는 사실상 일종의 '신국학'이었다.

'신국학'이 과거와 다른 점은 방법면에서 구미 학자들의 연구성과를 많이 참조했을 뿐만 아니라, 더 중요한 것은 신세대 학자들이 이미 경학의 속박에서 완전히 벗어나 학술평등의 관념 아래 학술연구의 영역을 상상할 수 없었던 정도까지 열어두었다는 점이다. 한편 사람들에게 새로운 시대의 새로운 관점으로 수천 년 동안 축적해 온 엄청난 양의 옛 역사 자료들을 체계적으로 정리하고 재평가할 것을 호소했다는 점이다. 이러한 현대적 관점으로 고인들을 평가할 때 야기될 수 있는 폐단도 적지 않지만,[4] 어쨌든 1920년대 국학연구의 중요한 추세였던 점은 분명하다. 뿐만 아니라 '신국학'은 더 나아가 '서학으로 중학을 통합'해 중국의 구학문 체계에 대해 전면적인 재조정을 제창했다. 따라서 국학문 세대의 학자들은 사실 '국학'이라는 구간판을 내걸고 '낡은 술병에 새 술을 담는' 작업을 한 것이다.

국고정리에 대한 국학문 학자들의 견해와 연구 취지는 후스가 쓴 「국학계간·발간선언」을 통해 중국의 학계에 명백히 드러났다. 이 학술 선언은 1920년대 초에 발표된 후, 물밀듯이 다가오는 서학의 물결 속에서 국학연구의 취지와 방법에 대해 정면 대응했기 때문에 국학계에서 광범위한 주목을 받았을 뿐만 아니라 영향력 또한 지대했다. 중국은 국토가 넓은 관계로 각 지역 학자들의 서학에 대한 인식과 입장이 달라서 국고정리운동에서 일치된 보조를 맞추기가 상당히 어려웠다. 연구 동기가 서로 다를 뿐만 아니라 운용 방법과 관점에서도 신·구가 공존했다.[5] 하지만 전반적인 발전추세로 볼 때, 국고정리 과정은 사실상 중국의 전통학문이 현대학문으로 넘어

4) 천인커는 일찍이 이에 대해 의문을 제기하고 비평을 했다. 陳寅恪, 「馮友蘭『中國哲學史』上冊審查報告」, 陳寅恪, 『金明館叢稿二編』, 247~48쪽 참조.

5) 賀昌群, 「一個對比」, 金自強·虞明英, 『賀昌群史學論著選』, 356쪽.

가는 과도기적 이정표라 할 수 있다.[6)]

따라서 청말 신교육을 받아들인 세대의 지식인과 그들의 학생 세대는 전통 학문을 현대로 발전시킨 두 세대의 학자들인 셈이다.[7)] 구미와 일본에서 유학을 했든, 중국의 신식학당에서 교육을 받았든 간에 그들은 모두 직접적으로나 간접적으로 서학의 영향을 받았다. 그러므로 갈수록 많은 국고를 연구한 학자들은 현대 서방의 학술체계에 따라 국학의 길을 새롭게 구축해 나갔다. 즉, 경과 사, 자, 집의 사부 학문분류 방식을 버리고 구미의 현대 학술분과 방식을 채택했으며, 나아가 이러한 학문적 관점에 의거해 중국의 과거 역사와 문화를 재구성하고 해석했다.

20세기 중엽에 중국의 학문체계의 전환은 이미 대체적으로 완성되었다. 이후 나타난 신세대 학자들은 거의 모두 서방의 현대 학술체계의 모식에 따라 사고했고, '국학'은 전통 학술의 대명사가 되었다. 흥미로운 것은 학계에서 1990년대 초에 '문화열'을 이은 후 또 한 번의 '국학열'이 등장했고,[8)] 이 열기는 아직까지 식지 않고 있다는 점이다. '국학'이라는 단어가 또다시 유행한 데는 1970년대 말 '정치경학'의 붕괴와[9)] 학자들이 과거의 틀을 깨고 나와 방황의 탐색을 거친 후 새로운 학술규범을 모색하고 확립하기 위해 마침내 '근현대로 돌아가자'는 구호를 외침으로써, 선배 학자의 학술성과를 정리하고 전승맥락을 재평가하면서 선인들의 어깨 위에서 새 시대의

6) 쌍빙(桑兵)은 20세기 상반기 국학의 연구발전에 관한 역정을 고찰한 후, "근대 국학은 전통 학술의 단순한 연속이 아니라 중국 학술이 근대 서학의 영향 아래 전통에서 현대로 전환되는 과도기적 형태이다"라고 말했다. 桑兵, 「晚清民國時期的國學研究與西學」, 『歷史研究』, 1996, 第5期, 30쪽 참조. 국고정리운동 기간 동안 당시 목록학과 도서관 및 학술학과 분류에 대해 열띤 토론이 벌어졌던 상황을 통해 많은 학자들이 그 당시 중국이 학술체계의 전환기에 놓여 있다고 의식하고 있었음을 발견할 수 있다.

7) 천핑위안은 중국의 전통 학술이 현대적으로 변화하는 것은 만청과 5·4시기의 양대 학자들이 공동으로 노력한 결과라고 강조했다. 陳平原, 『中國現代學術之建立: 以章太炎, 胡適之爲中心』, 北京: 北京大學出版社, 1998, 1~27쪽 참조.

8) 陳平原, 「『學術史與規範化』序」, 陳平原, 『書生意氣』, 上海: 漢語大詞典出版社, 1996, 141쪽.

9) 逯耀東, 「史學危機的呼聲·自序」, 臺北: 聯經出版事業公司, 1987, 3쪽.

길을 모색하길 바랐기 때문이다.[10]

또 다른 면에서 보면, 앞서 베이징 대학 국학문의 초기 역사를 검토할 때 국학문 창설은 20세기 이래 전문 연구기구를 설치해 학술발전을 도모하려는 중국 학술계의 자각적 의식 위에 건립되었다는 점을 알 수 있다. 동시에 국학문 조직과 학술활동 및 학술성과에 대한 검토를 통해 현대 학술연구소가 추구하는 방향(즉, 조직화와 제도화)은 결과적으로 중국의 학술발전에 지대한 영향을 주었음을 알 수 있다.

국학문이 몇 년 동안 진행해 온 각종 학술사업 및 여러 영역에서 이뤄낸 개척적인 일과 국고정리운동의 전국적인 빠른 확산으로 인해 학술연구가 일단 현대 학술체계로 진입한 후, 그 전파방식과 발전 속도는 확실히 획기적인 변화를 가져왔다. 중국 근대 학술의 빠른 발전은 분명 끊임없는 새로운 자료의 출토와 서학의 유입, 경학의 약화 등과 밀접한 관련이 있지만, 이는 현대 학술 연구기구인 국학문이 학술발전을 촉진할 수 있었던 매우 중요한 요소이기도 했다. 또한 이는 베이징 대학에 속해 있는 국학문이 젊은 학자들을 양성할 책임이 있을 뿐만 아니라 각지에서 온 학자들에게 학술교류의 장을 제공해 그들로 하여금 토론과 논의를 통해 서로 자극하고 격려하게 함으로써 끊임없이 학술연구에 새로운 활력을 불어넣어주었기 때문이다. 나아가 동인들은 또한 국학문과 국내외 학술기구와의 연계를 통해 각종 학술자원을 빠르게 확보해 학술 토론과 진일보한 연구에 참조할 수 있었다. 사실 국학문은 학자들의 역량을 모으는 단체이자 당시 중국 학계에서 차지하는 베이징 대학의 특수한 위치가 더해지면서 학술자원을 확보할 수 있는 능력이 크게 향상되었다. 베이양 정부가 명·청 시대의 당안들을 국학문에 귀속시켜 정리하게 한 것과 서북과학탐사단 설립 등은 모두

10) 錢宏, 「國學大師叢書·重寫近代諸子春秋」, 劉炎生, 『林語堂評傳』, 9쪽; 劉參溪, 「中國現代學術經典·總序」, 63~64쪽 참조. 학술사에서 매번 구학술 전통의 와해에 대한 문제를 다룰 때마다 함께 따라오는 것은 항상 학술사 다시 쓰기와 과거 학자에 대한 재평가의 문제이다. 1980년대에서 1990년대까지 중국 학술계는 확실히 이런 상황에 놓여 있었고, 이는 20세기 초의 상황과 거의 비슷했다.

학술사업의 추진에서 연구기관의 역량을 보여준 것으로서 절대 개인의 힘과는 비교할 수 없는 것이다.

학술 이념과 관점의 전파라는 면에서 볼 때, 국학문이 잇따라 발행한 『가요』와 『국학 계간』, 『국학문 주간』, 『국학문 월간』은 연구결과를 신속하게 발표할 수 있도록 했다. 그리고 교외의 신문과 잡지 또한 '국고정리' 구호가 베이징 대학에서 중국 각지로 빠르게 확산할 수 있게 한 매개체 역할을 했고, 이에 따라 몇 년 사이에 전국적인 학술운동이 될 수 있었다.

국학문 설립 후 몇 년 안에 얻은 학술성과와 국고정리의 이념이 빠르게 전파될 수 있었던 것은 현대 학술기구와 전파매체의 협력이 없었다면 상상할 수도 없는 일이었다. 대학과 연구기구, 도서관, 학술정기간행물 등 현대 학술이 의지한 이러한 학술매개체는 '현대 학술체제'라고 통칭할 수 있다. 현대 학술체제 속에서 각종 학술매개체는 학술발전을 촉진하는 기능이 각각 다르면서도 전체 체계 안에서는 밀접하게 연결되어 있었다. 자금이 비교적 풍족하고 조직이 비교적 복잡한 학술기구 안에는 일반적으로 여러 가지 학술기능을 겸비하고 있고 학계에서도 비교적 커다란 영향력을 행사할 수 있는 몇 개의 학술매개체를 가지고 있다.[11] 비록 학술매개체의 기능을 동시에 갖추고 있는 학술기구는 적었지만, 한 학술기구가 다른 학술매개체와 밀접한 연관성을 지녀 학술정보의 획득이 더욱 용이했고 연구성과의 전파도 더욱 빠르게 확산되었다. 이는 학술기구로 하여금 당시 학술발전의 중심이 되게 했을 뿐만 아니라 종종 학술발전의 흐름을 이끌어 학술적 중심을 구성하는 외부 조건을 갖추게 했다.[12]

11) 만약 학자가 여러 가지 기능을 하는 학술기구에 들어올 수 있다면, 그는 학술정보를 획득해 기타 학자들과 학술적 교류를 하고 학술 연구성과를 발표하는 등 여러 가지 면에서 기타 사람들에 비해 더욱 우위를 점할 수 있다. 뿐만 아니라 한 기구의 학자들은 서로 학술교류가 빈번하기 때문에 연구주제의 선택과 연구방법에서 항상 서로 영향을 주고받아 학술면에서 종종 하나의 학파로 인정되기도 한다.

12) 한 시대의 학술 중심이 많을수록 학술 유파도 풍부해지며 학술은 다원화된 발전을 하게 된다. 만약 정치가 학술에 개입하게 되면 이데올로기의 주도가 학술발전을 제약하고 학술

1920년대 베이징 대학 국학문은 바로 여러 가지 학술매개체를 갖추고 있는 학술기구였다. 국학문이 베이징 대학에 설치되어 있었기 때문에 학자들이 많이 운집해 있었으며, 한편으로 대학 도서관과 출판부 등의 자원을 활용해 학술 특집을 발간함으로써 보다 빠르게 국제 한학계에서의 위치를 확립할 수 있었다. 현대 사람들은 학술기구의 발전을 관찰할 때, 한 기구가 발행한 간행물의 수량은 학술적 지위와 종종 비례를 이룬다고 생각한다. 간행물에 게재된 내용은 그 기구의 학자들의 연구성과의 결정체이기 때문에 성과가 많을수록 그 학술기구의 학술적 지위 또한 자연 향상되게 마련이다.[13] 1920년대 베이징 대학 국학문에서 발행한 간행물(4종으로 총 130기)이 가장 많았고 동시대에 이를 능가한 기관은 없었다. 이는 국학문이 설립된 지 몇 년 안에 한학 연구에서의 중심적 위치를 확보한 이유이기도 하다.

한편, 국학문 동인들은 신문화운동에서 사회적으로 신흥 전파매체에 대한 영향력에 대해 깊이 인식하고 있었다. 따라서 동인들은 학술정기간행물을 발행하는 한편, 신문의 부간과 잡지를 이용해 학술적 이념을 전하는 외부 진지로 삼았으며, 때때로 대중들에게 국학문의 학술 관련 주장과 활동을 선전하기도 했다. 이 결과 짧은 몇 년 안에 국고정리 작업은 베이징 대학 학자들의 입을 통해 전국의 수많은 학자들의 공동 사업으로 확대되어 발전해 나갔다. 이로써 현대의 새로운 학술매개체가 출현한 이후, 학술 연구와 전파가 어떻게 새로운 방식으로 진행되었고, 동시에 국학문은 시대의 새로운 학풍을 주도하는 역량이 되었음을 보여주었다.

학술의 중심이 고대에서 현대로 옮겨진 모습을 보면, 중국 고대 학술 중

자원을 농단해 결국 학술발전은 일원화된 방향으로 흐르게 된다.

13) 예를 들어 훙스뤄(洪式閭)는 "각종 연구소는 모두 각각 전문적인 잡지를 두어 연구성과를 발표하며, 성과가 많을수록 학술사에서의 지위도 높아진다. 그리고 이른바 학술 중심의 소재는 학술성과를 발표한 수량으로 정해진다. 이러한 학술 중심은 세력에 의해 정해지는 것이 아니라 실로 무수한 학자들의 심혈로 이루어지는 것이다"라고 제기했다. 洪式閭, 「東方學術之將來」, 『晨報五周年紀念增刊』, 19쪽.

심에 태학과 가학, 서원이 있었다면, 현대 학술 중심에는 대학과 연구기관이 있었다. 중국에서 아직 전문 연구기구가 보편적으로 설립되지 않았을 무렵에 베이징 대학 국학문은 전국의 국학연구의 중심이었다. 1920년대 이후 신흥 학술기구들이 점차 증가하면서 이들은 베이징과 상하이, 난징 등지와 각 성도에 분포되어 있었지만 여전히 베이징에 가장 많았으며, 당시 연구기구와 일류 대학들은 대부분 여기에 모여 있었다. 학술기구 간의 경쟁과 학자들 사이의 교류 및 토론을 모두가 지켜보는 상황에서 베이징은 전국 학술계의 리더가 되었다.[14)]

당시 베이징의 학자들은 학술적인 면에서 분위기를 조성하는 역할을 했고, 그들의 연구성과는 학술 간행물과 서적을 통해 전파되면서 전국 각 지역에까지 영향을 끼쳤다. 각 지역에서 분위기를 접하는 척도는 각 출판 기구와 신문사, 잡지사 등이 현지에 판매망을 갖추고 있는지와 그 분포도에 따라 정해졌다.

이러한 판매망은 중국의 학술연구센터와 각 지역을 연결함으로써 전국적인 현대 학술 네트워크를 구축했다. 네트워크의 각 링크를 통해 학술자원은 끊임없이 유통된다. 각 링크가 합류하는 곳에서 드러난 크고 작은 노드들은 각종 학술매개체가 집중하는 곳이자 학술 자원이 비교적 풍부하며, 크고 작은 다양한 학술 센터를 형성한다.[15)] 1920~30년대의 베이징은 단연 전국의 각종 학술매체가 가장 밀집해 있던 곳이었다. 특히 1928년 이후 국민정부가 난징을 수도로 삼으면서 베이핑은 완전히 문화 도시로 변모

14) 옌겅왕(嚴耕望)은 "항전 전의 베이징은 전국의 학술 중심이었다. 당시 이름을 날리던 사학자들은 여기에서 교육을 하지 않은 사람이 거의 없었다. 학술적 조예가 깊은 학자였던 뤼쓰몐(呂思勉)은 학술 중심이 아닌 상하이에서 오랫동안 체류한 관계로 그의 학술 성취는 장기적으로 소홀함을 받았고, 그의 명성은 베이징의 천인커와 천위안, 첸무 등에 훨씬 못 미쳤다"고 설명했다. 嚴耕望, 『治史答問』, 臺北: 臺灣商務印書館, 1986, 93~94쪽 참조.

15) 현실 속에서 학술 네트워크는 종종 도로 체계와 중첩된다. 도로 체계에서 각종 자원의 교류와 유통이 이뤄지기 때문이다. 네트워크와 자원교환, 도로체계 등의 문제에 대해서는 許倬雲, 「試論網路」, 『新史學』, 第2卷 第1期(1991. 3.), 75~80쪽 참조.

해 정치 중심과 멀어졌다. 이때 베이핑에는 전국의 약 절반에 가까운 학술 기구와 대학들이 집중되어 있었고 서점이나 도서관들도 즐비해 실제로 전국 학술 네트워크의 중심이 되었다.

1928~37년은 베이핑이 학술문화도시로 주목받던 황금시기였을 뿐만 아니라 중국의 현대 학술사상 가장 찬란한 10년이기도 했다.[16)] 이 10년 동안 각종 연구기구들은 우후죽순처럼 생겨났다. 차이위안페이는 1930년대 중반을 이렇게 기억하고 있다.

> 10여 년 동안 중앙연구원과 베이핑 연구원 및 최근의 중산문화교육관의 연구부가 차례로 설립되었다. 베이징과 칭화, 옌징 등 각 대학들도 연구원을 설치했다. 최근에는 교육부가 각 대학에 연구기관을 설치하라는 지시를 내렸다.[17)]

위에서 본 바와 같이 연구기구의 설립은 국내 형세가 상대적으로 안정되고 국제적인 학술경쟁이 치열해져가는 상황에서,[18)] 소수인의 제창으로부터 시작되어 점차 정부의 대대적인 지원 아래 수많은 학자들이 전력으로 뛰어든 사업이 되었다.

연구기구들이 많이 생겨나면서 대학연구소와 중앙연구원 같은 이런 독립기구들의 기능이 점차 명확하게 구분되었다. 일반적으로 대학연구소는

---

16) 톈위칭(田餘慶)은 최근 20세기의 중국 학술계는 학술 분위기와 학술성과라는 면에서 주의를 기울일 만한 두 시기가 있었는데 하나는 1980년대의 10년이고, 다른 하나는 항전이 전면적으로 폭발하기 전의 10년이라고 했다. 羅新, 「思想與境界: 學術的生命-田餘慶先生訪談錄」, 陳少峰, 『原學』, 第2輯, 8쪽 참조.

17) "十幾年來, 次第成立的有中央研究院·北平研究院, 最近有中山文化教育館的研究部. 各大學, 如北京·清華·燕京等, 亦往往設研究院; 最近教育部且通令各大學建設研究機關." 蔡元培, 「吾國文化運動之過去與將來」, 高平叔, 『蔡元培文集: 卷三·教育(下)』, 610쪽. 蔡元培, 「二十五年來中國研究機關之類別與其成立次第」, 高平叔, 『蔡元培文集: 卷九·科學技術』, 400~01쪽 참조.

18) 蔡元培, 「中央研究院與中央大學聯合招待國民會議代表的大會歡迎詞」, 같은 책, 520쪽.

연구생 양성을 위주로 하고 교수가 각종 연구항목을 개설해 대학 졸업생들에게 더 깊이 연구할 수 있는 기회를 제공했다면, 독립 연구원은 주로 학자들에게 정밀한 연구의 장을 제공해 학술적인 전문 연구에 종사할 수 있게 했다.[19)]

이러한 기구들이 설립된 이후 학술연구에 가져온 전반적인 영향에 대해 주쯔칭은 학술의 번영과 발전이라고 평가했다.

> 전쟁 전의 10년 동안 우리의 학술은 확실히 장족의 발전을 이룩했다. 중앙연구원과 일부 대학 연구원의 업무가 점점 역량을 갖춰갔다. 그래서 연구원이 없는 대학들은 잇따라 연구원을 설립하고, 일부 독립 연구기구들도 많든 적든 외국인의 찬조 아래 설치되었다. 이로 인해 연구 풍조도 일시에 대성황을 이루었다. …… 지식과 학술의 평가는 최고봉에 달했다고 할 수 있다. …… 그 결과 인문과학과 자연과학에서 모두 새로운 발전을 이룩했다.[20)]

그러나 이러한 학술적 축적은 1937년에 들어와 전면적인 전쟁이 폭발하면서 거의 중단되었다. 학술문화의 번영은 전쟁의 파괴 앞에 무력할 수밖에 없었다. 항전 8년은 중국의 학술적 원기를 크게 파괴했다. 이를 경험한 학자들의 언급을 대하자면 감개무량함을 금할 길이 없다.[21)]

19) 같은 곳; 蔡元培, 「論大學應設各科研究所之理由」, 같은 책, 628쪽.

20) "戰前的十年來, 我們的學術確在長足的進步. 中央研究院和一些大學的研究院的工作都漸漸有了分量. 於是沒有研究院的大學都紛紛設立研究院, 一些獨立的研究機構也或多或少在外國人資助之下辦起來了. 於是研究的風氣盛極一時 …… 知識或學術的估價算是到了最高峰 …… 結果無論在人文科學或自然科學方面都有了新發展." 朱自清, 「論學術的空氣」, 朱喬森, 『朱自清全集』, 第4卷, 491쪽.

21) 현대 학자가 쓴 회고의 글을 읽어 보면, 많은 학자들이 항전이 가져온 파괴에 대해 침통한 언급을 했다는 것을 알 수 있다. 일반적인 서술에 관해서는 朱自清, 「論學術的空氣」, 같은 책, 490~95쪽 참조.

| 참고문헌 |

(1) 사료와 전문서적

『中山大學民俗周刊』, 臺北: 東方文化書局影印, 1970.

『中國語言學家』 編寫組, 『中國現代語言學家』, 第1~2冊, 石家莊: 河北人民出版社, 1981~1982.

『史地學報』, 臺北: 進學書局影印, 1970.

『北大評議會第五次會議議事錄』, 北大檔案, 全宗號: 7 / 目錄號: 第1號 / 案卷號: 109.

『北京大學日刊』, 北京: 人民出版社影印, 1981.

『北京大學國學季刊』, 臺北: 學生書局影印, 1967.

『北京大學研究所國學門月刊』, 上海: 開明書店, 1927.

『北京大學研究所國學門周刊』, 上海: 開明書店, 1926.

『東方雜志』, 臺北: 臺灣商務印書館重印, 1976.

『晋陽學刊』 編輯部, 『中國現代社會科學家傳略』, 第3, 5, 8輯, 太原: 山西人民出版社, 1983~1987.

『國立北京大學廿周年紀念冊』, 臺北: 傳記文學出版社影印, 1971.

『國立北京大學志』 編纂處, 『國立北京大學校史略』, 北京: 『國立北京大學志』 編纂處, 1933.

『國立北京大學中國文學係課程指導書(民國21年9月訂)』, 北大檔案, 全宗號: 1 / 案卷號: 274.
『國立北京大學研究所國學門平面圖』, 北大檔案, 全宗號: 7 / 目錄號: 第1號 / 宗卷號: 293.
『國立北京大學研究所國學門報告(民國13年)』, 藏北大圖書館期刊室.
『國立北京大學研究所國學門概略』, 北京: 北京大學, 1927.
『國立北京大學國學門章程』, 北大檔案, 全宗號: 7 / 目錄號: 第7號 / 宗卷號: 293.
『國立第一中山大學語言歷史學研究所周刊』, 臺北: 文海出版社影印, 1967.
『國故』, 臺北: 成文出版社影印, 1986.
『晨報副刊』, 第5~6冊, 北京: 人民出版社影印, 1981.
『廈門大學國學研究院周刊』, 廈門: 廈門大學國學院, 1926.
『新青年』, 上海: 群益書社, 1917~1919.
『新潮』, 臺北: 東方文化書局影印, 1972.
『歌謠』, 上海: 中國民間文藝出版社影印, 1985.
「全國專家對於讀經問題的意見」, 『教育雜志』, 第25卷 第5號, 上海: 商務印書館, 1935. 5.
『研究所國學門啟事』, 北大檔案, 全宗號: 7 / 目錄號: 第7號 / 宗卷號: 131.
「胡適與青木正兒來往書信二十七通」, 耿雲志, 『胡適研究叢刊』, 第1輯, 北京: 北京大學出版社, 1995.
[日]實藤惠秀 著, 譚汝謙·林啓彥 譯, 『中國人留學日本史』, 香港: 中文大學出版社, 1982.
[日]吉川幸次郎 著, 錢婉約 譯, 『我的留學記』, 北京: 光明日報出版社, 1999.
[德]施耐德(Schneider, Laurence A.) 著, 梅寅生 譯, 『顧頡剛與中國新史學』, 臺北: 華世出版社, 1984.
郭穎頤(Kwok, Daniel W. T.) 著, 雷頤 譯, 『中國近代思想中的唯科學主義(1900~1950)』, 南京: 江蘇人民出版社, 1995.
崔述 撰著, 顧頡剛 編訂, 『崔東壁遺書』, 上海: 上海古籍出版社, 1983.
[瑞典]高本漢(Karlgren, Bernhard) 著, 趙元任 等 譯, 『中國音韻學研究』, 北京: 商務印書館影印, 1995.
[瑞典]斯文赫定(Hedin, Sven) 著, 徐十周 等 譯, 『亞洲腹地探險八年(1927~

1935)』, 烏魯木齊: 新疆人民出版社, 1995.
丁文江·趙豐田,『梁啟超年譜長編』, 上海: 上海人民出版社, 1983.
三聯書店,『胡適思想批判(論文匯編)』, 第2, 7輯, 北京: 三聯書店, 1955.
中央硏究院歷史語言硏究所四十周年紀念特刊編輯委員會,『中央硏究院歷史語言硏究所四十周年紀念特刊』, 臺北: 中硏院史語所, 1968.
中央硏究院歷史語言硏究所出版品委員會,『中央硏究院歷史語言硏究所出版品目錄』, 臺北: 中硏院史語所, 1995.
中國大百科全書考古學編輯委員會,『中國大百科全書·考古學』, 北京: 中國大百科全書出版社, 1986.
中國社會科學院近代史硏究所中華民國史硏究室,『胡適的日記(上·下)』, 北京: 中華書局, 1985.
中國學術討論社,『中國學術討論集』, 第1冊, 上海: 上海書店影印, 1991.
[美]本戴維(Joseph Ben-David)著, 趙佳苓 譯,『科學家在社會中的角色』, 成都: 四川人民出版社, 1988.
王文寶,『中國民俗學史』, 成都: 巴蜀書社, 1995.
王栻,『嚴復集』, 第3冊, 北京: 中華書局, 1986.
王汎森,『古史辨運動的興起: 一個思想史的分析』, 臺北: 允晨文化公司, 1987.
王汎森,『章太炎的思想(1868~1919)及其對儒學傳統的沖擊』, 臺北: 時報文化出版公司, 1985.
王汎森·杜正勝,『傅斯年文物資料選輯』, 臺北: 中硏院史語所, 1995.
王國維,『王國維遺書』, 第5, 14冊, 上海: 上海古籍書店影印, 1983.
王國維,『古史新證: 王國維最後的講義』, 北京: 清華大學出版社, 1994.
王雲五,『商務印書館與新教育年譜』, 臺北: 臺灣商務印書館, 1973.
王雲五,『新目錄學的一角落』, 臺北: 臺灣商務印書館, 1973.
王瑤,『中國文學硏究現代化進程』, 北京: 北京大學出版社, 1996.
王學珍 等,『北京大學紀事(1898~1997)』, 北京: 北京大學出版社, 1998.
王學珍 等,『北京大學史料(1912~1937)』, 第2卷中冊, 北京: 北京大學出版社, 2000.
北京大學校史硏究室,『北京大學史料·第一卷(1898~1911)』, 北京: 北京大學出版社, 1993.

北京圖書館,『民國時期總書目(1911~1949): 綜合性圖書』, 北京: 書目文獻出版社, 1995.
甘孺(羅繼祖) 輯述,『永豐鄉人行年錄(羅振玉年譜)』, 南京: 江蘇人民出版社, 1980.
白吉庵,『胡適傳』, 北京: 人民文學出版社, 1993.
任建樹 等,『陳獨秀著作選』, 上海: 上海人民出版社, 1993.
牟潤孫,『注史齋叢稿』, 北京: 中華書局, 1987.
安金槐,『中國考古』, 上海: 上海古籍出版社, 1992.
朱光潛,『朱光潛全集』, 合肥: 安徽教育出版社, 1993.
朱喬森,『朱自清全集』, 南京: 江蘇教育出版社, 1993.
朱有瓛,『中國近代學制史料』, 上海: 華東師範大學出版社, 1992.
朱希祖,『朱希祖先生文集』, 臺北: 九思出版公司, 1979.
朱維錚,『求索真文明』, 上海: 上海古籍出版社, 1996.
朱維錚,『馬相伯集』, 上海: 復旦大學出版社, 1996.
朱維錚 校注,『梁啟超論清學史二種』, 上海: 復旦大學出版社, 1985.
餘英時,『中國近代思想史上的胡適』, 臺北: 聯經出版事業公司, 1994.
餘英時,『論戴震與章學誠』, 香港: 龍門書店, 1976.
餘嘉錫,『目錄學發微』, 臺北: 藝文印書館, 1987.
『汪康年師友書劄』, 上海, 上海古籍出版社, 1987.
吳同瑞 等,『中國俗文學七十年·'紀念北京大學『歌謠』周刊創刊七十周年暨俗文學學術研討會'文集』, 北京: 北京大學出版社, 1994.
吳孟復,『桐城文派述論』, 合肥: 安徽教育出版社, 1992.
吳宓 著, 吳學昭 整理,『吳宓自編年譜』, 北京: 三聯書店, 1995.
吳宓 著, 吳學昭 整理·注釋,『吳宓日記』, 北京: 三聯書店, 1998.
吳景洲,『故宮五年記』, 上海: 上海書店出版社, 2000.
劉寅生·袁英光,『王國維全集: 書信』, 北京: 中華書局, 1984.
何炳松,『通史新義』, 上海: 上海書店影印, 1992.
呂芳上,『從學生運動到運動學生(民國八年至十八年)』, 臺北: 中研院近史所, 1994.
呂紹虞,『中國目錄學史稿』, 合肥: 安徽教育出版社, 1984.
李光謨,『李濟與清華』, 北京: 清華大學出版社, 1994.

李宗侗, 『史學概要』, 臺北: 正中書局, 1968.
李璜, 『法國漢學論集』, 香港: 珠海書院出版委員會, 1975.
李璜, 『學鈍室回憶錄』, 臺北: 傳記文學出版社, 1978.
李濟, 『感舊錄』, 臺北: 傳記文學出版社, 1985.
李學通, 『書生從政: 翁文灝』, 蘭州: 蘭州大學出版社, 1996.
沈松僑, 『學衡派與五四時期的反新文化運動』, 臺北: 臺灣大學出版委員會, 1984.
沈兼士, 『沈兼士學術論文集』, 北京: 中華書局, 1986.
汪原放, 『回憶亞東圖書館』, 上海: 學林出版社, 1983.
汪辟疆, 『汪辟疆文集』, 上海: 上海古籍出版社, 1988.
邢玉林·林世田, 『探險家斯文赫定』, 長春: 吉林教育出版社, 1992.
周作人, 『知堂回想錄』, 香港: 三育圖書公司, 1980.
周昌龍, 『新思潮與傳統: 五四思想史論集』, 臺北: 時報文化出版公司, 1995.
周策縱等, 『胡適與近代中國』, 臺北: 時報文化出版公司, 1991.
周振鶴·遊汝傑, 『方言與中國文化』, 上海: 上海人民出版社, 1991.
周勳初, 『當代學術研究思辨』, 南京: 南京大學出版社, 1993.
季維龍, 『胡適著譯系年目錄』, 合肥: 安徽教育出版社, 1995.
金自強·虞明英, 『賀昌群史學論著選』, 北京: 中國社會科學出版社, 1958.
金陵大學圖書館, 『增補索引中國圖書分類法』, 臺南: 高長印書局, 1958.
金敏黻, 『中國史學史』, 臺北: 鼎文書局, 1979.
林家平 等, 『中國敦煌學史』, 北京: 北京語言學院出版社, 1992.
林語堂, 『林語堂自傳』, 南京: 江蘇文藝出版社, 1995.
林語堂, 『語言學論叢』, 臺北: 民文出版社影印, 1981.
薑義華, 『胡適學術論文集: 中國哲學史』, 北京: 中華書局, 1991.
姚明達, 『中國目錄學史』, 上海: 上海書店影印, 1984.
姚柯夫, 『陳中凡論文集』, 上海: 上海古籍出版社, 1993.
洪永宏, 『廈門大學校史』, 廈門: 廈門大學出版社, 1990.
洪長泰 著, 董曉萍 譯, 『到民間去: 1918~1937年的中國知識分子與民間文學運動』, 上海: 上海文藝出版社, 1993.
紀念陳垣校長誕生110周年籌委會, 『紀念陳垣校長誕生110周年學術論文集』, 北京:

北京師範大學出版社, 1990.
南京大學古典文獻硏究所,『古典文獻硏究(1989～1990)』, 南京: 南京大學出版社, 1992.
胡頌平,『胡適之先生年譜長編初稿』, 臺北: 聯經出版事業公司, 1984.
胡適,『中國古代哲學史』, 臺北: 遠流出版公司, 1994.
胡適,『五十年來中國之文學』, 臺北: 遠流出版公司, 1994.
胡適,『白話文學史上卷·第一編(唐以前)』, 臺北: 遠流出版公司, 1994.
胡適,『文學改良芻議』, 臺北: 遠流出版公司, 1994.
胡適,『水滸傳與紅樓夢』, 臺北: 遠流出版公司, 1994.
胡適,『治學的方法與材料』, 臺北: 遠流出版公司, 1986.
胡適,『胡適文選』, 臺北: 遠流出版公司, 1987.
胡適,『胡適留學日記』, 海口: 海南出版社, 1994.
胡適,『胡適演講集(一)』, 臺北: 遠流出版公司, 1994.
胡適,『胡適演講集(二)』, 臺北: 遠流出版公司, 1994.
胡適,『問題與主義』, 臺北: 遠流出版公司, 1994.
胡適,『海外讀書雜記』, 臺北: 遠流出版公司, 1994.
胡適,『章實齋先生年譜』, 臺北: 遠流出版公司, 1994.
胡適,『最低限度的國學書目』, 臺北: 遠流出版公司, 1994.
胡適,『胡適的日記手稿本(四)』, 臺北: 遠流出版公司, 1990.
胡適 口述, 唐德剛 譯注,『胡適口述自傳』, 上海: 華東師範大學出版社, 1993.
茅盾,『我走過的道路』, 上冊, 香港: 三聯書店, 1981.
鄧玉汝,『陳獨秀年譜』, 香港: 龍門書店, 1974.
徐一士,『一士類稿』, 太原: 山西古籍出版社, 1996.
徐旭生,『中國古史的傳說時代』, 北京: 文物出版社, 1985.
徐旭生,『徐旭生西遊日記』, 臺北: 文海出版社影印, 1974.
耿雲志,『胡適遺稿及秘藏書信』, 第13, 20, 27, 39, 42冊, 合肥: 黃山書社, 1994.
耿雲志·歐陽哲生,『胡適書信集』, 北京: 北京大學出版社, 1996.
唐寶林·林茂生,『陳獨秀年譜』, 上海: 上海人民出版社, 1988.
馬敘倫,『我在六十歲以前』, 臺北: 龍文出版社, 1990.

馬越,『北京大學中文係簡史(1910～1998)』, 北京: 北京大學出版社, 1998.
馬衡,『凡將齋金石叢稿』, 北京: 中華書局, 1977.
高平叔,『蔡元培全集』, 第3卷, 北京: 中華書局, 1984.
高平叔,『蔡元培年譜長編』, 上, 中冊, 北京: 人民教育出版社, 1996.
高平叔,『蔡元培文集』, 第1, 3, 7, 9～11, 13卷, 臺北: 錦繡出版事業公司, 1995.
中央研究院傅故所長紀念籌備委員會,『中央研究院歷史言語研究所傅所長紀念特刊』, 臺北: 中央研究院, 1951.
北平圖書館,『國學論文索引初編續編』, 臺北: 鍾鼎文化出版公司影印, 1967.
國史館,『國史館現藏民國人物傳記史料彙編』, 新店: 國史館, 1993.
張光直·李光謨,『李濟考古學論文選集』, 北京: 文物出版社, 1990.
張存武·陶晋生,『歷史學手冊』, 臺北: 食貨出版社, 1997.
張朋園 等,『郭廷以先生訪問記錄』, 臺北: 中研院近史所, 1987.
張豈之,『中國近代史學學術史』, 北京: 中國社會科學出版社, 1996.
張挺·江小惠 箋注,『周作人早年佚簡箋注』, 成都: 四川文藝出版社, 1992.
張國剛,『德國的漢學研究』, 北京: 中華書局, 1994.
張舜徽,『清人文集別錄』, 下冊, 北京: 中華書局, 1980.
張靜河,『瑞典漢學史』, 合肥: 安徽文藝出版社, 1995.
曹述敬,『錢玄同年譜』, 濟南: 齊魯書社, 1986.
曹聚仁,『文壇五十年』, 上海: 東方出版中心, 1997.
曹聚仁,『我與我的世界』, 上下冊, 臺北: 龍文出版社, 1990.
梁杜,『蔡元培與北京大學』, 北京: 北京大學出版社, 1996.
梁啟超,『飮冰室合集』, 第1, 5, 10冊, 北京: 中華書局, 1989.
清華大學校史研究室,『清華大學史料選編: 清華學校時期(1911～1928)』, 北京: 清華大學出版社, 1991.
清華大學校史編寫組,『清華大學校史稿』, 北京: 中華書局, 1981.
許冠三,『新史學九十年(1990～)』, 上冊, 香港: 中文大學出版社, 1986.
許嘯天,『國故學討論集』, 上冊, 上海: 上海書店影印, 1991.
陳元柱,『臺山歌謠集』, 臺北: 東方文化供應社影印, 1969.
陳少峰,『原學』, 第2輯, 北京: 中國廣播電視出版社, 1995.

陳平原,『二十世紀中國小說史·第一卷(1897~1916)』, 北京: 北京大學出版社, 1997.
陳平原,『中國現代學術之建立: 以章太炎·胡適之爲中心』, 北京: 北京大學出版社, 1998.
陳平原,『老北大的故事』, 南京: 江蘇文藝出版社, 1998.
陳平原,『書生意氣』, 上海: 漢語大辭典出版社, 1996.
陳中凡,『古書讀校法』, 臺北: 臺灣商務印書館, 1980.
陳平原·王楓,『追憶王國維』, 北京: 中國廣播電視出版社, 1997.
陳平原·杜玲玲,『追憶章太炎』, 北京: 中國廣播電視出版社, 1997.
陳炳堃(子展),『最近三十年中國文學史』, 上海: 上海書店影印, 1989.
陳衍 口述, 錢鍾書 記,『石語』, 北京: 中國社會科學出版社, 1996.
陳星燦,『中國史前考古學研究(1895~1949)』, 北京: 三聯書店, 1997.
陳寅恪,『金明館叢稿二編』, 上海: 上海古籍出版社, 1982.
陳漢章,『綴學堂叢稿初集』, 出版資料不詳, 1936.
陳智超 編注,『陳垣來往書信集』, 上海: 上海古籍出版社, 1990.
陳樂素·陳志超 編校,『陳垣史學論著選』, 上海: 人民出版社, 1981.
單士元,『我在故宮七十年』, 北京: 北京師範大學出版社, 1997.
陶希聖,『潮流與點滴』, 臺北: 傳記文學出版社, 1979.
陶英惠,『蔡元培年譜(上)』, 臺北: 中研院近史所, 1976.
章太炎 演講, 孫世揚 校錄,『國學略說』, 香港: 香港寰球文化服務社, 1972.
傅振倫,『傅振倫文錄類選』, 北京: 學苑出版社, 1994.
傅斯年,『傅斯年先生全集』, 第3, 4, 7冊, 臺北: 經聯出版事業公司, 1980.
彭明輝,『疑古思想與現代中國史學的發展』, 臺北: 台灣商務印書館, 1991.
彭明輝,『歷史地理學與現代中國史學』, 臺北: 東大圖書公司, 1995.
溫儒敏·丁曉萍,『時代之波: 戰國策派文化論著輯要』, 北京: 中國廣播電視出版社, 1995.
湯志鈞,『章太炎年譜長編』, 上, 下冊, 北京: 中華書局, 1979.
湯志鈞,『章太炎政論選集』, 上冊, 北京: 中華書局, 1977.
程千帆·徐有富,『校讎廣義: 目錄編』, 濟南: 齊魯書社, 1988.
馮友蘭,『三松堂自序』, 北京: 三聯書店, 1989.

馮爾康·鄭克晟,『鄭天挺學記』, 北京: 三聯書店, 1991.
黃文弼,『黃文弼蒙新考察日記(1927~1930)』, 北京: 文物出版社, 1990.
黃侃·黃焯,『蘄春黃氏文存』, 武昌: 武漢大學出版社, 1993.
黃裂,『黃文弼歷史考古論集』, 北京: 文物出版社, 1989.
黃開發,『知堂書信』, 北京: 華夏出版社, 1995.
黃福慶,『近代中國高等教育研究: 國立中山大學(1924~1937)』, 臺北: 中研院近史所, 1988.
黃福慶,『近代日本在華文化及社會事業之研究』, 臺北: 中研院近史所, 1997.
葉恭綽,『遐庵匯稿』, 上海: 上海書店影印, 1990.
逯耀東,『史學危機的呼聲』, 臺北: 聯經出版事業公司, 1987.
逯耀東,『胡適與當代史學家』, 臺北: 東大圖書公司, 1998.
楊寬,『歷史激流中的動蕩和曲折: 楊寬自傳』, 臺北: 時報文化事業公司, 1993.
楊哲,『鍾敬文生平·思想及著作』, 石家莊: 河北教育出版社, 1991.
楊翠華,『中基會對科學的贊助』, 臺北: 中研院近史所, 1991.
楊樹達,『積微翁回憶錄·積微居詩文鈔』, 上海: 上海古籍出版社, 1986.
劉乃和,『勵耘承學錄』, 北京: 北京師範大學出版社, 1992.
劉炎生,『林語堂評傳』, 南昌: 百花洲文藝出版社, 1994.
劉師培,『劉申叔先生遺書』, 第1冊, 臺北: 華世出版社, 1975.
劉寅生 等,『何炳松論文集』, 北京: 商務印書館, 1990.
劉紹唐,『錢玄同先生傳與手扎合刊』, 臺北: 傳記文學出版社, 1972.
劉夢溪,『傳統的誤讀』, 石家莊: 河北教育出版社, 1996.
劉夢溪,『中國現代學術經典·李濟卷』, 石家莊: 河北教育出版社, 1996.
劉聲木 撰, 徐天祥 點校,『桐城文學淵源撰述考』, 合肥: 黃山書社, 1989.
瘂弦,『劉半農文選』, 臺北: 洪範書店, 1983.
瘂弦,『劉半農卷』, 臺北: 洪範書店, 1982.
潘懋元·劉海峰,『中國近代教育史資料匯編: 高等教育』, 上海: 上海教育出版社, 1993.
蔣大椿,『史學探淵: 中國近代史學理論文編』, 長春: 吉林教育出版社, 1991.
蔣元卿,『中國圖書分類之沿革』, 臺北: 臺灣中華書局, 1983.

蔣夢麟,『西潮』, 香港: 磨劍堂, 출판연도 미상.
蔡元培研究會,『論蔡元培』, 北京: 旅游教育出版社, 1989.
蔡尚志,『長眠傅園下的巨漢』, 臺北: 故鄉文化事業公司, 1979.
蔡尚思,『蔡元培學術思想傳記』, 板橋: 蒲公英出版社, 1986.
鄭師渠,『晚清國粹派: 文化思想研究』, 北京: 北京師範大學出版社, 1993.
鮑晶,『劉半農研究資料』, 天津: 天津人民出版社, 1985.
鲁迅,『鲁迅全集』, 第3, 11, 14卷, 北京: 人民文學出版社, 1995.
黎錦熙,『國語運動史綱』, 上海: 上海書店影印, 1990.
蕭超然 等,『北京大學校史(增訂本)』, 北京: 北京大學出版社, 1988.
錢仲聯,『錢仲聯自傳』, 成都: 巴蜀書社, 1993.
錢理群,『周作人傳』, 北京: 北京十月文藝出版社, 1992.
錢基博,『現代中國文學史』, 香港: 龍門書店, 1965.
錢穆,『錢賓四先生全集』, 第1, 23, 25冊, 臺北: 聯經出版事業公司, 1998.
薛綏之,『鲁迅生平史料匯編』, 第4輯, 天津: 天津人民出版社, 1983.
謝雲聲,『閩歌甲集』, 臺北: 東方文化供應社影印, 1969.
謝國楨,『瓜蒂庵文集』, 沈陽: 遼寧教育出版社, 1996.
謝興堯,『堪隱齋隨筆』, 沈陽: 遼寧教育出版社, 1995.
鍾叔河 等,『過去的學校』, 長沙: 湖南教育出版社, 1982.
鍾敬文,『鐘敬文學術論著自選集』, 北京: 首都師範大學出版社, 1994.
鍾敬文,『鐘敬文民間文學論集』, 上冊, 上海: 上海文藝出版社, 1982.
[美]魏定熙(Timothy B. Weston) 著, 金安平·張毅 譯,『北京大學與中國政治文化(1898~1920)』, 北京: 北京大學出版社, 1998.
魏建功,『魏建功文集』, 第2卷, 南京: 江蘇教育出版社, 2001.
羅振玉,『羅雪堂先生全集初編』, 第1冊, 臺北: 文化出版公司, 1988.
羅振玉,『羅雪堂先生全集第四編』, 第6冊, 臺北: 大通書局, 1972.
羅振玉,『羅雪堂先生全集第五編』, 臺北: 大通書局, 1973.
羅繼祖,『王國維之死』, 臺北: 祺齡出版社, 1995.
嚴耕望,『治史答問』, 臺北: 臺灣商務印書館, 1986.
嚴紹璗,『日本中國學史』, 南昌: 江西人民出版社, 1993.

蘇雲峰,『從清華學堂到清華大學(1911~1929)』, 臺北: 中硏院近史所, 1996.
蘇瑩輝,『敦煌學槪要』, 臺北: 五南圖書有限公司, 1988.
顧潮,『歷劫終敎志不灰: 我的父親顧頡剛』, 上海: 華東師範大學出版社, 1997.
顧潮,『顧頡剛年譜』, 北京: 中華書局, 1993.
童書業 著, 顧頡剛 修訂,『當代中國史學』, 香港: 龍門書店影印, 1964.
顧頡剛 搜錄,『吳歌甲集』, 臺北: 東方文化供應社影印, 1970.
顧頡剛,『古史辨』, 第1~2冊, 上海: 上海古籍出版社, 1982.
顧頡剛,『妙峰山』, 上海: 上海文藝出版社影印, 1988.
顧頡剛,『孟姜女故事硏究集』, 上海: 上海古籍出版社, 1984.

(2) 논문

丁邦新,「非漢語語言學之父: 李方桂先生」, 逯耀東,『拓墾者的畫像』, 臺北: 中華文化復興月刊社, 1977.
毛子水,「傅孟眞先生傳略」,『自由中國』, 第4卷 第1期, 臺北: 自由中國社, 1951. 1.
王汎森,「什麼可以成爲歷史證據: 近代中國新舊史料觀念的沖突」,『新史學』, 第8卷 第2期, 臺北: 新史學雜志社, 1997. 6.
王汎森,「傅斯年對胡適文史觀點的影響」,『漢學硏究』, 第14卷 第1期, 臺北: 漢學硏究中心, 1996. 6.
王汎森,「讀傅斯年檔案札記」,『當代』, 第116期, 臺北: 當代雜志社, 1995. 12.
王煦華,「顧頡剛先生在中山大學」,『慶祝楊向奎先生敎硏六十年論文集』編委會,『慶祝楊向奎先生敎硏六十年論文集』, 石家莊: 河北敎育出版社, 1998.
[日]福井文雅 著, 馮佐哲 譯,「歐美的道敎硏究」, 福井康順 等 監修, 朱越利 等 譯,『道敎(第三卷)』, 上海: 上海古籍出版社, 1992.
[日]井波陵一 著, 盛勤 譯,「試論王國維的學風: 經史子集分類法的革命性轉變」, 王永興,『紀念陳寅恪先生百年誕辰學術論文集』, 南昌: 江西敎育出版社, 1994.
王楓,「林紓非桐城派說」, 汪暉 等,『學人』, 第9輯, 南京: 江蘇文藝出版社, 1996.
史復洋,「『燕京學報』前四十期述評」,『燕京學報』, 第1期, 北京: 北京大學出版社, 1995. 8.

朱宗震, 「胡適欠傅斯年的人情債」, 『歷史月刊』, 第35期, 臺北: 歷史月刊雜志社, 1990. 12.

朱偰, 「五四運動前後的北京大學」, 中國人民政治協商會議全國委員會文史資料研究委員會, 『文化史料(叢刊)』, 第5輯, 北京: 文史資料出版社, 1983.

牟潤孫, 「北京大學研究所國學門」, 牟潤孫, 『海遺雜著』, 香港: 中文大學出版社, 1990.

牟潤孫 主講, 關彩華 記錄, 「從中國的經學看史學」, 『新亞書院歷史學係係刊』, 第2期, 香港: 新亞書院歷史學系, 1972. 9.

宋家復, 「詮釋的歷史與歷(史)的詮釋: 章學誠'六經皆史'說的再理解」, 『九州學刊』, 第25期, 香港: 香港中華文化促進中心, 1996. 1.

李天綱, 「函夏考文苑: 民初的學術理想」, 『中國研究月刊』, 第1卷 第6~7期, 東京: 中國研究月刊雜志社, 1995. 9~10.

李孝悌, 「胡適與整理國故: 兼論胡適對中國傳統的態度」, 『食貨月刊(復刊)』, 第15卷 第5~6期, 臺北: 食貨雜志社, 1985. 11.

李妙根, 「胡適與'整理國故'」, 安徽大學胡適研究中心, 『胡適研究』, 第1輯, 北京: 東方出版社, 1996.

李宗侗, 「北大教書與辦『猛進』雜志」, 『傳記文學』, 第9卷 第4期, 臺北: 傳記文學雜志社, 1966. 10.

杜正勝, 「從疑古到重建: 傅斯年的史學革命及其與胡適·顧頡剛的關係」, 『當代』, 第116期, 臺北: 當代雜志社, 1995. 12.

杜正勝 等 訪談, 王健文 整理, 「風氣新開百代師: 陶希聖先生與中國社會史研究」, 『歷史月刊』, 第7期, 臺北: 歷史月刊雜志社, 1988. 8.

汪榮祖, 「五四與民國史學之發展」, 汪榮祖, 『五四研究論文集』, 臺北: 聯經出版事業公司, 1985.

汪榮祖, 「章太炎的中國語言文字之學」, 汪榮祖, 『章太炎研究』, 臺北: 李敖出版社, 1991.

何建明, 「輔仁國學與陳垣」, 章開沅, 『文化傳播與教會大學』, 武漢: 湖北教育出版社, 1996.

吳晗, 「清華大學所藏檔案的分析」, 『中國近代經濟史研究集刊』, 第2卷 第2期, 北平:

社會調查所, 1934. 5.
吳蔚若, 「章太炎之民族主義史學」, 杜維運·黃進興, 『中國史學史論文選集』, 第2冊, 臺北: 華世出版社, 1979.
周予同, 「五十年來中國之新史學」, 朱維錚, 『周予同經學史論著選集』, 上海: 上海人民出版社, 1983.
周振鶴, 「從莫利循文庫到東洋文庫」, 『讀書叢刊: 深情者的眼淚』, 香港: 城市資信公司, 1994.
周質平, 「胡適與錢玄同」, 周質平, 『胡適與魯迅』, 臺北: 時報文化出版公司, 1988.
俞旦初, 「二十世紀初年中國的新史學」, 俞旦初, 『愛國主義與中國近代史學』, 北京: 中國社會科學出版社, 1996.
俞旦初, 「二十世紀初年西方近代考古學思想在中國的介紹和影響」, 『考古與文物』, 1983年 第4期, 西安: 陝西人民出版社, 1983. 12.
查時傑, 「私立基督教燕京大學歷史系所初探(1919~1952)」, 『臺大歷史學報』, 第20期, 臺北: 臺灣大學出版委員會, 1996. 11.
柳詒徵, 「論近人講諸子之學者之失」, 柳曾符·柳定生, 『柳詒徵史學論文續集』, 上海: 上海古籍出版社, 1991.
段文傑, 「我國敦煌學史的里程碑: 代前言」, 敦煌文物研究所, 『1983年全國敦煌學術討適會文集: 石窟·藝術編(上冊)』, 蘭州: 甘肅人民出版社, 1985.
翁獨健, 「我為什麼研究元史」, 文史知識編輯部, 『學史入門』, 北京: 中華書局, 1992.
時萌, 「論桐城派」, 時萌, 『中國近代文學論稿』, 上海: 上海古籍出版社, 1986.
桑兵, 「晚清民國時期的國學研究與西學」, 『歷史研究』, 1996年 第5期, 北京: 中國社會科學雜志社, 1996. 10.
夏鼐, 「五四運動和中國近代考古學的興起」, 中國社會科學院近代史研究所, 『紀念五四運動六十周年學術討論會論文選(三)』, 北京: 社會科學出版社, 1980.
孫敦恒, 「清華國學研究院紀事」, 葛兆光, 『清華漢學研究』, 北京: 清華大學出版社, 1994.
耿雲志, 「胡適整理國故平議」, 耿雲志·聞黎明, 『現代學術史上的胡適』, 北京: 三聯書店, 1993.
馬玨, 「北大憶舊二題」, 北京大學校刊編輯部, 『精神的魅力』, 北京: 北京大學出版社,

1988.
張寄謙,「哈佛燕京學社」,『近代史硏究』, 1990年 第3期, 北京: 中國社科院近史所, 1990. 5.
張寄謙,「嚴復與北京大學」,『近代史硏究』, 1993年 第5期, 北京: 中國社科院近史所, 1993. 9.
張越,「『國學季刊』述評」,『史學史硏究』, 1994年 第1期, 北京: 北京師範大學史學硏究所, 1994. 3.
陶英惠,「蔡元培與中央硏究院, 1927～1940」,『近史所集刊』, 第7期, 臺北: 中硏院近史所, 1978. 6.
陶英惠,「國立北平硏究院初探(1929～1949)」,『近代中國』, 第16期, 臺北: 近代中國雜志社, 1980. 4.
陶英惠,「抗戰前十年的學術硏究」, 中硏院近史所,『抗戰前十年國家建設史硏討會論文集1928～1937』, 臺北: 中硏院近史所, 1984.
許倬雲,「試論網路」,『新史學』, 第2卷 第1期, 臺北: 新史學雜志社, 1991. 3.
曾憲通,「容庚」, 中國史學會『中國歷史學年鑒』編輯部,『中國歷史學年鑒1985』, 北京: 人民出版社, 1985.
傅樂成,「追念玄伯先生」,『傳記文學』, 第25卷 第6期, 臺北: 傳記文學雜志社, 1974. 12.
逯耀東,「經史分途與史學評論的萌芽」,『大陸雜志』, 第71卷 第6期, 臺北: 大陸雜志社, 1985. 12.
賀昌群,「日本學術界之'支那學'硏究」,『圖書季刊』, 第1卷 第1期, 1934. 3, 臺北: 文海出版社影印, 1971.
勞榦,「傅孟真先生與近二十年來中國歷史學的發展」,『大陸雜志』, 第2卷 1期, 臺北: 大陸雜志社, 1951. 1.
董作賓,「歷史語言硏究所在學術上的貢獻」,『大陸雜志』, 第2卷 1期, 臺北: 大陸雜志社, 1951. 1.
趙泉澄,「北京大學所藏檔案的分析」,『中國近代經濟史硏究集刊』, 第2卷 第2期, 北平: 社會調查所, 1934. 5.
劉乃和,「陳垣同志已刊論著目錄系年」, 白壽彝 等,『勵耘書屋問學記: 史學家陳垣的治學』, 北京: 三聯書店, 1982.
劉俊文,「日本的中國史研究(2): 東洋史學的創立與發展(上)」,『文史知識』, 第128期, 北京: 中華書局, 1992. 2.
劉龍心,「史料學派與中國史學之科學化」, 臺北: 政治大學歷史研究所碩士論文, 1992.
臺靜農,「憶常維鈞與北大歌謠研究會」, 陳子善,『回憶臺靜農』, 上海: 上海教育出版社, 1995.
遲鐸·黨懷興,「'小學'研究中的理性自覺」, 中國海峽兩岸黃侃學術研討會籌備委員會,『中國海峽兩岸黃侃學術研討會論文集』, 第1冊, 武昌: 華中師範大學出版社, 1993.
錢仲聯,「清人詩文論十一評」, 錢仲聯,『夢苕盦論集』, 北京: 中華書局, 1993.
顔非,「胡適與整理國故」, 劉青峰,『胡適與現代中國文化轉型』, 香港: 中文大學出版社, 1994.
羅志田,「林紓的認同危機與民初的新舊之爭」,『歷史研究』, 1995年 第5期, 北京: 中國社會科學雜志社, 1995. 10.
羅志田,「清季民初經學的邊緣化與史學的走向中心」,『漢學研究』, 第15卷 第2期, 臺北: 漢學研究中心, 1997. 12.
羅家倫 口述, 馬星野(偉) 筆記,「蔡元培時代的北京大學與五四運動」,『傳記文學』, 第54卷 第5期, 臺北: 傳記文學雜志社, 1989. 5.
羅章龍,「陳獨秀先生在紅樓的日子: 紅樓感舊錄之一」, 童宗盛,『中國百位名人學者憶名師』, 延吉: 延邊大學出版社, 1990.
顧潮,「顧頡剛與傅斯年在青壯年時代的交往」,『文史哲』, 1993年 第2期, 濟南: 山東人民出版社, 1993. 6.
顧頡剛 遺著, 顧潮·顧湲 校,「顧頡剛自傳(二)」,『中外雜志』, 第47卷 第2號, 臺北: 中外雜志社, 1995. 2.

(3) 영문자료

Benjamin A, Elman, *From Philosophy to Philology*. Cambridge: Harvard University Press, 1984.

Robert K, Merton, *Science Technology & Society In Seventeenth Century England*. New York: Howard Fertig, 1970.

Thomas S. Kuhn, *The Structure of Scientific Revolutions*. Chicago: The University of Chicago Press, 1962.

Fogel Joshua A., "On the Rediscovery of the Chinese Past: Tsui Shu and Related Cases", in Joshua A. Fogel & William T. Rowe eds., *Perspectives on a Changing China: Essays in Honor of Professor C. Martin Wilbur on the Occasion of His Ritirement*. Colorado: Westview Press, Inc., 1979.

| 후기 |

학문의 걸음마를 배운 저작이다. 출판한 지 3년 만에 다시 간자체로 재판해 많은 독자들에게 다가서게 될 줄 전혀 생각지도 못했다.

본래 석사논문을 수정해 출판했던 이 책에 대해 미숙한 점이 많다고 생각해 왔기 때문에 다시 인쇄할 가치가 있는지 항상 의심해 왔다. 졸작을 출판한 후에도 개인적인 연구 흥미는 여전히 국고정리운동에 집중되었다. 수년간 관련 과제에 대해 계속 고찰해 오면서 과거의 저작에 대한 한계를 더 잘 알게 되었다. 후진을 격려하고 이끌어주신 사학계의 여러 선생님들의 격려와 채찍이 없었더라면 감히 이 책을 재판할 수 없었을 것이다.

졸작을 수정하면서 최근 들어 학술사 연구가 학계의 상당한 주목을 받고 있으며 새로운 연구성과들이 잇따라 발간되고 있음을 잘 알게 되었다. 그 중에 졸작과 밀접한 관련이 있거나 토론과 논의의 여지가 있는 것에 대해 일일이 응답을 해야 하는지에 대해 망설여 왔다. 후에 전면적인 인용과 응답을 하려면 원고 교부일이 계속 지연될 것 같아 일단 신판에는 단지 일부 역사적 사실의 착오 부분을 수정하고 문구에 대한 윤문을 가했다. 최근의 연구성과를 알고 싶은 독자들은 1999년 이후 새로 편찬된 각종 전문서적과 논문을 직접 참조하기 바란다. 필자 역시 개인적으로 이 과제의 후속연구에 대해서는 향후 별도로 학계 선생님들의 가르침을 받아야 할 것이다.

한편, 최근 베이징 사범대학 역사학과 박사인 루이(盧毅) 선생이 편지를 보내와 1920년에 발표한 「베이징 대학 국고정리 계획서」의 저자는 마땅히 마쉬룬(馬敍倫)이라고 지적했다. 나아가 이로써 『국고』사(社)와 베이징 대학 국학문과의 관계를 재정리할 수 있을 것이라고 했다. 루이 선생의 편지는 몇 년 동안 필자의 마음속에 있었던 의혹을 풀어주었다. 이를 근거로 졸작에 대해 수정하려고 했지만, 원고가 이미 3차 교정에 들어가 또다시 수정한다면 출판사에 어려움을 초래하지 않을까 생각해 특별히 '후기'에서 정중히 설명함으로써 독자들에게도 알리는 바이다. 아울러 졸작의 착오에 대해 수정한 것을 두 번이나 편지로 보내온 루이 선생에 대해 경의를 표하는 바이다. 루이 선생은 세심한 연구와 깊은 사고력을 갖춘 분으로서 앞으로도 관련된 문제에 대해 더 깊이 있는 논술과 설명을 해줄 것으로 기대한다.

졸작의 재판은 많은 분들의 관심과 도움이 있었기에 가능했다. 이에 이 자리를 빌려 깊은 감사의 마음을 전한다. 중산 대학 역사학과 쌍빙(桑兵) 교수는 최근 학술사를 연구하면서 필자의 재판에 대해 관심을 보이며 용기를 주었다. 난징 대학 중문과 쉬옌핑(徐雁平) 선생은 필자의 저작을 장시 교육출판사에 추천해 주고 여러 차례 진척을 독려해 주어 참으로 미안한 마음이다. 장시 교육출판사의 장궈공(張國功)과 류징란(劉景琳) 두 분은 문화사업에 열정을 보이면서 졸작을 재판하기 위해 정치대학 역사학과 리쑤충(李素瓊) 조교와 바다를 사이에 두고 여러 차례 연락을 주고받는 등 많은 어려움을 겪었다. 그리고 그간 정치대학의 스승과 선배님들의 장기간에 걸친 양국의 학술교류를 위한 노력과 학술적 저서에 대한 깊은 관심으로 인해 판권문제를 순조롭게 해결할 수 있었다. 필자의 졸작을 재판하는 데 이처럼 여러 모로 애를 써준 여러 선생님들의 깊은 마음에 감사를 드린다. 한편 3년 전 93세의 고령으로 세상을 떠난 푸전룬(傅振倫) 선생님께 이 책을 삼가 바치고자 한다.

마지막으로 초판의 자서에서 말한 내용을 다시 한 번 진심으로 반복하고자 한다. 현대 학술의 발전은 빈번하고 개방적인 학술적 교류와 토론을 기초로 한다. 이 때문에 역사학도로서 걸음마 수준인 졸작을 감히 내밀면서 선배들의 아낌없는 비평과 지적을 바란다.

푸리(埔里) 유야자이(有涯齋)에서

저자 씀

2002년 6월

| 옮긴이의 말 |

20세기 상반기에 중국 학술계에서 일어난 주목할 만한 현상 가운데 하나가 학술연구기구의 성립과 학술문화운동이었다. 당시 유입된 서방 학문은 중국의 지식인들에게 지식과 학문에 대한 새로운 인식의 변화를 요구했고, 이러한 변화는 학술연구기구의 성립과 학술문화운동으로 나타났다. 곧, 1922년 중국 최초로 대학에 설립된 국학연구기구인 베이징 대학 연구소 국학문(1922~27)과 국학문 동인들에 의한 국고정리운동으로 구현되었던 것이다.

학술연구기구는 학술의 발전을 추동하듯 국학연구와 정리를 목적으로 성립된 국학문 역시 국학연구와 학술발전의 주요 동력이 되었다. 이를테면 서학의 유입과 함께 청대 이래 경학이 주도했던 전통 학술구조가 와해되면서 국학문 동인들은 전통 학문에 대한 재평가를 통해 새로운 학문 연구의 방법과 태도, 학문영역의 확대, 학술 독립과 평등 및 학문분류체계 등에 대한 새로운 학술적 관념을 형성해 나갔다.

이처럼 20세기 이후 서학이 대량 유입되면서 민족주의가 날로 팽배해지자 지식계는 '대응'(對應)과 '자생'(自生)의 차원에서 서학에 필적할 만한 자생력을 갖춘 학술적 독립을 추구하게 되었다. 게다가 일본과 구미 학술계에서 한학을 연구해 얻은 성과가 국학과 관련한 연구소 설립의 필요성을 절감케 했다. 그러므로 당시 중국의 '학술 독립'은 차이위안페이와 국학문의 입장에서 보면 실로 절박한 것이었고, 국고정리는 이로부터 시작되었다. 중국에 구미 제도를 모방한 연구소를 건립하는 일이 하루 빨리 '학술 독립'에 이르는 길이이라고 인식했기 때문이다. 결국 유럽에서 공부하면서 서방 학술의 흥성과 특징을 잘 알았던 차이위안페이를 비롯해 중국에서 학문을 추구한 구제강과 같은 젊은 학자들에 이르기까지, 국학연구와 학술발전을 추동할 전문연구기구를 건립해야 한다는 공동의 인식은 국학연구의 중요한 동력이 되었으며, 국학문이 탄생할 수 있는 근거를 마련해 주었다. 이는 차이위안페이의 연구소 설립 의지와 맞물리면서 1921년 베이징 대학 평의회는 「北大研究所組織大綱提案」을 통해 전문적으로 학문을 연구할 연구소의 건립을 계획하게 되었고, 그 결과 1922년에 국학문이 탄생하게 되었다.

베이징 대학 연구소 국학문은 구미식의 연구기관을 모방해 설립한 것이지만 최초의 이상과 목표는 '국고정리'에 있었다. '국고정리'는 자신의 가업을 정리한 뒤 세계 학술계에서 하나의 기반을 마련하고자 한 것이다. 결국 국학문 동인들의 국고정리 활동이 자각적 인식에서 비롯되었든 대응적 자세에서 출발했든, 그들은 당시 거세게 다가오는 서방의 물결 앞에서 어떤 식으로든 변화에 대처해야만 했다. 그 변화의 중심에 국학문 동인이 있었다. 이 책에서는 그들은 왜 '뒤죽박죽' 쌓여 있는 옛 문헌 더미를 정리해야 했고, 어떻게 정리하려 했으며, 이를 통해 무엇을 변화시키려 했는가에 대한 해답을 제시하고 있다.

이 책은 베이징 대학 연구소 국학문을 중심으로 민국 이후 중국의 학술연구기구가 제도화되는 과정과 이와 연관된 일련의 학술문제에 대해 깊이 있게 논의하고 있다. 또한 베이징 대학 국학문을 연구대상으로 하여 '학자'(국학문 동인, 외국 한학자)와 '학술조직'(출판물, 학회), '학술운동'(국고정리, 신국학)이라는 세 가지 점에 초점을 두고 20세기 초의 현대 중국의 학술운동사를 일목요연하게 정리하고 있다. 저자는 '국고정리'라는 구호는 어떤 상황 속에서 제기되었고, 이 구호가 많은 학자들을 응집시킨 흡인력은 무엇이며, 현대 학술연구의 진지로서 국학문 동인들의 국고정리는 어떤 특징을 지니고 있는지 등에 대한 문제 제기를 통해 다음과 같은 내용들을 중점적으로 논의하고 있다.

현대 학술기구가 중국에서 어떻게 건립되었고, 학술기구가 현대 학술기구 체제로 편입된 후 어떤 변화가 생겼으며, 이는 국학문 발전에 어떤 영향을 끼쳤고 나아가 학자와 학술활동에 어떤 영향을 주었는지 등에 대해 유기적으로 분석하고 있다. 구체적인 내용은 다음과 같다. 첫째, 국학문이 성립된 배경과 국고정리운동이 형성된 과정을 통해 학술단체의 형성과 관련한 문제를 다루고 있다. 곧, 국학문의 핵심 인물인 장타이옌의 제자들이 어떻게 베이징 대학으로 들어와 기존의 동성파 세력을 몰아내고 베이징 대학 문과의 주류 세력이 되었는지, 동시에 이들 학자의 학술적 전승과 연구 취지가 어떻게 국학문으로 하여금 국고정리운동의 발원지가 되게 했는지에 대해 분석하고 있다. 둘째, 연구기관으로서 조직구조의 특색과 국학문의 발전 실례(조직, 학회, 외국 동방학과의 네트워크)를 통해 학술연구의 제도화 과정을 설명하고, 그것이 국고정리운동에 어떤 영향을 미쳤는지를 분석했다. 셋째, 국학문이 발행하는 간행물을 대상으로 국학문 동인이 강조하는 '신국학'은 무엇이며, 끝으로 베이징 대학 국학문이 현대 학술발전에 끼친 영향과 중국의 현대 학술사에서 지니는 의미는 무엇인지에 대해 설명하고 있다.

이러한 내용을 견실하게 뒷받침해 주고 있는 것이 바로 자료의 운용이 상당히 광범위하고 풍부했다는 점이다. 이 책에서는 베이징 대학 자료실에 소장된 국학문의 자료에서부터 베이징 대학과 국학문이 출판한 각종 간행물과 총서, 선전 책자, 잡지 등을 대량으로 참고했고, 개인적인 면에서는 국학문 동인들의 학술 논저와 회고 문장, 일기, 자서전, 서신 등의 자료를 망라했다. 이를 통해 국학문 학자들이 1922년부터 1927년까지 학술연구의 새로운 길을 열어간 과정과 국학문의 역사를 한층 더 풍부하게 이해할 수 있게 되었다. 따라서 이 책은 중국의 현대 학술문화사를 연구하는 데 진귀한 참고자료가 된다고 할 수 있다.

1920년대의 국학연구기구는 1922년 베이징 대학 연구소 국학문을 시작으로 1925년 칭화 대학 국학연구소(1925~29)는 '四大導師(량치차오, 왕궈웨이, 천인커, 자오위안런)'를 초빙해 국학교육과에 관한 연구를 진행했고, 1926년 샤먼 대학 국학연구원(1926~27)은 화교 천자겅(陳嘉庚)의 후원으로 설립된 후 루쉰과 린위탕 등 유명 인사를 초빙해 운영해 나갔다. 그러나 얼마 안 되어 교육정책의 변화와 경비문제 등으로 인해 1927년 이후 하나 둘씩 폐교의 위기를 맞이했다. 국학문 역시 1922~27년이라는 짧은 기간을 거쳐 종합연구기관인 중앙연구원과 베이핑 연구원으로 거듭났다.

이러한 학술연구기구의 변천과 함께 중국 전통학술문화로서의 국학 역시 부단한 부침을 겪어왔다. 때로는 전통문화의 '정화'로서 '계승'의 길을, 때로는 '재정리'의 대상으로서 '회생'의 길을, 때로는 '청산'의 대상으로 '몰락'의 길을 걸어왔다. 1920년대의 국고정리 이후 항일전쟁과 중화인민공화국의 성립을 거치면서 전면적인 대학교육제도의 개혁으로 인해 국학은 설 자리를 잃어갔으며, 특히 문혁 시기에는 '破四舊', '批林批孔'의 외침 속에서 나락으로 떨어지고 말았다. 그 후 1980~90년대에 전통학술문화에 대한 반성과 '국학열'이 등장하면서 국학교육과 연구의 필요성은 다시 수면 위로 떠올랐다. 이 가운데 1990년대의 '국학열'과 1920년대의 '국고정리'는 국학교육연구의 '백가제방'의 상징이라 할 수 있다. 이러한 긴 역정을 지나온 1920년대 국고정리와 국학문에 대한 연구는 지금까지 이어오는 중국 국학교육연구 및 학술연구와도 연계를 지닌다.

베이징 대학 연구소 국학문은 민족적 자존심을 걸고 외국 학자들의 연구 수준을 최대한 빨리 따라잡기 위해 조직구조와 연구방향, 연구방법 등에서 적극적으로 외국의 것을 배웠다. 길지 않은 5~6년 동안 동인들이 장려한 고고학 발굴과 당안정리, 민속 연구, 방언 조사 등은 모두 중국 학계에서 새로운 사업을 확립시키고 새로운 영역을 개척하게 했다. 비록 짧은 기간이었지만 국학문은 1920년대에 성행했던 국학연구기구와 더불어 국학의 영역 확대, '종이'에서 벗어난 '실물'의 연구방식, 중립적이고 객관적인 태도, 비교분석과 비판적 자세, 체계적인 개별 문화사 정리 등의 연구활동을 펼치면서 경학의 와해와 학술평등, 학술 분류 관념의 변화를 가져왔으며, 국학연구와 학술발전의 밑거름이 되었다. 이는 국학문이 새로운 학문적 변화로서의 국학체계-'신국학'을 세우기 위한 학술적 노력으로서, 1920년대 현대 중국의 학술운동사 면모를 형성했다.

번역은 '외줄타기'와 같아 자칫 헛디디면 오류의 '낙상'(落傷)을 면치 못한다. 때로는 생략하고 때로는 풀어쓰고, 때로는 둔갑시키고, 때로는 덧대어야 한다. 불민함을 안은 채 저자의 본래 뜻을 잘 따라가려고 노력했다. 학인들의 많은 질정을 바란다.

끝으로 이 책을 번역할 수 있도록 지원해 준 국민대학교 중국인문사회연구소와 멋진 책을 만들어준 도서출판 길에 고마움을 전한다.

2013년 6월

박영순

| 찾아보기 |

| ㄱ |

| ㅁ |

| ㅂ |

| ㅅ |

| ㅇ |

| ㅈ |

| ㅊ |

| ㅋ |

| ㅌ |

| ㅍ |

| ㅎ |

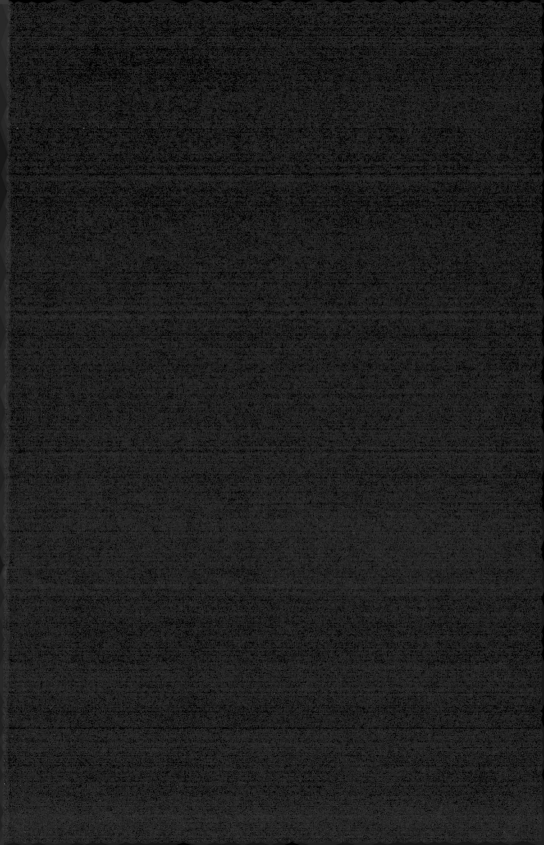